The History
of The Decline and Fall
of The Roman Empire

로마제국
쇠·망·사

6

EDWARD GIBBON

THE HISTORY
OF THE DECLINE AND FALL
OF THE ROMAN EMPIRE

로마제국
쇠·망·사

6

에드워드 기번

송은주 | 조성숙 | 김지현 옮김

민음사

THE HISTORY
OF THE DECLINE AND FALL
OF THE ROMAN EMPIRE

차 례

일러두기 · x

58 1차 십자군의 기원과 규모 · 라틴 군주들의 성격 · 그들의 콘스탄티노플 진군 · 비잔티움 황제 알렉시우스의 정책 · 프랑크족의 니케아, 안티오크, 예루살렘 정복 · 성묘 구원 · 예루살렘 초대 왕 부용의 고드프루아 · 프랑스 또는 라틴 왕국 ························· 1

59 비잔티움 제국의 상태 · 2차, 3차 십자군의 규모, 행로 그리고 결과 · 성 베르나르 · 살라딘의 이집트와 시리아 통치 · 그의 예루살렘 정복 · 해상 십자군 · 영국의 리처드 1세 · 교황 이노켄티우스 3세, 4차, 5차 십자군 · 황제 프리드리히 2세 · 프랑스의 루이 9세와 마지막 두 십자군 · 마말루크 왕조의 프랑크인 축출 ························· 67

60 비잔티움 교회와 라틴 교회의 분열 · 콘스탄티노플의 상황 · 불가리

아인의 반란 · 이사키우스 안겔루스가 동생 알렉시우스에 의해 폐위당하다 · 4차 십자군의 기원 · 프랑스인과 베네치아인이 이사키우스의 아들과 동맹을 맺다 · 그들의 콘스탄티노플 해상 원정 · 라틴인의 두 차례 포위 공격과 최종 정복 · 신성 모독, 조소, 파괴 ———————— 115

61 프랑스인과 베네치아인 들의 제국 분할 · 플랑드르와 쿠르트네 가의 라틴 황제 다섯 명 · 그들의 불가리아인 및 비잔티움인과의 전쟁 · 라틴 제국의 무력함과 곤궁 · 비잔티움인들의 콘스탄티노플 수복 · 십자군의 전반적인 결과 · 쿠르트네 가 ———————— 167

62 니케아와 콘스탄티노플의 비잔티움 황제들 · 미카엘 팔라이올로구스의 즉위와 통치 · 교황 및 라틴 교회와의 그의 거짓 통합 · 앙주 공 샤를의 적대적인 의도 · 시칠리아의 반란 · 아시아와 그리스에서의 카탈로니아인의 전쟁 · 아테네의 혁명과 현황 · 아테네 사람들 독재에서 벗어나다 ———————— 213

63 내전과 비잔티움 제국의 파멸 · 연로(年老) 안드로니쿠스와 연소 안드로니쿠스, 요하네스 팔라이올로구스의 치세 · 요하네스 칸타쿠제누스의 섭정, 반란, 통치, 퇴위 · 페라, 즉 갈라타에 거류지를 세운 제노바인들 · 제국과 콘스탄티노플 시(市)에 대한 제노바인들의 전쟁 · 베네치아에 대한 제노바인들의 승리 ———————— 249

64 칭기즈칸과 몽골군의 중국에서 폴란드까지의 정복 · 콘스탄티노플과 비잔티움 사람들의 탈출 · 비티니아에서의 오스만 투르크의 기원 · 오스

만, 오르한, 무라드 1세, 바야지트 1세의 치세와 승리 · 아시아와 유럽에서
의 투르크 왕국의 창건과 발전 · 콘스탄티노플과 비잔티움 제국의 위기 ·
요하네스 팔라이올로구스 ··· 283

65 티무르(타메를란)의 사마르칸트 제위 등극 · 티무르의 페르시아, 그루지
야, 타타르, 러시아, 인도, 시리아, 아나톨리아 정벌 · 티무르의 대(對)투르
크전 · 바야지트의 패배와 생포 · 티무르의 죽음 · 바야지트의 아들들의
내란 · 마호메트 1세에 의한 투르크 왕국의 재건 · 무라드 2세의 콘스탄티
노플 포위 공격 ··· 331

66 교황에게 간청하는 동방의 황제들 · 팔라이올로구스 왕조의 요하네
스 1세, 마누엘, 요하네스 2세의 서방 방문 · 바젤 공의회에 의해 추진된
비잔티움 교회와 라틴 교회의 통합, 페라라와 피렌체 공의회의 결의 · 콘
스탄티노플의 문예 상태 · 비잔티움 망명자들에 의한 이탈리아의 문예
부흥 · 라틴인들의 호기심과 경쟁심 ··· 381

67 비잔티움 교회와 라틴 교회의 분리 · 무라드 2세의 치세와 인품 ·
헝가리 왕 라디슬라우스의 십자군 · 라디슬라우스의 패배와 죽음 · 야
노슈 후냐데 · 스칸데르베그 · 동로마의 마지막 황제 콘스탄티누스 팔
라이올로구스 · 프란차의 사절들 · 비잔티움 궁정 ································ 441

68 마호메트 2세의 치세와 성격 · 투르크의 콘스탄티노플 포위, 공격
및 최종 정복 · 콘스탄티누스 팔라이올로구스의 죽음 · 비잔티움의 예
속 · 동로마 제국의 멸망 · 유럽의 경악 · 마호메트 2세의 정복과 죽음 475

69 12세기 이후의 로마의 상황 · 교황의 세속 지배 · 도시의 소요 · 브레스키아의 아르놀드의 정치적 이단 · 공화제의 부활 · 원로원의 의원들 · 로마 시민들의 자부심 · 그들의 전쟁 · 로마 시민들의 교황 선거권 상실과 교황의 존재 및 아비뇽 유폐 · 성년(聖年) · 로마의 귀족 가문 · 콜론나 가(家)와 우르시니 가의 불화 ——— 533

70 페트라르카의 인품과 대관식 · 호민관 리엔치에 의한 로마의 자유와 통치 체제의 부활 · 리엔치의 미덕과 악덕, 축출과 죽음 · 교황의 아비뇽에서 로마로의 귀환 · 서방 교회의 대분열 · 라틴 교회의 재통합 · 로마의 자유를 위한 마지막 투쟁 · 로마법 · 교황령 국가의 최종 수립 ——— 585

71 15세기 로마의 폐허를 조망하며 · 쇠락과 파괴의 네 가지 원인 · 원형경기장의 예 · 로마인들의 무지와 미개 · 도시의 쇄신 · 맺는 말 ——— 639

The History
of The Decline and Fall
of The Roman Empire

일러두기

1. 이 책은 에드워드 기번의 『로마 제국 쇠망사 (*The History of the Decline and Fall of the Roman Empire*)』(전6권, 1776~1788, 런던)를 번역한 것이다. 번역 대본으로 쓴 것은 버리(J. B. Bury)가 편집한 *The Decline and Fall of the Roman Empire*(New York : Random House, Inc., 1995)이다.

2. 로마 시대의 인명, 지명 등은 영어식 음이 아닌 라틴어 음으로 표기하였다. 예: 트라얀(Trajan)→트라야누스, 브리튼(Britain)→브리타니아. 나머지 외국어는 외래어 표기법에 따라 표기하였다.

3. 로마 시대의 민간, 군사 관련 각종 관직명의 번역은 대체로 현재 통용되고 있는 번역어를 사용하였으며, 마땅한 번역어가 없는 것은 라틴어 음을 그대로 달아 놓았다. 예: proconsul→총독, auxiliaries→보조군, spectabiles→스펙타빌레스, dux→두크스

4. 전체 분량의 4분의 1을 차지하는 수많은 각주의 완전 번역에는 많은 무리가 따랐는데, 이른바 '기번의 잡담'이라고도 불리는 4700여 개의 각주 중 기번의 개인적인 감회가 너무 진하게 담긴 것, 각주에서 언급된 본문 부분을 이해하는 데 큰 필요가 없는 것 등 350여 개는 번역을 생략하였음을 밝힌다.

※ 표지를 펼치면 뒷면에 지도가 수록되어 있습니다.

58

THE DECLINE AND FALL
OF THE ROMAN EMPIRE

1차 십자군의 기원과 규모 · 라틴 군주들의 성격 · 그들의 콘스탄티노플 진군 · 비잔티움 황제 알렉시우스의 정책 · 프랑크족의 니케아, 안티오크, 예루살렘 정복 · 성묘 구원 · 예루살렘 초대 왕 부용의 고드프루아 · 프랑스 또는 라틴 왕국

투르크인이 예루살렘을 정복한 지 10여 년 후, 프랑스 피카르디 지방의 아미앵 출신인 페트루스라는 은자가 성묘 참배에

1095~1099년, 1차 십자군, 은자 페트루스

나섰다. 그는 박해를 체험하고 그리스도의 이름이 탄압받는 모습을 보면서 분노와 슬픔을 느꼈다. 그는 총대주교를 만나 함께 눈물을 흘리면서 동방의 비잔티움 황제로부터 조금이라도 구원의 희망을 얻을 수 없겠느냐고 간절히 물었다. 총대주교는 콘스탄티누스 대제의 후계자들의 악덕과 나약함을 폭로했다. 그러자 은자가 부르짖었다. "그렇다면 제가 대의를 받들어 유럽에서 군대를 일으키겠습니다." 유럽은 은자의 부름에 충실히 따랐다. 이에 놀란 총대주교는 그에게 책임을 맡기고 호소하는 서신을 주어 보냈다. 페트루스는 바리에 도착하자마자 서둘러 로마 교황의 발에 입 맞추었다. 그의 체구는 왜소했고 외모는 보잘것없었지만 눈빛만은 형형했다. 그에게는 열렬한 웅변으로 듣는 이의 영혼까지 흔들어 놓는 힘이 있었다. 그는 향

1

신(鄕紳, gentleman)(여기에서는 오늘날의 용어를 사용하지 않을 수 없다.) 집안 출신으로 1차 십자군의 영웅이 될 인근의 불로뉴 백작들 밑에서 복무했으나, 곧 검과 속세를 버렸다. 만일 그의 아내가 신분은 높지만 늙은 추녀였다는 애기가 사실이라면 아마 좀 더 미련 없이 아내의 침실에서 수도원으로, 종국에는 은둔 생활로 물러갈 수 있었을 것이다. 이렇게 엄격한 은거 생활을 하면서 그의 몸은 쇠약해 갔고, 정신은 공상 속으로 점점 더 빠져 들어갔다. 그는 자기가 원하는 것이면 무엇이나 믿었고, 믿는 것은 무엇이나 꿈과 계시를 통해 보았다. 이 순례자는 완벽한 광신자가 되어 예루살렘에서 돌아왔다. 그러나 그는 당대를 휩쓸었던 광기 이상의 것을 보여 주었으므로, 교황 우르바누스 2세는 그를 예언자로 받아들였다. 교황은 그의 영광스러운 계획에 갈채를 보내면서 지원을 약속했을 뿐 아니라 성지 해방을 선포하도록 격려했다. 이 열정에 들뜬 전도사는 교황에게 인정받자 더욱 용기백배하여 이탈리아와 프랑스의 여러 속주를 누비고 다녔다. 그는 금욕적인 식사를 하고 길고 열렬한 기도를 올렸으며, 한 손으로 받은 구호품을 다른 손으로 나누어 주었다. 모자도 없이 맨발로 다녔으며, 비쩍 마른 몸에는 누더기를 걸치고 무거운 십자가를 지고 다니면서 그 모습을 사람들에게 보여 주었다. 그가 타고 다니는 당나귀마저 세상 사람들 눈에는 신의 사자를 위해 봉사하는 신성한 존재로 비쳤다. 그는 교회에서, 거리에서, 대로에서 군중에게 설교했으며, 궁정이나 오두막이나 똑같이 확신에 넘친 자세로 들어섰다. 사람들은 그의 외침에 서둘러 일어나 회개하고 무기를 잡았다. 그가 팔레스타인 원주민과 순례자 들의 고통을 생생히 묘사하면 모든 이의 마음은 동정심으로 녹아내렸고, 동포들을 지키고 구세주를 구하라고 전사들을 다그칠 때면 사람들의 가슴은 분노로 불타올랐다. 그는 자신에게 부족한 것은 탄식과 눈물, 절규로 메웠다. 페트루스는 논리가 달리면 그리스도와 성모, 자신이 개인적으로 대화를 나누었다는 성인과 천국의 천사들에게 큰 소리로 호소하는 것으로 보충하고는 했다. 아테네에서 가장 훌륭한 웅변가라도 그의 열변이 거둔 성공을 질투했을 것이다. 이 시골내기 광신자는 자신이 느끼는 열정을 사람들에게 불어넣었으므로, 그리스도교도들은 최고 지도자인 교황의 권고와 교령을 초조하게 기다렸다.

고결한 정신의 소유자인 그레고리우스 7세는 이미 아시아에 맞서 유럽을 무장시킬 계획을 품고 있었다. 그가 남긴 서간에서 아직도 뜨거운 신앙열과 야심을 느낄 수 있다.

1095년 3월, 플라켄티아 공의회의 우르바누스 2세

알프스 양쪽에서 5만 명의 가톨릭교도가 성 베드로의 깃발 아래 모였다. 이 사도의 후계자인 교황은 불경한 이슬람교도에 맞서, 선두에 서서 진군하겠다는 뜻을 밝혔다. 그러나 영광이라 할지 오욕이라 할지 모를 이 성스러운 사업의 실행은 그의 제자 중에서도 가장 충실한 우르바누스 2세에게 돌아갔다. 그는 경쟁자인 라벤나의 기베르가 로마의 대부분을 손에 틀어쥐고 교황직의 이름과 명예를 다투는 와중에도 동방 정복에 착수한 것이다. 그는 군주들이 교회에서 멀어지고 일반 대중들은 군주로부터 멀어진 시기에, 자신과 전임자들이 황제와 프랑스 왕에게 내렸던 파문 선고의 힘을 빌려 서로마의 세력을 규합하려 시도했다. 프랑스의 필립 1세는 수치스러운 생활과 불륜으로 맺어진 결혼에 대한 비난 여론을 묵묵히 견뎠다. 독일의 하인리히 4세는 홀(笏)과 반지를 하사함으로써 주교들을 서임하고 승인할 특권을 주장했다. 그러나 황제의 세력은 이탈리아에서 노르만인과 마틸다 백작 부인의 무력에 궤멸당했다. 긴 싸움은 근래 그

1 그녀는 프락세스, 유프라이키아, 유프라시아, 아델라이스 등 여러 가지 이름으로 알려져 있다. 러시아 왕의 딸이며 브란덴부르크 후작의 미망인이었다.

의 아들 콘라드의 반란과 그의 아내1의 수치스러운 행동으로 더욱 격렬해졌다. 그의 아내는 콘스탄츠와 플라켄티아에서 열린 공의회에서, 자신과 아내의 명예는 안중에도 없는 남편 때문에 겪어야만 했던 수차례의 음란 행위에 대해 고백했다. 우르바누스의 대의는 큰 호응을 얻었고 그의 영향력 또한 막강했으므로, 그가 플라켄티아에서 소집한 공의회에는 이탈리아, 프랑스, 부르고뉴, 슈바벤, 바바리아 등지에서 200명의 주교가 모였다. 성직자 4000명, 평신도 3만 명도 이 중요한 모임에 참석했다. 아무리 넓은 대성당이라도 이 인원을 다 수용하기에는 부족했으므로, 도시 근교의 평원에서 7일에 걸쳐 회의가 열렸다. 비잔티움의 황제 알렉시우스 콤네누스의 사절은 그리스도교도들의 공적인 투르크인과 겨우 좁은 바다 하나를 사이에 두고 있는 자기네 군주의 곤란한 처지와 콘스탄티노플의 위험한 상황을 호소했다. 그들은 읍소하면서 라틴 군주들의 자존심에 아부했으며, 그들의 정책과 종교에 호소하면서 유럽 중심부에서 야만인들을 맞이하는 상황이 오기 전에 아시아 국경 지대에서 물리쳐 달라고 설득했다. 동방의 동포들이 겪고 있는 불행과 위험에 대한 슬픈 이야기를 전해 듣고 좌중은 울음바다가 되었다. 흥분한 전사들은 당장 진군하자고 주장했다. 비잔티움의 사절단은 속히 강력한 구원의 손길을 펴겠다는 확답을 받고 돌아갔다. 콘스탄티노플의 안위는 예루살렘 해방이라는 더 크고 원대한 계획의 일부였다. 그러나 신중한 우르바누스는 자신이 그해 가을에 프랑스의 어느 도시에서 열자고 제안한 2차 공의회 때까지 최종 결정을 미루었다. 단기간의 지연은 열정의 불꽃을 확산시켰다. 우르바누스가 가장 큰 희망을 걸었던 것은 아직도 자기들의 빛나는 이름을 자랑스러워하며, 투르피누스의 인기 있는 무훈시에서 성지 정복을 달성한 인물로 그려진 영웅 샤를마뉴를 능가하겠다는 야심을 품은 병사들이었다.[2] 허세 또는 허영심 같은 숨은 동기가 우르바누스의 선택에 영향을 끼쳤을지도 모른다. 그는 프랑스인이자 클뤼니의 수도사로, 프랑스인 중 처음으로 성 베드로의 옥좌에 올라 가문과 고향의 명예를 빛냈다. 젊은 시절 초라한 모습으로 땀 흘렸던 무대에 화려하고 근엄한 모습으로 금의환향하는 것보다 더 기쁜 일도 없을 터이다.

로마 교황이 프랑스 한복판에 재판정을 세우고 왕에게 파문 선고를 내렸다는 사실은 다소 놀라울 수도 있다. 그러나 11세기 프랑스 왕의 상황을 잘 따져 본다면 그렇게 놀랄 일도 아니다. 필립 1세는 현재의 왕가를 창시한 위그 카페의 증손자로, 이 창시자는 샤를마뉴의 후손이 몰락하자 자신이 세습한 파리와 오를레앙의 영지에 붙은 작위에 왕의 칭호를 더했다. 그는 이렇게 좁은 영토 안에서 부와 지배권을 장악했지만 프랑스의 나머지 지역에서 위그와 그의 첫 후손들은 독립된 세습 권력[3]을 지닌 약 예순여 명의 공작과 백작 등 지방 영주와 다를 바 없는 존재였다. 영주들은 법과 합법적인 집회에서 채택된 결의를 무시했고, 영주들이 군주의 통제를 무시하듯이 그들의 봉신들 또한 그들의 명령을 따르지 않았다. 그런 상황이었으므로 오베르뉴 백작의 영지인[4] 클레르몽에서 교황이 필립의 분노에 맞설 수 있었다. 그가 그 도시에서 개최한 공의회는 규모나 권위로나 플라켄티아 회의 못지않았다. 교황은 교황청과 로마 추기경 회의체 외에도 13명의 대주교와 225명의 주교로부터 지지를 확보했다. 주교직을 지닌 고위 성직자의 수는 400명을 헤아렸는데, 이 교회의 신부들은 당대의 성자들의 축복을 받고 저명한 학자들로부터 가르침을 받은 자들이었다. 부

1095년 11월, 클레르몽 공의회

[2] 프랑스인인 기베르는 십자군의 권위와 모범이 된 프랑스인들의 신앙심과 용맹을 찬양했다. 그러나 그는 프랑스인의 쾌활한 기질이 외국인들 사이에서 성급함과 공허한 수다로 타락했음을 인정한다.

[3] 루아르 남쪽 지역에서 최초의 카페 가문은 봉건 지배권을 거의 갖지 못했다. 노르망디, 브르타뉴, 아퀴텐, 부르고뉴, 로렌, 플랑드르는 사방에서 본래의 프랑스의 이름과 국경을 축소시켰다.

[4] 아퀴텐 공작들의 분가인 이 백작들은 결국 필립 아우구스투스에게 영토를 대부분 빼앗겼다. 클레르몽의 주교들은 점차 그 도시의 군주가 되었다.

[5] 하느님의 휴전은 1032년 아퀴텐에서 처음으로 제정되었다. 그러나 일부 주교들은 서약을 깨뜨릴 기회를 주는 것이라며 비난했고, 노르만인들은 그들의 특권을 침해하는 것이라며 거부했다.

근 왕국에서 세력과 명성을 지닌 호전적인 영주와 기사 들이 어떤 결의가 내려질지 기대에 가득 차서 회의에 참석했다. 도시 전체가 신앙열과 기대감으로 뜨겁게 달아오른 가운데, 11월의 추운 날씨에도 수천 명이 노천에 천막이나 임시 막사를 세웠다. 8일간의 회의 끝에 풍속의 개혁을 위한 유용하고 교훈적인 규정이 탄생했다. 함부로 사사로이 결투를 벌이는 행위에 대해서는 준엄한 비판이 가해졌으며, 한 주에 나흘간 일체의 적대 행위를 중지하는 하느님의 휴전이[5] 다시 확인되었다. 부녀자와 성직자 들은 교회의 보호 아래 놓이게 되었다. 농민과 상인 등 전장의 약탈에서 무방비로 희생당하는 사람들도 교회가 3년간 보호하기로 했다. 그러나 이러한 제재 조치가 아무리 훌륭하다 해도 당대의 분위기를 일변시킬 수는 없었다. 우르바누스의 자비로운 노력도 사실 대서양에서 유프라테스 강까지 전쟁의 불길을 퍼뜨리기 위해 내부 다툼을 진정시키려는 조치인 만큼 그다지 칭찬할 일은 못 된다. 플라켄티아 공의회 후 성직자들이 각자의 교구로 돌아가 성지 해방의 가치와 영광을 설파했으므로, 이미 그의 위대한 계획에 대한 소문이 여러 나라들 사이에 퍼져 있었다. 교황은 클레르몽 시장의 광장에 설치된 연단에 올라, 이미 마음의 준비를 다 하고 초조하게 기다리는 청중에게 열변을 토했다. 그는 분명한 논지를 가지고 강력하게 주장했으므로 성공은 당연했다. 연설자는 수천 명이 입을 모아 자기네 고향 사투리로 저마다 "신이 그렇게 원하신다, 신이 그렇게 원하신다!"라고 목청 높여 외치는 통에 연설을 중단해야 했다. "그것이야말로 진짜 신의 뜻이오." 교황은 이렇게 답했다.

틀림없이 성령의 감화라 할 이 기억할 만한 말을 전장에서도 끝없이 외쳐, 그리스도의 수호자들의 믿음과 용기를 북돋워야 할 것이오. 그분의 십자가는 그대들을 구원하는 상징일지니, 붉은 핏빛 십자가를 철회할 수 없는 신성한 계약의 증표로 그대들의 어깨나 가슴에 걸도록 하시오.

6 어깨 부분에 금이나 은으로 수놓거나 천을 바느질해 붙이는 것이 보통이었다. 1차 십자군에서는 모두 붉은색이었다. 3차에서는 프랑스인만 그 색을 계속 썼고, 플랑드르인은 초록색, 영국인은 흰색을 썼다.

수많은 성직자와 평신도가 그 제안을 기꺼이 받아들여 옷에 십자가 표시를 새기고,6 교황에게 선두에 서서 진군해 줄 것을 간청했다. 그레고리우스보다 더 신중한 그의 후계자는 교회의 분열과 교회를 돌볼 책임을 구실 삼아 이 위험한 명예를 사양했다. 그는 성별이나 직업 또는 나이나 건강상 문제로 참여할 수 없는 신도들은 기도와 원조금으로 강인한 동포들을 돕도록 권고했다. 퓌의 주교인 아데마르가 교황의 대리인으로 그의 이름과 권한을 양도받고 십자가를 받았다. 세속의 장군 중 최고 지위에 앉은 자는 툴루즈 백작 레이몽이었다. 공의회에서는 그의 사절이 불참을 사죄하고 주인의 명예를 대신 서약했다. 십자가의 수호자들은 죄를 고백하고 사면받은 후, 동향인과 친구들을 참여시키라는 권고를 듣고 떠났다. 성지로의 출발은 다음 해 8월 15일, 성모 승천 대축일로 정해졌다.

인간에게 폭력을 행사하는 일이 너무나도 익숙하고 자연스러워지면, 아주 사소한 도발이나 의심스러운 권리조차도 국가적인 적대 행위에 충분한 근거로 받아들여지게 된다. 그러나 '성전(聖戰, holy war)'이라는 호칭과 그 본질에 대해서는 더 엄격히 살펴볼 필요가 있다. 평화의 주군을 섬기는 자들이 순수한 동기를 가지고 불가피하게 정당한 싸움에 나서는 경우가 아니라면, 파괴의 칼을 뽑은 명분을 곧이곧대로 믿을 수는 없다. 어떤 행동에 대한 판단은 오랜 시간 후 교훈과 경험에 따라 이

십자군의 정의(正義)?

루어진다 하더라도, 일단 행동하기에 앞서 하려는 일의 정당성과 타당성을 자신의 양심에 납득시켜야 한다. 십자군 시대에 동방과 서방의 그리스도교도들은 자기들의 합법성과 우월성을 확신했다. 그들은 성경과 수사를 끝없이 남용하여 혼란스럽기 짝이 없지만, 성지를 방어할 고유 권한과 적인 이교도와 이슬람교도의 불경함을 주장하는 것 같다. (1) 정당방위의 권리는 민간인과 종교인 동맹을 제법 끌어들일 수 있다. 이 권리는 위험의 존재 유무에 의존하는데, 그 위험은 상대의 적의와 힘 두 가지 면을 고려하여 평가되어야 한다. 칼로 다른 모든 종교를 절멸시키는 것이 의무라는 위험한 교리는 이슬람교도의 것이라고 주장되어 왔다. 그러나 코란과 이슬람교 정복자들의 역사, 그리스도교 숭배에 대한 그들의 공적, 법적 관용을 상기하면 무지와 독선에서 나온 이러한 비난은 근거가 없다. 그러나 동방 교회가 그들의 멍에 아래 억눌려 왔다는 점, 평화 시에나 전쟁 시에나 신성하고 영속적인 유일 제국을 건설해야 한다고 주장했던 점, 이슬람교의 정통 교리에 비추어 믿지 않는 민족은 종교나 자유를 잃을 위험에 끊임없이 시달려 온 점 등은 부인할 수 없다. 11세기 투르크족 군대의 승리는 이러한 상실을 눈앞에 당장 현실화시켰다. 그들은 30년도 채 안 되어 아시아의 왕국들을 예루살렘과 헬레스폰투스 해협까지 정복했으며, 비잔티움 제국을 붕괴 지경까지 몰고 갔다. 라틴인에게는 동포들에 대한 마음에서 우러난 동정심은 차치하고라도, 서방을 지키는 가장 중요한 방벽인 콘스탄티노플을 지원해야 할 이해관계가 있었다. 방어할 특권은 임박한 공격에 대한 격퇴뿐 아니라 예방까지 포함해야 하지만 적절한 원조로 소기의 목적을 달성할 수도 있었다. 냉정하게 따져 보면 굳이 대군을 동원하여 먼 타지에서 작전을 펼쳐 아시아를 휩쓸고, 유럽 인구를 감소시켜야만 했는지 인정하기 어렵다. (2) 팔레스타인은 라틴인들의 전력에나 안전에나 아무런 보탬도 되지 않았다. 이처럼 멀리 떨어진 좁은 속주의 정복을 정당화할 구실이 될 수 있는 것은 광신밖에 없다. 그리스도교도들은 약속된 땅에 대한 그들의 양도할 수 없는 권리가 신성한 구세주의 피로 확정되어 있다고 주장했다. 그 땅을 부당하게 손에 넣고 그리스도의 묘를 더럽히며 신도들의 순례를 핍박하는 자들로부터 자기들의 유산을 구해 내는 것이야말로 권리이자 의무였다. 예루살렘의 위대함과 팔레스타인의 신성함은 모세의 율법과 함께 폐기되었으며, 그리스도교의 신은 지방 신이 아니고, 그리스도의 요람 또는 성묘인 베들레헴이나 칼바리를 되찾는 일이 복음의 계율을 위반한 데 대한 속죄가 될 수 없다고 주장해 봐야 헛일이다. 이러한 주장으로는 미신의 두꺼운 방패를 뚫지 못한다. 종교로 무장한 정신은 신비와 기적의 신성한 본거지에 대한 지배권을 쉽게 포기하려 들지 않는 법이다. (3) 그러나 이집트에서 리보니아까지, 페루에서 힌두스탄까지 전 세계 도처에서 벌어진 성전은 좀 더 보편적이고 유연한 견해를 요구한다. 종교의 차이가 적대 행위를 하기에 충분한 명분이며, 완고한 불신자라면 십자가의 전사들이 죽이거나 굴복시켜도 좋다든가, 은총만이 자비뿐 아니라 지배의 유일한 원천이라는 설은 자주 제기되어 왔으며 때로는 확신을 갖고 주장되기도 했다. 1차 십자군 원정이 있기 400여 년 전, 로마 제국의 서부와 동부 속주가 게르마니아와 아랍 야만족의 손에 거의 동시에, 같은 방식으로 넘어갔다. 세월이 흐르고 조약이 체결되면서 그리스도교도인 프랑크족의 정복은 합법화되었으나, 그리스도교도가 보기에 이슬람교도 군주의 정복은 부당한 것이었으므로 전쟁이나 반란으로 되찾아 와도 정당한 것이었다.

종교적인 동기와 면죄

그리스도교도의 생활 태도가 문란해짐에 따라 참회 규율은 강화되었다. 즉 죄가 늘어나면서 그에 대한 처방도 늘어난 셈이다. 예전에는 속죄받기 위해서는 먼저 자발적으로 공개 고백을 해야 했다. 중세에는 주교나 성직자 들이 죄인을 심문하여 생각과 말, 행동을 해명하게 하고, 신과의 관계를 회복하기 위한 조건을 처방해 주었다. 그러나 이러한 임의적인 재량권은 어떤 때는 지나치게 관대했다가 어떤 때는 또 너무 엄격했으므로, 영적인 재판관들을 계발하고 통제하고자 규율이 만들어졌다. 이러한 규율 체제는 비잔티움인들이 고안해 냈는데, 라틴 교회도 그들의 참회 규정서를 번역하거나 모방했다. 샤를마뉴 대제 시대에는 모든 교구의 성직자가 법령집을 지급받아 속인들의 눈을 피해 조심스럽게 감춰 두었다. 죄와 벌을 따지는 위험스러운 일을 놓고, 수도사들의 경험이나 식견에 따라 모든 상황을 상정하고 그 차이를 확인한 결과 그중에는 잘 모르면 의심조차 하지 않고 넘어갈 수 있는 죄목도 있고, 이성으로는 도저히 믿어지지 않는 것도 있었다. 간통이나 위증, 성물 훼손, 절도, 살인과 같은 좀 더 일반적인 범죄는 상황에 따라 40일에서 7년까지 연장되는 참회를 거치면 사면받을 수 있었다. 이러한 고행 기간 중에 단식이나 기도를 적절하게 처방 받음으로써 환자는 치유되고 죄인은 용서받았다. 당사자는 옷을 마구 풀어헤쳐 슬픔과 자책을 표현하고, 모든 직무와 사교 생활의 즐거움을 겸허하게 물리쳤다. 그러나 이러한 법규를 너무 엄격하게 실행했다가는 궁정과 군영, 도시에서 사람을 찾아볼 수 없게 될 것이다. 서방의 야만인들은 믿음을 갖고 두려움을 품었지만, 타고난 기질 탓에 원칙을 거스를 때도 많았다. 관리들은 성직자의 판결을 강제로라도 실행하려 애썼지만 헛

일이었고, 문자 그대로 완벽한 속죄는 현실적으로 불가능했다. 간통을 거듭 저지름으로써 그 죄는 가중되었고, 살인죄가 한 민족 전체를 학살한 경우일 수도 있다. 이런 개개의 행위가 일일이 소추된다면 무질서와 악덕이 만연한 시대에는 평범한 죄인이라도 300년간의 속죄 기간을 가지라는 처벌이 다반사로 내려졌을 것이다. 사정이 이렇다 보니 감형이나 면제로 죄를 줄여 주었는데, 1년의 속죄는 부자에게는 은화 26솔리두스, 약 4파운드에 해당했고, 빈민에게는 3솔리두스, 약 9실링에 해당했다. 이러한 기부금은 곧 교회 운영비로 쓰였으므로 교회는 죄를 사해 주는 일로 엄청난 부와 권력을 무한정 끌어낼 수 있었다. 1200파운드에 해당하는 300년의 죗값이면 웬만한 재산가 한 명을 빈털터리로 만들기에 충분했는데 금과 은이 모자라면 토지로 양도하기도 했다. 피핀과 샤를마뉴는 특별히 자기들의 영혼을 구제하기 위해 토지를 기부하기도 했다. 민법 조항에 따르면 금전으로 지불할 능력이 없는 자는 몸으로 때울 수 있었다. 수도사들은 벌금 대신 고통스럽지만 싸게 먹히는 채찍질을 택했다. 기막힌 산술법으로 1년의 속죄는 3000대의 채찍질로 환산되었다.[7] 유명한 은자로 철갑(鐵甲)이라고 불린 성 도미니크는[8] 놀라운 끈기로 엿새에 걸쳐 백 년에 해당하는 30만 대의 채찍질을 받기도 했다. 남녀 할 것 없이 수많은 참회자가 그의 예를 따랐다. 남이 대신 벌을 받을 수도 있었으므로, 몸이 튼튼한 수행자가 은인의 죄를 자기 등짝으로 대신 속죄하기도 했다. 11세기에는 이렇게 금전이나 몸으로 속죄하는 방법 대신 좀 더 명예로운 방식이 도입되었다. 우르바누스 2세의 전임자들은 아프리카와 스페인의 사라센인에 맞서 싸운 공훈을 인정해 속죄해 주는 방식을 썼는데, 클레르몽 공의회에서 교황은 십자군에 참여하는 자들에게 완전 사면을 내린 것이다. 즉

[7] 채찍질 백 대는 찬송가를 부르는 것으로 환산되었다. 1만 5000편이 들어 있는 시편 전체를 다 부르면 5년간의 속죄와 맞먹었다.

[8] 성 도미니크 로리카투스의 삶과 업적은 그의 벗이자 숭배자인 다미아누스가 기록했다. 바로니우스는 다미아누스의 글에서 이러한 속죄가 훌륭한 숙녀들 속에서조차 얼마나 훌륭하게 뿌리내렸는지 관찰했다.

모든 죄를 사하는 동시에 교회법에 따라 모든 죗값을 치른 것으로 간주한다고 선언했다. 냉철한 근세의 철학으로는 죄 많고 광신적인 세상에 부여한 이러한 감명을 실감하지 못한다. 사제의 이 목소리에 강도, 방화범, 살인자 들이 그리스도교 형제에게 저질렀던 것과 똑같은 짓을 이교도에게 함으로써 영혼을 구원받겠다고 일어났는데, 모든 계층과 종파의 범죄자들이 이 사면 조건을 열렬히 받아들였다. 순수한 의도를 가진 자는 하나도 없었고 모두 죄와 형벌을 면할 수 없는 이들로, 신과 교회의 정의에 가장 불복종하는 자들이 신성한 용기에 대해 현세와 내세에서 보상받을 자격을 인정받았다. 그들이 쓰러지면 라틴 성직자들이 그 무덤에 주저 없이 순교자의 관을 바쳤다. 살아남으면 지연된 만큼 불어났을 천국의 보상을 느긋하게 기대할 수 있었다. 그들은 자기들을 구원하고자 생명을 던진 신의 아들을 위해 피를 흘리기로 한 것이다. 그들은 십자가를 짊어지고 확신에 차서 주님의 길에 들어섰다. 그분의 섭리가 그들의 안전을 굽어살펴 줄 것이고, 아마도 그분의 기적적인 힘이 그들의 성스러운 위업을 가로막는 고난을 도와줄 것이다. 일찍이 야훼의 구름과 불기둥이 이스라엘 사람들을 약속의 땅으로 이끌었다. 그러니 그리스도교도들이 자기들이 가는 길 앞에 강물이 열리고, 나팔 소리에 아무리 강한 성벽이라도 무너지고, 불신자들을 다 쳐부술 때까지 해가 지지 않으리라 기대한 것도 무리는 아니었다.

세속적이고
탐욕적인 동기들

성묘로 진군한 수장과 병사 들 모두가 열정과 공훈을 세울 수 있다는 믿음, 보상에 대한 기대, 신의 가호에 대한 확신에 들떠 행동에 나섰다고 감히 단언해도 좋다. 그러나 많은 이들에게는 이것이 유일한 동기는 아니었으며, 심지어 중요한 원칙조차 아닌 자들도 있었다는 사실도 확실히 말할 수 있다. 종교의 이용과 남용이 관습의 흐름을 막기는 힘들지만, 이를 가속화하는 데에는 걷잡을 수 없을 만큼 강한 힘이 될 수 있다. 교황과 교회 회의의 결의가 야만인들의 개인적인 결투나 피비린내 나는 마상 시합, 방탕한 애정 행위 따위를 아무리 비난해도 전혀 효과를 거두지 못했다. 이보다는 비잔티움 사람들의 형이상학적인 논쟁을 자극하고, 무질서나 압제의 희생자들을 수도원으로 숨어들게 만들고, 노예나 겁쟁이 들의 인내심을 찬양하거나 근대 그리스도교도의 자비와 선행을 받아들이게 하는 편이 더 쉬운 일이었다. 전쟁과 훈련이야말로 프랑크인이나 라틴인이 가장 열성을 보이는 일이었다. 그런 이들에게 속죄를 위해 먼 나라로 떠나 동방 민족을 상대로 칼을 뽑아 전투욕을 마음껏 충족시키라는 명령이 떨어진 것이다. 만일 승리하지 못한다 해도, 시도만으로도 십자가를 지킨 무적의 영웅이라는 불멸의 영예를 누릴 수 있었다. 아무리 순수한 신앙심의 소유자라 하더라도 군인으로서 영광을 얻을 휘황찬란한 전망에 무심할 수는 없었다. 그들은 유럽에서 성이나 마을 하나를 놓고 사소한 싸움으로 친구와 동족의 피를 흘리곤 했다. 이제 그들은 자신들의 무력 앞에 제물이 될 멀고 먼 적국을 향해 진군에 나섰다. 그들은 이미 꿈에 부풀어 아시아의 황금빛 왕홀을 그렸다. 노르만인들의 아풀리아와 시칠리아 정복은 아무리 보잘것없는 모험가라도 왕이 될 수 있다는 꿈을 심어 주었다. 미개 상태에 있던 그리스도교 왕국들은 확실히 이슬람교 국가의 풍조와 문화에 미치지 못했다. 이슬람교 국가들의 자연적, 인공적 부는 순례자들의 이야기와 불완전하나마 교역에서 얻은 선물을 통해 과장되어 전해졌다. 속인들은 지위 고하를 막론하고 젖과 꿀이 흐르는 땅, 금과 다이아몬드가 가득 묻혀 있는 광

[9] 모험가들의 편지에서 이와 같은 소망을 볼 수 있다. 위그는 자기 몫이 연간 1500마르크의 가치가 있는 수도원 한 개와 성열 개에 이르며, 알레포 정복으로 성 백여 개를 얻게 될 것이라고 떠벌렸다.

[10] 알렉시우스는 플랑드르 백작에게 보낸 진짜인지 허구인지 모를 편지에서, 교회의 위기와 성자들의 유물에 관한 이야기를 뒤섞고 있다. 분개한 기베르는 비잔티움 여자들이 프랑스 여자들보다 더 아름답다는 듯이 말했다.

[11] 십자군의 특권으로는 빚이나 이자, 명예 훼손죄, 세속의 처벌 면제 등이 있었다. 교황이 그들의 영원한 수호자가 되었다.

맥, 대리석과 벽옥으로 지은 궁전, 계피와 유향으로 가득한 향기로운 작은 숲 등에 대한 온갖 경이로운 이야기를 믿었다. 전사들은 이러한 지상 낙원에서 원하는 대로 얼마든지 가능한 풍성하고 영예로운 지위를 얻기 위해 각자 칼을 뽑아 들었다.[9] 그들의 봉신과 병사 들은 신과 주인에게 자신들의 운명을 맡겼다. 투르크족 태수 한 사람한테 빼앗은 전리품만으로도 군영의 가장 말단 종자까지 부자로 만들어 줄 것이었다. 향기로운 포도주며 아름다운 비잔티움 여자들은[10] 십자가 전사들의 서약보다도 본능을 더 강하게 이끄는 유혹이었다. 자유에 대한 희망도 봉건 영주나 교회의 압제에 시달리는 대중에게는 뿌리치기 힘든 자극이었다. 농사를 짓는 농부와 시민은 십자군의 성스러운 깃발 아래 참여함으로써 오만한 영주로부터 벗어나 가족과 함께 자유로운 땅으로 이주할 수 있었다. 수도사는 수도원의 엄한 규율에서 해방되고, 채무자는 늘어만 가는 높은 이자와 빚쟁이의 추궁에서 한동안 벗어날 수 있었으며, 범법자와 악한 들은 자신들의 죄에 대한 형벌을 계속 피할 수 있었다.[11]

선례(先例)의 영향

이러한 동기들은 강력했고, 이외에도 무수히 많았다. 우리는 이러한 것들이 각 개인에게 끼쳤을 영향을 하나씩 따져 보는 일 외에도, 선례와 유행이 가중시키는 힘의 무한한 연쇄 작용도 고려에 넣어야 한다. 최초의 개종자들은 가장 열렬하고 효과적인 십자가의 전도자가 되었는데, 그들은 친구와 동포들에게 성스러운 맹세의 의무, 가치, 보상에 대해 이야기했다. 처음에는 내키지 않아 하던 자들도 자신도 모르게 설득과 권위의 소용돌이 속으로 빨려 들어갔다. 호전적인 젊은이들은 겁쟁이라는 비난이나 의심에 울컥하며 일어섰다. 힘보다 열의가 앞선 노약자나 여자들, 아이들까지도 군대를 따라나서 그리스도의 묘에 참배할 기회를 놓치지 않으려 했다. 전날 저녁까지도 동료의 어리석음을 비웃던 자들이 다음 날이면 누구보다도 열렬히 그들을 좇아 떠났다. 무지는 희망을 부풀리는 동시에 이 원정에 따르는 위험은 축소시켰다. 투르크인들이 정복한 이래로 순례 여행 길은 망각에 묻혀, 수장들도 여정이 얼마나 되는지 적은 어떤 상태인지 제대로 아는 바가 없었다. 사람들이 얼마나 어리석었던지, 자기들이 아는 범위 밖으로 나와 처음 도시나 성이 눈에 띄기만 하면 곧바로 그것이 자기들의 노고의 목표이자 종착역인 예루살렘이 아닌지 물어볼 정도였다. 그러나 십자군 중에서도 하늘에서 비처럼 내려 줄 메추라기나 만나(manna)를 먹으면 된다고 믿을 만큼 어리석지는 않았던 자들은 어느 나라에서건 어떤 상품과도 교환이 가능한 귀금속을 준비했다. 경비를 마련하기 위해 각자 지위에 따라 군주들은 속주를, 귀족은 영지와 성곽을, 농부는 가축과 농기구를 팔았다. 수많은 사람들이 서로 팔려고 아우성을 치다 보니 자산의 가치는 하락한 반면, 무기와 말의 가격은 안달하는 구매자들 사이에서 천정부지로 올라갔다.[12] 분별력이 있어 돈을 지니고 집에 남은 자들은 이러한 열풍 덕에 돈방석에 앉았으며, 군주들은 헐값에 가신들의 영지를 손에 넣었다. 성직에 있는 구매자들은 기도해 주겠다는 보증으로 지불을 대신했다. 일부 광신도는 너나없이 천이나 비단으로 의복에 꿰매 붙이는 십자가를 뜨겁게 달군 쇠나 지워지지 않는 염색액으로 자기 살갗에 영구적으로 새겨 넣었다. 한 솜씨 좋은 수도사는 자기 가슴에 새긴 기적의 인장을 보여 주어 세인들의 존경은 물론이고 팔레스타인에서 가장 부유한 교회의 성직록까지 얻었다.[13]

    클레르몽 공의회에서 8월 15일이 순례 출발일로 정해졌다. 그러나 무지하고 궁핍한 평민 대중들은 그 날짜가 되기도 전에

[12] 기베르(Guibert)는 이러한 전반적인 분위기를 생생하게 묘사한다. 그는 눈앞에서 펼쳐지는 놀라운 정황을 잘 살필 수 있는 재능을 지닌 몇 안 되는 동시대인 중 한 사람이었다.

[13] 이러한 성스러운 흔적에 관한 일부 사례는 내가 본 적이 없는 저자들이 쓴 『십자군의 정신』에 나와 있다.

> 1096년 3월, 5월 등,
> 1차 십자군의 출발

14 투델라의 벤자민은 쾰른부터 라인 강 유역을 따라 거주하던 유대인 동포들의 상태를 설명한다. 그들은 부유하고, 관대하고, 학식 있고, 손님에게 후했으며, 메시아가 오리라는 열렬한 희망을 품고 살았다. 70년 후(그는 1170년경에 이 글을 썼다.) 그들은 이 학살을 딛고 다시 일어섰다.

길을 나섰다. 나는 십자군 대장들의 좀 더 진지하고 성공적인 계획을 논하기에 앞서, 이들이 겪었거나 저지른 재난을 짤막하게 언급하려 한다. 이른 봄, 프랑스와 로렌의 국경 지대에서 6만여 명의 남녀 군중이 십자군의 첫 번째 선교자(페트루스) 주변에 모여들어, 자기들을 성묘로 인도해 달라고 아우성치며 끈덕지게 간청했다. 대장을 자칭했으나 그에 걸맞은 재능이나 권위를 갖추지 못했던 그 은자는 신도들의 과격한 충동을 부추겼는지 혹은 그에 못 이겨서였는지 모르지만, 라인 강과 도나우 강 유역을 따라 군중을 이끌고 전진했다. 그들은 물자는 부족한 반면 수는 너무 많았으므로 곧 패가 갈라졌다. 가난한 병사지만 용맹스러운 그의 부하, 빈털터리 발터가 순례자들의 선봉 부대를 이끌었는데, 보병 1만 5000명당 기병 8명이라는 구성 비율로 그들의 실정을 짐작할 수 있다. 또 다른 광신도인 수도사 고데스칼은 페트루스의 모범을 이어 그의 발자취를 충실히 따라, 자신의 설교로 독일의 촌락에서 1만 5000 내지 2만 명의 농민들을 끌어냈다. 그들 뒤로는 자기들의 신앙심에 더해 약탈, 매춘, 폭음 등 야수 같은 악덕에 물든 무지몽매하고 미개한 20만 명의 무리가 따랐다. 몇몇 백작과 향신 들은 3000명의 기병을 이끌고 전리품 분배에 한몫 낄 생각으로 함께 나섰다. 그러나 그들의 진짜 지휘관은 거위 한 마리와 염소 한 마리였는데, 이 훌륭한 그리스도교도들은 성령이 그 가축들에게 내려졌다고 믿고 맨 앞에 세웠던 것이다. 열정에 들뜬 이 무리는 신의 아들을 살해한 유대인을 상대로 최초의 전투이자 가장 쉬운 전투를 벌였다. 유대인들은 모젤 강과 라인 강의 교역 도시에 많이 자리 잡고 번성하고 있었다. 그들은 황제와 주교의 비호 아래 자유롭게 자기들의 종교를 믿었다.14 이 불행한 민족은 베르됭, 트레브스, 멘츠, 슈피레스, 보름스에서 약탈과 학살을 당했다.15 하드리아누스의 박해 이래로 그들이 겪은 가장 끔찍한 재앙이었다. 살아남은 사람들은 거짓으로 일시적인 개종을 수용한 그들의 제사장들의 의연한 조치 덕분에 목숨을 구했다. 그러나 좀 더 고집 센 유대인들은 그리스도교도들의 광신에 광신으로 맞섰다. 그들은 집을 방책으로 둘러싸고 방어하다가 스스로와 가족, 그리고 모든 재산을 강물이나 불구덩이에 던져 넣어 버림으로써 무자비한 적들의 악의, 적어도 탐욕을 좌절시켰다.

15 십자군마다 반복한 유대인에 대한 학살과 약탈은 냉정하게 설명되고 있다. 성 베르나르가 동방의 프랑크인들을 타일렀다는 이야기는 사실이다. 경쟁 관계에 있는 한 수도사는 이와 반대되는 교리를 설파했다.

십자군은 오스트리아 국경 지대에서 비잔티움·제국의 수도까지 헝가리와 불가리아의 거칠고 황량한 땅 600마일을 횡단해야 했다.

1096년, 1차 십자군의 헝가리와 아시아 파괴

오늘날 그곳은 토양이 비옥하고 강들이 가로질러 흐르고 있지만 그 당시에는 인간이 대지에 대한 지배를 중단하기만 하면 어김없이 무한정 퍼져 나가는 습지와 산림으로 뒤덮여 있었다. 두 나라는 초보적이나마 그리스도교를 받아들인 상태였다. 헝가리인들은 자기들 군주의 지배를 받았고, 불가리아인들은 비잔티움 황제의 부하의 통치하에 있었다. 그러나 지극히 사소한 자극에도 격분하는 불같은 성격의 소유자들인지라, 첫 번째 순례자들이 야기한 무질서는 심각한 도발로 받아들여졌다. 그들의 농업은 미숙하고 침체되어 있었으며, 갈대와 나무로 도시를 짓고 여름철에는 이를 버리고 사냥꾼과 양치기의 천막에서 살았다. 첫 번째 싸움에서 십자군은 제멋대로 분노와 복수욕을 푸는 데 몰두했으나, 지리와 전투, 규율에 무지했던 탓에 온갖 함정을 피해 갈 수 없었다. 불가리아의 비잔티움 총독은 정규군을 지휘했다. 헝가리 왕의 나팔 소리가 울리자 호전적인 신민들 중 8분의 1 내지 10분의 1이나 되는 사람들이

활을 잡고 말에 뛰어올랐다. 그들은 교활하고 잔인한 계책으로 이 신앙을 등에 업은 강도들에게 무자비하고 잔혹한 보복을 가했다. 페트루스는 아무런 방어 수단도 없는 도망자들 중 약 3분의 1과 함께 트라키아의 산악 지대로 탈출했다. 황제는 라틴인들의 순례와 원조를 존중했으므로, 그들을 콘스탄티노플까지 안전하고 편하게 안내해 주고 동포들이 도착하기를 기다리라고 충고했다. 그들은 한동안은 자신들이 저지른 과오와 손실을 기억했으나, 따뜻한 환대를 받고 기력을 회복하자마자 사악한 본성이 되살아났다. 그들은 은인을 괴롭혔고, 정원이고 궁전이고 교회고 간에 닥치는 대로 약탈했다. 알렉시우스는 자신의 안전을 위하여 그들을 보스포루스 해협의 아시아 쪽 지역으로 옮겨 가도록 유인했다. 그러나 맹목적이고 즉흥적인 그들은 곧 알렉시우스가 배정해 준 주둔지를 이탈하여, 예루살렘으로 가는 길을 점령하고 있던 투르크군에게 마구잡이로 돌격했다. 은자는 부끄러이 여기고 군영에서 콘스탄티노플로 물러갔지만, 그보다는 군대 지휘 요령을 좀 더 잘 알고 있던 부관인 빈틸터리 발터가 이 야만스러운 무리 속에 질서와 분별을 불어넣으려 했으나 헛된 노력으로 끝나고 말았다. 그들은 먹잇감을 찾아 뿔뿔이 흩어졌다가 술탄의 술책에 걸려들어 거꾸로 손쉬운 먹잇감이 되고 말았다. 솔리만은 그들의 선봉 부대가 술탄의 수도를 약탈하기 위해 날뛴다는 소문을 듣고, 주력 부대를 니케아 평원으로 내려오도록 유인했다. 그들은 투르크군의 화살에 전멸했는데, 산처럼 쌓인 뼈가 동료들에게 그들이 궤멸당한 장소를 알려 주는 표지가 되었다. 1차 십자군 중 30만 명이 이교도로부터 오직 한 도시(예루살렘)를 구하기도 전에, 더 진지하고 고귀한 동포들이 출정 준비를 마치기도 전에 이미 사라진 것이다.

1차 십자군에는 유럽의 위대한 군주들 중 아무도 직접 참여하지 않았다. 황제 하인리히 4세는 교황의 부름에 응할 생각이 없었고, 프랑스의 필립 1세는 쾌락을 즐기느라 정신이 없었다. 영국의 윌리엄 루푸스는 최근에 벌인 정복 사업에 빠져 있었고, 스페인 왕은 무어인들과 내전 중이었으며, 스코틀랜드, 덴마크,16 스웨덴, 폴란드 등 북방의 군주들은 남쪽의 열정과 이해관계를 딴 세상일로 여겼다. 2인자 자리에 앉아 봉건 체제에서 중요한 위치를 차지하고 있던 제후들의 종교열이 더 강렬했는데 이들은 그 이름과 성격에 따라 자연스럽게 네 가지 부류로 분류할 수 있다. 그러나 불필요한 반복을 피하기 위해 이 그리스도교도 모험가들이 공통적으로 용기와 무력을 갖춘 자들이었음을 밝혀 둔다. (1) 실전에서나 군사 회의에서나 최고의 자리는 당연히 부용의 고드프루아에게 돌아간다. 샤를마뉴의 여계(女系) 쪽 후손이며, 그의 대리인으로 손색없는 이 훌륭한 영웅에게 모든 지휘권이 맡겨졌다면 십자군으로서는 더 바랄 나위가 없었을 것이다. 그의 아버지는 고귀한 혈통의 불로뉴 백작 가(家)의 일원이었고, 로렌의 아래쪽 속주인 브라반트는17 어머니의 세습 영지였다. 그는 황제의 선심 덕에 공작 칭호를 받았지만, 이것은 훗날 부당하게도 아르덴의 부용 가로 넘어가고 말았다. 그는 하인리히 4세 밑에서 제국의 위대한 군기를 받들어 반역자인 루돌프의 가슴에 창을 꽂았으며, 제일 앞장서서 로마 성벽 위에 올랐다. 그는 지병과 서약뿐 아니라 아마도 교황에 맞서 무기를 들었다는 자책감 때문에 순례자가 아니라 구원자로서 성묘를 방문할 결심을 일찍부터 굳혔던 것 같다. 그의 용맹은 신중함과 온화함으로 한층 더 가치를 높였

1차 십자군의 수장들

1. 부용의 고드프루아

16 『십자군의 정신』의 저자는 수에노 왕이 1500명 또는 1만 5000명의 덴마크인들을 이끌고 십자군에 나섰다가 비극적인 최후를 맞았다는 설을 줄곧 의심하면서 믿지 않았던 것 같다. 그는 카파도키아에서 술탄 솔리만의 칼에 죽었지만 타소의 시 속에서는 여전히 살아 있다.

17 로타링기아 또는 로렌 왕국은 모젤과 뫼즈, 두 개의 공작령으로 분열되었다. 첫 번째는 본래 이름을 유지했으나 두 번째는 브라반트로 바뀌었다.

고, 신앙심은 맹목적이기는 했으나 진실했다. 그는 소란스러운 막사에서도 수도원의 미덕을 실천했다. 그는 여러 수장들의 사사로운 파벌 싸움을 넘어서 그리스도의 적을 향해 적개심을 불태움으로써 한 왕국을 손에 넣었지만, 순수하고 사심 없는 열정만은 경쟁자들조차도 인정했다. 고드프루아는 불로뉴의 백작령을 승계한 첫째 동생 위스타스와 모호한 덕성의 소유자인 둘째 동생 보두앵을 대동하고 다녔다. 이 로렌 공작은 라인 강 양편에서 똑같이 찬사를 받았는데, 그는 출신과 교육 덕분에 프랑스어와 튜턴어에 모두 능통했다. 프랑스, 독일, 로렌의 영주들도 봉신들을 소집했으며, 이리하여 그의 깃발 아래 진군에 나선 연합군은 보병 8만 명, 기병 약 1만 명에 이르게 되었다. (2) 클레르몽 공의회가 열린 지 약 두 달 후 파리에서 국왕 참석하에 개최된 회의에서 베르망두아 백작 위그는 십자가를 떠맡은 군주들 중 가장 두드러졌다. 그러나 '위대한'이라는 호칭이 붙은 것은 그의 공훈이나 재산 때문이라기보다는(어느 쪽도 무시할 수준은 아니었지만.) 프랑스 왕의 동생이라는 왕가 태생 덕분이었다. 노르망디 공작 로베르는 정복 왕 윌리엄의 장남이었으나, 아버지가 사망한 후 방심했다가 동생 루푸스의 계교로 잉글랜드의 왕위를 빼앗겼다. 지나치게 경박하고 태평스러운 성격 탓에 로베르에 대한 평가는 좋지 않았다. 그는 씀씀이가 너무 큰 나머지 자신과 신민들을 궁핍하게 만들었고 분별없이 관대하기만 하여 오히려 범죄자를 양산했는데, 이러한 온화한 성격은 평범한 개인이었다면 장점이 되었겠지만 군주로서는 치명적인 결함이었다. 그는 겨우 1만 마르크를 마련하려고 자리를 비울 동안 잉글랜드의 찬탈자에게 노르망디를 저당 잡혔다.[18] 그러나 그는 성전에 참가하

18 그는 현재의 연간 세입의 100분의 1에 해당하는 금액에 공작령을 잡혔다. 1만 마르크는 50만 리브르에 해당하는 액수인데, 노르망디가 해마다 왕에게 가져다주는 수입은 5700만 리브르에 이른다.

2. 베르망두아의 위그, 노르망디의 로베르, 플랑드르의 로베르, 샤르트르의 스테판 등

겠다는 약속과 행동으로 태도가 개선되었음을 보여 주어 어느 정도 대중의 존경을 회복할 수 있었다. 또 한 명의 로베르는 프랑스, 영국, 덴마크 왕실에 세 왕비를 배출한 플랑드르 백작이었다. 그는 '그리스도교도의 검과 창'으로 불렸지만, 한 병사로서의 공훈을 좇느라 정작 장군으로서의 의무는 종종 잊어버리곤 했다. 샤르트르, 블루아, 트루아의 백작인 스테판은 당대의 가장 부유한 군주들 중 한 사람으로, 그가 소유한 성의 숫자는 1년 365일과 맞먹는다고 할 정도였다. 그는 학문의 습득을 통해 정신을 갈고닦았다. 수장들의 회의에서 스테판은 대장으로서의 직무를 수행하도록 선출되었다. 이 네 사람이 프랑스인, 노르만인, 그리고 브리튼 섬에서 순례자들의 주요 지휘관이었다. 그러나 한 당대인은 서너 개 정도의 마을을 소유한 영주들의 명부는 트로이 전쟁의 목록보다 길 것이라고 했다.

(3) 프랑스 남부에서는 교황의 대리인인 퓌의 주교 아데마르와, 나르본 공작이자 프로방스 후작이라는 더 자랑스러운 칭호

3. 툴루즈의 레이몽

까지 덧붙인 생질(St. Giles) 및 툴루즈의 백작 레이몽이 지휘를 맡았다. 아데마르는 존경받을 수 있는 충분한 자격을 갖춘 훌륭한 성직자였다. 레이몽 백작은 스페인의 사라센인들과도 싸웠던 역전의 용사로, 이제 노년이 되어 성묘의 구원뿐 아니라 영원한 봉사를 위해 몸 바치고자 나섰다. 그는 경험과 재산으로 그리스도교군 진영에서 막강한 우위를 누리면서 병사들의 곤궁을 기꺼이 나서서 덜어 주고는 했다. 그러나 그에게는 자신의 부하와 동료들의 애정을 확보하는 것보다 이교도로부터 칭찬을 얻어 내는 편이 더 쉬운 일이었다. 그의 훌륭한 자질은 오만하고, 질투심 많고, 완고한 성격으로 빛을 잃었다. 신의 대의를 위해 막대한 세습 재산을 내놓았지만, 그의 신앙심이

탐욕과 야심을 떨쳐 내지는 못했다는 것이 세간의 평이었다.[19] 오베르뉴와 랑그도크의 원주민, 부르고뉴 또는 아를 왕국의 봉신까지 통틀어 일컫는 명칭인 그의 지역민들 사이에서는 군인으로서의 기상보다는 장사꾼으로서 정신이 더 강했다. 그는 스페인 국경 지대에서 한 무리의 강인한 모험가들을 이끌고 왔으며, 롬바르디아를 통과해 진군하는 중에는 이탈리아인들이 휘하로 몰려들어 전체 병력이 기병과 보병 합쳐 10만 명으로 늘어났다. 레이몽은 이름은 제일 먼저 올려놓고 출발은 맨 나중에 했는데, 준비를 어마어마하게 갖추고 끝도 없이 이어지는 작별 인사를 하느라 지연되었을 것이다. (4) 로베르 기스카르의 아들 보에몽은 비잔티움 황제에게 거둔 두 차례의 승리로 이미 널리 이름을 알린 터였다. 그러나 그는 아버지의 유언에 따라 타렌툼 공국의 군주 자리에 앉아 동방에서 거둔 승리를 추억하며 소일하다가, 프랑스 순례자들이 왕래하며 전하는 소문에 정신을 차렸다. 종교적 광신에 그다지 물들지 않고 가장 냉정한 정책과 야심을 지닌 자를 찾는다면 이 노르만인일 것이다. 그의 행동을 살펴보면, 그가 비밀리에 교황의 계획을 사주해 놓고 짐짓 경악하며 열렬히 지원하는 척했다는 설이 사실인 듯하다. 아말피 포위 공격에서 그는 모범을 보이고 열변을 토하여 연합군의 사기를 드높였다. 그는 십자가를 받으려고 기다리는 수많은 사람들을 위해 그 자리에서 자기 옷을 찢었고, 기병 1만과 보병 2만을 이끌고 콘스탄티노플과 아시아로 갈 채비를 했다. 노르만족 군주 여럿이 이 노련한 장군과 동행했으며, 그의 사촌 탕크레드[20]는 전투를 수행하는 부하라기보다는 동지였다. 탕크레드의 훌륭한 인품에서 당시의 저급한 철학이나 그만도 못한 종교보다 훨씬 더 고귀하고 관대한 감정과

4. 보에몽과 탕크레드

[19] 십자군의 역사에서 부차적 인물인 레이몽이 비잔티움인들과 아랍인들이 묘사한 영웅들 중 맨 앞자리를 차지하고 있다니 참으로 이상한 일이다.

[20] 탕크레드의 어머니는 로베르 기스카르의 누이인 엠마이고, 아버지는 오도 후작이었다. 그렇게 이름 높은 인물의 가문과 나라가 알려져 있지 않다니 참으로 기이한 일이다. 그러나 무라토리는 그가 이탈리아인이었으며, 아마도 피에몬트의 몬페라트 후작들 중 한 사람이었을 것으로 추측한다.

사회적 책무를 고취하는 진정한 기사도 정신, 완벽한 기사의 모든 미덕을 발견할 수 있다.

샤를마뉴 대제 시대부터 십자군 시대까지 스페인인, 노르만인, 프랑스인 들 사이에서 일어난 변화는 점차 유럽의 다른 지역으로까지 확산되어 갔다. 보병대 복무는 평민이나 하는 것으로 천시되었고 기병대가 군대의 주축이 되었으므로, 병사를 뜻하는 '밀레스(miles)'라는 영예로운 호칭은 말을 타는 기사 신분을 지닌 향신에게만 한정되었다. 이미 통치자로서의 권리를 손에 넣고 행사해 온 공작이나 백작 들은 충성스러운 봉신들에게 영지를 분배해 주었다. 그러면 이 영주들은 다시 자기 밑의 봉신에게 봉토나 성직록을 나눠 주었다. 서로 간은 물론이고 주군이 모두 동격인 이들 군사상의 차지인(借地人)들은 귀족 또는 기사 계급을 형성하고, 농민이나 시민과 똑같이 취급되는 것을 수치스럽게 여겼다. 그들은 끼리끼리의 혼인으로 출생 신분의 위엄을 유지했다. 4대 조상 안으로 아무런 흠이나 오점이 없는 가계 또는 네 개의 문장(紋章)을 보여 줄 수 있는 자만이 법적으로 기사의 영예를 내세울 수 있었다. 그러나 평민 가운데서 용맹한 자는 검으로 부와 명예를 얻어 새로운 가문을 세우기도 했다. 기사는 스스로의 판단에 따라 자기가 받은 지위를 나누어 줄 수도 있었다. 유럽의 호전적인 군주들은 이러한 개인적 명예를 빛나는 왕관보다도 더 영광스럽게 여겼다. 이러한 의식은 타키투스의 책이나 독일의 산림 지대에서 그 자취를 일부 찾아볼 수 있는데, 기원은 단순하면서 세속적이다. 후보자는 몇 가지 시험을 사전에 거친 후 검과 박차를 수여받았다. 그의 뺨이나 어깨를 몇 차례 가볍게 치는데, 이는 그가 참고 견디어도 좋은 모욕으로서는 마지막임을 뜻했다. 그

기사(騎士)

러나 삶의 공적, 사적 행동 곳곳에 스며 있는 미신이 성전에서 전사의 직분을 신성화했으며, 이리하여 기사 계급은 권리와 특전에서 성직의 신성한 질서에 동화되었다. 입문자가 목욕재계하고 흰옷을 걸치는 것은 세례를 통한 재생을 세속적으로 모방한 것이었다. 그가 제단에 바친 칼에 성직자가 축복을 내려 주었다. 단식과 철야 기도를 마친 후 엄숙한 의식에 따라 그는 신과 성 게오르기우스 및 대천사 성 미카엘의 이름으로 기사가 되었다. 그는 직분에 따르는 의무를 완수하겠다고 맹세하고, 교육과 모범, 공적인 평판을 자신의 서약에 대한 신성한 보증으로 삼았다. 신과 숙녀들의 옹호자로서(이렇게 어울리지 않는 이름을 같이 나열하자니 좀 민망스럽다.) 기사는 진실만을 말하고, 권리를 수호하고, 약자를 보호하고, 고대인들에게는 익숙지 않았던 미덕인 예절을 지키고, 이교도를 응징하고, 쉽고 안전한 길의 유혹을 경멸하고, 어떤 역경이 닥쳐도 신분에 따르는 명예를 지키는 데 헌신했다. 이러한 정신이 지나치게 강조된 나머지, 무식한 기사는 노동과 평화를 경멸하면서 자기가 입은 피해에 대해 판단하고 복수할 자격이 자신에게만 있다고 생각하고, 시민 사회의 법과 군사적인 규율을 무시하는 것을 자랑으로 삼았다. 그러나 야만의 기질을 세련되게 다듬고 믿음, 정의, 인간애의 원칙을 불어넣었다는 점에서 이 제도의 긍정적인 면을 확인할 수 있다. 두꺼운 민족적 편견의 벽이 부드러워졌고, 종교와 문장(紋章)을 공유함으로써 그리스도교 세계 전체에 동질적인 분위기와 관대한 경쟁이 확산되었다. 모든 나라의 전사들은 국외로 원정이나 순례에 나설 때 또는 국내에서 군사 훈련을 할 때 항상 제휴했다. 공정한 취향을 지닌 자라면 고대의 올림피아 제전보다 고트족의 마상 시합을 선호할 것이다. 그리스인의 풍습을 타락시키고 처녀와 부인네 들을 경기장에서 몰아낸 벌거숭이들의 모습 대신, 정숙하고 고귀한 미인들이 대회장을 화려하게 빛내고 승리자에게 그의 기량과 용기에 대한 상을 전했다. 레슬링과 권투 시합에서 발휘되는 힘과 기술은 군인의 능력과는 거리가 멀고 그다지 상관이 없다. 그러나 프랑스에서 시작되어 동서 두 세계에서 열광적으로 받아들인 마상 시합은 전장에서 벌어지는 전투의 광경을 생생하게 보여 주었다. 일 대 일 승부, 일반적인 접전, 요충지나 성의 방어 등이 실제 전투처럼 재현되었는데, 실전이든 가상 전투든 전투의 승패는 말과 창을 얼마나 잘 다루는가에 따라 판가름 났다. 창은 기사에게 적합한 그들 고유의 무기였다. 말은 몸집이 크고 무거운 종(種)으로서 위험이 닥쳐오는 때가 아니면 보통 종자가 끌고 다녔고, 기사는 좀 더 작고 편한 승용마를 조용히 타고 다녔다. 기사의 투구와 창검, 정강이 가리개와 둥근 방패까지 일일이 다 묘사할 필요는 없겠지만, 십자군 시대의 갑옷은 후대보다 덜 무거웠으며 묵직한 흉갑 대신 쇠사슬 갑옷이나 쇠사슬로 엮은 상의로 가슴을 보호했다는 사실만 언급하겠다. 전사들이 긴 창을 받침대에 받치고 적을 향해 질풍노도처럼 박차를 가해 돌진하면, 투르크와 아랍 경기병대도 정면으로 거세게 몰아치는 그들의 공격을 버티기 힘들었다. 기사들은 저마다 충성스러운 종자를 대동하고 전장에 나섰는데, 그들은 동등한 신분에 같은 꿈을 품은 젊은이들이었다. 기사는 궁수와 무장한 부하도 거느렸는데, 네 명에서 여섯 명의 병사가 한 무리를 이루었다. 인근 왕국이나 성지로 원정을 떠날 때는 봉건적 토지 보유권에 따르는 의무는 적용되지 않았다. 기사와 종자는 신앙심이나 애정에서 자발적으로, 아니면 보수나 약속에 따라 봉사를 바쳤다. 각 부대의 인원수는 독립적인 대장의 권력과 부, 명성에 따라 달랐다. 그들은 대장의 기와 문장이 새겨진 갑옷, 전투 시의 구호 따위로 서로를 구별했다. 오늘날 유럽에서 가장 유서 깊은 가문들은 이들의 업적에 귀족 혈통의 기원과 근거를 두고 있다. 이와 같이 십자군 이야기에 앞서 기사도에 관해 대략 설명했는데, 사실 십자군은 이 기억할 만한 제도의 원인이자 결과인 셈이다.

1096년 8월~1097년 5월, 콘스탄티노플로 진군하는 제후들

성묘를 해방시키겠다며 십자가를 들고 나선 군대와 지도자들의 면면은 대략 이와 같았다. 그들은 평민 무리가 사라지자마자 서약을 완수하기 위해 속히 출발하자며 서로를 격려했다. 아내와 누이 들도 순례의 위험과 영광을 함께하고 싶어 했다. 그들은 가진 재산을 휴대하기 편하도록 금과 은 막대로 바꾸었다. 군주와 영주 들은 여가를 즐기고 식탁에 올리기 위한 사냥감을 잡기 위해 사냥개와 매도 챙겼다. 이렇게 많은 사람과 말이 양식을 얻기란 쉽지 않았으므로 병력을 분산시켜야 했다. 각자의 결정이나 상황에 따라 진군로를 택한 다음 콘스탄티노플 인근에서 만나, 거기서부터 투르크군에 맞서 작전을 개시하기로 합의했다. 부용의 고드프루아는 뫼즈 강과 모젤 강 유역에서 독일, 헝가리, 불가리아로 가는 직선 행로를 택했다. 그가 단독으로 지휘권을 행사하는 동안에는 모든 조치마다 그의 신중함과 덕성이 드러났다. 그의 행군은 헝가리 국경에서 십자가의 명성, 아니 적어도 그 이름이 남용되는 데에 근거 있는 증오를 품고 있던 그리스도교도 국민에게 길이 막혀 3주간이나 저지당했다. 헝가리인들은 십자군 선발대로부터 받은 상처가 아직도 생생했으므로, 이제 그들 차례가 되자 방어와 보복의 권리를 마구 휘두르던 중이었다. 그러니 앞서의 같은 나라에서, 같은 명분으로 온 영웅이 가혹하게 복수할 것이라고 두려워할 만도 했다. 그러나 이 고결한 공작은 인과 관계를 잘

따져 본 후, 못난 동포들이 저지른 범죄와 그 재앙을 동정하는 정도에 그치기로 했다. 열두 명의 대리인이 평화의 사절로 들어가 그의 이름으로 자유로운 통행과 공평한 교역 허가를 요청했다. 고드프루아는 그들의 의심을 풀어 주기 위해 헝가리 왕 카를로만을 믿고 자기 자신과 나중에는 동생까지 볼모로 맡겼는데, 그들은 검소하지만 따뜻한 대접을 받았다. 그들의 조약은 공통의 복음서에 의해 재가되었으며, 라틴 병사의 적대 행위나 방종한 짓거리는 사형으로 다스리겠다고 선포했다. 오스트리아에서 벨그라데까지 그들은 피해를 입히거나 받는 일 없이 헝가리의 평원을 횡단했다. 카를로만이 수많은 기병대를 이끌고 옆을 따랐는데, 그들 자신뿐 아니라 십자군 측의 안전을 위해서도 꽤 유용한 예방책이 되었다. 그들이 사베 강에 도달해서 강을 건너자마자, 헝가리 왕은 포로들을 풀어 주고 그들의 장도에 성공을 빌면서 출발을 전송했다. 고드프루아는 똑같은 지휘와 규율로 불가리아 산림 지대와 트라키아 국경을 통과했다. 그는 그리스도의 적에게 칼 한 번 뽑지 않고 순례의 첫 목표 지점까지 거의 당도한 것을 마음속으로 기뻐했을 것이다. 레이몽과 그의 영지 주민들은 롬바르디아를 통과하여 투린에서 아퀼레이아까지 편안하고 즐겁게 여행한 후, 40일간 미개한 지역인 달마티아와 스클라보니아를 통과해 행군했다. 항상 안개가 많이 끼는 날씨였고 땅은 온통 척박한 산악 지대였다. 원주민들은 도망치거나 적의를 보였다. 종교의 통제와 통치권이 느슨한 곳이었으므로, 그들은 식량을 내놓거나 길을 안내하라는 명령을 거부하고 낙오자를 살해했으며 밤낮으로 백작의 움직임을 감시했다. 레이몽은 스코드라의 군주와 접견해 조약을 맺기보다는 포로로 잡힌 도둑들을 처벌하는 방법으로 안전을 도모했다.[21] 그는 두라초에서 콘스탄티노플까지 행군하면서

[21] 스코다르는 리비우스의 글 속에 일리리쿰인들의 왕 겐티우스의 수도이자 요새로, 나중에는 로마의 식민지가 되었다고 나와 있다. 지금은 이스코다르 또는 스쿠타리로 불린다.

58장 27

발걸음을 멈춘 일이 없었지만, 비잔티움 황제의 농민과 병사들에게 시달렸다. 이탈리아 해안에서 아드리아 해를 건넌 대장들도 똑같이 희미하고 모호한 적의와 맞닥뜨렸다. 보에몽은 무력과 선박뿐 아니라 선견지명을 갖추었고 군대의 규율도 엄격하게 유지했다. 그의 명성은 에피루스와 테살리아의 여러 지역에서 자자했으며, 어떤 장애물을 만나더라도 군인다운 행동과 탕크레드의 용맹으로 극복했다. 이 노르만 군주는 비잔티움 사람들을 존중하는 척하면서 이단자의 성을 약탈하여 병사들의 배를 채웠다. 프랑스 귀족들은 종종 비난의 표적이 되는 헛되고 분별없는 열정에 차서 앞으로 돌진했다. 대(大)위그와 두 명의 로베르, 샤르트르의 스테판은 알프스에서 아풀리아까지 부유한 나라들을 지나 환호하는 가톨릭교도 속을 헤치고 경건하게 또는 의기양양하게 전진했다. 그들은 로마 교황의 발에 입 맞추었고, 프랑스 왕의 동생은 성 베드로의 금빛 깃발을 넘겨받았다. 그러나 그들은 이렇게 경건하고 즐거운 방문에 정신이 팔려 배를 탈 시기와 방책을 확보하는 일을 게을리했다. 허송세월하는 사이 어느새 겨울 한 철이 흘러갔다. 그들의 부대는 이탈리아의 여러 마을에 뿔뿔이 흩어져 타락해 갔다. 그들은 안전이나 품위 따위는 생각할 겨를도 없이 따로따로 바다를 건넜다. 이리하여 우르바누스가 정한 날짜인 성모 승천 대축일로부터 아홉 달이 지난 후에야, 모든 라틴 군주가 콘스탄티노플에 도착했다. 그러나 베르망두아 백작은 포로 신세로 왔다. 그의 선두 선단은 폭풍우에 뿔뿔이 흩어졌고, 자신은 국가 간의 법을 어긴 죄로 알렉시우스의 부하들에게 구속된 것이다. 그러나 금빛 갑옷을 입은 스물네 명의 기사가 교황에게 위그의 도착을 알리고, 왕 중의 왕의 형제인 이 라틴 그리스도교도의 장군을 정중히 모시라는 교황의 명령을 황제에게 전했다.

동방의 이야기 중 소원이 성취됨으로써 오히려 파멸을 맞은 어느 양치기의 우화가 있다. 그가 물을 달라고 기도하자 갠지스 강이 그의 땅으로 물길을 돌렸으나, 범람한 강물은 가축 무리와 작은 집까지 다 휩쓸어 가 버렸다. 비잔티움 황제 알렉시우스 콤네누스의 운명이라고까지는 못해도, 적어도 그가 우려한 바가 바로 이런 양치기의 경우였다. 이 책에서 이미 그의 행적을 언급했지만, 그의 행동거지에 대해 딸 안나와[22] 라틴 사가들이 전하는 내용이 판이하게 다르다.[23] 플라켄티아 공의회에서 그의 사절은 아마도 병사 1만 명 정도의 소규모 원조를 요청했던 것 같다. 그러나 그는 그렇게 많은 막강한 수장들과 광신도들이 몰려오자 경악했다. 황제는 희망과 불안, 두려움과 용기 사이에서 갈팡질팡했다. 그러나 그가 지혜라고 오판했던 잘못된 정책이 프랑스 영웅들의 생명이나 명예를 놓고 악의적인 음모를 꾸민 것이라고는 믿기 어려우며 그런 낌새도 찾을 수 없다. 은자 페트루스가 이끄는 오합지졸은 인간성과 이성이라고는 손톱만큼도 찾아볼 수 없는 야수 같은 무리였다. 알렉시우스로서는 그들의 파멸을 막을 수도 슬퍼할 수도 없었다. 고드프루아와 그의 동료들이 이끄는 군대는 그보다 나았을지 몰라도 비잔티움의 황제 입장에서는 오십보백보였다. 그들의 동기는 순수하고 경건했을지 모르나, 황제가 익히 아는 야심적인 보에몽이나 알프스를 넘어온 낯선 대장들이나 두려운 존재이기는 마찬가지였다. 프랑스인들의 용기는 맹목적이고 무모해서 비잔티움의 사치와 부에 눈이 어두워지고 자기들의 무적의 힘에 대한 평판으로 우쭐해진 나머지, 콘스탄티노플을 눈앞에 두고 예루살렘은 까맣게 잊을 수도 있다고 생각되었

알렉시우스 콤네누스 황제의 정책

1096년 12월~1097년 5월

[22] 안나 콤네나는 1083년 12월 1일에 태어났다. 1차 십자군 원정 시기에 열세 살로 결혼 적령기에 이르러, 아마도 니케포루스 브리엔니우스와 결혼했던 것 같은데 그녀는 그를 '나의 황제(τὸν ἐμὸν Καίσαρα)'라고 경박하게 표현한다. 오늘날 일부 사람들은 보에몽에 대한 그녀의 적의를 실연당한 결과라고 생각하기도 한다. 콘스탄티노플과 니케아를 다루는 데 있어 그녀의 편파적인 서술은 라틴인들의 편파성과 대조를 이룬다.

[23] 알렉시우스의 인품과 행동거지에 대한 그들의 견해를 살펴보면 맹부르(Maimbourg)는 가톨릭교도인 프랑크인에게 호의적이었고, 볼테르(Voltaire)는 분리파인 비잔티움 사람들 편을 들었다. 철학자의 편견은 예수회 수도사의 그것보다 더 용납하기 힘들다.

다. 오랜 행군과 고통스러운 금욕 생활 끝에 고드프루아의 군대는 트라키아 평원에 진을 쳤다. 그들은 동포인 베르망두아 백작이 비잔티움 사람들의 손으로 투옥되었다는 소식에 분개했다. 고드프루아는 내키지 않았지만 어쩔 수 없이 그들이 마음껏 복수와 약탈을 저지르도록 내버려 두었다. 그들의 분노는 알렉시우스가 고분고분 숙이고 들어오자 누그러졌는데 그는 그들 진영에 물자 공급을 약속했다. 그뿐 아니라 그들이 한겨울에 보스포루스 해협을 건너기를 거부했으므로, 바닷가의 정원과 궁전 사이에 진영을 세울 자리를 내주었다. 그러나 서로를 노예와 야만인이라고 경멸하는 두 국민들의 마음속에서는 치유할 수 없는 질시가 여전히 꿈틀거렸다. 무지는 의심이 자라는 기반이 되었고, 의심은 끊임없는 분쟁의 불씨가 되었다. 편견은 사람들의 눈을 가리고, 굶주림은 귀를 막아 버린다. 알렉시우스는 라틴인들을 기아에 빠뜨리거나 습격하려는 계획하에 그들을 사면이 바다로 둘러싸인 위험한 장소에 두었다는 비난을 받았다. 고드프루아는 전투 나팔을 불어대며 그물을 불태우고, 평원을 온통 뒤덮어 교외 지역을 유린했다. 그러나 콘스탄티노플의 성문은 굳게 닫혀 있었고, 궁수들이 방벽을 따라 길게 배치되어 있었다. 밀고 당기는 전투 끝에 양측은 평화와 종교의 목소리에 귀를 기울였다. 황제의 선물과 약속에 서방에서 온 이방인의 격노도 서서히 가라앉았다. 황제는 그들의 성스러운 위업을 위한 열정을 부추기면서 자신도 그리스도교도의 한 전사로서 병력과 재물을 지원하겠다고 약속했다. 봄철이 되자 고드프루아는 아시아 지역에 쾌적하고 풍족한 진영을 세워 주겠다는 설득을 받아들였다. 그가 보스포루스 해협을 건너자마자 비잔티움 선단에 갑자기 반대쪽 해안으로 되돌아오라는 명령이 떨어졌다. 뒤따르던 대장들도 똑같은 조치를 받으면서, 앞서 간 동료들이 떠나는 모습에 마음이 흔들렸다. 알렉시우스는 기교와 근면성을 발휘해 어떤 연합군이든 두 군대가 콘스탄티노플 성벽 아래에서 동시에 합류하는 일이 없도록 미리 조치했다. 그리하여 오순절 축제가 오기 전까지 라틴 순례자들은 한 사람도 남김없이 유럽 해안을 떠났다.

유럽을 위협하던 이 무력은 아시아를 해방시키고 보스포루스와 헬레스폰투스 해협에서 투르크인들을 몰아낼 것으로 기대를 모았다.

십자군들의 충성 맹세를 받은 알렉시우스 콤네누스

니케아에서 안티오크까지의 비옥한 속주들은 얼마 전까지만 해도 로마 황제의 세습 영토였다. 황제가 예로부터 물려받은 영원한 권리를 주장하는 영토에는 시리아와 이집트까지 포함되었다. 알렉시우스는 열정에 넘쳐 새로운 동맹들의 선두에 서서 이러한 동방의 왕국들을 쓰러뜨리겠다는 야심을 품었거나, 아니면 그런 척했다. 그러나 더 냉정한 이성과 조화의 목소리에 따라, 정체도 불분명하고 제멋대로인 야만인들의 신의에 일신을 맡기는 일은 단념했다. 그는 신중함에서인지 자존심 때문인지 모르지만 로마 제국의 겸손하고 충성스러운 신하로서 아시아 정복에 나서겠다는 프랑스 군주들의 엄숙한 서약과 충성 맹세를 받는 것으로 만족했다. 독립적인 정신을 지닌 프랑스 군주들은 외국인(알렉시우스)에 대한 자발적인 복종 요구에 격분했으나, 선물과 아첨을 앞세운 교묘한 회유에 연이어 굴복했다. 먼저 마음을 바꾼 자들은 자신들의 수치에 동참할 자들을 늘려 나가는 데 가장 열정적이고 효과적인 선전자가 되었다. 위그의 자만심도 포로로 잡혀 있는 동안 받은 명예로운 대접에 수그러들었다. 프랑스 왕의 형제인 그가 보인 복종의 모범은 널리 큰 영향력을 발휘했다. 부용의 고드프루아의 마음속에서는 신의 영광과 십자군의 성공이 모든 인간적인

24 플랑드르의 로베르는 돌아온 후 400마르크의 연금을 받고 잉글랜드 왕의 신하가 되었다.

고려에 우선했다. 그는 콘스탄티노플을 공격해 정복하자는 보에몽과 레이몽의 유혹을 단호히 뿌리쳤다. 알렉시우스는 그의 덕성을 존경했으므로, 제국의 수호자라는 이름을 붙여 주고 양자(養子) 결연을 맺음으로써 그의 복종을 위엄 있게 하였다. 증오의 대상인 보에몽도 참되고 오랜 동맹으로 받아들였다. 황제가 면전에서 그가 이전에 저지른 적대 행위를 들먹인다 해도, 그것은 어디까지나 두라초와 라리사 평원에서 그가 보여준 용맹과 영광을 칭찬하기 위해서였다. 이 기스카르의 아들은 황제나 다름없는 호사스러운 대접을 받으며 머물렀다. 하루는 그가 궁전의 복도를 지나다가 우연히 열린 문 틈새로 바닥에서 천장까지 어지러이 쌓인 금과 은, 비단과 보석, 진귀하고 값진 가구 등을 보았다. 이 야심적인 수전노는 이를 보고 외쳤다. "이만한 재물이라면 어떤 정복이든 이루지 못할 것이 있겠는가!" 그러자 한 비잔티움인 시종이 그의 마음속을 훤히 들여다 보고 대답했다. "모두 귀하의 것이옵니다." 보에몽은 잠시 망설이다가 이 엄청난 선물을 받아들였다. 이 노르만인은 독립적인 공국을 주겠다는 약속에 넘어갔다. 알렉시우스는 동방의 대(大)도메스티쿠스, 즉 총사령관직을 달라는 그의 무례한 요구를 거부하기보다는 교묘히 피했다. 잉글랜드 정복자의 아들과 세 황후의 친족인²⁴ 두 로베르도 차례대로 비잔티움 황제 앞에 허리를 굽혔다. 샤르트르의 스테판이 쓴 사신(私信)은 황제에 대한 존경심을 증명한다. 그는 황제야말로 가장 훌륭하고 관대한 분으로서, 자신을 총신으로 믿어 주었을 뿐 아니라 막내아들을 교육하고 기반을 잡아 줄 것을 약속했다고 말한다. 생질과 툴루즈의 백작(레이몽)은 그의 남부 영지 내에서는 민족도 언어도 다른 프랑스 왕의 패권을 거의 인정하지 않고 있었다. 그는 10만 명을 이끌었는데 자신은 오로지 그리스도만을 위해 싸우고 봉사할 것이며, 비잔티움 황제라 해도 협력과 우정을 표방하는 동등한 조약으로 만족해야 한다고 공언해 왔다. 완고하게 버텨 온 만큼 그의 복종은 가치 있고 귀중한 것이었다. 안나 공주의 말에 따르면, 그는 야만인들 사이에서 천상의 별 가운데 태양처럼 빛났다고 한다. 황제는 충성스러운 레이몽에게 시끄럽고 오만 방자한 프랑스인에 대한 혐오감과 보에몽의 계획에 대한 의구심을 털어놓았는데, 이때 이 노회한 정치가는 황제가 우정을 거짓으로 꾸밀 수는 있어도 그의 적의만은 진짜라는 것을 알아보았을 것이다. 기사도 정신은 탕크레드를 마지막으로 꺾였다. 이 용맹한 기사가 보인 모범 앞에서는 아무도 자신이 명예를 잃었다고 생각지 않았을 것이다. 그는 비잔티움 군주의 황금과 아첨을 경멸했으며 한 방자한 총독을 황제 면전에서 공격했다. 그는 일개 병사의 복장을 하고 아시아로 빠져나갔으나, 결국은 탄식과 함께 보에몽의 권위와 그리스도교도의 대의에 굴복했다. 아직 콘스탄티노플에 머물러 있는 가장 그럴듯한 표면상의 이유는 알렉시우스의 허락과 배편 없이는 바다를 건너 맹세를 실행할 수가 없다는 것이었다. 그러나 그들은 아시아 대륙을 밟기만 하면 자기들의 검으로 수치를 씻고, 알렉시우스 편에서도 그리 충실히 이행할 것 같지 않은 약속을 저버릴 생각을 가슴속 깊이 품었다. 신종을 맹세하는 의식은 오랫동안 힘 대신 자존심으로 버텨 온 국민들에게는 반가운 구경거리였다. 황제는 옥좌 높이 부동자세로 앉고 라틴 군주들은 그의 존귀함에 경의를 표했다. 그들은 그의 발이나 무릎에 입을 맞추었는데, 그들 나라의 사가들은 이를 입에 담기 부끄러워했으나 부인할 수도 없었다.[25]

공작과 백작 들은 공적, 사적 이해관계 때문에 불만을 참았다. 그러나 한 프랑스 영주(파리의 로베르로 추정됨.)가 뻔뻔스

[25] 십자군의 오만한 역사가들은 이 굴욕스러운 계단에서 미끄러지고 비틀거린다. 그러나 황제가 옥좌에 부동자세로 앉아 있는 동안 영웅들이 무릎 꿇고 인사를 했으므로, 그의 발이나 무릎에 입 맞춘 것이 확실하다. 안나 공주가 라틴 사가들의 침묵이나 모호한 설명을 장황하게 보충 설명하지 않았다니 이상한 일이다.

26 그의 병력의 수에 대해서는 몇 가지 다른 견해가 있다. 그러나 프톨레마이오스의 권위에 비할 자는 아무도 없는데, 그는 기병 5000명, 보병 3만 명이라고 말한다.

프랑크인들의 오만함

럽게도 옥좌로 올라가 알렉시우스 옆에 자리를 잡았다. 사려 깊은 보두앵의 질책에 화가 난 그는 야만스럽게 외쳤다.

이렇게 많은 용맹한 대장들이 서 있는데 감히 자리를 차지하고 앉은 이 촌뜨기는 대체 누구란 말인가?

황제는 분노를 숨기고 잠자코 있다가, 만국의 언어인 몸짓과 표정으로 대충 짐작은 했지만 통역에게 그 말의 의미를 물어보았다. 순례자들이 출발하기 전에 그는 그 대담한 영주의 이름과 신분을 알아내고자 애썼다.

나는 우리나라에서 가장 순수하고 오래된 귀족 가문 출신의 프랑스인이오. 내가 아는 것이라고는 이웃에 교회가 하나 있는데, 이곳에 일 대 일 결투로 자신의 무용을 인정받으려는 자들이 모여든다는 것뿐이오. 그들은 적이 모습을 드러낼 때까지 신과 성인들께 기도를 드리지요. 나는 그 교회를 자주 방문했지만, 감히 내 도전을 받으려는 자는 한 명도 만나지 못했소.

로베르의 대답이었다. 알렉시우스는 이 도전자에게 투르크 전쟁에서 취해야 할 행동에 대해 신중한 충고를 주어 보냈다. 역사는 그의 시대와 나라의 관습을 생생하게 보여 주는 이 사례를 즐거이 반복하여 전하고 있다.

1097년 5월

일찍이 알렉산드로스가 3만 5000명의 마케도니아인과 그리스인을 이끌고 아시아 정복에 착수하여 위업을 달성했다.[26] 그는 강력하고 질서 정연한 보병대 밀집 방진에 가장 큰 희망을 걸었다. 십자군의 주력은 기병대인데 이 병력이 비티니아 평원에 집결했을 때, 투구와 쇠사슬 갑옷으로 완전 무장하고 나선 기사와 종자의 수는 10만을 헤아렸다. 이 병사들의 진가는 엄밀하고 권위 있는 기록에 오를 만한 가치가 있었다. 유럽의 기사도가 꽃피던 시대에는 이처럼 가공할 만한 중기병대를 그다지 힘들이지 않고 구성할 수 있었던 모양이다. 보병대 일부는 정찰병, 선발대, 궁사로 등록되어 있었는지 모르지만, 나머지 오합지졸들은 무질서하게 뒤엉켜 엉망진창이 되어 버렸다. 보두앵 백작 밑에 있던 한 종군 신부가[27] 직접 보거나 확인한 것이 아니라 믿고 상상한 바에 따르면, 라틴 진영에는 성직자와 수도사, 부녀자와 아이들 외에도 무기를 들 수 있는 순례자 60만 명이 있었다고 한다. 독자들은 이러한 숫자에 놀랄 것이다. 하지만 독자들이 놀란 마음을 진정시키기도 전에 나는 역시 그의 증언에 따라, 십자가 표식을 단 자들이 모두 맹세를 이행했다면 600만 명 이상이 유럽에서 아시아로 이동했으리라는 점을 덧붙여야겠다. 나는 이처럼 터무니없는 믿음보다는 좀 더 현명하고 신중한 한 저술가로부터[28] 얼마간 도움을 얻었는데 그는 기병대의 수를 검토한 후, 샤르트르의 종군 신부의 어리석음을 비난하면서 알프스 남쪽 지역에서 과연 그렇게 믿기 어려울 만큼 많은 수의 사람들을 쏟아 낼 수 있을지조차 의심스럽다고 말했다. 냉정한 회의주의자라면 이 종교적 지원병들 중 상당수는 콘스탄티노플과 니케아를 구경도 못 했다는 사실을 상기할 것이다. 열광적인 힘은 엄청났지만 일시적이었다. 분별심에서나 아니면 겁이 나서 또는 가난이나 병 때문에 고향에 남은 자들도 많았다. 가는 도중에 장애에 부딪히자 되돌아온 사람들도 많았는데, 이 무지한 광신자들로서는 예상하지 못한 일이었던 만큼 극복하기도 더 어려웠을 것이다.

[27] 풀케르는 다른 이름과 언어를 가진 열아홉의 민족이 있었다고 계산한다. 그러나 그가 프랑스인과 갈리아인, 이탈리아인과 아풀리아인을 구별한 이유는 확실히 알 수 없다. 그 밖에도 그는 탈영병에게 경멸스러운 낙인을 찍었다.

[28] 그러나 기베르의 부드러운 반론조차도 엄청난 군중이 있었음을 암시한다. 우르바누스 2세는 신앙열에 불타 순례자를 30만 명으로 평가했다.

미개한 나라인 헝가리와 불가리아는 그들의 백골로 뒤덮였으며, 선발 부대는 투르크 술탄에게 전멸당했다. 첫 번째 원정에서 창검이나 기후 또는 피로로 말미암은 인명 손실이 30만 명에 이르렀음은 이미 언급한 바와 같다. 그럼에도 살아남아 성스러운 순례 길을 재촉하는 무수한 사람들은 자신들의 모습에 놀라고 비잔티움 사람들을 경악시켰다. 안나 공주의 언어가 지닌 풍부한 힘도 그녀의 노력을 감당하지 못할 지경이다.[29] 메뚜기 떼, 낙엽과 꽃, 바닷가의 모래, 하늘의 별 등 그 어떤 것도 그녀가 보고 들은 것을 묘사하기에는 역부족이다. 알렉시우스의 딸은 유럽이 근본부터 뒤흔들리면서 아시아 쪽으로 기울고 있다고 외친다. 옛날 옛적 다리우스와 크세르크세스의 대군의 규모도 마찬가지로 모호하고 부정확하다는 의심을 받았다. 그러나 내가 믿기로는 라틴 군주들의 첫 작전이었던 니케아 포위 공격에서보다 더 많은 병력이 한 진영 안에 집결한 적은 없었다. 그들의 동기와 성격, 무력은 이미 살펴본 바와 같다. 병력 중에서 가장 많은 수를 차지한 것은 프랑스인이었지만, 저지대 나라들과 라인 강 유역, 아풀리아에서도 강력한 증원군이 왔으며 스페인, 롬바르디아, 잉글랜드에서도 모험가들이 왔다.[30] 아일랜드나 스코틀랜드의 머나먼 습 지대와 산악 지대에서는 미개한 벌거숭이 광신도가 쏟아져 나왔는데, 이들은 고향 땅에서는 난폭하지만 밖에 나가면 온순해지는 자들이었다. 가장 가난하고 무력한 그리스도교도들도 가지는 성지 순례의 공을 빼앗는 신성 모독적인 분별심을 미신이 단죄하지만 않았던들, 일은 않고 식량만 축내는 쓸모없는 무리는 동료들이 하느님의 길을 안전하게 열어 줄 때까지 비잔티움 제국을 떠나지 않았을 것이다. 보스포루스 해협을 건넌 소수의 나머지 순례자들에게는 성묘 참배가 허용되었다. 북방 출신인 그들의 몸은

[29] 까다롭다고 할 수 있을 만큼 세심한 그녀는 그들의 낯설고 발음하기도 힘든 이름에 대해 불평한다. 정말로 그녀는 세련된 사람들에게 너무나 흔한 오만한 무지로 거의 모든 것을 훼손해 버린다.

[30] 맘스베리의 윌리엄(1130년경)은 자기 역사서에 1차 십자군 이야기를 집어넣었다. 그러나 영국 해를 건너온 수군거림에 귀 기울이는 대신 동향인들의 수와 가문, 모험담만 다루었더라면 좋았을 것이다. 나는 더그데일의 저서에서 잉글랜드 노르만인인 스테판과 알버말 백작, 홀더네스가 안티오크에서 로베르 공작과 함께 후위 부대를 이끌었다는 기록을 찾아냈다.

시리아의 강렬한 태양 빛에 시들고 그 열기에 감염되었다. 그들은 비축한 물과 식량을 마구잡이로 먹어 치워 버렸다. 그 많은 사람들로 인해 내륙 지역의 자원이 바닥을 드러냈다. 바다는 멀리 있고, 비잔티움 사람들은 비우호적이었으며, 그리스도교도들은 종파를 막론하고 같은 그리스도교도 동포들의 탐욕스럽고 잔인한 약탈을 피해 도망쳤다. 끔찍한 굶주림에 시달리게 되자 그들은 때로는 어린아이나 성인 포로의 인육을 구워 먹기까지 했다. 투르크인과 사라센인 들 사이에서 유럽의 우상 숭배자들은 식인종이라는 이름과 평판으로 한층 더 혐오스러운 존재가 되었다. 보에몽의 주방에 잠입한 첩자들은 몇 사람의 몸뚱이가 쇠꼬챙이에 끼워져 돌아가고 있는 모습을 보았다. 이 간교한 노르만인은 불신자들의 혐오와 공포를 동시에 자극하기 위해 이런 소문을 일부러 퍼뜨린 것이다.[31]

나는 십자군이 유럽의 풍속과 특징을 생생하게 보여 주기 때문에 그들의 첫 발자취를 상세히 설명했다. 그러나 앞으로 폭력으로 수행되고 무지에 의해 기록된 맹목적인 순례에 대한 지루하고 단조로운 이야기는 간략하게 서술하겠다. 그들은 니코메디아 부근의 첫 번째 주둔지에서 여러 부대로 나뉘어 진군에 나선 후, 비잔티움 제국의 축소된 국경을 넘어 구릉 지대를 통과하는 도로를 뚫고 투르크 술탄의 수도를 포위함으로써 신성한 전쟁을 개시했다. 술탄의 로움 왕국은 헬레스폰투스 해협에서 시리아 국경 지대까지 뻗어 나가 예루살렘으로의 순례 길을 막고 있었다. 그의 이름은 킬리지 아르슬란 또는 솔리만으로,[32] 셀주크족 최초 정복자의 아들이다. 그는 투르크인들이 자신들의 것으로 여겨 온 땅을 방어하면서 적에게서까지 찬사를 받았으며, 그의 이름은 적의 후손들에게까지 전해졌다. 그

1097년 5~6월, 니케아 포위 공격

[31] 안나 콤네나. 기베르의 저서에서 이러한 식인 행위는 진짜인 경우도 있었지만 대개는 거짓임을 발견할 수 있다. 안티오크를 포위하여 기근으로 몰아넣은 작전은 『프랑크족의 역사』의 저자, 수도사 발드리크와 데젤르가 설명했다.

[32] 솔리만이라는 그의 호칭은 라틴 사람들이 사용했는데, 타소는 그의 성격을 많이 윤색했다. 킬리지 아르슬란이라는 터키식 이름은 동방 사람들이 썼으며, 비잔티움 사람들은 이를 약간 와전했다. 그러나 1차 십자군이라는 주제에 별반 관심을 보이지 않은 이슬람 사가들의 글에서는 그의 이름 정도만 언급되고 있다.

는 처음에는 성난 파도처럼 밀려오는 적에게 밀려 가족과 재산을 니케아에 남겨 둔 채 5만 명의 기병을 이끌고 산악 지대로 물러난 후, 6마일이 넘는 불완전한 원 형태의 그리스도교도 포위군 진영을 두 번에 걸쳐 공격했다. 니케아의 높고 견고한 성벽은 깊은 해자로 둘러싸였으며, 370개의 탑이 주위를 방어했다. 그리스도교 세계와 국경을 마주한 이곳의 이슬람교도들은 군사 훈련이 잘 된데다 신앙심도 투철했다. 이 도시 앞에 진지를 구축한 프랑스 군주들은 서로 연락을 주고받거나 위계도 정하지 않은 채 공격에 나섰다. 경쟁은 그들의 무용을 자극했지만 무용은 잔혹함으로 얼룩졌으며, 경쟁은 질투와 불화로 엉망이 되었다. 니케아 포위 공격에서 라틴인들은 갱도와 공성용 무기, 이동식 포탑, 불, 노포, 돌과 화살을 쏘아 올리는 쇠뇌 등 고대의 기술과 무기를 총동원했다. 7주에 걸쳐 많은 피와 땀을 흘린 끝에 포위군 쪽, 특히 레이몽 백작 편에서 어느 정도의 진전을 이루었다. 그러나 투르크군은 도시 서쪽으로 수 마일이나 뻗어 있는 아스카니우스 호수가 있어서 저항을 오래 끌 수 있고 퇴로를 확보할 수도 있었다. 알렉시우스는 신중하고 부지런하게 정복 수단을 공급해 주었다. 최고의 궁수들을 가득 태운 수많은 배가 썰매에 실려 바다에서 호수로 수송되었다. 술탄의 왕비는 탈출하려다가 붙잡혔고, 니케아는 육지와 바다 양면이 모두 포위되었다. 비잔티움의 밀사가 주민들에게 황제의 보호를 받아들여 늦기 전에 항복함으로써 유럽 야만인들의 분노를 피하라고 설득했다. 피와 약탈에 목마른 십자군은 승리가 눈앞에 다 왔다고 생각한 순간, 성벽에서 나부끼는 황제의 깃발을 보고 그 자리에 얼어붙었다. 알렉시우스는 주도면밀하게 이 귀중한 정복을 지켰다. 대장들의 불만도 명예나 이해관계로 말미암아 수그러들었다. 9일간의 휴전 후, 그들은 한 비잔티움 장군의 인도를 받아 프리기아로 진군했다. 그러나 그들은 알렉시우스가 술탄과 비밀리에 내통한다고 의심했다. 사실 솔리만의 아내와 측근 들은 몸값 없이 명예롭게 돌려보내졌는데 이렇게 황제가 이 '악한' 들에게33 베푼 관용은 그리스도교 대의에 대한 배신으로 해석되었다.

솔리만은 수도를 잃고 의기소침해지기 보다는 분개했다. 그는 신민과 동맹 들에게 서방 야만인의 기이한 침략을 널리 알렸다. 투르크 태수들은 충성심 또는 종교의 부름에 복종했다. 그리스도교도들은 솔리만의 전 병력을 어림잡아 기병 20만, 심지어는 36만까지라고 전한다. 그러나 솔리만은 십자군이 해안과 비잔티움 제국 국경을 등지고 출발하기를 끈기 있게 기다렸다가 측면을 배회하면서 정찰한 끝에, 그들이 부주의하게도 2열 종대로 행진하다가 서로 보이지 않을 만큼 거리가 벌어진 것을 확인했다. 프리기아의 도릴라이움에 도착하기 수 마일 전, 인원이 더 적었던 좌측 부대들이 투르크 기병대의 기습 공격을 받아 거의 궤멸당했다. 투르크 기병대가 폭염 속에서 비 오듯 화살을 날리며 거칠게 돌격해 오자 십자군은 맥을 못 추었다. 그들은 당황하여 우왕좌왕할 뿐이었고, 보에몽, 탕크레드, 노르망디의 로베르의 지휘라기보다는 차라리 개인적 용맹에 의지해 미약하게나마 전투가 계속되었다. 그들은 베르망두아 백작과 6만 명의 기병을 이끌고 그들을 구하러 달려온 고드프루아 공작의 깃발을 보고 간신히 한숨을 돌렸다. 퓌의 주교인 툴루즈의 레이몽과 남은 군대도 그 뒤를 따라 도착했다. 그들은 한시도 지체하지 않고 새로운 전열을 갖추어 두 번째 전투에 임했다. 그들은 똑같이 결연한 저항에 부딪혔다. 투르크인과 프랑크인 모두 비잔티움과 아시아의 나약한 신민을

1097년 7월, 도릴라이움 전투

33 악한(Mécréant)이라는 말은 프랑스 십자군이 만들어 냈는데, 본래의 의미로만 국한되어 쓰였다. 우리 조상들은 신앙심이 과열된 나머지 모든 불신자를 악한으로 낙인찍었던 것 같다. 스스로를 그리스도교도라고 생각하는 자들 속에도 비슷한 편견이 여전히 숨어 있다.

34 '발리스타(Balista, Balestra, Arbalestre).' 안나 콤네나는 이 무기를 '창그라(tzangra)'라는 이름으로 설명했는데, 그 시대에는 동방에는 알려져 있지 않았다. 인간적으로 모순이지만 교황은 이 무기의 사용을 그리스도교도의 전쟁에서는 금지하려고 애썼다.

35 호기심 많은 독자는 켈라리우스의 고전 지식과 당빌(D'Anville)의 지리학을 비교해 보아도 좋겠다. 티르의 윌리엄은 고대에 대한 지식이 있는 유일한 십자군 역사가이다. 오터는 콘스탄티노플에서 안티오크까지 프랑크인의 발자취를 거의 다 추적했다.

경멸했으며, 자기들만이 유일하게 전사로 불릴 자격이 있는 민족이라고 생각했다. 그들의 접전은 무기와 군율에서 대조를 이루면서 다양한 양상으로 치열하게 전개되었다. 정면 돌격에는 우회 전술로 맞서고, 자세를 낮추어 창을 던지면 그에 맞서 긴 창을 던졌다. 무겁고 폭이 넓은 칼과 구부러진 양날 칼, 둔중한 갑옷과 바람에 휘날리는 얇은 긴 옷, 타타르식의 긴 활과 동방인들에게는 아직 알려지지도 않은 치명적인 무기인 석궁 또는 쇠뇌가 서로 격돌했다.34 말이 생기를 잃지 않고 화살집에 화살이 가득 있는 한 솔리만이 우세했다. 4000명의 그리스도교도가 투르크군의 화살에 목숨을 잃었다. 해가 저물자 민첩함이 힘에 밀리기 시작했다. 양측의 숫자는 서로 비슷했는데, 지면이 수용할 수 있는, 또는 대장이 지휘할 수 있는 최대치였다고 해도 좋을 것이다. 그러나 맨 마지막에 있던 레이몽의 부대가 언덕을 돌아 지친 적군의 배후를 덮침으로써 긴 전투를 결판 지었다. 이름 없이 죽어 간 수많은 병사 외에도 3000명의 이교도 기사들이 전투와 추격 과정에서 살해당했으며 솔리만의 진영은 약탈당했다. 낯선 무기와 옷, 단봉 낙타와 쌍봉 낙타를 비롯해 귀중한 전리품은 라틴인들의 호기심을 채워 주었다. 술탄의 황급한 후퇴는 승리의 중요성을 입증했다. 솔리만은 동방의 동포들의 분노를 일으켜 원조를 얻고자 남은 병력 1만여 명을 이끌고 서둘러 로움 왕국을 떠났다. 십자군은

7~9월,
소아시아 횡단

500마일에 걸친 행군에서 황무지와 버려진 마을 들을 지나 소아시아를 횡단하면서 아군을 만나거나 적군과 마주치지 않았다. 지리학자라면35 도릴라이움, 피시디아의 안티오크, 이코니움, 아르켈라이스, 게르마니키아의 위치를 추적하여 이들의 고대 명칭을 구(舊)도시 에스키세르, 하얀 도시 아크세르, 코

그니, 에레클리, 마라시 등 현재의 이름과 대조해 보아도 좋을 것이다. 순례자들은 사막을 건너면서 물 한 모금을 은화와 맞바꿀 만큼 혹심한 갈증에 시달렸다. 처음 만난 작은 시냇가에서 무질서한 군중은 절제하지 못하고 서두르는 바람에 위험한 사고를 빚었다. 그들은 타우루스 산의 가파르고 미끄러운 경사면을 온갖 고생과 위험을 무릅쓰고 올라갔다. 병사들 중 상당수는 발 디딜 곳을 찾느라 무기도 내던졌다. 투르크군이 공포심에 사로잡혀 있지 않았더라면, 소수의 결사대만으로도 겁에 질린 십자군의 긴 대열을 절벽 아래로 떨어뜨렸을 것이다. 가장 명망 높은 대장들 중 두 사람, 로렌 공작과 툴루즈 백작은 들것에 실려 운반되었다. 레이몽은 전해지는 말로는 절망적인 질병에서 기적적으로 회복되었다고 한다. 고드프루아는 피시디아 산 속에서 곰에게 물어뜯겨 부상을 입었다.

보에몽의 사촌과 고드프루아의 동생은 적군이 공포에 질린 틈을 노리기 위해 각각 500명과 700명의 기병대를 이끌고 본대에서 떨어져 나왔다. 그들은 신속히 진격하여 코그니에서 시리아 성문까지, 킬리키아의 언덕과 해안 지대를 휩쓸었다. 노르만의 깃발이 맨 처음 꽂힌 곳은 타르수스와 말미스트라 성벽 위였다. 그러나 오만한 보두앵의 부당한 처사는 마침내 참을성 많고 너그러운 이탈리아인들까지 화나게 만들었으므로, 그들은 서로에게 신성한 칼을 겨루며 사사롭고 속된 싸움에 빠져들었다. 탕크레드에게는 명예가 동기였고 명성이 보상이었다. 그러나 행운의 여신은 이기적인 적의 손을 들어 주었다. 보두앵은 에데사의 그리스도교도들을 지배하면서 투르크인의 멍에 아래에서 고통받아 온 비잔티움인(또는 아르메니아인) 참주로부터 원조 요청을 받고, 그의 아들이자 수호자가 되기로 했다.

1097~1151년, 에데사 공국을 건립한 보두앵

그러나 그는 도시에 입성하자마자 사람들을 선동하여 아버지를 학살하고 왕좌와 재보를 차지했다. 그런 다음 아르메니아 구릉 지대와 메소포타미아 평원까지 정복하여 프랑크인 또는 라틴인의 공국을 처음으로 세웠는데, 이는 유프라테스 강 너머에서 54년간 유지되었다.

1097년 10월~1098년 6월, 안티오크 포위 공격

여름이 지나고 가을이 다 가도록 프랑크인은 시리아에 입성하지 못했다. 군사 회의에서는 안티오크를 포위 공격할지, 아니면 겨울철 동안 군대를 해산하고 휴식을 취할지를 놓고 격론이 벌어졌다. 그들은 전쟁과 성묘 탈환이라는 열정에 따라 전진하기로 했다. 이성적으로 따져도 시간을 끌수록 침략군의 명성과 힘은 후퇴하고, 방어군의 준비는 강화될 것이므로 옳은 결정이었다. 시리아의 수도는 오론테스 강으로 방어되고 있었다. 아홉 개의 아치가 있는 철제 다리는 양쪽 끝에 있는 두 개의 탑 형태의 육중한 문에서 이름을 따왔다. 노르망디 공작의 칼이 이 성문을 활짝 열어젖혔는데 그의 승리로 30만 명의 십자군이 입성했다. 하지만 이 숫자는 니케아에서 조사한 바로는 많이 과장되었음이 분명하다. 안티오크를 묘사할 때 알렉산드로스와 아우구스투스의 후계자들 치하에서 누렸던 고대의 장려함과 투르크인 밑에서 황폐해진 현재의 모습 사이에서 뭐라 적당한 표현을 찾기가 쉽지 않다. 테트라폴리스(Tetrapolis), 즉 네 곳의 도성의 이름과 위치가 그대로라면, 12마일의 둘레 안에 너른 공터가 남아 있어야 한다. 400개라는 탑의 숫자뿐 아니라 규모도 포위 공격의 역사에서 자주 언급되는 다섯 개의 성문과 정확히 일치하지 않는다. 그러나 안티오크는 여전히 인구가 많은 대도시로 번영을 누렸음에 틀림없다. 투르크 태수들의 선두에서는 역전의 용사인 바그히시안이 지휘를 맡았다. 그

의 수비대는 6000~7000명의 기병과 1만 5000 내지 2만 명의 보병으로 이루어졌다. 이슬람교도 10만 명이 십자군의 칼에 쓰러졌다고 전해지지만, 이 숫자는 아마도 14년 동안 셀주크 가의 노예였던 비잔티움인, 아르메니아인, 시리아인의 수에 미치지 못할 것이다. 단단하고 높은 잔해로 보아 성벽이 골짜기에서 60피트 높이까지 우뚝 솟아 있었던 것이 틀림없으며, 기술과 노동이 닿지 않은 곳은 어디나 강, 습지, 산으로 방어되었으리라고 추측된다. 이렇게 요새화되어 있었음에도 불구하고 이 도시는 페르시아인, 아랍인, 비잔티움인, 투르크인에게 거듭 정복당했다. 둘레가 너무 넓어서 많은 공격에 노출될 수밖에 없었을 것이다. 10월 중순께에 시작된 포위 공격에서는 무모한 기도를 정당화하기 위해 있는 힘을 다 발휘하는 수밖에 없었다. 십자가의 전사들은 힘과 용맹으로 전투에서 보여 줄 수 있는 역량을 총동원하여, 출격과 약탈, 호송 부대의 공격과 방어에서 여러 차례 승리를 거두었다. 그러나 그들의 공적이 때로는 있을 법한 사실의 범위를 넘어 과장된 점은 불만스럽다. 고드프루아의 칼이 한 투르크 병사를 어깨에서 허리까지 갈라놓아, 이 이교도의 반쪽은 땅 위에 떨어지고 남은 반쪽은 말에 실려 성문으로 되돌아갔다는 얘기도 있다. 노르망디의 로베르는 적을 향해 달려 나가면서 외쳤다. "너희의 머리를 지옥의 악마에게 바치겠노라." 그가 휘두른 칼의 저항할 수 없는 일격에 적의 머리는 순식간에 가슴까지 쪼개졌다고 한다. 그러나 사실이든 뜬소문이든 간에 이러한 무용담 때문에 이슬람교도들은 성안에 꼭꼭 틀어박혀 나오지 않게 되었을 것이다. 돌과 흙으로 쌓은 벽에 대고 칼이나 창을 휘둘러 보았자 소용없는 일이었다. 십자군은 오랜 시간 공을 들여야 하는 포위 공격을 수행하기에는 게으르고 무지했다. 그들에게는 공격 수단이나 무기를 고안할 기술도, 사들일 자금도 없었고, 설령 있다 한들 그런 것을 쓸 만큼 부지런하지도 않았다. 니케아 정복 때에는 비잔티움 황제의 재물과 지략이라는 강력한 원조가 있었다. 부족하나마 종교적 명분이나 교역상의 목적에 이끌려 시리아 해변까지 온 제노바와 피사의 선박들이 그 빈자리를 메웠다. 그러나 공급 물자는 턱없이 부족했고 귀환 여부도 확실하지 않으며, 연락을 취하기도 어렵고 위험스러웠다. 프랑크군은 게으름 때문인지 힘이 모자란 탓인지 도시 주위를 전부 포위하지는 않았으므로, 적군은 항상 열려 있는 성문 두 개로 도시에 부족한 물자를 공급받고 수비 병력을 징집하기도 했다. 7개월이 흘러 적군 기병대가 기근, 탈영, 피폐로 막대한 인명 손실을 낸 후에도 십자군은 이렇다 할 성과를 거두지 못했다. 십자군의 율리시스라 할 간교한 야심가 보에몽의 교활한 술책이 아니었더라면 성공하기 힘들었을 것이다. 안티오크에는 불만을 품은 그리스도교도들이 많이 있었다. 피로우즈라는 한 시리아인 변절자가 태수의 총애를 얻어 세 개의 탑을 책임지고 있었다. 그는 마음을 돌려먹은 척하여 라틴인에게뿐 아니라 어쩌면 자기 자신에게까지도 배신과 반역의 추악한 음모를 숨겼다. 피로우즈와 타렌툼 군주는 서로의 이익을 위해 곧 비밀리에 연락을 취했다. 보에몽은 대장들이 모인 회의 석상에서 곧 이 도시를 해방시키겠노라고 호언장담했다. 그러나 그는 그 대가로 안티오크의 통치권을 요구했다. 동료들은 처음에는 질투심 때문에 그의 제안을 거부했지만, 결국은 곤경에서 벗어나기 위해 수락할 수밖에 없었다. 프랑스와 노르만 군주들은 성에서 내려뜨려 준 성곽 공격용 사다리를 직접 타고 올라가 야습을 감행했다. 그들의 새로운 개종자(피로우즈)는 너무나도 양심적인 동생을 죽이고 그리스도의 종들을 포옹으로 맞았다. 군대가 성문으로 쏟아져 들어오자, 이슬람교도들은 곧 자비를 바랄 수도 없지만 그렇다고 저항할 수도 없는 상황임을 깨달았다. 그러나 요새는 생각만큼 쉽게 무너지지 않았다. 오히려 승자들 쪽이 안티오크를 구하기 위해 투르크 태수 스물여덟 명과 함께 대군을 이끌고 한달음에 달려온 이슬람 군주 케르보가에게 포위당하는 처지가 되었다. 그리스도교도들은 25일간의 전투 끝에 전멸 직전까지 갔다. 칼리프와 술탄의 오만한 부장들은 항복이냐 죽음이냐 양자택일을 강요했다. 이러한 극한 상황에서 십자군은 남은 힘을 총집결하여 공격에 나서서, 단 하루의 기념비적인 전투로 적게 잡아도 60만에 이르는 투르크와 아랍 대군을 휩쓸어 버렸다. 초자연적인 도움도 고려해야겠지만, 승리의 인간적인 원인은 두려움을 모르는 프랑크인의 필사적인 용기와 어리석고 건방진 적의 당황과 불화, 실책이었다. 이 전투에 대한 기록은 전개된 양상만큼이나 혼란스럽다. 그러나 케르보가의 막사가 아시아의 사치품으로 호사스럽게 꾸며졌으며 2000명 이상 수용 가능한 대규모 이동식 궁전이었다는 점, 또 그의 3000명이나 되는 호위병은 사람뿐 아니라 말까지 철제 무구로 온몸을 완전히 감쌌다는 점은 우리의 눈길을 끈다.

1098년 6월, 십자군의 승리

다사다난했던 안티오크 공방전 기간 중 십자군은 승리와 절망 사이를 시계추처럼 오가면서, 어느 때는 풍요를 누리다가 또 어느 때는 굶주림으로 초췌해지고는 했다. 사변적인 이론가는 그들의 신앙이 실천에도 강력하고 깊은 영향력을 끼쳐서, 십자가의 병사들이 성지 해방군답게 매일같이 순교에 대해 묵상하며 절제와 미덕의 생활을 영위했으리라고 상상할지도 모른다. 그러나 현실은 이러한 고상한 환상을 여지없이 깨뜨린

안티오크에서의 십자군의 기아와 고통

다. 세속적인 전쟁의 역사에서도 안티오크 성벽 아래에서만큼 지독한 무절제와 난장판의 예를 찾기 힘들 지경이다. 다프네의 작은 숲은 이미 자취를 감추었으나 시리아의 공기는 여전히 똑같은 악덕으로 충만했다. 그리스도교도들은 자연이 부추기거나 금지하는 모든 종류의 유혹에 넘어갔고 대장들의 권위는 땅에 떨어졌다. 복음의 순수성을 거스르는 것은 말할 것도 없고, 군기에도 해롭기 짝이 없는 이러한 수치스러운 무질서 앞에서는 설교도 훈령도 소용이 없었다. 프랑크인들은 안티오크를 포위하여 장악한 첫 며칠 동안, 아끼면 몇 주, 몇 달을 버틸 수 있는 식량을 마구잡이로 먹어 치워 버렸다. 황폐해진 도시는 더 이상 내놓을 것이 없었고, 그들은 결국 포위한 투르크군의 무력에 밀려 그 도시를 떠나야만 했다. 겨울비와 여름의 폭염, 지저분한 음식과 수많은 사람들의 밀집으로 인해 궁핍의 충실한 동반자인 질병이 퍼져 나갔다. 기근과 역병이 연출하는 참상은 언제나 똑같은 모습이며 늘 그렇듯 혐오스럽지만, 그들의 고통과 이에 대한 대응책이 어떠했을지는 충분히 짐작할 수 있을 것이다. 남은 재물과 전리품은 보잘것없는 식량이라도 구하기 위해 다 팔려 나갔는데, 염소 한 마리에 은화 3마르크, 말라빠진 낙타 한 마리에 15마르크를 내놓아야 했다.[36] 플랑드르 백작도 저녁 한 끼를 구걸하고 고드프루아는 말을 빌려야 할 처지였으니, 가난한 사람들의 곤궁이야 더 말할 것도 없다. 6만을 헤아렸던 기병대는 포위 공격이 끝나기 전쯤에는 2000명으로 줄어 있었으며, 그나마 전투에 동원할 수 있는 병력은 200명 남짓에 불과했다. 순례자들은 몸이 쇠약해지고 공포에 짓눌리면서 불타오르던 열정도 시들어 갔다. 명예니 신앙이니 하는 동기도 생존의 욕망 앞에서는 아무것도 아니었다. 대장들 중에서 용감하고 훌륭한 영웅이 세 사람 있었다. 부용의 고드프루

[36] 황소 한 마리 값이 5솔리두스(15실링)에서 크리스마스에는 2마르크(4파운드)까지 올라갔다. 그 후로도 더 치솟았다. 새끼 염소나 양은 현재 돈으로 1실링에서 18실링까지 올랐다. 두 번째 기근 때에는 빵 한 덩이나 가축의 머리 고기가 금화 한 닢에 팔렸다. 더 많은 예가 있지만 철학자의 주의를 끌 만한 것은 정상 가격이지 비정상적인 가격이 아니다.

아는 고결한 신앙심으로 버텼으며, 보에몽은 야심과 이익 때문에 버텼다. 진정한 기사도 정신으로 무장한 탕크레드는 마흔 명의 기사만 있어도 결코 팔레스타인 해방을 포기하지 않겠다고 선언했다. 그러나 툴루즈와 프로방스의 백작은 꾀병을 부린다는 의심을 받았고, 노르망디 공작은 교회의 질책을 받고 해안에서 소환되었다. 대(大)위그는 전투에서 선봉 부대를 이끌고 있었음에도 불구하고 애매한 기회를 잡아 프랑스로 귀환했다. 샤르트르의 백작 스테판은 비열하게도 자신의 깃발과 군사회의의 결의를 저버렸다. 믈룅의 자작으로 도끼를 잘 써서 '목수'라는 별명을 가진 윌리엄의 도주에 병사들은 낙담했다. 성도들은 은자 페트루스의 타락에 분개했는데, 그는 유럽을 아시아에 대항해 무장시킨 후 회개 단식을 피하려고 했던 것이다. 수많은 비겁한 전사들의 이름이 생명의 책에서 삭제되었고, 한밤중에 안티오크 성벽을 타고 내려간 탈영병들에게는 줄타기 광대라는 모욕적인 별명이 붙여졌다. 알렉시우스 황제는 라틴인들을 구하려 했으나 그들의 절망적인 상황을 확인하고는 망연자실하고 말았다. 그들은 절망 속에서 조용히 다가올 운명을 기다렸다. 맹세와 처벌도 소용이 없었으며, 병사들을 움직여 성벽을 방어하게 하려면 그들의 막사를 불태우는 수밖에 없었다.

광신은 그들을 파멸 직전까지 끌고 갔지만, 그들을 구원하고 승리를 안겨 준 것도 바로 그 광신이었다. 이러한 대의를 내건 군대에서는 환영, 예언, 기적이 흔한 일이었다. 안티오크에서 곤경에 빠졌을 때에도 이러한 현상이 거듭 일어나 엄청난 영향력을 발휘하여 성공을 거두었다. 성 암브로시우스는 한 경건한 신도에게 해방과 은총의 때가 오기 전에 반드시 2년간의

성스러운 창의 전설

시련기가 있다고 말했었다. 도망자들은 그리스도가 몸소 나타나 다가오는 모습을 보고 발길을 돌렸다. 죽은 자들이 일어나 동료들과 함께 싸우겠다고 약속했으며, 성처녀가 그들의 죄를 사해 주었다. 때맞춰 성스러운 창이 발견됨으로써 가시적인 기적이 그들의 확신을 되살려 주었다. 대장들이 이때 쓴 책략은 두고두고 감탄의 대상이 되었는데, 이 정도는 용인해 주어도 좋을 것이다. 그러나 여러 사람의 냉철한 음모로 신성한 사기극이 꾸며지는 법은 거의 없으니, 의도적인 사기꾼이 현명한 자들의 지원과 대중의 어리석음에 편승하는 것이다. 마르세유 교구에 페트루스 바르톨로뮤라는 이름의 교활하고 품행이 나쁜 성직자 한 사람이 있었다. 그는 회의실 문 앞에 서서 성 안드레아의 환영이 그의 꿈속에 세 번이나 나타나서 하늘의 명을 따르지 않는다면 끔찍한 일이 생길 것이라는 말을 했다고 주장했다. 그 사도는 이렇게 말했다는 것이다.

안티오크에 있는 내 형제 성 베드로의 교회 안 높은 제단 옆에 구세주의 옆구리를 찔렀던 창의 쇠 촉이 숨겨져 있노라. 3일 후, 내세의 그리고 당장은 현세의 구원을 가져다줄 도구가 신도들 앞에 모습을 드러낼 것이니라. 찾아보라, 그러면 발견하리라. 그 창을 전장에서 높이 들어 올려라. 그러면 그 신비로운 무기가 악한들의 영혼을 무찌를 것이니라.

교황의 대리인인 퓌의 주교는 냉정한 태도로 의심스러워하며 경청했다. 그러나 교황의 이 충실한 신하로부터 사도의 이름으로 성스러운 창의 수호자로 선정된 레이몽 백작은 이 계시를 진지하게 받아들였다. 찾아보기로 결정한 지 3일째 되는 날, 마르세유의 성직자는 기도와 단식으로 충분한 준비를 마치고 백작과 종군 신부를 포함하여 열두 명의 입회인들을 맞이했다. 교회 문은 흥분한 군중이 들어오지 못하도록 굳게 닫혔다. 일꾼들은 지시한 장소의 흙을 파헤쳤으나, 12피트 깊이까지 파내려 가도록 목표물을 발견하지 못했다. 저녁이 되자 레이몽 백작은 숙소로 돌아갔고 지친 일꾼들이 불평을 늘어놓기 시작했다. 그러자 바르톨로뮤는 셔츠 바람으로 신발도 없이 대담하게 구덩이 속으로 내려갔다. 어두워진 시각인데다 컴컴한 구덩이 속이었으므로 그는 사라센 창의 촉을 몰래 놓아둘 수 있었다. 쇠의 소리가 들리고 처음으로 빛이 보이자 열광적인 환호가 터졌다. 성스러운 쇠 촉은 감추어졌던 곳에서 꺼내어져 비단과 금으로 된 천에 싸여 십자군이 경배를 바치도록 전시되었다. 불안스레 마음 졸이던 이들은 일제히 기쁨과 희망에 넘쳐 환호를 터뜨렸고, 절망에 빠져 있던 군대는 다시금 의욕에 불타올랐다. 대장들의 술책이나 속셈이 어떠했든 간에, 그들은 군기와 신앙심을 총동원하여 이 행운을 교묘하게 이용했다. 병사들은 다가올 전투를 위해 심신을 강하게 단련해 두라는 명령을 받고 진영으로 돌아갔다. 그들은 수중에 남은 것을 다 털어 말과 함께 배불리 먹은 다음, 새벽녘에는 승리의 신호를 보게 되리라는 기대에 부풀었다. 성 베드로와 성 바울의 축일 날, 안티오크의 성문이 활짝 열렸다. 성직자와 수도사 들은 줄지어 행진하면서 "주여 일어나소서, 적들을 모두 쫓아 버리소서!"라는 호전적인 찬송을 불렀다. 12사도를 기리는 뜻에서 전투 대열도 열두 부대로 정렬했다. 레이몽이 불참하여 성스러운 창은 종군 신부가 맡았는데, 그리스도교도들뿐 아니라 적들도 아마 유물이라 할지 전승 기념물이라 해야 할지 모를 이 창의 영향력을 느꼈을 것이다.[37] 그 창의 강력한 힘은 기적이 만들어 내는 우연, 전술 또는 소문으로 한층 강화되었다. 흰옷을 입고

[37] 이슬람교도 아불마하센은 안나 콤네나, 아불파라기우스 같은 그리스도교도보다 성스러운 창에 대해 더 정확한 설명을 제공한다. 비잔티움 공주는 창을 십자가의 못으로, 야고보파 대주교는 성 베드로의 지팡이로 혼동했다.

하늘의 전사

번쩍이는 무기를 든 세 명의 기사가 언덕에 모습을 나타냈다. 교황의 대리인인 아데마르는 이들이 바로 순교자인 성 게오르기우스, 성 테오도루스, 성 마우리키우스라고 선언했다. 소란스러운 전투 와중에 의심을 품거나 자세히 살펴볼 여유가 있을 리 없었다. 유령들은 광신적인 군대의 눈과 상상력을 현혹했다. 위험이 닥치거나 승리한 순간에는 모두가 한목소리로 마르세유의 바르톨로뮤의 계시를 떠받들었지만, 일단 눈앞에 닥친 일을 해결하고 나자 경쟁자들은 레이몽이 성스러운 창의 관리자 명목으로 얻어 낸 개인적인 권위와 넉넉한 구호금에 질투심이 일면서 제정신으로 돌아왔다. 한 노르만인 서기가 전설의 진위 여부와 발견 당시의 정황, 예언자의 품성을 냉정하게 조사했다. 신앙심 깊은 보에몽은 자신들의 구원을 오로지 그리스도의 권능과 중재 덕으로 돌렸다. 얼마 동안 향당인들은 자기 민족을 수호해 주는 성물을 함성과 무력으로 지켰으며, 감히 발견의 진위와 가치를 조사하려는 신성 모독적인 회의론자들에게는 새로운 환영이 나타나 죽음과 지옥행을 선고할 것이라고 말했다. 그러나 의심하는 분위기가 점점 강해지자, 그 기적을 발견한 자는 자신의 생명과 진실을 신의 판결에 맡겨야만 했다. 진영 중앙에 마른 삭정이로 높이 4피트, 길이 14피트의 단을 쌓고 불을 붙이자, 30큐빗 높이까지 불길이 타올랐다. 위험한 심판을 위해 12인치의 좁은 통로 하나만이 남겨졌다. 불운한 마르세유의 성직자는 재주껏 재빠르게 불 속을 통과했지만, 뜨거운 열기에 넓적다리와 배에 심한 화상을 입고 다음 날 숨을 거두었다. 신앙심의 논리는 그가 죽어 가면서 주장한 결백과 진실을 얼마간 인정해 줄지도 모르지만 향당인들은 곧 성스러운 창을 경멸과 망각 속에 묻어 두고, 그 빈자리를 십자가, 반지, 성궤 따위로 대체하려 애썼다.38 그러나 다음 세대의 역사가들은 안티오크의 계시를 엄숙하게 인정한다. 맹신은 매우 빠른 속도로 전파되는 법이어서 바로 그 자리, 그 순간에는 아무리 의심스러운 기적이라도 시공간상으로 적당한 거리가 벌어지면 절대적인 믿음으로 부활하기도 한다.

프랑크인들은 신중함 때문이었는지 운이 좋아서였는지 모르지만 투르크 제국이 기울 때까지 침략을 늦추었다. 초대부터 3대 술탄까지는 강력한 통치로 아시아의 여러 왕국을 평화롭고 정의롭게 통합했다. 그들이 직접 이끌었던 대군은 서방의 야만인들과 비교해도 용기 면에서 떨어지지 않았으며, 군율 면에서는 더 훌륭했다. 그러나 십자군 시대에는 말리크 샤의 네 아들이 그의 유산을 놓고 다투고 있었다. 그들은 개인적인 야심에 사로잡혀 위험이 다가오는 것도 몰랐다. 신하들은 운명의 부침 속에서 그들이 정말로 충성을 바쳐야 할 대상이 누구인지 몰랐거나 아니면 알려고도 하지 않았다. 케르보가의 깃발을 들고 진군했던 스물여덟 명의 태수들은 이제 그의 경쟁자 내지 적이 되었다. 그들은 메소포타미아와 시리아의 여러 도시와 사막의 천막 들에서 급히 병력을 모았다. 투르크 용사들은 티그리스 강 너머에서 벌어진 내전에 힘을 쏟고 있었던 것이다. 이집트의 칼리프는 투르크인들의 국력이 약해지고 분열된 기회를 틈타 고대의 소유지를 탈환했다. 술탄 아프달은 예루살렘과 티르를 포위 공격하여 오르토크의 자손들을 쫓아낸 다음, 팔레스타인에 파티마 왕조의 정치와 종교상의 권위를 부활시켰다.39 그들은 그리스도교도 대군이 유럽에서 아시아로 건너왔다는 소식에 경악했으나, 자기들 종파와 나라의 적인 투르크군을 격파했다는 소식에는 기뻐했다. 그러나 바로 그 그리스도교

투르크인들의 상태와
이집트의 칼리프들

38 기적과 사기에 대해 가장 깊은 지식과 강한 확신을 드러낸 두 경쟁자는 데젤르와 카도멘시스로, 전자는 레이몽, 후자는 노르만 군주 편이었다.

39 아프달은 헤지라 489년 예루살렘과 티르를 수복했다.

도들은 예언자 마호메트의 적이었다. 니케아와 안티오크를 휩쓴 점으로 미루어 볼 때 점차 그들의 동기는 분명해졌다. 그들은 같은 동기에 따라 요르단 강, 아마도 나일 강기슭까지 밀고 올라올 것이 분명했다. 전황에 따라 서신과 사절이 카이로 궁정과 라틴인 진영 사이를 계속 오갔다. 그들의 적대적인 오만함은 무지와 열정이 빚은 결과였다. 이집트의 대신들은 신도들의 참되고 정당한 통솔자인 자기들의 군주가 투르크인의 멍에로부터 예루살렘을 구했으므로, 순례자들이 인원을 분할하고 무기를 내려놓는다면 예수의 성묘에서 안전하고 호의적인 대우를 받을 것이라고 오만하게 선언하기도 하고, 좀 더 은근한 태도로 암시하기도 했다. 상대방의 패배를 확신한 칼리프 무스탈리는 그들의 무력을 얕잡아 보고 사자를 투옥했다. 그러나 십자군의 안티오크 정복과 승리 소식을 전해 들은 후에는 말과 비단옷, 꽃병, 금과 은을 담은 부대를 선물로 바쳐 이 무시무시한 전사들을 회유하려 했다. 그는 십자군 전사들의 공적과 힘을 평가하면서 보에몽을 제일가는 인물로, 고드프루아를 그 다음가는 인물로 꼽았다. 앞으로의 운명이 어떻게 되든 십자군의 대답은 단호하고 한결같았다. 그들은 마호메트 추종자들의 개인적인 권리나 재산 따위는 일고의 가치도 없다고 생각하며, 예루살렘의 찬탈자라면 그 이름이나 민족이 무엇이든 자신들의 적이고, 순례 방식이나 기간 등을 규정할 것이 아니라 자신들의 신성한 권리인 이 도시와 속주를 지체 없이 내놓는 것이 눈앞에 닥친 공격을 면하는 유일한 길이라고 통고한 것이다.

1098년 7월~1099년 5월,
프랑크인들의 지연

그러나 그들은 영광스러운 성공을 지척에 두고 있음에도 불구하고, 케르보가가 패배한 후에도 열 달 이상이나 공격을 중단했다. 승리를 눈앞에 두고 십자군의 열정과 용기는 차갑게 식어 버렸다. 그들은 적이 혼비백산한 때를 노려 진군하는 대신 뿔뿔이 흩어져 시리아의 사치를 즐겼다. 이러한 비정상적인 지연의 원인은 병력과 복종심의 결여에서 찾을 수 있다. 기병대는 안티오크에서 힘겨운 작전을 전개하면서 소진되었고, 수많은 병사들이 기아와 질병으로 죽거나 진영을 이탈했다. 또다시 이전처럼 풍요를 함부로 탕진하는 바람에 세 번째로 기근이 닥쳤다. 무절제와 궁핍이 교대로 반복되면서 역병이 돌아 5만 명 이상의 순례자가 목숨을 잃었다. 지휘할 능력이 있는 자도 거의 없었지만 복종하려는 자는 더욱 없었다. 공통의 적 앞에서는 잠잠했던 내부의 반목이 적대적인 행동으로 나타나거나 적어도 마음속에서는 다시 되살아났다. 보두앵과 보에몽의 행운은 동료들의 질시를 자극했다. 가장 용감한 기사들이 새로운 공국들을 방어하겠다고 모여든 반면, 레이몽 백작은 시리아 중심부에 대한 무의미한 원정으로 병력과 재물을 탕진하고 말았다. 불화와 무질서 속에 겨울이 지나가고 봄이 되자 명예심과 종교열이 다시 불타올랐다. 야심이나 질시 따위에 별로 흔들리지 않는 개개 병사들은 성난 고함으로 태만에 빠진 대장들을 일깨웠다. 5월이 되자 이 막강한 대군의 나머지는 안티오크에서 라오디케아로 진군했다. 약 4만 명의 병력 중 당장 동원

1099년 5~6월, 예루살렘으로 진군한 프랑크인들

가능한 숫자는 기병 1500과 보병 2만 정도였다. 그들은 리바누스 산악 지대와 해안 사이를 어려움 없이 계속 진군했다. 부족한 물자는 제노바와 피사 연안의 무역상으로부터 얼마든지 충당할 수 있었다. 그들은 트리폴리, 티르, 시돈, 아크레, 카이사레아의 태수들로부터 막대한 기부를 받았다. 태수들은 자유로운 통행을 허가했을 뿐 아니라 예루살렘의 예를 따르겠다고 약속했다. 십자군은 카이사레아에서 내륙으로 전진했다. 서기들

이 리다, 람라, 에마우스, 베들레헴 등 성스러운 지명을 확인했다. 십자군은 성스러운 도시를 발견하기만 하면 그간의 고생도 잊고 보상을 요구했다.

1099년 6~7월,
예루살렘
포위 공격과 정복

예루살렘은 역사에 남을 중요한 포위 공격을 여러 차례 치름으로써 명성을 얻었다. 바빌론과 로마는 길고 끈질긴 항쟁을 물리치고 나서야 완강한 예루살렘 주민을 꺾고, 요새를 대신하고도 남을 험준한 땅과 가장 접근하기 쉬운 평원을 방어하기 위해 세워진 성벽과 탑 들을 제압할 수 있었다. 이러한 장애물들은 십자군 시대에 이르러서는 많이 약화된 상태였다. 완전히 파괴된 보루는 불완전하게 복구된 상태였고, 유대인들은 나라와 종교를 잃고 영구 추방을 당했다. 그러나 자연은 인간보다 잘 변하지 않는 법이어서, 예루살렘의 지형은 다소 완만해지고 변하기는 했어도 여전히 적의 공격에 강했다. 최근의 포위 공격과 3년간의 점령 경험을 통해 이집트의 사라센인은 명예뿐 아니라 종교를 위해서라도 절대 포기할 수 없는 이 지역의 약점을 찾아냈고, 어느 정도 보강하는 법을 알아냈다. 칼리프의 부관인 알라딘이 방위 임무를 맡고 있었는데, 그는 그리스도교도 주민들에 대해서는 그들과 성묘를 파멸시키겠다고 위협하여 꼼짝 못하게 하는 한편, 이슬람교도들에게는 현세와 천상의 보상을 장담함으로써 용기를 불어넣는 정책을 썼다. 그의 수비대는 4만 명의 투르크인과 아랍인으로 이루어졌다고 한다. 만일 그가 주민들 중 2만 명을 동원할 수 있다면 포위된 자들의 수가 포위군의 수를 능가하는 형국이었다.[40] 라틴인의 줄어든 병력으로도 4000야드에 이르는 전체 둘레를 다 에워쌀 수 있었다면,[41] 도대체 무엇 때문에 그들이 벤히논 계곡과 케드론의 격류로 내려오거나,[42] 아니면 무엇 하나 얻을 것도 잃

[40] 볼테르의 생기발랄한 회의주의는 분별력과 박식함에서 『십자군의 정신』을 쓴 프랑스인 저자와 균형을 이룬다. 그 저자가 관찰한 바로 아랍인들의 말에 따르면 예루살렘 주민은 20만 명을 넘었음에 틀림없다는 것이다.

[41] 몽드렐(Maundrell)은 성벽을 부지런히 답사한 결과 둘레가 4630보, 즉 영국 야드로 4167야드임을 알아냈다. 당빌은 그의 희귀하고 매우 유용한 소책자에서 한 믿을 만한 지도를 통해 거의 비슷한 수치인 1960프랑스투아즈라는 결론을 끌어냈다.

[42] 예루살렘을 흐르는 강은 여름에는 말라 버리는 케드론의 급류나 실로에의 작은 시내뿐이다. 이방인이나 주민 들이나 물 부족을 불평했으며, 전시에는 상황이 더 악화되었다. 타키투스는 도시 안에 연중 마르지 않는 샘과 수로, 빗물을 받는 통이 있다고 말한다. 수로는 테코에, 다른 이름으로는 에담 시대에서부터 물을 끌어오는데, 보아댕(Bohadin)도 같은 언급을 하고 있다.

을 것도 없는 남쪽과 동쪽 절벽으로 접근했겠는가? 포위 공격은 보다 분별 있게 도시의 북쪽과 서쪽을 향했다. 부용의 고드프루아가 갈보리(골고다) 산의 첫 번째 언덕 위에 깃발을 꽂았다. 왼쪽으로는 성 스테파노의 문까지 탕크레드와 두 명의 로베르가 공격을 계속 퍼부었다. 레이몽 백작도 성채로부터 지금은 도시 구역 안에 포함되지 않는 시온 산 기슭까지 진영을 설치했다. 5일째 되는 날, 십자군은 공성용 무기 없이도 성벽을 무너뜨리고 사다리 없이도 기어오를 수 있다는 광적인 희망에 차서 총공격을 개시했다. 그들은 야수 같은 힘을 발휘하여 첫 번째 장벽을 무너뜨렸으나, 결국 막대한 손실을 입고 진영으로 후퇴했다. 환영과 예언도 이를 이용하는 전술을 지나치게 남발한 나머지 더 이상 영향력을 발휘하지 못했다. 시간과 노력만이 유일한 승리의 수단이었다. 포위 공격은 40일이 걸렸는데 재앙과 고통으로 얼룩진 40일이었다. 기근이라는 해묵은 문제가 새삼 반복된 것은 어느 정도는 탐욕스럽고 무절제한 프랑크인들의 식욕 탓으로 돌릴 수 있다. 그러나 예루살렘의 돌투성이 땅에는 물이 거의 없었다. 수량(水量)이 적은 샘과 급하게 흐르는 물길조차 여름에는 말라 버렸다. 포위군은 도시에서처럼 저수지나 수로를 통해 인공적으로 물을 공급받아 갈증을 풀 수도 없었다. 또한 황량한 주변 지역에는 그늘이나 건물을 만들 나무 하나 없었는데, 십자군은 동굴 속에서 커다란 들보 몇 개를 찾아내기도 하고, 탕크레드는 타소가 노래한[43] 마법의 숲 시켐 근방의 나무를 베어 진영으로 날랐다. 운 좋게도 때마침 야파 항에 상륙한 제노바 출신 기술자들이 이 나무들로 공성용 무기를 만들었다. 로렌 공작과 툴루즈 백작의 진지에서 그들이 댄 비용으로 두 개의 이동식 포탑이 건조되어, 요새에서 가장 접근하기 쉬운 부분이 아니라 가장 방어가 약한 부분으로 온

[43] 타소가 포위 공격에 대한 상세한 묘사들을 어떻게 모방하고 윤색했는지 관찰해 보는 것도 꽤 재미있다.

44 중세 시대 네블로사에 있었던 오래된 탑 세피나에는 총대주교 다임베르트가 피사 성채라는 이름을 붙여 주었다. 아직도 성채가 남아 있는데 투르크군 대장의 거처로 쓰이고 있으며, 이곳에서는 사해, 유대, 아라비아가 한눈에 내려다보인다. 다윗의 탑이라고도 불렸다.

힘을 다해 옮겨 갔다. 레이몽의 탑은 포위당한 자들이 던진 불로 재가 되었으나, 그의 동료는 더 용의주도하게 공격하여 성공을 거두었다. 적은 궁수들의 공격에 보루에서 밀려났고 도개교가 내려졌다. 그리스도가 수난을 당한 요일과 시각인 금요일 오후 3시, 부용의 고드프루아는 예루살렘의 성벽 위에 승리의 깃발을 휘날렸다. 사방에서 저마다 질세라 무용을 겨루며 그의 모범을 따랐다. 우마르가 정복한 지 460여 년 만에 성스러운 도시가 마호메트의 멍에로부터 해방된 것이다. 모험가들 사이에서는 나라와 개인의 부를 약탈할 때 최초의 정복자가 독점권을 갖는다는 점에 대해 사전에 동의가 성립되어 있었다. 탕크레드는 대(大)모스크의 전리품인 일흔여 개의 램프, 금과 은으로 만든 커다란 꽃병 등으로 노고를 보상받는 동시에 자신의 관대함을 과시했다. 그릇된 생각을 가진 신도들은 그리스도교의 신에게 피비린내 나는 희생을 바쳤다. 저항은 분노를 더욱 자극할 뿐 남녀노소 누구든 그들의 무자비한 분노를 피할 수 없었다. 그들은 3일간 무차별적인 학살을 저질렀으며, 시체 더미에서 곧 전염병이 퍼졌다. 7만 명의 이슬람교도가 칼끝에 목숨을 잃고, 죄 없는 유대인들이 유대교 예배당에서 화형을 당한 후에야 이해관계 때문에 또는 단지 귀찮아서 엄청난 수의 포로를 살려 주기로 했다. 이렇게 잔인무도한 십자가의 영웅들 가운데서 탕크레드만이 유일하게 동정심을 보였다. 그러나 우리는 성채의 수비대에게 조건부 항복을 인정하고 통행증을 발급해 준 레이몽의 좀 더 이기적인 관대함을 칭찬해도 좋을 것이다.44 성묘는 이제 해방되었고 피에 젖은 승자들은 서약을 이행할 준비에 착수했다. 그들은 투구를 벗고 맨발로, 겸허한 자세와 회개하는 마음으로 성직자들의 찬송이 울려 퍼지는 가운데 갈보리 언덕을 올라 구세주를 덮은 돌에 입 맞추고, 속죄의 기념비에 기쁨과 회오의 눈물을 뿌렸다. 두 명의 철학자가 이렇게 가장 난폭한 열정과 가장 부드러운 열정이 결합된 모습을 전혀 다르게 고찰했는데, 한 사람은[45] 흔히 볼 수 있는 자연스러운 것으로, 다른 한 사람은 부조리하고 믿기 어려운 것으로 보았다. 아마도 그 상반된 열정을 동일 인물들과 동일 시각에 지나치게 엄격히 적용한 것 같다. 덕성 넘치는 고드프루아의 모범은 동료들의 신앙심을 일깨웠는데, 그들은 몸을 깨끗이 함으로써 마음도 정화했다. 살인과 약탈에 열을 올렸던 자들이 성묘로 가는 행렬에서 앞장을 섰다고는 차마 믿고 싶지 않다.

교황 우르바누스가 끝내 살아서 듣지 못한 이 기념할 만한 행사가 치러진 지 8일 후, 라틴 대장들은 그들이 정복한 팔레스타인을 지키고 다스릴 왕을 선출하기로 했다.

1099년 7월~1100년 7월, 부용의 고드프루아의 선출과 통치

대(大)위그와 샤르트르의 스테판은 전선에서 후퇴하여 명성을 잃은 처지였으므로, 이후 2차 십자군 원정 참여와 명예로운 죽음으로써 명예의 회복을 도모하게 된다. 보두앵은 에데사에, 보에몽은 안티오크에 각각 터를 잡았다. 각각 노르망디 공작과[46] 플랑드르 백작인 두 명의 로베르는 결과가 의심스러운 경쟁이나 허울뿐인 왕권에 매달리느니 서방에 있는 자신들의 정당한 상속지 쪽을 택했다. 레이몽의 질투와 야심은 추종자들에게 비난의 대상이 되었다. 군대는 자유롭고 정당하게 한목소리로 부용의 고드프루아를 그리스도교 왕국의 전사들 중 일인자로 선언했다. 관대한 인품의 소유자인 그는 영광스러운 만큼 위험하기도 한 책임을 받아들였다. 그러나 이 독실한 순례자는 구세주가 가시면류관을 썼던 도시에서 왕이 되기를 거부하고, 예루살렘 왕국 건립자로서 '성묘의 수호자 겸 영주'라는 겸손한 호칭으로 만족했다. 그의 치세는 공공의 행복에 이바지하기에는 너무 짧은

[45] 흄이 『영국사』에서 언급한 내용이다.

[46] 영국인들은 노르망디의 로베르에게, 향당인들은 툴루즈의 레이몽에게 왕관을 사양한 영광을 돌린다. 그러나 전해 오는 이야기는 생질 백작의 야심과 복수에 관한 솔직한 기록을 담고 있다. 그는 트리폴리 포위 공격에서 죽었고, 트리폴리는 그의 후손의 소유가 되었다.

1년에 불과했으나, 그나마도 처음 2주 만에 이집트의 대신 내지 술탄이 접근해 온다는 전장의 부름으로 위기를 맞았다. 술탄은 예루살렘 함락은 막지 못했으나 복수욕에 불타고 있었다. 아스칼론 전투에서 술탄이 참패함으로써 라틴인은 시리아에서의 지배를 확고히 굳혔으며, 프랑스 군주들은 이를 통해 무용을 널리 알리고 성전에 긴 작별을 고했다. 양측 병력이 엄청나게 차이가 났다는 점에서 승리의 영광을 더욱 강조하려 할지 모르겠지만, 나는 파티마 측의 수많은 기병과 보병은 계산에 넣지 않았다. 도리깨나 쇠 채찍으로 무장한 에티오피아인과 흑인 3000명을 제외하면, 남방의 야만인들은 첫 번째 공격에 달아나 버려서, 투르크인의 활력 넘치는 용맹과 대조되는 이집트인의 나태와 유약성을 보여 주었다. 새로운 왕(이 호칭에 어울리는 인물이다.)은 성묘 앞에 술탄의 검과 군기를 바친 후 떠나는 동료들을 포옹하고, 팔레스타인 방어를 위해서는 용맹스러운 탕크레드와 함께 300명의 기사와 2000명의 보병만을 남겼다. 그의 왕권은 곧 고드프루아를 겁에 질리게 만들 수 있는 유일한 인물인 새로운 적의 공격으로 위기에 처했다. 지략에서나 실제 전투에서나 뛰어난 능력을 보여 주었던 퓌의 주교 아데마르가 안티오크의 마지막 역병에 쓰러졌다. 남은 성직자들은 오만과 탐욕으로 똘똘 뭉친 자들이었는데 일찍이 그들은 왕보다 주교를 먼저 뽑아야 한다고 선동했다. 총대주교의 적법한 수입과 권력은 라틴 성직자의 손에 넘어갔고, 비잔티움인과 시리아인은 이단이니 분파니 하는 비난을 뒤집어쓰고 쫓겨났다. 동방의 그리스도교도들은 구원자들의 멍에 아래에서 차라리 아랍 칼리프의 관대한 지배를 그리워했다. 피사의 대주교인 다임베르트는 오랫동안 로마의 비밀 정책에 따라 훈련되어 온

1099년 8월, 아스칼론 전투

인물이었다. 그는 성지를 구하기 위해 동향인들로 구성된 함대를 데려와 경쟁자도 없이 교회의 영적, 세속적 우두머리로서 입지를 굳혔다. 이 새로운 총대주교는 승리한 순례자들의 피와 땀으로 얻은 왕권을 재빨리 낚아챘다. 고드프루아와 보에몽 둘 다 그의 손에서 영지를 받아야 했다. 이것이 전부가 아니었다. 다임베르트는 예루살렘과 야파의 직접적인 소유권을 주장했다. 고드프루아는 단호한 거절 대신 협상을 벌여 두 도시의 4분의 1씩을 교회에 양도하기로 했다. 총대주교는 고드프루아가 후사를 남기지 않고 죽거나, 장차 카이로나 다마스쿠스에 새로운 중심지를 얻게 되면 나머지도 결국은 자기 손에 돌아오리라 생각하고 참기로 했다.

이 정도 선에서 협상을 매듭짓지 못했더라면 정복자는 예루살렘과 야파, 그리고 인근 지역의 20여 개 마을과 도시로 이루어진 신생 왕국을 거의 다 빼앗겼을 것이다. 이렇게 좁은 경계선 안에서 이슬람교도는 여전히 난공불락의 성에 틀어박혀 버티고 있었으며, 농부와 상인, 순례자 들은 일상적으로 적대 행위에 노출되어 있었다. 그러나 고드프루아 자신과 그의 동생, 사촌인 두 보두앵의 힘으로 라틴인들은 좀 더 편안하고 안전한 삶을 살 수 있게 되었다. 그들은 마침내 수백만의 신민을 거느리는 정도까지는 못 되어도, 자기 영토 안에서만큼은 유다와 이스라엘의 고대 군주와 맞먹는 힘을 자랑하게 되었다.[47]

그리스도교 순례자들은 베네치아, 제노바, 피사, 심지어는 플랑드르와 노르웨이의 선단으로부터도 강력한 원조를 얻어 라오디케아, 트리폴리, 티르, 아스칼론 등 해양 도시를 정복한 후, 스칸데룬에서 이집트 국경에 이르는 해안 일대를 장악했다. 안티오크 군주는 예루살렘 왕의 주권을 부인했지만, 에데

1099~1187년, 예루살렘 왕국

[47] 다윗 왕은 레위와 베냐민 부족을 제외하고도 130만 내지 157만 4000명에 이르는 병사를 실제로 모을 수 있었다. 여자, 아이, 노예를 더하면 길이 60리그, 너비 30리그에 이르는 지역에 인구가 1300만 정도였으리라고 추측된다.

사와 트리폴리의 백작들은 그의 신하임을 인정했다. 라틴인의 지배권은 유프라테스 강 너머까지 확대되었고, 헴스, 하마, 다마스쿠스, 알레포의 네 도시만이 시리아에 있는 이슬람교 정복자들의 유일한 유산으로 남았다. 프랑스와 라틴 교회의 법과 언어, 풍습과 위계가 이 바다 건너편 식민지에 도입되었다. 봉건 법체계에 따라 수장 국가와 종속령은 남계(男系)와 여계(女系)의 직계 상속으로 계승되었다. 그러나 초대 정복자들의 자식들은 타락한 어중이떠중이에 불과했으며 사치에 빠져 신세를 망치고 말았다. 유럽에서 온 새로운 십자군의 도착은 불확실한 희망이자 우발적인 사건이었다. 666명의 기사가 봉건적 토지 소유권에 따라 봉사를[48] 수행했는데, 그들은 트리폴리 백작의 깃발 아래에서 종군하는 200명 정도의 원군을 더 기대할 수 있었다. 각 기사는 말 탄 종자와 궁사 네 명씩을 거느리고 출정했다. 교회와 도시로부터 5075명의 기사의 종복들이 충원되었는데 이들은 보병이었을 가능성이 크며, 왕국의 정규 민병대는 총 1만 1000명을 넘지 못했으므로, 주위를 둘러싼 사라센과 투르크의 대군에 맞서기에는 역부족이었다.[49] 그러나 예루살렘의 가장 군건한 보루는 요하네스 기사단과[50] 템플 기사단이었다. 이들은 광신주의에서 태어났지만 정책상의 필요에 따라 승인된 조직으로, 수도원과 군대 생활을 기묘하게 결합시켜 놓은 것이었다. 유럽의 내로라하는 귀족들은 이 존경할 만한 기사단의 십자가 표식을 달고 서약하기를 열망했다. 그들의 정신과 규율은 불후의 명성을 누렸으며, 짧은 기간 안에 2만 8000곳의 농지, 즉 장원을 기증받아 팔레스타인 방어를 위한 기병과 보병의 정규군 유지를 가능하게 했다. 무력을 행사하게 되면서 수도원의 엄숙한 분위기는 금세 자취를 감추었다. 이 그리스도교 군인들의 오만, 탐욕, 타락은 온 세상을 시끄럽게 했다. 그

[48] 믿을 만한 세부적인 기록은 예루살렘 왕국 법전에서 뽑아냈다. 사누트는 기사의 수를 518명, 추종자들은 5775명으로 추산한다.

[49] 그러나 큰 위기가 닥치면 영주들이 자원군을 이끌고 왔다고 사누트는 말한다.

[50] 티르의 윌리엄의 설명에 따르면 요하네스 기사단(구호 기사단)은 초기에는 비천하고 오만무례한 자들이었으나, 곧 보잘것없는 후원자였던 성 요하네스를 버리고 더 존엄한 인물인 세례 요한을 택했다. 그들은 약 1120년경부터 기사를 업으로 삼게 되었다. 요하네스기사단이 어머니라면 템플 기사단은 자식이었다. 튜턴 기사단은 1190년 아크레 포위 공격 당시 창설되었다.

들은 면책 특권과 사법권을 요구하여 교회와 국가의 조화를 어지럽혔고, 서로 간의 질시에 찬 경쟁으로 나라의 평화를 위험에 빠뜨렸다. 그러나 템플 기사단과 요하네스 기사단의 기사들은 가장 방탕했던 시기에도 두려움을 모르는 광신적인 면모는 잃지 않았다. 그들은 삶을 가벼이 여기며 그리스도를 위해서라면 기꺼이 목숨을 바칠 준비가 되어 있었다. 십자군의 모태이자 그 소산인 기사도 정신은 이후 이 조직을 통해 성묘에서 몰타 섬으로 이식되었다.

봉건 체제에 팽배한 자유정신을 누구보다도 강하게 의식하는 자들은 십자가의 표식을 단 의용군으로, 그들은 동료들 중 가장 훌륭한 자를 대장으로 선출했다. 교훈이나 모범 따위는 전혀 모르는 아시아의 노예들 사이에도 정치적 자유의 모델이 도입되었다. 프랑스 왕국의 법은 평등과 정의의 가장 순수한 원천에서 유래했는데, 이러한 법률에서 첫째가는 절대적인 조건은 그 법에 복종해야 할 자들, 법을 통해 이익을 얻고자 하는 자들이 동의해야 한다는 것이다. 부용의 고드프루아는 최고위직을 수락하자마자 유럽의 법령과 관습에 가장 정통한 라틴 순례자들에게 공적, 사적 조언을 구했다. 고드프루아는 이러한 자료를 근거로 총대주교와 영주들, 성직자와 평신도의 의견과 재가를 얻어 봉건 법체계의 귀중한 기념비인 예루살렘 왕국 법전을 만들었다. 왕, 총대주교, 예루살렘 자작의 인장으로 승인된 새로운 법전은 성묘에 안치된 후 세대를 거듭하면서 개선됨으로써 더욱 풍부해졌고, 팔레스타인 법정에서 난해한 문제가 일어날 때마다 경건한 마음으로 참조되었다. 이 모든 법률도 그 후 왕국과 도시와 함께 사라졌지만 일부는 조심스러운 전승으로 보존되었으며, 13세기 중반까지 다양하게 변형되어 실행

1099~1369년, 예루살렘 왕국 법전

[51] 이 법전을 편찬한 디블랭은 야파와 아스칼론의 백작이자 바루스(베리투스)와 라메스의 영주로 1266년에 사망했다. 프랑스 샤르트르의 백작의 동생으로부터 내려온 이블랭(Ibelin)의 가계는 오랫동안 팔레스타인과 키프로스에서 번영을 누렸다.

[52] 이 법전은 그 섬의 각 주에서 선택된 열여섯 명의 위원들에 의해 1369년 11월 3일에 완성되어 니코시아의 대성당에 보관되었다.

되었다. 법전은 고위 봉건 영주 중 한 사람이었던 야파 백작 디블랭의 펜으로 복원되었으며,[51] 1369년에 마지막 개정이 이루어진 후 키프로스의 라틴 왕국에서 시행되었다.[52]

동료들의 법정

예루살렘 정복 후 부용의 고드프루아가 설립한 서로 다른 권위를 지닌 두 개의 법정이 국헌의 정의와 자유를 유지했다. 왕은 영주들이 재판을 시행하는 상위 재판정에 직접 참석했다. 이들 중 가장 두드러진 인물 네 명은 갈릴리 공작, 시돈과 카이사레아 영주, 야파 백작과 트리폴리 백작이었다. 이들은 아마도 대신과 사령관직을 포함하여 어떤 특별한 분야에서 서로의 동료이자 판관이기도 하였다. 그러나 국왕으로부터 직접 봉토를 받은 귀족은 누구나 왕의 법정에 참석할 권리와 의무가 있었고, 개별 영주는 저마다 자기 밑의 가신들의 하위 법정에서 유사한 재판권을 행사했다. 영주와 봉신의 관계는 명예에 입각한 자발적인 것으로, 신하는 주군에게 경의를 바치고 주군은 신하를 보호해야 했다. 그러나 그들은 상호 간에 신의를 서약했는데, 어느 한쪽에서 의무를 게을리한다면 상대방은 의무 이행을 중지할 수 있으며, 피해를 입힌다면 의무가 사라질 수도 있었다. 결혼이나 유언의 인정 여부는 종교와 뒤섞여 성직자의 손으로 넘어갔으나, 귀족의 민사나 형사 사건, 봉토의 상속과 보유권 문제는 최고 법정에서 다루어졌다. 구성원 각각이 공적, 사적 권리에 대한 판관이자 보호자였다. 영주의 합법적 권리를 언변과 검으로 주장하는 일은 개개인의 의무였다. 그러나 윗사람이 부당하게 봉신의 자유나 재산을 침해하려 들면, 동료들이 연합하여 변론과 행동으로 그 봉신의 싸움을 지지하고 나섰다. 그들은 당당하게 잘잘못을 따져 그의 자유나 토지를 회복시켜 줄 것을 요구했고, 요구가 받아들여지지 않을 경우에는 봉사를 철회함으로써 동료를 감옥에서 구해 냈다. 어쨌든 그들의 눈에 신성한 존재인 주군 개인에게 직접적인 위해를 가하지는 않더라도, 동료를 지키기 위해 모든 수단을 동원했다. 변호인들은 법정에서 교묘한 달변을 동원하여 변론, 답변, 답변에 대한 재답변을 폈으나, 논쟁과 증거보다 결투에 의한 재판이 우선하는 일이 많았다. 예루살렘 왕국 법전은 이 야만스러운 제도를 인정했으나, 이후 유럽의 법률과 관습에 의해 서서히 폐지되었다.

결투에 의한 심판은 개인의 생명이나 사지(四肢) 또는 명예와 관계된 모든 형사 사건, 은화 1마르크 이상의 가치가 있는 모든 민사 사건에서 행해졌다. 형사 사건에서 결투는 고소인의 특권이었던 것 같다. 고소인은 반역죄의 경우만 제외하고, 자신이 입은 피해나 자기가 대신할 권리가 있는 자들의 죽음에 대해 이런 방법으로 복수할 수 있었다. 그러나 고발의 성격상 증언을 취할 수 있는 경우라면 반드시 사실을 주장할 수 있는 증인을 내세워야 했다. 민사 사건에서는 원고의 요구를 관철하는 수단으로 결투를 인정하지 않았으나, 원고는 사실에 대해 알고 있거나 그렇다고 주장하는 증인을 내세울 의무가 있었다. 이 경우에는 피고에게 결투를 신청할 권리가 주어지는데, 위증으로 자신의 권리를 빼앗으려 한다는 죄를 증인에게 씌울 수 있기 때문이었다. 그러므로 민사 사건의 피고도 형사 사건의 상소인과 같이 결투 제도를 이용할 수 있었다. 결투를 받아들였다고 해서 죄를 인정하는 것도, 부인하는 것도(몽테스키외의 가정에 따르면) 아니었다. 그러나 어떤 경우든 결투를 제안할 권리는 무력으로 피해를 보상받을 권리에 기초한 것이었다. 결투 재판은 사적인 결투와 같은 원칙, 같은 정신에 따

사법 논쟁들에 대한 법

라 행해졌다. 대리 결투는 사건 당사자가 여성일 경우, 그리고 남성의 경우에는 불구거나 60세 이상의 고령자에게만 허용되었다. 패배의 결과는 고발자 자신은 물론이고 고발당한 사람이나 대리인 또는 증인에게도 죽음을 의미했지만, 민사 사건에서는 증인과 대리인이 수치스러운 죽음을 당하는 것과 대조적으로, 원고가 받는 벌은 불명예 속에 패소하는 정도로 그쳤다. 대개의 경우 결투를 승인할지 아닐지는 재판관이 결정할 문제였지만, 반드시 결투를 치러야 하는 경우는 두 가지로 한정되었다. 충성스러운 봉신이 주군의 영지 일부를 부당하게 요구하는 동료에게 사기 행위라고 비난하는 경우나, 패소한 원고가 법정의 판결과 공정성을 문제 삼고 나설 경우였다. 법정을 탄핵할 수는 있지만 조건은 가혹하고 위험했다. 하루 동안 모든 법정 구성원, 심지어 재판에 불참한 자들과도 잇달아 싸워야 했다. 단 한 번의 패배라도 죽음과 오명으로 이어졌다. 아무도 승리를 기대할 수 없는 상황에서 감히 시도하는 자가 없었으리라는 점은 충분히 짐작할 수 있다. 예루살렘 왕국 법전에서 야파 백작이 치밀한 법 논리로 결투 재판을 장려하기보다는 피하려 한 점은 칭찬할 만하다. 그는 이러한 논리를 미신의 원칙보다는 명예의 원칙에서 끌어낸다.[53]

53 이처럼 모호하고 더 이상 시행되지 않는 법체계에 대한 지식은 날카로운 혜안으로 법의 철학적 역사를 연구해 온 한 교양 있는 학자와의 우정으로부터 많은 도움을 얻었다. 그의 연구는 후손에게 많은 도움을 줄 것이다. 웅변가와 재판관의 업적은 동시대인만 실감할 수 있을 뿐이다.

시민들의 법정

평민들을 봉건 폭정의 멍에에서 해방시킨 원인들 중에서도, 도시와 자치체의 제도화는 가장 강력한 원인의 하나였다. 만일 팔레스타인의 여러 제도가 1차 십자군과 같은 시기의 산물이라면 라틴 세계에서도 가장 오래된 것에 속할 것이다. 순례자들 중 상당수가 십자가 깃발 밑에 있는 자기들의 영주를 떠나 도망쳤으므로, 프랑스 군주들은 자유민으로서의 권리와 특권을 보장해 줌으로써 그들이 남아 있도록 유혹하는 정책을 폈다. 부용의 고드프루아는 자기의 기사와 봉신 들을 위하여 자신이 직접 주재하는 귀족 법정을 설립한 다음, 그의 대리인이 대표하는 제2 법정을 설립했다는 사실이 예루살렘 왕국 법전에 명백히 기록되어 있다. 이 하위 법정의 권한은 왕국의 자치 도시 시민에게까지 확대되었다. 이 법정은 시민들 가운데서도 소수의 가장 사려 깊고 명망 높은 인물들로 구성되었으며, 이들은 법률에 따라 동료 시민들의 행위와 운명을 판결하기로 맹세했다. 새로운 도시를 정복하여 안정시킬 때마다 왕과 고위 봉신들은 예루살렘의 예를 모방했으므로, 성지를 잃기 전까지 서른 개가 넘는 유사한 자치체가 만들어졌다. 또 다른 계층의 국민인 시리아인, 즉 동방의 그리스도교 도들은 성직자들의 열성에 억압당했으나, 국가의 관용책으로 보호를 받았다. 고드프루아는 자기들의 국법에 따라 재판받게 해 달라는 그들의 타당한 읍소에 귀를 기울였다. 그들을 위해 한정된 지역에서 재판권을 행사하는 세 번째 법정이 설치되었으며, 이 법정의 구성원들은 혈통, 언어, 종교 면에서 시리아인이었지만 그러나 재판장의 직분은 도시의 귀족이 맡기도 했다. 예루살렘 왕국 법전은 귀족, 자치 도시 시민, 이방인보다 한참 아래에 있는 영지 소작인과 전쟁 포로를 농노와 노예라 칭했는데, 이들은 거의 일률적으로 재산권의 대상으로 간주되었다. 이 불행한 자들의 구제나 보호는 입법자들의 관심을 끌지 못했지만 도망자들은 실제로 처벌하기보다는 주인에게 되돌려 주는 데 주력했다. 그들은 정당한 소유주의 손을 벗어난 사냥개나 매와 마찬가지로 잃어버릴 수도 있고, 소유권을 주장할 수도 있는 존재였다. 노예와 매는 값어치가 같았지만, 노예 세 명 또는 소

시리아인들

농노와 노예

열두 마리는 전투용 말 한 마리의 값으로 계산되었다. 기사도 시대에는 이 귀중한 동물의 값어치가 금화 300닢으로 정해져 있었다.

59

THE DECLINE AND FALL
OF THE ROMAN EMPIRE

비잔티움 제국의 상태 · 2차, 3차 십자군의 규모, 행로 그리고 결과 · 성 베르나르 · 살라딘의 이집트와 시리아 통치 · 그의 예루살렘 정복 · 해상 십자군 · 영국의 리처드 1세 · 교황 이노켄티우스 3세, 4차, 5차 십자군 · 황제 프리드리히 2세 · 프랑스의 루이 9세와 마지막 두 십자군 · 마말루크 왕조의 프랑크인 축출

역사를 서술하는 방식으로서는 격조가 좀 떨어지지만, 알렉시우스 황제를 사자의 발자국을 따라다니며 남긴 것을 먹어

1097~1118년, 알렉시우스의 성공

치우는 자칼에 비유할 수 있다. 1차 십자군이 통과하던 때 그가 공포에 떨며 고통을 받았다 하더라도, 프랑크인의 원정에서 얻은 뒷날의 이득으로 충분히 보상을 받은 셈이었다. 그는 경계를 늦추지 않고 교묘하게 처신하여 그들의 최초 정복지인 니케아를 확보했다. 이 요충지를 잃은 투르크군은 콘스탄티노플 인근에서 철수해야만 했다. 십자군이 전력투구하여 아시아 내륙 지역까지 진출할 동안, 이 교활한 비잔티움인은 해안 지대의 태수들이 술탄의 깃발 아래 소환된 절호의 기회를 적극 활용하여 투르크군을 로도스와 키오스 섬에서 밀어냈다. 알렉시우스는 에페수스와 스미르나, 사르데스, 필라델피아, 라오디케아를 제국의 영토로 수복함으로써 헬레스폰투스 해협에서 메안데르 강변과 팜필리아의 암석 해안까지 국경을 확장했다. 교

회는 영광을 되찾았고, 마을이 재건되고 요새화되었으며, 사막 지역은 멀고 위험한 국경 지대에서 서서히 이주해 온 그리스도교도 이주자들로 붐볐다. 이렇게 자애로운 보살핌을 폈다는 점에서, 알렉시우스가 성묘 해방을 뒷전으로 돌렸다 해도 용서할 수 있을 것이다. 그러나 그는 라틴인으로부터 배신자니 도망자니 하는 비난을 받아야 했다. 그들은 그의 옥좌에 충성과 복종을 맹세했으나, 그 또한 그들의 위업에 직접 동참하지 못한다면 적어도 군대와 재물로써라도 돕겠다고 약속한 터였다. 그가 비열하게 후퇴함으로써 그들의 의무도 사라졌다. 승리의 도구였던 검은 이제 그들의 정당한 독립의 증표이자 권리가 되었다. 황제가 시효가 지나 버린 예루살렘 왕국에 대한 권리를 재삼 들먹였던 것 같지는 않다.¹ 그러나 킬리키아와 시리아 국경 지대는 최근까지도 그의 영토였던 만큼 그의 무력이 통했다. 십자군의 대군은 전멸하거나 뿔뿔이 흩어졌고, 안티오크 공국도 보에몽이 기습을 받고 사로잡히는 바람에 무주공산이 되었다. 그는 몸값을 내느라 막대한 빚을 짊어졌고, 그의 노르만인 추종자들은 비잔티움과 투르크군의 공격을 물리치기에는 역부족이었다. 보에몽은 이렇게 난국에 몰리자 안티오크의 방어를 충성스러운 친족 탕크레드에게 넘기고, 비잔티움 제국에 맞서 서방 측 군대를 규합하여 아버지 기스카르의 교훈과 모범을 따른 계획을 실행에 옮기고자 하는 대담한 결단을 내렸다. 그의 출항은 비밀에 부쳐졌는데 안나 공주의 이야기대로라면, 그는 관 속에 숨어 적들의 눈이 번쩍이는 바다를 건넜다.² 그러나 프랑스에서는 온 국민이 그를 박수갈채로 맞아 왕의 딸과 결혼시켜 주었다. 당대의 가장 용감한 전사들이 이 노련한 지휘관 밑에 앞다투어 입대했으니 그의 귀환은 영광스러웠다. 그는 유럽 방방곡곡에서 끌어모은 기병 5000명과 보병 4만 명을 이끌

¹ 그러나 예루살렘 왕은 명목상으로 종속적인 지위를 감수했다. 그들은 비문을 새길 때(하나는 아직도 베들레헴의 교회에서 읽을 수 있다.) 자기들 이름 앞에 치세 중의 황제의 이름을 정중하게 놓았다.

² 안나 콤네나는 이에 덧붙이기를 그가 위장을 완벽하게 하기 위해 죽은 닭과 함께 관에 넣어졌다고 말하면서, 어떻게 그 관 속에서 버려 낼 수 있었는지 궁금해 한다. 이 이치에 맞지 않는 이야기는 라틴인들에게는 금시초문이었다.

고 아드리아 해를 다시 건넜다.3 두라초는 견고했고 알렉시우스의 대처는 신중했을 뿐 아니라, 기근이 퍼지고 겨울이 다가왔으므로 그의 야심 찬 희망은 물거품이 되었다. 돈을 바라고 따라왔던 동맹들은 그의 깃발을 떠났다. 이에 평화 조약이 체결되어 비잔티움 사람들의 불안을 씻어 주었으며, 결국 비잔티움 사람들은 어떤 서약으로도 묶어 놓을 수 없고, 어떤 위험에도 움츠리지 않으며, 어떤 재물로도 만족시킬 수 없는 적(보에몽)의 죽음으로 해방되었다. 그의 자식들이 안티오크 공국을 이어받았으나 영토 경계선은 엄격히 정해졌고, 주종 관계가 분명히 요구되었다. 또한 타르수스와 말미스트라 시는 비잔티움 황제에게 반환되었다. 황제는 아나톨리아 해안에서 트레비존드로부터 시리아 성문에 이르기까지의 전역을 장악했다. 로움 셀주크 왕조는 바다와 이슬람교도 동포로부터 국경 지대의 사면이 다 차단되었다. 술탄의 권좌는 프랑크군이 이길 때는 물론이고 심지어 패배했을 때에도 흔들렸다. 그들은 니케아를 잃은 뒤 왕좌를 콘스탄티노플에서 300마일 떨어진 내륙 도시 코니아로 옮겼다. 콤네누스 가의 군주들은 수도의 안전을 염려하는 처지에서 벗어나 투르크인들에 맞서 적극적인 공세를 취하게까지 되었으니, 1차 십자군은 무너져 가는 제국의 몰락을 막은 셈이었다.

12세기에는 세 집단의 대규모 이민단이 팔레스타인을 구하기 위해 서방으로부터 육로로 행군을 개시했다. 롬바르디아, 프랑스, 독일의 병사와 순례자 들은 1차 십자군의 모범과 성공을 상기하며 한껏 고무되었다. 성묘를 해방시킨 지 48년이 지난 후 황제와 프랑스 왕, 즉 콘라드 3세와 루이 7세가 몰락해 가는 라틴인들을 지

3 비잔티움 지리에서 '틸레(Thyle)에서('Ἀπὸ Θούλης)'는 잉글랜드를 의미하는 것이 틀림없다. 그러나 우리의 헨리 1세가 자기 왕국에서 군대를 징집하는 데 애를 먹지는 않았으리라고 믿는다.

육상 원정:
1101년, 1차 십자군.
1147년, 콘라드 3세와 루이 7세의 2차 십자군.
1189년, 프리드리히 1세의 3차 십자군

원하고자 2차 십자군 원정에 나선 것이다. 웅장한 규모의 3차 십자군은 예루살렘 상실이라는 공통된 손실을 놓고 프랑스와 잉글랜드 형제들과 뜻을 같이한 프리드리히(붉은 수염) 황제가 이끌었다. 이 세 번의 원정은 그 엄청난 규모와 비잔티움 제국을 통과한 이동 경로, 대(對)투르크 전쟁의 성격과 결과 등에서 유사점을 보였으므로, 지루한 반복을 피하기 위해 나란히 놓고 훑어보기로 하겠다. 십자군 원정을 순서대로 서술하자면 그 이야기가 아무리 웅대하다 해도, 똑같은 원인과 결과의 끊임없는 반복을 보여 주게 될 뿐이다. 성지의 방어와 탈환을 둘러싼 끊임없는 공방전은 원본을 너무나 많이 베껴 써서 희미해지고 불완전해진 사본처럼 보일 것이다.

십자군의 규모

1) 최초 순례자들의 발자취를 뒤쫓은 무리 중 대장들은 부용의 고드프루아와 그의 동료 모험가들에 비해 명성과 공적은 못해도 지위만은 떨어지지 않았다. 그들의 선두에는 부르고뉴, 바바리아, 아퀴텐 공작의 깃발이 나부꼈는데, 첫 번째는 위그 카페의 후손, 두 번째는 브룬슈비크 가문의 선조였다. 속계의 한 군주인 밀라노 대주교는 교회와 궁전의 재보와 장식품을 운반하다가 투르크인만 좋은 일을 시켰다. 경험 많은 십자군인 위그와 샤르트르의 스테판은 끝맺지 못한 맹세를 완수하기 위해 돌아왔다. 그들 추종자들의 엄청난 대군은 무질서하게 두 줄로 전진했다. 첫 번째가 26만 명으로 이루어졌다면, 두 번째 줄은 아마도 기병 6만 명, 보병 10만 명에 달했을 것이다.[4] 2차 십자군은 아시아 정복을 주장했던 것 같으며, 프랑스와 독일의 귀족들은 군주가 함께한다는 데서 힘을 얻었다. 콘라드와 루이의 지위와 인품은 그들의 대의와 군대에 봉건 영주들에게서는 기대하기 힘든 위엄과 기강을 부여했다. 황제와

[4] 안나는 이 후발 부대의 인원을 기병 4만 명, 보병 10만 명이라고 하면서, 그들이 노르만인이었고 플랑드르 출신의 두 형제가 앞장섰다고 말한다. 비잔티움 사람들은 이상하게도 라틴 군주들의 이름, 가문, 재산에 대해서는 무지하다.

왕의 기병대는 각각 7만 명의 기사와 직속 종자 들로 구성되었는데, 경무장한 병사와 농민 보병대, 여자와 아이들, 성직자와 수도사를 엄격히 제외한다 해도 총수는 40만 명에 육박했을 것이다. 로마에서 브리튼까지 서방 세계 전체가 나선 셈이었다. 폴란드와 보헤미아의 왕도 콘라드의 부름에 따랐다. 어느 해협 또는 강을 통과할 때 비잔티움 첩자들이 끝없는 대군의 수를 90만까지 세다가 포기했다는 기록을 비잔티움인과 라틴인 모두 인정하고 있다. 프랑스인과 잉글랜드인 들이 3차 십자군 원정에서 지중해 항로를 택했으므로, 프리드리히 황제의 병력은 얼마 안 되었다. 1만 5000명의 기사와 같은 수의 종자야말로 독일 기사단의 꽃이었다. 황제가 헝가리 평원에 소집한 병력은 기병 6만, 보병 10만에 이르렀다. 이처럼 되풀이해 늘어놓다 보면 어리석은 자들이 믿어 온 60만 명이라는 이 마지막 원정대의 숫자에도 더 이상 놀라지 않게 될지 모른다.[5] 이처럼 터무니없는 계산은 동시대인들이 얼마나 놀랐는가를 입증할 뿐이지만, 그들의 놀라움은 실제 숫자는 확실히 알 수 없지만 엄청난 대군이 존재했다는 가장 강력한 증거이다. 비잔티움 사람들은 전쟁의 기술과 책략에 관한 지식에서는 자기들의 우월성을 자랑하더라도, 프랑스 기병대와 독일 보병대의 힘과 용기만은 인정했다.[6] 이방인들은 거인 같은 키에 눈에서 불을 내뿜고, 땅 위에 물처럼 피를 흘린다는 철인족으로 묘사되었다. 여자들로 이루어진 한 부대가 콘라드의 깃발 아래 남자들처럼 갑옷을 입고 말을 달렸다. 이 여장부들의 대장은 금박 입힌 박차와 반장화 때문에 금빛 발을 지닌 귀부인이라는 별명을 얻었다.

2) 이방인들의 숫자와 평판은 유약한 비잔티움 사람들에게는 공포의 대상이었는데, 공포감은 증오심과 동류인 법이다.

[5] 이러한 허무맹랑한 계산은 슈타데의 알베르트가 제시한 것이다. 나의 수치는 비테르보의 고드프루아, 뤼베크의 아르놀트, 베르나르 테소로에게서 빌려 온 것이다. 원전의 작가들은 침묵을 지키고 있다. 이슬람교도들은 20만 내지는 26만 명으로 추정한다.

[6] 2차, 3차 십자군에서 비잔티움 사람들과 동방인들이 콘라드와 프리드리히의 부하들을 알레만니족이라고 불렀다는 사실도 빼놓을 수 없다. 킨나무스가 말하는 레키(Lechi)와 체키(Tzechi)는 폴란드인과 보헤미아인이다. 그는 프랑스인에게는 게르만이라는 옛 호칭을 붙여 주었다.

> 7 니케타스는 2차 십자군 원정 때는 어린아이였지만, 3차에서는 프랑크인들에 맞서 필리포폴리스의 요충지를 방어했다. 킨나무스는 민족적 편견과 오만에 물들어 있다.

비잔티움 제국 통과

비잔티움 사람들은 투르크인들의 무력에 대한 우려 때문에 이러한 반감을 억제해 왔다. 라틴인들의 비난을 그대로 받아들여 우리의 보다 공정한 믿음에 편견이 생겨서는 안 되는데, 알렉시우스 황제는 그들의 오만함을 못 본 척하고 적대 행위를 피하는 한편으로, 경솔한 그들에게 조언을 제공하고 순례와 정복의 길을 열어 주었다고 볼 수 있다. 그러나 비잔티움 군주들은 투르크군이 니케아와 해안 지대에서 격퇴되고 더 이상 멀리 있는 코니아의 술탄을 두려워할 필요가 없게 되자, 서방의 야만인들이 마음껏 빈번히 오가면서 제국의 위엄을 더럽히고 안전을 위협하는 데 순수한 분노를 느꼈다. 2차, 3차 십자군 원정은 마누엘 콤네누스와 이사키우스 안겔루스의 치세에 이루어졌다. 전자의 경우 열정이 항상 충동적이고 가끔은 사악했으며, 후자는 비겁한 기질과 못된 성격이 자연스럽게 결합된 예로, 아무런 공적이나 자비심도 없으면서 한 폭군을 처단했다는 이유만으로 제위를 차지했다. 군주와 국민들은 비밀스럽게, 아마도 암묵적으로 모든 종류의 위해와 억압을 가해 순례자들을 파멸시키든가, 그러지 못하면 적어도 방해라도 하기로 결심했다. 신중하지 못하고 규율이 느슨한 순례자들은 끊임없이 변명거리를 내놓았다. 서방의 군주들은 그리스도교도 형제의 나라를 통과할 때 안전과 공정 거래 보장에 관한 협정을 맺고 있었는데 이는 서약과 인질을 통해 승인되었으며, 실제로 프리드리히의 가장 가난한 병사라도 여비로 은화 3마르크를 지급받았다. 그러나 모든 약속은 배신과 부정으로 파기되었다. 한 비잔티움역사가의 정직한 고백은 라틴인들의 불만을 뒷받침한다. 그는 용감하게도 조국보다 진실 쪽을 택했다.7 유럽과 아시아의 도시들은 십자군을 흔쾌히 받아들이기는커녕, 성문을 굳게 걸어 잠그고 아주 적은 양의 음식을 바구니에 담아 성벽 아래로 내려보냈다. 과거의 경험에 비추어 보거나 앞으로 펼쳐질 일을 예상하면 이렇게 소심하게 경계하는 태도를 나무랄 수는 없지만, 백토(白土) 가루나 기타 유독성 이물질을 빵에 섞은 일은 인도상의 기본 원칙을 위배했다는 비난을 받아 마땅하다. 마누엘은 이러한 비열한 행위를 묵인한 죄는 면한다 해도, 순례자들과의 교역을 위해 저급한 화폐를 주조한 죄는 면할 수 없다. 그들은 행군하면서 끊임없이 방해를 받거나 잘못된 길을 헤맸다. 지방의 총독들은 그들이 지나가지 못하도록 통로의 방어를 강화하고 다리를 파괴하라는 비밀 지령을 내렸다. 낙오자들은 약탈당하고 살해되었으며, 병사와 말 들은 숲 속에서 보이지 않는 손이 날린 화살을 맞았다. 병자는 병상에서 불태워졌고, 시체는 대로변을 따라 교수대에 매달렸다. 이러한 모욕은 복음서의 인내심과는 담을 쌓은 십자가의 전사들을 격분시켰다. 비잔티움의 군주들은 이렇게 상대가 되지 않는 싸움을 걸면서, 겉으로는 이 무시무시한 손님들의 수송과 행군을 도왔다. 투르크 제국과 맞닿은 국경 지대에서 프리드리히는 필라델피아의 죄를 용서해 주고[8] 환대를 베푼 라오디케아에 보상을 내리면서, 그리스도교도의 피로 자신의 검을 더럽힐 수밖에 없었음을 한탄했다. 오만한 비잔티움 사람들은 독일과 프랑스의 군주들과 교류하면서 골치 아픈 시험에 처했다. 그들은 첫 번째 회견에서 마누엘의 옥좌 옆에 마련된 낮은 걸상이 루이의 자리였다고 으스댈지도 모르지만, 프랑스 왕은 군대를 보스포루스 해협 너머로 이동시키자마자 해상에서든 육지에서든 대등한 조건으로 만나 주지 않는다면 다시는 회담을 갖지 않겠다고 선언했다. 콘라드와 프리드리히의 경우에는 의전 절차가 훨씬 더 까다롭고 힘든 문제로 대두되었다. 그들은 콘스탄티누스

[8] 니케타스는 필라델피아 사람들의 처사를 비난한 반면, 한 이명의 독일인은 자기 동포들의 무례함을 비난한다. 우리를 당황하게 만드는 것이 이러한 모순뿐이라면 역사도 꽤 유쾌할 것이다. 프리드리히의 경건하고 자비로운 슬픔도 니케타스의 글을 통해서 알려졌다.

대제의 역대 후계자들과 같이 스스로를 로마인의 황제라 칭했으며, 자기들의 호칭과 권위의 순수함을 굳게 주장했다. 이 샤를마뉴 대제의 대리인들 중 첫 번째 군주는 야외에서 말에 탄 채로 마누엘과 담화를 갖겠다고 통보했는가 하면, 후자는 보스포루스 해협이 아니라 헬레스폰투스 해협을 통과함으로써 콘스탄티노플 및 그 군주와 아예 얼굴을 마주치지도 않았다. 이전에 비잔티움 궁정은 로마에서 대관식을 가진 한 황제에게 서신을 보내면서 알레만니족의 왕이라는 호칭으로 낮춰 불렀는가 하면, 허영심만 강할 뿐 나약한 안겔루스는 당대의 가장 위대한 인물들 중 한 사람의 이름을 모르는 체했다. 비잔티움 황제들은 라틴 순례자들을 증오와 의혹의 눈초리로 주시하는 한편으로, 투르크인 및 사라센인 들과는 비밀스럽지만 굳은 동맹 관계를 유지했다. 이사키우스 안겔루스는 살라딘과의 우정을 지키느라 프랑크인의 적의를 불러일으켰다고 변명을 늘어놓았는데, 마호메트의 종교를 공식적으로 섬길 수 있도록 콘스탄티노플에 모스크를 세우기도 했다.

투르크 전쟁

3) 1차 십자군의 뒤를 따른 무리는 아나톨리아에서 기근과 역병, 투르크군의 화살에 전멸하고, 군주들은 처량한 순례를 끝맺겠다는 일념으로 소수의 기병대를 이끌고 간신히 탈출했다. 예루살렘으로 가는 길에 페르시아와 호라산을 함락시키겠다는 계획에서는 그들의 지식 수준을, 손에 종려나뭇잎과 십자가를 들고 그들을 맞으러 나온 도시의 그리스도교도 주민들을 학살한 데서는 인간성을 충분히 짐작할 수 있다. 콘라드와 루이의 군대는 그렇게까지 잔인하고 무분별하지는 않았지만, 2차 십자군의 결과는 그리스도교 세계에 훨씬 더 끔찍한 결과를 가져왔다. 비잔티움의 마누엘은 자기 신민들한테서까지 술

탄에게 적절한 시기에 정보를 흘려주고, 라틴 군주들을 잘못된 길로 인도하는 배신행위를 했다는 비난을 받는다. 독일인들은 동시에 서로 다른 방향에서 이중으로 공격함으로써 공동의 적을 분쇄하는 대신 경쟁심에만 사로잡혀 있었으며, 프랑스인들은 질투심에서 미적거렸다. 루이는 보스포루스 해협을 건너자마자, 영광스럽지만 실패로 끝난 메안데르 강변 전투에서 병력을 거의 다 잃고 귀환하는 황제 일행과 만났다. 콘라드는 자신과 대조되는 경쟁자의 화려한 모습에 퇴각하는 발걸음을 재촉했다. 그는 독립 봉신들이 이탈하는 바람에 직속 병력에만 의지해야 했으며, 비잔티움의 선박을 빌려 해로로 팔레스타인을 향한 순례 길에 올라야 했다. 프랑스 왕은 경험에서 얻은 교훈이나 이 전쟁의 성격을 되새겨 볼 생각도 않고 똑같은 지역을 통과해 같은 운명 속으로 걸어 들어갔다. 왕의 깃발과 성 드니의 붉은 군기를 앞세운[9] 선봉 부대가 경솔하고 성급하게 행군 속도를 한층 높이는 바람에 왕이 몸소 지휘한 후발대는 저물녘에는 동료들을 완전히 놓치고 말았다. 그들은 어둠과 혼란 속에서 12세기의 그리스도교도들보다 전쟁술에서 우위에 있던 투르크의 엄청난 대군에 포위 공격당한 끝에 전멸했다. 위기 상황에서 나무 위로 올라간 루이는 적들이 눈치채지 못한 덕에 스스로의 무용에 힘입어 목숨을 건졌다. 그는 동틀 무렵 선봉 부대의 진영으로 탈출했지만 거의 홑몸이다시피 했다. 그러나 그는 육로로 원정을 계속하는 대신 우호적인 사탈리아 항에서 살아남은 병력을 수습하는 것으로 만족했다. 거기에서 안티오크로 출항했으나, 지원된 비잔티움 선박의 수가 너무나 적었기 때문에 기사와 귀족 들을 태울 자리밖에는 없었다. 남겨진 보병대의 수많은 평민들은 팜필리아 언덕 기슭에서 몰살당했다. 황제와 왕은 예루살렘에서 서로 눈물을 흘리며 포옹했다. 막강

[9] 프랑스 왕들은 백성의 백작으로서 성 드니 수도원의 봉신이자 수호자였다. 그들이 대수도원장으로부터 받은 이 성인 고유의 깃발은 사각 형태에 붉은색 혹은 불꽃 색이었다. 이 붉은 군기는 12세기부터 15세기까지 프랑스 군대의 선두에 모습을 드러냈다.

하던 병력들 중 살아남은 자들은 시리아의 그리스도교도 군대와 연합했다. 결국 무위로 끝난 다마스쿠스 포위 공격은 2차 십자군에게는 최후의 시도였다. 콘라드와 루이는 경건하고 용감하다는 개인적 명성을 업고 유럽을 향해 돛을 올렸다. 이로써 동방인들은 그 이름과 무력을 떨치며 자신들을 몇 번씩이나 공포에 떨게 했던 강력한 프랑크족 군주의 공세에 용감하게 맞선 것이 되었다. 아마도 그들은 젊은 시절 숙부인 콘라드 휘하에 들어가 아시아에서 복무했던 프리드리히의 노련한 재능을 훨씬 더 두려워해야 마땅했다. 프리드리히는 독일과 이탈리아에서 40여 회에 걸친 전투를 통해 군대를 지휘하는 법을 익혔으므로, 그의 병사들은 물론이고 제국의 군주들조차도 그의 지배에 복종하는 데 익숙해 있었다. 그는 비잔티움 제국 국경의 맨 끝에 있는 도시인 필라델피아와 라오디케아가 시야에서 멀어지자마자, 공포와 시련의 땅으로 일컬어지는 소금투성이 불모의 사막으로 돌진했다. 지치고 병든 그의 병사들은 20일간의 행군 중 무수히 많은 투르크군에 끊임없이 포위당했는데, 그들은 격퇴당할 때마다 숫자는 더 늘어나고 분노는 더 격해졌다. 황제는 고난에 찬 분전을 계속하였는데, 그가 겪은 재난이 얼마나 지독했던지 이코니움(코니아) 성문에 도달했을 때 말 등에 올라 싸울 수 있는 기사의 수가 고작 1000여 명에 불과했다. 그가 필사적인 기습 공격으로 술탄의 수비대를 꺾고 수도를 초토화하자, 술탄은 비굴하게 용서와 평화를 청했다. 이제 길이 활짝 열리자 프리드리히는 승승장구하며 전진했으나, 불행히도 킬리키아의 작은 강에서 익사하고 말았다.[10] 남은 독일인 부대는 질병과 탈영으로 무너졌으며, 황제의 아들은 아크레 포위 공격에서 슈바벤 봉신 대부분과 함께 사망했다. 라틴 영웅들 중에서는 고드프루아와 프리드리히만이 소아시아 횡단을

10 많은 저술가들은 두 위인을 비교해 보고픈 욕망에 끌려 프리드리히가 익사한 곳을 알렉산드로스가 경솔하게 목욕을 하다가 빠져 죽은 키드누스 강이라 했다. 그러나 황제의 진군 경로로 미루어 보아 덜 유명하지만 좀 더 긴 강인 칼리카드누스로 판단된다.

달성한 셈이다. 그러나 그들의 성공조차도 하나의 경고가 되었으므로, 가장 많은 경험을 지닌 마지막 십자군 때는 모두가 고되고 위험한 내륙 원정보다는 해상 쪽을 택했다.

1차 십자군의 열정은 새로운 희망이 샘솟고 아직 위험을 겪기 전인데다, 원정 사업이 시대정신과 부합한 만큼 자연스럽고 단순했다. 그러나 유럽의 완강한 집념에는 참으로 연민과 감탄을 금할 수 없다. 그들은 계속 이어지는 불운한 경험에서 아무런 교훈을 이끌어내지 못했고, 똑같은 확신에 따라 똑같은 실패를 반복했을 뿐이다. 여섯 세대가 연이어 그들 앞에 놓인 파국을 향해 앞뒤 가리지 않고 뛰어들었다. 빈부귀천을 가리지 않고 수많은 이들이 자기 나라에서 2000마일이나 떨어진 곳에 있는 하나의 묘석을 손에 넣든가 탈환하겠다는 절망적인 모험에 나라와 개인의 운명을 걸었던 것이다. 클레르몽 공의회가 개최된 후 2세기 동안, 해마다 봄여름이면 새로운 순례 전사의 무리가 성지를 지키겠다고 일어났는데, 사실 총 일곱 차례의 십자군 원정은 어떤 임박한 또는 최근에 일어난 재난에 자극받고 각 국민들이 성직자들의 권위와 왕이 보인 모범에 따르면서 이루어진 것이었다. 성스러운 웅변가들의 목소리에 그들의 열정은 뜨겁게 불타오른 반면 이성은 침묵했다. 그중에서도 수도사이며 성인인 베르나르라는 인물은11 최고의 영예를 누릴 만하다. 그는 예루살렘 1차 정복이 있기 약 8년 전 부르고뉴의 한 귀족 가정에서 태어났다. 스물세 살에 시토 수도회에 들어간 그는 이 단체 초기의 열정적인 분위기에 휩쓸렸다. 2년 후 그는 샹파뉴의 클레르보 계곡으로 이 수도회의 세 번째 분회를 이끌고 갔다. 그는 죽는 순간까지 자기 수도회의 수도원장이라

십자군의 열정의 완고함

1091~1153년, 성 베르나르의 인품과 임무

11 성 베르나르에 관한 가장 신뢰할 만한 정보는 그가 쓴 글에서 찾아야 한다. 그의 신봉자 두 사람이 쓴 책에 있는 전기는 우정에서 나온 회상이나 미신에서 비롯된 내용으로 점철되어 있다.

는 낮은 직위에 만족했다. 이성적인 시대는 잘 살펴보지도 않고 경멸에 차서 너무 쉽사리 이런 정신적인 영웅들의 영예를 박탈해 버렸다. 그들 중에는 가장 비천한 자라도 모종의 두드러진 정신적 힘을 내뿜는다. 그들은 적어도 자기들의 제자나 신도 들보다는 우월한 자였으며, 미신에 들뜬 사람들 속에서 모두가 얻고자 서로 겨루었던 영예를 획득했다. 베르나르는 언변이나 문장, 행동 등 어느 모로나 경쟁자들과 동시대인들을 월등히 앞섰다. 그의 글은 기지와 웅변을 겸비했으며, 그는 성자로서의 자질과 모순되지 않을 만큼의 이성과 자비심도 갖추었던 것 같다. 속세에 있었다면 개인 상속 재산의 7분의 1을 받을 수 있었지만 이 클레르보 수도원장은 청빈과 고행의 삶을 맹세하며 현세에 눈을 감고 교회의 고위직도 거부함으로써, 유럽의 현인이자 160개 수도원의 설립자가 되었다. 그의 사도다운 거침없는 비판 앞에서는 군주와 고위 성직자들조차 몸을 떨었다. 프랑스, 잉글랜드, 밀라노는 교회가 분열을 일으키자 그에게 의견을 묻고 그의 판단을 받아들였다. 이노켄티우스 2세는 감사 표시로 그의 노고에 보답했다. 그의 후계자인 에우게니우스 3세는 성스러운 베르나르의 벗이자 제자였다. 이 교황은 성묘 수호를 위해 온 국민을 동원하는 2차 십자군 원정을 선포하면서 신의 사절이자 예언자로 떠올랐다. 그는 베즐레 회의에서 왕 앞에서 설교를 했으며, 루이 7세는 귀족들과 함께 그의 손에서 십자가를 받았다. 클레르보 수도원장은 상대하기 쉽지 않은 콘라드 황제를 설득하기 위해 길을 떠났다. 냉담한 기질의 국민들도 그의 말은 몰랐으나 어조와 몸짓에서 드러나는 감동적인 열기에 동화되었다. 콘스탄츠에서 콜로뉴까지, 그는 열변과 열정으로 눈부신 개가를 올렸다. 베르나르는 유럽이 텅 빈 모습을 보며 자신의 성공을 자축하면서, 도시와 성 들은 주민들이 떠나 인적이 끊겼고, 과부 일곱 명을 위로하기 위해 한 명씩의 남자만이 남겨졌다고 말한다. 눈먼 광신자들은 그를 자신들의 대장으로 추대하고 싶어했으나, 그는 은자 페트루스의 본보기를 따랐다. 그는 신이 그들 편에 있다는 확신을 불어넣어 주면서, 이기든 지든 자신의 명성에 누가 되기는 마찬가지일 군사적 지휘권은 신중히 거부했다. 그러나 십자군 원정이 재앙으로 끝난 후 클레르보 수도원장은 가짜 예언자, 나라와 신민들을 비탄에 빠뜨린 장본인이라는 거센 비난을 받았다. 그의 적대자들은 희희낙락했고 지지자들은 얼굴을 붉혔으며, 그의 변명은 너무 늦었고 설득력도 없었다. 그는 교황의 명령에 복종한 것을 정당화하면서, 신의 섭리가 이루어지는 불가해한 방식에 대해 장황한 설명을 늘어놓는다. 순례자들에게 일어난 불행을 그들의 죄 탓으로 돌리기도 하고, 자신의 임무는 기적과 경이로 이미 입증되었다고 은근히 암시하기도 했다. 그의 충실한 제자들은 하루에도 20 내지 30건의 기적이 일어났다고 열거하면서, 이러한 기적이 일어난 프랑스와 독일의 대중 집회를 예로 든다. 요즘 같으면 이러한 경이로운 사건들은 클레르보 이외의 지역에서는 신용을 얻지 못하겠지만, 신의 사절에게 보내진 맹인, 불구자, 병자 들이 기적적으로 완치되었다는 이야기에 우연, 공상, 기만, 허구가 각각 얼마만큼이나 섞였는지 우리로서는 확인할 길이 없다.

전능한 신이라도 분열된 신도들의 불평을 모면할 수는 없다. 유럽에서는 구원이며 찬사의 대상이었던 신의 섭리가 아시아에서는 재앙으로 개탄과 비난의 대상이 되었기 때문이다. 시리아 피난민들은 예루살렘을 빼앗긴 후 도처에 그들의 경악과 비탄을 퍼뜨리고 다녔다. 바그다드는 굴욕감 속에서 슬퍼했

이슬람교의 추이

고, 다마스쿠스의 재판관인 제이네딘은 칼리프의 면전에서 턱수염을 쥐어뜯었다. 그의 처연한 이야기에 국정 회의는 온통 눈물바다가 되었다. 그러나 칼리프는 겉으로만 눈물을 흘릴 뿐이었으니, 사실 자기 자신부터가 투르크인의 손에 잡혀 있는 포로나 다름없는 처지였던 것이다. 압바스 왕조 말기에는 현세적 권력이 일부 부활했으나, 그들의 보잘것없는 야심은 바그다드와 인근 속주를 벗어나지 못했다. 셀주크 왕조의 술탄들도 아시아 왕조들과 마찬가지로 무력으로 일어나 번성했다가 불화로 쇠락하여 멸망하는 과정을 거듭했다. 그들의 정신과 힘은 종교를 지키기에도 역부족이었다. 멀리 떨어져 있는 페르시아의 그리스도교도들은 셀주크의 마지막 영웅인 산자르의 이름이나 무력에 대해서는 전혀 알지 못했다.[12] 술탄들이 하렘에서 비단에 둘러싸여 뒹굴 동안 그들의 노예, 투르크 명칭으로는 아타베크(Atabek)라고 하는 자들이 대신 신성한 의무를 수행했다. 이를 비잔티움의 총독과 마찬가지로 '군주의 아버지'로 옮겨도 좋겠다. 용맹한 투르크인인 아스칸사르는 말리크 샤의 총신으로 옥좌의 오른편에 서는 특권을 누리고 있었으나, 군주의 죽음 이후 잇따른 내전에서 목숨을 잃고 알레포의 지배권을 빼앗겼다. 그의 밑에 있던 태수들은 그의 아들 젠기에 대한 충성 의무를 지켰다. 그는 안티오크 전투에서 프랑크군에 맞서 처음으로 자신의 무력을 증명해 보였다. 그는 칼리프와 술탄 밑에서 치른 30여 차례의 전투로 전사로서의 명성을 굳힌 결과, 예언자의 대의를 위해 복수할 유일한 전사로서 모술의 지휘권을 위임받았다. 그는 신민들을 실망시키지 않았다. 25일간의 포위 공격 끝에 그는 에데사 시를 휩쓸고 프랑크인들로부

[12] 그는 뛰어난 무용으로 제2의 알렉산드로스라는 별명까지 얻었으며, 신민들에 대한 사랑이 유별나 사람들은 그가 죽은 후에도 1년간이나 그를 위해 기도했다고 한다. 그는 50년 가까이 통치했으며(1103~1152년), 페르시아의 시인들을 아낌없이 후원했다.

시리아의 아타베크들

1127~1145년, 젠기

터 유프라테스 강 너머까지 점령 지역을 탈환했다.13 쿠르디스탄의 호전적인 부족들은 이 모술과 알레포의 독립 군주에게 굴복했다. 그의 병사들은 진영을 유일한 조국으로 여기도록 배웠으며, 그의 후한 보상을 굳게 믿었을 뿐 아니라, 멀리 떨어져 있는 그들의 가족도 철저히 보호를 받았다. 그의 아들 노우레딘은 이 정예 부대를 이끌고 서서히 이슬람교도들의 힘을 결집하여 다마스쿠스 왕국을 알레포에 합병하고, 시리아의 그리스도교도들과 긴 전쟁을 성공적으로 치러 냈다. 그가 티그리스 강에서 나일 강에 이르기까지 광대한 지역을 손에 넣자, 압바스 조는 이 충성스러운 신하에게 온갖 칭호와 왕족의 특권을 내려 보상해 주었다. 라틴인들조차 이 무자비한 적의 지혜와 용기는 물론이고, 정의로움과 신앙심까지 인정하지 않을 수 없었다. 이 성스러운 전사는 생활과 통치 방식에서 초대 칼리프들이 지녔던 열정과 단순 소박함을 되살렸다. 궁정에서 금과 비단이 치워졌으며, 그의 영토 안에서는 음주도 추방되었다. 국가의 세입은 꼼꼼하게 공적인 용도로만 쓰였다. 노우레딘은 정당하게 분배받은 전리품으로 검소한 왕실을 유지하고 개인 영지를 구입했다. 총애하는 왕비가 값진 장신구를 가지고 싶어하자 왕은 이렇게 대답했다.

1145~1174년, 노우레딘

13 티르의 윌리엄은 에데사 함락, 그리고 젠기의 죽음에 대해 설명한다. 그가 젠기의 이름을 상귄(Sanguin)으로 잘못 전하는 바람에, 라틴인들은 그가 잔인한(sanguinary) 성격의 소유자로 피비린내 나는 최후를 맞았으리라고 멋대로 추측했다.

　　아아, 나는 신을 두려워하며 이슬람교도들의 재산을 관리하는 자에 불과하오. 그들의 재산을 내가 함부로 취할 수는 없소. 하지만 헴스 시에 아직도 세 개의 점포를 가지고 있으니 그것들을 가지시오. 내가 줄 수 있는 것은 이것뿐이오.

그의 법정은 높은 사람들에게는 공포의 대상이었으나 가난한

[14] 티르의 윌리엄은 사절의 말을 통해 카이로의 궁정을 묘사한다. 칼리프의 보물 가운데에는 비둘기 알만한 크기의 진주, 17이집트드람 무게의 루비, 길이가 한 뼘 반이나 되는 에메랄드를 비롯해 많은 크리스털 꽃병과 중국 도자기가 있었다.

자들에게는 피난처였다. 이 술탄이 죽고 몇 년 후 한 핍박받던 백성이 다마스쿠스의 거리에서 큰 소리로 외쳤다.

> 아아, 노우레딘, 노우레딘 님이시여, 그대는 지금 어디 계시나이까? 일어나소서, 우리를 불쌍히 여기시어 일어나 보호해 주소서!

폭동이 우려되는 상황이 닥치자 살아 있는 압제자는 죽은 군주의 이름에 얼굴을 붉히고 몸을 떨었다.

1163~1169년, 투르크인들의 이집트 정복

파티마 왕조는 투르크인과 프랑크인의 무력에 밀려 이미 시리아를 잃은 처지였다. 이집트에서는 그들의 이름과 영향력이 한층 더 결정적으로 쇠퇴했다. 그러나 그들은 여전히 예언자의 후손이자 계승자로 존경받았으며, 카이로의 궁전에서 겉으로 보기에는 이전과 다를 바 없이 지냈다. 그들의 모습이 불경한 신민이나 이방인 들의 눈에 띄는 일은 좀처럼 없었다. 라틴 사절들은[14] 일련의 어두침침한 통로와 번쩍이는 주랑을 지나 안내되었던 일을 묘사했다. 새들이 지저귀고 분수들이 속삭이면서 한층 활기를 더했고, 값진 가구와 희귀한 동물들의 모습이 화려함을 더했다. 칼리프의 재보 중에서 볼 수 있는 것은 일부분이었고 나머지는 상상해 볼 따름이었다. 길게 늘어선 접이식 문 앞에는 흑인 병사와 환관 들이 지키고 있었으며, 알현실의 신성한 자리에는 커튼이 드리워져 있었다. 사절을 안내해 온 대신이 언월도를 옆에 놓고 바닥에 세 번 엎드려 절하자 커튼이 열렸다. 그들은 신도 통솔자가 왕국의 첫째가는 노예에게 자신의 의향을 전하는 모습을 보았다. 그러나 사실은 이 노예가 그의 주인이었다. 대신이나 술탄 들이 이집트의 최고 통치권을 이미 장악하고 있었으며, 그들은 무력으로 자기 주장을 관철했는데, 가장 훌륭하고 가장 강한 자의 이름이 칙허장에 삽입되었다. 다르감과 샤웨르의 두 파벌이 서로 분쟁을 일으켜 차례로 상대방을 수도와 국토에서 추방하고는 했는데, 더 약한 쪽이 파티마 왕조의 불구대천의 적인 다마스쿠스의 술탄이나 예루살렘의 왕에게 위험한 보호를 탄원했다. 그중에서도 투르크인(다마스쿠스의 술탄)은 무력과 종교로 인해 누구보다도 두려운 존재였다. 그러나 프랑크인(예루살렘의 왕)은 가자에서 나일 강까지 쉽사리 똑바로 진군할 수 있었던 반면, 노우레딘의 부대는 그의 왕국이 중간에 낀 위치였으므로 길고 힘겨운 우회로를 거쳐 아라비아 외곽을 빙 돌면서 갈증과 기아, 사막의 열풍을 고스란히 겪어야 했다. 이 투르크인 군주는 이집트에서 압바스 왕조의 이름으로 통치를 해보고 싶다는 은밀한 열정과 야심을 불태우고 있었다. 그리하여 탄원자 샤웨르를 권좌에 복귀시키는 것을 첫 번째 원정의 표면상 동기로 삼고, 용맹한 백전노장인 태수 시라쿠에게 지휘를 맡겼다. 다르감은 패배하여 살해당했으나, 더 운이 좋았던 그의 경쟁자는 배은망덕, 질투심, 그리고 당연한 우려에서 곧 이집트를 오만무례한 은인의 손에서 구해 달라며 예루살렘 왕을 불러들였다. 시라쿠의 병력은 이들의 연합에 맞서기에는 역부족이었으므로, 시기상조인 정복을 포기하고 안전한 퇴각을 조건으로 펠루시움에서 철수했다. 투르크군이 일렬 종대로 적들 앞을 지날 때 그들의 장군이 손에는 전투용 도끼를 들고 날카로운 눈초리로 후위를 지키고 있었는데, 한 프랑크인이 그에게 공격이 두렵지 않느냐고 물었다. 용감무쌍한 태수는 다음과 같이 대답했다.

물론 공격 개시는 당신들의 힘에 달려 있다. 하지만 내 병사

15 비트리아코는 예루살렘 왕의 기사가 374명에 불과했다고 본다. 프랑크인이나 이슬람교도나 서로 상대방의 숫자가 더 많았다고 주장한다. 싸움에 약한 이집트인을 셈에 넣느냐 빼느냐에 따라 이 차이가 해결될 수 있을 것이다.

들 중 그 누구도 이교도를 단 한 명이라도 지옥으로 보내지 않고는 천국에 가지 않겠다는 맹세에 차 있다는 사실은 장담한다.

노우레딘은 토지의 비옥함, 사람들의 나약함, 정세의 혼란상을 전하는 태수의 보고에 다시 희망을 품었다. 바그다드의 칼리프도 이 신성한 계획에 적극 찬동했으므로, 시라쿠는 투르크인 1만 2000명, 아랍인 1만 1000명으로 구성된 병력을 이끌고 두 번째로 이집트로 향했다. 그러나 그의 병력은 여전히 프랑크인과 사라센인 연합군에는 열세였다. 나일 강 도하, 테베로의 후퇴, 바바인 전투에서 보여 준 능수능란한 기동, 알렉산드리아 기습 공격, 북회귀선에서 해안선까지 이집트의 평지와 계곡에서 벌인 진군과 후퇴 작전에서 그가 보여 준 비범한 지휘 능력을 나는 잘 알고 있다. 그의 지휘는 병사들의 용기로 뒷받침되었다. 작전 전날 밤 한 마말루크인이 외쳤다.

만일 우리가 이집트에서 그리스도교의 개들을 쫓아내지 못한다면, 술탄께서 주신 명예와 보상을 버리고 농사나 짓든가, 하렘에서 여자들과 어울려 실이나 자아야 하지 않겠는가?

그러나 전장에서의 필사적인 노력과15 그의 조카 살라딘의 끈질긴 알렉산드리아 방어에도 불구하고, 시라쿠의 두 번째 원정은 명예로운 조건부 항복과 퇴각으로 마무리되었다. 노우레딘은 더 좋은 기회가 올 때 3차 원정을 노리기 위해 힘을 비축했다. 오래지 않아 신의 적과는 결코 신의를 유지할 수 없다는 나쁜 원칙을 지닌 예루살렘의 왕 아말리크(또는 아마우리)의 야심과 탐욕이 새로운 기회를 제공했다. 요하네스 기사단의 수장으로 신앙심이 강한 한 전사가 그에게 진군을 부추겼다. 콘스탄티노플의 황제는 시리아 군대와 함께 작전을 펴도록 함대를 제공하겠다고 약속했다. 이 그리스도교도 배신자(아말리크)는 전리품과 원조금에 만족하지 못하고 이집트 정복을 꿈꾸었던 것이다. 이렇게 위태로운 상황에 처하자 이슬람교도들은 다마스쿠스의 술탄에게 눈을 돌렸다. 사면초가에 빠진 대신은 그들의 한결같은 요망에 굴복했으며, 노우레딘은 이 왕국의 세입 중 3분의 1을 주겠다는 공정한 제안에 마음이 동했던 것 같다. 프랑크군은 이미 카이로 성문 앞까지 와 있었지만, 교외의 옛 시가지는 그들이 접근해 오자 불태워졌다. 그들은 교활한 협상 제안에 속아 넘어가, 배로 나일 강의 방어벽을 뚫는 데 실패했다. 그들은 적국 한가운데서 투르크군과 겨루기를 신중하게 거부했고, 아마우리는 실패한 불의(不義)에 항상 따라다니게 마련인 수치와 오명을 쓰고 팔레스타인으로 물러갔다. 시라쿠는 이와 같이 이집트를 해방한 후 명예로운 제복을 받았으나, 곧 이를 불운한 샤웨르의 피로 더럽혔다. 한동안 이 투르크 태수는 대신의 직위에 만족했지만, 이 외국 무력에 의한 정복은 파티마 왕조 자체를 멸망으로 내몰았다. 결국 피 한 방울 흘리지 않고 하나의 메시지, 한 마디의 말로 세상이 뒤집혔다. 칼리프는 스스로의 약점과 대신들의 폭정으로 권위를 상실했다. 예언자의 후예이자 계승자인 그가 라틴 사절의 무례한 손길에 맨손을 내맡기는 꼴을 보자 신민들은 부끄러워 얼굴을 붉혔고, 다마스쿠스의 술탄에게 동정을 사려고 슬픔과 두려움을 뜻하는 서글픈 상징인 처첩들의 머리카락을 보내자 눈물을 흘렸다. 노우레딘의 명령과 박사들의 판결로 아부 바크르, 우마르, 오스만이라는 성스러운 이름이 엄숙하게 부활했다. 바그다드의

1171년, 파티마 왕조 칼리프들의 최후

[16] 슐텐스 교수로부터 살라딘의 친구이자 대신이었던 보아댕(Bohadin)이 쓴 살라딘 전기, 그의 일족인 하마의 아불페다의 역사에서 풍부한 기록 등 가장 귀중하고 신뢰할 만한 자료들을 얻을 수 있다. 여기에 『동방 문고』에 있는 살라헤딘의 글과 아불파라기우스 왕조에서 긁어모을 수 있는 모든 기록들을 추가할 수 있겠다.

칼리프 무스타디가 신민들의 기도 속에서 신도 통솔자로 인정받았다. 알리의 자손들의 상징인 초록색 복장은 압바스 왕조의 검은색으로 바뀌었다. 파티마 왕조의 마지막 칼리프인 아디드는 그 후 겨우 열흘을 더 살고 행복하게도 자신의 운명을 모른 채 숨을 거두었다. 그의 재물은 병사들의 충성심을 확보하고 당파의 불평불만을 진정시켰다. 이후에 수많은 변화를 겪으면서도 이집트는 정통 이슬람교도의 전통에서 한 번도 벗어나지 않았다.

1171~1193년,
살라딘의 통치와 성격

티그리스 강 너머 산악 지대는 유목 민족인 쿠르드족이 차지하고 있다. 대담하고, 강건하고, 야만적이며 속박을 참지 못하는 이 부족은 약탈을 즐기며 자신들의 수령의 통치를 고집한다. 이름과 거주지, 관습이 유사한 탓에 카르두키아인과 동일시되기도 한다. 그들은 오늘날도 오스만 투르크 정부에 대항하여, 키루스의 후계자들에 맞서 주장했던 고대로부터의 자유를 지켜 내고 있다. 그들은 가난과 야심 때문에 용병이라는 직업을 기꺼이 선택했다. 위대한 살라딘의 아버지와 삼촌은 그에게 통치의 길을 열어 주었다.[16] 일개 쿠르드인에 불과한 이 욥 또는 아유브의 아들은 아첨꾼들이 아랍 칼리프의 자손으로 위조한 자신의 족보를 너그러이 웃어넘겼다. 노우레딘은 자기 가문의 파멸이 임박했음을 전혀 눈치채지 못했으므로, 내키지 않아 하는 이 젊은이에게 숙부 시라쿠를 따라 이집트로 가도록 강요했다. 그는 알렉산드리아 방어전에서 무공을 세웠다. 라틴인들의 말을 믿는다면, 그는 그리스도교도 장군에게 간청해서 기사라는 신성 모독적인 명예를 얻었다고 한다. 시라쿠가 죽은 후 최고 대신의 직책은 태수들 중 최연소에 힘도 가장 약한 살라딘에게 넘어갔다. 그러나 그가 카이로 초청한 아버지의 조언에 힘입어 천재적인 재능으로 동료들을 누르고 군대를 휘하에 장악했다. 노우레딘이 생존해 있을 동안에는 이 야심 많은 쿠르드인들도 그의 가장 비천한 노예에 지나지 않았다. 신중한 아유브는 술탄이 명령한다면 자기 아들이라도 사슬에 묶어 옥좌 발치로 끌고 가겠노라고 목청 높여 단언함으로써 국정 회의의 불평불만의 속삭임을 침묵시켰다. 그는 다음과 같은 말을 은밀히 덧붙였다.

당신들 경쟁자들의 집회에서는 이러한 언사가 신중하고 적절한 것이었소. 하지만 이제 우리는 벌벌 떨며 복종해야 할 처지가 아니오. 노우레딘이 협박해 보았자 사탕수수 공물도 얻어 가지 못할 것이오.

노우레딘이 때맞춰 사망한 덕분에 그들은 혐오스럽고 불확실한 분쟁을 멈출 수 있었다. 열한 살의 미성년이었던 그의 아들은 한동안 다마스쿠스의 태수들에게 맡겨졌다. 이집트의 새로운 주인은 칼리프로부터 신민들의 눈에 그의 찬탈을 신성화할 만한 칭호란 칭호는 다 받았다. 살라딘은 이집트를 손에 넣은 것으로는 그리 오래 만족하지 못했다. 그는 그리스도교도들로부터는 예루살렘을, 아타베크족으로부터는 다마스쿠스, 알레포, 디아르베키르를 빼앗았다. 메카와 메디나는 그를 현세의 보호자로 인정했으며, 그의 동생은 멀리 떨어진 지역인 예멘, 다른 이름으로는 행복한 아라비아(Happy Arabia)를 굴복시켰다. 그가 사망할 무렵에 그의 제국은 아프리카의 트리폴리에서 티그리스 강까지, 인도양에서 아르메니아 산악 지대까지 퍼져 있었다. 그의 성품을 살펴보자면 우리는 마음속 깊이 새겨진 법과 충성의 원칙과 경험 탓에 배신과 망은을 일삼았다고 비난

17 살라딘의 형으로부터 내려온 가계인 아불페다는 많은 사례를 통해 왕조의 설립자 자신은 죄를 뒤집어쓰고, 혜택은 무지한 방계 혈족에게 돌아갔음을 알 수 있다.

18 목격자이며 정직한 광신자인 보아댕은 신앙과 민정에서의 그의 미덕을 찬양한다.

하는 쪽으로 기운다. 그러나 아시아에서의 여러 변혁으로17 적법한 계승과 관련된 모든 개념이 사라졌다는 점, 또 아타베크족 자신들의 최근 사례, 그가 은인의 아들에게 보인 공경심, 방계 혈족에 대한 자비롭고 관대한 처사, 그들의 무능력과 그의 능력, 모든 적법한 권력의 유일한 원천이라 할 칼리프의 승인, 그리고 무엇보다도 통치의 제일 목적이 그들의 행복이어야 할 신민들의 소망과 이해에 따라 어느 정도는 그의 야심을 용인할 수 있다. 신민들은 그와 후원자의 미덕에 특이하게도 영웅과 성인의 덕성이 결합되었다고 찬양했다. 노우레딘과 살라딘 둘 다 이슬람교 성인의 반열에 올려졌다. 그들은 성전(聖戰)에 관한 끊임없는 숙고를 통해 삶과 행동거지에 진지함과 근엄함을 더했다. 살라딘은 젊은 시절에는 주색에 탐닉했으나, 그의 야심 찬 기개는 곧 명성과 지배라는 더 장엄한 우행을 위해 쾌락의 유혹을 떨쳤다. 살라딘은 거친 모직 옷을 걸치고 물 외에는 마시지 않았다. 그는 절제에서뿐만 아니라 순결성에서도 아랍의 예언자 못지않았다. 그는 신앙 면에서나 실천 면에서나 엄격한 이슬람교도였다. 그는 종교를 수호하느라 메카 순례를 할 여유가 없다며 한탄하기도 했다. 그러나 이 술탄은 하루에 다섯 번 정해진 시간마다 동포들과 함께 경건하게 기도를 올렸고, 어쩌다 본의 아니게 단식을 건너뛰면 양심적으로 벌충했다. 적군이 접근하는 와중에도 말에 앉아 코란을 숙독했다는 일화는 단지 과시용이었다 할지라도 신앙심과 용기의 증거로 거론될 만하다.18 샤페이파(派)의 미신적인 교리는 그가 장려한 유일한 학문이었다. 시인들은 그에게 경멸의 대상이었으므로 안전했지만, 모든 세속적인 학문은 그의 혐오의 대상이었다. 한 철학자는 사변적인 새로운 이론을 내놓았다가 이 왕관을 쓴 성인의 명령으로 체포되어 교살되기도 했다. 아무리 비천한 탄원자라도 술탄과 대신들에게 맞서 그의 국정 회의에 접근할 수 있었다. 살라딘이 형평의 법칙을 깨는 일이 있다면 그것은 오로지 왕국을 위해서였다. 셀주크와 젠기의 후손은 그의 등자를 잡아 주고 옷의 구김을 펴 주어야 했지만, 그는 하인들 중 가장 비천한 자조차도 상냥하고 인내심 있는 태도로 대했다. 그의 관대함은 끝이 없어서 아크레 포위 공격에서는 1만 2000필의 말을 나눠 주었으며, 그가 사망했을 때 그의 금고에서 발견된 것은 고작 은 47드램과 금화 한 닢뿐이었다. 전쟁이 계속된 치세하에서도 공물을 줄여 주었으므로, 부유한 시민들은 아무 거리낌 없이 자유롭게 노동의 결실을 향유했다. 이집트, 시리아, 아라비아에는 왕실의 기금으로 병원과 학교, 모스크가 세워졌으며, 카이로는 성벽과 성채로 요새화되었다. 그러나 그는 오로지 공적인 목적을 위해 건물을 지었을 뿐, 개인적인 사치를 위한 정원이나 궁전은 짓지 않았다. 광신이 판치던 시대에 자신 역시 광신도였음에도, 살라딘의 참된 미덕은 그리스도교도들에게도 존경의 대상이었다. 독일 황제는 그와의 친교를 영광으로 여겼으며, 비잔티움 황제는 그와 인척 관계를 맺기를 청했다. 예루살렘 정복은 동방과 서방에 다 같이 그의 명성을 퍼뜨렸으며 다분히 과장되기도 했다.

예루살렘 왕국은 짧은 존속 기간 동안 투르크인과 사라센인의 불화 덕에 유지되었다. 파티마 왕조 칼리프와 다마스쿠스의 술탄 둘 다 개인적인 눈앞의 이득이라는 저열한 동기로 종교의 대의를 희생시키려 했다. 그러나 이집트, 시리아, 아라비아의 힘은 이제 타고난 기질과 운명에 힘입어 그리스도교도에 맞서 무장하고 나선 한 영웅에 의해 통합된 터였다. 모든 상황에서 긴박감이 최고조에 달했으며, 예루살렘의 내부 상황은 온

> 1187년 7월,
> 살라딘의
> 예루살렘 왕국 정복

통 허약하고 허점투성이였다. 부용의 고드프루아의 동생과 사촌인 두 명의 보두앵 이후, 왕권은 여계 상속에 의해 보두앵 2세의 딸인 멜리장다와 그녀의 남편인 앙주 백작 풀크에게 넘어갔다. 그는 그 전에 한 결혼으로 영국 플란타지네트 가의 시조가 되었다. 그들의 두 아들 보두앵 3세와 아마우리는 이교도와의 필사적인 전쟁 끝에 얼마간 전과를 올렸으나, 아마우리의 아들 보두앵 4세는 나병으로 정신과 육체의 기능을 모두 상실했다. 그의 누이이자 보두앵 5세의 어머니인 시비야가 정당한 상속인이었다. 그녀는 아들의 수상쩍은 죽음 이후 두 번째 남편인 뤼지냥에게 왕관을 씌워 주었다. 그는 미남이지만 비열한 성품으로 악명이 높았던 터라, 그의 형 조프루아는 그 소식을 듣고 이렇게 외쳤다고 한다.

그들이 그를 왕으로 만들었다니, 그럼 난 신으로 만들어 주겠군!

사방에서 이 선택을 놓고 비난이 쏟아졌다. 가장 강력한 봉신인 트리폴리 백작 레이몽은 왕위 계승과 섭정에서 밀려난 후, 왕에 대한 억누를 길 없는 증오를 품고 술탄의 유혹에 자신의 명예와 양심을 내맡겼다. 성스러운 도시의 보호자라는 사람들이 이처럼 나병 환자, 어린아이, 여자, 겁쟁이, 반역자였던 것이다. 그러나 유럽의 원조와 두 기사단의 용맹, 그리고 적국 안팎의 혼란 덕분에 12년을 더 버틸 수 있었다. 결국 적의 전열이 침몰하는 나라 양편을 에워싸고 압박해 왔다. 휴전 협정마저 이를 준수해야 할 프랑크인들이 파기하고 말았다. 샤티용이라는 한 병사가 이전부터 사막 변경 지대의 한 성채를 점령하여, 거기에서 대상을 약탈하고 마호메트를 모욕하며 메카와 메디나를 위협하고 있었다. 살라딘은 짐짓 불만을 터뜨리는 척했으나 자신의 정당한 요구가 거부당하자 내심 기뻐하면서, 8만의 기병과 보병을 이끌고 성지를 공격했다. 그가 첫 번째 공격 목표로 티베리아스를 선택한 것은 그곳을 점거하고 있던 트리폴리 백작의 은근한 제안 때문이었다. 또한 예루살렘 왕은 트리폴리 백작의 설득에 넘어가, 이 요충지를 구하기 위해 수비대를 파견하고 시민들을 무장시켰다. 그리스도교도군은 배신자 레이몽의 조언에 의하여 물이 없는 진영에 남겨졌으나, 그는 공격이 시작되자마자 양국의 비난 속에서 도망쳐 버렸다.[19] 뤼지냥은 3만 명의 군대를 잃고 참패했다. 그리스도가 못 박혔던 십자가 나무도 이교도의 손아귀에 떨어졌다. 포로가 된 왕은 살라딘의 막사로 끌려갔다. 그가 갈증과 두려움으로 정신을 잃자 관대한 승자는 그에게 눈으로 차게 식힌 셔벗을 내놓았다. 그러나 그와 함께 잡혀 온 샤티용에게는 이러한 환대와 사면의 증표가 허락되지 않았다. 술탄이 입을 열었다.

> 왕의 일신과 위엄은 신성한 것이오. 그러나 이 불경스러운 도적놈은 즉시 자기가 모독해 온 예언자를 인정하든가, 아니면 백 번 죽어 마땅하오.

그리스도교 전사로서의 오만 때문인지 양심 때문인지 이를 거부하자, 살라딘이 그의 머리를 언월도로 내려치고 근위병이 숨통을 끊었다. 공포에 질린 뤼지냥은 다마스쿠스의 신분 높은 자를 위한 감옥으로 보내졌다가 몸값을 치르고 즉시 풀려났다. 그러나 살라딘은 그리스도교 측의 용감한 전사이자 순교자인 요하네스 기사단 230명을 처형함으로써 승리에 오점을 남겼다. 왕국은 수장이 없는 상태가 되었다. 두 기사단의 대장 중

---

[19] 레이몽의 반역에 대해 라틴인들은 확신을 갖고 말하고, 아랍인들은 넌지시 말한다. 그러나 그가 아랍인의 종교를 받아들였다는 설이 사실이라면, 적어도 아랍인들의 눈에는 영웅이자 성자였어야 한다.

한 사람은 살해당하고, 한 사람은 투옥되었다. 주둔군은 이 운명적인 전투를 위해 해안에서 내륙까지 모든 도시를 비우고 떠난 상태였으므로, 살라딘의 신속한 습격을 피한 곳은 티르와 트리폴리에 불과했다. 티베리아스에서 전투가 시작된 지 석 달 만에 그는 무장한 채 예루살렘 성문 앞에 모습을 나타냈다.

<small>1187년 10월, 살라딘의 예루살렘 시(市) 정복</small>

그는 지상과 천상에서 숭앙받아 왔으며 유럽과 아시아에 대단히 중요한 이 도시에 대한 포위 공격에 맞서 마지막 남은 신앙열의 불씨를 다시 지펴, 6만의 그리스도교도 모두가 전사가 되어 기꺼이 순교를 각오하고 있으리라고 예상했다. 그러나 왕비 시비야는 자신과 포로가 된 남편의 처지를 생각하고 공포에 질렸다. 간신히 투르크인들의 검과 사슬을 피한 봉신과 기사 들은 나라가 흔들리는 와중에도 너나 할 것 없이 파벌과 개인의 이익에만 눈먼 모습을 보여 주었다. 주민들 중에는 비잔티움 사람들과 동방의 그리스도교도가 가장 많았는데, 그들은 경험상 라틴인의 지배를 받느니 이슬람교도 밑에서 사는 편이 더 낫다는 것을 알고 있었다. 성묘 주변에 우글거리는 무리는 무기도 용기도 없이 오로지 순례자들의 자선에 의지해 먹고살아 온 비천하고 궁핍한 자들이었다. 미약하게나마 예루살렘을 방어하려는 노력이 없지는 않았다. 그러나 사기충천한 공격군은 그리스도교군의 출격을 격퇴하고 공성 무기를 설치한 다음, 성벽을 15큐빗 넓이까지 뚫고 사다리를 써서 그 구멍에 술탄과 예언자의 열두 깃발을 꽂았다. 왕비와 여인네들, 수도사들이 신의 아들에게 그의 묘와 상속물을 불경스러운 침탈에서 구해 달라고 탄원했으나 허사였다. 그들은 정복자의 자비에 유일한 희망을 걸었으나, 첫 사절단은 차갑게 자비를 거절당했다.

술탄께서는 오랫동안 인내하며 고통받아 온 이슬람교도들을 위해 복수를 맹세하셨소. 용서할 시기는 이미 지났고, 이제 고드프루아와 첫 번째 십자군이 흘린 무고한 자들의 피를 피로 갚을 때가 왔소.

그러나 술탄은 프랑크인들의 필사적인 분투가 성공을 거두자, 자신의 승리가 아직 완전하지 않다는 사실을 깨달았다. 그는 인류 전체의 아버지의 이름을 건 엄숙한 서약에 정중하게 귀를 기울였다. 인간적인 동정심이 가혹한 광신과 정복열을 누그러뜨려, 그는 도시를 넘겨받는 대신 주민들은 구해 주기로 했다. 비잔티움 사람들과 동방의 그리스도교도는 그의 통치하에서 살도록 허락되었다. 그러나 모든 프랑크인과 라틴인 들은 40일 이내에 예루살렘에서 철수하여 시리아와 이집트의 항구까지 안전하게 안내를 받아 이동할 것, 남자 한 명당 금화 열 닢, 여자는 다섯 닢, 아이는 한 닢씩 지불할 것, 이 돈을 치를 능력이 없는 자는 평생 노예가 될 것 등의 조건이 제시되었다. 일부 문필가들은 1차 십자군의 학살과 살라딘의 자비를 즐겨 비교 주제로 삼았다. 그 차이는 단지 개인적인 문제에 불과할 수도 있다. 그러나 그리스도교도들은 일찍부터 조건부 항복을 제안한 반면, 예루살렘의 이슬람교도들은 최후까지 맹공격을 계속했다는 사실을 간과해서는 안 된다. 투르크 정복자가 조약의 조건을 충실히 이행한 점은 참으로 정의롭다 할 것이며, 패자들의 참상에 동정의 눈길을 던진 점도 찬사를 받아 마땅하다. 그는 채무를 엄격하게 징수하는 대신 빈민 7000명의 몸값으로는 3만 비잔트만을 받았으며, 2000 내지 3000명이 넘는 사람들에게 자비를 베풀어 무상으로 석방해 주었다. 그리하여 노예의 수는 1만 1000명 내지 1만 4000명까지 줄었다. 왕비와의 회견에서 그는 말로써만이 아니라 눈물까지 흘리며 더없이 친절한 위안을 전했을 뿐 아니라, 전쟁 고아나 과부에게 구호품을 후하게 풀었다. 요하네스 기사단의 기사들은 그에게 맞서 무장을 풀지 않았으나, 그는 그들 중 신앙심 깊은 자들에게 1년 동안 계속해서 병자를 돌보도록 허락해 주었다. 이러한 자비를 베푼 점에서 살라딘의 미덕은 우리의 감탄과 사랑을 받을 만하다. 그의 행동은 위선이 아니었다. 그가 엄격한 광신자임을 고려한다면, 코란의 적에 대한 이와 같은 불경한 동정심을 드러내기보다는 오히려 숨기려 했을 것이다. 예루살렘이 이방인의 손에서 해방된 후, 술탄은 깃발을 높이 나부끼고 군악을 울리며 개선 행진을 했다. 교회로 개조되었던 우마르의 모스크는 다시 유일신과 그의 예언자 마호메트에게 봉헌되었다. 성벽과 포장도로는 장미수로 정화되었고, 노우레딘이 만든 설교단이 성소 안에 세워졌다. 둥근 지붕에서 번쩍이며 빛을 발하던 황금 십자가가 내려져 거리를 끌려 다닐 때 그리스도교도들은 종파를 막론하고 비탄에 찬 신음을 토했으나, 이슬람교도는 이에 화답하듯 기쁨에 찬 환호성을 질렀다. 총대주교는 상아로 만든 네 개의 상자에 십자가와 초상화, 집기류, 그리고 이 신성한 도시의 유물들을 보관하고 있었다. 정복자는 이것을 손에 넣자 그리스도교도의 우상 숭배 기념물을 칼리프에게 바치려 했다가, 이내 마음을 바꾸어 이를 총대주교와 안티오크 군주에게 맡기기로 했다. 잉글랜드의 리처드가 금 5만 2000비잔트를 치르고 이 신성한 담보물을 되찾아 왔다.

1188년, 해상을 통한 3차 십자군

시리아에서 라틴인들의 최종적인 퇴각이 임박하자 여러 민족 사이에는 희망과 공포가 엇갈렸으나, 이것이 완결되기까지는 살라딘이 죽은 후에도 1세기 이상 걸렸다. 티르의 저항이 그의 전승 가도에 처음 제동을 걸었다. 조건부 항복을 한 군대와 주둔군을 경솔하게도 같은 항구로 이동시킨 탓에, 그들의 숫자가 그곳을 방위하기에 적당한 규모로 불어났던 것이다. 게다가 몬페라트 백작의 도착은 무질서한 군중에 자신감과 결속력을 불어넣었다. 존경받는 순례자였던 그의 아버지는 티베리아스 전투에서 포로가 되었다. 그러나 야심과 신앙심에 찬 아들이 조카인 어린 왕 보두앵이 상속받은 왕국을 방문하러 달려올 때까지도 이탈리아와 그리스에는 이 비보가 전해지지 않은 상태였다. 콘라드는 적들이 장악한 야파의 해안에 휘날리는 투르크군의 깃발을 보고 위험을 감지했지만 그는 이미 만장일치로 예루살렘 정복자에게 포위된 티르의 군주이자 수호자로 추대되었다. 그는 확고한 신앙열의 소유자였던데다 적의 관대함을 알고 있었으므로, 그의 연로한 아버지를 성벽 앞에 끌어다 놓는다 해도, 술탄의 위협에 분연히 맞서서 첫 번째 화살을 날려 그리스도교 순교자의 자손임을 자랑으로 삼겠노라고 선언했다. 그는 이집트 선단에 티르 항 입항 허가를 내렸다가 갑자기 쇠사슬을 쳐서 다섯 척의 갤리선을 침몰시키거나 나포했으며, 반격에 나선 투르크군 1000명도 소탕했다. 살라딘은 공성기구를 불태운 다음, 영광스러운 원정을 다마스쿠스로의 불명예스러운 후퇴로 끝맺었다. 그러나 더 무시무시한 폭풍우가 그를 기다리고 있었다. 예루살렘이 당한 굴종과 신성 모독을 생생하게 전달한 비참한 이야기와 그림이 잠들어 있던 유럽을 일깨웠던 것이다. 프리드리히 황제와 프랑스, 잉글랜드 왕이 십자가를 배령했다. 하지만 준비에 오랜 시간이 소요되는 그들의 대규모 무장보다 지중해와 대서양의 해양 국가들의 출발이 한발 더 빨랐다. 노련하고 치밀한 이탈리아인들이 먼저 제노바, 피사, 베네치아의 선단에 올라탔으며, 그들 뒤로는 프랑스, 노

20 예루살렘의 역사가는 티그리스 강에서 인도까지 동방의 여러 나라들에 더하여 피부가 거무스름한 무어족과 게툴리아족까지, 아시아와 아프리카가 유럽에 맞서 싸웠다고 말한다.

르망디, 서방 여러 섬들의 더 열광적인 순례자들이 발걸음을 재촉했다. 플랑드르, 프리슬란드, 덴마크에서 막강한 원군이 백여 척의 배를 타고 왔다. 이 북방의 전사들은 전장에서 훤칠한 체구와 육중한 전투용 도끼로 눈길을 끌었다. 그들의 수는 점점 불어나 티르 성벽 밖까지 넘쳤고, 콘라드의 명령에 복종하지도 않았다. 그들은 감옥에서 풀려나 프랑크인 군대를 나눠 맡은 뤼지냥의 불행에 동정을 보내는 한편으로 그의 위엄을 존중했다. 그는 티르 남쪽으로 30마일 떨어진 곳에 있는 프톨레마이스, 즉 아크레 탈환 작전을 제안했다. 그의 명목상의 지휘 아래 2000명의 기병과 3만 명의 보병이 먼저 그곳에 투입되었다. 2년 가까이 좁은 지역에서 유럽과 아시아의 병력을 소모한 이 기념비적인 포위전을 둘러싼 이야기는 자세히 늘어놓지 않겠다. 열정의 불꽃이 이보다 더 격렬하고 파괴적으로 분노를 태운 적은 없었다. 자기편의 순교자를 신성하게 모시는 참된 신도일지라도 적의 빗나간 열정과 용기를 칭찬하지 않을 수 없었다. 이집트, 시리아, 아라비아, 동방 속주들의 이슬람교도들은 성스러운 진격 나팔 소리에 예언자의 종복 밑으로 모여들었다.[20] 그는 아크레에서 몇 마일 떨어진 곳에 진영을 설치하고 이동했으며, 동포를 구하고 골칫거리인 프랑크인들을 막아 내느라 밤낮 없이 분전했다. 카르멜 산 부근에서 그의 명성에 어울리는 아홉 차례의 전투가 벌어졌다. 술탄이 한 번 공격해 도시로 가는 길을 뚫으면, 그리스도교도들이 한 번 반격하여 술탄의 막사까지 육박하는 식으로 일진일퇴의 공방전이 펼쳐졌다. 잠수부와 비둘기를 이용해 포위된 성 안과 정기적으로 연락을 취했으며, 해상 항로가 확보될 때마다 지친 수비군을 철수시키고 새로운 충원군을 투입했다. 라틴 진영은 기근과 적의

1189년 7월~1191년 7월,
아크레 포위 공격

공격, 악천후로 병력이 감소했다. 그러나 새로운 순례자들이 죽은 자들의 막사를 다시 채우고, 얼마나 막강한 동포들이 빠른 속도로 뒤이어 오고 있는지 과장해서 떠벌렸다. 사람들은 교황이 직접 대규모 십자군을 이끌고 콘스탄티노플까지 진군해 왔다는 소식에 입을 다물지 못했다. 황제의 진군은 동방 세계를 한층 더 경악시켰다. 그는 아시아, 그리고 그리스에서 살라딘의 정책에 의해 장해물에 부딪혔다. 살라딘은 프리드리히를 존경한 만큼 그의 죽음을 기뻐했다. 그리스도교도들은 슈바벤 공작과 여독에 찌든 그의 독일 패잔병 5000명을 보고 용기를 얻기는커녕 당혹스러워했다. 드디어 2년째 봄, 프랑스와 잉글랜드 왕의 함대가 아크레 만에 닻을 내렸다. 두 젊은 왕, 존엄 왕 필립과 리처드 1세는 서로 용맹을 다투며 정력적으로 포위 공격을 전개했다. 갖은 수단을 다 썼으나 모든 희망이 수포로 돌아가자 아크레 방위군은 운명에 굴복했다. 조건부 항복이 승인되었으나, 그들의 생명과 자유에는 금화 20만 닢의 몸값에 귀족 백 명과 포로들 1500명의 석방, 성스러운 십자가의 반환 등 가혹한 조건이 붙었다. 조약 체결 과정에서 다소간 의심스러운 일이 생기고 실행이 지체되자, 프랑크인들은 다시금 격분하여 술탄이 보는 앞에서 포악한 리처드의 명령에 따라 이슬람교도 3000명을 참수했다.[21] 라틴 병력은 아크레 정복으로 강력한 도시와 편리한 항구를 손에 넣었으나, 이런 전과는 값비싼 대가를 치르고 얻은 것이었다. 살라딘의 대신인 한 역사가는 적의 보고를 근거로 그들의 수가 때에 따라서는 50~60만에 이르렀는데, 10만 명 이상의 그리스도교도가 살해당했고, 질병이나 해상 조난으로 사망한 숫자는 그보다도 훨씬 더 많을 것이며, 이 엄청난 대군 중 극히 일부만이 안전하게 고향으로 돌아갔으리라고 추산한다.

[21] 그리스도교도 역사가들은 이 학살을 부인하지도, 비난하지도 않는다. 호브덴(Roger Hoveden)은 5000명으로 늘려 잡았다. 존엄 왕 필립은 자비심에서였는지 탐욕 때문이었는지 모르지만 몸값을 받고 자기의 포로들을 풀어주었다.

> 1191년, 1192년, 팔레스타인의 잉글랜드 왕 리처드

존엄 왕 필립과 리처드 1세는 유일하게 같은 깃발 아래에서 싸웠던 프랑스와 잉글랜드 왕이었다. 그러나 그들이 참여한 성스러운 봉사는 두 민족 간의 질시로 한시도 순조롭게 진행된 적이 없었다. 그들이 각각 팔레스타인에서 비호한 두 파벌은 공동의 적보다 서로에 대한 반감이 더 깊었다. 동방인들이 보기에는 프랑스 군주가 위엄과 권력 면에서 더 우위에 있었다. 라틴인들은 황제가 부재 중일 때는 그를 수장으로 공경했다. 그의 공적은 명성에 비하면 초라했다. 필립은 용감했지만 정치가로서의 기질이 더 강한 인물이었다. 그는 황량한 해안에서 자신의 건강과 이익을 희생시키는 데 곧 싫증을 느끼던 차에, 아크레가 함락되자 이를 귀국의 계기로 삼았다. 그는 성지를 수호하도록 기사 500명과 보병 1만 명을 부르고뉴 공작과 함께 남겨 두었지만, 이렇게 평판 나쁜 이탈을 정당화할 수는 없었다. 잉글랜드 왕은 위엄 면에서는 그보다 못했지만, 부와 군사적 명성에서는 경쟁자를 능가했다. 영웅의 자질을 야만스럽고 잔인무도한 용맹으로만 한정시킨다면, 리처드 1세야말로 당대의 영웅들 중 으뜸가는 자리를 차지할 것이다. 영국 국민들은 사자와 같은 심장을 지닌 군주에 대한 기억을 오랫동안 소중히 아끼며 영광으로 삼았다. 그의 명성은 맞서 싸웠던 투르크인과 사라센인 후손들 사이에서조차 60여 년이 지난 후 속담으로 전해졌을 정도였다. 시리아의 어머니들은 아이를 조용히 시킬 때 그의 무시무시한 이름을 들먹였다. 말이 갑자기 길에서 벗어나기라도 하면 기수가 이렇게 소리치고는 했다. "이 숲 속에 리처드 왕이라도 있단 말이냐?" 이슬람교도에 대한 그의 잔인함은 기질과 신앙열이 어우러져 빚은 결과였다. 그러나 창을 자유자재로 용감하게 다루는 군인인 그가 용맹스러운 형

제 몬페라트의 콘라드를 노려 비굴하게 단검을 갈았다는 이야기는 믿기 어렵다.22 콘라드는 티르에서 비밀 자객들에게 살해되었다. 아크레가 함락되고 필립이 떠난 후 잉글랜드 왕은 십자군을 이끌고 해안 탈환에 나서, 카이사레아와 야파를 뤼지냥의 왕국 일부로 편입시켰다. 아크레에서 아스칼론까지 백 마일에 걸친 진군은 열하루 동안 대규모 전투의 연속이었다. 살라딘은 자기 군대가 무질서하게 흩어지는 바람에 열일곱 명의 근위병만 대동한 채 전장에 남겨졌으나, 깃발도 내리지 않고 놋쇠로 만든 북을 계속해서 울렸다. 그는 병력을 다시 모아 공격을 재개했다. 그의 설교자와 전령 들은 그리스도교 우상 숭배자들에게 사내답게 맞서 싸우라고 일신론자들을 목청 높여 독려했다. 그러나 이 우상 숭배자들의 전진은 불가항력이었다. 그들이 이집트 국경 지대의 중요한 성채를 점령하지 못하도록 막으려면, 아스칼론의 성벽과 건물을 파괴하는 길밖에 없었다. 혹독한 겨울 동안 군대는 휴식에 들어갔으나, 봄이 오자 프랑크군은 잉글랜드 왕의 기를 앞세우고 하루 거리에 불과한 예루살렘으로 진군했다. 리처드는 7000마리의 낙타를 몰고 가는 호위대 내지 대상을 기세 좋게 공격했다. 살라딘은 성스러운 도시에 진영을 설치했으나 도시는 온통 경악과 불화로 시끄러웠다. 그는 단식하고, 기도하고, 설교하면서 포위 공격의 위험을 함께하겠다고 약속했다. 그러나 아크레에서 동료들이 겪은 운명을 기억하는 마말루크인들은 먼 미래까지도 종교와 제국을 지키려면 일단 왕의 옥체와 자신들의 용기를 보존해야 한다는 충성스러우나 선동적인 함성으로 술탄을 압박했다. 이슬람교도들은 그들의 생각에는 기적과도 같은 그리스도교군의 갑작스러운 퇴각 덕분에 위기를 모면했다.23 리처드의 월계관은 동료들의 신중함 또는 질투로 시들어 버렸다. 이 영웅은 얼굴을

22 그러나 이슬람교도의 견해로는 이 범죄 행위를 저지른 자는 그이다. 그들은 잉글랜드 왕이 자기들을 보냈다는 자객들의 자백을 증거로 든다. 그의 유일한 변명거리는 암살자들의 왕인 산의 노인 샤이흐에게서 받았다는 편지였는데, 이것은 터무니없고 뻔한 위조 문서이다. 그 노인은 암살 책임을 자신에게 돌리면서 리처드를 보호했다.

23 보아댕과 비니소프 (Jeffrey de Vinisauf)는 퇴각의 책임을 리처드에게 돌린다. 그러나 프랑스 기사인 주앵빌은 패리스처럼 살라딘에게 매수되었다는 암시까지는 하지 않아도, 부르고뉴 공작인 위그의 질투심을 비난한다.

베일로 가리고 언덕을 오르면서 분노에 찬 목소리로 외쳤다. "그리스도의 묘를 구할 뜻이 없는 자는 그것을 볼 자격도 없다!" 그는 야파가 술탄에게 기습당했다는 소식에 아크레로 귀환한 후, 몇몇 상선을 이끌고 제일 먼저 해변에 닿았다. 그의 출현으로 성은 위기를 모면했으며, 6만의 투르크와 사라센 병사 들이 그의 무력 앞에서 도망쳤다. 그들은 그의 세력이 미약함을 알고 아침에 다시 돌아왔다. 그들은 그가 부주의하게도 불과 기사 17명과 궁수 300명만을 데리고 성벽 앞에 진을 쳤다는 사실을 알아낸 것이다. 그는 그들의 수를 헤아릴 겨를도 없이 공격을 막아 냈다. 적들의 증언에 따르면, 잉글랜드 왕이 창을 들고 맹렬한 기세로 그들의 전열을 따라 오른편에서 왼편까지 내달렸으나, 감히 그의 앞길을 막아서는 자가 아무도 없었다고 한다. 내가 지금 쓰고 있는 것이 오를란도(Orlando)나 아마디스(Amadis)의 이야기였던가?

<small>1192년 9월, 리처드의 협상과 출발</small>

이 같은 전투 와중에도 프랑크인들과 이슬람교도 사이에서 내키지 않는 협상이[24] 시작되어 진행되다가 결렬되고, 재개되었다가 다시 깨지기를 반복했다. 눈[雪]과 과일 선물이 오가고 노르웨이산 매와 아랍산 말을 주고받는 등 몇 차례 인사가 오가면서, 살벌한 분위기도 다소 부드러워졌다. 전쟁의 승패가 엇갈리는 속에서 군주들은 하늘의 뜻이 이 싸움에서 중립을 지키고 있다고 생각했을지도 모른다. 아니면 상대방의 실력을 시험해 본 끝에 어느 쪽도 결정적인 승리를 거둘 수 없음을 깨달았을지도 모른다. 리처드와 살라딘 둘 다 건강이 악화되었으며, 저마다 멀리 있는 고국의 내전에 시달리고 있었다. 리처드는 자신의 부재를 틈타 노르망디를 침략한 배신적인 경쟁자를 응징하고 싶어 마음이 급했다. 지칠 줄 모르는 술탄도 자신

---

[24] 조약 협상 과정에 직접 참여했던 보아댕의 글에서 협상과 전쟁의 진행 과정을 볼 것. 리처드는 새로운 군대와 함께 성지 정복을 위해 다시 오겠다는 뜻을 밝혔다. 살라딘은 정중한 인사에 협박으로 답했다.

의 호전적인 신앙열의 제물이 된 신민들, 도구가 된 병사들의 원성을 견디기 힘들었다. 잉글랜드 왕의 요구 사항 중 첫 번째는 예루살렘과 팔레스타인, 그리스도가 못 박혔던 십자가의 반환이었다. 그는 자신과 순례자들은 치욕과 회한을 안고 유럽으로 귀환하느니 신성한 전쟁에서 생을 마감하겠노라고 단호히 선언했다. 그러나 살라딘으로서도 상당 수준의 보상 없이 그리스도교도들의 우상을 되돌려 줌으로써 우상 숭배를 부추길 수는 없었다. 그 역시 팔레스타인 통치권에 대한 자신의 종교적, 민정(民政)적 권리를 상대방 못지않게 단호히 주장했다. 그는 예루살렘의 중요성과 신성함을 역설하면서, 라틴인의 정착이나 분할 조건을 모두 거부했다. 리처드가 제안한 자신의 누이와 술탄의 동생 간의 결혼도 종교적 차이로 좌절되었다. 공주는 투르크인의 품에 안긴다는 생각에 치를 떨었으며, 아델, 즉 사파딘 역시 일부다처제를 쉽게 포기할 생각이 없었다. 살라딘은 서로 상대방의 말을 모른다는 점을 구실로 개인적인 만남도 거절했다. 통역과 사절이 온갖 수단을 동원하고 시간을 끌어서 협상은 그럭저럭 이어져 나갔으나, 양 진영의 광신자인 로마 교황과 바그다드의 칼리프 둘 다 최종 승인을 하지 않았다. 예루살렘과 성묘를 공물 없이 라틴 그리스도교도들이 자유롭게 순례하도록 개방할 것, 아스칼론을 파괴한 후 야파에서 티르까지 해안 지대를 공동으로 소유할 것, 트리폴리 백작과 안티오크 군주가 휴전에 참여할 것, 3년 3개월간 일체의 적대 행위를 중지할 것 등이 조건으로 제시되었다. 양군의 주요 대장들은 조약을 준수하겠다고 맹세했다. 그러나 군주들은 서로 오른손을 들고 구두 서약하는 것으로 만족했으므로, 언제나 거짓과 불명예에 대한 암시가 따르게 마련인 맹세를 면제받을 수 있었다. 리처드는 유럽을 향해 닻을 올렸으나 이후 오랜 억류 생활

25 토마생(Thomassin)은 이 십일조의 기원, 남용, 제한을 풍부하게 다루어 왔다. 십일조는 당연히 교황의 몫이며, 유대인의 십일조에서 10분의 1은 고위 성직자의 몫이라는 이론이 나왔으나 계속 추진되지는 않았다.

1193년 3월, 살라딘의 죽음

끝에 요절했다. 살라딘의 삶과 영광도 몇 달 후 막을 내렸다. 동방인들은 다마스쿠스에서의 그의 교훈적인 죽음에 대해 전하고 있다. 그러나 그들은 그가 세 종교계에 공평하게 구호금을 분배했다든가, 인간의 무상함을 동방 세계에 훈계하기 위해 군기 대신 수의를 전시했다는 사실은 알지 못했던 모양이다. 그의 죽음으로 제국의 통일은 와해되고, 아들들은 숙부인 사파딘의 무력에 제압당했다. 이집트, 다마스쿠스, 알레포의 술탄들 사이에서는 적대 관계가 되살아났다. 프랑크인, 즉 라틴인들은 시리아 해안을 따라 세워진 그들의 성채에서 숨을 돌리고 희망을 키워 나갔다.

1198~1216년 이노켄티우스 3세

정복자의 명성과 그가 불어넣은 공포의 가장 고귀한 기념비는 성전 수행을 위해 라틴 교회의 평신도뿐 아니라 성직자들에게까지 부과한 세금인 살라딘의 10분의 1 세이다. 이 제도는 수익이 너무 좋아서 전쟁이 끝나고도 폐지할 수가 없었다. 이 세금은 로마 교황이 가톨릭 군주에게 하사하거나, 교황청이 직접 쓰기 위해 보유하는 교회 성직록에 부과되는 모든 십일조와 10분의 1 세의 기초가 되었다.[25] 이러한 금전적 이익 때문에 교황이 팔레스타인 탈환에 더 큰 이해관계를 갖게 된 것이 틀림없다. 살라딘이 죽은 후 그들은 서신, 교황 사절, 선교단 등을 동원하여 십자군을 재조직하도록 설교했다. 이노켄티우스 3세의 열정과 재능으로 보아 이 신성한 사업의 완성을 기대해 봄직도 했다. 이 젊고 야심만만한 성직자 밑에서 성 베드로의 후예들은 최전성기를 구가했다. 그는 18년간 재위하면서 황제와 왕을 추대하거나 폐위시키고, 또한 통치자들이 저지른 잘못에 대해 몇 달 또는 몇 년간 예배를 보지 못하게 하는 성무 금지령을 내림으로써 황제와 왕뿐 아니라 여러 민족 위에 절대적인 지배권을 행사했다. 그는 라테라노 공의회에서 동서 두 세계의 교회 수장 정도가 아니라 거의 세속의 군주와 다름없이 행동했다. 잉글랜드 왕 존은 교황 사절의 발밑에 자기 왕관을 바치기도 했다. 이노켄티우스는 화체설(化體說)을 확립하고 종교 재판을 도입함으로써 인식과 인간성 양면에서 주목할 만한 승리를 거두었다. 그의 목소리에 따라 4차와 5차, 두 차례의 십자군이 조직되었다. 그러나 헝가리 왕을 제외하면 순례자들을 이끈 군주들은 이류급에 불과했으며 병력도 이 계획을 감당하기에는 부족했으므로, 결과 또한 교황과 국민들의 소망과 기대에 부응하지 못했다. 4차 십자군은 시리아에서 콘스탄티노플로 진로를 변경했다. 라틴인들의 비잔티움 제국 정복은 다음 장에서 중요한 주제로 다루어질 것이다. 5차 십자군 원정 때는 20만의 프랑크인들이 나일 강 동쪽 하구에 상륙했다.

1203년,
4차 십자군

1218년,
5차 십자군

그들이 술탄의 본거지이자 보고인 이집트에서 팔레스타인 정복이 달성되리라고 믿은 것도 무리가 아니었다. 16개월간의 공방전 끝에 이슬람교도들은 다미에타를 잃고 탄식했다. 그러나 그리스도교군은 교황의 이름으로 대장 자리에 앉은 교황의 특사 펠라기우스의 오만 방자함으로 인해 파멸하고 말았다. 병마에 찌든 프랑크인들은 나일 강의 물길과 동방군의 병력에 포위당했다. 그들은 다미에타에서 철수함으로써 안전한 퇴로와 순례자들을 위한 얼마간의 양보, 그리고 진위가 의심스러운 그리스도가 못 박혔던 십자가를 얻을 수 있었다. 실패의 원인은 어느 정도는 리보니아의 이단들, 스페인의 무어인, 프랑스의 알비파, 신성 로마 제국 황실 지배하에 있던 시칠리아의 왕들 모두에게 동시에 권고함으로써 십자군의 이름을 남용하여 마구 잡이로 수를 늘린 데 있다. 지원병들은 고향에 그대로 머물면서도 허울뿐인 봉사로 똑같은 영적 사면은 물론이고 더 많은 세속적인 보상을 얻을 수 있었다. 교황들조차 내부의 적에 정신이 팔려 종종 시리아에 있는 신도들의 곤경을 잊고는 했다. 그들은 마지막 십자군 시대에 이르러 군대와 세입에 대한 특별 지배권까지 손에 넣었다. 일부 이성적인 자들은 이 모든 일들이 플라켄티아 회의에서부터 로마 교황청의 방침에 따라 꾸며지고 실행된 것이 아닌가 의심했지만, 이러한 의심은 본질을 따져 보나 사실로 보나 근거가 없다. 성 베드로의 후계자들은 관습과 편견의 충동을 앞장서서 이끌었다기보다는 뒤쫓아 갔던 것 같다. 그들은 지금이 제철인지, 토지의 경작 상태는 어떤지도 모르면서 당대의 미신으로 성숙한 자생 과실을 거두어 들였다. 그들은 수고를 치르거나 신상의 위험을 겪는 일도 없이 이 결실을 수확했다. 이노켄티우스 3세는 라테라노 공의회에서 스스로 모범을 보여 십자군의 사기를 고무하겠다는 애매모호한 결의를 표명했다. 그러나 신성한 선박의 키잡이가 키를 버릴 수는 없었으므로, 팔레스타인은 로마 교황을 영접하는 축복을 영영 누리지 못했다.

1228년, 팔레스타인의 프리드리히 2세 황제

순례자들 자신과 그들의 가족, 재산은 교황의 직접적인 보호 아래 놓였다. 이 영적인 보호자는 곧 이들을 지휘하고, 명령과 질책으로 서약의 완수를 강제할 특권을 주장했다. 프리드리히 황제의 손자인 프리드리히 2세는 교회의 제자였다가, 적이 되었다가, 결국은 희생양이 되었다. 그는 스물한 살의 나이로 보호자 이노켄티우스 3세에게 복종하여 십자가를 배령했으며, 국왕과 황제에 오르는 대관식에서도 같은 약속을 반복했다. 그는 예루살렘의 상속녀와 결혼함으로써 그의 아들 콘라드의 왕국을 방위할 의무를 영원히 짊어졌다. 그러나 프리드리히 2세는 나이를 먹고 권력을 얻으면서 젊은 시절 경솔하게 한 약속을 후회했다. 자유로운 정신과 폭넓은 지식의 소유자였던 그는 미신의 환영과 아시아의 왕위를 경멸하게 되었으며, 이노켄티우스의 후계자에게 더 이상 예전 같은 존경심을 느낄 수가 없었다. 그의 야심은 오로지 시칠리아에서 알프스 산맥에 이르는 이탈리아 군주국을 회복하는 데 집중되었다. 그런데 이 계획이 성공한다면 교황은 본래의 위치로 되돌아가야 했다. 그가 12년간이나 지연과 사죄를 반복하자 교황은 협박과 회유를 섞어 가며 팔레스타인으로 출발할 시간과 장소를 확정하도록 재촉했다. 그는 시칠리아와 아풀리아 항구에서 갤리선과 선박 각각 백 척씩을 준비해 기사 2500명을 말과 종자와 함께 수송하게 했으며, 나폴리와 독일에 있는 봉신들을 동원해 막강한 군대를 편성했다. 잉글랜드 십자군도 소문이 퍼지면서 6만 명까지 불어났다. 그러나 이러한 대규모의 준비 작업이 불가피하게 혹은 고의적으로 늦어지면서, 빈궁한 순례자들의 체력과 양식이 바닥을 드러냈다. 군중의 수는 질병과 이탈로 줄어들었으며, 칼라브리아의 몹시 더운 날씨는 시리아 전투가 순탄치 않을 것임을 예고했다. 마침내 황제는 브룬두시움에서 4만 명의 병력을 태운 선단을 이끌고 돛을 올렸으나, 해상에서 3일을 버티지 못했다. 성급한 퇴각을 놓고 그의 지지자들은 몸 상태가 너무 안 좋았던 탓으로 돌렸지만, 적대자들은 고의적이고 완강한 불복종이라며 비난했다. 프리드리히 2세는 서약을 이행하지 않았다는 이유로 그레고리우스 9세에게 파문당했다. 그는 이듬해에 감히 뻔뻔스럽게 서약을 이행하려 한다는 이유로 같은 교황에게 재차 파문당했다. 그가 십자군의 깃발 아래에서

26 성직자들은 교활하게도 모스크와 성묘를 혼동시켰다. 그들의 의도적인 실수에 베르토와 무라토리까지 속아 넘어갔다.

출전할 동안, 이탈리아에서는 그에 맞선 십자군이 조직되었다. 그는 귀환 후 자신이 입은 모욕에 대해 사면을 간청해야 하는 처지가 되었다. 그 전에 팔레스타인의 성직자와 기사 들은 그와의 접촉을 거부하고 명령에 반항하라는 지시를 받았다. 황제는 자기 왕국에서조차 신과 그리스도교 공동체의 이름으로 군영에 명령을 내리는 데 동의해야만 했다. 프리드리히 2세는 의기양양하게 예루살렘에 입성했으나, 자기 손으로(어떤 성직자도 이 일을 수행하려 하지 않았기 때문에) 성묘의 제단에서 왕관을 썼다. 그러나 총대주교는 그의 출현이 신을 모독한 것이라며 그 교회에 성무 금지령을 내렸다. 요하네스 기사단과 템플 기사단의 기사들은 술탄에게 황제가 요르단 강을 호위 없이 방문할 때 기습하면 손쉽게 살해할 수 있을 것이라고 알려 주었다. 이처럼 광신과 분열이 판치는 와중에 승리는 고사하고 방어도 어려웠다. 그러나 유리한 평화 조약을 맺을 수 있었던 것은 이슬람교도들의 분열과 그들이 프리드리히 2세의 인격에 개인적으로 품은 존경심 덕택이었다. 이 교회의 적대자가 그리스도교도답지 않게 사악한 이교도들을 환대하며 우정 어린 교섭을 계속하고 있으며, 이 땅이 메말랐다고 멸시했다는 비난이 쏟아졌다. 야훼가 나폴리 왕국을 보았다면 팔레스타인을 선민의 유산으로 선택하는 일 따위는 결코 없었으리라는 불경한 생각을 품고 있다는 비난까지 있었다. 그러나 프리드리히 2세는 술탄으로부터 예루살렘, 베들레헴, 나사렛, 티르와 시돈을 되돌려 받았으며, 라틴인들은 도시에 살면서 요새를 강화할 수 있게 되었다. 내정과 종교의 자유에 관한 평등한 법규가 승인되었다. 한쪽이 성묘에서 예배를 올릴 동안, 다른 한쪽은 예언자가 천상으로의 야간 여행을 시작했다는 사원에서[26] 기도하고 설교할 수 있었다. 성직자들은 이 같은 수치스러운 관용을 개탄했다. 그러나 힘이 약한 이슬람교도들은 점차 추방당했고, 십자군의 목표는 이치에 맞는 것이라면 뭐든지 유혈 사태 없이 성취되었다. 교회는 탈환되었고 수도원에도 다시 수도사가 넘쳤다. 15년 만에 예루살렘의 라틴인은 6000명을 넘어섰다. 라틴인들이 은인에게 감사해 하지도 않고 누렸던 이러한 평화와 번영은 야만스러운 유목 민족 카리즈메인들의 침략으로 끝장이 났다. 무굴 사람들의 무력을 피해 도망쳐 온 이 카스피 해의 유목민들은 시리아로 물밀 듯이 쳐들어왔다. 알레포, 헴스, 다마스쿠스의 술탄들과 프랑크인들의 연합도 거칠게 밀어닥치는 급류를 막기에는 역부족이었다. 카리즈메인들은 막아서는 자들은 누구이건 칼로 베어 버리거나 포로로 잡아끌고 갔다. 기사단은 단 한 차례의 전투로 거의 전멸했다. 도시가 약탈당하고 성묘가 더럽혀지자, 라틴인들은 그래도 투르크인과 사라센인은 온건하고 규율이 있었다고 인정하며 후회했다.

27 가능하다면 마가렛 여왕의 고해 신부가 쓴 성 루이의 일생과 기적들에 관해 읽어 볼 것.

1243년, 카리즈메인들의 침략

프랑스 왕 루이 9세가 일곱 차례에 걸친 십자군 중 마지막 두 차례를 조직했는데, 그는 이집트에서 사로잡혀 아프리카 해안에서 목숨을 잃었다. 죽은 지 28년 후 그는 로마에서 성인으로 추대되었는데, 예순다섯 가지의 기적이 곧 발견되어 엄숙히 입증됨으로써 그의 성인 추대를 정당화했다.27 역사는 그가 왕과 영웅으로서뿐 아니라 한 인간으로서의 미덕까지 골고루 한 몸에 갖추었으며, 호전적인 정신은 개인과 국가의 정의에 대한 애정으로 부드러워졌고, 신민에게는 아버지, 이웃에게는 친구, 이교도에게는 위협적 존재였다는 한층 더 영예로운 증언을 내놓는다. 미신만이 해로운 영향력을 끼칠 수 있는 최대한의 범위까지 그의 지성과 인정을 타락시켰다. 그는 깊은 신앙

1248~1254년, 루이 9세와 6차 십자군

심에서 탁발 수도사 프란체스코와 도미니크를 찬미하고 모방까지 했다. 그는 신앙의 적들을 향해 맹목적이고 잔인한 열정을 불태웠으며, 왕들 중 가장 훌륭한 자였으면서도 영적인 편력 기사의 모험길에 오르느라 두 차례나 왕위에서 내려오기도 했다. 수도사 겸 역사가라면 그의 성품 중에서 가장 야비한 부분에까지 찬사를 보내겠지만, 고귀하고 용맹스러우며, 루이 9세와 우정을 나누고 함께 포로 생활을 했던 주앵빌은 자연스러운 필치로 그의 결점뿐 아니라 미덕까지도 있는 그대로 그려 냈다. 이처럼 상세한 지식을 통해 우리는 유력한 봉신들의 세력을 억누르고자 하는 정치적 의도가 숨어 있지 않았나 의심하게 되는데, 이러한 의심은 십자군을 일으킨 군주들에게 종종 해당된다. 루이 9세는 중세의 모든 군주들 중 누구보다도 왕위에 따르는 특권을 성공적으로 부활시키는 데 힘썼다. 그러나 그가 자신과 후손을 위해 이를 확립한 것은 고국에서였지, 동방에서는 아니었다. 그의 서약은 열정과 병약함의 결과였으며, 그는 이 성스러운 광기를 일으킨 장본인인 동시에 희생자였다. 프랑스는 이집트 침공에 군사력과 재보를 탕진했다. 그는 키프로스 해상을 1800척의 배로 뒤덮었다. 병사의 수는 아무리 적게 잡아도 5만 명에 달했다. 허영심 강한 동방인들이 전하는 그의 고백을 믿는다면, 그는 기병 9500명, 보병 13만 명을 상륙시켜 자신의 지휘 아래 순례 길에 오르게 했다.

1249년, 루이 9세의 다미에타 점령

루이 9세는 바람에 펄럭이는 붉은 왕기를 앞세우고 완전 무장을 한 채 제일 먼저 해변에 뛰어내렸다. 공포에 질린 이슬람교도들은 이 첫 번째 공격에 그의 선임자들이 포위 공격에 16개월이나 허비했을 정도로 강한 도시인 다미에타를 버렸다. 그러나 다미에타는 그의 최초이자 최후의 정복지가 되었다. 5차, 6차 십자군에서도 거의 같은 장소에서 똑같은 이유로 유사한 재앙이 반복되었다. 진영에 전염병이 퍼져 작전이 지연된 후, 프랑크인들은 이집트의 수도를 향해 해안으로부터 전진하기 시작했다. 그러나 나일 강의 때아닌 범람으로 진군이 가로막히자 이를 극복하는 데 엄청난 힘을 써야만 했다. 두려움을 모르는 군주가 지켜보는 앞에서 프랑스의 봉신과 기사 들은 위험이나 군율에 대한 경멸을 과시했다. 아르투아 백작인 왕의 동생은 무모한 용맹을 발휘하여 마수라를 덮치고, 비둘기를 보내 카이로 주민들에게 모든 것이 끝났다고 알렸다. 그러나 후일 왕권을 빼앗게 되는 한 병사가 패잔 부대를 재규합했다. 그리스도교도 측 주력군은 선봉 부대보다 한참 뒤처져 있었으므로 아르투아는 힘을 잃고 살해당했다. 불화살이 침략군의 머리 위로 쉴 새 없이 떨어졌다. 나일 강은 이집트 갤리선단이 장악했으며 평야 지대는 아랍인의 손아귀에 들어갔다. 모든 보급로는 차단되었고 날이 갈수록 질병과 기아는 심해졌다. 퇴각할 수밖에 없는 상황임을 알았으나, 동시에 퇴각이 이미 불가능하다는 사실도 깨달았다. 동방의 사가들은 루이 9세가 자기 신민들을 버렸더라면 탈출할 수 있었다고 인정한다. 그는 대부분의 귀족과 함께 포로가 되었다. 노예가 되거나 몸값을 치러 생명을 구할 수 없는 자들은 잔인하게 학살당했다. 카이로 성벽에는 그리스도교도들의 목을 엮은 고리가 주렁주렁 내걸렸다. 프랑스 왕은 사슬에 묶였다. 그러나 살라딘의 동생의 증손자인 관대한 승리자는 포로가 된 왕의 명예에 어울리는 옷 한 벌을 보내 주었다. 그와 병사들은 다미에타를 돌려주고[28] 금화 40만 닢을 치르고서야 석방되었다. 온화하고 사

[28] 성 루이의 몸값으로 백만 비잔트가 요구되어 받아들여졌다. 그러나 관대한 술탄은 총액을 80만 비잔트까지 깎아 주었는데, 주앵빌의 계산으로는 그 시대 프랑스 돈으로 40만 리브르, 패리스의 계산으로는 은화 10만 마르크에 해당하는 액수였다.

이집트에 감금된 루이 9세

1250년 4~5월

치스러운 풍조 속에서 생활하며 타락한 노우레딘과 살라딘의 동료들의 자손들은 유럽 기사도의 정화에 맞설 능력이 없었다. 그들은 과거에 시리아 상인의 손으로 팔려 와 술탄의 진영과 궁정에서 교육을 받은 노예인 강건한 타타르 원주민과 마말루크인들의 무력으로 승리를 거두었다. 그러나 이집트는 곧 근위부대의 위험을 보여 주는 새로운 사례가 되었다. 이방인을 향했던 이 흉포한 야수들의 분노가 이번에는 자기들의 은인을 물어뜯은 것이다. 일족의 마지막 왕인 투란 샤는 정복자로서 위세를 부리다가 자기가 거느린 마말루크인들에게 살해당했다. 자객들 중에서도 가장 대담무쌍한 자들이 술탄의 피로 더럽혀진 손에 언월도를 뽑아 들고 포로로 잡힌 왕의 거처로 난입했다. 루이 9세의 결연한 자세는 그들의 존경심을 일으켰다.[29] 그들의 탐욕이 잔인성과 신앙열보다 강했으므로, 조약이 성사되자 프랑스 왕은 패잔군을 이끌고 팔레스타인으로 출항해도 좋다는 허락을 얻었다. 그는 예루살렘을 방문할 수도 없고, 그렇다고 아무런 영광도 얻지 못한 채 고국으로 귀환하기도 내키지 않아 아크레 성 안에서 4년의 세월을 헛되이 보냈다.

루이 9세는 패배의 기억을 잊지 못하고 16년간 지혜를 닦고 휴식을 취한 후, 일곱 번째이자 마지막 십자군 원정에 착수했다. 그의 국고는 다시 채워졌고 왕국도 확장되었다. 새로운 세대의 전사가 일어났으므로, 그는 새로운 자신감에 넘쳐 기병 6000명과 보병 3만 명을 이끌고 출항했다. 안티오크 함락이 이번 원정의 직접적인 원인이었다. 그는 튀니스 왕에게 세례를 베풀겠다는 무모한 희망에 이끌려 아프리카 해안으로 향했다. 막대한 보물이 있다는 소문도 그의 군대가 성지로의 항해를 연기하는 요인으로 작용했다. 그는 왕을 개종시키기는커녕 포위 공격을 받았다. 병사들은 작열하는 사막에서 숨을 헐떡이다가

[29] 주앵빌은 태수들이 루이 9세를 자기들의 술탄으로 추대할 생각을 했다고 진지하게 주장한다. 나는 이 주장을 볼테르처럼 황당하게 여기지는 않는다. 마말루크인들 자신부터가 이방인이며, 반역자였다. 그들은 그의 용맹에 감동한 나머지 그가 개종하기를 바랐다. 그들의 소란스러운 집회에서 어떤 그리스도교도가 정체를 숨기고 이러한 제안을 했을지도 모른다.

죽었다. 성 루이는 자기 막사 안에서 절
명했다. 그가 눈을 감자마자 다음 왕이
된 그의 아들은 퇴각 신호를 내렸다. 한
날카로운 문필가는 이렇게 말한다.

> 1270년 8월,
> 7차 십자군에서
> 성 루이의 죽음

이렇게 그리스도교 왕은 마호메트파와 전쟁을 치르다가 일
찍이 디도가 시리아의 신들을 들여왔던 땅인 카르타고의 폐허
가까이에서 숨을 거두었다.

이방인 노예의 전제적인 지배 아래 원
주민이 영구적으로 예속되는 것보다 더
부당하고 불합리한 체제는 없을 것이다.

> 1250~1517년,
> 이집트의 마말루크인들

그러나 이집트는 500년 이상이나 바로 이런 상태를 겪어야 했
다. 가장 이름 높은 술탄의 가계인 바하리와 부르지 왕조부터
가 타타르족과 키르카시아족 출신이었다. 24대에 걸쳐 베이
(bey), 즉 군사령관직은 아들이 아니라 수하에 의해 계승되었
다. 그들은 자기들의 자유를 인가하는 칙서로 셀림 1세가 공화
국과 맺은 조약을 든다. 오스만 터키 황제는 아직도 이집트로
부터 사소하나마 공물과 복종의 상징물을 받고 있다. 얼마간
평화와 질서를 누린 적도 있었으나 두 왕조의 시대는 약탈과
유혈로 얼룩졌다. 그러나 그들의 왕좌는 아무리 위태로울 때라
도 규율과 용맹이라는 두 기둥으로 지탱되었다. 그들의 지배는
이집트, 누비아, 아라비아, 시리아까지 뻗어 나갔다. 그들 밑
에 있던 마말루크인 병력은 기병 800명에서 2만 5000명까지 증
가했다. 게다가 보병 10만 7000명에 달하는 지방 민병대에다가
6만 6000명의 아랍인 예비 병력까지 더하면 그 수는 더욱 불어
났다. 이러한 무력과 기개를 지닌 군주들이 자기네 해안 지역

59장 **111**

에 적대적이며 독립적인 이민족을 그리 오래 놔두었을 리가 없다. 프랑크인의 파멸이 약 40년쯤 미루어진 것은 불안정한 치세, 무굴족의 침략, 그리고 일부 호전적인 순례자들의 가세 덕이었다. 이들 가운데서 영국 독자들은 아버지 헨리 생전에 십자가를 배령한 에드워드 1세의 이름을 찾을 수 있다. 나중에 웨일스와 스코틀랜드의 정복자가 되는 그는 1000명의 병사를 이끌고 아크레를 포위 공격에서 구한 다음, 9000명의 병력과 함께 나사렛까지 진군함으로써 숙부인 리처드와 공명을 다투었다. 자신의 무용으로 10년간의 휴전 조약을 끌어냈으며, 한 광신도 자객의 단검에 찔려 중상을 입었으나 다행히 목숨을 건졌다. 위치상 성전의 참화에 덜 노출되어 왔던 안티오크도 결국 이집트와 시리아의 술탄인 본도크다르(다른 이름으로는 비바르스)에게 점령당해 멸망함으로써, 라틴인의 공국은 명맥이 끊어졌다. 그리스도교의 제일가는 본거지였던 이 도시는 1만 7000명의 주민이 학살당하고 10만 명이 포로가 됨으로써 텅 비게 되었다. 라오디케아, 가발라, 트리폴리, 베리투스, 시돈, 티르, 야파 등 해안 도시뿐 아니라 요하네스 기사단과 템플 기사단의 견고한 성채도 잇달아 함락되었다. 프랑크인의 거주 지역은 프톨레마이스라는 보다 고전적인 이름으로 불리곤 하는 아크레의 성 요하네스 시와 거류지로 한정되었다.

1268년 6월,
안티오크 상실

예루살렘을 잃은 후에는 약 70마일 떨어진 곳에 있는 아크레가 라틴 그리스도교도들의 중심지가 되어 견고하고 장려한 건물들이 들어서고 수로와 인공 항만, 이중 성벽이 만들어졌다. 끊임없이 몰려드는 순례자와 도망자 들로 인구도 증가했다. 전란이 소강상태에 들어서면서 편리한 위치 덕에 동방과 서방의 교역이 집중되었으므로, 시장에서는 어느 지역의 특산품이든 어떤 언어의 통역이든 구할 수 있었다. 그러나 이처럼 여러 민족이 모이다 보니 온갖 악덕이 만연했다. 예수와 마호메트의 신도들을 통틀어 아크레의 남녀 주민은 가장 타락한 자로 여겨질 정도였다. 법의 제재로 종교의 악폐를 바로잡는 것도 불가능했다. 이 도시에는 통치자는 여럿이었지만 통치 기관은 하나도 없었다. 뤼지냥 가의 예루살렘과 키프로스의 왕, 안티오크 군주, 트리폴리와 시돈 백작들, 요하네스 기사단, 템플 기사단, 독일 기사단의 대장들, 베네치아, 제노바, 피사 공국, 교황 특사, 프랑스와 잉글랜드 왕 들이 저마다 독립된 지휘권을 행사했으며, 생사를 심판할 권한을 가진 법정이 열일곱 군데나 되었으므로 범죄자들은 누구나 인접한 지역으로 몸을 피할 수 있었다. 여러 국민들 간의 끊임없는 질투는 종종 폭력과 유혈 사태로 이어졌다. 십자가의 명예를 더럽힌 일부 모험가들은 이슬람교도 마을을 약탈함으로써 모자라는 급여를 보충했다. 국가 간의 신의에 따라 거래를 한 시리아 상인 열아홉 명이 그리스도교도들에게 재산을 빼앗기고 교수형을 당한 일도 있었다. 술탄 칼릴은 이에 대한 보상을 거부당하자 군사를 일으켰다. 그는 6만의 기병과 14만의 보병을 이끌고 아크레를 향해 진군했다. 그의 포병대(이런 단어를 쓸 수 있다면)는 수도 많고 막강했다. 포대 하나를 이루는 목재를 옮기는 데 마차 백 대가 필요할 정도였다. 왕실 역사가인 아불페다는 하마 부대에 종군하면서 성전을 직접 목격했다. 아무리 타락한 프랑크인이라 해도 열정과 절망으로 용기를 불태웠다. 그러나 그들은 열일곱 명이나 되는 대장들의 불화로 갈가리 찢겨 사방에서 술탄의 병력에 제압당했다. 33일간의 공방전 끝에 이중 성벽이 이슬람군에게 돌파당하고, 중심 탑도 그들의 공성 무기 앞에 무

1291년 5월,
아크레와 예루살렘 상실

너졌다. 마말루크인들의 일제 공격에 도시는 초토화되고, 6만 명의 그리스도교도들이 죽음 아니면 노예가 되는 운명을 맞았다. 요새에 가까운 템플 기사단의 수도원은 사흘을 더 버텼으나, 대장이 화살을 맞고 쓰러졌으며 500명의 기사 중 살아남은 자는 단 열 명이었다. 그러나 부당하고 잔인한 사형 명령에 따라 교수대에서 고통을 겪었다는 점에서 칼에 찔려 죽은 자보다 운이 나빴다. 예루살렘 국왕, 총대주교, 요하네스 기사단의 대장은 해안에 도착할 수 있었으나 바다는 거칠었고 배도 부족했다. 대부분의 도망자들은 키프로스 섬에 닿지 못하고 익사했다. 술탄의 명령으로 라틴인들이 건설한 도시의 교회와 요새들이 파괴되었다. 탐욕이나 공포심 때문에 여전히 일부 신앙심 깊은 비무장 순례자들에게 성묘로 가는 길을 열어 주기도 했으나, 세계적인 항쟁이 그토록 오랜 세월 메아리쳤던 해변에는 이제 슬픔에 잠긴 고독의 침묵만이 깔렸다.

THE DECLINE AND FALL
OF THE ROMAN EMPIRE

비잔티움 교회와 라틴 교회의 분열 · 콘스탄티노플의 상황 · 불가리아인의 반란 · 이사키우스 안겔루스가 동생 알렉시우스에 의해 폐위당하다 · 4차 십자군의 기원 · 프랑스인과 베네치아인이 이사키우스의 아들과 동맹을 맺다 · 그들의 콘스탄티노플 해상 원정 · 라틴인의 두 차례 포위 공격과 최종 정복 · 신성 모독, 조소, 파괴

샤를마뉴 대제가 서로마 제국을 부활시킨 후 비잔티움 교회와 라틴 교회는 급속도로 분열되었다. 종교적, 국가적 적개심은 지금도 여전히 그리스도교 세계에서 가장 큰 두 종교 단체를 갈라놓고 있다. 콘스탄티노플의 이반은 가장 유용한 동맹들을 이탈시켜 가장 위험한 적으로 만듦으로써, 동방에서 로마 제국의 쇠망을 재촉했다.

지금까지의 역사 서술 과정에서도 라틴인에 대한 비잔티움 사람들의 노골적인 반감을 곳곳에서 찾아볼 수 있다. 이런 감정은 본래 예속에 대한 반발심에서 싹터 오다가, 콘스탄티누스 대제 시대 이후로는 그들보다 못할 것이 없다는 자만심으로 더욱 강해졌다. 마침내는 그들의 배반적인 신민이 프랑크인과의 동맹을 선택했다는 사실로 인해 최악으로 치달았다. 시대를 막론하고 비잔티움 사람들은 세속적인 학문에서나 종교적인 지식에서나 자신들의 우월함을 자랑스럽게 여겼다. 그들은 그

> 라틴인들을 혐오하는
> 비잔티움 사람들

[1] 예수회의 페타비우스는 성령 발현이라는 신비스러운 주제를 역사적, 신학적, 논쟁적으로 의미 있게, 혹은 별 의미 없이 논한다.

리스도교의 빛을 먼저 수용했으며, 일곱 차례의 공의회에서 신조를 선포했다. 그들은 성경과 철학의 언어를 독점했으므로, 어둠 속에서 헤어나지 못하고 있는 서로마의 야만인들이 감히 심원하고 신비스러운 신학적 문제를 논한다는 것은 언어도단이라고 여겼다. 이 야만인 쪽에서는 모든 이단을 고안해 낸 동방인의 야단스럽고 교활한 경박성을 경멸하면서, 사도 교회의 전승을 지키는 데 만족하는 자신들의 단순성을 축복했다. 그러나 7세기에 스페인 공의회, 나중에는 프랑스 공의회가 삼위일체의 세 번째 신격에 대한 신비스러운 주제를 놓고 니케아 신조에 개선인지 개악인지 모를 수정을 가했다.[1] 동로마는 기나긴 논쟁을 거쳐 그리스도의 본성과 생성을 세심하게 정의했다. 성부와 성자의 관계는 잘 알려진 대로 인간의 마음에 희미하게나마 어떤 인상을 전해 주는 듯했다. 성령은 가톨릭교도에게 신의 능력이나 속성이라기보다는 실체, 위격(位格), 신으로 여겨져 왔다는 점에서, 탄생이라는 개념과 그다지 연관성이 없었다. 그는 아버지가 자식을 본 것이 아니라 정통 교리식으로 말하자면 '발현했다.' 그렇다면 그는 오로지 아버지로부터, 아들을 통해 발현한 것인가? 아니면 아버지와 아들 양쪽으로부터 발현했는가? 이 견해 중 앞의 것은 비잔티움인, 뒤의 것은 라틴인의 주장이다. 니케아 신조에 필리오케(filioque, '성자로부터도 또한')라는 단어가 추가됨으로써, 동방 교회와 갈리아 교회 사이에 불화가 일어났다. 로마 교황들은 논쟁 초기에는 중립적이고 온건한 자세를 취했다. 그들은 알프스 산맥 너머에 있는 형제들의 혁신을 비난하면서도 그 견해를 묵인했다. 교황들은 불필요한 탐구를 침묵과 자비의 베일로 덮어놓고 싶어했던 것 같다. 샤를마뉴 대제와 레오 3세가 주고받은 서신에서

성령의 발현

교황은 정치가처럼 관용적인 자세를 취했고, 황제는 성직자의 열정과 편견을 용인했다. 그러나 로마의 정통파는 자발적으로 세속적인 정책의 추진에 복종했다. 그리하여 레오 3세가 지워 버리고 싶어했던 필리오케는 바티칸의 신경(信經)에 새겨지고 성찬식에서도 불리게 되었다. 니케아 신조와 아타나시우스 신조가 구원에 필수 불가결한 가톨릭 신앙으로 남아 있는 한, 가톨릭교도와 프로테스탄트 모두 이제는 성령이 성부뿐 아니라 성자로부터 발현되었음을 부인하는 비잔티움 사람들의 저주를 참고 견디며 복수의 칼을 가는 수밖에 없다. 이러한 신앙 조목이 협정에 따라 좌우되는 것은 아니지만, 멀리 떨어진 개별 교회에서는 신앙 규율이 달라지듯이, 신학자라도 이성적으로 어느 정도의 차이는 불가피하며 무해하다고 인정할 것이다. 로마에서는 책략인지 미신에서인지 사제와 부제에게 엄격한 금욕 의무를 부과해 왔다. 비잔티움에서는 주교에게만 이러한 의무가 있다. 이로 인해 감수해야 할 손실은 위엄을 얻음으로써 보상받기도 하고, 나이를 먹음으로써 자연히 사라지기도 한다. 교구 성직자인 파파(papa)는 성직에 입문하기 전 혼인한 아내와 결혼 생활을 유지할 수 있다. 누룩을 넣지 않은 빵과 관련된 문제는 11세기에 격렬한 토론의 대상이 되었는데, 성찬식의 본질은 동방과 서방에서 누룩을 넣은 빵을 쓰느냐 넣지 않은 빵을 쓰느냐에 따라 다르게 생각되었다. 나는 상당 기간 동안 방어적인 입장이었던 라틴인에게 가해진 맹렬한 비난의 예를 진지한 역사에서 찾아보고자 한다. 그들은 목 졸라 죽인 것과 피 흘려 죽인 것을 멀리하라는 사도의 명령을 성실히 따르지 않았으며, 유대인의 관례대로 매주 토요일에 금식했다. 사순절 첫 주까지는 우유와 치즈를 먹을 수 있었으며, 의지가 약한 수

교회 규율의 다양성

도사들은 고기도 먹었다. 식물성 기름이 없으면 동물성 지방으로 대신하기도 했다. 세례식에서 성유를 발라 주는 일은 주교급 성직자만이 할 수 있었다. 주교들은 교회의 신랑으로서 여러 개의 반지를 끼고 치장했으며, 신부(神父)들은 면도를 하고, 한 차례 물에 몸을 담그는 식으로 세례를 주었다. 콘스탄티노플의 총 대주교들은 그토록 격분하고, 라틴 교회의 교부들은 그에 못지않게 열렬히 정당화하고 나선 범죄 행위란 대체로 이런 것이었다.

857~886년,
교황들과 싸운 야심적인
콘스탄티노플의
총대주교 포티우스

편협함과 민족적 편견은 모든 논쟁 주제를 강력하게 증폭시킨다. 그러나 비잔티움 사람들이 분열을 일으킨 직접적인 원인은 고위 성직자들이 그리스도교 세계에서 가장 우월한 옛 중심지(로마)의 패권과 어디에 견주어도 떨어지지 않는 지배적인 수도(콘스탄티노플)의 패권을 서로 주장하며 경쟁한 데서 찾을 수 있다. 9세기 중엽, 야심적인 평신도로서 근위대장 겸 비서실장직을 맡고 있던 포티우스는 그가 이룬 업적과 교회의 총애 덕분에 콘스탄티노플 총대주교직에 발탁되었다. 그는 여러 학문, 심지어 교회 관련 학문에서조차 당대의 성직자들을 능가했으며, 순수한 도덕성은 흠잡을 데가 없었다. 그러나 그의 서임은 너무 성급한 파격 승진이었으며, 해임된 그의 선임자 이그나티우스는 아직도 대중의 동정심과 추종자들의 굳은 지지를 등에 업고 있었다. 그들은 니콜라스 1세의 재판정에 호소했다. 로마 교황들 중에서도 가장 자존심이 강하고 야심적인 인물인 그가 동방의 자신의 경쟁자를 심판하고 단죄할 이런 호기를 놓칠 리 없었다. 그들의 싸움은 불가리아의 왕과 신민에 대한 관할권 분쟁까지 겹쳐 더욱 격화되었다. 이 개종자들을 자기 권력 밑으로 끌어들이지 못한다면,

그들이 최근 그리스도교로 개종한 사실이 어느 쪽에도 별 도움이 되지 않을 것이었다. 비잔티움 총대주교가 궁정의 힘을 업고 승리를 거두었다. 그러나 격렬한 항쟁 과정에서 그는 성 베드로의 후계자를 폐위시키고, 라틴 교회에 이단이자 분파라는 비난을 씌웠다. 포티우스는 짧고 불안정한 치세를 위해 세계의 평화를 희생시켰다. 그는 자신의 후원자였던 부황제 바르다스와 함께 파멸을 맞았다. 마케도니아 왕조의 창시자인 바실리우스는 나이와 위엄에 걸맞은 존경을 받지 못했던 이그나티우스를 복위시킨다는 정의로운 판결을 이행했다. 포티우스는 감옥이나 다를 바 없게 된 자신의 수도원에서 동정을 자아내는 읍소와 교묘한 아첨으로 황제의 호의를 간청했다. 그 결과 그의 경쟁자가 눈을 감자마자 그는 다시 콘스탄티노플의 총대주교직에 복귀했다. 그러나 바실리우스가 사망하자 하루아침에 궁정의 인심이 손바닥 뒤집 듯 변하고, 제자였던 새 황제마저 그에게 등을 돌렸다. 총대주교는 다시 추방되었다. 그는 쓸쓸한 최후를 맞으면서 속세에서 학문에 몰두하던 시절의 자유를 그리워했을지도 모른다. 변혁이 있을 때마다 순종적인 성직자들은 수장의 사소한 낌새나 고갯짓 한 번에도 충실히 따랐다. 주교 300명으로 구성된 공의회는 언제라도 기꺼이 성스러운 포티우스의 승리에 만세를 부르거나, 가증스러운 포티우스의 몰락에 침을 뱉을 준비가 되어 있었다.[2] 이런 일들을 처리하도록 원조하고 보상하겠다는 로마 교황들의 기만적인 약속에 넘어간 콘스탄티노플 공의회는 교황의 서신이나 특사 들에 의해 승인되었다. 그러나 콘스탄티노플 궁정과 신민은 물론이고 이그나티우스와 포티우스도 교황들의 권리 주장에 반감을 품었다. 교황의 대리인들은 모욕을 당하거나 투옥되었고, 성령의 발현은 잊혀졌다. 불가리아는 비잔티움 옥좌에 영구 병합되었으나,

[2] 서기 869년에 콘스탄티노플에서 개최된 종교 회의는 제8차 공의회로서 이는 로마 교회가 인정한 동로마에서의 마지막 공의회였다. 로마 교회는 867년과 879년의 콘스탄티노플 종교 회의를 인정하지 않았으나, 똑같이 다수가 모여들어 북새통을 이루었다. 그러나 그들은 포티우스에게 호의적이었다.

3 안나 콤네나는 교황 그레고리우스 7세와 라틴 교회에 대해 교회뿐 아니라 궁정이 품었던 혐오감을 표현한다. 킨나무스와 니케타스의 문체는 훨씬 더 맹렬하다. 그러나 반론자들의 목소리와 비교하여 역사의 목소리는 얼마나 조용한가!

총대주교를 몇 차례나 변칙적으로 서임한 데 대해 준열한 비판이 일면서 교회의 분열은 연장되었다. 10세기의 어둠과 타락 속에서 양측은 화해의 길을 찾지 못하고 교류를 중단했다. 그러나 노르만인이 무력으로 아풀리아 교회를 로마의 관할권으로 회복시키자, 비잔티움 총대주교는 서신을 보내 떠나가는 신도들에게 라틴인의 오류를 멀리하고 증오하도록 경고했다. 나날이 커 가던 로마의 권력은 더 이상 한 반역도의 오만불손함을 참아 넘길 수 없었다. 케룰라리우스는 콘스탄티노플 한복판에서 교황 특사로부터 파문 선고를 받았다. 그들은 발에서 먼지를 털고 성 소피아 성당으로 들어가 제단 위에 비잔티움의 치명적인 이단 죄 일곱 가지를 열거한 다음, 죄지은 교부들과 그들의 불행한 분파가 악마 및 악령과 영원히 한패거리가 되었다는 내용의 무시무시한 파문 선고를 내렸다. 교회와 국가에 위급한 상황이 닥치면 우호적인 서신 왕래가 가끔씩 재개되었고, 자비롭고 친근한 말이 오가기도 했다. 그러나 비잔티움 사람들은 결코 자기들의 주장을 철회하지 않았고, 교황 또한 판결을 취소한 적이 없었다. 이 소란이 일어난 때를 대략 분열이 완성된 시기로 추정할 수 있다. 로마 교황들이 취한 야심적인 조치들로 인해 분열은 차례차례 확대되었다. 황제는 동료인 독일 군주가 겪은 굴욕적인 운명에 얼굴을 붉히고 몸을 떨었다. 신민들은 라틴 성직자들의 세속적인 권력과 군인인지 성직자인지 모를 생활 방식에 분개했다.3

1054년 7월,
콘스탄티노플의
총대주교와 비잔티움
사람들을 파문한 교황

1100~1200년,
비잔티움 사람들과
라틴인 간의 반목

비잔티움 사람들과 라틴인들의 반감은 처음 세 차례의 성지 원정을 거치면서 싹터 점차 뚜렷해져 갔다. 알렉시우스 콤네누스는 적어도 이 무시무시한 순례자들을 축출하려 했고, 그의 후임자인 마누엘과 이사키우스 안겔루스는 프랑크인들의 가장 위대한 군주들을 파멸시키기 위해 이슬람교도와 공모했다. 그들의 비뚤어지고 악의적인 정책 뒤에는 계층을 막론하고 모든 신민의 적극적이고 자발적인 복종이 있었다. 이 적대감에서 가장 큰 부분을 차지하는 것이 지구상의 민족들을 갈라놓고 서로 경원시하게 만드는 언어, 의복, 관습의 차이라는 점은 의심의 여지가 없다. 외국 군대가 침입해 들어와 그의 영토를 횡단하고 수도의 성벽 밑을 통과할 권리를 주장하자, 통치권자는 이성적으로도 허용하기 어려웠을 뿐더러 자존심에도 깊은 상처를 입었다. 그의 신민은 서방의 무례한 이방인들에게 모욕과 약탈을 당했다. 나약한 비잔티움 사람들의 증오는 프랑크인들의 대담하고 성스러운 사업에 대한 은밀한 질투심으로 인해 더욱 깊어졌다. 그러나 민족 간의 적의를 불러온 세속적인 원인은 종교적 열정이라는 독으로 말미암아 더욱 거세게 불타올랐다. 동방의 그리스도교 동포는 서방인들을 따뜻하게 포옹하고 후하게 대접하는 대신, 정통파의 귀에는 이교도나 불신자라는 이름보다 더 혐오스럽게 들릴 종파 분립론자와 이단이라는 이름으로 부르도록 배웠다. 신앙과 예배 의식이 전반적으로 비슷했던 만큼 애정을 갖고 맞아 주어도 좋았으련만, 비잔티움 사람들은 라틴인 자신들 또는 그들의 교부들이 동방 교회와 다르게 만든 몇 가지 규율이나 신학 문제를 증오의 구실로 삼았다. 루이 7세가 십자군 원정을 왔을 때, 비잔티움 성직자들은 한 프랑스 신부가 바친 희생으로 더럽혀진 제단을 씻고 정화했다. 프리드리히 황제의 부하들은 특히 주교와 수도사 들의 적의로 인해 겪은 피해에 대해 개탄했다. 성직자들은 기도와 설교로 불경스러운 야만인에 대한 국민의 반감을 자극했으며, 총대주교는 신도들이 종파 분립론자를 몰살시킨다면 모든 죄를 속죄

받을 수 있다고 선언했다는 비난을 받았다. 도로테우스라는 이름의 한 광신자는 독일인 이단자(프리드리히 황제)가 블라케르네스 성문을 공격한 뒤, 신의 복수를 당하는 주목할 만한 예가 되리라고 예언함으로써 황제에게 공포심을 심어 주고 자신은 신임을 회복하였다. 이 막강한 군대의 통과는 전례 없이 위험한 일대 사건이었다. 그러나 십자군은 두 나라 사이에 친밀하고 잦은 교류의 물꼬를 터서 서로에 대한 지식은 늘렸지만, 편견을 줄이는 데는 실패했다. 콘스탄티노플의 부와 사치를 유지하려면 각 지역의 산물이 다 필요했는데 이 수입품들은 이 도시의 수많은 주민들의 기술과 노동으로 대가를 치른 것이었다. 이 수도는 위치상 전 세계 교역의 중심지였는데, 이러한 통상은 이 수도의 존속 기간 내내 외국인의 손에 장악되어 있었다. 아말피가 몰락한 후로는 베네치아인, 피사인, 제노바인들이 제국의 수도에 상관(商館)과 거류지를 만들었고, 명예와 면세 특권으로 그 노고를 보답받았다. 그들은 토지와 가옥의 소유권을 얻었고, 그들의 가문은 원주민과의 통혼으로 번창했다. 모스크를 용인해 준 후로는 로마 가톨릭 교회를 금지시킬 수가 없게 되었다. 마누엘 콤네누스의 두 아내는 프랑크인 가계 출신이었다. 첫 번째 부인은 콘라드 황제의 의자매였고, 두 번째 부인은 안티오크 군주의 딸이었다. 그는 아들 알렉시우스에게 프랑스의 존엄 왕 필립의 딸을 아내로 얻어 주었고, 자기 딸은 콘스탄티노플 궁정에서 교육받은 몬페라트 후작에게 시집보냈다. 이 비잔티움 황제는 서방 측 군대와 조우한 후로 그 제국을 동경하게 되었다. 그는 프랑크인의 무용을 존경하고 충성을 믿었는데, 그들의 군사적 재능에 대한 보상으로는 어울리지 않는 판관이나 출납관 등 수입이 좋은 직위를 내려 주었다.

콘스탄티노플의 라틴인들

마누엘은 교황의 협조를 구하는 정책을 폈다. 신민들은 그가 라틴인과 그들의 종교에 대해 잘못된 선입견을 갖고 편애한다며 비난의 목소리를 높였다.4 마누엘과 후임 황제인 알렉시우스 치하의 콘스탄티노플에서 라틴인은 외국인, 이단, 황제의 총신이라는 비난을 고스란히 뒤집어썼다. 이러한 삼중의 죄는 안드로니쿠스의 귀환과 즉위를 선언한 폭동으로 가혹한 대가를 치렀다. 민중들은 무기를 들고 일어섰다. 아시아 해안에서 이 압제자는 신민들의 보복을 돕기 위해 군대와 갤리선을 급파했다. 이방인의 절망적인 저항은 도리어 자객들의 분노에 변명거리를 주고, 단검을 날카롭게 벼리게 만들었을 뿐이다. 남녀노소, 우정이나 혈연관계를 가리지 않고 모든 이들이 신민 전체의 증오와 탐욕, 종교열의 희생물이 되었다. 라틴인은 집과 거리에서 학살당했으며 그들의 거주 구역은 잿더미로 변했다. 성직자는 교회에서, 병자는 병원에서 불에 타 죽었다. 4000명이 넘는 그리스도교도들에게 자비를 베풀어 투르크인에게 영구 노예로 팔아넘겼다는 이야기로 미루어 학살당한 자의 수를 대략 짐작할 수 있다. 성직자와 수도사 들은 종파 분립론자를 파멸시키는 데 가장 목청 높여 적극적으로 나섰다. 그들은 교황 특사인 로마 추기경의 목이 몸통에서 잘려 나가 개의 꼬리에 묶여 야만스러운 조롱 속에 온 도시를 끌려 다니는 모습을 보고 하느님께 감사하는 노래를 불렀다. 이방인들 중 좀 더 신중한 자들은 첫 번째 경보에 곧바로 자기들의 배로 퇴각하여, 피 냄새를 뒤로하고 헬레스폰투스 해협으로 도망쳤다. 그들은 도주하면서 200마일에 걸쳐 해안 지대를 불태우고 노략질함으로써 제국의 무고한 사람들에게 혹독한 복수를 가했다. 그들은 성직자와 수도사를 특히 적대시했으며, 약탈한

1183년, 대량 학살된 콘스탄티노플의 라틴인들

4 마누엘이 그의 적인 프리드리히 1세의 적대자, 즉 교황 알렉산데르 3세에게 보낸 정치적인 서신들을 보았더라면, 비잔티움 사람들의 의심이 굳어졌을 것이다. 서신에서 황제는 비잔티움 사람들과 라틴인을 하나의 양치기 아래에 한 무리로 결합시키는 것이 자신의 소망이라고 밝힌다.

재화를 긁어모음으로써 재산과 친구를 잃은 데 대한 앙갚음을 했다. 그들은 돌아오자마자 이탈리아와 유럽에 비잔티움 사람들의 부와 나약함, 배신과 악의를 폭로했으며, 그들의 악덕이야말로 이단과 종파 분립의 본색을 생생히 보여 주는 것이라고 떠들어댔다. 1차 십자군은 양심의 가책 때문에 콘스탄티노플을 점령하여 성지로 가는 길을 확보할 수 있는 절호의 기회를 포기했었다. 국내의 대사건은 프랑스인과 베네치아인을 동로마 제국을 정복하도록 불러들인 정도가 아니라, 그렇게 하도록 몰아가다시피 했다.

<small>1185년~1195년 9월, 이사키우스 안겔루스의 통치와 성격</small>

지금까지 비잔티움 군주들 중에서 콘스탄티노플을 다스린 콤네누스 왕조의 마지막 남자인 안드로니쿠스의 위선과 야심, 폭정과 몰락에 대해 서술했다. 그를 제위에서 땅바닥으로 곤두박질치게 만든 봉기 덕분에, 똑같은 황제 가문의 모계 혈통을 이은 이사키우스 안겔루스는[5] 목숨을 건져 제위에 올랐다. 제2의 네로의 뒤를 이었으니 신민으로부터 그리 힘들이지 않고도 존경과 애정을 얻을 수 있었겠지만, 사실 신민들은 가끔씩 오히려 안드로니쿠스의 치세를 그리워할 정도였다. 이 폭군(안드로니쿠스)은 온전하고 활기찬 정신일 때는 자신의 이해와 신민의 이해 사이의 관계를 인식할 수 있었다. 그에게 공포를 품게 할 수 있는 이들이 모두 그를 두려워한 반면, 의심받을 일이 없는 백성들과 멀리 떨어진 속주는 지배자의 냉혹한 정의를 축복했을지도 모른다. 그러나 그의 후계자는 허영심만 강해서, 최고 권력을 탐내면서도 정작 그러한 권력을 행사할 만한 용기와 능력은 갖추지 못한 자였다. 그의 악덕은 인류에게 해악을 끼쳤으며, 미덕이라야(그가 도대체 하나라도 갖고 있다면 말이지만.) 아무런 쓸모도 없는 것뿐이었다. 비잔티움 사

<small>[5] 원로원 의원 니케타스는 이사키우스 안겔루스의 통치 역사를 세 권으로 집필했다. 최고 대신이자 궁정 판사라는 직책도 이 역사가의 공명정대함을 흔들 수는 없었다. 그는 사실 은인이 몰락하고 죽은 후 책을 썼다.</small>

람들은 자신들의 재앙을 그의 태만 탓이라 여겼으므로, 당시 뭔가 일시적으로 또는 우연히 그의 덕을 보게 되어도 그의 공이라고는 생각지 않았다. 이사키우스는 제위에 앉아서도 내내 잠이나 자다가 쾌락의 소리에만 깨어났다. 그의 무료한 시간을 희극 배우와 광대 들이 즐겁게 해 주었으나, 이 광대들조차도 황제를 경멸했다. 그는 황제가 누릴 수 있는 사치의 도를 넘는 연회를 벌이고 건물을 지었다. 그의 환관과 시종의 수는 2만 명에 이르렀고, 하루에 은화 4000파운드나 되는 금액을 써 버렸으며, 황실과 식탁에 들어가는 연간 경비가 400만 파운드까지 불어나기도 했다. 그는 백성들을 쥐어짜서 부족분을 메웠다. 세금을 마구 거두어 함부로 낭비했으므로 백성들의 불만은 나날이 거세졌다. 비잔티움 사람들은 굴종의 세월을 하루하루 헤아리며 버텼으나, 아첨한 대가로 총대주교라는 고위직을 꿰찬 한 예언자는 그에게 앞으로 32년간 길고 성공적인 치세를 누릴 것이라고 장담했다. 그 기간 중 리바누스 산맥까지 판도를 넓히고 유프라테스 강 너머까지 정복하리라는 예언도 덧붙였다. 그러나 예언의 성취를 위해 황제가 유일하게 취한 조치라고는 살라딘에게[6] 치장만 요란할 뿐 굴욕적인 사절을 파견하여 성묘 반환을 요구하고, 이 그리스도의 적에게 공수 동맹 체결을 제안한 일뿐이었다. 이사키우스와 그 형제의 손에서 비잔티움 제국의 유산은 먼지로 화했다. 이름만으로도 우아함과 쾌락을 떠올리게 하는 키프로스 섬은 그와 같은 이름을 지닌 콤네누스의 군주에게 넘어갔다. 그러나 세상일은 누구도 알 수 없는 법이어서, 잉글랜드 왕 리처드가 무력으로 키프로스를 예루살렘의 상실에 대한 보상으로 뤼지냥 가에 넘겨주었다.

불가리아인과 왈라키아인의 반란은 제국의 명예와 수도의 안전에 치명타를 가했다. 그들은 바실리우스 2세가 승리를 거

[6] 이사키우스의 사절에 관해서는 그리스어, 프랑스어, 라틴어로 똑같이 시로 지어졌는데, 당시로서는 드문 경우였다. 그의 사절은 명예로운 대접을 받았으나 아무런 성과도 얻지 못하고 돌아갔다. 이들의 이야기는 서방에서 추문과 함께 퍼져 나갔다.

> 1186년,
> 불가리아인들의 반란

둔 후 170년 이상 비잔티움 황제의 느슨한 통제 아래에 있었다. 그러나 비잔티움 황제는 이 야만적인 부족에게 법과 관습의 멍에를 씌우기 위한 효과적인 조치를 한 가지도 취한 적이 없었다. 이사키우스는 황실의 결혼식을 빌미 삼아 그들의 유일한 생계 수단인 가축 떼를 몰아내도록 명령했다. 그렇지 않아도 그들의 난폭한 전사들은 군 복무를 하면서 동등한 계급과 보수를 거부당해 분노를 품고 있는 상태였다. 고대 왕족의 혈통을 잇고 있는 페테르와 아산은 자기들의 권리와 민족의 자유를 주장하고 나섰다. 이 사악한 사기꾼들은 군중 앞에서 자기들의 영광스러운 후원자인 성 데메트리우스가 비잔티움의 대의를 영원히 저버리셨노라고 선포했다. 전쟁의 불길은 도나우 강변에서 마케도니아와 트라키아 산악 지대까지 확산되었다. 이사키우스 안겔루스와 그의 동생은 몇 차례 싸우는 시늉만 내고는 그들의 독립을 마지못해 인정했다. 황제의 군대는 하이무스 산 통로를 따라 흩어진 동료 병사들의 백골을 보고 일찌감치 기가 죽었다. 요하네스(요아니케스)의 무력과 정책으로 불가리아의 두 번째 제국은 확고히 기반을 다졌다. 이 교활한 야만인은 이노켄티우스 3세에게 사절을 보내 자신을 로마의 혈통과 종교를 계승한 진정한 자손으로 인정해 달라고 청하여, 교황으로부터 화폐 주조 허가와 왕의 칭호, 라틴 대주교의 직함을 겸손한 태도로 받았다. 바티칸은 종파 분열의 첫 번째 상대인 불가리아를 영적으로 정복했다는 사실을 기뻐해 마지않았다. 비잔티움 측으로서는 이 왕국에서 교회에 대한 특권을 보존할 수만 있다면 군주의 권리 따위는 기꺼이 내놓았을 것이다.

불가리아인들은 이사키우스 안겔루스야말로 자기들의 자유

와 번영에 대한 가장 확실한 보증 수표라 여기고, 그의 장수를 빌어 줄 만큼 간특한 자들이었다. 그러나 그들의 수장들은 황제의 가문이나 신민들을 다 같이 경멸했다. 아산은 자기 병사들에게 이렇게 말했다.

> 같은 풍토와 성격과 교육으로 인해 비잔티움 사람들은 누구 할 것 없이 다 마찬가지일 것이다. 내 창과 바람에 나부끼는 긴 깃발을 보아라.

1195년~1203년 4월, 알렉시우스 안겔루스의 제위 찬탈과 성격

전사는 말을 이었다.

> 그것들은 색깔만 다를 뿐 다 같은 비단을 써서 같은 일꾼의 손으로 만든 것이다. 자줏빛으로 물들였다고 해서 저 천 조각이 다른 천 이상으로 대단한 값어치나 효능을 갖는 건 결코 아니다.

이사키우스 치세에 이렇게 여러 사람들이 자의(紫衣)를 노리고 잇달아 일어났다가 쓰러지기를 거듭했다. 시칠리아 함대를 격퇴한 한 장군은 군주의 은혜를 모르는 처사 때문에 반란을 일으켰다가 파멸을 맞았다. 비밀스러운 음모와 대중의 폭동이 그의 호사스러운 휴식을 어지럽히고는 했다. 황제는 운이 좋아서, 혹은 부하들 덕분에 위기를 넘겼다. 그는 결국 불안정한 제위를 노리고 천륜, 충성, 우정의 의무를 모두 잊어버린 야심만만한 동생의 손에 쫓겨났다.[7] 이사키우스가 트라키아의 골짜기에서 한적하게 사냥감이나 쫓으며 즐기고 있을 동안, 동생 알렉시우스 안겔루스는 진영 내 병사들의 만장일치로 자의를

[7] 라틴인은 알렉시우스가 형 이사키우스 덕분에 투르크인의 포로 신세를 면했다고 생각하므로, 은혜를 잊은 그의 죄를 더욱 무겁게 여긴다. 이 동정심을 자아내는 이야기는 틀림없이 베네치아와 차라에서도 되풀이되었을 것이다. 그러나 나는 비잔티움 역사가들의 기록에서는 그 근거를 찾지 못했다.

입었다. 수도의 시민과 성직자 들도 군대의 선택을 지지했다. 새로운 군주는 허영심 때문에 선조의 이름을 버리고 콤네누스 가(家)의 고귀한 이름을 칭호로 택했다. 이사키우스의 혐오스러운 성격을 묘사하면서 이미 경멸감을 표현할 수 있는 말은 다 썼으므로, 이보다도 더 비열한 알렉시우스에 대해서는 단지 8년간의 재위 기간 중 그의 아내 에우프로시네가 남성적인 악덕으로 그를 보필했다는 정도만 덧붙이겠다. 전 황제는 이제 더 이상 자신을 따르지 않게 된 근위대가 적의를 드러내며 추격해 오자 비로소 자신의 몰락을 알아챘다. 그는 그들로부터 50마일 이상 달아나 마케도니아의 스타기라에 닿았다. 그러나 목적지도 없고 따르는 이 하나 없는 도망자는 결국 붙잡혀 콘스탄티노플로 압송되었고, 눈을 잃고 홀로 탑에 갇혀 약간의 물과 빵만으로 연명하는 신세가 되었다. 그가 황제로 만들려고 교육시키던 아들 알렉시우스는 반란이 일어났을 때 열두 살이었다. 알렉시우스는 찬탈자로부터 목숨은 구제받았으나 그의 개선 행진을 수행해야 했다. 그러나 군대가 해안에서 숙영하던 중 한 이탈리아 선박이 어린 황태자의 탈출을 도왔다. 그는 일개 선원으로 변장하고 적의 눈길을 피해 헬레스폰투스 해협을 건너, 시칠리아 섬에서 안전한 피난처를 찾았다. 알렉시우스는 사도의 문턱에(바티칸 교황청) 엎드려 교황 이노켄티우스 3세의 보호를 탄원한 후, 그의 누이이자 신성 로마 제국 황제인 필립의 아내 이레네의 친절한 초대를 받아들였다. 그러나 그는 이탈리아를 지나던 중 서방 기사단의 정예 부대가 성지 해방을 위해 베네치아에 모였다는 소식을 들었다. 그들의 무적의 검을 빌려 아버지의 복위를 시도해 볼 수도 있겠다는 한 줄기 희망이 그의 가슴속에서 솟아올랐다.

　　예루살렘을 잃은 지 약 10년 내지 12년이 흐른 뒤, 프랑스

귀족들은 은자 페트루스보다는 덜 허풍스
럽고, 웅변가와 위정자로서는 성 베르나
르보다 한참 아래인 세 번째 선지자의 목
소리에 이끌려 다시 성전에 나섰다. 파리 인근의 한 일자무식
신부인 풀크 뇌이가 자기 교구를 돌볼 의무를 내던지고 순회
선교사로 나섰던 것이다. 곧 그의 신성함과 기적에 대한 명성
이 온 나라에 퍼졌다. 그는 당대의 악덕에 대해 혹독하고 맹렬
한 비난을 토해 냈다. 그가 파리의 거리에서 행한 설교를 듣고
도둑, 고리대금업자, 창녀, 심지어는 대학의 교부와 학자 들까
지도 개종했다. 이노켄티우스 3세는 성 베드로의 자리에 오르
자마자 이탈리아, 독일, 프랑스에 새로운 십자군을 일으킬 의
무를 선포했다. 교황은 폐허가 된 예루살렘, 이교도의 승리,
그리스도교 세계의 수치에 대해 열변을 토했다. 그는 관대하게
도 팔레스타인에서 직접 1년 동안, 또는 대리인을 보내 2년간
군 복무를 하는 자에게는 모든 죄를 사해 주겠다고 제안했다.
성스러운 나팔을 불어댄 그의 특사와 연사 중에서도 풀크 뇌이
는 누구보다 큰 목소리로 가장 큰 성공을 거두었다. 주요 군주
들은 신성한 부름에 응할 상황이 못 되었다. 프리드리히 2세는
어린아이였고, 그의 독일 왕국은 두 경쟁 가문인 브룬슈비크와
슈바벤 가(家), 교황파와 황제파의 반목으로 어지러웠다. 프랑
스의 존엄 왕 필립은 일찍이 위험한 서약을 수행한 터라 또다
시 나설 생각은 없었다. 그러나 그는 권력욕 못지않게 남들의
찬사를 받고 싶은 욕망도 강한 인물이었으므로, 성지 수호를
위한 영구 기금 설치에는 기꺼이 나섰다. 잉글랜드의 리처드는
첫 모험에서 이미 영광과 불운을 신물 나게 겪은 뒤였으므로,
왕들의 면전에서도 태연자약한 풀크 뇌이가 늘어놓는 장광설
에 경멸을 보냈다. 그는 이렇게 말했다.

1198년,
4차 십자군

그대는 내게 오만, 탐욕, 무절제라는 세 딸을 버리라고 충고했소. 나는 그것들을 가장 적임자라고 생각되는 자들에게 유증할 생각이오. 나의 오만은 템플 기사단에게, 탐욕은 시토의 수도사들에게, 무절제는 고위 성직자들에게.

그러나 군주 다음가는 위치에 있는 봉신들은 이 설교자의 말에 귀를 기울이고 복종했다. 샹파뉴 백작인 테오발(다른 이름으로는 티보)이 앞장섰다. 이 스물두 살의 용감무쌍한 젊은이는 2차 십자군을 이끌었던 아버지와 팔레스타인에서 예루살렘 왕으로서 생을 마감했던 형의 모범에 자극을 받았다. 2200명의 기사가 그에게 신하의 예를 바쳤다. 샹파뉴의 귀족들은 전투 수행에서 탁월한 기량을 발휘했다. 티보는 나바르의 상속녀와 결혼함으로써 피레네 산맥 양쪽에 거주하는 강건한 가스코뉴인을 동원할 수 있었다. 그와 함께 참전한 전우는 블루아와 샤르트르 백작인 루이였는데, 이 두 사람은 프랑스 왕과 잉글랜드 왕의 조카로서 둘 다 왕족 혈통이었다. 이들의 열정을 모방한 수많은 고위 성직자와 봉신 들 중에서도 나는 마티외 몽모랑시의 출생 신분과 공적, 알비파에게 재앙을 내린 것으로 유명한 몽포르의 시몽, 용감한 귀족인 샹파뉴의 육군원수(元帥)[8] 조프루아 빌라르두앵[9]을 구별하고자 한다. 이 중 빌라르두앵은 자신이 중요한 역할을 맡았던 회의와 작전에 대한 기록을 당시의 투박한 프랑스어로 집필 또는 구술[10]했다. 티보의 누이와 결혼한 플랑드르 백작 보두앵이 이때에 그의 동생 앙리와 함께 부유하고 근면한 이 속주의 주요 기사와 시민들을 대동하고 브뤼주에서 십자가를 배령했다. 대장들은 교회에서 한 서약을 마상 시합으로 승인했다. 전투 작전을 논의하

4차 십자군에 앞장선 프랑스의 영주들

[8] 그의 아버지와 후손들이 이 직책을 보유했지만, 뒤캉주(Ducange)는 평소처럼 기민하게 이를 조사하지는 못했다. 나는 1356년에는 콩프랑 가문이 이 직책을 맡았음을 발견했다. 그러나 이 지방민들은 그 후로 오랫동안 프랑스의 원수(元帥)들에게 눌려 빛을 보지 못했다.

[9] 빌라르두앵(Villehardouin)이라는 이름은 바르(Bar)와 아르시(Arcis) 사이, 오브(Aube) 강 부근에 있는 트루아의 한 마을에서 따온 것이다.

[10] 그의 나이와 그 자신의 표현으로 보아 그가 읽지도 쓰지도 못했다는 의심(우드(Mr. Wood)의 호메로스에 대한 설보다 더 그럴듯하다.)도 근거가 있다. 그러나 샹파뉴는 프랑스 산문의 창시자인 빌라르두앵과 주앵빌(Joinville)을 자랑으로 삼을 만하다.

기 위한 전체 회의가 여러 차례 열려서, 살라딘이 사망한 후 기근과 내전으로 거의 폐허가 되다시피 한 이집트 쪽으로 침공하여 팔레스타인을 해방시키자는 결의가 이루어졌다. 그러나 이 대군이 겪은 운명은 육로 원정에 따르는 고난과 위험을 여실히 보여 주었다. 플랑드르인들은 원래 해안 지대에 거주했으나, 프랑스의 봉신들은 배도 없을 뿐더러 항해술에도 무지했다. 그들은 전체 연합군을 지휘하고 신앙을 보증하는 자유 재량권을 지니는 여섯 명의 대표 또는 대리인을 선발하자는 현명한 결의를 했는데, 빌라르두앵도 그중 한 명이었다. 성스러운 전사들을 무기와 말과 함께 수송할 능력을 갖춘 곳은 이탈리아 해안 지대의 나라들뿐이었다. 여섯 명의 대리인들은 신앙심이나 앞으로 생길 이익을 내세워 이 유력한 나라들의 원조를 청하고자 베네치아로 향했다.

11 베네치아의 건설과 독립, 피핀의 침략에 대해서는 파기와 베레티가 다루었다. 이들은 프랑스인은 베네치아에 적대적이었으나 이탈리아인은 호의적이었다는 약간의 편견을 가지고 있다.

697~1200년, 베네치아인들의 상태

아틸라가 이탈리아를 침공했을 때 베네치아인들이 대륙의 파괴된 도시들로부터 도망쳐 아드리아 만 끝에 줄지어 있는 섬들로 피난했다는 이야기는 앞에서 이미 했다. 그들은 자유롭지만 빈궁하고, 살기는 힘들지만 아무도 접근할 수 없는 바다 한가운데에 살면서 서서히 하나의 국가로 통합되었다. 베네치아의 기초가 처음 세워진 곳은 리알토 섬이었다. 해마다 선출하던 열두 명의 호민관은 종신직인 대공(大公)으로 대체되었다. 두 제국의 경계선에 위치한 베네치아인은 근본적이고 항구적인 독립에 대한 신념으로 의기양양했다.[11] 그들은 라틴인에 맞서 예로부터 누려 온 자유를 검으로 지켜야 한다고 주장해 왔으며, 이는 펜으로 정당화될 것이었다. 샤를마뉴 대제 자신도 아드리아 만의 섬들에 대한 모든 주권을 포기했다. 그의 아들 피핀은 일종의 운하인 라구나(lagunas)를 공격했으나, 기병

12 앤더슨의 『통상의 역사』를 통해 베네치아인들이 1323년 이후에야 잉글랜드와 교역을 했다는 사실을 알았다. 뒤보(Abbé Dubos)는 15세기 초 부와 통상으로 가장 번성한 나라를 묘사한다.

대에게는 너무 깊고 선박이 지나기엔 너무 얕았으므로 격퇴당했다. 그때 이후 이 공화국의 영토는 어느 시대에나 독일 황제 밑에 속하여 이탈리아 왕국과 분명히 구분되었다. 그러나 베네치아 주민 자신들이나, 이방인이나, 군주들이나 한결같이 베네치아를 비잔티움 제국의 양도할 수 없는 일부분으로 간주했다. 9세기와 10세기에 그들이 복종을 바쳤다는 증거는 수없이 많으며 의심의 여지가 없다. 베네치아 대공들이 애걸복걸하며 간청했던 비잔티움 궁정의 허울뿐인 칭호와 굴욕적인 명예는 자유로운 국민을 다스리는 관리들의 힘을 약화시켰다. 그러나 결코 전제적이거나 완고하지는 않았던 이러한 복종의 굴레는 베네치아의 야심과 콘스탄티노플의 쇠락으로 인해 서서히 풀어졌다. 복종은 존경으로 완화되고, 특권은 대권으로 성숙해 가고, 내치의 자유는 외국의 지배로부터 독립함으로써 강화되었다. 이스트리아와 달마티아의 해안 도시들은 아드리아 해의 패권에 굴복했다. 그들이 알렉시우스의 대의를 따라 노르만인들에 맞서 무기를 들었던 것도, 황제가 자기 신민으로서의 의무감이 아니라 충성스러운 동맹으로서의 은혜와 호의에 호소했기 때문이었다. 바다는 그들이 대대로 물려받은 유산이었다.12 투스카니에서 지브롤터까지 지중해 서쪽 지역은 경쟁자인 피사와 제노바에 넘겼으나, 베네치아는 그리스와 이집트 교역에서 일찍부터 금전적인 이득을 챙기고 있었다. 그들의 부는 유럽의 수요가 증가하면서 늘어났는데, 비단과 유리 제품 제조, 그리고 아마도 은행 설립은 매우 오래전부터 시작된 것으로 보인다. 그들은 화려한 공적, 사적 생활에서 자신들의 근면의 결실을 즐겼다. 공화국은 자신의 깃발을 내세우고, 피해에 복수하고, 항해의 자유를 확보하기 위해 갤리선 백 척으로 이루어진 선단을 띄우고 인원을 배치했다. 비잔티움인, 사라센인, 노르만인이 그들의 상대였다. 시리아의 프랑크인은 해안 지대를 정복하면서 베네치아인에게 도움을 청했다. 그러나 그들의 열정은 맹목적인 것도, 사심이 없는 것도 아니었다. 그들은 티르를 정복하고 전 세계 교역의 첫 번째 본거지인 이 도시의 지배권을 나눠 가졌다. 베네치아의 정책은 통상에 대한 탐욕과 해상권을 장악했다는 오만함으로 특징 지어지지만, 그들의 야심은 신중했다. 베네치아는 무장한 갤리선단이 자신들의 부강의 결과이자 보호 수단이라면, 상선은 그 원인이며 기반이라는 사실을 잊지 않았다. 베네치아는 종교 면에서 로마 교황에게 굴종하지 않으면서, 비잔티움 사람들의 분열도 피했다. 그들은 모든 지역의 이교도와 자유롭게 교류하면서 일찍부터 미신의 열기를 피해 나갈 수 있었던 것 같다. 베네치아의 초기 정체(政體)는 민주정과 군주제의 느슨한 혼합이었다. 대공은 민회의 투표로 선출되었는데, 그는 민심을 얻고 성공을 거두는 한 군주 못지않은 호화로움과 권위를 누리며 군림할 수 있었다. 그러나 국가가 발전을 거듭하는 과정에서 대중의 공정한 또는 부당한 심판에 따라 면직되거나, 추방당하거나, 살해당하기도 했다. 12세기에 이르러 약삭빠르고 세심한 귀족 제도의 근간이 처음 생겨남으로써 대공은 한낱 구경거리로, 국민들은 하찮은 존재로 전락했다.

프랑스 순례단 사절 여섯 명은 베네치아에 도착하여 성 마르크 궁전에서 대공으로부터 후한 대접을 받았다. 그의 이름은 엔리코 단돌로였다.[13] 그는 고령이지만 당대의 가장 저명한 인물들 중 한 사람으로 명성이 높았다. 단돌로는 눈을 잃고[14] 세월의 무게에 짓눌리면서도 정확한 이해력과 남자다운 용기만은 잃지 않았다. 그의 영웅다운 기개는 역사에 남을 정벌로

1201년, 프랑스인과 베네치아인의 제휴

[13] 엔리코 단돌로는 선출되었을 때 84세였고(1192년) 97세에 죽었다.(1205년) 그러나 이렇게 보기 드물게 장수한 사실을 사가들은 언급하고 있지 않는데, 그 시대에 백 살 가까이 장수한 다른 영웅의 예는 없다. 테오프라스투스는 99세까지 살았던 작가의 예가 될 수도 있겠지만, 나는 그의 작품을 마지막으로 편집한 피셔와 카조봉의 처음 생각대로 90(ἐννενήκοντα) 대신 70(ἑβδομήκοντα)이라고 읽고 싶다. 그렇게 오랫동안 살면서 정신과 육체의 힘이 온전하기란 매우 어렵다.

[14] 오늘날의 베네치아인들은 마누엘 황제를 비난한다. 그러나 빌라르두앵과 옛 작가들은 부상 때문에 단돌로가 시력을 잃었다며 그러한 비방을 부인한다.

자신의 치세를 널리 알리고픈 야심을 품게 했으며, 애국자로서의 지혜는 조국의 영광과 번영 위에 자신의 명성을 쌓고 싶은 열망을 불태우게 했다. 그는 귀족들과 그 대리인들의 대담한 열정과 자신감에 찬사를 보냈다. 대공은 자신이 일개 사인(私人)이라면 이렇게 훌륭한 대의에 이런 동료들과 함께 기꺼이 생명을 바치겠지만, 현재 공화국의 공복(公僕)으로 있으므로 이런 벅찬 사업에 대해 동료들의 의견을 구하려면 얼마간 시간이 필요하다고 말했다. 대공의 통치를 감찰하기 위해 최근에 임명된 여섯 명의 현인이 먼저 프랑스인의 제안을 놓고 토론을 벌인 다음, 국가 평의회의 구성원 마흔 명에게 이를 회부했다. 그리고 마지막으로 해마다 도시의 여섯 구역에서 선출되는 450명의 대표로 구성된 입법 회의에 전달했다. 대공은 전시에나 평화 시에나 변함없이 공화국의 수장이었고, 단독로의 법적 권위는 그의 개인적인 평판으로 뒷받침되었다. 국익에 대한 그의 주장을 검토한 끝에 지지 결정이 내려졌으며, 그에게 협상 조건을 제시할 권한이 주어졌다. 그는 십자군은 이듬해 성 요하네스 축일에 베네치아에 집결해야 하며, 기사 4500명과 보병 2만 명을 태우기에 충분한 수의 배와 함께 말 4500필, 종자 9000명을 수송하기 위한 평바닥 배〔平底船〕를 베네치아 측이 준비하여 9개월간 식량을 공급하고 신과 그리스도교 왕국에 대한 봉사가 요구되는 곳이라면 어느 해안까지든 수송해 주겠으며, 50척으로 이루어진 갤리선단으로 합류하겠다는 제안을 내놓았다. 순례자들에게는 출발하기 전 은화 8만 5000마르크를 지불하고, 육지든 해상이든 모든 정복지를 연합군 사이에 공평하게 분배할 것을 요구했다. 어려운 조건이었으나 사태가 급박했고 프랑스 귀족들은 피 흘리는 일 못지않게 씀씀이에도 대범했다. 조약을 승인하기 위해 민회가 소집되었다. 장려한 성당과 성 마르크 궁전은 수많은 시민들로 가득 찼다. 고귀한 순례단의 대리인들은 민중의 위엄 앞에서 자신들도 고개를 숙여야 한다는 새로운 교훈을 배웠다. 샹파뉴의 육군 원수(빌라르두앵)가 입을 열었다.

위대한 베네치아인들이여, 우리는 예루살렘 해방을 위해 바다의 주인에게 도움을 청하고자 가장 위대하고 막강한 프랑스 영주들이 보내어 왔소이다. 그들은 우리에게 그대들의 발밑에 꿇어 엎드리라고 명령했소. 우리는 그대들이 그리스도를 모독한 데 대해 복수하겠노라고 약속해 줄 때까지 땅에서 일어나지 않을 것이오.

그들의 눈물까지 동원한 열변과 호전적인 겉모습과는 상반된 애원하는 태도에 모든 이들이 일제히 함성으로 찬성을 표했다. 빌라르두앵은 이를 가리켜 지축이 흔들리는 듯했다고 전한다. 명망 높은 대공이 연단에 올라, 민회에 어울리는 명예와 미덕의 동기에 따라 그들의 요청을 지지하도록 설득했다. 조약은 양피지 문서에 기록되고 맹세와 국새로 인증되었다. 프랑스와 베네치아 대표단은 눈물과 기쁨에 넘쳐 이를 받아서, 교황 이노켄티우스 3세의 승인을 얻기 위해 로마로 보냈다. 처음 쓸 군비를 대기 위해 상인들에게 2000파운드를 빌렸다. 여섯 명의 대리인들 중 두 명은 그들의 성공을 알리기 위해 다시 알프스를 넘었고, 네 명은 제노바와 피사 공화국의 신앙열과 경쟁심을 자극해 보려 했으나 실패했다.

조약의 실행은 예상하지 못한 고난과 지연에 부딪혔다. 육군 원수는 트루아로 돌아오자마자, 만장일치로 연합군 사령관

> 1202년 10월,
> 베네치아로부터
> 십자군의 집결과 출발

으로 추대된 샹파뉴 백작 티보에게 포옹과 함께 조약을 승인받았다. 그러나 이 용맹한 젊은이의 건강은 이미 쇠약해져 있었고, 곧 절망적인 상태에 빠졌다. 그는 전장이 아니라 병석에서 숨을 거두게 된 때 이른 운명의 처분을 탄식했다. 군주는 죽어 가면서 용감한 봉신들에게 자기 재물을 분배해 주었다. 그들은 그의 앞에서 서약을 완수하겠다고 맹세했다. 그러나 육군 원수가 전하는 바로는 그들 중에는 선물만 받고 약속을 저버린 자들도 있었다. 더 굳은 결의를 지닌 십자가의 수호자들은 새로운 사령관을 뽑기 위해 수아송에서 회의를 열었다. 그러나 프랑스 영주들은 무능력하거나 질투심이 많거나 또는 그다지 내키지 않아 했으므로, 대업을 이끌어 나갈 능력과 의지를 고루 갖춘 자를 찾기가 쉽지 않았다. 그들은 외국인이지만 영웅들의 후예로서 당대의 전쟁과 협상에서 이름을 떨친 몬페라트 후작인 보니파키우스를 택할 수밖에 없었다. 이 이탈리아 장군 쪽에서도 신앙심 때문이든 야심 때문이든 이렇게 영예로운 초청을 사양하지 않았다. 그는 프랑스 궁정을 방문하여 벗이자 혈족으로서 영접받은 후, 수아송의 교회에서 순례자의 십자가와 대장 직책을 받았다. 그는 동방 원정을 준비하기 위해 즉시 알프스를 넘었다. 오순절 축제에 즈음하여, 그는 이탈리아인들의 선두에 서서 깃발을 휘날리며 베네치아를 향해 행군했다. 플랑드르와 블루아의 두 백작을 비롯해 프랑스에서 가장 존경받는 봉신들이 앞서거니 뒤서거니 따랐다. 비슷한 목적과 동기를 지닌 독일 순례자들이 합류함으로써 수는 더욱 불어났다. 베네치아인들은 자기들이 약속한 이상으로 훌륭히 임무를 완수했다. 마구간과 막사를 짓고, 창고에는 마초와 식량을 가득 채웠다. 공화국은 군비와 운송 대금을 받는 즉시 수송선, 배, 갤리선 함대의 돛을 올릴 준비를 마쳐 놓고 있었다. 그러나 그 대금은 베네치아에 집결한 십자군이 가진 재산을 훨씬 상회했다. 자기네 궁정에 마음 내킬 때만 복종하는 플랑드르인들은 대양과 지중해의 길고도 먼 항해를 위해 자기들의 배를 타고 왔다. 상당수의 프랑스인과 이탈리아인 들은 마르세유와 아풀리아에서 성지까지 가는 보다 안전하고 경비도 덜 드는 육로를 선호했다. 때문에 순례자들이 자기 몫의 기부금을 낸 후에도 그 자리에 없는 동포들의 몫까지 책임져야 하는 데 불만이 생길 법했다. 성 마르크의 금고에 금과 은 접시를 흔쾌히 내놓은 대장들의 처사는 관대한 희생이었지만 그것으로는 부족했다. 그들의 온갖 노력에도 불구하고 약정된 금액을 다 채우려면 아직도 3만 4000마르크가 부족했다. 이 문제는 대공의 정책과 애국심으로 해결되었다. 그는 반란을 일으킨 달마티아의 몇몇 도시를 제압하는 데 힘을 빌려 준다면 자신도 직접 성전에 참가하고, 부유한 정복지를 얻어 빚을 청산할 때까지 공화국에서 장기 지불 유예를 얻어 주겠다고 영주들에게 제안했다. 그들은 한참 망설이고 주저한 끝에 대업을 포기하느니 제안을 받아들이기로 했다. 함대와 군대의 첫 번째 공격은 베네치아와의 동맹 관계를 철회하고 헝가리 왕의 비호를 구한 스클라보니아 해안의 강력한 도시 차라를[15] 향했다. 십자군은 항구의 쇠사슬과 방책을 부수고 말과 병사 들, 무기를 육지에 부려 놓았다.

11월,
차라 포위 공격

주민들은 5일 동안 버틴 끝에 결국 무조건 항복했다. 반란자들은 목숨은 건졌지만 가산을 약탈당하고 성벽을 파괴당하는 처벌을 받았다. 이미 계절이 변한 뒤였으므로, 프랑스인과 베네치아인 들은 안전한 항구가 있고 풍요로운 이곳에서 겨울을 나기로 했다. 그러나 병사와 수병들 간에 민족 감정으로 빚어진 소란스러운 싸움이 그들의 휴식을 어지럽혔다. 차라 정복은 불

[15] 지금의 차라(Zara)인 자데라(Jadera)는 로마의 식민지였으며, 아우구스투스를 도시의 창건자로 인정했다. 지금은 주변 둘레가 2마일 정도에 불과하며, 5000 내지 6000명가량의 주민들이 있다. 그러나 철저히 요새화되어 있으며 본토와 다리로 연결되어 있다.

16 오늘날의 독자들은 젊은 알렉시우스에게 나이가 어리다는 이유로 스페인의 '어린아이'나 로마인 중에서 '가장 고귀한 소년'처럼 '콘스탄티노플의 하인'이라는 별명이 붙여졌다는 사실을 알면 놀랄 것이다. 기사의 시종과 하인들도 그들 못지않게 뛰어났다.

17 라이니에르(Reinier)와 콘라트(Conrad)이다. 전자는 마누엘 콤네누스 황제의 딸인 마리아와 결혼했고, 후자는 이사키우스 황제와 알렉시우스 황제의 누이인 테오도라 안겔라의 남편이었다. 콘라드는 살라딘에 맞서 티르를 방어하는 영광을 위해 비잔티움 궁정과 아내 곁을 떠났다.

18 니케타스는 대공과 베네치아인들이 처음으로 콘스탄티노플과의 전쟁에 불을 당겼다고 비난하면서, 황족 망명자의 도착과 수치스러운 제안을 '파도 넘어 파도(κῦμα ὑπὲρ κύματι)'에 불과하다고 평한다.

화와 반감의 씨앗을 뿌려 놓았다. 동맹군의 무기는 초반부터 이교도가 아닌 그리스도교도의 피로 물들었던 것이다. 헝가리 왕과 그의 새로운 신민들 역시 십자가의 깃발을 들었으므로, 독실한 신도들의 의심은 마지못해 나선 순례자들의 공포나 환멸로 인해 더욱 깊어졌다. 교황은 같은 그리스도 교도들을 약탈하고 학살해 버린 부정한 십자군을 파문했다. 이 영적인 천둥을 피한 사람은 보니파키우스 후작과 몽포르의 시몽뿐이었다. 보니파키우스는 포위 공격을 할 때 그 자리에 없었고, 시몽은 진영에서 맨 나중에 출발한 덕이었다. 이노켄티우스는 성실하고 순종적인 프랑스의 회개자들은 용서했지만, 죄를 고백하고 사면을 받아들이기를 거부했을 뿐 아니라 세속의 문제에 성직자의 개입을 거절한 베네치아인의 완고함에 대해서는 격분했다.

비잔티움의 군주인 젊은 알렉시우스와 십자군의 제휴

이렇게 막강한 전력이 육로와 해로를 통해 집결하자 젊은 16 알렉시우스의 가슴은 재차 희망으로 부풀어 올랐다. 그는 베네치아와 차라에서 자신의 복위와 아버지의 구명을 위해 십자군의 무력을 빌려 달라고 호소했다. 젊은 황태자는 독일 왕 필립의 추천을 받았는데 그의 기도와 방문은 군영의 동정을 불러일으켰으며, 몬페라트 후작과 베네치아 대공은 그의 호소를 받아들여 지지해 주었다. 보니파키우스의 두 형은 일찍이 이중의 인척 관계와 부황제의 권위로 황실과 맺어져 있었으므로,17 보니파키우스는 중요한 원조를 제공함으로써 왕국을 얻게 되리라는 기대를 품었다. 더 야심이 큰 단돌로는 자기 나라에 헤아릴 수 없을 만큼 큰 이익이 될 교역과 지배권을 확보하려고 안달이었다.18 알렉시우스의 사절은 그들의 영향력 덕분에 호의적인 반응을 얻을 수 있었다. 그의 제안의 규모는 다소 의혹을 샀지만, 그가 제시한 동기와 보상은 예루살렘 해방을 위해 바쳐진 병력을 전용하고 지연시킬 충분한 이유가 되었다. 그는 콘스탄티노플의 옥좌에 앉기만 하면 자신과 아버지의 이름을 걸고 곧바로 비잔티움의 오랜 종교 분열을 종식하고 로마 교회의 정당한 주권에 복종하겠노라고 서약했다. 그는 당장 은화 20만 마르크를 지불하여 십자군의 노고와 공적에 보답하겠으며, 직접 이집트까지 동행하든가 아니면 1년간은 성지에서 봉사할 1만 명의 병사, 그리고 자기가 살아 있는 동안 500명의 기사를 부양하겠다고 약속했다. 베네치아 공화국은 이렇게 매혹적인 조건을 수용했다. 대공과 후작의 열변으로 플랑드르, 블루아, 생폴 백작 들과 프랑스의 8대 영주들도 영광스러운 과업에 동참하기로 했다. 공수 동맹 조약이 선서와 국새로 체결되었다. 각 개인은 자신의 상황과 성격에 따라 공공의 또는 개인의 이익을 놓고 우왕좌왕했다. 어떤 사람들은 추방당한 군주를 복위시켰다는 명예를 생각했고, 어떤 사람들은 팔레스타인에서의 그들의 노력이 보람 없는 헛수고가 될지 모르며, 예루살렘을 되찾으려면 먼저 콘스탄티노플을 손에 넣는 편이 도움이 되리라는 진지하고 그럴듯한 의견을 개진했다. 그러나 그들은 자신을 위해 생각하고 행동하는 개인인 동시에, 용맹스러운 자유민과 자원군을 이끄는 대장들이자 동료이기도 했다. 병사와 성직자 들은 서로 패가 갈렸다. 동맹 관계에 동의한 자가 대다수였다 해도, 반대파의 수와 주장도 만만치 않았다.[19] 제아무리 대담무쌍한 자라도 콘스탄티노플의 해군력과 난공불락의 방비 상태를 전해 듣고는 기가 질리지 않을 수 없었다. 그들은 종교와 의무라는 좀 더 고상한 반대 이유를 들어 세상뿐 아니라 스스로에게까지도 자신의 두려움을 숨겼다. 그들은 성지를 구하기 위해 가족과 고향을 등지고 떠나오게 한 신성한 서약을 구실로 내세웠다. 인간의 책략에서 나온 어둡고 비뚤어진 의도

[19] 빌라르두앵과 귄터는 양측의 의견을 개진한다. 차라에 군대를 남겨 놓고 팔레스타인으로 향한 대수도원장 마르탱이 콘스탄티노플에 사자로 파견되어, 원하지 않았음에도 2차 포위 공격의 목격자가 되었다.

에 휘둘려, 전능하신 신의 손이 그 결과를 쥐고 있는 기도(企圖)로부터 벗어나서는 안 된다는 것이었다. 그들의 첫 번째 공격이었던 차라 습격이 자신들의 양심과 교황의 비난으로 호된 벌을 받은 마당에, 또다시 그리스도교도 동포의 피로 손을 더럽힐 수는 없다고 했다. 로마의 사도가 이미 판결을 내린 이상, 그들이 무력으로 비잔티움 사람들의 분열과 비잔티움 황제의 의심스러운 찬탈을 응징할 권리를 내세워서는 안 된다는 주장도 있었다. 이러한 원칙을 구실 삼아 무용과 신앙심에서 가장 앞서가는 많은 순례자들이 진영을 이탈했다. 그들의 이탈보다 더 해로운 것은 기회만 있으면 군대를 분열시키고 이 과업을 좌절시키려 애쓰는 불평분자들의 공개적인 또는 은밀한 반대였다.

1203년 4~6월, 차라에서 콘스탄티노플로 항해하는 십자군

이러한 이탈에도 불구하고 베네치아인들은 젊은 황태자를 위해 싸우겠다는 열정 뒤에 그의 나라와 가문에 대한 정당한 분노도 숨긴 채 함대와 군대의 출발을 강력히 재촉했다. 그들은 최근 교역 경쟁 상대인 피사가 특혜를 받은 데 대해 분개하고 있었으며, 비잔티움 궁정과 청산해야 할 묵은 빚도 있었다. 단돌로는 마누엘 황제가 사절의 신성함을 무시하고 자기 눈을 빼앗았다는 세간의 풍문을 은근히 부추겼을지도 모른다. 이 정도의 군사력이 아드리아 해를 건넌 것은 전대미문의 일이었다. 대규모 함대는 수송용인 팔란데르라고 불리는 말을 수송하기 위한 평바닥 배 120척, 병사와 무기를 가득 실은 수송선 240척, 식량등의 보급품을 실은 보급선 70척, 적과의 교전 준비를 완벽하게 갖춘 갤리선 50척으로 구성되어 있었다. 순풍이 불고, 하늘은 청명하고, 바다는 잔잔하여, 모든 이들이 기쁨과 경이에 차서 바다를 뒤덮은 함대가 펼치는 장관에서 눈을 떼지 못

했다. 배 한편에는 방어 도구인 동시에 장식물이기도 한 기사와 종자 들의 방패가 줄지어 놓였고, 각 나라와 가문의 깃발이 뱃머리에서 휘날렸다. 돌과 화살을 쏘아 올리는 무기 300대가 있었고, 군악대는 힘찬 연주로 여독에 지친 병사들의 사기를 북돋웠다. 이 모험가들은 4만 명이나 되는 그리스도교 영웅들이 모였으니 세계 정복도 문제없다고 호언장담하며 하늘을 찌를 듯 기세를 올렸다.[20] 베네치아에서 차라까지 항해하면서 베네치아의 조타수들은 경험과 기술로 함대를 훌륭하게 이끌었다. 연합군은 두라초에서 비잔티움 제국의 영토에 첫발을 내딛었다. 코르푸 섬은 정박하여 휴식을 취하기에 안성맞춤이었다. 그들은 펠로폰네수스 반도, 즉 모레아 남단의 위험한 말레아 곶을 무사히 돌아 네그로폰트와 안드로스 섬을 급습한 후, 헬레스폰투스 해협의 아시아 쪽인 아비두스에 닻을 내렸다. 정복의 서막은 피 한 방울 흘리지 않고 쉽게 열렸다. 애국심도 용기도 없는 속주의 비잔티움 사람들은 저항할 수 없는 무력 앞에 힘없이 무너졌다. 정당한 상속자가 온 것이니 그들이 복종했다 해도 이상할 것은 없었다. 라틴인들도 관대하고 규율 있는 태도로 그들을 대우해 주었다. 헬레스폰투스 해협을 통과할 때 막대한 규모의 함대가 좁은 해협을 지나기 위해 밀착 대형을 취함으로써 헤아릴 수 없이 많은 돛으로 바다에 그림자가 질 정도였다. 그들은 프로폰티스에서 다시 대형을 펼쳐 잔잔한 바다를 횡단해, 콘스탄티노플 서쪽 3리그 떨어진 곳에 있는 성스테파노 교회의 유럽 쪽 해안으로 접근했다. 신중한 대공은 그들이 인구가 많고 적대적인 땅에 상륙해 흩어지려 하자 제지했다. 군량이 많이 줄어든 상태였으므로, 수확기에 프로폰티스 해의 비옥한 섬에서 식량을 보충하기로 했다. 그들은 이렇게 결정하고 진로를 잡았으나 강풍이 분데다가 너무 조급했던 탓

[20] 빌라르두앵의 감정과 표현은 독창적이다. 그는 곧잘 눈물을 보이면서도 책상머리에만 붙어 있는 작가는 알지 못하는 감정으로 전쟁의 영광과 위험을 노래한다.

에 동쪽으로 쓸려 갔다. 그들은 해안과 도시 쪽에 너무 가까이 다가갔으므로, 배와 성벽 사이에 때때로 돌과 화살 세례가 오갔다. 그들은 전진해 나가면서 일곱 언덕에서 솟아올라 유럽과 아시아 대륙을 굽어보는 듯한 동방의, 아니 전 세계의 수도를 감탄에 차서 바라보았다. 500개의 궁전과 교회의 높이 솟은 둥근 지붕과 우뚝 선 첨탑이 햇빛을 받아 금빛으로 빛나면서 수면에 그림자를 드리웠다. 성벽 위에는 적군의 규모를 지켜보기만 할 뿐 이들의 야심을 알 리 없는 병사와 구경꾼 들로 붐볐다. 세상이 열린 이래 이렇게 소수의 전사가 이런 위업을 실행에 옮긴 적은 한 번도 없었다는 생각에 다들 가슴이 얼어붙는 듯했다. 그러나 순간적인 불안도 희망과 용기 앞에 흩어졌다. 샹파뉴 육군 원수의 말에 따르면, 모두가 영광스러운 전투에서 신속히 써야 할 검이나 창에서 눈을 떼지 않았다고 한다. 라틴인들은 칼케돈에 닻을 내렸다. 배에는 수병만 남고 병사, 말, 무기 등은 안전하게 땅에 내려졌다. 영주들은 호사스러운 황제의 궁전에서 성공의 첫 번째 과실을 맛보았다. 3일째 되는 날, 함대와 군대는 콘스탄티노플의 아시아 방면 교외 지역인 스쿠타리 쪽으로 이동했다. 비잔티움 기병대는 프랑스 기사 여든 명의 기습을 받고 패배했다. 9일간 주둔하면서 진영에는 마초와 군량이 충분히 보급되었다.

알렉시우스 황제의 성과 없는 협상

대제국에 대한 침략을 기술하면서 이 방인의 진군을 당연히 가로막아야 할 장애물에 대해서는 한 마디도 언급하지 않았음을 이상하게 여길지도 모르겠다. 사실 비잔티움 사람들은 호전적이지 않으면서 부유하고 근면한 가운데, 적들이 멀리 있을 때 위험을 감지하고, 접근해 올 때 용기를 낼 수 있는 자가 있다면 그 한 사람의 뜻에 복종했다. 찬탈자 알렉시우스는 처음 그 한 사람의 조카가 프랑스인 및 베네치아인과 동맹을 맺었다는 소문을 듣고 코웃음 치며 무시했다. 아첨꾼들은 그렇게 무시해 버릴 수 있다니 과연 대담하고 솔직하다고 찬양했다. 매일 밤 연회가 파할 때마다 그는 서방의 야만인들에 대한 경멸의 뜻으로 세 번 건배했다. 이 야만인들은 예전에는 비잔티움의 해군력에 대해 듣기만 해도 공포에 떨었다. 콘스탄티노플에 있는 어선 1600척이면 그들을 아드리아 해에 수장시키든가 아니면 헬레스폰투스 어귀에서 진입하지 못하도록 막을 함대를 편성하기에 충분했다. 그러나 태만한 군주와 금전에만 눈이 어두운 대신들 앞에서는 이런 강대한 군사력도 소용이 없는 법이다. 제독이란 자는 수치스럽게도 거의 공공연히 돛과 돛대며 배의 장비들을 경매에 붙여 팔아먹었다. 황제의 숲은 사냥이라는 더 중요한 목적을 위해 보존되었다. 니케타스가 전하는 바에 따르면 이곳은 종교적인 숭배를 바치는 숲이라도 되는 양, 나무마다 환관이 붙어서 지켰다고 한다. 이렇게 오만에 빠져 꿈속을 헤매던 알렉시우스도 차라가 포위 공격을 당하고 라틴인들이 급속하게 밀고 들어오자 정신을 차렸지만, 실제로 위험이 눈앞에 닥쳤음을 깨닫자마자 도망가기를 포기했다. 허영에 찬 허세는 극도의 절망과 낙담 속에 종적 없이 사라졌다. 그는 궁전에서 아주 가까운 거리에 경멸스러운 야만인들이 막사를 쳐도 보고 있을 수밖에 없었다. 그는 화려하게 차린 탄원 사절을 보내 협박함으로써 간신히 두려움을 감추었다. 그의 사절은 지시에 따라 다음과 같은 말을 전했다.

로마인들의 지배자는 이방인의 적의 어린 출현에 크게 놀랐다. 이 순례자들이 예루살렘을 구원하겠다는 스스로의 약속에 충실한다면 황제께서는 마땅히 그들의 신성한 계획에 찬사를 보내고 재물을 풀어 원조할 것이다. 그러나 그들이 감히 제국의 성역을 침략하려 한다면, 그들의 수가 지금의 열 배라 해도 정당한 분노를 면하지 못할 것이다.

대공과 영주 들의 답은 간단하고 의연했다.

명예와 정의의 이름으로 우리는 비잔티움의 찬탈자와 그의 위협, 그의 제안을 경멸한다. 우리의 우정과 동맹 관계는 우리와 행동을 함께하고 있는 정당한 상속자이신 젊은 군주와 배은망덕한 동생의 죄악으로 왕홀과 자유, 눈까지 빼앗긴 그의 부친 이사키우스 황제에게만 해당된다. 그 동생은 자신의 죄상을 고백하고 용서를 구하라. 그러면 부족함 없이 안전하게 살아갈 수 있도록 우리가 중재해 주겠다. 그러나 두 번째 전갈을 보내 우리를 모욕하지는 마라. 그러면 우리는 콘스탄티노플 궁정에 무기로서 화답할 것이다.

7월.
보스포루스 해협 통과

십자군은 스쿠타리에 진을 친 지 열흘째 되는 날, 병사이자 가톨릭교도로서 보스포루스 해협을 통과할 채비를 했다. 정말로 위험하기 짝이 없는 모험이었다. 해협은 폭이 넓고 물살이 빨랐다. 물결이 잔잔할 때는 흑해의 해류를 타고 비잔티움의 화염 공격이 덮칠지도 몰랐다. 유럽 반대쪽 해안에는 기병과 보병 7만 명이 철통같이 대열을 짜고 방어하고 있었다. 쾌적하고 청명한 이 역사적인 날, 라틴인들은 여섯 개 부대로 편성되었다. 선봉대는 그리스도교 군주들 중에서 자신의 석궁 부대의 기량과 병력 수에서 무적을 자랑하던 플랑드르 백작이 이끌었다. 프랑스군 네 개 부대는 각각 플랑드르 백작의 동생인 앙리, 생폴 백작, 블루아 백작, 마티외 몽모랑시가 지휘했으며, 마지막 부대에는 샹파뉴의 육군 원수와 귀족들이 자발적으로 참가했다. 후위 부대이자 예비 병력인 여섯 번째 부대의 선두에는 몬페라트 후작이 서서 독일인과 롬바르드인 병사들을 지휘했다. 말안장을 얹은 군마는 긴 장식을 땅에 질질 끌면서 평바닥 배에 실렸다. 기사들은 갑옷으로 무장하고 투구 끈을 매고, 손에는 창을 들고 말 옆에 늘어섰다. 기사들의 종자와 궁수 들로 구성된 대부대도 수송선에 올랐다. 각 수송선은 힘세고 날랜 갤리선이 끌었다. 여섯 개 부대는 어떤 적이나 장애물도 마주치지 않고 보스포루스 해협을 건넜다. 모든 부대의 어느 병사든 오로지 제일 먼저 상륙하기만을 바라면서 정복하든가 아니면 죽음을 맞이하겠다는 결의를 다졌다. 공명심에 불타는 기사들은 무거운 갑옷을 걸친 채 허리춤까지 올라오는 바닷물 속으로 뛰어들었다. 종자와 궁수 들은 그들의 용맹스러움에 힘을 얻었다. 종자들은 평바닥 배의 다리 판을 내려 해변으로 말을 인도했다. 기병대가 말에 올라 대열을 짜고 창을 잡기도 전에, 7만 명의 비잔티움군이 자취를 감추었다. 겁 많은 알렉시우스가 앞장서서 도망치자 군대도 그 뒤를 따랐던 것이다. 라틴인들은 황제의 화려한 막사를 약탈하고 나서야 그들이 황제와 맞서 싸웠다는 사실을 알아차렸을 정도였다. 첫 번째 공격에서 적이 혼비백산해 달아난 다음, 그들은 양면 공격으로 항구의 입구 쪽을 돌파하기로 결심했다. 프랑스군이 페라 교외의 갈라타 탑을[21] 습격할 동안, 베네치아인들은 그 탑에서 비잔티움 해안까지 설치된 방책과 쇠사슬을 제거하는 좀 더 어려운 작업을 맡았다. 거듭된 시도 끝에 대담무쌍한 이들의 인내가 승리를 거두었다. 비잔티움 해군 중 살아남은 함선 스무 척은 침몰하거나 나포되었다. 크고 무거운 쇠사슬도 갤리선의 칼

[21] 뒤캉주가 갈라타, 쇠사슬 등의 주제에 대해 정확하고 완벽하다는 점은 말할 필요도 없다. 갈라타 주민들은 얼마나 허영심이 많고 무지했던지, 갈라티아인에게 보내는 사도 바울의 편지를 자신들에게 보낸 것이라고 생각했을 정도였다.

22 쇠사슬을 깨는 배에는 독수리(Aquila)라는 이름이 붙었는데, 블론두스는 이를 북풍을 뜻하는 아퀼로(Aquilo)로 바꾸었다. 뒤캉주는 후자로 읽을 것을 주장했으나, 이는 단돌로의 훌륭한 기록을 미처 보지 못했으며 항구의 지형에 대해서도 충분히 고려하지 않은 주장이었다. 남동풍이 더 효과적이었을 것이다.

23 보(Le Beau)는 콘스탄티노플에 6만 명의 기병과 셀 수도 없을 정도의 보병을 비롯해 100만 명의 주민이 있었다고 본다. 최근 멸망한 오토만 제국의 수도에는 40만 명 정도가 있었을지도 모른다. 그러나 투르크인은 주민 명부가 없었고 주변 사정도 알 수가 없어서, 도시의 진짜 인구를 파악하기란 불가능하다.

날에 동강 나거나 선체의 무게로 끊어 버렸다.22 베네치아 함대는 안전하게 승리를 거두고 콘스탄티노플 항구에 닻을 내렸다. 2만 명의 라틴인은 이 과감한 전과에 힘입어 주민이23 40만이 넘는 도시에 대한 포위 공격 허가를 요청했다. 그곳 주민들은 조국을 방어하기 위해 무기를 들 능력이 있어도 그럴 의지가 없는 자들이었다. 이런 계산에 따르면 정말로 인구가 200만에 육박했을 수도 있다. 그러나 비잔티움 사람들의 숫자를 아무리 줄여 잡는다 해도, 적의 병력에 대한 이런 확신은 공격군의 두려움을 모르는 기개를 한결같이 불타오르게 했을 것이다.

7월,
라틴인들의 콘스탄티노플
1차 포위 공격과 정복

프랑스인과 베네치아인 들은 공격 방법을 놓고 저마다의 생활 방식과 전투 습관에 따라 다른 의견을 내놓았다. 프랑스인은 사실에 근거하여 콘스탄티노플에 접근하려면 바다와 항구 쪽이 제일 낫다고 확신했다. 베네치아인은 명예를 내세워 약해 빠진 범선과 변덕스러운 날씨에 생명과 운을 거는 짓은 지금까지 해 온 것으로도 충분하다면서, 단단한 육지에서 걸어서든 말을 타고서든 기사도 정신에 따라 백병전을 벌이자고 목청 높여 주장했다. 결국 함대가 군대를 엄호하면서 양측이 해상과 육지에서 각자 원하는 방식대로 싸우자는 현명한 타협을 보았다. 양국은 항구 입구에서 안쪽으로 전진해 나갔다. 하구의 돌다리가 서둘러 보수되자, 프랑스의 여섯 개 부대는 수도 정면, 즉 항구에서 프로폰티스 해까지 약 4마일에 걸쳐 이어지는 삼각 지대를 겨냥하여 진을 쳤다. 그들은 높은 방벽 아래쪽에 있는 넓은 도랑 끝에서 한숨 돌리면서 앞으로 닥칠 고난을 잠시 생각해 볼 여유를 가졌다. 그들의 좁은 진영 좌우의 성문에서는 수시로 기병대와 경보병대가 쏟아져 나와 낙오자를 죽이고 식량 보급 지역을 초토화했다. 하루에도 대여섯 번이나 경보가 울려, 눈앞의 위험을 피하기 위해 방어용 울타리를 치고 참호를 파지 않으면 안 되었다. 물자 보급과 수송에서 베네치아인은 지나칠 만큼 인색했던 반면, 프랑스인은 반대로 지나치게 아낄 줄 몰랐다. 흔히 그렇듯 굶주림과 물자 부족에 대한 불만이 퍼졌는데, 아마 실제로도 그랬을 것이다. 비축해 둔 밀가루는 3주면 바닥이 드러날 양이었고, 소금에 절인 고기에 물린 나머지 유혹을 못 이기고 자기 말을 잡아먹기까지 했다. 겁쟁이 찬탈자를 보호한 자는 그의 사위이자 용맹한 젊은이인 라스카리스로, 조국을 구하여 지배하려는 열망을 품고 있었다. 비잔티움 사람들은 조국은 어찌 되더라도 종교는 지켜야 한다는 생각에 정신을 차렸지만 그들이 가장 희망을 걸고 있는 것은 바랑인, 데인인, 잉글랜드인 호위대의 힘과 용기였다. 포위군은 열흘간 쉬지 않고 노력하여 땅을 평평하게 고르고, 도랑을 메우고, 규칙적으로 공격을 가했으며, 250대의 공성용 무기로 다양한 공격을 가하여 방벽을 제거하고 성벽을 깨부수고 그 밑바닥을 파고들었다. 처음으로 성벽에 균열이 생기자 곧 사다리를 걸었지만 유리한 위치의 방어군은 대담한 라틴인을 격퇴했다. 그러나 그들도 성벽을 기어올라 위험한 위치를 지키다가 결국 황제의 근위병들에게 밀려 떨어지거나 사로잡힌 열다섯 명의 기사와 종자 들의 결의에는 감탄을 금치 못했다. 베네치아인들은 항구 측면으로의 해상 공격을 통해 더 큰 성공을 거두었다. 그들은 화약이 발명되기 이전에 쓰였던 모든 수단을 총동원했다. 활의 사정거리 세 배 되는 곳 정면에 갤리선과 배로 이중의 대열을 형성하여, 갤리선의 날랜 움직임을 크고 육중한 배들이 지원하게 했다. 배의 갑판, 고물, 회전 장치에 무기를 탑재하여 맨 앞줄의 갤리선 너머로 화살을 쏘아 올렸다. 갤리선에서 해안으로 뛰어내린 병사들이 즉각 사다리를 걸치고 기어오를 동안, 대형 선박이 그 사이로 천천히 전진해 와서 도개교를 내리고 허공에 돛대에서 방벽까지 공중 다리를 만들었다. 대공이 전투 현장 한복판의 갤리선 뱃머리에 완전 무장을 하고 위엄 있게 우뚝 서 있는 모습이 사람들의 눈길을 끌었다. 성 마르크의 큰 깃발이 그의 앞에서 펄럭였다. 그는 질타와 약속, 격려를 섞어 가며 노 젓는 병사들을 재촉했다. 그의 배가 제일 먼저 공격을 시작했고, 해변에 첫발을 내딛은 전사도 그였다. 사람들은 그가 고령에 쇠약한 몸이므로 목숨의 가치는 떨어지지만 불후의 영광의 가치는 한층 더 높아진다는 사실은 생각지 못한 채 이 눈먼 노인의 대담한 행동에 감탄을 보냈다. 누구의 것인지도 모르는 손이(기수는 아마도 살해당했을 테니까.) 번개같이 공화국의 기를 방벽 위에 꽂았다. 스물다섯 개 탑이 순식간에 점령되었다. 비잔티움 사람들은 거센 화공에 밀려 인접 지역에서 쫓겨났다. 대공은 승리를 막 알리려는 순간, 동맹군이 위기에 처했다는 소식을 들었다. 단돌로는 순례자들의 희생을 대가로 승리를 얻으니 차라리 그들과 함께 죽겠다고 위엄 있게 선언하고는, 유리한 상황을 포기하고 군대를 소환하여 서둘러 전투 현장으로 향했다. 그는 소규모의 프랑스군 여섯 개 부대가 기진맥진하여 비잔티움 기병대 예순 개 부대에 포위되어 있는 것을 발견했는데, 그들 중 가장 규모가 작은 부대라도 가장 큰 프랑스 부대를 능가하는 정도였다. 이는 알렉시우스가 수치와 절망에 휩싸여 최후의 힘을 모아 총공격에 나선 것이었으나, 라틴인들의 흔들림 없는 질서 정연한 모습과 당당한 위용에 곧 위축되고 말았다. 그는 소규모 접전을 벌인 후 저녁이 되자 군대를 거두었다. 밤이 조용하든 소란하든 그의 두려움을 더하기는 마찬가지였다. 겁 많은 찬탈자는 금 1만 파운드를 모아서, 비열하게도 아내와 신민을 버리고 작은 배에 몸을 실었다. 그는 몰래 보스포루스 해협을 통과하여 트라키아의 이름 모를 항구에 안전하게 도착했다. 비잔티움 귀족들은 그가 도망쳤다는 사실을 알자마자, 눈먼 이사키우스가 사형 집행인의 방문만을 기다리고 있는 토굴을 찾아가 용서와 평화를 간청했다. 이 포로는 운명의 장난으로 다시 한 번 구출되어 자의를 걸치고 제위에 올라 부복한 노예들에게 둘러싸였으나, 앞 못 보는 그로서는 그들의 내심의 공포와 겉으로 꾸민 기쁨을 분간할 길이 없었다. 동틀 무렵이 되자 교전은 멎었다. 라틴 대장들은 정통 황제로부터 한시바삐 아들을 포옹하고, 관대한 구원자들에게 보답하고 싶다는 전갈을 받고 놀랐다.

그러나 이 관대한 구원자들은 이 인질의 아버지로부터 보수를 받든가, 하다못해 보상 약속만이라도 받아 두기 전에는 그를 놓아 줄 생각이 없었다. 그들은 황

7월,
이사키우스 안겔루스와
그의 아들
알렉시우스의 복위

제에게 축하를 전할 사절단으로 마티외 몽모랑시와 샹파뉴 육군 원수 겸 역사가(빌라르두앵) 외에도 베네치아인 두 명을 더 뽑았다. 그들이 다가오자 성문이 활짝 열렸다. 거리 양쪽에는 전투용 도끼를 든 데인인과 잉글랜드인 호위병들이 늘어섰고, 알현실은 미덕과 권력의 허세에 불과한 금은보석으로 휘황찬란하게 빛났다. 눈먼 이사키우스 옆에는 헝가리 왕의 누이인 그의 아내가 앉아 있었고, 비잔티움의 귀부인들도 꼭꼭 숨어 있던 집안에서 나와 원로원 의원과 병사 들 틈에 뒤섞였다. 라틴인들은 육군 원수의 입을 빌려 자기들의 공적을 잘 알고 있을 뿐 아니라, 자기들 손으로 한 일을 중요하게 여기는 이들다운 태도로 요구 조건을 전했다. 황제는 아들이 베네치아 및 순례자들과 맺은 약속을 주저하거나 미루지 말고 승인해야만 한다는 사실을 분명히 깨달았다. 알렉시우스의 아버지는 황후와

24 주사위 놀이를 하던 중 라틴인들은 그의 왕관을 벗기고 머리 위에 털모자를 씌우기도 했다. 이 유쾌한 친구들이 베네치아인이었더라면 교역으로 이름을 떨친 공화국의 오만이라 했을 것이다.

궁내부 대신, 통역을 맡은 시종, 네 사절과 별실로 옮겨 가서 다소 불안한 마음으로 약속한 조건을 자세히 물었다. 제국은 교황에게 복종할 것, 성지 탈환에 원조를 제공할 것, 즉각 은화 20만 마르크를 기부할 것. "이 조건들은 부담스럽소." 황제의 신중한 답변이었다. "받아들이기 어렵고 실행하기도 곤란하오. 그러나 그대들의 봉사와 공훈에 비한다면 어떤 조건이라도 과하다고는 할 수 없겠지요." 이렇게 만족할 만한 대답을 받은 후, 영주들은 말에 올라타 콘스탄티노플의 상속자를 도시와 궁전으로 데려왔다. 알렉시우스의 젊음과 놀라운 모험은 모든 이들의 호의를 한몸에 받게 했다. 알렉시우스는 아버지와 함께 성 소피아 성당에서 엄숙하게 대관식을 가졌다. 그의 치세 초기, 풍요와 평화가 회복된 것으로 이미 축복을 받은 신민들은 비극적인 시기가 끝난 데 기뻐했다. 귀족들도 기쁨과 충성을 겉으로 내세우고 불만과 유감, 공포는 감추었다. 한 수도안에 불화하는 두 민족이 뒤섞여 있으면 재난과 위험이 빚어질지 모른다는 우려에서 갈라타, 즉 페라 교외 지역이 프랑스인과 베네치아인의 구역으로 할당되었다. 그러나 우호적인 민족 간에는 교역과 친밀한 교류가 자유로이 허용되었다. 순례자들은 신앙심이나 호기심에 이끌려 콘스탄티노플의 교회와 궁전을 방문했다. 정교한 예술을 이해할 줄 모르는 그들의 미개한 정신도 장엄한 광경에 압도당했다. 그리스도교 세계에서 제일가는 대도시의 번화함과 부는 고향 마을의 초라함과 대비되어 그들에게 더욱 강한 인상을 주었다. 젊은 알렉시우스는 자신의 이해관계와 감사하는 마음에서 라틴 동맹자들을 자주 방문하여 가까이 지냈는데, 경박하고 성마른 프랑스인들은 식탁에서 자유롭게 대화하면서 그가 동방의 황제라는 사실을 종종 잊곤 했다.24 양측은 진지한 회담을 갖고 양대 교회의 재통합은 인내와 시간을 갖고 추진해야 한다는 데 동의했다. 그러나 문제는 신앙심보다 탐욕이었다. 그는 십자군의 궁핍을 달래고 끈덕진 요구를 잠재우기 위해 막대한 금액을 지불했다.[25] 알렉시우스는 그들이 출발할 날짜가 다가오자 불안감에 사로잡혔다. 그들이 떠나면 아직 실행하지 못한 약속에서는 해방되겠지만, 언제 배신할지 모르는 신민들의 변덕과 편견 앞에 무방비 상태로 홀로 남겨지게 되는 것이었다. 그는 그들의 체류 비용과 베네치아 선단의 수송 비용을 부담함으로써 1년 더 머물도록 매수하고자 했다. 영주들은 회의에서 이 제안을 놓고 갑론을박을 벌였다. 논쟁과 망설임을 거듭한 끝에, 다시 대다수의 의견이 대공의 충고와 젊은 황제의 간청을 받아들이는 쪽으로 기울었다. 그리하여 몬페라트 후작이 금화 1600파운드의 대가로 군대를 이끌고 젊은 알렉시우스와 함께 유럽 속주를 순회하여, 보두앵과 프랑스, 플랑드르 동맹군이 콘스탄티노플에서 위세를 떨치고 있을 동안, 황제의 권위를 세워 주고 그의 숙부를 추적하기로 했다. 이 원정은 성공적이었다. 눈먼 황제는 아들의 무력이 거둔 성공에 기쁨을 감추지 못했다. 그는 신의 섭리가 자신을 토굴에서 옥좌로 끌어올렸듯이 통풍을 치유해 주고, 시력을 회복시켜 주고, 그의 치세가 오랫동안 번영을 누리도록 굽어살펴 주리라는 아첨꾼들의 예언에 귀를 기울였다. 그러나 의심 많은 노인의 마음은 아들의 나날이 높아 가는 영광에 번민했다. 자기 이름을 연호하는 목소리는 희미하게 마지못한 듯 울리는 반면, 젊은 황제에 대해서는 만인이 앞 다투어 칭찬을 아끼지 않는 모습에 질투심을 숨길 수가 없었다.

  최근의 침략으로 비잔티움 사람들은 900년에 걸친 꿈, 즉 로마 제국의 수도는 외국인의 무력에 절대 무너지지 않는다는

비잔티움 사람들과 라틴인들의 싸움

[25] 단돌로는 베네치아인들이 프랑스인들보다 돈을 받는 데 더 많은 시간이 걸렸다고 주장하지만, 두 나라의 작가들이 이 문제에 대해 서로 다른 견해를 보인 사실을 인정한다.

헛된 믿음에서 깨어났다. 서방의 이방인들은 콘스탄티누스 대제의 도시를 짓밟고 들어와 왕홀을 차지했다. 이리하여 그들의 힘에 매달렸던 두 황제는 곧 그들과 함께 인기가 떨어지고 말았다. 이사키우스의 악덕은 이미 세상이 다 아는 터였으나, 허약함으로 말미암아 한층 더 경멸을 샀다. 젊은 알렉시우스는 조국의 관습과 종교를 저버린 배신자로 증오를 받았다. 그가 라틴인들과 맺은 비밀 협정에 대해 의혹이 일면서, 신민들, 특히 성직자들은 자기들의 믿음과 미신에 강하게 집착했다. 수도원과 상점마다 교회가 처한 위험과 교황의 폭정을 걱정하는 목소리가 울려 퍼졌다. 황실의 사치와 외국인의 착취 때문에 텅 빈 국고가 찰 새가 없었다. 비잔티움 사람들은 눈앞에 닥친 굴종과 약탈의 재난을 피하기 위한 세금 부과에 반대했다. 부자들에 대한 압제는 더 위험스럽고 개인적인 원한을 샀다. 성소의 집기류를 녹이고 성상을 치운 황제의 행동은 그가 이단이며 신성 모독자라는 비난을 뒷받침했다. 보니파키우스 후작과 그의 제자인 황제가 자리를 비우고 없을 동안, 콘스탄티노플에는 플랑드르 순례자들의 신앙열과 무분별 탓으로 생각되는 재난이 닥쳤다. 그들은 도시를 방문했을 때 동료나 아들도 없이 단 하나의 신만을 모시는 모스크나 유대교 예배당을 보고 아연실색했다. 그들이 즐겨 쓰는 논쟁 수법이란 이교도는 칼로, 그들의 주거지는 불로 공격하는 것이었다. 그러나 이번 경우 이교도와 이웃 그리스도교도 들은 자기들의 생명과 재산을 방어하려 나섰다. 편협한 자들이 당긴 화염은 가장 정통적이고 순수한 건물까지도 삼켜 버렸다. 불은 여드레 동안 밤낮으로 타올라 항구에서 프로폰티스까지 1리그 이상 번져 나가, 도시에서 가장 인구가 많고 번성한 지역을 휩쓸었다. 연기가 피어오르는 잿더미로 변한 장려한 교회와 궁전이 몇 곳인지, 상가에서 전소된 물품들의 값어치가 얼마인지, 피해에 말려든 가족의 수가 몇인지 이루 헤아릴 수가 없는 지경이었다. 대공과 영주들이 책임을 부인하려 애쓴 보람도 없이, 이 만행으로 말미암아 라틴인에 대한 평판은 한층 더 나빠졌다. 1만 5000명 이상의 라틴인 거주 지역 주민들은 안전을 위해 페라 교외에 있는 라틴 군대의 보호 아래로 서둘러 피해야만 했다. 황제는 의기양양하게 개선했으나, 아무리 단호하고 교묘한 방법을 써도 이 불행한 젊은이의 일신과 통치권을 뿌리째 뒤흔드는 폭풍우를 뚫고 나가기에는 역부족이었다. 그는 자기 생각과 아버지의 충고를 좇아 은인들 편에 섰으나, 은의(恩義)와 애국심, 신민에 대한 두려움과 동맹에 대한 두려움 사이에서 갈팡질팡했다. 그는 이렇게 나약하게 우왕좌왕하다가 양측으로부터 존경과 믿음을 잃었다. 그는 몬페라트 후작을 궁전에 머물도록 초대해 놓고, 한편으로는 조국을 구하기 위해 귀족들이 음모를 짜고 민중들은 무기를 드는 것을 묵인했다. 라틴 대장들은 그의 어려운 상황은 아랑곳없이 자기들의 요구만 반복하면서, 시간을 끈다고 분개하고, 그의 의도를 의심하고, 전쟁이냐 평화냐 양자택일하라며 몰아붙였다. 프랑스 기사 세 명과 베네치아 대표단 세 명이 오만하기 짝이 없는 명령서를 전하러 왔다. 그들은 허리에는 칼을 차고 말에 올라 성난 군중을 헤치고 당당하게 궁전과 비잔티움 황제 앞에 들어섰다. 그들은 위압적인 어조로 자기들이 바친 봉사와 그의 약속을 거듭 상기시키고, 대담하게도 자기들의 정당한 요구가 즉각, 충분히 받아들여지지 않는다면 더 이상 그를 군주나 벗으로 대하지 않겠노라고 선언했다. 그들은 이렇게 처음으로 황제의 귀를 상처 입힌 폭언을 내뱉은 후 전혀 두려워하는 기색 없이 떠났으나, 비굴한 궁정과 격노한 도시를 무사히 빠져나온 데에는 자신들도 놀랐다. 그리고 그들

[26] 그의 이름은 니콜라스 카나부스였다. 그는 니케타스로부터는 찬사를, 무르주플로부터는 보복을 당할 만한 인물이었다.

[27] 빌라르두앵은 그가 안겔루스 및 두카스와 혈연관계에 있는 황족이라는 사실을 모르고 그를 총신이라고 말한다. 모든 사실을 샅샅이 조사하는 뒤캉주는 그가 이사키우스 두카스 세바스토크라토르의 아들이자 젊은 알렉시우스의 사촌이라고 믿고 있다.

진영으로의 귀환은 서로 간에 전쟁의 시작을 알리는 신호탄이었다.

1204년, 전쟁의 재개

이제 자신들의 격정을 용기로, 인원수를 실제 병력으로, 그리고 자기들의 광신을 천상의 지지와 영감으로 착각하는 과격한 군중들에 의해 비잔티움 사람들의 모든 권위와 지혜는 압도당하고 말았다. 알렉시우스는 두 민족의 눈에 똑같이 거짓말쟁이에 경멸스러운 자로 비쳤다. 비열한 허수아비에 불과한 안겔루스 가는 소란스러운 멸시의 말과 함께 거부당했다. 콘스탄티노플 주민들은 원로원을 에워싸고 자기들 손에 좀 더 황제다운 황제를 달라고 요구했다. 그들은 신분이나 업적상 주목받는 원로원 의원이면 누구에게든 잇달아 자의를 바쳤다. 그러나 이 치명적인 의복을 받으려는 자가 없었으므로 이런 줄다리기는 3일간이나 계속되었다. 원로원 의원 중 한 사람이기도 했던 역사가 니케타스의 기록을 통해 의원들이 충성심을 지킨 것은 순전히 공포와 나약함 때문이었음을 알 수 있다. 군중은 망각 속에 사라졌던 한 허깨비 같은 인물을 강력히 추대했다.[26] 그러나 이러한 소동의 실제 주동자는 두카스 가의 한 황족이었다. 그는 알렉시우스와 같은 이름이므로 무르주플이라는[27] 별명으로 구별해야 하는데, 이 별명은 속어로 그의 검고 털이 많은 눈썹을 이르는 말에서 나왔다. 애국자이자 궁정의 조신이었던 배신자 무르주플은 교활함과 용기가 누구에게도 뒤지지 않는 인물이었다. 그는 말과 행동으로 라틴인들에게 반대하고 나서서 비잔티움 사람들의 격정과 편견에 불을 질렀다. 그리하여 교묘하게 알렉시우스의 총애와 신임을 얻어, 궁내부 대신의 직책과 함께 황가의 색으로 물들인 장화를 하사받았다. 깊은 밤중, 그는 겁에 질린 모습으로 황제의 침소에 뛰어들어 궁전이 군중의 공격을 받고 있으며 호위대는 배신했다고 외쳤다. 황제는 아무런 의심도 품지 않고 놀라 침상에서 일어나, 비밀 탈출로를 마련해 두었다는 적대자의 팔에 몸을 맡겼다. 그러나 통로는 감옥으로 이어져 있었다. 알렉시우스는 사로잡혀 발가벗긴 채 쇠사슬에 묶였다. 그는 며칠 동안 죽음의 고통을 맛본 끝에 독살인지, 교살인지, 몽둥이에 맞아 죽었는지 모르지만 찬제의 명령으로 그가 보는 앞에서 죽었다. 이사키우스 안겔루스 황제도 곧 아들의 뒤를 따라 죽었는데, 무르주플은 아마도 눈멀고 무력해진 그의 죽음을 앞당기고자 또 다른 죄를 저지를 필요까지는 없었던 같다.

2월,
무르주플에게 폐위된
알렉시우스와 그의 아버지

황제들의 죽음과 무르주플의 찬탈로 말미암아 싸움의 성격은 일변했다. 더 이상 자기편의 공적을 과대평가하든가 아니면 자신의 의무를 소홀히 하는 동맹들 사이의 불화가 아니었다. 프랑스인과 베네치아인 들은 알렉시우스에 대한 불만을 잊고 벗들의 불운한 운명에 눈물을 떨구었다. 그들은 암살자에게 제위를 내준 비열한 민족에 대해 보복을 맹세했다. 그러나 신중한 대공은 여전히 협상할 마음이 있었다. 그는 빚이든 원조금이든 벌금이든, 명목은 어찌 됐든 간에 금화 5만 파운드를 요구했다. 무르주플이 신앙심 탓이었는지 계획적이었는지 모르지만 국가의 안전을 위해 비잔티움 교회를 희생시킬 수는 없다고 하지만 않았더라면, 협상이 그처럼 갑작스럽게 결렬되지는 않았을 것이다.[28] 우리는 국내외 적대자들의 비난에도 불구하고, 그가 국가의 수호자로서 자격 미달은 아니었음을 알 수 있다. 라틴인들의 2차 콘스탄티노플 포위 공격은 1차 때보다 훨씬 더 어려웠다. 국고는 이전 시대의 낭비를 엄격히 문초하

1~4월,
2차 포위 공격

[28] 니케타스가 주장하기도 했지만, 그 자체로도 충분히 있을 법했던 이 협상은 단돌로와 빌라르두앵의 세심한 주의로 기록에서 제외되었다.

여 다시 채워졌고 군기도 회복되었다. 무르주플은 손에 쇠 곤봉을 들고 경계 구역을 순시하며 전사다운 풍모를 과시하여 자신의 병사들, 적어도 측근들에게는 공포의 대상이 되었다. 알렉시우스의 죽음을 전후하여 비잔티움군은 항구에 있는 적의 선단에 화공을 가하려는 강력한 시도를 두 차례 했다. 그러나 베네치아인들은 능숙하고 노련하게 화염 공격을 하는 배들을 격퇴했으므로, 방향을 잃은 불꽃은 아무런 피해도 주지 못하고 바다 위에서 타다가 제 풀에 꺼졌다.[29] 비잔티움 황제는 플랑드르 백작의 동생인 앙리를 야간 기습했으나 패배했다. 더 많은 인원에 기습 공격이었다는 점에서 그의 패배는 더욱 수치스러웠다. 그의 둥근 방패는 전장에서 발견되었고 황제의 깃발,[30] 성처녀의 상이 성 베르나르의 제자들인 시토 수도회의 수도사들에게 전리품이자 유물로 주어졌다. 신성한 사순절까지 포함해서 3개월 가까이를 소규모 접전과 전쟁 준비로 보낸 끝에, 라틴인들은 총공격 채비를 마쳤다. 육지의 요새가 난공불락임은 이미 확인한 바였다. 베네치아 조타수들은 프로폰티스 해안은 정박하기에 안전하지 않으며, 배들이 해류에 떠밀려 헬레스폰투스 해협까지 떠내려갈 수도 있다고 경고했다. 그렇지 않아도 내키지 않는 마음으로 이탈할 기회만 호시탐탐 노리고 있던 순례자들에게는 듣던 중 반가운 소리였다. 이에 따라 공격군은 항구에서 공격하기로 결정했고, 포위군도 이를 예상하고 있었다. 황제는 부근 언덕 위에 자주색 천막을 치고 군대를 지휘하며 독려했다. 화려함과 즐거움을 누리려는 대담한 구경꾼이라면 한쪽은 배와 갤리선 들 위에, 또 한쪽은 나무로 한 층 높이 쌓아 올린 성벽과 망루 위에 반 리그 이상 길게 늘어선 전투 대열에 감탄을 토했을 것이다. 그들은 먼저 화살, 돌, 불화살을 거세게 쏘아 올렸으나, 바다는 멀었고 프랑스군은 대

[29] 보두앵은 선단에 화공을 가한 두 차례의 시도에 대해 언급한다. 빌라르두앵은 첫 번째 공격만 설명하고 있다. 이 전사들 중 누구도 비잔티움의 화공에서 특별한 점을 발견하지 못했다는 것은 주목할 만하다.

[30] 뒤캉주는 황제의 기(旗)에 대해 해박한 지식을 쏟아 놓는다. 이 성처녀의 기는 베네치아에 전리품이자 유물로 전시되어 있다. 만일 이것이 진품이라면, 신앙심 깊은 대공이 시토의 수도사들을 속인 것이 틀림없다.

담무쌍했으며 베네치아인들은 능수능란했다. 그들이 성벽으로 접근하자 안정된 포대에 갈고리를 걸어 흔들리는 다리 위에서 칼, 창, 전투용 도끼를 동원한 전투가 벌어졌다. 백여 곳 이상에서 공격군과 방어군이 밀고 당기는 대접전을 벌인 끝에, 지형상의 이점과 병력 면에서 우세한 비잔티움군에 밀려 라틴군이 후퇴 나팔을 불었다. 이튿날 공격이 전날과 같은 기세로 재개되어 비슷한 양상으로 진행되었다. 밤이 되자 대공과 영주들은 전군에 닥친 위기를 놓고 근심스럽게 회의를 열었으나, 퇴각이나 협상을 들먹이는 자는 아무도 없었다. 개개의 병사들도 저마다의 기질에 따라 승리의 희망을 품거나 영광스러운 죽음을 각오했다. 이전의 포위 공격 경험은 비잔티움 병사들에게 교훈을 주었지만, 라틴인들에게도 활기를 불어넣었다. 콘스탄티노플을 함락시킬 수도 있다는 생각은 방어를 위해 고무된 경계심보다 훨씬 더 강한 힘을 발휘했다. 3차 공격에서는 두 척의 배를 연결해 파괴력을 배가시켰다. 그들은 강한 북풍을 타고 해안으로 향했다. 트루아와 수아송의 주교들이 선두에 섰다. '순례자'와 '천국'이라는 상서로운 배 이름이 전열에 반향을 일으켰으며,31 교회의 깃발이 성벽 위에 나부꼈다. 선봉에 선 모험가들은 은화 백 마르크를 약속받았다. 만일 보수를 받지 못하고 죽는다면 그들의 이름이 불후의 명성을 누리게 되리라는 약속도 받았다. 네 개의 탑에 줄사다리가 걸리고 세 곳의 성문이 부서져 나갔다. 프랑스 기사들은 파도 위에서는 떨고 있었을지 몰라도, 땅에 올라 말 위에 앉으면 무적이라는 자신감을 회복했다. 황제의 신변을 호위하던 수천 명이 단 한 명의 전사가 창을 던지기는커녕 접근해 오는 모습만 보고도 줄행랑쳐 버렸다는 얘기를 독자들이 믿을지 모르겠다. 그들의 불명예스러운 탈주는 동족인 니케타스가 증언한다. 유령의 큰 무리가

31 보두앵과 모든 작가들은 이 두 갤리선의 이름에 '상서로운 조짐에 따라' 경의를 표한다.

32 빌라르두앵은 다시 한 번 이 화재를 일으킨 주동자들에 대해 침묵을 지키는데, 귄터는 이를 '어떤 튜턴족 출신 총독'의 탓으로 돌린다. 그들은 이 방화 사건에 대해 수치심을 느끼는 것 같다.

이 프랑스 영웅과 함께 진격했는데, 그는 비잔티움 병사들의 눈에는 거인처럼 보였다. 도망병들이 진지를 버리고 무기를 내던지는 와중에 라틴군은 지휘관들의 기를 앞세우고 도시로 진입했다. 거리와 성문은 그들이 들어올 수 있도록 활짝 열렸다. 고의인지 우연인지 모르지만 세 번째로 대화재가 발생하여, 몇 시간 만에 프랑스에서 가장 큰 도시 세 개 규모에 해당하는 지역을 전소시켰다.32 해 질 녘이 되자 영주들은 병력을 수습하여 주둔지의 방어를 강화했다. 그들은 수도의 규모와 인구수에 기가 질려, 교회와 궁정이 자기들 내부의 잠재력을 자각한다면 점령하는 데 한 달쯤은 소요되리라고 우려했다. 그러나 날이 밝자 십자가와 성상을 든 탄원 행렬이 비잔티움의 항복을 전하고 정복자들에게 자비를 간청했다. 찬탈자는 금문(金門)을 통해 탈출했다. 블라케르나이와 부콜레온의 궁전은 플랑드르 백작과 몬페라트 후작에게 점령되었다. 제국은 여전히 콘스탄티누스 대제의 이름과 로마라는 호칭을 지니고 있었으나, 라틴 순례자들의 무력에 전복되고 말았다.

콘스탄티노플 약탈

콘스탄티노플은 강습을 받고 점령당했다. 정복자들에게는 종교와 인간성에서 나온 구속을 제하고는 전쟁의 법에 의거한 어떠한 제약도 없었다. 몬페라트 후작 보니파키우스는 여전히 그들의 사령관직을 맡고 있었지만, 비잔티움 사람들은 그의 이름을 장래의 통치자로 우러르며 애절한 어조로 외쳤다. "성스러운 왕이신 후작이여, 우리에게 자비를 베푸소서!" 그는 신중함에서인지 동정심에서인지 모르지만 피난민들에게 도시의 성문을 개방해 주고, 십자군에게 동료 그리스도교도들의 생명을 빼앗지 말라고 훈계했다. 니케타스의 글귀마다 흘러넘치는 피의 강물은 무력한 동포 2000명이 학살된 사실을 전한다. 그들 대다수는 이방인이 아니라 예전에 이 도시에서 쫓겨났다가 승자 편에 서서 복수를 행한 라틴인의 손에 살해당했다. 그러나 이 추방자들 중에는 피해를 입히기보다 은혜를 베푸는 쪽에 더 마음을 쓴 자도 있었다. 니케타스 자신만 해도 한 베네치아 상인의 관용 덕에 생명을 구했다. 교황 이노켄티우스 3세는 육욕에 차서 나이나 성별, 성직자도 아랑곳하지 않는 순례자들을 비난했다. 그는 간통이나 근친 강간 등 어두운 악행이 벌건 대낮에 저질러지고 있으며, 고귀한 귀부인과 성스러운 수녀 들까지도 가톨릭군 진영의 하인과 농부 들에게 능욕당하고 있다고 비통하게 탄식했다. 승자들의 방자함이 수없이 많은 죄악을 낳고 또 은폐했으리라고 충분히 짐작할 수 있다. 그러나 이 수도에는 돈에 팔려 또는 자발적으로 몸을 던져 2만 명의 순례자들의 욕망을 채워 주려는 미녀들이 많았던 것도 사실이다. 그리고 여자 포로들은 더 이상 예종에 대한 권리에 복종하거나 학대를 당하지 않아도 되었다. 몬페라트 후작은 규율과 품위의 수호자였으며, 플랑드르 백작은 순결의 거울이었다. 그들은 유부녀나 처녀, 수녀를 겁탈하는 자는 사형으로 다스렸다. 패자는 이 포고에 의지했고 승자는 이를 존중했다. 그들의 잔혹성과 정욕은 대장들의 권위와 병사들의 동정 덕에 누그러졌다. 지금 우리는 북방 야만인의 침입에 대해 이야기하고 있는 것이 아니다. 여전히 사납게 보였을지라도 세월의 흐름과 정책, 종교 덕에 프랑스인의 풍속은 꽤 문명화되었고, 이탈리아인은 훨씬 더 그러했다. 그러나 탐욕심만은 방임되었으므로, 라틴인들은 성스러운 주간에조차도 콘스탄티노플을 약탈함으로써 배를 채웠다. 그들은 어떤 약속이나 조약의 구속도 받지 않는 승자의 권리로 비잔티움 사람들의 공유 재산과 사유 재산을 몰수했다. 누구나 힘닿는 데까지 합법적으로 판결을 집행하여 몰수한

33 리옹 공의회에서(1245년) 잉글랜드 사절들은 왕의 수입이 외국 성직자들의 수입만큼도 안 되는 연간 6만 마르크에 불과하다고 말했다.

재산을 손에 넣을 수 있었다. 금화나 은화 또는 원상태 그대로인 금과 은이 휴대하기 편하고 널리 쓰이는 교환 기준이었으므로, 이를 손에 넣은 이들은 형편에 따라 원하는 물건으로 바꿀 수 있었다. 교역과 사치성이 축적해 온 재물 중 비단, 벨벳, 모피, 보석, 향료, 기타 값비싼 귀중품들은 유럽의 더 미개한 나라에서는 돈으로도 살 수 없는 것이었으므로 가장 귀하게 여겨졌다. 약탈에도 나름의 질서가 잡혀서 운이나 노력에 따라 각 개인의 몫이 결정되는 것을 방지했다. 라틴인은 약탈품을 공동 창고로 나르지 않고 빼돌렸다가는 위증죄, 파문, 사형 등 어마어마한 형벌을 받아야 했다. 전리품을 보관하고 분배할 곳으로 세 군데의 교회가 선정되어, 보병 한 명에게는 1인분, 기병에게는 2인분, 기사에게는 4인분, 군주와 영주 들에게는 지위와 공적에 따라 더 큰 몫이 배분되었다. 생폴 백작 밑에 있는 한 기사는 이 신성한 약속을 어긴 죄로 목에 방패와 갑옷을 걸고 교수형에 처해졌다. 그의 본보기에 범죄자들은 한층 더 교묘하고 조심스러워졌지만, 탐욕이 공포보다 강했으므로 허용 한도를 훨씬 뛰어넘어 비밀 약탈이 성행했던 것으로 보인다. 그러나 전리품의 규모는 과거의 경험이나 예상치를 훨씬 상회했다. 모든 전리품을 프랑스인과 베네치아인 들 사이에 동등하게 나눈 다음, 프랑스인의 채무와 베네치아인의 요구액을 지불하기 위해 5만 마르크는 따로 떼어 놓았다. 그러고도 프랑스 쪽에 남은 몫이 은화 40만 마르크, 즉 약 80만 파운드에 달했다. 당시 공적, 사적으로 이루어진 거래로 볼 때 이 액수의 가치가 잉글랜드 왕국 연간 세입의 일곱 배에 달했다고 설명하면 이해가 빠를 것이다.[33]

약탈품의 분배

이 거대한 소용돌이 속에서 우리는 샹파뉴 육군 원수인 빌라르두앵과 비잔티움 원로원 의원인 니케타스의 정반대되는 견해를 담은 기록을 비교해 보는 드문 즐거움을 누릴 수 있다. 얼른 보기에는 콘스탄티노플의 부가 한 나라에서 다른 나라로 이전된 데 불과하며, 비잔티움 사람들의 슬픔과 손실은 라틴인들의 기쁨, 이득과 정확히 균형을 이룰 것 같다. 그러나 전쟁의 참상을 따져 보면 결코 이득과 손실이, 기쁨과 고통이 맞먹을 수는 없다. 라틴인의 미소는 일시적이고 표면적인 반면, 비잔티움 사람들은 조국의 폐허 위에 한없이 눈물을 떨구어야 했다. 그들에게 닥친 재앙의 현실적인 고통은 신성 모독과 비웃음까지 겹쳐 더욱 가중되었다. 도시의 건물과 재보를 대부분 소멸시킨 대화재에서 정복자들이 대체 무슨 이익을 얻었겠는가? 사용하거나 운반할 수 없다고 고의로 또는 함부로 파괴해 버린 것은 또 얼마이던가! 얼마나 많은 재물이 도박, 주색잡기, 폭동 속에서 헛되이 사라졌는가! 무지하고 성질 급한 병사들의 손에서 귀중한 물건들이 얼마나 헐값에 넘겨졌는가! 게다가 비잔티움의 마지막 생존자들은 보잘것없는 노동으로 그 병사들의 보수까지 충당해야 하지 않았는가! 이 난장판에서 얼마라도 이득을 본 자가 있다면 잃을 것이 아무것도 없는 자들뿐이었으리라. 상류층의 비참한 상태는 니케타스 자신이 겪은 사건 속에 생생하게 묘사되어 있다. 그의 웅장한 저택은 두 번째 대화재 때 한 줌 재로 변했다. 이 원로원 의원은 가족과 친구 들을 데리고 성 소피아 성당 근처에 있는 다른 집에 은신했다. 친구인 베네치아 상인이 병사로 변장하고 이 초라한 거처의 문을 지켜 준 덕에, 니케타스는 서둘러 탈출하여 남은 재산과 딸의 순결을 지킬 수 있었다. 부러운 것 없이 살던 이들이 혹한에 도보로 떠나야 했다. 그의 아내는 임신 중이었고,

비잔티움 사람들의 고난

노예들이 도망가 버렸으므로 직접 어깨에 짐을 메고 가야 했다. 무리 한가운데에 숨은 여자들은 화장과 보석으로 꾸미는 대신 얼굴을 더럽혀 미모를 감추었다. 가는 곳마다 모욕과 위험이 그들을 기다렸다. 이방인의 위협은 이제 그들과 같은 처지가 된 평민의 조롱에 비하면 오히려 견딜 만했다. 수도에서 40마일 이상 떨어진 셀림브리아에 도착해서야 비로소 도망자들은 안도의 한숨을 내쉬었다. 그들은 도중에 시종도 없고 옷도 제대로 걸치지 못한 채 나귀를 타고 가는 총대주교와 마주쳤다. 그의 몰골은 초기 사도들처럼 초라하기 짝이 없었는데, 자발적인 행동이었다면 칭찬을 받아도 좋았으리라. 그동안에 그의 황폐해진 교회는 방자하고 당파적인 열정에 들뜬 라틴인에게 더럽혀졌다. 그들은 보석과 진주를 다 걷어 내고 성찬배를 술잔으로 썼다.

신성 모독과 조롱

그들은 도박판과 술판을 벌이는 탁자 위에 그리스도와 성인 들을 그린 그림을 깔았고, 그리스도교 예배에 쓰이는 가장 신성한 물건들을 발로 짓밟았다. 성 소피아 대성당의 성소를 덮은 거대한 장막도 금색 술을 손에 넣기 위해 갈가리 찢겼다. 기교와 사치를 다해 꾸민 제단은 산산조각이 난 채로 약탈자들이 나눠 가졌다. 그들의 노새와 말에는 문짝과 제단에서 뜯어낸 금은 세공품과 조각물을 실었는데, 성미 급한 몰이꾼은 이 짐승들이 짐 무게를 이기지 못해 비틀거리기라도 하면 바로 찔러 죽였으므로, 성당 안의 성스러운 포도에는 짐승의 더러운 피가 흘러넘쳤다. 총대주교의 자리에는 한 매춘부가 앉았다. 벨리알(Belial)의 딸이라고 불린 이 여인은 동방 교회의 성가와 행렬을 조롱하기 위해 교회 안에서 노래를 부르고 춤을 추었다. 사망한 황제의 안식처도 유린의 손길을 피하지 못했다. 사도 교회에서 황제들의 묘가 약탈당했는데,

600년이 지난 후인데도 유스티니아누스의 유해가 전혀 부패하거나 상한 흔적 없이 발견되었다고 전해진다. 프랑스인과 플랑드르인 들은 화려하게 꾸민 의복을 입고 치렁치렁한 리넨 장식을 자기 몸과 말에까지 달고 거리를 활보했다. 그들이 축하연[34]에서 보이는 거친 폭음의 난장판은 동방의 훌륭한 절주 풍속에 대한 모욕이었다. 그들은 필경사와 학자 들의 무기를 조롱하는 뜻에서 펜, 잉크병, 종이 따위를 휘두르고 다녔으나, 근대 비잔티움 사람들의 손에서는 학문의 도구나 무용의 도구나 다 같이 힘을 잃고 무용지물이 되었다는 사실은 미처 몰랐다.

그러나 비잔티움 사람들은 자신들의 명성과 언어에 기대어 라틴인들의 무지를 멸시하고, 그들의 발전상을 무시했다. 서로 간의 차이는 예술에 대한 애정에서 훨씬 더 뚜렷이 드러났고, 사실이 그랬다. 비잔티움 사람들은 선조들의 작품을 따라잡지는 못해도 경의를 갖고 보존했다. 콘스탄티노플의 조각상들을 파괴한 데 대한 비잔티움 역사가의 비난에 동의하지 않을 수 없다.[35] 우리는 이미 이 신흥 도시가 창건자인 황제의 허영과 전제로 어떻게 꾸며졌는지 살펴보았다. 이교가 멸망하는 와중에도 몇몇 신과 영웅 들은 미신의 도끼로부터 구출된 덕에, 포룸과 경기장은 더 좋았던 시대의 유물을 자랑할 수 있었다. 니케타스는 이들 중 몇몇을 화려하고 감동적인 문체로 묘사했는데, 그의 묘사에서 몇 가지 흥미로운 것을 추려 보겠다. (1) 우승한 전차 기수들은 자비나 공공 비용을 들여 청동상으로 만들어져 대경기장에 설치되었다. 그들이 전차 위에 높이 서서 목표 지점을 향해 달리는 동안, 구경꾼들은 그들의 모습에 감탄하기도 하고 동상과 닮았는지 비교해 볼 수도 있었다. 이 동상

조각상의 파괴

[34] 니케타스가 전하는 비잔티움식 요리법을 내가 제대로 이해했다면, 그들이 가장 좋아하는 요리는 삶은 쇠고기 볼깃살, 소금에 절인 돼지고기와 완두콩, 마늘과 맵거나 신맛이 나는 약초로 만든 수프 등이다.

[35] 니케타스는 원로원 의원, 재판관, 최고 대신의 자리까지 올랐다. 그는 제국의 몰락을 목도하고 니케아로 물러나 알렉시우스 콤네누스의 사망부터 앙리의 지배에 이르기까지 정교한 역사서를 집필했다.

중 가장 완벽한 것은 올림피아 경기장에서 옮겨 온 것일지도 모른다. (2) 스핑크스와 하마, 악어의 조각상은 이집트의 풍토와 제조품, 고대 속주의 전리품을 대표한다. (3) 로물루스와 레무스에게 젖을 물린 암늑대. 이것은 고대 로마인과 후대 로마인이 다 같이 선호하는 주제이지만, 비잔티움의 조각 예술이 퇴보하기 이전에는 거의 다루어지지 않았다. (4) 발톱 밑에 큰 뱀을 움켜쥐고 갈가리 찢고 있는 독수리상. 이는 비잔티움의 국가적 기념물로, 비잔티움 사람들은 이것이 살아 있는 예술가의 솜씨가 아니라 이 맹독성 파충류로부터 부적으로 도시를 구한 철학자 아폴로니우스의 마술적인 힘으로 만들어졌다고 했다. (5) 악티움 해전의 승리에 대한 예언을 기념하기 위해 아우구스투스가 니코폴리스 식민지에 세운 당나귀와 그 마부상. (6) 속설에 따르면 손을 뻗어 지는 해를 멈추었다는 유대인 정복자 여호수아를 나타내는 것으로 믿어지는 기마상. 더 고전적인 전승에 따르면 이 기마상은 벨레로폰과 페가수스의 모습이라고 하는데, 이 준마의 자유로운 자태는 땅 위를 걷기보다는 공중을 나는 듯하다. (7) 청동으로 된 사각의 높은 오벨리스크. 옆면에는 사실적인 전원풍의 장면이 다채롭게 돌을새김되어 있다. 새들이 노래하고, 시골 사람들이 일을 하거나 피리를 불며 놀고, 어미 양이 울고, 새끼 양이 뛰어다니고, 바다와 고기잡이 풍경, 발거벗은 작은 큐피드가 장난치고 웃으며 서로 사과를 던지고 있다. 맨 위에는 아주 가벼운 바람에도 곧 방향을 바꾸는 여인상이 있어 바람의 신(神)의 여종이라 일컬어졌다. (8) 최고의 미인에게 바치는 불화(不和)의 사과를 베누스에게 헌상하고 있는 프리기아의 목동상. (9) 니케타스가 감탄과 애정을 담아 묘사한 비할 데 없이 아름다운 헬레나상. 그녀의 맵시 있는 발, 눈처럼 흰 팔, 장밋빛 입술, 매혹적인 미소,

현기증 나게 만드는 눈, 활 모양의 눈썹, 조화로운 몸매, 주름 잡힌 가벼운 옷자락, 바람에 흐르는 듯 흔들리는 머리 타래. 야만스러운 파괴자의 마음에조차 연민과 유감을 불러일으킬 만한 미모였다. (10) 인간인지 신인지 모를 헤라클레스의 조각상으로, 리시포스의 거장다운 솜씨에 의해 엄지손가락은 보통 사람의 허리와, 다리 길이는 키와 맞먹는 크기로 되살아났다.36 널찍한 가슴팍에 떡 벌어진 어깨, 근육이 잘 발달한 강인한 사지에 곱슬곱슬한 머리카락으로 당당한 자태를 뽐냈다. 그는 화살이나 활, 곤봉 하나 없이 사자 가죽을 아무렇게나 걸친 채 오른쪽 다리와 팔을 쭉 뻗고 왼쪽 무릎은 구부려 팔꿈치를 받치고, 왼손에 머리를 기댄 모습으로 버들가지 바구니 위에 앉아 분노와 수심에 잠긴 표정을 하고 있었다. (11) 사모스 섬의 신전을 장식했던 유노(Juno)의 거상. 거대한 머리는 네 마리 황소가 궁전까지 힘들게 끌고 왔다. (12) 팔라스 또는 미네르바의 거상. 높이가 30피트에 이르는 이 조각상은 호전적인 처녀의 특징과 성격을 훌륭하게 표현했다. 라틴인들을 비난하기에 앞서, 첫 번째 포위 공격이 시행된 직후 비잔티움 사람들이 미신과 공포에 사로잡혀 이 팔라스 상을 스스로 파괴했다는 사실을 언급해야겠다. 다른 여러 청동상들은 십자군의 무분별한 탐욕 때문에 부서지고 녹아 버렸다. 제작에 들어간 비용과 노고가 한순간에 날아가고, 천재의 혼은 연기 속에 사라져 갔다. 비금속 찌꺼기로는 군대에 지급할 주화를 만들었다. 청동은 기념비의 재료로서 그다지 내구성이 강한 종류는 아니다. 라틴인들은 어리석은 경멸감으로 피디아스와 프락시텔레스가 만든 대리석상에 눈을 돌렸을지 모르지만,37 이것들은 쓸모없는 돌덩이로 취급되었기 때문에 우연한 피해로 부서지지만 않는다면 대좌 위에 무사히 남아 있었다. 이방인들 중 천박하고 관능

36 이 비율을 옮겨 적어 놓기는 했지만, 내가 보기에는 서로 일치하지 않는 것 같다. 니케타스의 과시하기 좋아하는 취향은 허세와 허영으로만 비칠 수도 있다.

37 니케타스는 두 구절에서 라틴인들을 '아름다움을 사랑하지 않는 야만인들(οἱ τοῦ καλοῦ ἀνέραστοι βάρβαροι)'라고 비난하며 놋쇠에 대한 그들의 탐욕을 생생하게 표현한다. 그러나 베네치아인들은 네 개의 청동 말을 콘스탄티노플에서 성 마르크 성당으로 옮겼다.

적인 쾌락만 찾는 동족보다 나은 개명된 자들은 성인의 유물을 찾아내어 모으는 더 경건한 일에 정복자의 권리를 행사했다.[38] 이 소동으로 말미암아 유럽의 교회마다 어마어마한 양의 해골과 뼈, 십자가와 성상이 쏟아져 들어왔다. 순례와 봉헌이 엄청난 인기를 끌던 때였으므로, 아마도 동방에서 들어온 것들 중에 이보다 더 돈벌이가 되는 약탈품은 없었을 것이다. 고대 유물에 관한 기록 중 상당수가 12세기까지 존재했으나 지금은 유실되었다. 그러나 순례자들은 알지도 못하는 언어로 씌어진 서적을 구하거나 옮기는 일에는 별로 관심이 없었다. 종이나 양피지처럼 썩기 쉬운 재질은 여러 사본이 있어야만 보존될 수 있는 법이다. 비잔티움 사람들의 문예물은 거의 수도에 집중되어 있었다. 우리는 얼마나 큰 손해를 입었는지 어림짐작도 못한 채, 콘스탄티노플에서 일어난 세 차례의 화재로 소실된 장서들의 운명에 눈물지을 따름이다.

[38] 마르탱 대수도원장이 저지른 신성한 절도 행위를 보라. 그는 값나가는 뱃짐을 파리에 있는 그의 수도원, 바실리우스 교구로 옮겼다. 그러나 이 성인은 이 노획품을 은닉하느라 파문을 당했을 뿐 아니라, 아마도 자신의 서약을 깼던 것 같다.

61

THE DECLINE AND FALL
OF THE ROMAN EMPIRE

프랑스인과 베네치아인 들의 제국 분할·플랑드르와 쿠르트네 가의 라틴 황제 다섯 명·그들의 불가리아인 및 비잔티움인과의 전쟁·라틴 제국의 무력함과 곤궁·비잔티움인들의 콘스탄티노플 수복·십자군의 전반적인 결과·쿠르트네 가

1204년 5월,
황제 보두앵 1세의 선출

적법한 황제들(이사키우스 2세, 알렉시우스 4세)이 사망한 후, 정의와 승리에 대한 확신에 찬 프랑스인과 베네치아인은 자신들의 미래의 영토를 분할하여 관리하는 데 동의했다. 그들은 양국에서 여섯 명씩으로 열두 명의 선거인단을 지명하여 다수결로 동로마 황제를 선출하되, 만일 표가 동수를 이루면 제비뽑기로 가리자는 협정을 맺었다. 그들은 선출된 자에게 비잔티움의 제위에 따르는 모든 특권 및 칭호와 함께 부콜레온과 블라케르나이의 두 궁전, 비잔티움 제국 영토의 4분의 1에 해당하는 지역을 할당해 주었다. 나머지 4분의 3은 베네치아 공화국과 프랑스의 영주들이 똑같이 나누기로 했다. 그 밖에 봉건 가신들은 베네치아 대공을 영예로운 특례로 대우하고, 제국의 최고 수장에 대한 신종(臣從)의 의무와 군사적 봉사를 인정하고 수행할 것, 황제를 배출한 쪽은 총대주교의 선택권을 상대방에게 넘길 것, 순례자들은 성지를 찾고 싶은 마음이 아무

¹ 한 프랑스 선거인이 대공이 지명되었다고 말하자, 그의 친족인 엔리코 단돌로가 그를 제외시키는 데 찬성하고 나섰다. 비온도부터 보(Le Beau)에 이르기까지 오늘날의 작가들은 이 이야기를 윤색해 왔다.

리 급할지라도 비잔티움 속주를 정복하고 방어하는 데 1년 더 헌신할 것 등이 결정되었다. 라틴인이 콘스탄티노플을 정복한 후, 조약이 승인되어 실행되었다. 첫 단계이자 가장 중요한 순서는 황제를 옹립하는 일이었다. 프랑스의 선거인 여섯 명은 모두 성직자로, 로스 대수도원장, 팔레스타인 아크레의 대주교, 트루아, 수아송, 할베르슈타트, 베들레헴 주교였다. 이 중 베들레헴 주교는 진영에서 교황 특사의 직무를 수행했다. 그들은 직책으로 보나 학식으로 보나 존경받을 만한 인물이었을뿐더러, 피선거인이 될 수 없었으므로 선거인으로서는 최적격이었다. 베네치아인 여섯 명은 국가의 주요 고관이었다. 고귀한 가문인 퀘리니 가와 콘타리니 가는 아직도 이 목록에 있는 자기네 선조들의 이름을 자랑으로 삼는다. 궁전 부속 성당에 열두 명이 모였다. 그들은 성령께 엄숙히 기도를 올린 후 심사숙고한 끝에 투표를 했다. 그들은 존경심과 감사의 뜻에서 덕망 높은 대공에게 제위를 바치지 않을 수 없었다. 대공은 지혜로써 그들을 대사업에 나서도록 이끌었고, 또한 장님인데다 노령임에도 불구하고 그가 세운 공적은 가장 젊은 기사들에게조차 찬탄과 부러움을 샀던 것이다. 그러나 애국자인 단돌로는 개인적인 야심이 전혀 없었으므로, 통치할 자격이 있는 인물로 평가받은 것으로 충분히 만족했다. 베네치아인들도 그의 지명을 반대했다. 그의 동포, 아마도 친구들은¹ 진실이 담긴 웅변으로 공화국의 최고 통치자와 동로마 황제라는 양립할 수 없는 두 가지 역할을 결합했다가는 국가의 자유와 공동의 대의에 악영향을 끼칠 수도 있다고 주장했다. 대공이 배제됨으로써 공적에서 막상막하인 보니파키우스와 보두앵에게 기회가 돌아갔다. 그만 못한 후보들은 그들의 이름 앞에서 정중하게 자리를 비켰다. 몬페라트 후작은 원숙한 나이에 평판이 좋은데다가, 모험가들의 지지와 비잔티움 사람들의 소망에 힘입어 천거되었다. 나는 바다의 여왕인 베네치아가 알프스 기슭의 변변찮은 봉건 영주 따위를 정말로 두려워했으리라고는 믿지 않는다.2 그러나 플랑드르 백작은 부유하고 호전적인 사람들의 수장이었다. 그는 용맹스럽고 경건하고 정숙했으며, 당시 불과 서른두 살로 인생의 절정기에 있었다. 또한 그는 샤를마뉴 대제의 후손이자 프랑스 왕의 사촌이며, 외국인의 명령에 내키지 않지만 복종해왔던 고위 성직자와 영주 들의 동료였다. 이 영주들은 대공과 후작을 앞세우고 열두 명의 선거인단의 결정을 기다렸다. 수아송 주교가 대표로 결과를 발표했다.

그대들은 우리가 선택한 군주에게 복종할 것을 맹세했소. 우리는 만장일치로 플랑드르와 에놀 백작인 보두앵을 이제 그대들의 주군이자 동로마의 황제로 추대했소.

우렁찬 박수갈채가 터져 나왔다. 이 선언은 라틴인의 기쁜 목소리와 겁에 질린 비잔티움 사람들의 아첨의 말을 타고 도시 전체로 퍼져 나갔다. 보니파키우스가 제일 먼저 경쟁자의 손에 입 맞추고 둥근 방패 위에 그를 들어 올렸다. 보두앵은 대성당으로 이동해 엄숙하게 자주색 반장화를 받았다. 그는 3주 후 아직 공석인 총대주교를 대신해 교황 특사로부터 왕관을 받았다. 그러나 베네치아인 성직자들은 곧 성 소피아 대성당 참사회를 장악하여 모로시니를 옥좌에 앉히고, 모든 수단을 동원하여 비잔티움 교회의 명예와 성직록을 확보하고 영구화하는 데 온 힘을 쏟았다.3 콘스탄티누스 대제의 후계자는 지체 없이 팔레스타인, 프랑스, 로마에 이 역사적인 변화를 알렸다. 그는 팔레스타인에는 콘스탄티노플 성문과 항구에 쳤던 쇠사슬을

2 니케타스는 비잔티움 사람답게 허영스러운 무지에 차서 몬페라트 후작을 바다의 실권자로 묘사한다. 그는 칼라브리아 해안을 따라 쫙 펼쳐진 롬바르디아의 비잔티움 관구에 속아 넘어가지 않았던가?

3 그들은 토마스 모로시니(Thomas Morosini)로부터 베네치아에서 10년 이상 거주한 베네치아인이 아니면 절대 성 소피아 성당 참사회원으로 임명하지 않겠다는 약속을 강제로 받아 냈다. 그러나 외국인 성직자들은 시기심이 강했고, 교황은 이렇게 한 민족이 독점하는 데 찬성하지 않았으므로, 콘스탄티노플의 라틴 총대주교 여섯 명이 처음이자 마지막으로 임명된 베네치아인들이었다.

4 이노켄티우스 3세의 서한은 콘스탄티노플의 라틴 제국의 교회와 민정 제도를 보여 주는 풍부한 보고이다.

5 분할 조약에서 속주명 대다수가 필경사들에 의해 와전되었다. 이를 다시 원상 복구할 수도 있었을 것이고, 비잔티움 제국의 마지막 시대에 어울릴 만한 훌륭한 지도가 나왔더라면 지리학에 발전을 가져왔을 것이다. 하지만 슬프도다! 당빌(d'Anville)은 이제 없구나!

기념물로 보냈고, 예루살렘 왕국 법전에서 동로마 내의 프랑스 식민지와 정복지에 가장 적합한 법규와 관례를 채택했다. 그는 프랑스 국내에 거주하는 사람들에게 보낸 서신에서, 거류민을 늘리고 정복지를 안정시키며, 성직자와 병사 모두의 노고를 보상해 줄 웅장한 도시와 풍요로운 땅에 삶의 터전을 마련하도록 권고했다. 그는 로마 교황에게 동로마에서 권위를 회복한 데 축하를 보내면서, 대공의회에 몸소 참석하여 비잔티움의 분열을 종식시켜 달라며 초청하는 한편, 반항적인 순례자들에게 축복과 용서를 탄원했다. 이노켄티우스의 답변은 신중하고 위엄이 있었다.[4] 그는 비잔티움 제국의 붕괴를 놓고, 인간의 악덕을 규탄하고 신의 섭리를 찬양한다. 정복자들은 앞으로의 행실에 따라 용서를 받거나 아니면 단죄받을 것이고, 그들의 조약이 유효한가 여부는 성 베드로의 판단에 달려 있으며, 비잔티움 사람들이 라틴인에 대해, 관리가 성직자에 대해, 성직자가 교황에 대해 복종과 존경을 바치는 올바른 종속 관계를 확립하는 것이야말로 가장 신성한 의무라고 강조하였다.

비잔티움 제국의 분할

비잔티움 속주를 분할한 결과,[5] 베네치아인의 몫이 라틴 황제의 것보다 더 넓었다. 그의 영토가 된 것은 전체의 고작 4분의 1에 불과했다. 나머지의 정확히 절반은 베네치아 몫이었다. 다른 절반은 프랑스와 롬바르디아의 모험가들 사이에 분배되었다. 덕망 높은 단돌로는 로마니아의 지배권자로 선포되어, 비잔티움식대로 자주색 반장화를 받았다. 그는 콘스탄티노플에서 길고 영광스러운 생애를 마쳤다. 특권은 그 한 사람으로 끝이 났지만, 칭호는 '로마 제국의 절반과 4분의 1의 군주'라는 기묘하나 어쨌든 사실인 직함과 함께 14세기 중반까지 그의 후계자들에게 이어졌다. 국가의 공복인 대공은 공화국의 키를 한시라도 놓을 수 없었으므로, 그의 직무는 베네치아인 식민지에서 최고 사법권을 행사하는 일종의 섭정인 바일(bail)이 대신했다. 그들은 콘스탄티노플의 여덟 구역 중 세 곳을 관할했다. 그의 독립 법정은 판사 6명, 법률 고문 4명, 징수원 2명, 재무 관리인 2명, 치안관 1명으로 구성되었다. 그들은 동방 무역에서 쌓은 오랜 경험을 통해 자신들의 몫을 빈틈없이 선택할 수 있었다. 그들은 경솔하게 하드리아노폴리스의 통치와 방위를 떠맡는 우를 범하기도 했으나, 더 합리적인 정책 목표는 라구사 인근에서 헬레스폰투스와 보스포루스 해협의 해안선을 따라 재외 상관(在外商館)과 도시와 섬 들로 사슬처럼 이어지는 연결 지대를 형성하는 것이었다. 이렇게 광대한 정복지의 건설로 국고가 고갈되자, 그들은 자신들의 통치 원칙을 포기하고 봉건 체제를 채택했다. 그리하여 봉신들이 개인적으로 정복하여 보유하는 땅에 대해서는 그들로부터 신하의 예를 받는 것으로[6] 만족하기로 했다. 이리하여 사누트 가 에게 해의 대부분에 해당하는 낙소스 공작령을 차지했다. 공화국은 몬페라트 후작에게 1만 마르크를 지불하고 폐허가 된 도시 백여 개와 함께[7] 비옥한 크레타, 즉 칸디아 섬을 사들였다. 그러나 오만하고 편협한 귀족 계급의 정신은 발전을 저해했다. 현명한 원로원 의원이라면 육지가 아니라 바다가 성 마르크의 보고임을 인정했을 것이다. 보니파키우스 후작은 모험가들의 몫 중에서 가장 후한 보수를 요구할 자격이 충분했다. 그는 제위를 얻지 못한 대신 그 보상으로 크레타 섬 외에도 왕의 칭호와 헬레스폰투스 해협 바깥의 속주들을 얻었다. 그러나 그는 현명하게도 멀고 유지하기 힘든 정복지를 수도에서 12일 거리에 있는 테살로니카, 즉 마케도니아 왕령지와 맞바꾸었다. 그곳이라면 의형제인 헝가리 왕의 힘을 빌릴 수도 있었다. 그가 전진하는

[6] 뒤캉주(Ducange)는 칸디아, 코르푸, 케팔로니아, 잔테, 낙소스, 파로스, 멜로스, 안드로스, 미코네, 스키로, 케아, 렘노스 등 여러 섬의 베네치아 귀족들이 얻은 정복지를 표시했다.

[7] 보니파키우스는 1204년 8월 칸디아 섬을 팔았으나, 그 섬이 어떻게 그의 어머니 몫이 되었는지, 그녀가 어떻게 알렉시우스 황제의 딸일 수가 있는지 나로서는 알 수가 없다.

곳마다 원주민들이 자발적으로 또는 마지못해 나와 환호성으로 맞이했다. 그리스는 또다시 라틴 정복자를 받아들였으나,[8] 그는 유서 깊은 땅을 밟으면서도 아무런 감흥을 느끼지 못했다. 그는 템페 계곡의 아름다움을 무심하게 바라보면서 테르모필라이 해협을 조심스레 건넜다. 그는 테베, 아테네, 아르고스 등 미지의 도시를 점령하고, 자신의 무력에 저항하는 코린토스와 나폴리의 요새를[9] 공격했다. 라틴 순례자들의 몫은 우연이나 선택 또는 이후의 교환에 따라 정해졌다. 그들은 방자한 기쁨에 취해 위대한 민족의 생명과 재산을 놓고 승자의 권리를 함부로 휘둘렀다. 그들은 속주를 면밀하게 조사한 후 각 지역의 세입, 위치상의 이점, 병사와 말을 유지하기에 적당한지를 탐욕스럽게 따져 보았다. 그들은 뻔뻔스럽게도 로마의 왕권이 오래전에 상실한 속국에 대한 권리까지 주장하여 이를 분할하기에 이르렀는데, 이리하여 나일 강과 유프라테스 강까지 그들의 공상 속의 영토 안에서 흐르게 되었다. 한 전사는 이코니움에 있는 투르크 술탄의 궁전을 상으로 얻고 기뻐했다.[10] 가문의 계보와 영지의 재산 목록을 시시콜콜 늘어놓지는 않겠지만, 블루아와 생폴의 백작들이 니케아 공작령과 데모티카의 소유권을 얻었다는 점은 언급하고 넘어가겠다.[11] 주요 봉토는 성(城)의 관리장(長), 회계관, 시종, 집사, 요리장의 봉사로 유지되었다. 우리의 역사가 조프루아 빌라르두앵은 헤브루스 강변에 제법 괜찮은 정착지를 얻었으며, 샹파뉴와 로마니아 육군 원수를 겸직하게 되었다. 봉신들은 자기 몫의 영토를 확보하기 위해 기사와 궁사를 이끌고 말을 타고 나섰다. 그들의 노력은 초반에는 대체로 성공을 거두었으나, 전체 병력이 분산되면서 약화되었고 검을 유일한 심판으로 삼는 법을 신봉하는 자들 사이에서 수없이 많은 분쟁이 발생할 수밖에 없었다. 콘스탄티노

[8] 빌라르두앵(Villehardouin)과 니케타스는 보니파키우스 후작의 그리스 원정을 설명하고 있다. 코니아테스는 아테네 대주교인 그의 형 미카엘로부터 정보를 얻었을 것이다. 그는 형을 웅변가이자 정치가인 동시에 성인으로 묘사한다. 아테네인에 대한 그의 과장된 찬사와 템페에 대한 묘사는 보들리 도서관에 있는 니케타스의 원고에서 나온 것으로, 해리스가 연구할 가치가 있는 것이었다.

[9] 아르고스의 고대 항구인 로마의 나폴리(Napoli), 즉 나우플리아는 아직도 강력하고 중요한 곳으로, 훌륭한 항구와 함께 험준한 반도에 위치해 있다.

[10] 나는 프랑크족의 뻔뻔함을 드러내려 애쓴 니케타스의 표현을 완화했다.

[11] 헤브루스 강으로 둘러싸이고 하드리아노폴리스 남쪽으로 6리그 떨어진 곳에 있는 한 도시는 이중 성벽이라는 뜻에서 디디모테이코스(Didymoteichos)라는 그리스 이름을 얻었는데, 서서히 데모티카(Demotica)와 디모트(Dimot)로 와전되었다. 나는 데모티카라는 편리하고 현대적인 명칭이 더 마음에 든다.

플이 정복된 후 석 달 동안, 황제(보두앵)와 테살로니카의 왕(보니파키우스)은 부하들을 출전시켜 싸웠다. 그들은 결국 대공(단돌로)의 권위와 육군 원수(빌라르두앵)의 충고, 동료들의 자유에 대한 확고한 의지를 받아들여 화해했다.

콘스탄티노플을 지배했던 두 도망자는 여전히 황제의 칭호를 주장했다. 이들 몰락한 황제의 신민은 연로 알렉시우스의 불행에 동정심을 느꼈을지도 모르고, 아니면 무르주플의 기백에 자극받아 복수심을 불태웠을지도 모른다. 알렉시우스는 인척 관계와 공통의 이해관계, 비슷한 죄상, 적대자들과 형과 조카를 없애 버린 그의 공적 등에 마음이 움직여서 무르주플과 남은 힘을 합치기로 했다. 무르주플은 그의 아버지 알렉시우스의 진영에 미소와 함께 영예롭게 맞아들여졌다. 그러나 사악한 자들은 자신들과 같은 범죄자 무리를 결코 사랑할 수 없고, 웬만해서는 신뢰하지도 않는 법이다. 그는 욕탕에서 사로잡혀 눈을 잃고 군대와 재물을 모두 빼앗긴 다음, 황제 이사키우스와 그 아들의 암살자를 증오하고 처벌하려는 자들에게 공포와 경멸의 대상이 되어 방랑하는 신세가 되었다. 이 폭군은 공포와 회한에 쫓겨 아시아로 몰래 숨어들었다가, 콘스탄티노플의 라틴인에게 붙잡혀 공개 재판을 받고 불명예스러운 죽음을 맞았다. 그의 판관들은 처형 방식을 놓고 도끼를 쓸지, 찢어 죽일지, 아니면 화형에 처할지 논의했다. 결국 무르주플은[12] 높이 147피트에 달하는 흰색 대리석 기둥인 테오도시우스의 기둥에 오르라는 판결을 받았다. 그는 꼭대기에서 거꾸로 내던져져 타우루스 광장을 가득 메운 수많은 구경꾼들 눈앞에서 박살이 났는데, 구경꾼들은 이 기묘한 결말에 의해 옛 예언이 성취되었다며 감탄해 마지않았다.[13] 알렉시우스의 운명은 이보다는 나

1204년 등,
비잔티움 사람들의 반란

[12] 무르주플의 운명에 대해서는 니케타스, 빌라르두앵, 군테루스를 참조할 것. 그러나 육군 원수도 수도사도 죄에 비해 더 큰 벌을 받은 압제자에 대해 아무런 동정심도 비치지 않는다.

[13] 이 기념 기둥에 관한 귄터와 비잔티움 사람들의 허튼소리는 주목할 가치도 없다. 그러나 라틴인이 정복하기 50년 전, 시인인 체체스가 한 부인네의 꿈에 관해 설명한 부분은 매우 특이하다. 그녀는 광장에서 군대의 모습과 한 남자가 기둥 위에 앉아서 손뼉을 치면서 큰 소리로 고함을 지르는 모습을 보았다고 말했다.

[14] 니케아, 트레비존드, 에피루스의 왕조들에 대해서는 뒤캉주가 『비잔티움 왕조들』에서 상세히 연구하고 명쾌하게 설명하였다.

았다. 그는 후작의 손으로 이탈리아에 포로이자 로마인의 왕에게 바치는 선물로 보내졌다. 감금과 추방 판결이 알프스에 있는 한 요새에서 아시아의 한 수도원으로 변경되었지만 운이 좋다고 기뻐할 처지는 못 되었다. 그러나 그의 딸은 국가적 재난이 있기 전에 한 젊은 영웅에게 시집갔는데, 바로 이 인물이 비잔티움 황실의 혈통을 잇고 제위를 되찾게 된다.[14] 테오도루스 라스카리스는 두 차례의 콘스탄티노플 포위 공격에서 용맹을 떨쳤다. 무르주플이 도망치고 나서 라틴인들이 이미 도시에 들어와 있었을 때, 그는 병사들과 신민들에게 자신을 황제로 선포했다. 그의 야심은 고결했으며 의심할 바 없이 용기 있는 것이었다. 그가 군중들에게 혼을 불어넣을 수 있었더라면 그들은 이방인들을 발밑에 뭉개 버렸을 것이다. 그러나 그들은 무기력한 절망에 빠져 그를 돕기를 거부했다. 테오도루스는 정복자의 눈 밖에 있어 추적이 미치지 않는 아나톨리아로 후퇴하여 자유의 공기를 호흡했다. 그는 황제라는 칭호를 내세우며, 목숨을 가벼이 여기고 굴종적인 삶을 거부하는 대담무쌍한 자들을 자기 깃발 아래 끌어모았다. 그는 국가의 안전을 위해서라면 어떤 수단이라도 정당화될 수 있다고 생각했으므로, 양심의 가책도 없이 투르크의 술탄에게 동맹을 청했다. 테오도루스가 거처를 정한 니케아와 프루사, 필라델피아, 스미르나, 에페수스는 자기들의 해방자를 위해 성문을 열었다. 그는 승리했을 때는 물론이고 패배했을 때조차 힘과 명성을 얻었다. 콘스탄티누스 대제의 후계자는 메안데르 강변에서 니코메디아 교외 지역, 나아가 콘스탄티노플까지 제국의 일부를 확보했다. 멀리 떨어지고 외진 또 다른 지역은 콤네누스 가의 직계 상속자

1204~1222년,
니케아의 황제
테오도루스 라스카리스

트레비존드의
공작들과 황제들

이며 압제자 안드로니쿠스의 손자인 덕망 높은 마누엘의 아들이 소유했다. 그의 이름은 알렉시우스였다. '대(大)'라는 수식어는 그의 업적보다는 큰 키에서 비롯된 듯하다. 안겔루스의 관대함 덕분에 그는 트레비존드의 총독 또는 공작으로 임명되었다.15 그는 자신의 출신 성분을 의식하여 야심을 품었고, 혁명 덕분에 독립을 얻었다. 그는 자신의 칭호를 바꾸지 않고 흑해 해변을 따라 시노페에서 파시스까지 평화롭게 통치했다. 그의 뒤를 이은 이름 없는 아들은 술탄의 봉신이 되어 창기병 200명을 거느리고 봉사했다고 전해진다. 이 콤네누스 가의 군주는 트레비존드의 공작에 불과했으며, 알렉시우스의 손자는 오만과 선망 때문에 황제를 자칭했을 따름이었다. 서방에서는 혁명 이전에는 일개 인질이자 병사, 반역도 정도로만 알려져 있던 안겔루스 가의 서자 미카엘이 제3의 파편을 공동의 파멸에서 구해 냈다.

에피루스의 전제 군주들

그는 보니파키우스 후작 진영에서 탈출해 자유로운 몸이 되었다. 총독의 딸과 결혼하여 두라초의 요지를 지배하게 되었으며, 전제 군주를 자칭하면서 한때는 호전적인 민족들로 들끓었던 에피루스, 아이톨리아, 테살리아에 강력하고 웅장한 공국을 세웠다. 새로운 주군에게 봉사하게 된 비잔티움 사람들은 거만한 라틴인으로부터 비굴하게 복종할 운명을 타고난 사람들로 취급받으면서 모든 민정(民政)과 군사상의 영예로운 직책에서 밀려났다. 분노한 비잔티움 사람들은 자신들이 위험한 적이 될 수 있는 만큼 쓸모 있는 동지도 될 수 있다는 사실을 보여 주려 노력했다. 그들은 역경 속에서 용기를 단련했다. 학문과 종교, 고귀하고 용맹스러운 것이라면 무엇이든지 트레비존드, 에피루스, 니케아의 독립 국가로 유입되었다. 단 한 명의 귀족만이 프랑크인에 대한 애착과 충성이라

15 이제부터 참고할 파키메르와 니케포루스 그레고라스의 저시에서 몇몇 사실을 제외하면, 비잔티움의 문필가들은 트레비존드 제국이나 라치 공국은 언급할 가치도 없다고 생각한다.

는 애매모호한 칭찬의 말로 기록되어 있다. 도시와 시골의 일반 대중은 온건하고 조화로운 복종 상태를 더 기꺼이 받아들이며, 몇 년간 노동하며 평화롭게 살다 보면 전쟁의 일시적인 혼란은 잊혀지게 마련이다. 그러나 봉건 체제의 무질서 속에서 평화는 사라지고 노동의 결실은 파괴되었다. 콘스탄티노플의 '로마인' 황제들은 능력이 닿는 한 신민을 보호하기 위해 무장했으며, 현명한 법률과 단순한 통치 방식을 지니고 있었다. 그러나 라틴 황제는 방자한 동맹들 중 한 대장, 어쩌면 그조차도 못 되고 부하에 불과한 명목상의 군주였다. 영주들의 검이 왕국에서 성 하나까지 제국의 봉토를 유지하고 지배했다. 그들의 불화와 곤궁, 무지로 말미암아 폭정의 여파가 미치지 않는 곳이 없었다. 비잔티움 사람들은 세속적인 권한까지 틀어쥔 성직자와 광신적인 증오심에 불타는 병사들 사이에서 이중으로 억압받았다. 극복하기 어려운 종교와 언어의 장벽은 이방인과 원주민을 영원히 갈라놓았다. 십자군이 콘스탄티노플에 집결해 있는 한, 점령당한 쪽은 그들에게 정복당했던 기억과 무력에 대한 공포 때문에 침묵을 지켰다. 그들이 분산되면서 병력이 얼마 되지 않으며 군율에도 허점이 있다는 사실이 노출되었다. 몇 차례 실패와 불운이 거듭되면서 그들이 무적이 아니라는 비밀도 드러났다. 비잔티움 사람들의 두려움이 줄어들면서 증오심은 커져 갔다. 그들은 불평을 토로하고 음모를 꾸몄다. 예속된 지 1년이 채 지나기도 전에, 그들은 한 야만인의 힘을 체험한 뒤 그가 은혜를 갚으리라 믿고 원조를 청했든가, 아니면 그의 원조 제의를 받아들였다.

1205년, 불가리아 전쟁

라틴 정복자들은 일찍이 불가리아인과 왈라키아인의 반도 수장인 칼로얀이 보낸 엄숙한 사절을 맞은 적이 있었다. 그는 왕의 칭호와 성스러운 깃발을 로마 교황에게서 받고, 교황을 따르는 자로서 자신도 라틴인들과 형제라고 생각했다. 비잔티움 제국이 붕괴될 당시, 그는 라틴인의 친구이자 협력자로 불리고 싶어했다. 그러나 칼로얀은 플랑드르 백작이 콘스탄티누스 대제의 후계자들 못지않게 허영심 많고 오만한 자임을 알고 놀랐다. 그의 사절은 반도들이 사면을 얻고자 한다면 옥좌 발치에 이마를 조아려야 한다는 거만한 전갈을 들고 돌아왔다. 그는 폭력과 유혈 행위로 분을 풀 수도 있었다. 그러나 더 냉정한 계책에 따라 비잔티움 사람들의 고조되는 불만을 주시하면서 그들의 고통에 따뜻한 관심을 보여 주고, 자유를 위한 첫 번째 투쟁에 자신과 왕국이 원조를 아끼지 않겠노라고 약속했다. 이 음모는 유대 관계와 비밀을 가장 굳게 지켜 주는 국민적 증오심에 힘입어 점차 발전해 나갔다. 비잔티움 사람들은 우쭐대는 이방인의 가슴에 단검을 박고 싶어 참을 수가 없을 지경이었다. 그러나 황제의 동생인 앙리가 정예 부대를 헬레스폰투스 너머로 보낼 때까지 신중하게 실행을 연기했다. 트라키아의 촌락과 도시 대부분은 정해진 시각에 신호를 충실히 따랐다. 이리하여 무기도 가지지 않고 아무런 의심도 품지 않았던 라틴인들은 노예들의 무자비한 복수심에 학살당했다. 생폴 백작의 봉신들 중 생존자는 첫 번째 학살 현장인 데모티카에서 하드리아노폴리스로 탈출했으나, 그 도시를 점령하고 있던 프랑스인과 베네치아인 들도 격노한 군중에게 살해되거나 추방당했다. 간신히 탈출한 일부 수비대 병사들은 수도로 후퇴했다. 각자 고립되어 반도들에 맞서 싸운 요새들은 자신들의 동료와 수장의 운명이 어떻게 되었는지 알 수가 없었다. 명성과 공포에 대한 소문을 타고 비잔티움 사람들의 봉기와 동맹인 불가리아인들의 빠른 접근 소식이 퍼져 나갔다. 칼로얀은 자기

16 코만족은 타타르나 투르크만 유목민으로 12세기와 13세기에 몰다비아 국경 지대에서 유목 생활을 했다. 대부분 이교도였지만 일부는 이슬람교도였고, 헝가리 왕 루이에 의해 전 부족이 그리스도교로 개종했다.(1370년)

왕국의 병력에 기대지 않고 스키타이 황무지에서 1만 4000명의 코만족을 끌어모았다. 그들은 포로의 피를 마시고 자기네 신의 제단에 그리스도교도를 제물로 바친다고 소문이 나 있었다.16

이처럼 갑작스럽게 번져 가는 위험에 놀란 라틴 황제는 급히 사자를 파견해 앙리 백작과 그의 군대를 다시 소환했다. 보두앵이 아르메니아인 원군 2만 명을 이끌고 돌아올 때까지 그의 용감한 동생을 기다렸더라면, 비슷한 규모에 무력과 군율은 훨씬 더 우월한 군대와 함께 침략자에 맞설 수 있었을 것이다.

3월

그러나 기사도 정신은 신중함과 비겁함을 혼동했다. 황제는 140명의 기사와 그들이 거느린 궁사 및 종자 들만을 이끌고 출정했다. 육군 원수는 황제를 만류했지만 소용이 없었으므로, 그의 결정에 따라 하드리아노폴리스로 가는 전열의 선봉을 맡았다. 주력 부대는 블루아 백작이 지휘했고, 고령의 베네치아 대공이 후위에 섰다. 그들의 빈약한 병력은 방방곡곡에서 피난길에 나선 라틴인들이 따라붙어 불어났다. 그들은 하드리아노폴리스의 반란군에 대해 포위 공격을 감행했다. 이 십자군은 어찌나 경건한 자들이었던지, 성스러운 주간에도 그 지역을 약탈해 양식을 구하고 동료 그리스도교도를 파멸시키기 위해 무기를 설치했다. 그러나 라틴인들은 곧 코만족 경기병대가 엉성한 전열 가장자리로 대담하게 치고 들어오면서 진군을 가로막자 당황했다. 로마니아 육군 원수는 나팔 소리가 울리면 기병대는 말에 올라 전열을 갖춰야 하며, 죽음의 위험을 무릅쓰고 무모하게 위험스러운 추격을 해서는 안 된다는 훈령을 내렸다. 블루아 백작이 제일 먼저 이 현명한 금지령을 어겼는데, 그의 경솔함은 황제까지 위험에 빠뜨렸다. 코만족은 이들의 첫 번째 공격을 받고 도망쳤으나 2리그쯤 퇴각한 뒤 기사들과 말이 숨차 하고 있을 때, 갑자기 방향을 돌려 대열을 가다듬더니 프랑크군의 중기병대를 포위했다. 백작은 전장에서 살해당했고 황제는 포로가 되었다. 백작은 도망치는 것을 수치로 여겼고 황제는 굴복하기를 거부했다지만, 그러한 개인적 용기로 지휘관으로서의 의무를 망각하거나 경시한 죄를 면할 수는 없었다.[17]

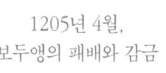
1205년 4월,
보두앵의 패배와 감금

불가리아 왕은 승리를 거두고 황제를 사로잡은 것을 자랑스러워하면서, 하드리아노폴리스를 구하고 라틴인들을 완전히 파멸로 몰아넣기 위해 진군했다. 만일 로마니아 육군 원수가 모든 시대를 통틀어도 찾아보기 힘들지만, 특히 전쟁이 과학보다는 감정에 좌우되던 그 당시에는 더욱 드물었던 냉철한 용기와 신기에 가까운 전술을 발휘하지 않았더라면 라틴인의 파멸은 피할 수 없었을 것이다. 의연하고 충실한 대공조차 그의 슬픔과 공포를 감지할 수 있었다. 그러나 그는 진영 안에 모두가 믿어야만 실현될 수 있는 안전에 대한 확신을 퍼뜨렸다. 그는 하루 종일 도시와 야만인 사이의 위험한 위치를 고수했다. 빌라르두앵은 한밤중에 조용히 진지를 철수시켰다. 3일에 걸친 그의 완벽한 퇴각은 크세노폰과 1만 병사의 철수 작전에 맞먹는 찬사를 받을 만하다. 육군 원수는 후위에서 추격을 물리치는 데 힘을 보태는 한편, 전방에서는 피난민들의 초조한 마음을 달래 주었다. 코만족은 어느 쪽에서 접근해도 철통같은 창기병의 대열에 격퇴당했다. 3일째 되는 날, 지친 병사들의 눈에 바다와 고적한 마을 로도스토,[18] 아시아 쪽 해변에서 상륙해 온 아군의 모습이 들어왔다. 그들은 서로 포옹하고 눈물을 흘렸으며, 힘을 합치고 의견을 나누었다. 앙리 백작은 형이 자리를 비운 동안, 개국한 지 얼마 되지도 않았는데 벌써 쇠망

[17] 니케타스는 무지에서인지 악의에서인지 모르지만 패배의 원인을 단돌로의 비겁한 탓으로 돌린다. 그러나 빌라르두앵은 자신의 영광을 존경하는 친구와 함께 나눈다.

[18] 실제의 지리와 빌라르두앵의 원전에 따르면 로도스토의 위치는 하드리아노폴리스에서 3일 걸리는 거리였다. 그러나 비주네르는 아주 불합리하게도 세 시간으로 바꾸어 놓았다. 뒤캉주가 수정해 놓지 않은 이런 오류에 여러 사람이 걸려들었지만 이름은 밝히지 않겠다.

[19] 보두앵의 통치와 종말은 빌라르두앵과 니케타스가 기술했다. 그들이 생략한 부분은 뒤캉주가 『관찰록』에서 보충했다.

[20] 의심스럽고 사실일 것 같지 않은 정황 설명을 모조리 검토한 끝에, 다음과 같은 사실로 보두앵의 죽음을 확신할 수 있다. (1) 프랑스 영주들의 굳은 믿음. (2) 포로가 된 황제를 풀어 주지 않겠다는 칼로얀 자신의 선언.

기에 들어선 라틴 제국의 섭정을 맡았다.[19] 코만족이 한여름의 무더위를 못 이겨 철수했다면, 라틴인 7000명은 위험이 닥치자 콘스탄티노플과, 동포와, 자기들의 서약을 저버렸다. 루시움 전장에서 기사 120명이 전사함으로써 몇 차례의 부분적인 성공마저도 빛을 잃었다. 이제 라틴 제국의 영토라고는 고작 수도와 유럽과 아시아 해안에 인접한 성채 두세 군데에 불과했다. 불가리아 왕은 어떤 저항에도 눈 하나 깜짝하지 않았다. 새로운 개종자 칼로얀은 평화를 회복시키고 황제를 라틴인들에게 돌려보내라는 교황의 요구를 정중히 물리쳤다. 그는 보두앵을 구하는 문제는 인간의 손을 떠났다고 말했다. 황제가 감옥에서 이미 숨을 거두었다는 것이다. 그

보두앵 황제의 죽음

가 어떻게 죽었는지를 놓고 무지하고 어리석은 대중들 사이에 의견이 분분했다. 비극적인 전설을 즐기는 이라면 포로가 된 황제가 요염한 불가리아 여왕의 유혹을 정숙한 인물답게 거절했으나, 여인의 거짓말에 넘어간 야만인들의 질투를 사서 사지를 절단당하고 피투성이가 된 몸통은 개와 말의 사체와 함께 나뒹굴었는데, 그 상태에서도 3일간이나 숨이 붙어 있었으나 결국 새 떼의 먹이가 되었다는 이야기에 귀를 기울일 것이다.[20] 약 20여 년 후, 네덜란드의 숲에서 한 은자가 자신이 콘스탄티노플의 황제이자 플랑드르 정통 군주인 진짜 보두앵이라고 선언했다. 그는 자기 말을 믿고 반란을 일으킬 만한 사람들을 모아 놓고 자신의 경이로운 탈출과 모험, 참회의 경위를 설명했다. 처음에 플랑드르 사람들은 그를 오랫동안 자리를 비웠던 군주로 인정했으나, 프랑스 궁정은 간단한 조사로 사기꾼의 정체를 밝혀내고 수치스러운 죽음으로 벌했다. 그러나 플랑드르 사람들은 여전히 자기들이 믿고 싶은 거짓에 집착했다. 진지한 역사가들조차도 백

작 부인 잔느가 야심 때문에 불행한 아버지의 생명을 빼앗았다고 비난한다.

문명화된 전쟁에서는 포로 교환이나 몸값을 놓고 협정이 체결된다. 포로 상태가 장기화될 경우에는 포로들의 상황이 공개되고, 지위에 따라 인도적인 또는 명예로운 대우를 받는다. 그러나 야만적인 불가리아인들이 전쟁의 법규를 알 턱이 없었다. 감옥은 어둠과 침묵 속에 묻혀 있었으므로, 라틴인들은 거의 1년이 지나서야 보두앵의 죽음을 확신하고 동생인 섭정 앙리가 황제의 칭호를 쓰는 데 동의했다. 비잔티움 사람들은 그의 겸양이야말로 드물고 흉내 내기 어려운 미덕에서 나온 것이라고 찬사를 보냈다. 경박하고 배신적인 야심을 품은 자들은 옥좌가 비는 순간을 잡으려고 애타게 기다렸으나, 군주와 국민 양자를 보호하는 왕위 승계 원칙이 유럽의 세습 군주국에 점차 확립되고 있었다. 앙리는 비잔티움 제국을 원조하던 십자군의 영웅들이 이 세상에서 또는 전장에서 물러남에 따라 점차 동료 한 사람 없이 남겨지게 되었다. 베네치아의 대공인 덕망 높은 단돌로는 영광 속에서 장수를 누리다 숨을 거두었다. 몬페라트 후작은 펠로폰네수스 전쟁에서 보두앵의 복수전과 테살로니카 방어 쪽으로 천천히 옮겨 갔다. 봉건적 주종 관계와 봉사를 놓고 약간의 논쟁이 있었으나, 황제와 왕의 개인적인 회견을 통해 해소되었다. 그들은 서로에 대한 존경심과 공동의 위험 때문에 굳게 뭉쳤으며, 앙리와 이탈리아 군주의 딸이 혼례를 올림으로써 동맹 관계를 더욱 굳게 다졌다. 보니파키우스는 몇몇 충성스러운 비잔티움 사람들의 설득에 따라 로도페 구릉 지대로 대담하게 침입하여 성공을 거두었다. 불가리아인들은 그가 접근해 오자 도망쳤다가 퇴로를 차단하기 위해 집결했

1206년 8월~1216년 6월, 앙리의 통치와 성격

다. 그는 후위 부대가 공격당했다는 보고에 방어군을 기다리지도 않고 말에 뛰어올라 창을 잡고 앞을 가로막는 적을 몰아냈다. 그러나 그는 경솔하게 추격전을 벌이다가 치명상을 입었다. 칼로얀은 테살로니카 왕의 머리를 헌상받고 승리의 이득은 누리지 못했을지언정 명예를 차지했다. 빌라르두앵의 펜 또는 목소리는 바로 이 구슬픈 사건에서부터 사라지거나 잦아든 것 같다. 그는 아직 로마니아 육군 원수로서의 직분을 수행하고 있었을지 모르지만 이후의 행적은 망각 속에 묻혔다.[21] 앙리는 자신의 힘겨운 상황을 능히 감당해 낼 인물이었다. 그는 이미 콘스탄티노플 포위 공격과 헬레스폰투스 해협 너머의 전투에서 용맹스러운 기사이자 노련한 지휘관이라는 명성에 어울리는 모습을 보여 준 바 있었다. 그는 용기뿐 아니라 충동적인 형에게는 없었던 신중함과 온화함까지 갖추고 있었다. 그는 아시아 쪽의 비잔티움군과 유럽의 불가리아인을 상대로 동시에 전쟁을 벌이면서, 해상에서나 육지에서나 항상 선봉에 서서 싸웠다. 전쟁에 항상 신중하게 대비했으므로, 의기소침해 있던 라틴인들은 그의 모범을 보고 두려움을 모르는 자기들의 황제를 구하고 따르고자 일어나곤 했다. 그러나 그들은 이러한 노력과 프랑스에서 보낸 원조금과 병력보다는 적의 과오와 잔인성, 죽음 덕에 승리를 거두었다. 절망에 빠진 비잔티움 신민들은 칼로얀을 해방자로 초청하면서, 그가 자유를 보호해 주고 자기들의 법을 채택해 주기를 바랐다. 그러나 그들은 곧 어느 민족이 더 포악한가 비교해 보지 않을 수 없었다. 이제 그들은 트라키아를 황야로 만들어 버리고 도시를 파괴하고, 도나우 강 너머로 주민을 이주시키겠다는 의도를 노골적으로 드러내는 야만스러운 정복자를 저주하게 되었다. 트라키아의 많은 도시와 촌락은 이미 텅 빈 상태였다. 무너진 건물의 폐허 위에 쌓

[21] 육군 원수는 1212년에 아직 생존해 있었으나, 아마도 프랑스로 돌아가지 못하고 그 후 바로 사망한 것 같다. 보니파키우스가 선물로 주었던 메시노플의 봉토는 암미아누스 마르켈리누스 시대에 트라키아의 도시들 가운데서 번성했던 고대의 막시미아노폴리스였다.

인 잔해들만이 이곳이 필리포폴리스였음을 말해 주었다. 이렇게 되자 반란을 처음 일으킨 장본인들이 데모티카와 하드리아노폴리스에서도 비슷한 재앙을 걱정해야 할 상황이 되었다. 그들은 앙리의 옥좌에 탄식과 참회의 목소리를 전했다. 그들을 용서하고 믿어 줄 만큼 관대한 자는 황제뿐이었다. 그가 휘하에 모을 수 있는 병력은 고작 기사 400명과 그들의 종자와 궁사 들뿐이었다. 그는 이 빈약한 병력으로 보병 외에도 기병 4만 명을 이끌고 나온 불가리아 왕과 겨루어 이겼다. 앙리는 이 원정에서 적대국과 우방국의 차이를 실감했다. 그는 남은 도시들까지 모두 무력으로 지켜 냈는데, 야만인 왕은 큰 피해를 입고 먹잇감을 포기하는 수밖에 없었다. 테살로니카 포위 공격은 칼로얀이 입혔거나 자신이 입은 수많은 재앙의 최후의 것이 되었다. 칼로얀은 한밤중에 막사 안에서 칼을 맞았다. 피범벅이 된 그를 발견한 장군 자신이 아마도 암살자였던 듯하다. 그는 모든 이들에게 박수를 받으며 이 일격을 성 데메트리우스의 창이 가한 것으로 돌렸다.[22] 신중한 앙리는 여러 차례 승리를 거둔 후 이 압제자의 후계자와 니케아 및 에피루스의 비잔티움 군주들과 영예로운 평화 협정을 맺었다. 그는 일부 애매한 국경 지대를 양보하는 대신, 광대한 왕국을 자신과 봉신들의 몫으로 돌려놓았다. 그의 치세는 10년에 불과했지만 짧으나마 번영과 평화의 기간이었다. 그는 보두앵과 보니파키우스의 편협한 정책을 뛰어넘어 비잔티움 사람들에게 국가와 군대의 최고 요직을 흔쾌히 맡겼다. 니케아와 에피루스의 군주들이 용맹한 라틴인 용병들을 유혹해 고용하던 때인 만큼, 사고와 실천 양면에서 그가 보인 이러한 관대함은 더욱 시기적절했다. 앙리의 목표는 자기 신민들 중 자격을 갖춘 자는 민족과 언어를 가리지 않고 끌어안고 보상해 주는 것이었다. 그러나

[22] 테살로니카에 있는 이 수호성인의 교회는 성묘의 성당 참사회원들이 보살폈으며, 날마다 놀라운 기적을 빚어내는 신성한 연고(軟膏)가 있었다.

그는 두 교회의 통합이라는 실현 불가능한 문제에 대해서는 그다지 적극성을 보이지 않은 것 같다. 교황의 특사인 펠라기우스는 콘스탄티노플의 수장 행세를 하면서, 비잔티움 사람들의 예배 의식을 금하고 십일조 부과, 성령의 이중 발현, 로마 교황에 대한 맹목적인 복종을 엄격하게 강요했다. 비잔티움 사람들은 약자로서 양심의 의무를 주장하고 관용의 권리를 간청했다. 그들은 이렇게 말했다.

우리의 육신은 카이사르의 것이지만, 영혼은 오로지 신에게만 속해 있습니다.

박해는 황제의 단호한 태도로 중지되었다. 다른 사람도 아니고 이런 군주가 비잔티움 사람들에게 독살되었다는 설을 믿는다면, 인간의 분별심과 감사하는 마음에 회의를 품지 않을 수 없다. 그의 무용은 수많은 기사들도 공유하는 평범한 것이었으나, 미신이 판치던 시대에 성직자의 오만과 탐욕에 맞설 수 있는 좀 더 뛰어난 용기를 지니고 있었다. 그는 성 소피아 대성당에서 굳이 총대주교의 오른쪽에 자기 옥좌를 배치하여 교황 이노켄티우스 3세의 심한 역정을 불러일으켰다. 그는 양도 불능의 부동산 소유에 관한 법률의 최초 사례 중 하나인 유익한 칙령을 발표하여 봉토의 양도를 금지했다. 유럽으로 귀국하고 싶은 라틴인 중 상당수가 영적인 또는 현세에서의 보상을 위해 재산을 교회에 넘겼다. 이러한 성지는 즉각 군사적 봉사 의무가 해제되었고, 군인 집단은 점차 성직자 단체로 변모했다.

1217년 4월, 콘스탄티노플의 황제 피에르 쿠르트네

덕망 높은 앙리는 왕국과 친구 보니파키우스의 어린 아들을 지키다가 테살로니카에서 사망했다. 콘스탄티노플의 처음 두 황제를 끝으로 플랑드르 백작의 남성 가계는 맥이 끊어졌다. 그러나 그들의 누이인 욜랑드는 프랑스 왕의 아내가 되어 많은 자손을 남겼다. 그녀의 딸 중 하나는 용감하고 경건한 십자가의 수호자인 헝가리 왕 안드라시와 결혼했다. 로마니아의 영주들은 그를 비잔티움의 옥좌에 앉혀 인근의 호전적인 왕국의 병력을 손에 넣고자 했다. 그러나 신중한 안드라시는 승계 원칙을 존중했으므로, 욜랑드 공주가 라틴인의 초청을 받아들여 남편인 오세르의 백작 피에르 쿠르트네와 함께 라틴 제국을 맡았다. 프랑스의 영주들은 피에르의 아버지가 황족이고 어머니가 귀족이었다는 점 때문에, 프랑스 왕의 첫째 사촌이기도 한 그를 지지했다. 그는 평판이 좋았고 넓은 영지를 지녔으며, 알비온파에 대한 피비린내 나는 십자군 원정에서 신앙열과 용맹으로 성직자와 병사 들의 호감을 샀다. 프랑스인이 콘스탄티노플의 황제가 된 것을 두고 허영심 많은 자라면 박수를 보낼지도 모르지만, 생각이 깊은 자라면 그의 불안정하고 공허한 위대함을 선망하기보다는 동정할 것이 틀림없다. 그는 칭호를 내세우고 장식하기 위해 자신의 재산 중 가장 좋은 것을 팔거나 저당 잡혀야만 했다. 이러한 수단을 동원하고, 친척 왕족인 존엄 왕 필립이 재정 원조를 하고, 기사도 정신을 부추긴 덕에, 그는 기사 140명, 종자와 궁사 5500명을 이끌고 알프스를 넘을 수 있었다. 교황 호노리우스 3세는 얼마간의 망설임 끝에 콘스탄티누스 대제의 후계자로서의 그의 대관을 승인했다. 그러나 교황은 제국의 옛 수도에 대한 어떠한 통치권도 승인하거나 부여한다는 인상을 주지 않기 위해 성벽 밖에 있는 교회에서 예식을 거행했다. 베네치아인은 피에르와 병사들을 아드리아 해 너머로, 황후는 네 자녀와 함께 비잔티움 궁전으로 옮겨주겠다고 약속했었다. 그러나 그들은 봉사의 대가로 두라초를 에피루스의 압제자로부터 구해 달라고 요구했다. 이 왕조의 창건자인 미카엘 안겔루스 또는 콤네누스는 이미 라틴인의 제국을 위협하고 침략한 형제 테오도루스에게 자신의 권력과 야심을 승계하도록 유언해 놓고 있었다. 피에르 황제는 아무런 뜻 없는 공격으로 빚을 청산한 뒤, 포위망을 뚫고 두라초에서 테살로니카까지 육로로 길고 위험한 여정에 나섰다. 그는 얼마 안 가 에피루스의 산중에서 길을 잃었다. 통로는 철통같이 방어되고 있었고 군량은 바닥났다. 그는 불성실한 협상으로 시간을 지체하고 기만당했다. 피에르와 로마 교황 특사가 연회 석상에서 잡혀간 뒤, 지휘관도 희망도 잃어버린 프랑스군은 자비와 빵을 주겠다는 거짓 약속을 믿고 무기를 버렸다. 교황청은 맹비난을 퍼부으면서, 불경한 테오도루스에게 천상과 지상의 복수가 있으리라고 협박했다. 그러나 포로가 된 황제와 병사들은 잊혀졌고, 교황은 자기 특사를 감금한 것만 놓고 비난했다. 그는 테오도루스가 특사를 석방하고 영적인 복종을 약속하자마자 곧 이 에피루스의 압제자를 사면하고 비호했다. 교황의 단호한 명령은 베네치아인과 헝가리 왕의 격정에 찬물을 끼얹었다. 피에르는 자연사인지 때 이른 운명인지 알 수 없는 죽음으로 간신히 절망적인 포로 생활에서 벗어났다.

1217~1219년, 피에르의 감금과 죽음

1221~1228년, 콘스탄티노플의 황제 로베르

피에르의 생사를 알 수 없고 그의 아내, 어쩌면 과부일지도 모를 적법한 군주 욜랑드가 엄연히 존재한다는 점 때문에 새 황제의 선포는 미루어졌다. 그녀는 숨을 거두기 전, 슬픔 속에서 콘스탄티노플의 라틴 군주들 중 마지막이자 가장 불행한 황제인 보두앵이라는 이름의 아들을 출산했다. 그는 출생 신분 때문에 로마니아 귀족들로부터 사랑을 받았다. 그러나 나이가 어린 탓에 미성년기 내내 혼란이 계속되었고, 그의 요구는 손위 형제들에게 밀리곤 했다. 이들 중 장자인 필립 쿠르트네는 어머니로부터 나무르를 유산으로 물려받았다. 지혜로운 인물인 그는 제국의 그늘보다는 실속 있는 후작 지위를 택했다. 그가 거절함에 따라 피에르와 욜랑드의 둘째 아들인 로베르가 콘스탄티노플의 옥좌로 불려 왔다. 그는 아버지의 불행을 거울 삼아, 독일 땅을 통과해 도나우 강을 따라 느리지만 안전하게 여행했다. 그의 누이가 헝가리 왕과 결혼한 덕에 이 길을 지날 수 있었다. 황제 로베르는 성 소피아 성당에서 총대주교의 주재로 대관식을 올렸으나, 그의 통치는 재앙과 치욕으로 얼룩졌다. '새로운 프랑스(New France)'라고 불린 거류지는 사방으로부터 니케아와 에피루스의 비잔티움 사람들에게 압박을 받았다. 테오도루스 안겔루스는 용기보다는 배신으로 승리를 거둔 후, 테살로니카 왕국에 입성하여 보니파키우스 후작의 아들인 나약한 데메트리우스를 추방하고 하드리아노폴리스 성벽에 깃발을 꽂았다. 그러고는 허영심에서 서로 경합하고 있는 황제 후보들의 목록에 세 번째인가 네 번째로 이름을 올렸다. 아시아 속주의 잔해는 테오도루스 라스카리스의 사위이자 후계자인 요하네스 바타체스가 쓸어버렸다. 그는 33년간 성공적으로 통치하면서 전쟁에서나 평화 시에나 미덕을 과시했다. 프랑스인 용병들의 검은 그의 군율 밑에서 한층 더 효과적인 정복 사업의 무기가 되었다. 그들이 조국으로부터 이탈한 사실이야말로 비잔티움 측의 상승세의 징후인 동시에 원인이었다. 그는 함대를 조직해 헬레스폰투스의 제해권을 장악하였고, 레스보스 섬과 로도스 섬을 정복했다. 또한 칸디아의 베네치아인들을 공격하고, 드물고 인색하나마 서방에서 보내던 원조를 막아버렸다. 언젠가 딱 한 번 라틴 황제가 바타체스에 맞서 군대를

23 마리누스 사누투스는 이 잔인한 행동에 너무나 기뻐하면서 자기 책의 여백에 이를 '좋은 예(例)'라고 옮겨 놓기까지 했다. 그러나 그는 이 처녀를 로베르의 적법한 처로 인정한다.

출정시킨 적이 있었으나, 이 군대가 패배함으로써 본래 정복자들 중 끝까지 살아남았던 노장 기사들은 전장에 버려졌다. 그러나 심약한 로베르로서는 이방인들의 승리보다도 제국이 약해졌다고 황제까지 허수아비 취급하는 라틴인 신민들의 무례함이 더욱 견디기 힘들었다. 그의 개인적인 불행은 통치의 혼란상과 광포한 시대상을 잘 보여 준다. 이 호색적인 젊은이는 바타체스의 딸인 비잔티움 신부를 버리고, 고귀하지만 관직에 오르지 않은 아르투아 가의 아름다운 처녀를 궁정에 들였다. 처녀의 어머니는 황제의 찬란한 자의에 홀려 딸이 부르고뉴의 향신과 맺은 약혼도 파했다. 약혼자의 사랑은 분노로 바뀌었다. 그는 친구들을 모아 궁전 문을 강제로 연 다음, 어머니는 바다에 던지고 황제의 아내인지 첩인지 확실하지 않은 옛 약혼녀의 코와 입술을 잔인하게 도려냈다. 영주들은 가해자를 벌주기는커녕 로베르 편에서는 군주로서도, 한 남자로서도 도저히 용서할 수 없는 이 야만스러운 행위를23 인정하고 칭찬했다. 그는 이 죄 많은 도시를 탈출하여 교황에게 정의든 동정이든 간청했으나, 돌아온 것은 제자리로 돌아가라는 차가운 충고뿐이었다. 그는 이에 따르기도 전에 비탄, 수치, 무력한 분노를 이기지 못하고 숨을 거두었다.

1228~1237년, 콘스탄티노플의 황제 보두앵 2세와 브리엔

일개 전사가 자신의 무용으로 예루살렘과 콘스탄티노플의 옥좌까지 오를 수 있었던 때는 기사도 시대뿐이었다. 이름만 남은 예루살렘 왕국은 몬페라트의 콘라드와 이사벨라의 딸이자 아마우리의 손녀인 마리에게 상속되었다. 그녀는 민중들의 여론과 존엄 왕 필립의 의견에 따라, 필립이 성지의 가장 훌륭한 수호자로 불렀던 샹파뉴의 귀족 가문 출신인 브리엔에게 시집갔다. 그는 5차 십자군 원정에서 라

틴인 10만을 이끌고 이집트 정복에 나서서 다미에타 포위 공격을 성공시켰다. 이후의 실패는 교황 특사의 오만과 탐욕 탓이었다. 그는 자기 딸과 프리드리히 2세가 결혼한 후,24 이 황제의 배은망덕에 분노해 교회군의 지휘를 수락했다. 비록 나이가 들고 왕위는 내놓고 있었다 해도, 브리엔의 검술과 기백은 그리스도교 세계를 위해 봉사하기에는 아직 충분했다. 보두앵 쿠르트네는 형(로베르)이 통치한 7년 내내 유년기를 벗어나지 못했으므로, 로마니아의 영주들은 성년인 영웅의 손에 왕홀을 주어야 할 필요성을 절감했다. 노회한 전(前) 예루살렘 왕에게 섭정 정도는 가소로웠을 것이다. 영주들은 보두앵이 그의 둘째 딸과 결혼하여 성년이 되면 콘스탄티노플의 제위를 잇게 한다는 것을 유일한 조건으로, 평생 동안 황제의 칭호와 특권을 인정해 주기로 합의했다. 비잔티움과 라틴 측 모두 브리엔의 명성과 선택, 존재감에 기대를 걸었다. 그들은 그의 무인다운 외모와 여든이 넘는 고령에도 정력적이고 팔팔한 모습, 보통 사람을 훨씬 뛰어넘는 체구와 신장에 감탄했다. 그러나 탐욕과 무사안일한 경향으로 인해 대업에 대한 열정이 식어 버렸던 것 같다. 그의 군대는 해체되다시피 했고, 아무런 행동도 취하지 않은 채 2년의 세월을 보낸 뒤 니케아 황제인 바타체스와 불가리아 왕 아잔이 위험한 동맹을 맺자 그제서야 정신을 차렸다. 그들은 10만의 병력과 300척의 함선으로 육지와 해상에서 콘스탄티노플을 포위했는데, 라틴 황제가 거느린 병력은 전부 합해 봐야 기사 160명에 약간의 종자와 궁사 들이 전부였다. 이 영웅(브리엔)이 도시를 지키는 대신 기병대의 선두에 서서 돌격한 결과, 적의 마흔여덟 개 기병대 중에서 고작 세 부대만이 그의 무적의 검을 피했다는 사실을 전하면서, 나도 전율을 느끼지 않을 수 없다. 보병대와 시민들도 그의 모범에 고무되어

24 잔노네는 프리드리히 2세와 브리엔의 딸이 결혼함으로써 나폴리와 예루살렘의 왕관이 이중으로 결합되었다고 평했다.

성벽 가까이 닻을 내린 적의 배에 뛰어올라 적군을 무찌르고, 스물다섯 척의 함선을 콘스탄티노플 항구로 끌고 왔다. 황제의 소집 명령에 봉신과 동맹군 들은 앞길을 가로막는 장애물을 모조리 쳐부수어, 이듬해에도 같은 적에게 재차 승리를 거두었다. 당시의 조잡한 시인들은 브리엔을 헥토르나 롤랑, 아니면 유대인 마카베오에 비유했다. 그러나 비잔티움 사람들의 침묵은 과연 그의 영광에 바쳐진 이러한 찬사를 다 믿어도 좋을지 의구심을 품게 만든다. 라틴 제국은 얼마 안 있어 최후의 수호자를 잃었다. 이 군주는 죽음을 맞으면서 천국에 들어가고 싶은 마음에 프란체스코 수도회 수도사의 옷을 입었다.

1237년 3월~1261년 7월, 보두앵 2세

보두앵은 이미 군무를 수행할 나이에 이르러 양부가 사망하자 황제의 권위를 계승했지만, 브리엔의 전승 기록에서 그의 이름이나 업적은 찾을 수가 없다. 젊은 황제는 자기에게 더 잘 맞는 임무를 수행했다. 그는 서방의 궁정들, 특히 교황과 프랑스 왕을 방문해 자신의 순진함과 곤궁을 보여 줌으로써 동정심을 자극하여, 몰락해 가는 제국을 구할 돈이나 인력을 구해 오도록 파견되었다. 그는 이런 방문을 세 차례 반복했는데, 그때마다 체류를 연장하고 귀국 날짜를 미뤘던 것 같다. 그리하여 25년에 걸친 재위 기간 중 외국에서 보낸 시간이 훨씬 더 많았다. 그에게는 고국과 그 수도야말로 세상 그 어디보다도 갑갑하고 불안한 곳이었다. 공식 석상에서는 아우구스투스라는 칭호와 영예로운 자의가 그의 허영심을 달래 주었을 것이다. 리옹 공의회에서 프리드리히 2세가 파문당하고 폐위되었을 때에는 이 동방의 동료가 교황 오른쪽에 앉기도 했다. 그러나 망명객에 부랑자 신세의 거지 황제가 얼마나 여러 차례 멸시에 기가 죽고 동정으로 모욕을 당했을 것이며, 그런 모습이 자기 자신과 여러 국민의 눈에 얼마나 초라하게 비쳤겠는가! 그는 잉글랜드를 처음 방문했을 때 허락 없이 독립 왕국에 감히 들어가려 한다고 호되게 책망을 받고 도버 해협에서 제지당했다. 보두앵은 한참 기다린 끝에 겨우 여행을 계속해도 좋다는 허락을 얻었으나, 냉대를 받고 700마르크의 선물에 감지덕지하며 떠나야 했다. 그는 탐욕스러운 로마로부터는 고작 십자군 원정의 선포와 면죄부를 재원으로 얻어 냈지만, 이는 그동안 너무 자주 남발된 까닭에 그 가치가 크게 떨어져 있었다. 그는 출생 신분과 불행한 처지를 들어 사촌인 루이 9세의 관용에 호소했지만, 이 성자는 콘스탄티노플에서 이집트와 팔레스타인 쪽으로 관심을 돌린 상태였다. 보두앵의 공사(公私) 양면에 걸친 곤궁은 그의 마지막 남은 유산인 나무르 후작령과 쿠르트네 가 소유 영지의 양도를 통해 잠시나마 호전되었다. 이렇게 수치를 무릅쓰고 수단 방법 가리지 않음으로써 그는 3만의 군사를 이끌고 다시 한 번 로마니아로 돌아왔는데, 불안한 비잔티움 사람들에게는 실제 병력의 두 배로 느껴졌다. 프랑스와 잉글랜드에 파견된 그의 첫 번째 사자는 그가 수도 주변으로 3일 거리 지역까지 정복했다는 희망찬 소식을 전했다. 만일 그가 잘 알려지지는 않았지만 중요한 도시(틀림없이 키오틀리를 가리키는 것 같다.)에서 성공을 거두었더라면, 국경선을 안전하게 확보하고 통행로도 이용할 수 있었을 것이다. 그러나 이런 기대는 한 조각 꿈으로 허망하게 끝났다. 프랑스 군대와 재보는 그의 서투른 손에서 물이 새어 나가듯 사라져 버렸고, 투르크 및 코만족과의 불명예스러운 동맹으로 라틴 황제의 제위를 간신히 지킬 수 있었다. 그는 투르크인과 동맹을 맺기 위해 조카딸을 이교도인 코니아의 술탄에게 시집보내는 데 동의했으며, 코만족의 비위를 맞추기 위해 그들의 이교 의식에 따

25 세례를 받지 않고 죽은 한 코만족 군주는 살아 있는 노예와 말 들과 함께 콘스탄티노플 성문 아래에 매장되었다.

르기로 했다. 두 군대 사이에서 개 한 마리를 희생 제물로 바치고, 조약을 맺는 쌍방은 신의를 약속하는 뜻에서 서로의 피를 마셨다.25 아우구스투스의 후계자는 감옥이나 다를 바 없는 콘스탄티노플 궁전에서 한겨울에 쓸 땔감을 구하려고 빈집을 부쉈고, 가족의 생활비를 마련하려고 교회에서 납 제품을 뜯어냈다. 그는 궁핍에 쫓겨 이탈리아 상인들로부터 고리채를 빌리고, 아들이자 후계자인 필립을 빚보증으로 베네치아에 볼모로 보내야 했다. 갈증, 굶주림, 헐벗음은 절대 악이지만, 부는 상대적이다. 군주는 보통 사람의 기준으로는 부유하다 해도, 필요로 하는 것이 많은 만큼 온갖 근심과 쓰라린 가난에 노출될 수 있다.

성스러운 가시 면류관

그러나 황제와 라틴 제국은 이렇게 비참한 상황에서도 그리스도교 세계의 미신으로부터 엄청난 가치를 끌어낼 수 있는 허황된 보물을 여전히 쥐고 있었다. 예수가 못 박힌 십자가는 하도 자주 쪼개는 바람에 가치가 떨어졌고, 오랫동안 이교도의 손에 있었다는 점 때문에 동서 양쪽에서 나온 파편에 얼마간 의문이 제기되기도 했다. 그러나 콘스탄티노플의 황실 예배당에 보관되어 있는 또 다른 수난의 유물, 그리스도의 머리에 씌워졌던 가시 면류관이야말로 진정한 귀중품이었다. 옛날에 이집트에서는 부모의 미라를 보증으로 잡히고 돈을 빌리곤 했다. 약속의 이행에 명예와 종교를 모두 거는 셈이었다. 로마니아 영주들은 같은 식으로 황제가 자리를 비운 틈을 타 성스러운 면류관을 걸고 금화 1만 3134닢을 빌렸으나 계약 이행에 실패했다. 한 부유한 베네치아인 니콜라스 퀘리니가 성(聖)유물을 베네치아에 옮겨 두고, 만일 정해진 기간 내에 채무를 변제하지 못한다면 완전히 점유자의 소유로 한다는 조건을 걸어

조급한 채권자들을 안심시켰다. 영주들은 엄격한 계약 때문에 자칫하면 성유물을 잃게 될 것임을 주군에게 알렸다. 제국은 7000파운드의 채무를 상환할 여력이 없었으므로, 보두앵은 베네치아인들로부터 어떻게든 이를 빼내 와서 더 많은 명예와 이익을 줄 그리스도교 왕(프랑스 왕 루이 9세)의 손에 맡기려고 고심했다. 그러나 협상에는 미묘한 문제가 따랐다. 성유물을 매매한다고 하면 이 성자 같은 국왕은 성물 매매죄를 저지른다는 생각에 경악할 것이다. 그러나 표현하기에 따라서 그가 빚을 합법적으로 대리 상환하고 이를 선물로 받아 은혜로 여길 수도 있는 일이었다. 그의 사절로 두 명의 도미니크회 수도사가 베네치아로 파견되어 빚을 치르고 성스러운 면류관을 수령했다. 그들은 나무 상자를 열고 은으로 된 성물함에 찍힌 대공과 영주들의 봉인을 확인했다. 이 성물함 안 금으로 된 단지 속에는 그리스도의 수난의 기념비가 들어 있었다. 베네치아인은 내키지 않았지만 정의와 권력에 굴복했다. 프리드리히 황제는 자유롭고 영예로운 통행을 보장했으며, 프랑스 궁정은 이 가치를 따질 수 없을 만큼 귀중한 유물을 경건하게 맞이하고자 샹파뉴의 트루아까지 마중을 나갔다. 왕이 직접 맨발에 속옷 바람으로 이 유물을 자랑스럽게 높이 받들고 운반했다. 보두앵은 이를 잃은 대신 은화 1만 마르크를 무상으로 받았다. 이 거래가 성공하자 라틴 황제는 자기 예배당에 남은 물건들, 즉 예수가 못 박힌 십자가의 큰 조각, 신의 아들의 배내옷, 그리스도가 십자가에서 수난을 겪을 때 쓰였다는 창, 해면(海綿), 사슬, 모세의 지팡이, 세례 요한의 유골 일부 등도 이런 식으로 팔아 볼 생각을 했다. 성 루이는 이런 성스러운 보물을 보관하기 위해 2만 마르크를 쏟아부어, 부알로의 뮤즈가 우스꽝스러운 불멸성을 부여한 파리의 호화로운 성당을 세웠다. 이러한

26 이 기적은 1656년 3월 24일, 파스칼의 조카딸에게 일어났다. 아르노, 니콜 등 뛰어난 천재들도 예수회 수도사들을 혼동에 빠뜨리고 포르루아얄을 구한 기적을 증언하기 위해 현장에 있었다.

27 볼테르는 이 사실을 무효로 하려고 애썼다. 그러나 흄은 더 기술 좋게 상대의 논법을 이용해 역습함으로써 승리했다.

28 라틴인들이 단계적으로 입은 피해는 뒤캉주가 편찬한 책 3, 4, 5권에 차례대로 기록되어 있다. 그러나 그는 비잔티움 정복에 대해 많은 정황 설명을 빠뜨렸는데, 이는 비잔티움 시리즈를 집필한 게오르기우스 아크로폴리타의 역사와 니케포루스 그레고라스의 책 중 첫 세 권에서 복구할 수 있다. 이들은 운 좋게도 박식한 편집자인 로마의 레오 알라티우스와 파리 비문 아카데미에 있는 부아뱅을 만났다.

먼 옛날의 유물들은 어떤 증언으로도 진위 여부를 가릴 수 없으며, 다만 그것들이 행했다는 기적을 믿는 사람들에게만 유효할 따름이다. 지난 세기 중반경, 면류관의 성스러운 가시로 만성 궤양을 고쳤다는 사람이 있었다.26 프랑스의 그리스도교도들 중에서도 가장 신앙심이 깊고 개명한 이들이 이 경이를 증언했다. 종교적 경신(輕信)에 맞서 보편적인 해독제로 무장한 이가 아니라면 이 사실을 부인하기가 쉽지 않다.27

1237~1261년, 비잔티움의 부흥

콘스탄티노플의 라틴인들은28 사면초가 상태에 빠졌다. 그들의 파멸을 늦춰줄 유일한 희망은 적인 비잔티움 사람들과 불가리아인들이 불화를 빚는 것뿐이었다. 그러나 니케아 황제인 바타체스의 우월한 무력과 정책은 이 희망마저도 빼앗아갔다. 프로폰티스에서 험준한 팜필리아 해안까지의 아시아 지역은 그의 통치 아래 평화와 번영을 누렸다. 전쟁이 거듭될수록 유럽에서 그의 영향력이 확대되었다. 마케도니아와 트라키아 산악 지대의 강력한 도시들도 불가리아인의 손에서 해방됨에 따라, 불가리아인의 왕국은 도나우 강 남쪽을 따라 현재의 범위로 한정되었다. 유일한 로마인 황제(바타체스)는 서방의 콤네누스 가의 군주인 에피루스의 영주가 더 이상 감히 자의의 명예를 놓고 다툰다거나 공유하려는 것을 참을 수 없었다. 데메트리우스는 비굴하게 반장화의 색깔을 바꾸고 전제 군주라는 호칭을 감사히 받아들였다. 신민들은 그의 비열함과 무능력에 격분하여 최고 군주의 보호를 간청하고 나섰다. 다소간 저항이 있었으나 결국 테살로니카 왕국은 니케아 제국에 병합되었다. 바타체스는 경쟁자 하나 없이 투르크 제국 국경에서 아드리아 만까지 통치하게 되었다. 유럽의 군주들은 그의 업적과 능력에 경의를 표했다. 그가 정통 가톨릭 신조에 동의만 했던

들, 교황은 미련 없이 콘스탄티노플의 라틴 군주를 버렸을 것이다. 그러나 바타체스가 죽고 아들 테오도루스의 짧고 다사다난한 치세를 거쳐 무력한 어린아이에 불과한 손자 요하네스의 시대에 들어서면서, 비잔티움의 부흥은 중단되고 말았다. 그들 내부의 변화에 대해서는 다음 장에서 설명하겠다. 여기에서는 새로운 왕조의 창건자들에게 흔한 미덕과 악덕을 보여 준 그의 후견인이자 공동 통치 황제인 미카엘 팔라이올로구스의 야심에 어린 황제가 굴복했다는 사실을 언급하는 것으로 충분할 것이다. 황제 보두앵은 무력한 협상으로 속주나 도시를 몇 군데쯤 되찾을 수 있을지도 모른다는 헛된 꿈을 꾸고 있었다. 그의 사절은 냉소와 경멸 속에 니케아에서 쫓겨났다. 팔라이올로구스는 사절들이 어디를 지목하든 특별한 이유를 붙여 자신에게는 귀중하고 가치 있는 곳이라고 주장했다. 여기는 그의 출생지고, 저기는 그가 처음으로 군 지휘관으로 승진했던 곳이고, 또 저기는 오랫동안 사냥터로 써 왔고, 앞으로도 그럴 곳이라 안 된다는 식이었다. "그렇다면 저희에게 어느 곳을 주겠다는 말씀이시옵니까?" 놀란 사절이 물었다. 그러자 이런 대답이 돌아왔다. "아무것도, 땅 한 뼘도 내줄 수 없다. 그대의 군주가 평화를 바란다면 콘스탄티노플의 교역과 세금으로 벌어들이는 수입 전부를 내게 연공으로 바치라고 전해라. 이런 조건이라면 그가 통치하도록 허락해 주겠다. 거부한다면, 전쟁이다. 나는 전쟁의 기술에 대해 알 만큼 알고 있으니, 나의 검과 신에게 그 결과를 맡기겠다." 에피루스의 전제 군주에 대한 정벌은 전쟁을 알리는 서곡이었다. 한 번 이긴 후로는 줄줄이 패배하는 바람에 콤네누스 가 또는 안겔루스 가 일당이 산속에서 그의 통치를 견디고 살아남기는 했지만, 아카이아 왕 빌라르두

1259년 12월, 비잔티움 황제 미카엘 팔라이 올로구스

61장 195

29) 비잔티움 사람들은 외국의 원조를 수치스럽게 생각하여, 제노바인과의 동맹 관계와 원조를 숨긴다. 그러나 객관적인 외국인인 빌라니와 난지스의 증언으로 사실이 드러났다. 우르바누스 4세는 제노바의 대주교 자리를 없애겠다고 위협했다.

30) 이 코만인들을 타타르 또는 몰다비아 사막에서 찾는다는 것은 부질없는 짓이다. 이 유목민 무리의 일부는 요하네스 바타체스에게 굴복하여, 아마도 트라키아의 황무지 어딘가의 병사 양성소로 이주되었을 것이다.

앵이 사로잡힘으로써 라틴인들은 무너져 가는 제국에서 그나마 가장 용감하고 강력한 봉신마저 잃었다. 베네치아와 제노바 공화국은 처음 벌인 해전에서 동방 무역과 해상의 통제권을 놓고 싸웠다. 베네치아인은 자존심과 이해관계 때문에 콘스탄티노플 방어에 매달렸다. 그들의 경쟁자는 적들의 계획을 부추겼으며, 제노바인과 분파적인 정복자(니케아 제국)의 동맹은 라틴 교회의 분노를 불러일으켰다.29)

▰▰▰▰▰▰
1261년 7월,
콘스탄티노플을 되찾은
비잔티움 사람들
▰▰▰▰▰▰

미카엘 황제는 위대한 목표를 가슴에 품고 직접 트라키아의 군대를 방문하고 성채를 강화했다. 라틴인 잔당은 마지막 점령지에서마저 쫓겨났다. 그는 갈라타 교외를 습격했으나 성과를 거두지 못했다. 황제는 배신행위를 하겠다는 한 영주와 연락을 취했으나, 그는 수도의 성문을 열어 줄 생각을 버렸거나 아니면 실패한 것으로 보인다. 이듬해 봄, 황제가 총애하는 장군으로 부황제의 칭호까지 받은 알렉시우스 스트라테고풀루스가 비밀 원정에 나서, 800명의 기병과 얼마간의 보병을 이끌고 헬레스폰투스 해협을 건넜다. 그가 받은 지시는 수도에 대해 어떤 불확실하고 위험스러운 시도도 감행하지 말고 접근해서 정찰하고 정보를 수집하라는 것이었다. 프로폰티스 해와 흑해 사이의 인근 지역은 농민과 분별없는 무법자들의 손으로 경작되고 있었다. 이들은 난폭했으며 충성심도 의심스러웠지만, 언어나 종교, 당시의 이해관계상 비잔티움 편에 가까웠다. 그들은 의용병이라는 별명으로 불렸다. 그들이 트라키아의 정규군과 코만족 원군과 함께30) 자발적으로 알렉시우스의 군대에 참여했으므로, 병력이 2만 5000명까지 늘어났다. 의용군의 열성과 자신의 야심에 자극받은 알렉시우스는 성공만 하면 사면과 보상을 얻을 수 있다는 확신에 차서 주군의 엄격한 명령에 불복종했다. 의용병들은 약해 빠진 콘스탄티노플과 두려움에 질리고 궁지에 몰린 라틴인의 모습을 늘 보아 왔던 터라, 지금이야말로 기습과 점령에 더없는 호기라고 주장했다. 경솔한 젊은이였던 베네치아 거류지의 새로운 총독은 서른 척의 갤리선과 최정예 프랑스 기사들을 이끌고 40리그 떨어진 흑해 연안의 다프누시아를 정벌하기 위해 돛을 올렸다. 남은 라틴인들은 아무 힘도 없었고 경계도 품지 않았다. 그들은 알렉시우스가 헬레스폰투스 해협을 건넜다는 사실은 알았지만, 그가 처음에 거병한 병력이 적다는 점에 안심하고 경솔하게도 그 후 병력이 계속 불어난 데에는 주의를 기울이지 않았다. (알렉시우스의 작전은 다음과 같았다.) 주력 부대를 작전 지원을 위해 남겨 둔다면, 선발대만 이끌고 한밤중에 몰래 전진할 수 있을 것이다. 일부 병사들이 성벽에서 가장 낮은 지점에 사다리를 거는 사이에, 선발대는 지하 통로를 통하여 자기 집으로 안내해 줄 비잔티움 노인을 찾아낼 수 있을 것이다. 그들은 곧 오랫동안 닫혀 있던 금문을 통과해 내부로 침입하여, 라틴인들이 위험을 알아차리기도 전에 수도의 심장부까지 진입할 수 있으리라고 생각했다. 논의를 거듭한 끝에 알렉시우스는 의용병들의 충성에 운명을 걸기로 했다. 그들은 과연 충성스럽고 대담하게 싸워 승리를 거두었다. 이 계획을 설명하면서 나는 실행 과정과 결과까지 앞질러 말했다. 그러나 알렉시우스는 금문의 문턱을 넘는 순간, 너무 경솔했다는 생각에 더럭 겁이 났다. 그가 잠시 발을 멈추고 생각에 빠지자, 초조해진 의용병들은 물러선다면 피할 길 없는 위험을 맞게 될 것이라고 주장하면서 전진을 재촉했다. 알렉시우스가 정규군의 전열을 다지는 사이 코만족은 사방으로 흩어져 나갔다. 경보가 울리고, 불과 약탈의 공포 앞에서 시민들은 중대한 결단을 내려야만 할 처지가 되었다. 콘스탄티노플의 비잔티움 사람들은 자기들의 원래 군주를 잊지 않고 있었고, 제노바 상인들은 최근의 동맹과 그들의 적 베네치아를 의식하고 있었다. 그리하여 시가지 전역이 봉기했으며, "로마인의 존엄하신 황제, 미카엘과 요하네스의 만수무강과 승리를!"이란 외침이 울려 퍼졌다. 그들의 적대자인 보두앵은 이 소리에 잠에서 깼다. 그러나 그는 아무리 급박한 위험이 닥쳐도 자기가 먼저 버릴 도시를 지키기 위해 칼을 뽑을 인물이 못 되었다. 그는 궁전을 떠나 해변으로 도망쳐 나왔다가, 아무 소득 없이 다프누시아 원정에서 귀환한 함대의 돛을 발견했다. 콘스탄티노플은 영영 잃고 말았으나, 라틴 황제와 주요 일가는 베네치아 갤리선에 올라 에우보에아 섬을 거쳐 이탈리아로 갔다. 이 황족 망명자들은 거기에서 교황과 시칠리아 왕으로부터 경멸과 동정이 뒤섞인 대접을 받았다. 그는 콘스탄티노플이 함락된 후 사망할 때까지 가톨릭 열강에 자신의 복위에 힘을 보태 달라고 애걸하면서 13년을 허비했다. 이런 일이야 그가 젊은 시절부터 신물나게 해 온 짓이었다. 그의 마지막 망명이나 과거 세 차례의 유럽 궁정 순방이나 초라하고 수치스럽기는 마찬가지였다. 아들 필립은 존재하지도 않는 제국의 상속자가 되었고, 딸 카테리나의 계승권은 혼인을 통해 프랑스 왕인 단려(端麗) 왕 필립의 동생 발루아의 샤를에게 넘어갔다. 쿠르트네가는 이후의 혼인으로 여계(女系)를 따라 이어졌으며, 일개 개인의 이름으로는 너무 버겁고 거창하기만 한 콘스탄티노플 황제라는 칭호는 침묵과 망각 속에서 조용히 소멸되었다.

십자군의 전반적 결과

라틴인의 팔레스타인과 콘스탄티노플 원정에 관한 서술을 끝마치면서, 이 기억할 만한 십자군 원정이 그 무대가 되었던 나라들과 주역을 맡았던 민족들에게 남긴 전반적인 결과를 짚어 보지 않을 수 없다.31 프랑크군이 철수하자마자, 기억까지는 아니라도 그들의 인상은 이집트와 시리아의 이슬람교도 왕국에서 금세 지워졌다. 예언자의 충실한 사도들은 우상 숭배자의 법이나 언어를 연구해 보겠다는 불경한 욕망 따위는 추호도 품지 않았다. 또한 그들의 선천적인 소박한 관습은 서방의 미지의 이방인과 전쟁이나 평화 등의 접촉을 통해서도 털끝만큼도 변하지 않았다. 자존심은 강했으나 실속은 없었던 비잔티움 사람들은 그나마 덜 완고했다. 그들은 제국을 되찾고자 노력하면서 적의 용맹과 규율, 전법을 열심히 본받았다. 그들은 서방의 최신 문예는 당연히 경멸했지만, 그 자유로운 정신으로부터 인간의 권리에 대해 배웠다. 또한 공적, 사적 생활에 관한 프랑스인의 제도를 채택하기도 했다. 콘스탄티노플과 이탈리아 간의 교류를 통해 라틴어 지식이 보급된 결과, 여러 고전들이 그리스어 판으로 출간되는 영예를 얻었다. 그러나 동방인들의 민족적, 종교적 편견은 박해를 당하자 불타올랐으며, 라틴인의 통치로 동서 두 교회 간의 분리는 더욱 굳어지고 말았다.

　십자군 시대의 지식, 노동, 예술 수준 면에서 유럽의 라틴인을 비잔티움 사람들이나 아랍인에 비교한다면, 조야(粗野)한 우리 조상(영국인)은 고작 세 번째 등급에 머물 것이다. 라틴인이 이후 발전하여 현재와 같은 우월한 위치에 이른 것은 그 당시 정체 상태에 머무르거나 퇴보하고 있던 더 세련된 경쟁자에게는 없었던 특유의 활력과 적극적인 모방 정신 덕일 것이다. 라틴인은 이런 정신으로 눈앞에 세계의 전망을 열어 주고, 더 개화된 동방 지역과 장기간에 걸친 잦은 교류의 물꼬를 터 준 일련의 사건에서 중요한 이득을 얻어 냈다. 먼저 가장 뚜렷한 발전이 이루어진 분야는 부에 대한 갈망, 일상생활상의 수요, 감각이나 허영심을 만족시키려는 요구에 강한 영향을 받는

31 십자군 원정의 결말을 보았던 아불페다는 프랑크인의 왕국과 흑인들의 왕국을 똑같이 미지의 나라로 언급했다. 그가 라틴어를 경멸한 것이라고밖에는 볼 수가 없다. 그렇지 않다면 시리아 군주가 책과 통역자를 구하는 것쯤이야 쉬운 일이었을 것이다.

32 소아시아의 건조한 지방에서 처음 발명된 풍차는 1105년에는 노르망디에서 이미 사용되고 있었다.

무역과 제조업이었다. 분별없는 광신자들 중에서도 포로나 순례자라면 카이로와 콘스탄티노플이 훨씬 세련되었음을 알아차렸을 것이다. 풍차를 처음 수입한 사람은32 국가적 은인이라 할 만했다. 이런 은혜는 고마운 줄도 모르고 즐겨 왔다고 해도, 역사는 그리스와 이집트에서 이탈리아로 들어온 비단과 설탕 같은 눈에 잘 띄는 사치품에 대해서는 계속 주목해 오고 있다. 그러나 라틴인들 사이에 지적인 욕구가 생기고 충족되기까지는 좀 더 시간이 걸렸다. 유럽에서는 여러 다른 원인과 더 후대의 사건으로 학구적인 호기심이 일어났다. 그들은 십자군 시대에는 비잔티움과 아랍의 문예를 무관심하게 지나쳤다. 수학과 의학에 관련된 초보적인 지식이 일부 단편적으로 실습이나 계산을 통해 전해졌거나, 상인이나 병사 들의 조잡한 업무를 위해 통역이 생겨났을 수도 있다. 그러나 동방인과의 교역으로 유럽의 학교에서 그들의 언어에 대한 연구가 시작되거나 지식이 확산되지는 않았다. 종교상의 유사한 원칙 때문에 코란의 구절을 거부했다면, 복음의 원전을 이해하는 데에는 당연히 인내심과 호기심을 보여야 했을 것이다. 또한 문법이 동일하므로 플라톤의 의미와 호메로스의 아름다움을 접할 수도 있었을 것이다. 그러나 라틴인은 콘스탄티노플을 60여 년 동안 지배하면서 그들의 신민들의 언어와 학문을 업신여겼다. 때문에 원주민이 빼앗기거나 질시를 사지 않고 즐길 수 있는 유일한 보물이 책이었다. 아리스토텔레스야말로 서방 대학의 신탁이었으나, 그것은 원전에서 벗어난 아리스토텔레스였다. 아리스토텔레스의 라틴인 제자들은 근원으로 거슬러 올라가는 대신, 안달루시아의 유대인과 무어인 들로부터 들어온 오류투성이의 부정확한 판을 받아들였던 것이다. 십자군의 원리가 야만적인 광신이었던 만큼, 그 주요 결과도 원인과 다르지 않았다. 순례자들은 저마다 비잔티움과 팔레스타인의 유물을 신성한 전리품으로 가지고 귀향할 야심에 들떴다.³³ 유물마다 앞뒤로 기적과 계시가 잇따랐다. 가톨릭교도의 신앙은 새로운 전설로, 실천은 새로운 미신으로 타락해 갔다. 성전(聖戰)이 낳은 죄악의 원천으로부터 종교 재판의 제도화, 거지 같은 탁발 수도회, 면죄부의 남발, 우상 숭배의 심화 등 온갖 폐해가 흘러나왔다. 라틴인의 활동적인 정신은 이성과 종교의 힘을 서서히 잠식했다. 9세기와 10세기가 암흑의 시대였다면, 13세기와 14세기는 부조리와 전설의 시대였다.

로마 제국의 북방 정복자들은 그리스도교로 개종하고 비옥한 땅을 경작하면서, 서서히 속주민과 동화되어 고대 예술의 불씨를 되살렸다. 그들은 샤를마뉴 대제 시대에 정착하여 어느 정도 질서와 안정을 얻었으나, 새로운 침략자들인 노르만인, 사라센인,³⁴ 헝가리인에게 제압당했다. 그들은 유럽의 서쪽 지역 나라들을 예전의 무질서와 야만 상태로 되돌려 놓았다. 11세기경, 그리스도교 세계의 적들이 축출되거나 개종함으로써 두 번째 폭풍도 진정되었다. 오랜 세월 쇠퇴해 있던 문명도 꾸준한 흐름을 타고 부흥하기 시작하면서, 부상하는 세대의 희망과 노력 앞에 더 밝은 전망이 펼쳐졌다. 십자군 원정 200년간 눈부신 성공과 급속한 발전이 이루어졌다. 일부 철학자들은 이 성전의 긍정적인 영향에 찬사를 보내기도 했지만, 나에게는 유럽의 성숙을 촉진했다기보다 저해한 것으로 보인다.³⁵ 동방에 묻힌 수백만 명의 생명과 노고는 조국의 발전을 위해 더 이롭게 쓰일 수 있었고, 축적된 노동과 부는 해운과 무역 분야로 흘러 들어갈 수도 있었다. 라틴인들은 동방의 여러 지역과 순수하고 우호적인 교류를 통해 부와 발전을 이룰 수도 있었다. 다만 한 가지 면에서는 십자군이 이로운 결과를 가져왔다기보

---

³³ 중세 역사의 대가인 라이프니츠의 의견이 이와 같았다. 나는 카르멜회의 계보, 로레토의 성스러운 집이 하늘을 나는 기적이 모두 팔레스타인에서 나왔다는 사실만 들겠다.

³⁴ 내가 사라센인을 야만인의 범주에 넣는다면, 그들이 오로지 약탈과 파괴를 목적으로 벌였던 이탈리아와 프랑스 전쟁, 아니 침략 때문일 뿐이다.

³⁵ 유럽 사회의 진보라는 이 흥미진진한 주제에 관하여, 우리 시대는 스코틀랜드에서 새어 나온 철학의 광명을 입었다. 나는 흄, 로버트슨, 아담 스미스의 이름을 거듭 되뇌면서 공식적으로뿐만 아니라 개인적으로도 경의를 표한다.

36 나는 윌리엄 쿠르트네의 가정 교사이자 호니턴의 교구 목사였던 에즈라 클리블랜드가 쓴 『고귀하고 빛나는 쿠르트네 가의 가계사』의 도움을 받았지만, 거기에만 머물지는 않았다. 첫 부분은 티르의 윌리엄의 책에서 발췌했고, 두 번째는 부셰의 프랑스사, 세 번째는 데번서의 쿠르트네의 다양한 공직, 사적 회상록에서 뽑았다. 호니턴의 목사는 연구보다는 감사의 뜻에서 했고, 비판보다는 연구에 치중했다.

다는 우연히 폐해를 제거하는 작용을 했다고 볼 수 있다. 유럽 주민 대다수는 자유도, 가진 것도, 배운 것도 없이 토지에 매여 살았다. 성직자와 귀족의 두 집단은 수는 상대적으로 적었으나 유일하게 시민으로서, 인간으로서의 자격을 누렸다. 이런 억압적인 체제는 성직자의 책략과 귀족들의 무력으로 지탱되었다. 더 어두운 시대에는 성직자의 권위가 유익한 해독제 기능을 했다. 그들은 문자가 완전히 소멸하지 않도록 막았고, 시대의 광포함을 완화시키고, 빈민과 약자를 보호하고, 평화와 질서를 보존하거나 되살렸다. 그러나 봉건 영주들의 독립, 약탈, 불화는 어떤 도움도 되지 못했다. 근면과 개량에 대한 희망은 호전적인 귀족의 횡포 아래 산산조각 났다. 이런 고딕식 건축물의 기반이 와해된 원인 가운데는 십자군 원정이 한몫을 차지한다. 비용이 많이 들고 위험한 원정을 수행하면서 귀족들은 영지를 팔아넘겨야 했고, 일족의 대가 끊기는 경우도 비일비재했다. 그들은 궁핍에 몰리자 자존심도 버리고 자유 면장(免狀, charter of freedom)을 내주었다. 이로써 노예는 족쇄에서 풀려났고, 농부는 경작지를, 장인은 가게를 얻음으로써 공동체에서 가장 다수이자 쓸모 있는 자들이 점진적으로 실속과 정신을 되찾았다. 큰 화재가 숲에서 키만 클 뿐 열매를 맺지 못하는 나무들을 쓸어버림으로써 작지만 영양 많은 식물에게 공기와 공간을 제공한 셈이었다.

쿠르트네 가에 대한 여담

콘스탄티노플을 통치한 세 황제를 배출한 가문이니만큼, 세 개의 주요 분가, 1) 에데사, 2) 프랑스, 3) 잉글랜드의 쿠르트네 가의 기원과 기구한 운명에 대해[36] 잠시 여담을 늘어놓아도 무방할 것이다. 이 중에서 마지막 가계만이 800년간의 변천을 거쳐 오늘날까지 존속하고 있다.

   1) 교역으로 부가 확산되고 지식으로 편견이 제거되기 전까지는 출생의 특권이 가장 강한 힘을 발휘하고 인정받는다. 시대를 막론하고 게르만인은 법과 관습으로 사회의 위계질서를 구분해 왔다. 샤를마뉴의 제국을 공유한 공작과 백작 들은 자기들의 작위를 세습할 수 있도록 바꾸었다. 봉건 영주는 자식들에게 명예와 검을 상속했다. 제아무리 콧대 높은 가문이라도 가계도를 따라가다 보면 중세의 어둠 속에서 길을 잃고 마는데, 아무리 뿌리가 깊고 고귀하다 해도 결국은 평민 신분에서 나온 것이다. 사가들이 성(姓)이나 문장(紋章), 또는 신뢰할 만한 기록을 찾아내어 대대로 내려오는 계보를 확인하려면 10세기 이후쯤은 되어야 한다. 최초의 한 줄기 빛으로[37] 고귀하고 부유한 프랑스 기사 아토의 존재를 확인할 수 있다. 그는 이름이 알려지지 않은 아버지로부터 지위와 칭호를 받고, 파리 남쪽으로 약 56마일 떨어진 가티누아에 있는 쿠르트네 성을 기반으로 부를 쌓았다. 위그 카페의 아들 로베르 시대부터 쿠르트네 영주들은 왕의 측근 봉신들 중에서도 단연 두드러졌다. 아토와 한 귀부인 사이에서 태어난 조슬랭은 1차 십자군의 영웅들 가운데 이름을 올렸다. 그는 가문의 인척 관계 때문에 제2대 에데사 백작인 보두앵 브뤼주의 휘하에 들어갔다. 그가 충분한 자격과 유지할 능력을 갖추고 얻은 광대한 봉토로 보아 따르는 전사들이 많았음을 알 수 있다. 조슬랭은 사촌이 떠난 뒤 유프라테스 강 양쪽의 에데사 백작령까지 맡았다. 평화가 회복된 후 그의 영토는 다시 라틴인과 시리아인 들로 붐볐으며, 창고에는 곡물과 포도주, 기름이, 성에는 금은보화와 무

1020년, 쿠르트네 가(家)의 기원

1. 1101~1152년, 에데사의 백작들

[37] 이 가문의 오래된 기록은 플뢰리의 수도사인 애모앵의 『계승자』라는 책에 나오는 일부로. 그는 12세기에 이를 집필했다.

[38] 당빌은 지금은 텔베세르(Telbesher)로 불리는 투르베셀(Turbessel)의 위치를 제우그마(Zeugma)에서 유프라테스 강을 넘는 큰 수로에서 24마일 떨어진 곳으로 추정한다.

기, 말이 가득 찼다. 30년간 성전을 치르면서 그는 정복자와 포로 신세를 번갈아 겪었으나, 군대의 선두에서 마차를 타고 전사답게 생을 마감했다. 그는 자신의 노령과 쇠약함을 노렸던 투르크 침략군이 도망치는 모습을 보면서 눈을 감았다. 그와 이름이 같은 아들이자 후계자는 신중함보다는 용맹이 앞서는 인물로 영토를 손에 넣는 수단과 유지하는 수단이 같다는 점을 종종 잊곤 했다. 그는 안티오크 군주와 우호 관계를 확보해 놓지 않은 채 투르크군과 대치하는가 하면, 시리아의 투르베셀[38]에서 태평하게 사치에 취해 유프라테스 강 너머 그리스도교 세계의 국경선 방어를 소홀히 하기도 했다. 아타베크의 일인자인 젠기는 그가 자리를 비운 틈을 타 겁 많고 충성심도 부족한 동방인들이 지키는 수도 에데사를 포위 공격했다. 프랑크군은 수도를 탈환하기 위해 대담한 공격을 가했으나 패배했고, 쿠르트네는 알레포의 감옥에서 생을 마쳤다. 그는 상당한 규모의 세습 토지를 남겼지만, 승리를 거둔 투르크군은 힘없는 미망인과 고아를 사방에서 압박했다. 그들은 연금을 받는 조건으로 비잔티움 황제에게 이 라틴 정복의 마지막 유산을 방위할 책임을 넘겼으나, 결국 이를 상실하는 수치까지도 황제에게 넘긴 셈이 되었다. 에데사 백작 미망인은 두 자녀를 데리고 예루살렘에 은거했다. 딸 아그네스는 왕의 아내이자 어머니가 되었고, 아들 조슬랭 3세는 기사 쉰 명의 봉사를 받으며 팔레스타인에 새로운 영지를 얻었다. 그는 평화로울 때나 전쟁에서나 명예로운 성공을 거두었던 것 같지만, 예루살렘이 몰락한 후로는 더 이상 그의 이름을 찾을 수 없다. 에데사 분가의 쿠르트네라는 이름은 두 딸이 각각 프랑스와 독일의 영주와 결혼함으로써 사라졌다.

2) 조슬랭이 유프라테스 강 너머를 통치할 동안, 그의 형이

며 아토의 아들인 조슬랭의 아들 밀로는 센 강 인근에서 조상의 성(城)을 계속 지키다가, 마침내 세 아들 중 막내인 라이노(레지날)에게 물려주었다. 오래된 가문의 연대기일수록 뛰어난 재능이나 미덕의 모범을 찾기 힘들다. 그들은 머나먼 시대에는 약탈과 폭력 행위를 일삼았으며, 이런 행동도 뛰어난 용기, 또는 적어도 힘이 없으면 할 수 없다는 점을 들어 자랑으로 삼았다. 레지날 쿠르트네의 후손이라면 선조가 상스와 오를레앙에서 왕의 의무를 완수한 후 여러 상인들을 약탈하고 감옥에 가두는 공개적인 강도 행위를 저지른 데 부끄러움을 느낄 것이다. 그러나 다른 한편으로는 섭정인 샹파뉴 백작이 군대를 이끌고 이 대담한 범죄자에 맞서 진군할 채비를 할 때까지 복종과 변상을 거부하며 버텼다는 점에서 자랑스럽게 여길지도 모르겠다.[39] 레지날은 영지를 장녀에게 물려주고 비만 왕 루이의 일곱째 아들에게 시집보냈다. 이 결혼을 통해 많은 자손이 태어났다. 한 개인의 이름이 왕가의 성씨에 흡수되었으니, 당연히 프랑스의 피에르와 쿠르트네의 엘리자베스의 후손이 혈통에 따르는 군주의 칭호와 명예를 누렸으리라고 예상할 것이다. 그러나 이 정당한 요구는 오랜 세월 묵살되다가 결국 거부당했다. 그들이 겪은 불명예의 원인은 이 두 번째 분가의 이야기로 이어진다. (1) 현존하는 가문 중에서 가장 오래되고, 의심의 여지없이 가장 빛나는 가문은 프랑스 왕가로, 9세기 중엽부터 남계(男系)의 명백한 직계를 이어 오면서 800년 이상 같은 왕좌를 차지해 왔다. 이 가문은 십자군 시대에 이미 동서 두 세계에서 존경을 받았다. 그러나 위그 카페 이후 피에르가 결혼하기까지는 고작 다섯 세대가 지났을 뿐이었다. 그들의 왕

2. 프랑스의 쿠르트네 가

1150년, 왕실과 결연한 쿠르트네 가

[39] 레지날 쿠르트네의 약탈과 배상은 당대 최고의 비망록인 쉬제 대수도원장의 서신 속에 황당무계하게 서술되어 있다.

권은 불안정하기 짝이 없었으므로, 장남들은 필수적인 사전 조치로 부친 생전에 미리 왕위에 올랐다. 왕위 계승에 있어 오랫동안 왕가의 젊은 분가보다 프랑스의 귀족에게 우선권이 있었다. 지금은 아무리 낮은 서열의 왕위 계승 후보자라도 상속권의 영광을 누리지만, 12세기에는 왕의 혈통을 이은 군주들조차도 상속권이 없었다. (2) 쿠르트네 가는 왕의 아들에게 대대로 자기들의 딸이자 그의 아내인 쿠르트네의 이름과 문장을 채택하도록 할 수 있었다는 점으로 보아, 본인들 스스로나 사회적으로나 높은 지위를 누렸을 것임에 틀림없다. 보통 상속녀가 자신보다 격이 낮거나 비슷한 자와 결혼하는 경우에 이러한 교환이 이루어졌다. 그러나 비만 왕 루이의 자손은 계속해서 왕의 혈통에서 갈라져 나가면서 서서히 모계 혈통 쪽으로 흡수되었으므로, 새로운 쿠르트네 가는 이해관계 때문에 포기했던 출생 신분의 명예를 거의 상실했다고 볼 수 있다. (3) 수치는 보상보다 훨씬 더 오래가는 법이며, 한순간 불꽃이 치솟은 후에는 긴 어둠이 이어진다. 이 결혼에서 태어난 장남 피에르 쿠르트네는 이미 언급한 바와 같이 콘스탄티노플의 처음 두 황제였던 플랑드르 백작들의 누이와 결혼했다. 그는 경솔하게도 로마니아 영주들의 초대를 받아들였다. 그의 두 아들 로베르와 보두앵은 차례로 동방에 남은 라틴 제국을 보유했으나 결국 상실했고, 보두앵 2세의 손녀는 또다시 프랑스 왕가와 발루아 가의 혈통을 하나로 맺었다. 그들은 불안정하고 짧은 치세 기간 중 경비를 충당하기 위해 세습 영지를 저당 잡히거나 팔아 버렸다. 그리하여 콘스탄티노플의 마지막 라틴 황제들은 로마와 나폴리가 해마다 베푸는 적선에 의지해야 했다.

장자들이 낭만적인 모험에 부를 탕진하는 바람에 쿠르트네 성(城)이 평민의 손에 넘어가 오용되는 동안, 이 이름을 계승한 더 젊은 분가들은 번성하여 자손을 크게 늘렸다. 그러나 그들의 영광도 세월의 흐름과 궁핍으로 퇴락해 갔다. 프랑스의 훌륭한 집사였던 로베르가 죽은 후 그들은 왕족에서 봉신의 위치로 내려앉았고, 다음 세대는 평범한 향신층과 구별되지 않을 정도로 몰락했다. 위그 카페의 후손은 그 후로는 탕레나 샹피넬르의 지방 영주들 속에서도 찾을 수 없었다. 더 모험심이 강한 자들은 그럭저럭 체면을 유지하면서 군인의 길을 택했으나, 덜 적극적이고 가난한 자들은 드뢰 가처럼 농부 신분으로 몰락했다. 이들 왕족 혈통은 400년간의 암흑 시기를 거치면서 날이 갈수록 미미한 존재로 영락해 갔으므로, 그들의 계보를 찾으려면 왕국의 연대기가 아니라, 문장(紋章) 연구자와 계보학자의 수고스러운 조사에 의지해야 한다. 16세기 말에 가서 먼 인척 관계의 한 가문 사람이 왕위에 등극하면서, 비로소 쿠르트네 가의 군왕다운 패기가 되살아나 왕가의 피를 이었음을 주장하고 나섰다. 그들은 앙리 4세의 정의감과 동정심에 호소했으며, 이탈리아와 독일의 법률가 스무 명으로부터 유리한 의견을 얻어 내어, 많은 세월이 흘러 일개 목수로 전락했어도 왕으로서의 대권이 손상되지 않았던 다윗 왕의 후손에 자신들을 비교했다. 그러나 그들의 법적인 요구에 귀 기울이는 이는 아무도 없었고, 모든 상황은 불리한 쪽으로만 돌아갔다. 부르봉 왕가는 발루아 가를 무시함으로써 자신들의 존재를 정당화했고, 고귀한 왕가의 혈통을 타고난 자들은 후대로 갈수록 이 비천한 친족을 멸시했다. 고등 법정도 그들이 내놓은 증거를 부인하지는 않았지만, 자의적인 차별을 둠으로써 위험한 선례를 남기기를 피하고 성 루이를 왕가 혈통의 아버지로 확립했다. 그들은 불평과 항의를 거듭했으나 번번이 무시당했고, 금세기에 들어서 가문의 마지막 남자 후손이 사망함으로써 희망 없는 노력에 종지부를 찍었다.⁴⁰ 그들은 의식적으로 미덕을 실천한다는 자부심으로나마 자신들의 고통스럽고 불안한 상황을 달래 보려 했으므로, 금전과 호의라는 유혹을 단호히 거부했다. 쿠르트네 가의 당주(當主)는 자기 아들이라도 세속적인 이익 때문에 프랑스 왕가의 혈통을 이은 적법한 군주로서의 권리와 칭호를 포기하려 한다면 임종 시 내쳤을 것이다.

3) 포드 대수도원의 옛 기록에 따르면, 데번셔의 쿠르트네 가는 피에르의 둘째 아들이자 비만 왕 루이의 손자인 플로루스 왕자의 후손이다.⁴¹ 고문서 연구가인 캠든과 더그데일은 수도사들이 보은 차원에서 쓴 것인지 매수되어 쓴 것인지 알 수 없는 기록을 지나치리만큼 진지하게 받아들였다. 그러나 이 이야기는 너무나 명백하게 진실과 시대에 어긋나기 때문에, 오늘날 이 가문은 합리적인 자존심에 따라 이런 가공의 시조를 거부한다. 그들의 가장 충성스러운 역사가들은 레지날 쿠르트네가 딸을 왕의 아들에게 시집보낸 후, 프랑스에 있는 재산을 포기하고 잉글랜드 군주로부터 두 번째 아내와 새로운 유산을 얻었다는 설을 믿고 있다. 적어도 헨리 2세가 군영지와 고문회의에서 레지날이라는 이름과 문장을 지닌 자를 등용했으며, 그가 프랑스의 쿠르트네 가의 진짜 일족이라는 사실은 틀림없다. 봉건 영주는 후견인의 권리로 봉신을 귀족의 상속녀와 결혼시켜 영지를 받게 함으로써 보상해 줄 수 있었다. 레지날 쿠르트네는 데번셔에 제법 괜찮은 정착지를 얻었으며, 그의 후손들은 그곳에서 600년 이상 자리 잡고 살았다.⁴² 레지날의 아내 호위스는 정복자 윌리엄으로부터 작위를 얻은 노르만 영주 보두앵 브리오니로부터 93명의 기사를 거느리는 오크햄턴(Okehampton)의 영예를 받았다. 여성일지라도 엑스터 왕

⁴⁰ 쿠르트네 가의 마지막 남자는 샤를 로제로, 1730년 아들 없이 죽었다. 마지막 여성은 엘랑 쿠르트네로, 루이 보프르몽과 결혼했다. '프랑스 왕족의 공주'라는 그녀의 칭호는 파리 고등 법정의 결정에 따라 사용을 금지당했다.

⁴¹ 그러나 이 이야기는 에드워드 3세 시대 이전에 조작되었음에 틀림없다. 최초의 3대가 포드 대수도원에 막대한 기부를 했으나, 그 후로는 한편으로는 탄압을 받고, 또 한편으로는 그 은혜를 잊었다. 6대째부터 수도사들은 후원자들의 출생, 행적, 죽음을 기록하는 일을 중단했다.

⁴² 클리블랜드의 역사서 중 가장 가치 있는 세 번째 권 외에도, 우리 계보학의 선구자라 할 더그데일을 참조했다.

성(王城)의 세습 자작이나 주 장관 또는 대장 등 남성의 직분을 요구할 수 있었다. 그들의 아들 로베르는 데번 백작의 누이와 결혼했다. 다시 백 년 후에 리버스 가의 대가 끊기면서,[43] 그의 증손자인 위그 2세가 아직도 특정 지역에서는 위엄 있는 지위로 인정받는 칭호를 승계했다. 그 후 쿠르트네의 이름을 가진 열두 명의 데번셔 백작은 220년간 번영을 누려 왔다. 그들은 왕국의 영주들을 이끄는 수장의 지위까지 올랐다. 그들은 격렬한 분쟁을 거친 후에야 애런들 봉토에 잉글랜드 의회 최고직을 내놓았다. 그들은 비어 가, 디스펜서 가, 세인트 존 가, 탈보트 가, 본 가, 심지어 플란타지네트 왕가를 비롯한 최고의 귀족 가문과 인척 관계를 맺었다. 런던 주교였으며, 나중에는 캔터베리 대주교가 된 한 쿠르트네 가 사람은 랭커스터의 존과 싸우면서, 성직자답지 못하게 친족의 권세를 빌렸다는 비난을 받았다. 평화 시에 데번의 백작들은 서부 지역 각지에 있는 그들의 성과 장원에 기거하면서, 교회에 기부하고 손님을 접대하는 데 막대한 세입을 썼다. 자신의 불행으로 인해 장님이라는 별명을, 미덕으로 인해 선인이라는 별명을 얻은 에드워드의 묘비명은 분별없이 관대한 자라면 남용할지도 모를 한 도덕적인 교훈을 세련되게 전하고 있다. 선량한 백작은 아내 메이블과 함께 누린 55년간의 행복한 결혼 생활을 감사하는 마음으로 돌아본 다음, 무덤에서 이와 같은 말을 전한다.

> 남에게 베푼 것이 우리가 가진 것이고,
> 써 버린 것은 한때 가졌던 것에 불과하며,
> 남겨 놓고 가는 것은 다 없어지는 셈이다.[44]

데번셔의 백작들

[43] 이 대가문은 에드워드 1세 때 유명하고 막강했던 미망인인 이사벨라에서 끝났는데, 그녀는 오빠와 남편보다도 오래 살았다.

[44] 이것은 데번 백작인 리버스에게 남긴 것이다. 그러나 영어로 보아 13세기 보다는 15세기이다.

그러나 이런 의미에서의 손실은 그들의 증여나 지출을 훨씬 상회했으므로, 그들의 후손은 빈민들보다 나을 것이 없는 처지로 아버지의 보호의 대상이었다. 그들이 교부금이나 토지 점유를 위해 쓴 비용을 보면 재산 규모를 파악할 수 있다. 그들 가문은 13, 14세기 이후로 여러 영지를 소유하고 유지해 왔다. 전쟁에서 잉글랜드의 쿠르트네 가는 기사도의 의무를 완수하고 명예에 걸맞게 행동했다. 그들은 종종 데번셔와 콘월 민병대를 소집하고 지휘할 권한을 맡았으며, 스코틀랜드 국경까지 최고 군주를 수행하기도 하고, 때로는 여든 명의 무장한 병사와 그만한 수의 궁사를 이끌고 약정된 대가를 받고 외국에서 복무하기도 했다. 그들은 바다와 육지에서 에드워드와 헨리의 깃발 아래 싸웠으며, 전투에서나, 마상 시합에서나, 가터 훈장의 목록에서나 단연 이름을 빛냈다. 삼 형제가 흑세자와 함께 스페인에서 승리를 거둔 적도 있었다. 여섯 세대가 지나자 잉글랜드의 쿠르트네 가는 선조가 태어난 민족과 나라를 경멸하게 되었다. 장미 전쟁에서 데번 백작은 랭커스터 가의 편에 섰고, 삼 형제는 각기 전장이나 교수대에서 숨을 거두었다. 헨리 7세가 그들의 명예와 영지를 복구해 준 덕에, 에드워드 4세의 딸이 쿠르트네 가로 시집가도 격이 떨어지지 않을 정도가 되었다. 엑스터 후작이 된 그들의 아들은 사촌인 헨리 8세의 총애를 누렸으며, 황금 직물 벌판 전투에서 프랑스 군주와 겨루기도 했다. 그러나 헨리의 총애는 치욕의 서곡이었으며, 치욕은 죽음을 알리는 신호였다. 엑스터 후작은 질투심 많은 폭군에게 희생된 사람들 가운데서도 가장 고귀하고 무고한 이들 중 하나였다. 그의 아들 에드워드는 런던 탑에서 죄수로 지내다가 파두아에서 추방자로 생을 마쳤다. 그가 아마도 엘리자베스 공주 때문에 거절했을 메리 여왕과의 비밀스러운 사랑은 이 아름다운 젊은이의 이야기에 낭만적인 색채를 더해 준다. 그가 남긴 유산은 네 고모의 결혼을 통해 생판 남의 집안으로 넘어갔다. 그의 개인적인 명예는 법적으로 사멸되었던 때처럼 후대 왕의 윤허로 부활되었다. 그러나 쿠르트네 가의 새로운 분가인 초대 데번 백작 위그의 직계 자손은 여전히 살아남아서, 에드워드 3세 시대부터 지금까지 400년 이상 파우더럼 성에 자리 잡고 있다. 그들은 아일랜드의 토지를 하사받고 개량함으로써 영지를 더 늘렸으며, 최근에는 귀족 신분의 영예까지 회복했다. 그러나 쿠르트네 가는 아직도 선조의 결백을 주장하고 몰락을 한탄하는 서글픈 금언을 간직하고 있다. 그들은 과거의 영광을 그리워하는 한편으로, 현재의 축복을 잘 알고 있다. 쿠르트네 가의 길고 긴 연대기에서 가장 영광스러웠던 시기는 동시에 가장 불행했던 시기이기도 하다. 오늘날의 브리튼의 부유한 귀족이 자기들의 지위를 유지하고 수도를 방어하기 위한 기부금을 구하기 위해 유럽 전역을 헤매고 다닌 콘스탄티노플 황제들을 부러워할 리는 없다.

62

THE DECLINE AND FALL
OF THE ROMAN EMPIRE

니케아와 콘스탄티노플의 비잔티움 황제들 · 미카엘 팔라이올로구스의 즉위와 통치 · 교황 및 라틴 교회와의 그의 거짓 통합 · 앙주 공 샤를의 적대적인 의도 · 시칠리아의 반란 · 아시아와 그리스에서의 카탈로니아인의 전쟁 · 아테네의 혁명과 현황 · 아테네 사람들 독재에서 벗어나다

콘스탄티노플이 함락됨으로써 일시적이나마 비잔티움 사람들은 활기를 되찾았다. 군주와 귀족들은 궁정으로부터 내몰려 전장으로 향하였고, 정력적이고 수완 좋은 후보자들은 무너져 가는 왕국의 파편을 거머쥐었다. 비잔티움 연대기의 길고 부실한 기록 속에서, 비티니아의 니케아에 로마의 깃발을 옮겨 세운 두 인물 테오도루스 라스카리스와 요하네스 두카스 바타체스에 필적할 인물을 찾기란 쉽지 않다. 다행스럽게도 그들의 서로 다른 장점은 각자의 상황에 잘 맞았다. 망명자 라스카리스에게는 처음에 겨우 세 도시와 2000명의 병사밖에 없었다. 그의 통치는 관대하고 활기가 넘쳤지만 절망적인 시기였으므로, 군사 작전을 취할 때마다 생명과 왕관을 걸어야 했다. 헬레스폰투스 해협과 메안데르 강변의 적은 그의 민첩함에 허를 찔리고 대담한 공격에 압도당했다. 그는 18년에 걸친 성공적인

비잔티움 제국의 부활

1204~1222년,
테오도루스 라스카리스

[1] 비잔티움사를 읽는 독자들은 이렇게 훌륭한 대목을 즐기기가 얼마나 드문 일인지 알아야 한다.

1222년~1255년 10월,
요하네스 두카스 바타체스

통치를 통해 니케아 공국을 제국의 규모로까지 확대했다. 그의 후계자이자 사위인 바타체스는 좀 더 안정된 기반과 더 넓은 영역, 풍부한 재원을 바탕으로 제위를 강화했다. 위험을 따져 보고 기회를 기다려 야심 찬 계획을 성공시키는 일은 바타체스에게 이익이 되었을 뿐 아니라 기질에도 맞았다. 나는 지금까지 라틴인의 몰락을 서술하면서 비잔티움 사람들의 전진에 대해서도 짤막하게 다루었다. 정복자는 신중하게 한 발 한 발 전진하여 33년의 재위 기간 중 속주들을 자국이나 외국의 찬탈자들로부터 구해 내고, 마침내는 이파리 하나 없이 말라비틀어져 도끼로 한번 찍으면 바로 넘어가 버릴 나무줄기 꼴이 된 황제의 도시를 사방에서 압박했다. 그러나 그의 평화로운 내치야말로 주목과 찬사를 받아 마땅하다.[1] 당대의 재난은 비잔티움 사람들로부터 많은 인명과 재산을 앗아 갔다. 그 결과 농업을 계속할 동기도 수단도 완전히 사라졌으므로, 아무리 비옥한 땅이라도 경작되지도 않고 사는 이도 없이 버려졌다. 황제는 이처럼 주인 없는 토지 일부를 자신의 이익을 위해 점유하여 개간하도록 명령했다. 그는 강한 손과 날카로운 눈으로 능수능란하게 통치함으로써 개인 경작자의 근면을 보완해 주었을 뿐 아니라, 그 이상의 일을 했다. 황실 소유지는 아시아의 정원이자 곡창이 되었다. 이리하여 황제는 민중을 가난으로 몰아넣지 않고서도 깨끗하고 생산적인 부를 얻었다. 그의 토지에는 토질에 따라 곡물을 심거나 포도나무를 심었다. 목장에는 말과 소, 양과 돼지가 가득 찼다. 바타체스는 황후에게 다이아몬드와 진주로 된 왕관을 선물하면서, 이 귀중한 장신구가 셀 수 없이 많은 그의 가금류가 낳은 알을 팔아 산 것이라고 미소 띤 얼굴로 일러 주었다. 그의 소유지에서 나온 수입은 궁정과 자선 시설의 유지, 즉 위엄을 보여 주고 자선을 베푸는 데 쓰였다. 그 교훈은 세입보다 훨씬 더 유용했다. 쟁기는 이제 예로부터 누려 온 안전하고 명예로운 위치를 되찾았다. 귀족들은 민중들을 쥐어짜거나 궁정의 호의를 구걸함으로써(거의 같은 것이지만) 거지꼴을 면할 게 아니라, 자기 영지에서 확실하고 자립적인 재원을 구해야 한다는 사실을 배웠다. 여분의 곡물과 가축은 바타체스가 엄격하고 진지한 동맹 관계를 맺고 있는 투르크인에게 불티나게 팔려 나갔다. 그러면서도 값비싼 동방의 비단이나 이탈리아 직공이 만든 외국 제품 수입은 막았다. 그는 이렇게 말하고는 했다.

자연과 필요에서 나온 요구는 어쩔 수 없다. 그러나 유행의 영향은 군주의 헛기침 한번에도 일어났다 잦아든다.

그는 말로만 그치는 것이 아니라 앞장서서 모범을 보여 검소한 생활 태도와 국내 생산품의 이용을 권장했다. 젊은이들의 교육과 학문 부흥도 중요한 관심사였다. 그는 누가 더 앞선다 하지 않고 군주와 철학자가 인간 사회에서 가장 높은 존재라고 진심으로 선언했다. 그의 첫 아내는 테오도루스 라스카리스의 딸 이레네였는데, 그녀는 제국의 유산을 전하는 안겔루스 가와 콤네누스 가의 피를 지니기도 했지만, 개인적인 장점과 여성다운 온화한 미덕으로 이름이 높았다. 그는 그녀가 죽은 후 프리드리히 2세의 딸인 안나, 다른 이름으로 콘스탄체와 약혼했다. 그러나 신부가 아직 결혼할 나이가 되지 않았기 때문에, 바타체스는 그녀의 시녀인 한 이탈리아 처녀를 침소에 끌어들였다. 애정에 마음이 흔들린 그는 이 첩에게 적법한 황후의 칭호까지는 아니더라도 그에 버금가는 영예를 내렸다. 그의 나약함은 수도사들로부터 파렴치하고 저주받을 죄악으로 비난받았다. 그들은 무례한 비난으로 사랑에 빠진 황제의 인내심을 시험했으나, 그는 굳은 인내를 보여 주었다. 이성적인 시대에 한 가지 악덕쯤은 다른 많은 미덕으로 속죄된다고 보고 용서될 것이다. 그의 과오와 더 무절제했던 라스카리스의 정열에 대한 동시대인들의 판결도 제국을 재창건한 인물들에 대한 감사의 마음으로 부드러워졌다. 법도 평화도 누릴 수 없는 라틴인의 노예들은 민족의 자유를 되찾은 동포들의 행복에 갈채를 보냈다. 바타체스는 온 나라의 비잔티움 사람들에게 그의 신민이 되는 것이 이익임을 확신하게 만드는 훌륭한 정책을 썼던 것이다.

2 키루스는 신민들의 아버지이고 다리우스는 주인이라는 페르시아 속담은 바타체스와 그 아들에게도 들어맞는다. 그러나 파키메르는 온화한 다리우스를 신민들에게 폭군으로 군림했던 캄비세스로 착각했다. 다리우스는 세금 제도 때문에 장사꾼 또는 거간꾼을 뜻하는 상인(Κάπηλος)이라는 덜 혐오스럽지만 더 경멸스러운 이름을 얻었다.

1255년 10월~1259년 8월, 테오도루스 라스카리스 2세

요하네스 바타체스에서 아들 테오도루스에로, 즉 왕관의 무게를 지탱한 창건자로부터 그 광채를 즐긴 상속자로 넘어가면서 퇴보의 그림자가 한눈에 확연히 드러난다.² 그러나 테오도루스의 성품에 활력이 없지는 않았다. 그는 아버지의 학교와 전투와 사냥 연습을 통해 교육을 받았다. 그는 3년 남짓의 짧은 재위 기간 중 세 차례나 불가리아 깊숙이 군대를 끌고 들어가기도 했다. 다혈질에 의심 많은 기질은 그의 미덕에 오점을 남겼다. 다혈질의 성질은 자제를 모르는 탓일 것이고, 의심 많은 성격은 인간의 타락상에 대한 어둡고 불완전한 관점에서 자연스럽게 나왔을 것이다. 불가리아로 진군하는 중에 정책상의 문제를 놓고 주요 신하들과 논의한 적이 있었다. 비잔티움의 궁내부 대신인 게오르기우스 아크로폴리타는 기탄없이 정직한 의견을 피력하여 그의 심기를 거슬렀다. 황제는 언월도를 칼집에서 반쯤 뽑았다가, 그 정도로는 분이 풀릴 것 같지 않자 더 비열한 형벌을 준비했다. 제국의 최고 관리 중 한 사람인 그에게 말에서 내려 옷을 벗고, 자기와 병사들이 보는 앞에서 땅

위에 몸을 쭉 펴고 엎드리라는 명령이 내려졌다. 그는 이런 자세로 두 명의 형리에게 무거운 곤봉으로 무수히 매를 맞았다. 테오도루스가 멈추라고 명령했을 때, 이 고관은 일어나 자기 막사까지 돌아갈 힘도 남지 않았을 정도였다. 그는 며칠 동안 틀어박혀 있다가 회의에 참석하라는 엄명을 받고 불려 나갔다. 비잔티움 사람은 명예와 수치에 대한 개념에 둔감한 탓에, 우리는 그의 치욕에 대해서도 모욕을 당한 본인의 기록을 통해서야 알 수 있다.[3] 황제의 잔인성은 병마로 고통을 겪고 때 이른 죽음이 다가오면서 독살과 주술에 대한 의심으로 더욱 심해졌다. 그가 한번씩 노여움을 터뜨릴 때마다 친족과 귀족의 생명과 재산, 눈이나 사지가 날아갔다. 바타체스의 아들은 죽기 전 국민들로부터, 아니 적어도 궁정에서는 폭군으로 불리고도 남을 만했다. 팔라이올로구스 가의 한 귀부인이 그가 변덕을 부려 추천한 천한 평민에게 아름다운 딸을 주기를 거부했다가 그의 분노를 산 일이 있었다. 그는 그녀의 신분이나 나이도 아랑곳하지 않고 여러 마리의 고양이와 함께 목까지 덮이는 자루에 넣고, 이 불행한 동료 포로에게 분을 풀도록 고양이들을 바늘로 찔러댔다. 황제는 임종의 순간에 이제 겨우 여덟 살로 길고 위험한 미성년기를 보내야 할 아들이자 후계자인 요하네스의 운명이 걱정되었으므로, 모든 이를 용서하고 자신도 용서받고 싶다는 소망을 표명했다. 그는 최후의 선택으로 총대주교 아르세니우스의 신성함과 황제의 총애와 민중의 증오를 동시에 받는 대재상 무잘론의 용기에 기대어 그들을 후견인으로 임명했다. 라틴인들과 접촉을 가진 이후로, 비잔티움의 왕국에도 세습 지위에 따르는 명칭과 특권의 개념이 서서히 파고들어 왔던 터였다. 따라서 귀족 가문들은 미천한 총신이 출세 가도를

[3] 아크로폴리타는 매질을 꿋꿋이 견뎌 내고 부름을 받을 때까지 회의 석상에 돌아가지 않은 자신의 결연함을 훌륭하다고 여기는 것 같다. 그는 테오도루스의 공적과 자신이 행한 봉사에 대해서 이야기한다.

1259년 8월, 미성년의 요하네스 라스카리스

[4] 셀라리우스와 당빌과 우리의 여행자들, 특히 포콕과 찬들러와 함께 옛 지리학자들의 글을 보면, 두 곳의 마그네시아, 즉 소아시아의 마그네시아와 메안데르와 시필루스의 마그네시아를 구별할 수 있다. 우리가 지금 언급하고 있는 후자는 투르크의 도시로 여전히 번영을 누리고 있으며, 스미르나 북동쪽으로 여덟 시간 혹은 8리그 거리에 있다.

달리자 분노하면서, 황제 생전의 과오와 재앙도 모두 그의 탓으로 돌렸다. 황제가 사망한 후 처음으로 열린 국정 회의에서 무잘론은 높은 자리에 앉아 자신의 행동과 의도에 대해 고심한 흔적이 보이는 사과문을 발표했다. 그의 겸손한 태도에 모두가 한목소리로 존경과 충성을 다짐하며 굴복했다. 그의 숙적들조차 누구보다도 큰 소리로 그를 로마인의 보호자이자 구원자로 예를 갖춰 맞았다. 그러나 음모를 준비하는 데에는 8일이면 충분했다. 9일째 되는 날, 사망한 황제의 장례식이 그가 숨을 거둔 시필루스 산기슭에 있는 아시아의 한 도시인 마그네시아의[4] 대성당에서 거행되었다. 성스러운 의식은 근위병들의 난동으로 중단되었다. 무잘론과 그의 형제들, 추종자들은 제단 아래에서 살해되었다. 이 자리에 불참한 총대주교는 비잔티움 귀족 중에서 출생 신분으로나 업적으로나 가장 이름 높은 인물인 새로운 동료 미카엘 팔라이올로구스와 결탁했다.

미카엘 팔라이올로구스의
가문과 성격

조상을 자랑스럽게 여기는 사람들이라도 대부분은 자기 지방 또는 집안에서의 명성으로 만족해야 하는데, 가문의 기록을 조국의 공식 연대기에 넣을 수 있는 사람은 극소수에 불과할 것이다. 11세기 중엽, 팔라이올로구스 가는 이미 비잔티움 역사에 우뚝 서서 빛을 발하고 있다. 콤네누스 가의 시조를 제위에 앉힌 사람이 바로 용맹스러운 게오르기우스 팔라이올로구스였다. 그의 친족이나 후손들은 매 세대마다 군대와 국정을 계속 이끌었다. 그렇다고 해서 그들과의 통혼으로 자의의 명예가 손상되는 일도 없었다. 여성 승계에 관한 법규가 엄격히 관철되었다면, 테오도루스 라스카리스의 아내는 후일 자기 가문을 제위에 올린 미카엘 팔라이올로구스의 어머니인 언니에게 길을 비켜 주어야 했을 것이다. 미카엘 팔라이올로구스의 고귀한 출생 신분은 군인이자 정치가로서의 업적으로 더욱 빛났다. 그는 젊은 시절 프랑스 용병 지휘관의 직책을 맡았다. 개인적 용도로 쓴 돈은 하루 금화 세 닢을 절대 넘지 않았다. 그러나 야망은 끝이 없었는데, 그의 재능은 화술과 행동거지의 우아함까지 더해져 더욱 빛났다. 병사들과 민중들의 애정은 궁정의 질시를 자극했으므로, 미카엘은 자기 스스로 또는 주변 사람들이 경솔하게 불러들인 위험을 피해 세 차례나 도망쳐야 했다. (1) 바타체스 시대에 두 관리 사이에 논쟁이 벌어졌는데,5 한 사람이 다른 사람을 팔라이올로구스 가의 세습 권리를 주장했다며 고발했다. 라틴인의 새로운 법에 따라 결투의 판결이 내려졌는데 피고 측이 패배했다. 그러나 그는 죄는 오로지 자신에게만 있으며, 후견인에게 허락을 받거나 알리지도 않고 이렇게 경솔하고 반역적이기까지 한 주장을 꺼냈다고 우겼다. 그러나 이 지휘관의 결백에 대한 의혹은 가라앉지 않았고, 그의 뒤에서 악의에 찬 귓속말이 계속 오갔다. 교활한 궁정인인 필라델피아 대주교는 그에게 불의 심판으로 신의 판결을 받으라고 몰아세웠다.6 재판이 열리기 3일 전, 재판받을 사람의 팔을 자루에 넣고 왕의 옥새를 찍어 봉인했다. 그는 뜨겁게 달군 쇠구슬을 성소의 제단에서 난간까지 다른 아무런 수단 없이, 화상을 입지 않고 세 차례 옮겨야 했다. 팔라이올로구스는 재치있게 위험한 시험을 피해 갔다. 그는 이렇게 말했다.

5 아크로폴리타는 이 기묘한 사건의 정황을 설명했으나, 후대 사가들의 주의를 끌지 못한 것 같다.

6 이 야만스러운 재판에 대해 경멸감을 품고 있는 파키메르는 젊은 시절 아무런 해도 입지 않고 불의 심판을 견뎌 낸 사람을 여럿 보았다고 주장한다. 그는 비잔티움 사람답게 남의 말을 잘 믿는 성격이었지만, 창의적인 비잔티움 사람들은 그들 자신이나 폭군의 미신에 반하는 계교 또는 사기에 가까운 방책을 짜낼 수 있었을 것이다.

저는 군인으로서 당당하게 고소인들의 도전에 응할 것입니다. 그러나 나 같은 평신도에, 죄인은 기적의 능력을 갖추고 있지 못합니다. 가장 성스러운 성직자인 대주교님 정도의 신앙심이 되어야 천상의 힘을 빌릴 수 있을 테니, 대주교님의 손에서 제 결백의 증거인 불에 달군 공을 받겠습니다.

대주교는 대경실색했고, 황제는 미소 지었다. 미카엘은 새로운 보상과 봉사를 맹세하고 사면 또는 용서를 받았다. (2) 뒤이은 치세 때 그는 니케아를 맡아 다스리던 중, 외지에 나가 있던 황제가 질투심에 사로잡혀, 결국 자신을 사형시키거나 장님으로 만들 것이라는 정보를 비밀히 입수했다. 이 사령관은 테오도루스가 돌아와 판결을 내리기를 기다리지 않고, 몇몇 추종자들과 함께 도시와 제국을 빠져나갔다. 그는 사막에서 투르크만인들에게 약탈을 당하기도 했으나, 술탄의 궁전에서 호의적인 피난처를 구했다. 미카엘은 망명객이라는 애매한 처지에서 감사와 충성의 의무를 잘 조화시켰다. 그는 타타르인을 상대로는 칼을 뽑으면서도 로마 국경의 주둔군은 견제하였는데, 이러한 영향력으로 평화를 회복시키는 데 기여함으로써 영예로운 사면과 귀국 조치를 이끌어 냈다. (3) 미카엘은 에피루스의 전제 군주에 맞서 서부 지역을 지키던 중, 또다시 궁정의 의혹을 사 유죄 판결을 받는 처지가 되었다. 충성심 때문이었는지 힘이 모자랐던 탓인지 모르지만, 그는 두라초에서 니케아까지 600마일이 넘는 거리를 사슬에 묶여 호송되는 것을 감수해야만 했다. 호송관은 정중한 태도로 그의 굴욕감을 덜어 주었다. 마침 황제가 병석에 눕는 바람에 그는 위기를 모면했다. 테오도루스는 임종의 자리에서 어린 아들을 맡김으로써 팔라이올로구스의 결백과 권력을 인정했다.

미카엘 팔라이올로구스의 제위 등극

그러나 그의 결백이 너무나 부당하게 취급되어 온 만큼 권력 또한 막강했으므로, 마음껏 야망을 펼칠 무대가 주어짐으로써 기세가 하늘을 찌르게 된 마당에 이제는 거칠 것이 없었다.7 그는 테오도루스 사후에 열린 국정 회의에서 무잘론에 대한 충성 서약을 제일 먼저 해 놓고 앞장서서 깨뜨렸다. 그의

---

7 나는 파키메르를 굳이 투키디데스나 타키투스에 견주지 않더라도, 우아하고 명쾌할 뿐 아니라 적당히 자유롭게 팔라이올로구스의 출세 과정을 훑은 그의 서술을 칭찬하겠다. 아크로폴리타는 더 신중하며, 그레고라스는 더 간결하다.

처신은 대단히 교묘했으므로, 그 후 벌어진 학살의 책임을 쓰기는커녕 비난조차 받지 않고 이익을 챙겼다. 그는 섭정을 선택하면서 후보자들의 이해관계와 감정을 교묘히 조정하여, 그들의 질투심과 증오를 자신으로부터 서로에게로 돌렸다. 그리하여 경쟁자들은 자기 권리 다음으로는 팔라이올로구스의 권리가 우선시되어야 한다고 인정하지 않을 수 없었다. 그는 대공이라는 칭호 아래 황제의 오랜 미성년기 동안 국정 운영 권한을 쥐었다. 총대주교는 여전히 존엄한 이름이었지만, 여러 파벌로 갈라진 귀족들은 그의 탁월한 재능에 매혹되거나 압도당했다. 바타체스가 검약으로 축적한 결실은 충성스러운 바랑인의 관리 아래 헤르무스의 견고한 성채에 보관되어 있었다. 사령관은 이들 외국 군대에 대한 명령권과 영향력을 지니고 있었으므로, 호위대를 이용해 재물을 손에 넣고 그 재물로 호위대를 매수했다. 그리하여 공금을 아무리 남용해도 사리사욕을 채운다는 의혹을 받지 않았다. 그는 직접 또는 밀사를 통해 각계각층의 국민에게 자기 권위가 확립될수록 그들도 번영할 수 있다고 설득하는 데 힘을 쏟았다. 예나 지금이나 변함없는 대중의 불만거리인 세금 부담도 일시적으로나마 없애주었다. 그는 결투 재판이나 신명(神命) 재판을 금지시켰다. 이 야만적인 제도는 프랑스와[8] 잉글랜드에서는[9] 이미 폐지되었거나 없어져 가는 상태였다. 칼에 호소하는 방법은 개화된 국민의 상식이나[10] 비호전적인 사람들의 기질에 맞지 않았다. 노병들은 처자식의 생활을 보장받고 감사해 마지않았다. 성직자와 철학자는 종교와 학문을 발전시키려는 그의 뜨거운 열정에 찬사를 보냈다. 후보자들은 업적에 따라 보상하겠노라는 그의 애매모호한 약속을 저마다 아전인수격으로 해석했다. 미카엘은 성직자의 영향력을 잘 알고 있었으므로, 이 막강한 집단

[8] 성 루이는 자기 영토에서 결투 재판을 폐지했다. 그의 모범과 권위는 마침내 프랑스 전역에 퍼져 나갔다.

[9] 헨리 2세는 민사 소송에서 피고 측에 선택권을 주었다. 글랜빌은 증거를 통해 죄상을 입증하는 쪽을 선호했으며, 결투에 의한 입증은 플레타에서 비난을 받았다. 그러나 결투 재판은 영국 법에서 정식으로 폐지된 적이 한 번도 없으며, 지난 세기 초까지도 이를 채택하는 재판관들이 있었다.

[10] 그러나 한 영리한 친구는 이 제도의 쇠퇴를 놓고 나에게 다음과 같은 의견을 주장했다. (1) 야만 상태에서 출현한 나라들은 개인끼리 싸움을 벌이거나 자의적으로 복수를 행할 권리를 자제시킨다. (2) 신명 재판이나 끓는 물, 십자가를 이용한 재판보다는 합리적이기 때문에, 그러한 재판 방식을 폐지하는 데 기여했다. (3) 적어도 개인의 용기를 시험하는 데에는 도움이 된다. 용기란 비열한 자에게서는 찾아보기 어려운 특질이므로, 재판에 따르는 위험 부담은 악의적인 고발자를 어느 정도 견제하는 수단이 될 수 있고, 힘으로 부정이 이루어지는 것을 막는 유용한 방어 수단이 될 수 있다. 용맹스럽지만 불운했던 서리 백작은 자신을 고발한 자와 결투하게 해 달라는 요구가 받아들여졌더라면 그런 운명을 피할 수 있었을 것이다.

의 동의를 얻기 위해 노력을 아끼지 않았다. 니케아에서 마그네시아까지 이들의 호사스러운 여행은 그를 지지할 제법 괜찮은 구실을 마련해 주었다. 고위 성직자들은 그가 야간 방문에서 베푼 후한 기부에 마음이 흔들렸다. 청렴결백한 총대주교도 이 새로운 동료가 자기 노새를 도시로 끌고 들어가 끈덕지게 달라붙는 군중을 적당한 거리까지 물리쳐 주는 등 공손한 태도를 보이자 호의를 품었다. 팔라이올로구스는 황족 혈통으로서 자신의 자격을 포기하지 않으면서도, 선거 군주제의 장점을 놓고 자유로운 토론이 벌어지도록 분위기를 조성했다. 그의 지지자들은 승기를 잡은 쪽답게 거만한 태도로 외쳤다. 어떤 환자가 의사의 물려받은 기술에 건강을 맡기겠는가, 어떤 상인이 조타수의 유전적인 기술을 믿고 배를 맡기겠는가? 황제는 어린 나이의 미성년이어서 위험하니 원숙하고 경험 많은 후견인, 동료들의 질시를 뛰어넘으면서 황족의 이름과 권위를 가진 협력자가 필요하다. 대공은 자신이나 가족을 위해서가 아니라 오로지 군주와 국민의 이익을 위해 테오도루스의 아들을 보호하고 교육하는 데 동의했으나, 일개 사인의 위치로 돌아가 굳건한 손으로 가산을 경영하고 복된 삶을 즐길 행복한 순간을 그리며 탄식했다. 그는 먼저 '전제 군주'의 칭호와 특권을 받고, 자의와 함께 제국의 2인자 자리에 앉았다. 나중에 요하네스와 미카엘은 공동 황제로 선포되어 둥근 방패 위에 올려지기로 했으나, 요하네스의 출생 권리에 따른 우위를 인정하기로 했다. 두 황제는 서로 우호 관계를 유지할 것을 서약했다. 우호 관계가 깨질 경우 신하들은 충성 서약에 따라 위반자에게 항거하겠노라고 선언했으나, 이 모호한 조항은 이미 불화와 내전의 씨앗을 품고 있었다. 팔라이올로구스는 이에 만족했으나, 대관식 날 니케아 성당에서 그의 열성적인 추종자들이 나이로 보나 업적으로 보나 당연히 그가 우위에 서야 한다고 격렬하게 주장했다. 그리하여 요하네스 라스카리스의 대관식을 다음 기회로 연기함으로써, 일단 부적절한 때에 제기된 논쟁을 피하기로 했다. 요하네스는 단독으로 총대주교의 손에서 왕관을 받은 후

1260년 1월,
미카엘 팔라이올로구스 황제

견인의 수행원들 틈에 끼어 작은 관을 쓴 채 걸어 나왔다. 총대주교 아르세니우스는 정말 내키지 않았으나 제자의 명분을 저버려야만 했다. 바랑인들은 전투용 도끼를 잡고, 겁에 질린 젊은이의 입에서 강제로 동의의 표시를 끌어냈다. 더 이상 어린아이의 생명 따위로 나라의 안정이 흔들려서는 안 된다는 목소리가 여기저기서 울렸다. 팔라이올로구스는 감사의 뜻에서 친구와 지지자 들에게 자신이 손에 넣은 모든 명예와 관직을 배분했다. 알렉시우스 스트라테고풀루스는 부황제의 칭호를 받았다. 이 노장군은 곧 비잔티움 황제에게 콘스탄티노플을 되찾아 줌으로써 은혜에 보답했다.

콘스탄티노플로부터 첫 번째 사자가 한밤중에 도착한 것은 그의 치세 2년째, 스미르나 근교 님파이움의 궁전에 머물고

1261년 7월,
콘스탄티노플 수복

있을 때였다. 누이 에울로기아가 잠을 깨우는 바람에 일어난 미카엘에게 놀라운 소식이 전해졌다. 그 남자는 신원을 알 수 없었을 뿐더러, 승리한 부황제로부터 편지 한 장 가져오지 않았다. 더군다나 바타체스에 이어 팔라이올로구스 자신도 최근에 실패한 후인지라 겨우 800명의 병사로 수도를 기습해 점령했다는 소식은 쉽게 믿기 어려웠다. 사자는 사형에 처해지든지, 아니면 막대한 보상을 내리겠다는 다짐과 함께 인질로 붙잡혔다. 몇 시간 동안 궁정은 불안한 희망과 공포에 잠겨 기다렸다. 드디어 알렉시우스의 사자가 믿을 만한 정보를 가지고

[11] 정의와 권력의 상징인 이 왕홀은 호메로스에 나오는 영웅들이 썼던 것과 같은 긴 막대였다. 후대의 비잔티움 사람들은 이를 디카니케(Dicanice)라고 불렀으며, 황제의 홀은 붉은색이나 자주색으로 보통의 것과 구별되었다.

[12] 아크로폴리타는 이 모자가 프랑스식을 따른 것이라고 주장한다. 그러나 뒤캉주(Ducange)는 꼭대기에 박은 루비로 보아 이것이 비잔티움의 춤 높은 모자였으리라고 본다. 아크로폴리타가 자기 궁정의 복장을 착각했다는 것이 말이 될까?

도착하여, 찬탈자 보두앵이 허둥지둥 도망치면서 놓고 간 검과 왕홀,[11] 반장화와 모자를[12] 전리품으로 보여 주었다. 집회가 즉각 소집되어 주교, 원로원 의원, 귀족 들이 모두 한자리에 모였다. 아마도 이렇게 모두가 진심으로 기뻐한 사건은 다시 없었을 것이다. 콘스탄티노플의 새로운 군주는 공들여 준비한 연설로 자신과 나라의 경사를 축하했다. 그는 이렇게 말했다.

아주 먼 옛날에는 로마 제국이 아드리아 해, 티그리스 강, 에티오피아 국경선까지 뻗쳤던 시절도 있었소. 그 속주들을 잃은 후, 최근의 불행한 시대에 와서는 우리 수도마저도 서방의 야만인에게 빼앗겼소. 이제 썰물도 최고조를 지나 번영의 물결이 다시 돌아오고는 있으나, 우리의 번영은 피난민과 망명자의 번영에 불과했소. 로마인의 나라가 어디냐는 질문이라도 받으면, 땅 한 모퉁이와 하늘 한 조각을 얼굴을 붉히며 가리킬 뿐이었소. 이제 신의 섭리로 우리 품에 종교와 제국의 신성한 보금자리인 콘스탄티누스 대제의 도시가 되돌아왔소. 이 귀중한 소득은 우리의 용맹과 처신에 따라 미래의 승리에 대한 보증이자 전조가 될 것이오.

1261년 8월, 비잔티움 황제의 귀환

군주와 국민 모두 마음이 너무 급해 참을 수가 없었으므로, 미카엘은 라틴인을 몰아낸 지 겨우 20일 만에 콘스탄티노플에 개선 입성했다. 그가 접근하자 금문이 활짝 열렸고, 신앙심 깊은 정복자는 말에서 내렸다. 성처녀가 자기 아들의 신전인 성 소피아 대성당으로 그를 몸소 안내하는 것처럼 보이도록 마리아 상이 그의 앞에서 운반되었다. 그러나 일단 경건하고 자랑스러운 최초의 환희에서 깨어나자, 그는 고독과 폐허뿐인 황량한 광경에 탄식했다. 궁전은 프랑크인의 천박한 방종으로 말미암아 더럽혀진 채 연기와 먼지에 휩싸였고, 온 시가지는 화재로 소실되었거나 세월의 무게에 눌려 황폐화되어 있었다. 성전이고 일반 건물이고 할 것 없이 장식도 다 뜯겨 나갔다. 자기들이 쫓겨날 날이 머지않았음을 알고 있기라도 한 듯 라틴인들은 오로지 약탈과 파괴에만 힘을 쏟았던 것이다. 교역은 이미 무질서와 곤궁 속에서 쇠퇴했고, 도시가 가난해지면서 주민 수도 줄어들었다. 비잔티움 군주의 첫 번째 관심사는 귀족들에게 선조의 저택을 되찾아 주는 일이었다. 점령당했던 집이나 땅은 법적인 상속권을 제시하는 가문에게 반환되었으나, 주인이 사라졌거나 찾을 수 없는 경우가 거의 대부분이었다. 임자 없는 재산은 군주 소유로 넘어갔다. 그는 속주들에 관대한 제안을 하여 주민들을 콘스탄티노플로 다시 불러들였다. 용감한 자원군은 자신들의 무력으로 되찾은 수도에 정착했다. 프랑스의 영주들과 주요 가문은 황제와 함께 도망쳐 버렸지만, 인내심 강한 일반 라틴인들은 주인이 바뀌어도 아랑곳없이 살던 곳에 그대로 머물렀다. 사려 깊은 정복자는 피사인, 베네치아인, 세노바인의 상관(商館)을 추방하지 않았다. 그는 그들에게 충성 서약을 받아 낸 후 사업을 계속하도록 장려하고 특권을 보장해 주었을 뿐 아니라, 자신들의 총독 관할 아래 생활하도록 허락해 주었다. 이들 중 피사인과 베네치아인은 도시에서 각자 자기들 구역을 유지했지만, 비잔티움 사람들은 베네치아인의 봉사와 권력에 대해서는 감사하는 한편 질투를 느꼈다. 그들의 독립 거류지는 처음에는 트라키아의 헤라클레아라는 항구도시에 있었다. 그들은 유리한 위치인 갈라타 교외 지역을 독차지하여, 상업을 다시 일으키고 비잔티움 제국의 권위를 모독했다.

13 시신경을 망가뜨리는 이 좀 더 온건한 방법은 철학자 데모크리투스가 가시적인 세계에서 마음을 접기로 하고 스스로에게 시도했던 방법인데, 어리석기 짝이 없는 이야기다. 뒤캉주는 라틴어와 이탈리아어에서 '달군 쇠로 눈을 파내다.(abacinare)'라는 단어를 단서로 실명시키는 다양한 방법을 조사했다. 더 난폭한 방법으로는 눈을 파내거나, 달군 쇠로 지지거나, 초산을 붓거나, 눈알이 터질 때까지 질긴 끈으로 머리통을 꽉 죄는 방법 등이 있다. 폭군들이 머리가 좋기도 하다.

1261년 12월, 젊은 황제 요하네스 라스카리스를 눈멀게 해서 추방한 팔라이올로구스

모두 콘스탄티노플 수복을 새로운 제국의 시작으로 경축했다. 정복자는 검의 권리를 내세워 단독으로 성 소피아 대성당에서 다시 대관식을 치렀다. 그의 제자이자 정통 군주인 요하네스 라스카리스의 이름과 영예는 서서히 잊혀져 갔다. 그러나 국민들은 여전히 그의 권리를 기억하고 있었고, 젊은 황태자는 머지않아 성년이 되어 야심을 품을 것이 틀림없었다. 팔라이올로구스는 두려웠는지 아니면 양심에 걸렸는지, 무고한 황태자의 피를 손에 묻히는 일만은 자제했다. 그러나 그는 찬탈자이자 양부로서의 근심 속에서 오늘날의 비잔티움 사람들에게는 아주 낯익은 불완전 범죄로써 옥좌를 보전했다. 즉 젊은 군주를 장님으로 만들어 세상에 나아가 활동적인 일을 할 능력을 빼앗은 것이다. 요하네스 라스카리스는 눈을 파내는 야만스러운 폭력 대신, 시뻘겋게 달군 대야의 강렬한 빛에 시신경을 잃은 다음,13 멀리 떨어진 성으로 옮겨져 홀로 망각 속에 묻혀 긴 세월을 보냈다. 이렇게 냉혹하고 의도적인 범죄를 저지른 자가 손톱만큼이라도 양심의 가책 따위를 느낄 리는 없을 듯하다. 그러나 미카엘이 천상의 자비를 믿는다 하더라도, 그의 잔인함과 반역 행위에 분노한 자들이 퍼붓는 비난과 복수를 피할 수는 없었다. 비굴한 궁정은 그의 잔혹함에 눌려 찬사를 보내거나 침묵을 지켰다. 그러나 성직자들에게는 눈에 보이지 않는 주군의 이름으로 말할 권리가 있었다. 희망이나 공포의 유혹에 흔들리지 않는 한 성직자가 이 성스러운 무리를 인도했다. 아르세니우스는 잠시 환속했다가, 콘스탄티노플 교회 조직의 수장 자리에 올라 교회 재건에 힘쓰기로 동의했다. 경건하고 단순한 그는 오랫동안 팔라이올로구스의 간계에 기만당했다. 그는 인내와 복종으로 찬탈자의 비위를

맞추면서 젊은 군주를 보호하고 있다고 믿었을 것이다. 총대주교는 그의 비인간적인 처사를 전해 듣고 영적인 검을 뽑아 들었다. 이때만큼은 미신도 자비와 정의의 편이었다. 그의 열정에 자극받은 주교들이 참석한 회의 석상에서 총대주교는 파문 선고를 발표했다. 하지만 신중하게 공식 기도문에서는 미카엘의 이름을 삭제하지 않았다. 동방 고위 성직자들은 고대 로마의 위험한 격률을 채택하지 않았으며, 군주를 폐위하거나 국민의 충성 서약을 해제하는 방법으로 자신들의 비난을 실행에 옮기지도 않았다. 그러나 신과 교회가 내친 그리스도교도는 두려움의 대상이 되었다. 어수선하고 광신적인 수도에서 그러한 두려움은 자객에게 힘을 불어넣거나 국민들의 폭동에 불을 당기는 구실을 할 수 있었다. 위험을 감지한 팔라이올로구스는 죄를 고백하고 심판자에게 자비를 탄원했다. 그러나 범행은 이미 저질러졌고 소기의 목적을 달성한 뒤였다. 그는 죄인이라도 성자에 맞먹는 명망을 얻을 수 있을 만큼 엄격한 참회를 청했다. 그러나 총대주교는 낯빛 하나 바꾸지 않고 어떤 속죄 수단이나 자비를 얻을 희망도 입에 올리기를 거부했다. 그는 이렇게 큰 죄에 대해서는 응분의 대가를 치러야 한다는 말만 했다. "그대는 나에게 제국을 포기하라고 요구하는가?" 미카엘의 말이었다. 그는 이렇게 말하면서 군사권을 주겠다는 뜻을 슬쩍 비쳤다. 아르세니우스는 군주의 이러한 서약에 선뜻 달려들었다. 그러나 황제가 그렇게 비싼 값을 치르면서까지 사면을 얻을 의향이 없음을 알고 분개하여, 무릎 꿇고 눈물 흘리는 죄인을 문 앞에 내버려 둔 채 자기 처소로 돌아가 버렸다.[14]

이 파문 선고로 인한 위험과 치욕은 3년 이상 계속되었으

1262~1268년,
총대주교
아르세니우스에게
파문당한 팔라이올로구스

[14] 파키메르와 그레고라스는 미카엘의 죄상과 파문에 대해 공정하게 전한다.

[15] 파키메르는 아르세니우스의 추방에 대해 설명했다. 그는 유형지인 섬으로 아르세니우스를 방문한 주교 대리들 중 한 사람이었다. 불행한 총대주교의 마지막 증언은 아직도 남아 있다.

∽∽∽∽∽
1266~1312년,
아르세니우스파의 분열
∽∽∽∽∽

나, 세월이 흐르고 황제가 참회하면서 대중의 함성도 점차 가라앉았다. 아르세니우스의 동료들도 그의 완고한 태도는 복음서가 설파하는 무한한 관용 정신에 어긋난다며 비난했다. 황제는 교활하게도 조국이 자신을 계속 거부한다면 로마 교황에게 더 관대한 판결을 구할 수도 있다는 암시를 흘렸다. 그러나 이런 판결을 내려 줄 사람을 찾아내 비잔티움 교회의 수장으로 바꿔 앉히는 편이 훨씬 더 쉽고 효과적이었다. 그리하여 아르세니우스는 반역의 음모를 꾸민다는 정체불명의 괴소문에 시달리게 되었다. 그의 서임과 통치 과정에서의 몇 가지 변칙적인 절차도 비난을 불러일으켰다. 결국 그는 교회 회의에서 성직을 박탈당하고, 병사들의 호위 아래 프로폰티스 해의 작은 섬으로 호송되었다. 그는 추방당하기에 앞서 교회 재산을 엄격하게 관리하라고 엄숙히 당부하면서, 자기의 전 재산이라고는 「시편」을 필사하여 번 금화 세 닢뿐이라고 자랑했다. 그는 자신의 정신만은 자유롭다고 주장하면서, 숨이 다하는 순간까지 사면해 달라는 황제의 탄원을 거부했다.[15] 몇 차례 연기된 끝에 하드리아노폴리스의 주교인 그레고리우스가 비잔티움 교회의 새 수장으로 왔으나, 황제가 사면되도록 지원하기에는 힘이 모자랐다. 그리하여 존경받는 수도사 요셉이 이 중요한 임무를 대신 맡았다. 이 교훈적인 장면은 원로원 의원과 국민 들이 보는 앞에서 펼쳐졌다. 6년의 시간이 흐르고 나서야 이 회개한 죄인은 신도들의 공동체에 다시 복귀했다. 자비로운 이들은 회개의 증표로 포로나 다름없던 라스카리스의 처우를 개선해 주기로 한 데 기뻐했다. 그러나 강력한 수도사와 성직자 파벌이 여전히 아르세니우스의 뜻을 고수하면서 48년 이상이나 완고하게 대치했다. 미카엘과 그의 아들은 부드럽고 정중한 태도로 그들을 대했으며, 교회와 궁정은 아르세니우스파와 화해하고자 진지한 노력을 기울였다. 그들은 광적인 확신에 차서 자기들의 대의명분을 기적으로 시험해 보자고 제안하기도 했다. 그들은 자기들과 반대파의 주장을 적은 종이 두 장을 불타는 화로 속에 던져 넣고, 불꽃도 가톨릭의 진리를 존중해 주리라고 기대했다. 그러나 이를 어쩔 것인가! 두 장의 종이는 똑같이 불에 타 버렸고, 이 뜻밖의 사건으로 단 하루 동안 화해한 다음 또다시 기나긴 싸움을 재개했다.16 최후의 협정은 아르세니우스파의 승리로 끝났다. 성직자들은 40일간 모든 교회 업무를 중단했고, 평신도들에게는 가벼운 고행을 부과했다. 아르세니우스의 유해는 성소에 안치되었고, 세상을 떠난 이 성인의 이름으로 군주와 국민은 선조의 죄에서 해방되었다.17

제통(帝統)의 기틀을 닦는다는 것이 팔라이올로구스가 저지른 죄의 동기, 아니 적어도 구실이었던 만큼, 그는 영광스러운 자의를 장남과 공유함으로써 제위 계승을 확고히 하려고 서둘렀다. 후에 연로 안드로니쿠스라는 별명으로 불린 그의 아들은 열다섯 살의 나이에 로마 황제로 선포되었다. 그는 지루하게 길기만 할 뿐 영광스러울 것도 없었던 치세 기간 중 첫해부터 9년간은 아버지와 공동 통치 황제로서, 50년간은 계승자로서 이 존엄한 칭호를 유지했다. 미카엘 자신은 한 개인으로 생을 마감했더라면 제국에 훨씬 더 귀중한 인물로 평가받았을 것이다. 그는 속세와 종교계 양쪽에서 적대자들의 공격에 시달리느라 자신의 명성과 신민의 행복을 위해 노력할 틈이 거의 없었다. 그는 프랑크인에게서 에게 해, 레스보스, 키오스, 로도스 등 가장 훌륭한 섬들을 탈환했으며, 그의 동생 콘스탄티누스를 말바시아와

1259년 12월~1282년 12월, 미카엘 팔라이올로구스의 통치.
1273년 11월~1332년 2월, 연로 안드로니쿠스의 통치

16 파키메르는 철학자 같은 태도로 이 기적의 심판을 설명하면서, 어떤 옛 성인의 관 속에 계시를 숨겨 놓은 아르세니우스파의 음모를 비슷하게 경멸스러운 태도로 다룬다. 그는 이 사태가 빚은 불신감을 눈물 흘리는 조각상, 피 흘리는 조각상, 귀머거리와 벙어리를 기적으로 치유한 일 등으로 메우려 한다.

17 아르세니우스파에 대한 이야기는 파키메르의 책 열세 권 전체에 걸쳐 펼쳐진다. 그들의 통합과 승리는 그레고라스가 전하고 있는데, 그는 이 분파에 대해 애정도 존경심도 없었다.

스파르타에 보내 통치하게 했고, 아르고스와 나폴리에서 타이나루스 곶까지 모레아 공국 동쪽을 다시 비잔티움의 소유로 만들었다. 총대주교는 이렇게 그리스도교도들의 피를 흘리게 했다고 격렬하게 비난했다. 이 오만한 성직자는 군주들의 분쟁에 감히 자신의 불안과 의심을 개입시켰다. 그러나 이렇게 서부 정복을 실행에 옮기는 과정에서 헬레스폰투스 해협 바깥의 나라들은 투르크인들의 위협 아래 속수무책으로 방치되었다. 투르크인들의 약탈 행위는 한 원로원 의원이 죽어 가면서 남긴, 콘스탄티노플 수복이 곧 아시아의 멸망을 뜻하게 되리라는 예언을 사실로 입증했다. 미카엘의 승리는 부하들의 공이었고, 그의 검은 궁전에서 녹슬었다. 황제는 교황 및 나폴리 왕과 교섭하면서, 잔인성과 기만으로 얼룩진 정치적 술수를 동원했다.18

18 파키메르의 책 열세 권 중에서 앞의 여섯 권은 미카엘의 치세를 담고 있는데, 미카엘이 죽었을 때 파키메르는 40세였다. 나는 그의 역사를 편집자 푸생(Père Poussin)처럼 두 부분으로 나누지 않고, 되캉주와 쿠쟁(Cousin)이 한 대로 열세 권의 책을 순서대로 늘어놓는 방식을 택했다.

1274~1277년, 라틴 교회와의 통합

1) 바티칸은 제위에서 밀려난 라틴 제국의 황제에게 최적의 피난처였다. 교황 우르바누스 4세는 망명객이 된 보두앵의 불행을 동정하면서 그의 대의명분을 옹호했다. 교황은 완전한 면죄부를 지닌 십자군에게 분파적인 비잔티움 사람들에 맞서 일어서라고 설교했다. 그는 비잔티움의 동맹과 지지자를 파문했으며, 루이 9세에게 친족에 대한 지원을 호소하는 한편, 프랑스와 잉글랜드에 교회 수입 중 10분의 1을 성전을 위해 제공해 달라고 요구했다. 미카엘은 서방에서 일어나는 폭풍을 감지하고, 교황의 적대감을 피하든지 누그러뜨려 볼 생각에 탄원 사절과 정중한 서한을 보냈다. 그는 평화가 정착되면 동방 교회가 화해를 청하고 복종할지도 모른다는 암시를 흘렸으나, 로마 교황청은 그런 비열한 수법에 넘어가지 않았다. 미카엘은 아버지에게 용서받으려면 먼저 아들이 회개해야 하며, 신의(信義)(애매모호한 말이다.)만이 우정과 친선을 쌓는 유일한 기반

이라는 훈계만 들었다. 그는 오랫동안 허울 좋은 구실을 대며 질질 끌었으나, 상황이 위험해지고 교황 그레고리우스 10세가 끈질기게 요청해 오자 좀 더 진지한 자세로 협상에 임해야만 했다. 그가 위대한 바타체스의 모범을 예로 들면서 설득하자, 자기네 군주의 속뜻을 눈치챈 비잔티움의 성직자들도 화해와 존중으로 가는 첫 번째 조치에 놀라지 않았다. 그러나 그가 최종 협상을 매듭지으려 하자, 성직자들은 라틴인은 명목상으로는 아니라 해도 사실상 이단이며, 이 이방인들이야말로 모든 인간 중에서도 가장 혐오스럽고 비열한 종자로 멸시해 마땅하다고 강력하게 주장했다. 황제가 할 일은 가장 인기 있는 성직자들을 설득하고, 매수하고, 협박하여 각각으로부터 동의를 얻어 내고, 그리스도교도의 자비심과 공공의 이익이라는 두 가지 주장을 번갈아 내세우는 것이었다. 신학과 정치 양면에서 교부들의 저작과 프랑크인의 무력이 균형을 잡았다. 가장 온건한 자들은 니케아 신조에 추가 조항을 넣도록 승인하지 않은 채, 성령이 아버지로부터 아들에 의하여 발현한다는 것과, 아버지와 아들로부터 발현한다는 것, 이 두 개의 대립하는 명제가 안전하고 보편적인 의미로 귀결될 수 있다고 고백하기로 했다. 교황의 지고성(至高性)은 머리로는 이해하더라도 인정하기는 힘든 교의였다. 그러나 미카엘은 수도사와 성직자 들에게 일단 자세를 굽혀 로마 교황을 총대주교들 중 제일인자로 칭하고, 거리를 두고 신중한 태도를 취함으로써 상소권이 초래할 끔찍한 결과에서 동방 교회의 자유를 보호하자고 설득했다. 그는 정통 교리나 신민의 자유를 손톱만큼이라도 양보하느니 차라리 자기 생명과 제국을 희생하겠노라고 단언했다. 이 선언은 금인칙서(金印勅書)의 형식으로 서명되고 승인되었다. 총대주교 요셉은 협정 결과에 따라 사임하거나 복귀할 생각으로 수도

19 웨이딩과 알라티우스가 바티칸의 기록 보관소에서 어느 정도 솔직하게 뽑아낸 이 기이한 지침은 플뢰리(Fleury)의 축약본에도 실려 있다.

원으로 은거했다. 황제와 아들 안드로니쿠스, 대주교 서른다섯 명과 수도 대주교가 각자 자기 교구 회의에서 통합과 복종을 다짐하는 편지에 서명했다. 이교도들의 억압에 시달리다 폐지된 많은 교구까지 포함되었으므로 이 목록은 눈덩이처럼 불어났다. 사절단은 믿을 만한 대신과 고위 성직자로 구성되었다. 그들은 성 베드로 제단에 바칠 값진 장식품과 진귀한 향료를 가지고 이탈리아를 향해 출항했다. 그들이 받은 비밀 지령은 무조건 타협하도록 승인하고 장려하라는 것이었다. 그들은 리옹 대공의회에서 500명의 주교를 이끌고 나온 교황 그레고리우스 10세의 영접을 받았다. 교황은 오랫동안 길을 잃고 헤매다가 회개하고 돌아온 어린양을 눈물로 포옹하고, 두 황제의 이름으로 교회의 분리를 정식 포기하겠다는 사절단의 맹세를 받아들였다. 그는 성직자들에게 반지와 주교관을 씌워 주고 필리오케(Filioque, '성자로부터도 또한')를 추가한 니케아 신조를 그리스어와 라틴어로 읊은 다음, 자신의 치세에 이르러 드디어 동서 두 교회의 통합이 이루어진 데 대해 크게 기뻐했다. 이 경건한 위업을 완수하고자 황급히 로마 교황 사절이 비잔티움 대표단의 뒤를 따랐다. 그들이 받은 지침은 허울 좋은 명목상의 교권적 우월성만으로는 만족할 수 없다는 바티칸의 속내를 드러냈다. 즉 교황 사절은 황제와 신민의 성향을 파악한 후, 자신들의 신앙을 포기하고 복종하겠다고 맹세하는 분파 성직자들은 사면해 주고, 모든 교회가 완전한 신조를 사용하도록 기반을 닦아야 하며, 직무상의 전권과 위엄을 지닌 추기경 특사가 입성할 수 있도록 준비하고, 황제에게 로마 교황의 세속적인 보호로부터 얻을 수 있는 이점을 가르쳐 주라는 지시를 받은 것이다.[19]

그러나 그들이 발견한 것은 그들 편이라고는 한 명도 없는 나라, 즉 로마와 통합이라는 말을 입에 올릴 때마다 반감을 느끼는 국민들이었다. 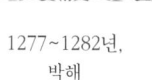 1277~1282년, 박해

총대주교 요셉은 완전히 제거되었고, 그의 자리는 학식과 온건함을 갖춘 성직자인 베쿠스에게 넘어갔다. 황제는 여전히 똑같은 동기에서 똑같은 신앙 고백을 지켜야 한다는 압력을 받았다. 그러나 팔라이올로구스는 사석에서는 라틴인의 오만함을 개탄하면서 그들의 개혁을 비난했다. 그는 이렇게 이중적인 위선으로 스스로 위신을 떨어뜨리면서, 신민의 반대를 정당화하는 동시에 처벌했다. 로마의 신구 세력은 일치단결하여 완고한 종파 분립론자들에게 파문 선고를 내렸다. 교회는 미카엘의 검으로 비난을 실행에 옮겼다. 미카엘은 설득하려는 노력이 실패하면 투옥과 추방, 채찍과 사지 절단의 처벌을 내렸다. 한 역사가는 이로써 겁쟁이와 용감한 자가 구별되었다고 말한다. 아이톨리아, 에피루스, 테살리아에는 아직도 비잔티움 사람 두 명이 전제 군주라는 칭호로 군림하고 있었다. 그들은 일찍부터 콘스탄티노플의 지배에는 굴복했으나, 로마 교황의 구속은 거부하고 힘으로 자기들의 신념을 지켰다. 탈출한 수도사와 주교 들은 그들의 비호 아래 적대적인 종교 회의를 소집하고, 이단이라는 지적에 대항하여 배교자라는 호칭으로 응수했다. 트레비존드의 군주는 잃어버렸던 황제의 칭호를 되찾고 싶은 유혹에 사로잡혔다. 네그로폰트, 테베, 아테네, 모레아의 라틴인들조차 이 개종자의 공을 깡그리 잊고 팔라이올로구스의 적들과 공공연히 또는 비밀리에 제휴 관계를 맺었다. 그의 친족인 가장 총애하는 장군들마저 잇달아 신성 모독적인 협정을 저버리거나 배반했다. 그의 누이 에울로기아, 조카딸, 두 여자 사촌도 그에게 맞서 모의를 꾸몄는가 하면, 또 다른 조카딸인 불가리아 여왕 마리아는 이집트 술탄과

함께 그의 파멸을 획책했다. 사람들이 보기에 그들의 반역은 더할 나위 없이 숭고한 미덕에서 나온 신성한 행동이었다. 팔라이올로구스는 통합을 완료하라고 재촉하는 교황 사절에게 자신이 그동안 그들의 요구 충족을 위해 한 일과 겪어 온 고생을 숨김없이 상세히 털어놓았다. 그는 죄지은 종파는 남녀와 지위 고하를 가리지 않고 명예와 재산, 자유까지 박탈했다고 주장했다. 재산을 몰수당하고 처벌을 받은 사람들의 기나긴 목록에는 황제가 가장 아끼는 자나 총애를 받은 자도 여럿 포함되어 있었다. 교황 사절은 감옥으로 안내되어 황족 네 명이 네 귀퉁이에 결박된 채 슬픔과 분노에 차서 고통스럽게 차꼬를 흔드는 모습을 보았다. 이 포로들 가운데 두 사람은 훗날 한 명은 항복함으로써, 다른 한 명은 죽음으로써 풀려났다. 그러나 뜻을 꺾지 않은 다른 두 사람은 눈을 잃는 형벌을 받았다. 통합에 별로 반대하지 않았던 비잔티움 사람들조차도 이렇게 잔인하고 불행한 비극에는 개탄을 금치 못했다. 박해하는 쪽이 탄압당하는 자들에게서 증오를 받는 것은 당연한 일이지만, 보통 자기 양심의 소리, 같은 편의 칭찬, 그리고 자신이 거둔 성공에서라도 위안을 얻는 법이다. 그러나 오로지 정치적인 동기에서 나온 미카엘의 위선은 그의 마음속에 자기 자신에 대한 증오와 추종자들에 대한 경멸을 불러일으키는 동시에, 자신을 증오하고 경멸하는 반역자들에 대해서는 존경과 선망을 품게끔 만들었을 것이 분명하다. 그는 콘스탄티노플에서는 잔혹한 처사로 증오의 대상이 된 반면, 로마에서는 시간을 끈다는 비난과 함께 진실성을 의심받았다. 마침내 교황 마르티누스 4세는 비잔티움 황제가 분리를 추구하는 신민들을 교회의 울타리 안으로 몰아넣으려 애썼음에도 불구하고 그 울타리에서 그를 추방하고 말았다. 폭군이 숨을 거두자마자 비잔티움 사람들은 만장일치로 통합을 무효로 돌리고 폐기했다. 그들은 교회를 정화하고 회개자들도 받아들였다. 그의 아들 안드로니쿠스는 젊은 시절 자신이 저지른 죄와 과오를 눈물로 회개한 다음, 아버지를 군주이자 그리스도교도로서 장사 지내는 것을 더없이 경건한 태도로 거절했다.[20]

> 1283년, 라틴 교회와의 통합 해체

[20] 연로 안드로니쿠스의 연설은 비잔티움 사람들이 황제의 노예라면, 황제는 미신과 성직자의 노예에 불과하다는 사실을 입증하는 기이한 기록이다.

2) 라틴인이 궁핍에 시달리면서 콘스탄티노플의 성벽과 탑은 무너졌다. 그러나 미카엘은 분노한 서방 세력이 언제 개시할지 모르는 포위 공격을 버텨 내기 위해 이를 보수하고 강화했으며, 곡물과 소금을 충분히 저장했다. 그중에서도 두 시칠리아 왕국 군주는 가장 두려운 이웃이었다. 그러나 프리드리히 2세의 서자인 만프레디가 이 왕국의 주인으로 있는 한, 그의 왕국은 동로마 제국에게 눈엣가시이기보다는 방어벽이었다. 이 찬탈자는 용감하고 적극적인 군주인 한편으로 자신의 왕위를 지키는 데에도 충분히 힘썼다. 그는 교황들로부터 잇단 파문 조치를 받고 라틴인 공통의 대의에서 이탈했다. 따라서 콘스탄티노플을 포위하려 했던 병력 중 일부가 로마 측 내부의 적에 맞서기 위해 십자군에서 차출되었다. 로마를 위해 복수한 자에 대한 상으로 두 시칠리아 왕국의 왕위를 손에 넣은 자는 성 루이의 동생이며 앙주 겸 프로방스 백작으로, 이 성스러운 원정에 프랑스 기사단을 이끌고 나선 샤를이었다. 만프레디는 그리스도교도 신민이 자신에게 등을 돌린 탓에, 아버지가 아풀리아에 정착시켰던 사라센 거류민의 협력을 구해야 할 처지가 되었다. 이렇게 불쾌한 원조까지 청한 것으로 보아 이 가톨릭 영웅이 모든 조건의 타협을 거부한 채 얼마나 격렬히 맞섰는지 알 수 있다. 샤를은 이렇게 말했다.

> 1266년 2월, 나폴리와 시칠리아를 정복한 앙주의 샤를

이 전갈을 노체라의 술탄에게 전하라. 우리 사이의 심판은 신과 검뿐이라고. 그가 나를 천국으로 보내든지, 아니면 내가 그를 지옥의 불구덩이로 보내든지 둘 중 하나라고.

양 군대는 결국 교전을 벌였다. 저세상에서 만프레디가 어떤 운명을 맞았는지는 알 수 없지만, 그는 피비린내 나는 베네벤토 전투에서 벗들과 왕국, 생명까지 잃었다. 나폴리와 시칠리아는 곧 호전적인 프랑스 귀족들에게 넘어갔고, 그들의 야심 찬 지도자는 아프리카, 그리스, 팔레스타인까지 정복할 꿈을 꾸었다. 그는 허울 좋은 이유를 들어 비잔티움 제국으로 무기를 돌렸다. 자기의 군사력에 별로 자신이 없었던 팔라이올로구스는 아직도 이 사나운 동생의 마음을 움직일 힘이 있는 성 루이의 자비심에 호소하여 샤를의 야심을 막아 보려고 했다. 슈바벤 황제 가문의 마지막 상속자인 콘라딘이 침략해 오는 바람에 샤를은 한동안 국내에 붙잡혀 있어야 했다. 그러나 이 불행한 소년은 자신의 힘으로 감당할 수 없는 싸움에서 몰락했다. 그가 공개 처형당하는 모습을 본 샤를의 적대자들은 자신들의 지배 영토뿐 아니라 생명까지도 위험할 수 있다는 생각에 공포를 느꼈다. 두 번째 휴전은 성 루이가 아프리카 해안으로 십자군 원정을 떠나면서 성사되었다. 나폴리 왕은 이해관계와 의무라는 이중의 동기에 따라 군대를 이끌고 직접 참여해 성스러운 사업을 원조했다. 성 루이의 죽음 덕분에 그는 고결한 감독자의 끈덕진 간섭에서 자유로워졌다. 투니스 왕도 자신을 시칠리아 왕국에 종속된 봉신으로 인정했다. 그리하여 프랑스 기사들 중에서도 가장 대담무쌍한 자들이 자유로이 샤를 휘하에 들어가 비잔티움 제국 침공에 나섰다. 샤를은 조약과 결혼을 통

1270년 등,
비잔티움 제국을
위협한 샤를

해 쿠르트네 가와 이해관계를 함께하기로 하고, 딸 베아트리스를 보두앵 황제의 아들이자 상속자인 필립에게 시집보냈다. 샤를은 필립을 부양하기 위해 연금으로 금 600온스를 지급해 주었다. 그의 관대한 아버지는 콘스탄티노플과 그 주변 하루 여정에 해당하는 거리까지만을 황제의 영토로 남겨 놓고, 동방의 왕국과 속주를 모두 동맹들에게 분배했다. 이러한 절체절명의 위기에 처하여, 팔라이올로구스는 위엄 있고 현명하게 평화의 천사이자 모든 그리스도교도의 아버지라는 로마 교황의 신조에 동의를 표명하고 보호를 적극 요청했다. 샤를은 교황의 명령에 검을 도로 넣는 수밖에 없었다. 비잔티움의 사절은 그가 머리끝까지 분노에 차서 상아로 된 왕홀을 물어뜯으면서, 교황이 그의 무력을 원조하고 축성해 주기를 거부한 데 분통을 터뜨리는 모습을 보았다. 그는 그레고리우스 10세의 사심 없는 중재를 존중하는 듯했으나, 니콜라스 3세의 오만하고 편파적인 태도에는 점차 혐오를 느꼈다. 교황은 자기 친족인 우르시니 가만 편애했으므로, 가장 강력한 투사였던 샤를도 교회에 대한 봉사를 저버렸다. 라틴 제국의 황제 필립, 두 시칠리아 왕국 왕, 베네치아 공화국 등 대(對)비잔티움 동맹이 점차 실행 단계로 무르익어 가는 와중에, 프랑스인 마르티누스 4세가 교황으로 선출됨으로써 그들의 대의명분에 정당성을 부여했다. 동맹자들 가운데 필립은 자신의 이름을, 마르티누스는 파문 교서를, 베네치아인은 갤리선 40척으로 이루어진 함대를 제공했다. 샤를의 막강한 전력은 백작 40명, 중기병 1만 명, 수많은 보병 부대와 300척이 넘는 선박과 수송선 함대로 구성되었다. 이 강력한 군대가 브린디시 항에 집결할 날짜는 좀 간격을 두고 정해졌다. 먼저 선봉대 300명이 알바니아를 침략해 벨그라데 포위 공격을 감행했다. 그들이 패배하자 허영심에 찬 콘

21 헤로도투스를 읽은 독자라면 센나케리브가 이끄는 아시리아 대군이 어떻게 기적같이 무장 해제를 당하고 전멸했는지 기억할 것이다.

22 사바스 말라스피나에 따르면, 샤를의 신하였던 열성적인 겔프는 한때는 만프레디를 늑대라고 비난했으나, 사실은 양과 같은 자였다고 뉘우치기 시작했다고 한다. 그는 그들의 불만이 프랑스 궁정의 압제에서 비롯된 것이라고 정당화한다.

스탄티노폴은 기뻐했을지도 모른다. 그러나 더 현명한 미카엘은 자신의 보잘것없는 무력으로 맞서기를 단념하고, 시칠리아 왕의 활시위를21 갉아대는 쥐들의 비밀스러운 작업, 음모의 결과에 희망을 걸었다.

1280년, 시칠리아의 반란을 선동하는 팔라이올로구스

추방된 슈바벤 가의 지지자들 중, 프로치다의 요하네스는 나폴리 만에 있는 같은 이름의 작은 섬을 빼앗겼다. 그는 고귀한 출생 신분에다 높은 학식도 겸비했지만, 추방자로서 가난을 겪으면서 살레르노의 학교에서 배웠던 의술을 호구지책으로 삼았다. 그는 목숨만 건졌을 뿐 빈털터리 신세였는데, 목숨을 가벼이 여기는 태도야말로 반역자가 갖춰야 할 첫 번째 자격 요건이다. 프로치다의 요하네스는 협상에서 본심을 숨기고 상대를 자기 논리로 끌어당기는 재능을 타고났으므로, 여러 국민과 개인을 상대로 교섭을 펼치면서 각 상대로 하여금 그가 오직 자기네의 이익을 위해서만 일한다고 믿게끔 만들었다. 샤를의 새로운 왕국은 온갖 재정적, 군사적 억압에 신음했다.22 그의 이탈리아 신민들도 위대한 주군과 방종한 추종자들의 전횡에 희생당했다. 나폴리인은 샤를 앞에서 증오심을 억눌렀지만, 시칠리아인은 대리인들의 허술한 통치에 반감은 물론이고 경멸감까지 느꼈다. 그러던 중 요하네스의 웅변에 섬 전체가 자유에 대한 열망으로 봉기했다. 그는 모든 영주들에게 공통의 대의명분 속에서 각자 이익을 구할 수 있음을 보여 주었다. 그는 외국의 원조를 믿고 비잔티움 황제, 그리고 발렌시아와 카탈로니아 해안 지역을 다스리는 아라곤 왕 페드로의 궁정을 방문했다. 야심 많은 페드로에게는 그가 만프레디의 누이와 결혼했고, 콘라딘이 죽기 직전 처형대에서 반지를 던지면서 자기의 복수를 해 주는 자를 상속자로 받아들이겠다고 한 만큼, 당연히 왕위를 요구할 권리가 있다고 속삭였다. 팔라이올로구스는 국내의 반란으로 적의 주의를 외국과의 전쟁에서 돌리게 할 수 있다는 말로 손쉽게 설득했다. 비잔티움의 보조금 금 2만 5000온스는 카탈로니아 함대가 아프리카 사라센인의 공격에 맞서 성스러운 깃발 아래 출항하도록 무장하는 데 유용하게 쓰였다. 지칠 줄 모르는 이 반란 사주자는 수도사나 거지로 변장하고 콘스탄티노플에서 로마로, 시칠리아에서 사라고사로 누비고 다녔다. 샤를의 적대 세력인 교황 니콜라스가 직접 서명하여 협정이 체결되었다. 교황의 증여 증서로 성 베드로의 봉토가 앙주 가에서 아라곤 가로 이전되었다. 이 비밀은 온 세상이 다 알도록 널리 퍼져 나갈 수 있었는데도 2년 이상 굳게 지켜졌다. 모반자들은 저마다 오른손이 하는 일을 알게 된다면 왼손을 잘라 버리겠다고 선언한 페드로의 결의를 가슴속 깊이 품었던 것이다. 그들은 위험한 계교로 지뢰를 깊이 묻어 두었으나, 팔레르모에서 순식간에 일어난 폭발이 우연이었는지 의도적이었는지는 의문의 여지가 있다.

부활절 철야 예배 때 비무장 시민들이 성 밖 교회를 방문했는데, 그중 한 신분 높은 처녀가 프랑스 병사에게 모욕을 당했다. 이 병사는 그 자리에서 죽음으로 벌을 받았다. 처음에 시민들은 병사들의 힘에 밀려 흩어졌지만, 곧 인원수와 분노로 그들을 압도했다. 음모자들은 이 기회를 놓치지 않았다. 불길이 섬 전체로 퍼져 나갔고, 프랑스인 8000명이 훗날 '시칠리아 저녁 기도 학살'로 불린 무차별적인 대학살에서 목숨을 잃었다.[23] 도시마다 자유의 깃발이 나부꼈다. 프로치다의 요하네스는 온 힘을 다해 이 반란을 고무했다. 아프리카 해변에서 팔레르모로 출항한 아라곤 왕 페드로는 섬의 왕이자 구원자로 환영

1282년 3월, 시칠리아 저녁 기도 학살

[23] 프랑스인들은 이 피비린내 나는 사건을 오랫동안 기억하도록 배웠다. 앙리 4세는 이렇게 말했다. "내가 마음만 먹으면 밀라노에서 아침을 먹고, 나폴리에서 저녁 식사를 할 수도 있다." 그러자 에스파냐 사절이 대답했다. "폐하는 아마도 저녁 기도 시간에 맞추어 시칠리아에 도착하실 수 있을 겁니다."

24 이후 결국 승리로 끝난 이 반란은 두 명의 자국 역사가, 네오카스트로와 스페시알리스가 전했는데, 앞의 사람은 동시대인이고 뒤의 사람은 다음 세기 사람이다. 애국자였던 스페시알리스는 반란이라는 말을 거부하며, 아라곤의 페드로도 우연히 아프리카 해안에 함대 및 군대와 함께 와 있었을 뿐, 사전에 연락을 취한 일이 없었다고 주장한다.

받았다. 샤를은 그토록 오랜 세월 마음 내키는 대로 짓밟아 왔던 사람들이 반란을 일으키자 경악과 혼란에 빠졌다. 그는 처음에는 슬픔과 고뇌에 싸여 이렇게 외쳤다고 한다. "오, 신이시여! 저에게 겸손을 명하시려면 적어도 번영의 절정에서 천천히, 완만하게 내려가도록 허락해 주십시오." 그는 그리스와의 전쟁을 위해 이미 이탈리아 항구에 집결해 있던 함대와 군대를 급히 소환했다. 메시나는 위치상 그의 보복이 불러온 폭풍에 가장 먼저 노출되었다. 시민들은 자신들의 힘도 보잘것없을 뿐 아니라 외국의 원조도 기대할 수 없는 처지였으므로, 평상시 같으면 샤를이 완전 사면과 예로부터 누려 온 특권을 보장해 주기만 하면 뉘우치며 굴복했을 것이다. 그러나 샤를의 자존심이 다시 불타올랐으므로, 교황 특사가 아무리 애타게 매달리고 간청해도 주도적 역할을 한 반도 800명을 마음대로 처리한 다음에야 나머지를 용서하겠다는 약속 이상은 얻어 낼 수 없었다. 메시나 시민들은 절망에 빠진 나머지 새로운 용기를 불태웠다. 아라곤의 페드로도 그들을 구하러 진군해 왔다.24 그의 경쟁자는 식량 부족과 계절풍의 위협에 칼라브리아 해안으로 후퇴했다. 이와 같은 시기에 유명한 카탈로니아 해군 제독 로리아가 무적 함대를 이끌고 메시나 해협을 휩쓸었다. 갤리선보다 수송선의 수가 더 많았던 프랑스 함대는 불타거나 파괴되었다. 이 일격으로 시칠리아는 독립을, 비잔티움 제국은 안전을 확보했다. 미카엘 황제는 사망하기 며칠 전, 증오하는 한편으로 존경했던 적이 몰락한 데 기뻐했다. 아마도 그는 콘스탄티노플과 이탈리아가 서로 제휴하지 않았다면 같은 주인 밑에 무릎을 꿇는 처지가 되었을 것이라는 세간의 평에 만족했을 것이다. 이 고난의 시기부터 샤를의 생애는 불행의 연속이

10월, 샤를의 패배

었다. 수도는 유린당했고, 아들은 포로가 되었으며, 자신은 시칠리아 섬을 되찾지 못한 채 숨을 거두었다. 시칠리아 섬은 20년에 걸친 전쟁 끝에 결국 나폴리 왕에게서 떨어져 나와, 독립 왕국으로서 아라곤 가문의 젊은 분가 밑으로 이양되었다.

현세에서도 자연스러운 순서로 발생한 사건들이 종종 도덕적 인과응보처럼 보이는 일이 있다고 말한다 하더라도, 나에게 미신을 믿는다는 비난을 퍼붓지는 않을 것이다.

1303~1307년, 비잔티움 제국에서 카탈로니아인들의 복무와 전쟁

팔라이올로구스 1세는 서방 왕국들을 반란과 유혈 사태에 말려들게 함으로써 제국을 구했다. 그러나 이 불화의 씨앗에서 도래한 철인(鐵人)의 세대는 그의 아들의 제국을 공격하여 위험에 빠뜨렸다. 요즘 시대에는 채무와 세금이 평화의 심장부를 부식시키는 비밀스러운 독이다. 그러나 취약하고 무질서한 중세 시대에는 해체된 군대의 병사들이 악행을 저지르고 다니며 세상을 어지럽혔다. 게을러서 일하기는 싫지만 구걸하자니 자존심이 허락지 않았던 용병들은 약탈하는 생활에 익숙해 있었다. 대장을 세우고 깃발을 들고 약탈하면 체면도 서고 결과도 더 좋았다. 그들의 봉사가 필요 없어지자 그 존재가 성가시게 된 군주들은 이 격류를 이웃 나라로 돌리려고 애썼다. 시칠리아에 평화가 찾아온 후, 앙주 공이나 아라곤 왕 휘하에서 해상과 육지에서 싸웠던 제노바와 카탈로니아 병사 수천 명은 관습과 이해관계가 비슷한 덕에 한 국민으로 융화되었다. 그들은 아시아의 비잔티움 속주가 투르크인에게 침략당했다는 소식을 듣고, 보수와 약탈의 수확을 나눠 먹기로 결심했다. 시칠리아 왕 프리드리히는 관대하게도 그들의 출발을 도와주었다. 20년에 걸쳐 전쟁을 치러 오면서 배나 천막이 그들의 집이 되었다. 무기만이 직업이자 재산이었고, 그들이 아는 한

용맹이 유일한 미덕이었다. 여자들도 연인과 남편 들의 두려움 없는 기질을 닮아 갔다. 카탈로니아인은 폭이 넓은 그들의 칼을 한번 휘두르기만 해도 기수와 말을 반 토막 낼 수 있다는 소문이 나돌았는데, 이 소문 자체가 강력한 무기였다. 플로르는 대장들 중에서도 가장 인기 있는 자였다. 그의 공적 앞에서는 아라곤의 오만한 경쟁자들마저 맥을 못 추었다. 프리드리히 2세 궁정의 독일 향신과 브린디시 가의 처녀 사이에서 태어난 플로르는 템플 기사단원, 배교자, 해적의 길을 차례로 거쳐, 마침내는 지중해에서 가장 부유하고 권세 있는 해군 대장이 되었다. 그는 갤리선 18척, 대형 함선 4척, 모험가 8000명을 이끌고 메시나에서 콘스탄티노플까지 항해했다. 연로 안드로니쿠스는 이런 막강한 원군을 기쁨 반 두려움 반으로 맞아들이고, 이전에 맺은 조약을 성실히 이행했다. 황제는 그를 위해 궁전을 마련하고 즉시 로마니아 대공 또는 제독의 지위를 수여했으며, 조카딸을 이 용맹한 이방인에게 시집보냈다. 플로르는 잠시 조용히 휴식을 취한 뒤, 군대를 이끌고 프로폰티스 해협을 건너 투르크인에게 대담한 공격을 가했다. 두 차례의 피비린내 나는 전투에서 이슬람교도 3만 명이 목숨을 잃었다. 그는 필라델피아 포위 공격을 풀고 아시아의 구원자라는 이름을 얻었다. 그러나 짧은 번영의 시간이 지나간 후, 또다시 예속과 파멸의 구름이 이 불행한 속주를 덮쳤다. 주민들은 (한 비잔티움 역사가의 말을 따르면) 연기를 피해 불구덩이로 뛰어든 꼴이었다. 카탈로니아인을 친구로 삼느니 차라리 투르크인과 적으로 지내는 편이 나았다. 카탈로니아인은 자기들이 구한 생명과 재산을 자기들 것으로 여겼다. 할례받은 민족으로부터 구출된 처녀는 원하든 원하지 않든 그리스도교도 병사의 품에 안겨야 했다. 그들은 거침없이 약탈하고 마구잡이로 처형함으로써 강제로 벌금과 보급품을 징수했다. 마그네시아가 저항하자 대공은 이 로마 제국의 도시를 포위했다. 그는 승전군의 악행과 격정이 빚은 이러한 무질서를 변명하면서도, 만일 그가 충성스러운 부하들을 처벌하려 했다가는 계약에 따른 정당한 봉사의 대가를 빼앗긴 부하들이 자신의 권위뿐 아니라 신변까지도 위협할지 모른다고 주장했다. 안드로니쿠스의 협박과 호소는 제국의 무방비 상태를 그대로 드러냈다. 그의 금인칙서로도 고작 말 500필과 보병 1000명밖에는 모을 수 없었다. 그러나 동방으로 옮겨 간 자원군은 그의 자발적인 보조금으로 편성, 유지되었다. 그의 가장 용맹한 동맹군이 한 달 급여로 3비잔트 또는 금 세 조각에 만족하고 있을 동안, 카탈로니아 병사에게는 금화 1온스, 심지어 2온스까지 지급되었으므로 연간 수입이 거의 100파운드에 달했다. 대장들 중에는 자기가 앞으로 세울 공훈의 가치를 30만 크라운으로 매긴 자도 있었다. 이렇게 값비싼 용병을 유지하느라 국고에서 100만 크라운이 넘는 금액이 지출되었다. 농민의 수확물에 가혹한 세금이 부과되고 관리의 보수에서 3분의 1이 삭감되었다. 주화의 가치는 형편없이 떨어져서 순금 함량이 24분의 5에 불과했다. 플로르는 황제의 부름을 받고 더 이상 약탈할 것도 남지 않은 속주를 떠났으나, 군대 해산 명령을 거부했다. 그의 말투는 공손했으나 행동은 무례했고, 적대감마저 내비쳤다. 그는 만일 황제가 자신에 맞서 진격한다면 40보 앞으로 나아가 황제가 딛고 서 있는 땅에 입 맞추겠지만, 그렇게 엎드린 자세에서 몸을 일으킨 다음에는 목숨을 걸고 싸우겠노라고 공언했다. 로마니아 대공은 부황제의 칭호와 장식품을 받았다. 그러나 그의 병력을 3000명 정도의 위협적이지 않은 규모로 줄이는 조건으로, 곡물과 재정적 지원과 함께 아시아 지역의 통치권을 주겠다는 새로운 제안은 거부했다. 암살은 겁쟁이가 가진 마지막 수단이다. 부황제는 하드리아노폴리스에 있는 황제의 거처를 방문하라는 유혹에 넘어갔다. 그는 황후의 방에서 그녀가 보는 가운데 알라니족 근위병의 칼에 찔려 죽었다. 이 사건은 근위대의 사적인 복수로 치부되었으나, 콘스탄티노플에서 평화롭게 살던 그의 동포들도 군주나 민중의 손에 똑같이 추방당했다. 지도자를 잃고 두려움을 느낀 모험가들은 탈출하기 위해 배의 돛을 올리고 곧 지중해 연안으로 흩어졌다. 그러나 카탈로니아인과 프랑스인 1500명으로 이루어진 정예군은 헬레스폰투스 해협에 면한 갈리폴리에 견고한 요새를 세우고 아라곤의 깃발을 휘날렸다. 그들은 전사 열 명 내지 백 명이 동등하게 맞대결을 벌여 자기네 대장의 복수를 하고 정의를 가리자는 제안을 했다. 안드로니쿠스의 아들이자 공동 통치 황제인 미카엘은 이 대담한 도전을 받아들이기보다는 그들을 수로 제압하기로 마음먹고, 사력을 다해 1만 3000의 기병과 3만의 보병으로 군대를 조직했다. 비잔티움과 제노바의 배가 프로폰티스 해를 새까맣게 뒤덮었다. 육지와 해상에서 벌어진 두 차례 전투에서, 이 막강한 군대는 엄격한 군율 아래 필사적으로 저항하는 카탈로니아인을 맞아 패배했다. 젊은 황제는 궁전으로 몸을 피했고, 얼마 되지 않는 병력의 경무장한 수비대가 무방비 상태에 처한 나라를 방어할 임무를 떠맡았다. 모험가들은 승리함으로써 희망을 새로이 북돋우고 세력을 확장했다. '위대한 부대'의 이름과 깃발 아래 많은 국민들이 하나로 뭉쳤으며, 투르크인 개종자 3000명도 황제를 버리고 이 군사 연합에 합류했다. 카탈로니아인들은 갈리폴리를 점령하여 콘스탄티노플과 흑해 지역 간의 교역을 중간에서 약탈하면서, 유럽과 아시아의 경계선 너머 헬레스폰투스 해협 양안을 점차 초토화했다. 비잔티움 사람들은 그들의 접근을 막기 위해 국토 대부분을 자기들 손으로 황폐화했다. 농부들은 가축을 몰고 도시로 들어갔고, 놓아둘 곳도, 먹일 것도 없는 양과 소 떼는 한꺼번에 도살해 버렸다. 안드로니쿠스 황제는 네 차례나 화평을 청했으나, 모두 완강하게 거부당했다. 그러나 결국 카탈로니아인들은 식량 부족과 대장들의 불화 때문에 헬레스폰투스 해협 연안과 수도 인근에서 철수하지 않을 수 없었다. '위대한 부대'의 잔존 병력은 투르크인과 갈라져 그리스 중심부에 새로운 정착지를 찾기 위해 마케도니아와 테살리아를 거쳐 진군을 계속했다.[25]

1204~1456년, 아테네의 혁명들

그리스는 오랜 세월 망각에 빠져 있다가, 라틴인의 무력이 빚은 새로운 재난에 정신을 차렸다. 콘스탄티노플 1차 정복과 마지막 정복 사이 250년의 기간 동안, 이 거룩한 땅을 놓고 고만고만한 폭군들이 도토리 키 재기 식으로 겨루었다. 유서 깊은 도시들은 자유나 비범한 재능의 위안을 받지 못하고 또다시 내우외환에 휘말렸다. 예속이 혼란보다 낫다면, 그들은 투르크인의 멍에를 기꺼이 감수했을 것이다. 나는 대륙이나 섬에서 뜨고 진 이름 모를 무수한 왕조들을 일일이 다 거론하지는 않겠다. 그러나 아테네의 운명에 대해서도 침묵한다면 학예와 오락을 처음으로 낳은 가장 순수한 학원에 대한 배은망덕일 것이다. 라틴 제국이 비잔티움 제국을 분할할 때, 아테네와 테베의 지배권은 대공의 칭호를 지닌[26] 부르고뉴의 귀족 출신 전사 오토 드 라 로슈에게[27] 넘어갔다. 라틴인은 이 칭호를 자기들 나름대로 해석했지만, 비잔티움 사람들은 어리석게도 콘스탄티누스 대제 시대부터 내려온 것으로 생각했다. 오토는 몬페라트 후작의 휘하에 있었다. 그는 업적 덕분인지 운이 좋아서인지 모르지만, 손에 넣은 광대한 영지를[28] 평화롭게 아들과 두 손

[25] 카탈로니아 전쟁은 파키메르가 그의 책 11, 12, 13권에서 상세하게 설명하다가, 1308년에 들어 갑자기 중단되었다. 그레고라스는 더 간결하면서 완벽하다. 이 모험가들을 프랑스인으로 받아들인 뒤캉주는 늘 그래 왔듯이 성실하게 그들의 발자취를 추적했다. 그는 아라곤인의 역사를 인용하는데, 나는 이것을 즐겁게 읽었다. 스페인 사람들은 이를 문체와 작문의 전범으로 격찬한다.

[26] 14세기의 이 라틴 군주들로부터 보카치오, 초서, 셰익스피어는 그들의 아테네 공작 테세우스를 빌려 왔다. 무지한 시대의 언어와 관습이 아주 멀리 떨어진 시대까지 옮겨지기도 한다.

[27] 빌라르두앵은 그를 두 차례에 걸쳐 영광스럽게 언급했다. 뒤캉주는 그와 그의 가문에 대해 알려진 모든 사실들을 서술했다.

[28] 알베리크는 '어떤 기적에 의해'라고 말한다. 그는 아마도 폭군 레오 스구루스에게 맞서 아테네를 지킨 대주교 미카엘 코니아테스에게서 성체를 배령했을 것이다. 미카엘은 역사가 니케타스와 형제 사이이다. 아테네인에 대한 그의 찬사는 아직도 보들리 도서관의 필사본에 남아 있다.

62장 245

자에게 상속했다. 마침내 이 가문은 상속녀의 결혼으로 브리엔 가의 손위 분가로 넘겨졌다. 이 결혼에서 태어난 아들인 발터 브리엔이 아테네 공작령을 승계했다. 그는 봉토를 받은 카탈로니아 용병들의 도움으로 봉신과 인근 영주의 성을 서른 개 이상 평정했다. 그는 카탈로니아군이 야심을 품고 접근해 온다는 사실을 알고, 기사 700명과 기병 6400명, 보병 8000명을 소집하여 대담하게도 보이오티아의 케피수스 강변에서 그들을 공격했다. 카탈로니아군은 기병 3500명, 보병 4000명에 불과했으나, 전술과 군율로 수적 열세를 보충했다. 카탈로니아군은 진영 주위로 강물을 범람시켰다. 공작과 기사들은 푸른 초원을 거침없이 진군하던 중 말과 함께 늪에 빠졌다. 그는 프랑스 기병대 대부분과 함께 카탈로니아군에 무참히 살육당했다. 그의 가족과 국민은 추방당했고, 명목상의 아테네 공작, 피렌체의 전제 군주, 프랑스의 사령관인 아들 발터 브리엔은 푸아티에에서 목숨을 잃었다. 승리한 카탈로니아군은 아티카와 보이오티아를 보상으로 획득했다. 그들은 살해당한 자들의 아내나 딸들과 결혼했다. 14년 동안 카탈로니아 군대는 그리스의 여러 국가에 공포의 대상이었으나, 내분으로 인해 아라곤 가의 주권을 인정하지 않을 수 없게 되었다. 14세기의 나머지 기간 동안, 시칠리아 왕은 아테네를 계속해서 한 국가나 속령으로 가신들에게 주었다. 프랑스인과 카탈로니아인에 이어 세 번째로 왕위를 이은 가문은 피렌체의 평민으로 시작했으나 나폴리에서 득세하여 그리스에서 왕이 된 아카이올리 가였다. 그들은 아테네를 새로운 건물들로 꾸미고 테베, 아르고스, 코린트, 델포이, 테살리아 일부에까지 확대된 수도로 만들었다. 그들의 통치는 마침내 마호메트 2세의 침략으로 종말을 맞았다. 그는 마지막 공작을 교살하고, 그 아들들을 이슬람의 교리와 규율에 따라 교육시켰다.

아테네는 이제 과거의 모습에 비하면 그림자에 불과하지만, 아직도 8000 내지 1만 명의 주민이 있다. 이 중 4분의 3은 종교와 언어 면에서 그리스인이다. 그 나머지를 차지하는 투르크인은 시민들과 교류를 통해 오만하고 근엄한 민족성을 어느 정도 완화했다. 미네르바의 선물인 올리브 나무는 아티카에서 무성하게 자라고 있고, 히메투스 산의 꿀도 그 절묘한 맛을 조금도 잃지 않았다.[29] 그러나 얼마 되지 않는 교역은 외국인이 독점하고 있으며, 황무지의 농업은 유랑하는 왈라키아인의 손에 넘어갔다. 아테네인들은 아직도 날카롭고 정확한 이해력으로 유명하지만, 이러한 능력도 자유 정신으로 고상해지고 학문으로 계발되지 않는다면 둔하고 이기적인 교활함으로 타락하고 말 것이다. 이 나라에는 이런 속담이 있다.

아테네의 현재 상태

> 신이시여, 테살로니카의 유대인, 네그로폰트의 투르크인, 아테네의 그리스인으로부터 우리를 구해 주소서!

이 교활한 사람들은 예속을 완화하고 자기들의 치욕을 부각시키는 편법으로 투르크 관리들의 압제를 피해 왔다. 지난 세기 중엽쯤, 아테네인들은 이슬람교국의 최고 흑인 환관인 키슬라르 아가를 보호자로 선택했다. 술탄의 귀를 사로잡은 이 에티오피아 노예는 공물 3만 크라운을 마지못한 척 받는다. 그가 해마다 임명하는 부관은 자기 몫으로 5000~6000크라운 이상을 챙길 수 있다. 시민들은 이런 술책으로 압제적인 지배자를 제거하고 처벌하는 데 거의 실패하는 법이 없다. 1000파운드의 수입을 올려 비잔티움 교회에서 가장 부유한 성직자인 대주교

[29] 고대인, 적어도 아테네인은 세상의 모든 벌이 히메투스 산에서 번식되어 나왔다고 믿었다. 그들은 몸에는 기름을 바르고 안으로는 꿀을 먹어서 건강을 지키고 수명을 연장할 수 있다고 가르쳤다.

와, 시내 여덟 개 지구에서 선출된 여덟 명의 장로들로 구성된 법정이 시민들의 개인적 분쟁을 담당한다. 귀족 가문 중 300년 이상 거슬러 올라갈 수 있는 가문은 없지만, 주요 귀족은 근엄한 행동거지, 모피 모자, 아르콘(archon, 집정관)이라는 고상한 호칭으로 신분을 표시한다. 비교하기를 즐기는 일부 사람들은 아테네의 현대 언어를 그리스어 방언 70여 가지 중에서 가장 타락하고 상스러운 것으로 본다. 이런 견해는 지나치게 부정적이지만, 사실 플라톤과 데모스테네스의 나라에서 그들의 저작을 읽는 이나 사본을 찾기란 쉽지 않다. 아테네인들은 고대의 영광스러운 유적 속을 무심하게 걷는다. 그들은 너무나 퇴보해 버려서 선조들의 천재적 재능을 찬미할 능력조차 없다.

63

THE DECLINE AND FALL
OF THE ROMAN EMPIRE

내전과 비잔티움 제국의 파멸 · 연로(年老) 안드로니쿠스와 연소 안드로니쿠스, 요하네스 팔라이올로구스의 치세 · 요하네스 칸타쿠제누스의 섭정, 반란, 통치, 퇴위 · 페라, 즉 갈라타에 거류지를 세운 제노바인들 · 제국과 콘스탄티노플 시(市)에 대한 제노바인들의 전쟁 · 베네치아에 대한 제노바인들의 승리

연로 안드로니쿠스[1]의 오랜 통치기에 일어난 대표적인 사건은 비잔티움 교회의 분쟁, 카탈로니아인의 침략, 오스만 세력의 발흥이다. 그는 동시대의 군주 중 가장 박식하고 덕망 높은 이로 여겨지지만, 학식과 덕망이 있다고 해서 안드로니쿠스 자신을 완성하거나 사회를 행복하게 하는 데 아무런 도움이 되지 않았다. 아주 천박한 미신의 노예였던 그는 보이는 적과 보이지 않는 적들에게 사방으로 둘러싸여 있었다. 그래서 그에게는 지옥의 불길이 카탈로니아인이나 투르크인 들의 전쟁의 불길만큼 무서웠다. 팔라이올로구스 왕조의 지배하에서는 총대주교를 선출하는 것이 국가의 중대사였다. 그런데 비잔티움 교회의 지도자들이 모두 야심에 눈이 먼 수도사들이었기 때문에, 덕을 행하건 악덕을 행하건, 많이 배웠건 못 배웠건 상관없이 그들의 행동은 모두 해롭고 비열했다. 총대주교 아타나시우스가 과도한 계율로 성직자와 국민의 증오심을 불러일으켰다. 죄

1282~1320년, 안드로니쿠스의 미신과 시대 풍조

[1] 안드로니쿠스 자신도 역사적 잘못에 대해 독설을 퍼부었으니, 우리가 그렇게 해도 잘못은 아닐 것이다. 안드로니쿠스는 아침보다는 비방을 더 날카롭게 책망했다.

인은 속죄의 잔의 마지막 한 방울까지 마셔야 한다고 그가 말했다고 전해지는가 하면, 수녀원 채소밭의 상추를 뜯어 먹은 사람을 성물 절도범으로 몰아 처벌했다는 웃기는 이야기마저 사람들 사이에 퍼졌다. 그를 반대하는 시위가 전국적으로 일어났고, 아타나시우스는 자리에서 물러나기 전에 서로 내용이 다른 두 가지 문서를 작성했다. 그의 공식 성명서는 사랑과 체념의 목소리로 씌어져 있었지만, 사적으로 쓴 글은 그에게 치욕을 입힌 자들을 성스러운 삼위일체, 천사, 성인들과 영원히 교류하지 못하게 한다는 저주를 담고 있었다. 그는 먼 훗날 이 저주의 문서가 발견되어 앙갚음할 수 있게 되길 바라며, 이 문서를 토기 그릇에 넣어 성 소피아 성당을 받치는 기둥 꼭대기에 놓게 했다. 4년 후, 비둘기 집을 찾으러 사다리를 타고 올라간 젊은이들이 이 무시무시한 비밀을 발견했고, 안드로니쿠스는 자신도 그 저주의 대상이라는 생각에 두려워하며 자기 발밑에 파인 심연의 언저리에서 몸을 떨었다. 이 중대한 문제를 논의하기 위해 즉시 주교 회의가 소집되었다. 이 은밀한 저주가 그릇된 것이라는 데에는 대부분 동의하였다. 하지만 매듭은 그것을 묶은 사람만 풀 수 있는데 지금 그 사람이 성직에서 물러나 있고, 이렇게 뒤늦게 발견된 저주 선언을 취소할 권한이 세속 권력에게는 없는 것 같았다. 이 저주 선언의 작성자에게서 참회와 용서의 발언을 어렴풋하게나마 끌어낼 수 있었지만, 그래도 황제의 마음에 난 상처는 가시지 않았고, 그래서 황제는 자신을 치유할 수 있는 유일한 사람인 아타나시우스가 복권되기를 아타나시우스 본인만큼이나 간절히 바랐다. 한밤중에 한 수도사가 무례하게 황제의 침실 문을 두드리고 들어와서 역병과 기근, 홍수와 지진이 있을 것이라는 계시를 받았다고 알렸다. 안드로니쿠스는 침대에서 일어나 기도로 밤을 지새우다가 땅이 미동하는 것을 느꼈다. 아니, 그렇게 느꼈다고 생각했다. 황제가 직접 주교들과 수도사들을 이끌고 아타나시우스의 암자로 갔다. 저주의 발원지인 문제의 성인은 황제 일행을 보고 적당히 머뭇거린 후에, 황제에게 내린 저주를 풀고 콘스탄티노플 교회의 수장이 되어 달라는 요구를 받아들였다. 치욕과 고독의 세월 동안 거칠고 완고해진 아타나시우스는 다시 자신의 양 떼를 괴롭혔고, 그의 정적들은 특이한 방법으로 그에게 복수했다. 그들은 밤중에 아타나시우스의 성좌에서 발판과 장식용 천을 훔친 다음, 그 자리에 황제와 아타나시우스를 비꼬는 그림이 그려진 장식을 대신 놔두었다. 그 그림 속에서 황제는 입에 재갈을 물고 있었고, 아타나시우는 짐승을 다루듯 황제를 그리스도의 발아래로 끌고 가고 있었다. 이렇게 모욕적인 그림을 그린 자들은 붙잡혀서 처벌받았으나 목숨만은 부지할 수 있었다. 그들을 살려 준 것 때문에 단단히 화가 난 아타나시우스는 다시 은퇴하여 자신의 암자로 돌아갔다. 그리고 잠시 뜨였던 안드로니쿠스의 눈은 그의 후계자 때문에 다시 감겼다.

이 사건이 50여 년의 통치 기간 중에 일어난 일들 중 가장 흥미롭고 중요한 것이라면, 내 글이 짧은 것은 비난거리가 될 수 없다. 그 시대의 이야기들을 지루하고 장황하게 늘어놓은 파키메르,[2] 칸타쿠제누스,[3] 니케포루스 그레고라스[4]의 방대한 책들을 내가 단 몇 페이지로 줄여 버렸기 때문이다. 요하네스 칸타쿠제누스 황제의 이름과 지위가 생생한 흥미를 불러일으킬지 모른다. 40여 년에 걸친 그의 회고록은 연소 안드로니쿠스의 반란에서부터 자신의 퇴위를 아우르고 있다. 그리고 그가 묘사하는 장면들 속에서 그는 마치 모세와 카이사르 같은 역사의 주역처럼 그려진다. 하지만 그의 저술이 아무리 그 시대를 생생하게 묘사한다 해도, 우리는 그 속에서 영웅이나 참회자의

[2] 파키메르는 377쪽에 달하는 커다란 책 7권에 연로 안드로니쿠스의 첫 26년을 서술하고, 그의 글을 당시 (서기 1308년)의 뉴스나 거짓말에 따라 날짜를 매겼다. 죽음이나 혐오감 때문에 그는 다시 펜을 들지 않았다.

[3] 파키메르가 글을 완성하고 12년이 지나 칸타쿠제누스가 펜을 들었다. 그의 첫 번째 책은 내전과 연로 안드로니쿠스의 마지막 8년에 대해 이야기하고 있다. 모세, 카이사르와 비교하는 독창적인 부분은 그의 프랑스어 번역자인 쿠쟁(Cousin)이 좋아한다.

[4] 니케포루스 그레고라스는 더 간략하게 연로 안드로니쿠스의 전 생애와 치세를 이야기한다.

진정성을 찾아볼 수 없다. 세상의 악덕과 정욕에서 벗어나 은둔 생활을 하면서, 그는 어느 야심 찬 정치가의 삶을 고백하는 것이 아니라 그에 대한 변명을 늘어놓는다. 사람들의 진정한 권고와 성격을 드러내는 대신, 그는 그 시대에 일어난 사건들을 자신과 동료들의 찬사로 덧칠하여, 그 반질반질하고 그럴싸한 표면만 보여 준다. 그들의 동기는 언제나 순수하며, 그들의 목표는 항상 정당하다. 음모를 꾸미고 반역을 할 때도 그들은 자신의 이익을 따지지 않는다. 그리고 그들이 부당한 처사를 행하거나 그런 처사를 당하더라도 그것은 이성과 덕행에서 비롯된 자연스러운 결과로 칭송되는 것이다.

1320년, 연로 안드로니쿠스와 연소 안드로니쿠스의 첫 번째 분쟁

팔라이올로구스 왕조의 초대 황제가 보여 준 선례에 따라, 연로 안드로니쿠스가 그의 아들 미카엘에게 황제의 특권을 나누어 주었다. 그래서 미카엘은 열여덟 살 때부터 젊은 나이로 죽을 때까지 25년 동안 제국의 부황제[5]로 인정받았다. 군대의 수장으로서 미카엘은 적에게 공포심을 일으키지도 않았고 황실에 질투심을 유발하지도 않았다. 검손하고 참을성 있었던 미카엘은 아버지의 나이를 따져 보지 않았고, 그래서 그의 아버지도 아들의 덕행이나 악행 때문에 자신의 관대함을 후회하는 일이 없었다. 미카엘의 아들은 할아버지의 이름을 따서 안드로니쿠스(안드로니쿠스 3세)로 지어졌는데, 이렇게 이름이 같아서 일찍부터 할아버지의 총애를 받았다. 지혜와 용모가 꽃피면서 연로 안드로니쿠스의 사랑은 더욱 커졌다. 그리고 연로 안드로니쿠스는 나이가 들면 누구나 품게 되는 허황된 욕심에 이끌려, 선대가 이루지 못한 꿈을 후대가 이룰 것이라 기대했다. 연소 안드로니쿠스는 궁전에서 황제의 총애를 받는 후계자로서 교육받았다. 그리고 사람들의 맹세와

[5] 미카엘은 1295년 5월 21일에 즉위하여 1320년 10월 12일에 죽었다. 그의 형제 테오도로는 두 번째 결혼으로 몬페라트 후작령을 상속하였고, 제국을 등지고 라틴인의 종교와 관습을 받아들여 이탈리아 군주들의 왕조를 세웠는데, 이 왕조는 서기 1533년에 사라졌다.

환호 속에 '위대한 3대'가 아버지와 아들과 손자의 이름으로 확립되었다. 그러나 어린 나이에 높은 자리에 오른 연소 안드로니쿠스는 빠른 속도로 타락했고, 자신의 떠오르는 야망보다 높이, 훨씬 높이 떠 있는 두 장애물을 보며 철없이 조바심을 냈다. 그가 그토록 동경한 것은 명예를 얻거나 행복을 퍼뜨리는 일이 아니었다. 그의 눈에는 부와 불가침성이야말로 군주의 고귀한 특성으로 보였다. 그는 경솔하게도 어느 비옥한 섬의 통치권을 요구했다. 독립하여 그 섬에서 쾌락을 누리며 살 생각이었던 것이다. 이렇게 성가신 방종 행위가 빈번히 일어나 수도가 어지러워지자 황제도 화가 났다. 황제의 인색함 때문에 채워지지 않은 금액은 페라의 제노바인 고리대금업자들이 대신 채워 주었다. 산더미 같은 빚은 한 당파의 배만 불려 주었고, 결국 혁명이 아니고서는 처리할 수 없게 되었다. 지체 높은 귀부인이지만 습성은 창녀였던 미인이 젊은 안드로니쿠스에게 사랑의 기초를 가르쳐 주었다. 하지만 젊은 안드로니쿠스에게는 연적(戀敵)의 야간 방문을 알아챌 만한 판단력이 있었다. 그는 자신의 호위병들을 그녀의 집 근처에 매복시켰고, 거리를 지나가던 한 남자가 호위병의 화살에 맞았다. 그 남자는 바로 그의 동생 마누엘이었는데, 마누엘은 상처 때문에 시름시름 앓다가 죽었다. 두 사람의 아버지인 미카엘 황제는 그 당시 건강이 계속 쇠약해지고 있었는데, 두 아들을 잃었다며[6] 슬퍼하다가 마누엘이 죽은 지 8일째 되는 날 숨을 거두었다. 자신에게 악의가 없었다 하더라도 연소 안드로니쿠스는 동생과 아버지의 죽음을 자신의 악행의 결과로 돌릴 수 있었다. 하지만 슬퍼하며 참회하기는커녕 꼴 보기 싫은 두 경쟁자가 사라졌다며 남몰래 기뻐하는 그의 모습을 보고 지각 있는 사람들의 근심은 더욱 깊어졌다. 이렇게 침울한 사건이 있은 후, 그리고

6 우리가 이 슬픈 이야기를 알 수 있는 것은 그레고라스 덕분이다. 그와 달리 칸타쿠제누스는 자신의 두 눈으로 본 연소 안드로니쿠스의 악행을 조심스럽게 숨기고 있다. 아마 자신도 한패였기 때문일 것이다.

연소 안드로니쿠스의 방종이 갈수록 심해지는 것을 보면서 나이 든 황제의 마음이 점점 연소 안드로니쿠스에게서 멀어졌다. 아무리 꾸짖어도 소용이 없음을 안 황제는 자신의 희망과 애정을 다른 손자[7]에게 옮겼다. 이러한 변화가 최고 통치자와 그가 지명하는 후계자에 대한 충성 서약으로 세상에 알려졌다. 그리고 지금껏 후계자 대우를 받았던 연소 안드로니쿠스는 여러 차례 황실을 모욕하고 비난한 끝에 공개 재판이라는 불명예를 떠안게 되었다. 그를 지하 감옥이나 독방에 감금한다는 판결이 내려질 수도 있었다. 하지만 그 전에, 궁전이 자기 손자를 추종하는 무장 세력들로 가득 찼다는 소식이 황제의 귀에 들어갔다. 그래서 판결이 화해 조약으로 완화되었다. 연소 안드로니쿠스가 의기양양하게 위기에서 벗어나는 것을 보고 소장파의 열망이 고양되었다.

[7] 그가 지목한 후계자는 둘째 아들 콘스탄틴의 서자인 미카엘 카타루스였다. 그가 자신의 손자 안드로니쿠스를 배제하려 한 일에 대해서는 그레고라스도 칸타쿠제누스와 뜻을 같이한다.

1321년 4월~1328년 5월, 두 황제 사이의 세 차례의 내전

하지만 수도와 교회, 원로원은 여전히 나이 든 황제 개인 또는 그의 정권을 따랐기 때문에 불평분자들이 도망쳐서 반란을 일으키고 외세의 도움을 받아서라도 명분을 세우고 황제의 권력을 타도할 수 있는 곳은 속주들뿐이었다. 이들의 수뇌는 뛰어난 행정가인 요하네스 칸타쿠제누스였다. 콘스탄티노플에서 이탈한 것이 그의 활약상과 연대기의 시발점이다. 그의 글에는 그의 애국심이 상세히 서술되어 있는데, 그에게 악의를 품은 역사가조차도 그가 젊은 황제를 섬기면서 보여 준 열정과 수완을 높게 평가할 수밖에 없었다. 젊은 황제는 사냥하는 척하며 수도를 벗어나 하드리아노폴리스에 깃발을 세우고 며칠 만에 5만 명에 이르는 기병과 보병을 끌어모았다. 그 정도 병력이면 제국을 위기에서 구하거나 호령할 수도 있었다. 하지만 참모들이 서로 불협화음을 내었기 때문에 병사들의 움직임이 느리고 불확실했으며, 음모와 교섭이 군대의 앞길을 막았다. 두 안드로니쿠스의 지리멸렬한 전쟁은 잠깐 중지되었다 다시 시작되고는 했는데, 그 7년 동안 제국은 황폐해졌다. 둘 사이에 처음 맺어진 협정으로 비잔티움 제국이 분열되었다. 콘스탄티노플과 테살로니카와 섬들은 나이 든 황제의 영토로 남았고, 젊은 황제는 필리피에서 비잔티움 국경에 이르는 트라키아 지역의 대부분에 대한 통치권을 거머쥐었다. 두 번째 협정에서 젊은 황제는 제국이 그의 군대에 급료를 지급하고, 즉각 그의 대관식을 거행하며, 나이 든 황제가 그와 국가 권력 및 세입을 나누어 가진다는 것을 명시하였다. 세 번째 내전은 콘스탄티노플 기습이 감행되어 황제가 하야하고, 단독 통치권이 승리한 손자에게 넘어가는 것으로 끝났다. 이렇게 내전이 오래 진행된 까닭은 관련 인물들과 그 시대의 성격에서 찾을 수 있다. 황제의 후계자가 처음으로 자신에 대한 부당 행위와 자신의 염려를 구실로 내세웠을 때, 사람들은 동정과 갈채로 그의 말을 받아들였다. 그리고 그의 추종자들은 모순되는 약속, 즉 그가 병사들의 급여를 인상하면서 국민들의 부담도 덜어 줄 것이라는 말을 여기저기에 퍼뜨리고 다녔다. 40년 묵은 불만이 그의 반란과 하나가 되었다. 그리고 떠오르는 세대는 이전 세대의 기호와 격언을 따르는 통치가 계속될 것이라는 전망에 지쳐 가고 있었다. 안드로니쿠스의 젊음에는 기백이 없었고, 그의 장년에는 위엄이 없었다. 그는 세금 징수로 50만 파운드에 달하는 수입을 올렸지만, 그리스도교권에서 가장 부유한 통치권자가 투르크인들의 파괴적인 전진을 막을 기병 3000과 갤리선 20척을 유지할 수조차 없었다.[8] 연소 안드로니쿠스는 이렇게 말했다.

1325년 2월,
연소 안드로니쿠스의
대관식

8 연소 안드로니쿠스는 4년 4개월 동안 자신의 가정 비용으로 책정되었으나 지급되지 않은 돈이 금화 총 35만 닢에 달한다고 투덜거렸다. 만약 그에게 농부들에게서 세금을 쥐어짤 권한이 주어졌다면, 그는 빚 35만 닢을 모두 탕감해 주었을 것이다.

63장 255

9 나는 그레고라스의 연대표를 따르고 있다. 그의 기록이 매우 정확하기 때문이다. 칸타쿠제누스는 자기가 한 일의 날짜를 틀리게 기록하였다. 그게 아니라면 무식한 필사자들이 그의 글을 오염시킨 것이 분명하다.

필리푸스의 아들이 처했던 상황과 지금 내가 처한 상황은 다르다! 알렉산드로스는 자기가 정복할 땅을 그의 아버지가 하나도 남겨 놓지 않을 것이라고 불평했다. 아, 슬프도다! 나의 할아버지는 내가 잃을 것을 하나도 남겨 놓지 않을 것이다!

하지만 비잔티움 사람들은 얼마 안 가서, 내전으로는 사회의 혼란을 바로잡을 수 없고 그들이 옹립한 젊은 황제도 몰락하는 제국을 구원할 수 없다는 사실을 깨달았다. 처음으로 격퇴당했을 때, 연소 안드로니쿠스의 편에 선 불순분자들이 그의 경솔함과 내부의 불화, 구(舊) 황실의 음모 때문에 반란의 대의명분을 저버리거나 배신할 생각을 하게 되었고, 결국 연소 안드로니쿠스의 당파는 깨지고 말았다. 그는 후회에 몸을 떨었고, 세상사에 넌덜머리를 냈고, 협상에 속아 넘어갔다. 그의 목표는 권력이 아니라 쾌락이었다. 그래서 사냥개 1000마리, 매 1000마리, 사냥꾼 1000명을 거느릴 자유가 그의 명성을 더럽히고 야망을 무장 해제시키기에 충분했던 것이다.

1328년 5월,
연로 안드로니쿠스의 퇴위

이제 어떻게 이 분주한 이야기가 끝나고, 그 주역들이 최후를 맞았는지 살펴보자.9 안드로니쿠스의 시대는 내정 불안으로 힘을 잃었다. 그리고 전쟁과 조약 체결이 반복되는 가운데 그의 권력과 덕망도 계속해서 몰락했고 결국 어느 날 밤, 도시와 궁전의 문이 아무 저항 없이 그의 손자에게 열렸다. 연로 안드로니쿠스의 총사령관은 거듭된 위험 경고를 무시했고, 그가 아무것도 모른 채 안전을 과신하며 잠자리에 드는 바람에, 노쇠한 황제는 몇몇 성직자와 시동 들과 함께 두려움 속에서 뜬눈으로 밤을 지새워야했다. 연소 안드로니쿠스를 찬양하고 그의 승리를 알리는 적의 외침이 들려왔을 때 황제 일행의 공포는 현실이 되었다. 늙은 황제는 성모상 앞에 꿇어 엎드려, 제위에서 물러나겠으며 그의 목숨을 승리자의 손에 맡기겠다는 다급한 전갈을 보냈다. 손자의 답은 점잖고 경건했다. 동지들의 기도 속에 연소 안드로니쿠스가 단독 통치권을 거머쥐었다. 하지만 연로 안드로니쿠스는 계속해서 제1황제라는 거창한 호칭과 함께 거대한 궁전을 이용할 수 있었고, 연금으로 금화 2만 4000닢을 받았는데, 절반은 황실 금고에서 나머지 절반은 콘스탄티노플의 어업권에서 나왔다. 하지만 그의 무력함은 곧 경멸과 망각의 대상이 되었고, 궁전의 육중한 침묵을 깨는 것은 인적이 드문 궁전 안뜰을 제멋대로 거니는 소 떼와 가금류의 울음소리뿐이었다. 그리고 금화 1만 닢[10]으로 줄어든 연금이 그가 요구할 수 있는 전부였지만, 그것만으로도 그는 감지덕지했다. 시력이 약해지면서 불행이 더욱 깊어졌다. 유폐 생활은 날마다 더욱 혹독해졌고, 그의 손자가 병으로 자리를 비운 사이에, 몰인정한 감시자가 당장 죽여 버리겠다고 협박하는 통에 노쇠한 황제는 자의를 벗고 수도사의 생활을 따르게 되었다. 그는 수도사 안토니우스가 되어 세속의 화려함과 결별했다. 하지만 그도 겨울이 되면 엉성하나마 모피를 필요로 했고, 고해 신부가 포도주를 금하고 의사가 물을 마시지 못하게 했기 때문에 이집트산 셔벗이 그의 일상 음료가 되었다. 전(前) 황제는 이런 욕구를 만족시키려고 금화 몇 닢을 구하는 데에도 애를 먹었다. 그가 지난날 자기보다 더 어려움에 처한 친구를 돕기 위해 금화를 건넸더라면, 그러한 희생은 인간성과 종교라는 저울에서 꽤 무게를 더했을 것이다. 안드로니쿠스, 즉 안토니우스는 퇴위한 지 4년이 되는 해에 독방에서 74살로 생을 마감했다. 그를 위한 마지막 찬가는 천국에 가서 이

10 칸타쿠제누스는 2만 4000닢이라고 기록하고, 그레고라스는 1만 닢이라고 기록하고 있기 때문에 나는 그 둘 사이에서 고민했다. 칸타쿠제누스는 늙은 황제의 시련을 축소해서, 그레고라스는 확대하여 보여 준다.

1332년 2월, 연로 안드로니쿠스의 죽음

땅에서 누리던 것보다 더 큰 영광의 관을 쓸 것이라고 약속해 줄 뿐이었다.

1328년 5월~1341년 6월, 연소 안드로니쿠스의 통치

연소 안드로니쿠스의 치세에 할아버지 때보다 더 큰 영광이나 행운이 따른 것은 아니었다. 야망의 열매를 거두었으나, 그 열매는 금방 단맛을 잃고 씁쓸해졌다. 최고의 위치에서 그는 그나마 남아 있던 젊은 시절의 인기마저 잃어버렸고, 세상 사람들은 그의 성격적 결함을 더욱 확실하게 볼 수 있었다. 그는 대중의 비난 때문에 하는 수 없이 직접 군대를 이끌고 투르크인들을 향해 진격했다. 그의 용기는 시련의 순간에도 위축되지 않았다. 그러나 그가 거두어들인 전리품은 패배와 상처뿐이었고, 그의 이러한 아시아 원정은 오스만 제국의 성립을 확실시하는 결과만 낳았다. 국내 정치의 폐습은 완전히 농익어 절정에 이르렀다. 그가 형식을 무시하고 민족 의상을 혼란스럽게 하는 것을 본 비잔티움 사람들은 제국이 멸망할 징조가 보인다며 탄식했다. 안드로니쿠스는 나이에 비해 빨리 늙었다. 젊은 시절에 무절제한 생활을 한 탓에 나이가 들면서 빠른 속도로 병약해졌는데, 자연 또는 의술, 어쩌면 성모의 도움으로 위험한 병에서 해방된 후 45세가 되기도 전에 급사했다. 그는 두 번 결혼했다. 라틴인

연소 안드로니쿠스의 두 명의 부인

이 군사력과 예술 방면에서 진보를 보이면서 비잔티움 궁정도 그들에 대한 편견에서 조금씩 벗어나게 되었기 때문에, 그는 독일과 이탈리아의 귀족 가문에서 두 아내를 간택했다. 그의 첫 아내는 브룬슈비크 대공의 딸로, 본국에서는 아그네스, 비잔티움에서는 이레네라는 이름을 썼다. 이레네의 아버지[11]는 독일 북부의 초라하고 황폐한 지역[12]을 다스리는 보잘것없는 군주[13]였다. 하지만 자기 소유의 은광에서

[11] 아그네스 또는 이레네는 브룬슈비크 가문의 수장인 위대한 하인리히 대공의 딸이었다. 그는 작센과 바이에른의 대공이자 발트 해의 살비의 정복자였던 사자 왕 하인리히의 후손이었다. 아그네스의 오빠 하인리히는 비잔티움 제국을 두 번 여행하면서 '그리스인'이라는 별명을 얻었다. 하지만 그의 여행은 동생이 결혼한 후에 이루어졌다. 그래서 나는 어떻게 아그네스가 독일 한복판에서 발견되어 비잔티움 궁전에 추천되었는지 모르겠다.

[12] 왕실 작가가 쓴 브란덴부르크 회고록을 보면 훨씬 시간이 흐른 후에 독일 북부가 보잘것없고 황량한 땅이라는 별명에 얼마나 부합했는지 알 수 있다. 1306년에 베네드족의 야만인들이 병들고 쓸모없는 부모를 루네부르크의 숲에 버리는 것이 허용되었다.

[13] 위대한 하인리히는 그루벤하겐 공국의 창시자인데 이 공국은 1596년에 사라졌다. 그는 볼펜뷔텔 성에 살았고, 브룬슈비크와 루네부르크에 사유지 여섯 곳을 갖고 있었다. 이 사유지는 구엘프 가문이 그들의 영지를 몰수당할 때 남겨 둔 것이었다. 정당하지만 유해한 법이 장자 상속권으로 바뀌기 전까지 형제간의 영토 다툼이 빈번히 일어나 독일의 왕자 가문들이 거의 몰락했다. 헤르시니아 삼림의 몇 안 되는 유적지 중

수입을 거두어들이고 있었으며, 그의 가문은 그리스인들에게 가장 오래되고 고귀한 튜턴인의 가문으로 칭송받고 있었다. 이레네가 아이를 낳지 못하고 죽자, 안드로니쿠스는 사보이 백작의 누이인 잔느에게 청혼했다.14 프랑스 국왕도 잔느에게 청혼했으나 안드로니쿠스의 구혼이 받아들여졌다.15 백작은 그의 누이가 지체 높은 로마 황후가 된다는 사실을 중요하게 여겼다. 잔느의 수행단은 기사와 귀부인 들로 구성되었다. 성 소피아 성당에서 잔느가 안느라는 더욱 정통적인 이름으로 다시 태어나 황후의 자리에 올랐다. 그리고 이 결혼을 축하하는 자리에서 비잔티움 사람들과 이탈리아인들이 창술과 마상 시합으로 무예를 겨루었다.

사보이의 안느 황후는 그의 남편보다 오래 살았다. 두 사람 사이에서 태어난 요하네스 팔라이올로구스는 아홉 살 때 아버지를 잃고 황제의 자리에 올랐는데, 유약한 그의 보호자가 되어 준 사람은 비잔티움인들 중에서 그 자리에 가장 어울리는 자였다. 요하네스 팔라이올로구스의 아버지와 요하네스 칸타쿠제누스는 둘도 없는 친구 사이였고, 황제와 신하 두 사람 모두 이 우정을 영예롭게 여겼다. 두 사람은 젊은 시절에 함께 즐거움을 누리면서 우정을 쌓았다. 똑같이 귀한 가문 출신이었고,16 사적 교육의 힘이 황제와 신하의 신분 차이를 메웠다. 앞에서 살펴보았듯이 젊은 황제가 할아버지의 손아귀에서 벗어날 수 있었던 것도, 그리고 그가 6년에 걸친 내전 끝에 콘스탄티노플 궁전에 승전보를 울리며 들어설 수 있었던 것도, 모두 이 총신 칸타쿠제누스 덕분이었다. 연소 안드로니쿠스의 치세에 이 위대한 행정가가 황제와 제국을 다스렸다. 그리고 레스보스 섬과 아이톨리아

1341년 6월~1391년, 요하네스 팔라이올로구스의 통치. 요하네스 칸타쿠제누스의 행운

14 안느(Anne) 또는 잔느(Jane)라고 불린 이 여인은 아메데 대제가 두 번째 결혼에서 얻은 네 딸 중 한 명으로, 대제의 후계자였던 사보이의 에드워드 백작의 배다른 누이이기도 했다. 하나인 그루벤하겐 공국은 숲과 산이 많지만 황야에 가까운 땅이다.

15 이곳에서 언급한 왕에 관한 이야기가 모두 맞는다면, 5년간(1321~1326년) 세 명의 아내와 결혼했던 단려 왕 샤를을 말하는 것이 분명하다. 사보이의 안느는 1326년 2월 콘스탄티노플에 도착했다.

16 칸타쿠제누스가 귀족 혈통이라는 사실은 프랑스의 팔라딘 이야기에서 알 수 있다. 이 영웅들의 이야기는 13세기에 비잔티움 사람들에 의해 번역되어 널리 읽혀졌다.

17 갈리아의 사세르나와 이탈리아 혹은 스페인의 콜루멜라는 멍에에 메운 두 쌍의 황소와 두 명의 소몰이꾼 그리고 여섯 명의 인부면 200유게라(125에이커)의 농경지를 관리할 수 있고, 관목이 좀 더 있는 경우에는 세 명 정도가 더 필요하다고 인정했다.

공국이 다시 옛날처럼 충성을 맹세한 것도 모두 칸타쿠제누스의 용기와 지휘력 덕택이었다. 그의 적대자들도 대중을 약탈한 자들 가운데 칸타쿠제누스만이 절제와 금욕의 미덕을 알았다고 고백한다. 자발적으로 공개한 재산 보고서도 그의 부가 약탈이 아니라 상속으로 형성되었다는 가정을 지지한다. 그가 자신이 보유한 돈, 금 그릇, 보석의 값어치를 상세히 밝힌 것은 아니다. 하지만 은으로 된 화분 200개를 선물로 나누어 주고, 많은 재산을 친구들에게 도난당하고, 적들에게 빼앗긴 후에도, 그에게서 몰수한 재산이 갤리선 일흔 척으로 구성된 함대를 무장하기에 충분했다. 그는 자신의 영지가 몇 군데이고 그 넓이가 얼마인지 밝히지 않는다. 하지만 그의 곡식 창고는 어마어마한 양의 밀과 보리로 가득 찼고, 고대의 관행에 비추어 보아 황소 1000쌍으로 6만 2500에이커에 이르는 땅을 경작할 수 있었을 것이다.17 그는 자신의 목초지에서 번식용 암말 2500마리, 낙타 200마리, 노새 300마리, 당나귀 500마리, 소 5000마리, 돼지 5만 마리, 양 7만 마리를 방목했다. 이것은 제국 말기, 국내외의 전투로 계속해서 황폐해졌던 트라키아 지역의 농촌이 얼마나 풍요로웠는지 보여 주는 귀중한 기록이다. 하지만 그의 재산이 아무리 많다 해도 그를 향한 황제의 사랑에 비하면 아무것도 아니었다. 병석에 누운 황제는 그와 신분의 차이를 없애기 원하였고 황제의 자리를 이어받으라고 종용하였다. 하지만 그 자신의 글이 증언하는 바에 따르면, 위대한 행정가 칸타쿠제누스는 덕이 높은 사람이었기에 이 위험한 제안을 거절하였다. 하지만 연소 안드로니쿠스는 마지막 유언에서 칸타쿠제누스를 자기 아들의 보호자이자 제국의 섭정으로 임명했다.

만약 섭정 칸타쿠제누스가 자신의 복종과 감사하는 마음에

제국의 섭정으로 남은
요하네스 팔라이올로구스

대한 답례를 적절히 받았다면, 순수하고 뜨거운 마음으로 그의 어린 황제에게 충성을 바쳤을 것이다. 근위병 500명이 그의 신변과 궁전을 지켰다. 황제의 장례식은 그의 생전의 지위에 걸맞게 치러졌다. 수도는 잠잠했다. 칸타쿠제누스는 첫 한 달 동안 500통의 편지를 보내서 여러 속주에 황제의 죽음과 속주의 의무를 알렸다. 어린 황제의 안정된 통치에 대한 기대는 대공 아포카우쿠스 제독의 손에 산산이 깨어졌다. 아포카우쿠스의 배신을 부풀리기 위해, 칸타쿠제누스는 자신의 역사서에, 자기보다 훨씬 슬기로웠던 군주의 조언을 따르지 않고 아포카우쿠스를 관직에 임명했던 자신의 경솔함을 일부러 과장해서 기록하였다. 아포카우쿠스는 대담하면서도 신중하고, 탐욕스러우면서도 씀씀이가 헤픈 사람이었다. 그의 탐욕과 야심은 서로 상호 작용하면서 더욱 커졌다. 그리고 그의 재능은 조국을 황폐화하는 데 사용되었다. 해군력을 장악하고 난공불락의 성을 차지하면서 그의 거만함이 더욱 깊어졌다. 그는 충성스러운 아부의 가면을 쓰고서 은밀히 그의 은인에 대한 반란을 계획했다. 황후 측의 여자 신하들이 뇌물을 받고 그의 지시에 따랐다. 아포카우쿠스는 어머니가 아들의 후견인이 되는 것이 세상의 순리라며 사보이의 안느를 꾀었다. 그래서 권력욕이 자애로운 어머니의 배려로 둔갑했다. 일찍이 팔라이올로구스 왕조의 초대 황제가 그의 후손들에게 불충한 후견인을 조심하라고 경고한 바 있었다. 총대주교인 아프리의 요하네스는 오만하고 나약한 늙은이로, 굶주린 혈육들에게 둘러싸여 있었다. 그

1341년, 섭정의 지위를 공격받는 요하네스 팔라이올로구스

아포카우쿠스의 공격

황후 사보이의 안느의 공격

총대주교의 공격

18 그는 붉은 신, 즉 반장화(半長靴)를 신고 비단과 황금으로 만든 주교관을 머리에 쓰고 다니며 황족 행세를 했다. 서한에는 히아신스 색이나 초록색 잉크로 서명했고, 콘스탄티누스가 고대 로마 제국에 어떤 것을 부여했건간에 새로운 것을 찾아야겠다고 주장했다.

19 그레고라스는 칸타쿠제누스의 무고함과 고결함을 사실이라고 인정하고, 아포카우쿠스가 흉악무도한 범죄를 저지른 죄인이라고 했다. 아포카우쿠스는 칸타쿠제누스에 대한 개인적인 원한과 종교적인 적대감에서 나온 범죄 동기를 감출 생각도 하지 않았다.

는 안드로니쿠스가 쓴 케케묵은 편지를 들고 나타났는데, 그 편지에는 황태자와 국민을 총대주교의 경건한 보살핌에 맡긴다는 내용이 적혀 있었다. 아프리의 요하네스는 선임 총대주교였던 아르세니우스의 죽음을 보면서 제위 침탈이 일어난 후에 침탈자를 벌하는 것보다 침탈이 일어나지 않도록 막는 것이 중요하다는 교훈을 얻었다. 그리고 아포카우쿠스는 이 비잔티움의 성직자가 자신의 감언이설에 넘어가 로마 교황의 지위를 차지하고 세속 권력을 행사하는 것을 보며 회심의 미소를 지었다.18 신분과 성격이 다른 이 세 사람 사이에 은밀한 동맹이 맺어졌다. 권력의 그림자는 다시 원로원으로 돌아갔고, 사람들은 자유라는 이름에 현혹되었다. 이 강력한 동맹 세력은 위대한 행정가 칸타쿠제누스를 처음에는 은밀하게, 나중에는 공개적으로 공격했다. 그의 특권은 논란의 대상이 되었으며, 의견은 무시당했고, 친구들은 박해받았으며, 그의 안전은 군영과 수도에서도 위협받았다. 그리고 그는 잠시 공무에서 벗어난 사이에 반역죄로 기소되었고, 교회와 국가의 적으로 낙인찍혀 법의 보호를 받을 수 없게 되었다. 그리고 그의 추종자들과 함께 법의 칼과 사람들의 복수, 악마의 지배에 넘겨졌다. 그의 재산은 모두 몰수되었고 노모는 감옥에 갇혔으며, 그의 업적도 모두 잊혀졌다. 이렇게 불의한 일을 겪게 되자 그는 자신이 기소된 죄목을 실행에 옮길 수밖에 없었다.19 그가 지금까지 했던 일을 살펴보면 반역을 꾀했다는 증거를 찾을 수가 없다. 만약 그의 결백을 의심할 이유가 있다면 그것은 그가 거세게 항의했다는 점과 터무니없이 청렴했다는 점일 것이다. 황태후와 총대주교가 서로 뜻이 잘 맞는 체하는 동안, 그는 일반인으로 또는 수도사로 살 수 있게 해 달라고 여러 번 간청했다. 공공의 적으로 선고된 후에는 어린 황제의 발 앞에 자기 몸을 던져 사형 집행인의 일격을 묵묵히 받는 것이 그의 간절한 소원이었다. 그는 마지못해 이성의 목소리에 귀를 기울였다. 그래서 자기에게는 가족과 동지들을 구할 신성한 의무가 있고, 그들을 구하는 방법은 칼을 뽑아 들고 황제의 자리를 차지하는 것밖에 없다는 것을 깨달았다.

자신의 영지이자 견고한 도시인 데모티카에서 요하네스 칸타쿠제누스가 제위에 올랐다. 그의 오른편에는 친척인 귀족들이 있었고, 왼쪽에는 라틴인의 우두머리들이 있었으며, 그는 이 라틴인들에게 기사단이 되는 영예를 내렸다. 하지만 이렇게 반란을 일으키면서도 그는 충성심을 내비쳤다. 그래서 요하네스 팔라이올로구스와 사보이의 안느의 칭호가 그와 그의 아내 이레네의 이름보다 먼저 선포되었다. 하지만 이렇게 무의미한 의례는 속이 뻔히 보이는 반란자들의 위장술이다. 그리고 신하가 군주에게 반기를 드는 것에 개인적인 피해란 있을 수 없는 법이다. 그러나 준비가 부족하고 성공 여부에 대한 불확실함이 찬탈자의 확신, 즉 이렇게 단호한 행동이 선택이 아니라 필연의 결과라는 생각을 더욱 확고히 했을 수도 있다. 콘스탄티노플은 어린 황제의 편에 섰고, 불가리아 왕은 하드리아노폴리스를 구하기 위해 왔으며, 트라키아와 마케도니아의 주요 도시들은 망설임 끝에 칸타쿠제누스에게 더 이상 복종하지 않기로 결정했다. 그리고 군대와 속주의 지도자들은 사사로운 이익을 탐하여 여자와 성직자의 느슨한 지배를 받아들이기로 하였다. 열여섯의 대규모 부대로 이루어진 칸타쿠제누스의 군대가 수도를 유혹하려고, 또는 위협하려고 멜라스 강변에 진을 쳤다. 하지만 이 군대의 병사들은 변절을 하거나 두려움에 사로잡혀서 여기저기로 흩어졌다. 그리고 장교들, 그중에서도 라틴인 용병

1341년 10월, 제위를 차지한 칸타쿠제누스

들은 뇌물을 받고 비잔티움 궁정의 군인이 되었다. 이렇게 군사들을 잃은 후, 반역 황제(그는 반역자와 황제라는 두 역할 사이를 오락가락했다.)는 남은 군사들 중에서 엄선한 이들로 테살로니카의 도로를 탈환했다. 하지만 그가 거점으로 삼은 바로 그곳에서 군사 작전이 실패로 끝났고, 그는 해군과 육군의 최고 수장이 된 숙적 아포카우쿠스에게 추격당했다. 칸타쿠제누스는 해안에서 쫓겨나 세르비아 산악 지대로 진군이라기보다는 패주했고, 그곳에서 병사들을 끌어모아 그의 불운에 동참할 가치가 있고 또 그러기를 희망하는 자들의 면면을 살펴보았다. 대부분이 비열하게 그에게 작별을 고하고 떠났다. 그가 믿을 수 있는 군사는 2000명으로 줄었고, 마지막에 가서는 자원병 500명만 남았다. '크랄(cral),'[20] 즉 세르비아의 전제 군주가 그를 크게 환대하였다. 하지만 칸타쿠제누스는 자기도 모르는 사이에 동맹자에서 탄원자, 인질, 포로로 전락하였다. 그래서 그는 비참한 더부살이를 하면서 이 야만족의 왕에게 자신의 목숨과 자유를 맡겼다. 제아무리 매력적인 제안이 들어와도 크랄은 신의를 저버리지 않았다. 하지만 그도 얼마 안 가서 강자의 편으로 기울었다. 칸타쿠제누스는 몸뚱이 하나로 희망과 위험이 교차하는 파란만장한 삶으로 내몰렸다. 약 6년 동안 반목의 불길이 많은 사건을 일으키고 식을 줄 모르는 분노를 부채질했다. 여러 도시는 귀족과 평민 들의 파벌 싸움, 다시 말해 칸타쿠제누스파와 팔라이올로구스파의 다툼으로 엉망이 되었다. 그리고 불가리아인, 세르비아인, 투르크인 들이 양쪽 진영에 영입되어 사적인 야망을 채우고 국가를 파괴하는 도구의 역할을 하였다. 한때 섭정이었던 칸타쿠제누스는 자기가 일으키고 자기가 희생자가 된 재앙을 보며 탄식하였다. 이러한 경험

[20] 세르비아의 군주는 비잔티움식으로 데스포트(Despot)라 불리고, 세르비아 말로는 크랄(Cral)이라고 불렸다. 왕이라는 말과 같은 의미를 지닌 이 호칭의 어원은 슬라브어로, 이 말을 차용한 언어는 헝가리어, 근대 그리스어가 있고, 황제라는 말로 파디샤(Padishah)라는 명칭을 갖고 있는 터키어도 크랄이라는 표현을 썼다. 그리스어로 데스포트라고 하기보다는 크랄이라고 말했던 것은 콘스탄티노플에 있는 프랑스인의 야심이었다.

1341~1347년, 내전

을 했기 때문에 그가 외국과의 전쟁과 내전의 차이점을 공평하고 생생하게 지적할 수 있었을 것이다. 그는 이렇게 말했다. "전자는 여름이 내뿜는 더위와 같아서 언제든 참을 만하며 대개 유익하다. 하지만 후자는 열병이 가져오는 치명적인 열기와 같아서 마땅한 치료 약도 없으며, 나라의 생명력을 갉아먹는다."21

21 칸타쿠제누스가 이렇게 생생하고 정확한 표현을 자신의 글에는 넣지 않은 것은 참으로 놀랍다.

칸타쿠제누스의 승리

문명국 간의 다툼에 야만인과 미개인을 끌어들이는 것은 부끄럽고 유해하기 짝이 없는 행동이다. 순간의 이익에 눈이 멀어 그렇게 했다 하더라도, 그런 행동은 인간성과 이성의 고결한 잣대에 비추어 볼 때 비난받아 마땅하다. 양쪽 모두 적이 먼저 야만인들과 동맹을 맺었다고 비난한다. 야만인들과 동맹을 맺지 못한 이들은 더 큰 소리로 야만인들과의 동맹을 비난한다. 마치 자기들은 그런 동맹을 원하지 않으며, 기회가 주어졌어도 그 기회를 차 버렸을 것처럼 말이다. 아시아의 투르크인들은 불가리아와 세르비아의 양치기들보다 덜 야만스러웠다. 하지만 그들의 종교 때문에 로마와 그리스도교의 가장 큰 적으로 여겨졌다. 하지만 양 진영은 투르크족 수장들과 친선 관계를 맺기 위해 비열하고 사치스러운 경쟁을 했다. 수완 좋은 칸타쿠제누스가 먼저 그들의 호감을 샀다. 하지만 원조와 승리의 대가는 무척 컸다. 칸타쿠제누스의 딸이 이교도와 결혼해야 했고, 그리스도교도 수천 명이 포로가 되었다. 그리고 오스만 세력이 유럽에 진출하였는데, 이것은 로마 제국을 멸망으로 이끈 최후의 치명적 일격이었다. 전세가 한쪽으로 기울기 시작했고, 아포카우쿠스의 갑작스러운 죽음으로 자신이 저지른 범죄에 대한 정당한 대가를 치름으로써, 칸타쿠제누스가 승기를 잡았다. 아포카우쿠스는 살아 있을 때 수도와 속주에 명령을 내려 자기가 두려워하거나 미워하는 귀족과 평민 들을 잡아들였고, 콘스탄티노플의 옛 궁전을 그들의 감금 장소로 만들었다. 수감자들이 탈출하지 못하게 하고 그들에게 더 큰 고통을 주기 위해 벽을 높이고 방을 좁히는 공사가 여러 번 시행되었다. 압제자 아포카우쿠스는 날마다 이곳을 시찰하며 공사를 재촉했다. 어느 날, 입구를 지키는 경비병들을 믿고 아무런 두려움이나 의심 없이 안뜰에서 설계자들을 감독하던 아포카우쿠스가 몽둥이로 무장한 수감자 두 명의 습격을 받고 숨을 헐떡이며 땅에 쓰러졌다. 이들은 팔라이올로구스파 출신으로, 절망에 몸부림치다 굳은 결심을 하고 거사를 치렀다.[22] 복수와 해방의 소식을 전해 들은 수감자들은 발에 채워진 족쇄를 부수고 감옥을 요새화한 다음, 벽에 압제자의 머리를 내걸고, 국민의 지지와 황태후의 온정을 기대했다. 사보이의 안느는 불손한 야심가가 쓰러졌다는 사실에 기뻐했을테지만, 어떻게 해야 할지 결단을 내리지 못하고 우물쭈물했다. 그 사이 군중, 특히 수병들이 아포카우쿠스의 미망인의 부추김을 받아 폭동을 일으키고 습격과 학살을 자행했다. 수감자들(그들 중 대부분이 이 일에 책임이 없거나, 있어도 아주 작았다.)이 근처 교회로 도망을 쳤으나 제단 앞에서 살육당했다. 아포카우쿠스라는 악인은 죽으면서까지도 세상을 악의와 피비린내로 물들인 것이다. 지금까지 어린 황제의 대의를 떠받치고 있었던 것은 아포카우쿠스의 수완뿐이었다. 살아남은 그의 동지들은 서로를 의심하며 전쟁 수행에서 손을 뗐고, 좋은 조건을 제시하는 화해 조약마저도 거절했다. 이런 분쟁이 시작되자 황태후는 자기가 칸타쿠제누스의 적들에게 속았다며 분개했다. 총대주교도 위법 행위를 용서해서는 안 된다는 설교를 하는 데 동원되었다. 영원히 증오하겠노라는 황태후의 약속이 맹세로 확실시되었고, 그 맹

[22] 보복을 감행한 두 사람은 팔라이올로구스 가(家)의 사람으로 황족다운 비분강개함을 품고 쇠사슬에 매인 자신들의 모습을 수치스러워하고 분해하였을 것이다. 아포카우쿠스의 비극은 칸타쿠세누스와 그레고라스의 문헌을 참고해도 좋을 것이다.

세를 어길 경우 파문의 벌이 내려지게 되었다.23 하지만 안느는 곧 가르쳐 주는 사람 없이도 증오하는 법을 배웠다. 그래서 낯선 사람처럼 무관심한 눈길로 제국의 불행을 관망할 수 있게 되었다. 상대되는 황후와 경쟁을 하면서 그녀의 질투심에 불이 붙었다. 총대주교의 행동이 더 물렁해지는 것을 보고 그녀는 종교 회의를 소집해서 그를 해임하겠다고 위협했다. 이들의 무능력과 반목이 칸타쿠제누스에게는 절호의 기회였다. 하지만 양측의 우유부단함 때문에 지루한 내전이 계속되었다. 칸타쿠제누스의 지나치게 온건한 태도는 겁 많고 게으른 습성이라는 비난을 면치 못했다. 칸타쿠제누스가 속주와 여러 도시를 수복하는 데 성공했다. 그리고 그의 피보호자인 어린 황제의 통치 영역은 콘스탄티노플의 성벽 내부로 좁혀졌다. 하지만 수도는 제국의 나머지 지역을 모두 합친 것과 비슷한 힘을 갖고 있었다. 그래서 칸타쿠제누스도 섣불리 수도로 진격하지 못 하고, 여론과 상황이 자기편이 될 때를 기다렸다. 파치올라티라는 이탈리아인이24 대공의 자리를 이어받았다. 선단, 근위병, 금문(金門)이 모두 그의 지휘 아래로 들어갔다. 하지만 그의 보잘것없는 야심은 뇌물에 넘어가 모반의 도구가 되었다. 이리하여 아무런 위험이나 유혈 사태 없이 혁명이 이루어졌다. 안느는 저항할 힘도 구출될 희망도 없었지만, 그래도 자기 뜻을 굽히지 않고 궁전을 수호했다. 그리고 불길에 휩싸인 수도를 보면서, 수도가 적의 손에 넘어가는 것보다 낫다고 생각하며 미소를 지었다. 결국 그녀는 자신의 친구들과 적들의 기원에 무릎을 꿇었다. 조약문이 승리자인 칸타쿠제누스의 의지대로 작성되었다. 칸타쿠제누스는 은인의 아들에 대한 충성스럽고 열렬한 애정을 고백했다. 그의 딸과 요하네스 팔라이올로구스의

1347년 1월, 콘스탄티노플로 재입성한 칸타쿠제누스

23 칸타쿠제누스는 그 총대주교를 비난하고 모후되는 여제는 용시해 주었다. 하지만 그레고라스는 여제에 대한 적의를 드러내고 있다. 사실 이 둘이 여제에 대해 언급한 시기는 다르다.

24 그의 반역 음모는 그레고라스에 의해 밝혀져 있다. 하지만 자신도 공범인 까닭에 그 이름은 교묘하게 덮여 있다.

혼사가 성사되었으며 팔라이올로구스는 제위 계승권을 인정받았다. 하지만 10년간의 단독 통치권은 후견인에게 넘어갔다. 황제 2명과 황후 2명, 황태후 1명이 비잔티움의 옥좌에 앉았다. 그리고 대대적인 사면을 내려, 가장 큰 죄를 지은 신하와 백성들의 염려를 잠재우고 그들의 재산을 인정해 주었다. 대관식과 결혼식이 우호적인 분위기 속에 장엄하게 치러졌지만, 이것은 사실 한편의 기만극이었다. 그동안의 분쟁 때문에 국가의 소중한 보물은 물론이고 궁전의 세간까지 합법적으로 또는 불법적으로 다른 이들의 손에 넘어가 있었다. 황제의 만찬도 백랍 그릇이나 질그릇에 담겨 나왔다. 유리와 금빛 가죽으로 된 싸구려 세공품으로 금과 보석의 빈자리를 메웠으니, 그 시대의 자랑스러운 가난이라 할 만하다.

25 콘스탄티노플로 돌아온 칸타쿠제누스는 자신의 역사와 제국의 역사를 정리했는데, 아들 마테우스가 퇴위한 해인 1357년의 다음 해에도 집필에 매진했다. 그레고라스는 콘스탄티노플의 종교 회의가 열리던 1351년에 명을 달리했다. 그가 마지막으로 쓴 열네 권의 책은 여전히 프랑스 국립 도서관에 사본 상태로 보관되어 있다.

26 황제는 자신이 덕을 행했다고 주장했다. 그레고라스는 동지들이 그 영향으로 고생하고 있다고 불평했다. 나는 왕정복고 시대 이후에 가련해진 기사도 정신을 지키는 이들도 이와 같은 말을 했다고 생각한다.

1347년 1월~1355년 1월, 요하네스 칸타쿠제누스의 통치

어서 요하네스 칸타쿠제누스 개인의 역사를 끝맺어야겠다.[25] 그는 승리해서 통치자가 되었다. 하지만 승리와 통치권은 그의 지지파와 반대파들의 불만으로 어두워졌다. 그를 따르던 이들은 사면 결정이 적들을 용서하고 동지들의 공로를 모른 체하는 행위라고 생각했다.[26] 그들은 칸타쿠제누스와 뜻을 같이했다는 이유로 내란 중에 재산을 몰수당하거나 약탈당한 바 있었다. 그래서 이제 헐벗고 굶주린 몸으로 거리를 배회하면서, 칸타쿠제누스가 제국의 통치자가 되고서 마땅히 받아야 할 혜택을 아무런 소득 없이 포기해 버렸다며 그의 이기적인 관대함을 저주했다. 황태후의 편에 섰던 이들은 언제 변할지 모르는 찬탈자의 호의에 자신들의 운명과 재산이 달려있다는 사실을 치욕으로 여겼고, 간절한 복수심을 숨기기 위해 황태후의 아들의 제위 계승과 그의 안전을 염려하는 척했다. 칸타쿠제누스의 지지자들은 자신들이 팔라이올로구스 왕조에게 했던 충성 맹세를 철회하고 거점 도시를 지킬 수 있게 해 달라고 탄원하여 황태후의 지지자들을 깜짝 놀라게 했다. 칸타쿠제누스의 지지자들은 유창한 언변으로 자기들이 한 탄원의 정당성을 주장하였다. 하지만 칸타쿠제누스는 (역사학자로서 그의 기록에 따르면) '고귀하고 범상치 않은 덕성으로' 그들의 탄원을 거부하였다. 음모와 반동의 소식이 전해지면서 그의 안식도 깨졌다. 그는 법으로 정당성을 인정받는 어린 황제가 국내외의 적들에게 이용당해 반역자들의 성명서에 황제 자신의 이름과 권리 침해 내역을 올리지 않을까 걱정하며 애태웠다. 안드로니쿠스의 아들은 성년에 가까워지면서 자기 감정에 솔직해지고 자기 자신의 이익을 위해 행동하기 시작했다. 그는 자기 아버지의 악행을 모방하면서, 자신의 야심을 억누르기는커녕 더욱 키워 나갔다. 칸타쿠제누스의 말을 그대로 받아들인다면, 칸타쿠제누스는 이러한 젊은 황제의 더럽고 음흉한 욕망을 바로잡고 그가 자신의 운명에 걸맞은 정신 상태를 갖게 하려고 무척 애를 썼다. 세르비아 원정에서 두 황제는 군대와 속주 들에 진정으로 화합하는 모습을 보여 주었다. 그리고 젊은 황제는 연장자에게서 전쟁과 정치의 비결을 전수받았다. 평화 협정이 체결된 후 팔라이올로구스는 국경 도시인 테살로니카의 궁전에 남았다. 이것은 그를 멀리 두어 콘스탄티노플의 평화를 확보하고, 젊은 그가 향락적인 수도의 유혹에 빠지지 않게 하기 위한 조처였다. 하지만 거리가 멀어 젊은 황제에 대한 칸타쿠제누스의 통제력이 약해졌고, 젊은 황제는 경솔하고 교활한 이들에게 둘러싸였다. 이들이 젊은 황제에게 후견인을 증오하고 자신의 유배 생활을 한탄하며 자신에게 주어진 권리를 주장하라고 부추겼다. 세르비아의 왕과 맺은 은밀한 조약이 곧 공개적인 반란으로 이어졌다. 이제 연로 안드로니쿠스와 같은 처지가 된 칸타쿠제누스는 젊은 시절 자신이 강력하게 공격했던 고령자의 통치 명분을 옹호해야 했다. 그의 요청으로 황태후가 중재자의 역할을 맡아 테살로니카로 갔지만, 아무런 성과 없이 돌아왔다. 사보이의 안느가 역경을 통해 배우지 않는 한, 우리는 그녀가 보인 열성의 진정성을 의심해 볼 수 있다. 섭정 칸타쿠제누스가 통치권을 굳게 붙들고 있는 동안, 안느는 10년이라는 칸타쿠제누스의 합법적인 통치 기간이 금방 지나갈 것이고, 그 후에는 세상의 허무함을 맛본 칸타쿠제누스가 은둔 생활이 주는 안식을 그리워하며 오로지 천국의 왕관만을 바라게 될 것이라는 말을 계속 들었다. 이런 말이 진심이었다면 그의 자발적인 퇴위가 제국의 평화를 회복시켰을 것이고, 그의 양심도 정의로운 행동으로 평안을 얻었을 것이다. 팔라이올로구스만 자신의 미래 통치에 책임이 있었다. 그리고 그가 어떤 악행을 저질렀든, 그 피해보다 내전이라는 재앙이 불러온 피해가 더 무시무시했다. 내전을 거치면서 야만인들과 이교도들이 다시 한번 비잔티움 사람들의 동족상잔에 투입되었기 때문이다. 이제 유럽에 깊고 영원한 뿌리를 내린 투르크인들의 도움을 받아 칸타쿠제누스는 자신이 끼어든 세 번째 전쟁에서 승리했다. 그리고 젊은 황제는 바다와 육지에서 쫓겨나 테네도스 섬의 라틴인들에게 피신해야했다. 그의 무례하고 완고한 행동이 승리자 칸타쿠제누스의 신경을 건드려 그들의 분쟁을 결코 화해할 수 없게 만드는 조처를 단행하게 했다. 칸타쿠제누스가 자신의 아들인 마테우스에게 황제의 권한을 주고 그와 공동으로 통치하기 시작했는데, 이것은 칸타쿠제누스 가문에 제위 계승권을 주는 조처였다. 하지만 콘스탄티노플은 여전히 옛날부터 이어져 온 황제 가문의 편이었다. 그래서

1353년, 요하네스 칸타쿠제누스에 맞서 무장한 요하네스 팔라이올로구스

칸타쿠제누스의 찬탈 행위가 합법적인 제위 계승자의 복권 운동에 불을 붙였다. 귀족 출신 제노바인이 팔라이올로구스의 뜻을 떠받들고, 그 누이의 약속을 얻은 다음, 갤리선 두 척과 외인부대 2500명으로 혁명에 성공했다. 그들은 조난을 당했다는 핑계로 작은 항구에 들어섰다. 문이 열리고, "요하네스 팔라이올로구스 황제 만세!"라는 라틴어 외침에 팔라이올로구스 지지자들이 대대적인 봉기로 답하였다. 아직 칸타쿠제누스의 깃발 아래에 선 충실한 지지자들이 많이 있었다. 하지만 칸타쿠제누스가 자신의 역사서에 기록한 바에 따르면(그가 정말 사람들이 믿어 주리라 생각하고 쓴 것인지 모르겠지만.), 그의 온화한 마음이 승리의 확신을 받아들이지 않았고, 그래서 그는 종교와 철학의 목소리에 기꺼이 복종하여 제위에서 물러나 수도 생활에 들어갔다.[27] 제위에서 물러나자마자 그의 후계자가 기꺼이 그를 성인으로 추앙했다. 그래서 그는 남은 생애 동안 신앙생활과 배움에 전념했다. 콘스탄티노플과 아토스 산의 암자에서 요아사프 수도사는 황제의 세속의 아버지이자 영적 아버지로 존경받았다. 그가 가끔 은신처에서 나와 모습을 드러내기도 했는데, 그것은 평화의 사절로서, 반항적인 자기 아들의 고집을 꺾고 그에 대한 용서를 구하기 위해서였다.[28]

1355년 1월, 칸타쿠제누스의 퇴위

그러나 수도 생활을 하면서 칸타쿠제누스는 신학 논쟁에 온 마음을 쏟았다. 그는 날카로운 논쟁의 펜을 들어 유대인들과 이슬람교도들을 공격했다.[29] 그리고 어떤 상황에서든 똑같은 열정으로 타보르 산의 신성한 빛을 옹호하였는데, 이 논쟁은 비잔티움 사람들의 종교적 어리석음이 어느 정도였는지 잘 보여 준다. 인도의 고행자들과 동방 교회의 수도사들은 정

1341~1351년, 타보르 산의 빛에 대한 논쟁

[27] 눈에 띄게 당황한 얼굴로 자신의 몰락을 진술하는 칸타쿠제누스의 서투른 변명의 말에 보태어 볼 수 있는 것은, 그 정확성은 다소 떨어지나 보다 정직하고 솔직하게 서술한 것으로 보이는 빌라니와 두카스의 말이다.

[28] 1375년 칸타쿠제누스는 교황으로부터 서한을 받는 영광을 누린다. 믿을 만한 문헌에 의하면 그가 사망한 시기는 1411년 11월 20일이라고 한다. 하지만 만약 그가 친구인 연소 안드로니쿠스와 동갑이었다고 한다면 116년을 산 셈이 된다. 이는 보기 드물게 장수한 경우로 저명한 인물의 일이라 더욱 주목하게 된다.

[29] 칸타쿠제누스가 쓴 책 네 권은 1543년 바젤에서 발간되었다. 그가 그 책을 쓰게 된 것은 이스파한에 있는 친구들에게서 온 편지를 근거로, 개종하려는 사람들을 만족시키기 위함이었다. 칸타쿠제누스는 코란을 읽었다. 하지만 마라치(Maracci)의 글을 보면 칸타쿠제누스가 마호메트와 그의 종교에 대하여 말한 것은 상스러운 편견과 우화 등을 채용한 것에 불과했던 것 같다.

30 모스하임(Mosheim)은 철학자적 판단을 기반으로 해서 그 운동에 대해 설명했고, 플뢰리(Fleury)는 가톨릭 신부의 편견에 따라서 번역해 필사했다.

신과 육체의 기능이 완전히 추상적인 단계에 이르면 정화된 영혼이 신적 즐거움과 통찰력을 누리는 단계에까지 이른다고 확신했다. 아토스 산 수도사들의 견해와 수행 방법은[30] 11세기에 활약했던 대수도원장의 말에서 가장 잘 드러난다.

  그대가 독방에 홀로 있을 때, 문을 닫고 구석진 곳에 앉아 그대의 정신을 비우고, 헛되고 덧없는 생각에서 벗어나라. 그대의 수염과 턱을 가슴에 가져다 대라. 눈과 생각이 배의 중심부, 배꼽 부위를 향하게 하라. 그리고 마음의 위치, 영혼의 자리를 찾으라. 처음에는 모든 것이 어둡고 부자연스러울 것이다. 그러나 그대가 밤낮을 가리지 않고 정진한다면 형용할 수 없는 기쁨을 느끼게 되리라. 그리고 마음의 위치를 발견하는 순간, 그대의 영혼은 신비한 천상의 빛 속으로 들어가리라.

병적 공상의 산물이자 텅 빈 위장과 두뇌의 창조물인 이 빛을 정적주의자들은 신의 순수하고 완벽한 본질이라고 생각하여 동경하였다. 그리고 이런 어리석은 생각과 수행 방법이 아직 아토스 산에만 머물고 있을 때, 순진한 수도사들은 어떻게 신의 본질이 물질적인 것이 될 수 있고, 어떻게 비물질적인 것이 육신의 눈에 보일 수 있는지에 대해서 고민하지 않았다. 하지만 연소 안드로니쿠스가 통치하던 시기에 이 수도사들이 칼라브리아 출신 수도사 바를라암의 방문을 받는다. 그는 철학과 신학에 해박했고 그리스어와 라틴어를 구사했으며, 다방면에 재주가 있어 그때그때의 이해관계에 따라 서로 다른 신념을 주장할 수 있는 사람이었다. 어느 경솔한 수도사가 이 호기심 많은 여행자에게 마음으로 하는 기도의 비밀을 누설하였고, 바를라암은 이 기회를 놓치지 않고, 배꼽에 영혼을 놓는다는 정적주의자들을 조롱하고 아토스 산의 수도사들을 이단자요 신성 모독자라고 비난했다. 그의 공격으로 학식이 높은 수도사들은 동료 수도사들의 순진한 신앙을 거부하거나 모른 척해야만 했다. 그때 팔라마스가 신의 본질과 신의 행동을 구별해야 한다는 이론을 내세웠다. 팔라마스의 말에 따르면 피조물이 접근하기 어려운 신의 본질은 자존(自存)하는 영원한 빛 속에 머무른다. 그리고 이 빛을 보는 무한한 기쁨은 성자들만 누릴 수 있는데, 이 빛이 타보르 산에서 그리스도가 변용(變容)할 때 함께 있던 제자들에게 드러났다. 하지만 이렇게 신의 본질과 신의 행동을 구별하는 것은 다신론이라는 비난을 피할 수 없었다. 타보르 산의 빛이 영원하다는 논리는 거센 반대에 부딪혔다. 그리고 바를라암은 계속해서, 보이는 신과 보이지 않는 신이라는 두 가지 영원한 실체를 믿는다고 팔라마스 측을 비난하였다. 아토스 산의 수도사들이 분노하며 바를라암의 목숨을 위협했고, 이 칼라브리아인은 콘스탄티노플로 도망가서 유연하고 가식적인 태도로 칸타쿠제누스와 황제의 사랑을 받았다. 궁전과 수도 이 신학 논쟁에 휘말렸고, 논란의 열기가 내란이 진행되는 동안에도 식을 줄 몰랐다. 그러나 바를라암이 달아나서 변절하였기 때문에 그의 교리도 버림받았다. 팔라마스파가 승리를 거두었고, 그들의 적이었던 아프리의 요하네스 총대주교는 국내 적대 세력의 의견 일치로 자리에서 물러났다. 황제이며 신학자였던 칸타쿠제누스는 비잔티움 교회 종교 회의를 주재하여 타보르 산의 자존하는 빛을 신조(信條)로 확립하였다. 이리하여 이미 많은 모욕을 당한 인류의 이성이 이 어리석은 행위 때문에 또다시 상처를 입었다. 이 일로 지금까지 많은 종이와 양피지가 소비되었다. 그리고 이 정통 교리를 끝내 받아들이지 않았던 완고한 신도들이 그리스도인으로 묘지에 묻

[31] 칸타쿠제누스와 그레고라스가 쓴 마지막 책 중 19권에서 24권까지를 참고하라. 대부분 작가가 흥미 있어 하는 주제만 다루고 있다. 그리고 미출간 된 부아뱅(Boivin)의 책과 쿠아슬랭(Coislin) 도서관에 필사본으로 있는 파브리키우스나 몽포콩(Montfaucon)의 책에서도 몇 가지 사실 관계를 알아볼 수 있고, 관련 문헌을 찾아볼 수 있다.

히는 영광을 박탈당했다. 하지만 다음 시대에 이 논쟁은 잊혀졌으며, 나는 바를라암의 이단 교리를 근절하기 위해 도끼와 장작이 사용되었다는 말을 들어 본 적이 없다.[31]

1261~1347년, 제노바인들의 페라 또는 갈라타 정착

이 장을 마무리 지으려고 나는 칸타쿠제누스의 제위를 뒤흔들고 비잔티움 제국의 쇠약함을 노출시킨 제노바 전쟁을 지금껏 남겨 두었다. 콘스탄티노플이 수복된 후 제노바인들이 페라 또는 갈라타라고 하는 지역의 교외에 이주하여 황제에게 이 훌륭한 영토를 하사받았다. 이들은 자기네 법률을 마음껏 사용하였지만 가신과 신하된 도리를 지켰다. '충성된 신하'라는 강력한 단어는 라틴 법률학에서 가져왔다. 이들의 행정관, 다시 말해 수장은 직무를 맡기 전에 황제에게 절하며 진심 어린 갈채를 보내고 충성을 맹세했다. 제노바는 비잔티움과 굳은 동맹을 맺었다. 그리고 비잔티움 제국에 적국이 쳐들어오면 제노바 공화국이 사람이 타지 않은 갤리선 50척을 공급해 주고, 완벽하게 무장한 병사들이 배치된 갤리선 50척으로 군사 원조를 하기로 약속했다. 해군력이 회복되면서 미카엘 팔라이올로구스는 외국의 원조에서 벗어날 마음을 먹었다. 그의 혈기 왕성한 통치가 갈라타의 제노바인들을 견제하였는데, 제노바인들은 부와 자유가 주는 오만함에 취해 자기들에게 씌워진 굴레에서 벗어나려 하였다. 한 해군 병사가 자신들이 콘스탄티노플의 주인이 되겠다고 으름장을 놓았고, 이런 모욕에 분개한 비잔티움 사람을 살해하였다. 그리고 황제의 궁전에 예의를 표하지 않은 무장 선박이 흑해에서 해적 행위를 한 것이 발각되었다. 그들의 동포들이 자신들의 대의를 지키겠다고 위협했지만, 길고 넓은 갈라타 지역이 금세 제국 군대에 포위당했다. 공격이 시작되자 제노바인들은 항복하며 황제의 온정을 빌었다. 제

노바인들의 복종을 얻어 냈지만 갈라타 지역은 무방비 상태가 되어 제노바의 경쟁국인 베네치아의 공격에 노출되었다. 베네치아는 연로 안드로니쿠스의 치세에 황제의 자리를 침탈하려 하기도 했다. 베네치아 함대가 접근하자 제노바인들은 짐을 싸서 도시로 물러났다. 그들의 집들은 모두 잿더미가 되었다. 유약한 황제는 교외 지역이 파괴되는 것을 보고 분노하였지만, 그 분노를 무력이 아니라 외교 사절을 통해 드러내었다. 그러나 이러한 재앙이 제노바인들에게는 기회였다. 제노바인들은 갈라타를 강한 성벽으로 둘러싸고 해자에 바닷물을 끌어들이며 높은 망루를 세우고 성벽에 공격용 포대를 줄지어 설치할 수 있는 허가를 따내 살금살금 활용하였다. 거류민이 늘어나면서 그들에게 주어진 거주 지역이 부족해지자 제노바인들은 날마다 토지를 사서 늘였고, 인근 산을 집과 성으로 덮어 버리고, 이 건물들을 서로 연결한 다음 방어 시설을 지어 보호하였다. 흑해의 항해권과 교역권은 비잔티움 황제들에게 대대로 이어져 내려오는 재산으로, 황제들이 이 내해(內海)의 좁은 입구, 말하자면 흑해의 관문을 지배했다. 미카엘 팔라이올로구스의 치세에 이집트의 술탄도 이런 특권을 인정하였다. 그래서 술탄은 황제에게 요청하여 키르카시아와 소(小)타타르에서 노예를 살 수 있도록 해마다 배를 보낼 수 있는 권리를 받아 냈다. 하지만 이는 결과적으로 그리스도교도들에게 피해를 입히는 조처였다. 노예로 팔려 간 젊은이들이 교육과 훈련을 받고 강력한 마말루크(노예 출신 병사들로 구성된 부대)가 되었기 때문이다.32 페라 거류지에 사는 제노바인들은 유리한 조건의 흑해 교역으로 수입을 올렸다. 그리고 이들의 교역으로 비잔티움 사람들에게 생선과 곡물이 공급되었는데, 이 두 가지는 미

32 파키메르와 그레고라스 모두 위험한 특전의 파급 효과를 이해하고 애통해 했다. 이집트의 술탄 비바스는 타타르 사람이었지만 헌신적인 이슬람교도였다. 그래서 크리미아 반도의 중심지에 웅대한 모스크를 세우는 허가를 칭기즈의 후손에게서 얻어 냈다.

제노바인들의
교역과 거만함

63장 **275**

신적인 사람들에게 똑같이 중요한 식품이었다. 자연의 은혜로 우크라이나 지방에서는 거칠고 황량한 농경지에서도 농산물을 수확할 수 있었다. 그리고 진흙이 비옥하고, 마지막에 마이오티스 해로 물이 흘러 들어가는 타나이스 강, 즉 오늘날의 돈 강 하구에서 철갑상어가 많이 잡혔기 때문에 소금에 절인 고기와 철갑상어 알이 매년 끊임없이 수출되었다.33 옥수스강, 카스피 해, 볼가 강, 돈 강은 인도산 보석과 향신료를 운반하는 귀중하고 고단한 항로를 제공하였다. 그리고 카리즈메의 대상들은 3개월 동안 육로로 이동한 다음, 크리미아 항에서 이탈리아 선박을 만났다.34 이렇게 다양한 교역 활동을 제노바인들이 특유의 꼼꼼함과 무력으로 독점했다. 그들의 경쟁자였던 베네치아인과 피사인 들은 교역에서 배제되었다. 제노바의 원주민들은 자기들의 초라한 상관(商館)을 기초로 세워진 성과 도시들을 보고 깜짝 놀랐다. 타타르인들이 제노바인들의 주요 도시인 카파를35 포위하였지만 아무 소득이 없었다. 해군력이 부족했던 비잔티움 사람들은 이 불손한 상인들의 압제에 시달렸다. 제노바인들이 자신들의 이해관계에 따라 콘스탄티노플을 먹이기도 하고 굶주리게 하기도 했기 때문이다. 제노바인들은 보스포루스 해협의 관세권와 어업권, 심지어는 통행료 징수권까지도 빼앗았다. 그리고 이렇게 빼앗은 권리로 금화 20만 닢에 달하는 수입을 올리면서 고작 3만 닢만, 그것도 마지못해 황제에게 바쳤다. 페라 거류지는 평시에나 전시에나 독립 국가처럼 굴었고, 이곳의 총독은 본국에서 멀리 떨어진 거류지에 사는 탓인지, 자신이 본국의 신하라는 사실도 자주 잊어버리곤 했다.

33 샤르댕(Chardin)은 카파 지역에 대해 잘 알고 있다. 이때 거래된 물고기는 24에서 26피트 정도의 길이에 무게가 800~900파운드 나갔고, 3~4 퀸틀의 알을 생산해 냈다. 데모스테네스 시대에는 보스포루스의 곡물이 아테네 시민들이 필요한 정도를 다 충당했었다.

34 하지만 이 항로와 육로는 타타르 지방이 강력하고 현명한 군주의 지배하에 통일되어 있을 때만 유용할 뿐이었다.

35 그레고라스는 흑해의 식민지와 교역에 관해 정확한 정보를 갖고 신중하게 판단을 했다. 샤르댕은 현재의 카파의 모습을 이야기했는데, 40일 동안 수산물과 곡물 거래를 위한 배 400척 이상을 보았다고 한다.

1348년, 칸타쿠제누스 황제와 전쟁에 돌입한 제노바인들

이러한 찬탈 행위에 힘을 실어 준 것은 연로 안드로니쿠스의 유약함과 그의 노년과 손자의 어린 시절을 괴롭힌 내전

이었다. 칸타쿠제누스의 재능도 제국을 복원하는 것이 아니라 파괴하는 데 사용되었다. 그리고 내전에서 승리를 거둔 칸타쿠제누스는 비잔티움 사람과 제노바인 중 누가 콘스탄티노플의 지배자가 되어야 하는지를 결정하는 불명예스러운 시련을 겪어야 했다. 페라의 상인들은 자기들이 새로운 방어 시설로 보호를 하겠다며 페라 인근 지역의 토지와 전망 좋은 고지를 넘겨 달라고 요청했다가 거절을 당하자 화가 났다. 그래서 황제가 병환으로 콘스탄티노플을 떠나 데모티카에 머무는 동안, 쇠약한 여성 통치에 용감히 반기를 들었다. 항구 입구에서 고기잡이를 하던 비잔티움 선박이 이 대담한 이방인들의 공격으로 가라앉았고 어부들이 모두 살해당했다. 제노바인들은 용서를 구하기는커녕 오히려 배상을 요구했다. 그리고 불손한 태도로, 비잔티움 사람들이 항해 행위를 그만두어야 한다고 했다. 비잔티움 사람들이 이에 분개하며 공격에 나서자 제노바인들은 정규군으로 맞섰다. 그리고 즉시 분쟁 지역을 점령하고서 남녀노소를 가리지 않고 모두 동원하여 무시무시한 속도로 벽을 높이고 해자를 팠다. 그리고 같은 날, 비잔티움의 갤리선 두 척을 공격하여 불태웠다. 제국 해군의 나머지 갤리선 세 척은 제노바인들의 손아귀에서 빠져나갔다. 성문 바깥쪽과 해안 쪽의 집들이 모두 약탈당하고 파괴되었다. 섭정 이레네 황후는 수도를 보호하는 데 온 신경을 쏟았다. 칸타쿠제누스가 돌아오자 놀란 군중의 마음도 진정되었다. 황제는 평화적인 권고에 더 마음이 쏠렸지만, 합리적인 제안을 모조리 거절하는 적들의 완고함과 적들을 성경 말씀처럼 질그릇같이 부수겠다는 신하와 국민 들의 열의에 자기 뜻을 굽힐 수밖에 없었다. 사람들은 그가 함선 건조 자금을 마련하기 위해 부과한 세금과 전쟁 비용을 마지못해 납부했다. 그리고 비잔티움 사람들이 육지를, 제노바인들이 바다를 지배하고 있었기 때문에 콘스탄티노플과 페라는 상대방의 포위 공격에 시달렸다. 며칠이면 전쟁이 끝날 것이라고 믿었던 페라 거류지의 상인들은 벌써부터 자신들의 손실을 계산하며 투덜댔다. 하지만 본국의 군사 원조는 제노바의 파벌 싸움으로 지연되고 있었다. 그리고 조심성 있는 사람들은 기회를 엿봐서 로도스 섬 사람들의 배로 자기 가족과 재산을 전쟁 지역 밖으로 빼돌렸다. 봄이 되어 갤리선 일곱 척과 소형 군함들로 이루어진 비잔티움 함대가 출항하여 페라 해안을 따라 일렬로 전진하였다. 하지만 이 함대는 측면을 적 함대의 뱃머리 쪽으로 노출시키는 미숙함을 드러내었다. 비잔티움 함대는 일반 백성이나 직공으로 구성되어 있었다. 이들의 무지는 야만인들의 타고난 용기를 발휘할 필요도 없을 정도였다. 바람이 거세고 파도가 사나웠다. 비잔티움 사람들은 멀리서 가만히 서 있는 적이 눈에 들어오자 황급히 바다로 뛰어들었다. 혹시나 했던 위험이 확실한 위험이 되는 순간이었다. 페라를 공격하러 간 육군도 바로 그 순간, 비슷한 혼란에 빠져서 갈팡질팡했다. 제노바인들은 이런 승리에 깜짝 놀랐고, 부끄러움을 느끼기까지 했다. 승리한 전함들이 꽃 장식을 하고, 포획한 갤리선들을 끌고 다니며 계속해서 궁전 앞을 돌았다. 황제가 할 수 있는 일이라고는 참는 것뿐이었다. 그리고 복수의 날을 기다리는 것이 그에게 유일한 위안이 되었다. 하지만 양측 모두 피해가 있었기 때문에 일시적인 휴전 조약이 맺어졌다. 그리고 제국의 수치는 위엄과 권세라는 얇은 장막으로 가려졌다. 칸타쿠제누스는 페라 거류지의 수장들을 불러서, 분쟁의 대상이 되었던 지역을 별 볼 일 없는 땅이라고 무시하는 척했다. 그리고 그들을 부드럽게 꾸짖은 후, 제국의 관리들이 명목상으로만 관리하

1349년, 칸타쿠제누스 함대의 파괴

던 땅을 제노바인들에게 매우 관대하게 하사하였다.36

하지만 황제는 얼마 안 가 휴전 협정을 깨고 제노바의 앙숙인 베네치아와 손을 잡아 달라는 요청을 받았다. 황제가 평화와 전쟁의 득실을 비교하고 있을 때, 페라 거류민들이 성벽에서 커다란 돌을 쏘아 콘스탄티노플에 떨어뜨렸다. 자신을 모독하는 이들의 무엄한 행동 때문에 황제도 온건함을 유지할 수 없었다. 황제의 정당한 항의를 듣고, 페라 거류민들은 자기네 기술자들이 조심성이 없어서 일어난 일이라고 쌀쌀맞게 말했다. 하지만 다음 날도 똑같은 일이 반복되었다. 페라 거류민들은 수도가 자기네 포대의 사정거리 안에 있다고 의기양양하게 말했다. 칸타쿠제누스는 그 즉시 베네치아인들과 조약을 체결했다. 하지만 부유하고 강력한 두 공화국의 저울 위에서 로마 제국의 무게는 보잘것없었다.37 지브롤터 해협에서 타나이스 강어귀까지, 두 공화국의 함대가 여러 차례 교전을 벌였다. 그중 가장 인상적인 전투는 콘스탄티노플 성벽 아래의 좁은 바다에서 펼쳐졌다. 비잔티움 사람들과 베네치아인, 제노바인 들의38 기록을 모두 일치시키는 것은 쉬운 일이 아니다. 그래서 나는 어느 공명정대한 역사가의 기록에 의존하면서, 각국가의 기록 중 자국의 불명예와 적의 영예를 드러내는 기록을 참고하기로 했다. 베네치아인들은 카탈로니아인들과 동맹을 맺어 수적 우위를 보였고, 그들의 전함은 비잔티움 갤리선 8척까지 합해서 모두 75척이었다. 제노바인들의 전함은 64척에 그쳤지만, 규모와 위력 면에서는 다른 배들이 따라올 수 없었다. 이들의 해군 지휘관이었던 피사니와 도리아의 이름과 가문이 각국의 연대기 속에서 빛나고 있다. 하지만 피사니의 업적은 그의 적수였던 도리아의 명성과 능력에 가려졌다. 두 사람은

1352년 2월, 베네치아와 비잔티움에 승리한 제노바인들

36 이 전쟁에 대한 일은 칸타쿠제누스가 분명하고도 솔직하게 서술하고 있다. 이때 해군의 참패는 주군의 탓이지 사제의 탓은 아니었다.

37 두 번째 전쟁을 이야기하는 칸타쿠제누스의 어조는 어둡다. 그는 감히 부인하지 못하는 사실을 은근슬쩍 가려 보려 하고 있다. 이부분은 그레고라스의 글을 참고하면 좋았겠지만, 안타깝게도 파리에 필사본 형태로 있을 뿐이다.

38 무라토리는 고대에 씌어진 베네치아와 제노바의 연대기를 언급했는데, 두 연대기 모두 자신이 쓴 『이탈리아 역사가 선집』을 열심히 참고한 것이다.

폭풍우 치는 날씨에 전투를 벌였다. 새벽부터 빛이 사라질 때까지 혼전이 계속되었다. 제노바의 적들은 그들의 무용에 박수를 보내지만, 베네치아의 동지들은 그들의 행동을 탐탁지 않게 여긴다. 하지만 양쪽 모두, 여기저기 부상을 당하고서도 물러나지 않았던 카탈로니아인들의 실력와 용맹에는 찬사를 보낸다. 양측의 함대가 서로 떨어질 때까지도 전투의 승패가 확실하지 않았다. 제노바인들은 갤리선 13척을 격침당하거나 포획당했다. 하지만 연합군의 피해는 그 두 배였다. 베네치아인들은 14척, 카탈로니아인들은 10척, 비잔티움 측은 2척을 잃었다. 그리고 승리자들은 애도를 표하면서도 더 확실한 승리를 확신했다. 피사니는 요새화된 항구로 물러나면서 자신의 패배를 인정했다. 그리고 원로원의 명령을 구실 삼아 패배한 선단을 이끌고 칸디아 섬으로 갔다. 이것으로 바다의 지배권이 그의 적들에게 넘어갔다. 페트라르카는 대공과 원로원에 보낸 공식 편지에서,[39] 유창한 언변으로 이탈리아의 두 별인 제노바와 베네치아의 해군을 화해시키려 했다. 이 웅변가는 제노바를 바다의 제왕이라고 추켜세우며 그 용맹과 승리에 박수를 보냈다. 그리고 베네치아의 불행에 눈물 흘렸다. 그러고 나서 두 나라에 비열하고 간사한 비잔티움 사람들을 칼과 포화로 쫓으라고, 그래서 동방의 수도를 이단의 손아귀에서 구하라고 간곡히 타일렀다. 동지들에게 버림받은 비잔티움 사람들에게는 더 이상 저항할 힘이 없었다. 전쟁이 끝나고 3개월이 지나 칸타쿠제누스 황제의 요청으로 조약이 체결되었다. 이 조약에 따라 베네치아인들과 카탈로니아인들이 비잔티움에서 영원히 추방되었고, 제노바인들에게 독점 무역권과 지배권이 주어졌다. 로마 제국(이렇게 쓰려니 웃음이 난다.)이 금세 제노바의 속국으로

[39] 사드(Abbé de Sade)가 이 편지를 번역했다. 프랑스 국립 박물관에 있는 필사본을 필사한 것이다. 밀라노 공작을 섬기는 충복이었음에도 불구하고, 페트라르카는 그 다음 해에 있었던 제노바의 패전과 절망에 대해 얼마나 슬퍼했고 놀라워했는지를 줄줄이 말하고 있다.

5월,
제국과 조약을
체결한 제노바인들

전락할 판이었다. 하지만 제노바가 자유와 해군력을 잃으면서 그 야심도 꺾였다. 130년에 걸친 전쟁이 베네치아의 승리로 끝났다. 그러자 제노바의 파벌들은 밀라노 공작이나 프랑스 국왕 같은 외국 군주의 보호 아래에서 국내 평화를 도모하고자 했다. 이 와중에도 상업 정신은 죽지 않았다. 페라의 거류민들은 계속해서 콘스탄티노플을 위협하면서 흑해를 항해했다. 이들의 활동은 투르크인들이 콘스탄티노플을 차지할 때까지 계속되었다.

64

THE DECLINE AND FALL
OF THE ROMAN EMPIRE

칭기즈칸과 몽골군의 중국에서 폴란드까지의 정복 · 콘스탄티노플과 비잔티움 사람들의 탈출 · 비티니아에서의 오스만 투르크의 기원 · 오스만, 오르한, 무라드 1세, 바야지트 1세의 치세와 승리 · 아시아와 유럽에서의 투르크 왕국의 창건과 발전 · 콘스탄티노플과 비잔티움 제국의 위기 · 요하네스 팔라이올로구스

    이제부터는 도시와 도시 근교 들에서의 사소한 싸움에서 벗어나서, 그리고 추락하는 비잔티움 제국의 겁쟁이들과 그들의 불화에서 벗어나서, 승리자인 투르크인들을 살펴보기로 하자. 투르크인들이 지닌 군인으로서의 규율과 종교적 열정, 그리고 활기찬 국민성은 그들이 예속 상태를 벗어나는 데 많은 도움이 되었다. 지금까지도 콘스탄티노플을 지배하는 오스만 제국의 부상과 발전은 현대사의 가장 중요한 부분과 직결되어 있다. 하지만 사실 오스만 제국의 발전은 과거 몽골과 타타르인 들이 대규모로 밀려 들어오면서 마련된 역사적 사건에 그 바탕을 두고 있었다. 몽골과 타타르인 들이 불러일으킨 급속한 정복의 물결은 태초의 자연 격변에도 비유될 수 있을 정도로 지구 표면의 모습을 완전히 바꿔 놓았던 것이다. 나는 오래전부터 직접적으로든 간접적으로든 로마 제국의 쇠망과 관련이 있는 이들 국가에 대해 소개해야 한다고 주장해 왔다. 또한 내가 그들의 보기 드문 광대함에 흥미를 느끼듯이, 점잖

[1] 이 책 3권과 4권의 여러 장을 다시 읽기 바란다. 이 부분에서는 이 유목민 국가들의 습성과 아틸라와 훈족의 침공에 대한 내용을 다루었다. 사실 이 부분은 책에 대한 결론을 아직 확실하게 내리지 않은 상태에서 작성한 것이다.

은 철학자들 역시 그들이 불러일으킨 유혈의 역사에 무관심할 수 없을 것이다.[1]

1206~1227년,
몽골인들과 타타르인들의
첫 번째 황제 칭기즈칸

중국과 시베리아, 카스피 해 사이에 있는 드넓은 고원 지대로부터 이민과 전쟁의 물결이 계속 밀어닥쳤다. 한때 이 영토에는 훈족과 투르크인들이 살았으나, 12세기에 이르러 비슷한 혈통과 유사한 생활 양식을 가진 유목 민족들이 차지하게 되었고 이제 그들은 가공할 위력을 내뿜는 칭기즈칸에게 통일되어 정복 사업에 나서기 시작했다. 이 야만인(그의 원래 이름은 테무진이다.)은 위대한 성공을 이루는 과정에서 자신의 동료들을 가차 없이 밀어냈다. 그가 원래 고귀한 가문 출신이기는 하지만 7대조까지 거슬러 올라가 그의 조상이 처녀 잉태로 태어났다고 말하는 것은, 그와 그의 백성들이 승리감에 도취되었기 때문이었다. 아버지는 3만~4만 가구로 이루어진 13개 부족의 수장이었는데, 그가 죽자 그중의 3분의 2 이상이 아직 나이 어린 그의 아들에게 조공을 바치거나 복종하는 것을 거부하였다. 그래서 테무진은 열세 살 때부터 자신을 거역하는 신하들과 싸움을 벌여야 했다. 훗날의 아시아 정복자도 이때만큼은 도망쳐서 복종해야 하는 처지에 놓였지만, 그는 자신의 불운을 이겨 내고 40세가 되었을 때에는 명성을 회복하고 주위 부족들을 완전히 호령하는 지위에 올랐다. 당시는 세련된 정책이 미비하고 용맹을 최고 덕목으로 꼽는 사회였기 때문에 한 개인이 최고의 자리에 오르기 위해서는, 적을 처단하고 동지의 은혜에 보답하는 권위와 결단력을 갖추고 있어야 했다. 그의 첫 번째 군사 동맹은 말 한 마리를 제물로 바치고 거기서 흘러나오는 피를 서로 나눠 마시는 간단한 의식으로 맺어졌는데, 이때 테무진은 동지들과 인생의 모든 생사고락을 함께 나눌 것이라고 맹세했다. 그의 말과 의복을 나눠 가지며 동지들은 감사의 뜻을 표했고, 그 자신은 이 동맹을 통해 미래에 대한 희망을 품을 수 있었다. 첫 승전고를 울린 뒤 테무진은 70개의 가마솥에 불을 지피고 가장 죄가 많은 반역자 70명을 그 끓는 물 속에 거꾸로 집어넣어서 처형하였다. 그의 세력은 교만한 자를 무너뜨리고 신중한 자의 복종을 받아 내면서 계속 확대되었다. 아마 가장 용감한 부족장들조차도 일찍이 프레스터 요한이라는 이름으로 로마의 교황이나 유럽 여러 군주들과 서신 왕래를 했던 케라이트족의 칸²의 두개골이 은세공 상감이 입혀져 연회용 술잔으로 사용되는 것을 보면서 두려워하지 않을 수 없었을 것이다. 테무진은 자신의 야망을 달성하는 데 도움이 된다면 어떤 미신이든 기꺼이 이용하였다. 가령, 그는 벌거벗은 채 백마를 타고 승천하는 예언자로부터 '가장 위대한 자' 라는 뜻을 가진 칭기즈³라는 칭호와 함께 세계를 정복하고 지배할 수 있는 신성한 권리를 부여받았다고 주장했다. 그는 쿠릴타이(족장 회의)에서 사후에도 오랫동안 그의 유물로 숭앙받은 펠트에 앉아서, 자신이 몽골⁴과 타타르⁵의 대칸(Great Khan)이 되었음을 선언하였다. 몽골과 타타르라는 서로 대립되는 같은 종족의 명칭 중에서 몽골이라는 명칭은 황족의 혈통으로 이어졌고, 타타르라는 이름은 우연인지 아니면 고의인지는 모르지만 북쪽 드넓은 황무지에 사는 주민들을 지칭하는 데 사용되었다.

    칭기즈칸이 백성들에게 선포한 법령은 국내 평화의 유지와 대외 전쟁을 수행하기 위한 것이었다. 간통, 살인, 위증, 말이나 소를 훔치는 행위 등 중범죄를 저지르는 사람은 사형에 처해졌으며, 그 덕분에 아무리 포악한 사람들이라도 서로 교류할 때에는 예를 지키며 공정하게 처신하게 되었다. 차기 대칸

칭기즈칸의 법

2 네스토리우스파 선교사들이 작성한 인도 왕국에 대한 놀라운 이야기가 가득 담긴 근사한 편지를 케라이트의 칸들이 직접 읽어 보았을 가능성은 전혀 없다. 아마도 이들 타타르인들은 세례 의식이나 성직 안수를 받은 것으로 짐작된다.

3 볼테르가 쓴 『역사와 비극』 이후, 적어도 프랑스에서는 'Zingis' 보다는 'Gengis' 라는 철자를 더 많이 사용하고 있다. 하지만 아불가지칸은 조상의 이름을 정확히 알고 있었으리라 짐작된다. 그의 설명에 따르면 몽골어로 칭(Zin)은 '위대한' 이라는 의미이며, 기즈(gis)는 '최고의 인물' 을 의미한다. 웅대한 의미에 걸맞게 칭기즈라는 이름의 명명식은 바다에서 행해졌다.

4 몽골이라는 이름은 동양 곳곳에 퍼져 있으며, 현재 인도를 지배하는 무굴 제국의 이름도 여기에서 비롯되었다.

5 타타르족은 몽골 칸의 동생인 타타르 칸의 후손이며, 한때는 키타이(Kitay, 거란) 국경에서 7만 가족으로 이루어진 부족을 형성하기도 했다. 칭기즈칸의 유럽 대침공 때(1238년) 선발대로 앞장섰으며, 라틴 사람들에게는 타타르라는 이름 대신 이와 비슷한 타르타레이라고 불리기도 했다.

[6] 칭기즈칸의 종교법과 로크의 종교법에서 뚜렷한 유사점을 볼 수 있다.

을 선출할 수 있는 권한은 칭기즈칸 가문의 수장과 각 부족의 족장들이 부여받았으며, 수렵 규제는 타타르 진영의 안락하고 풍요로운 생활을 위해서는 불가피한 조치였다. 승리한 민족은 모든 힘든 노역에서 제외되고 존중받았다. 힘든 일은 노예나 이민족들에게 맡겼는데, 사실 군인으로서의 직무 이외에 모든 일은 비천한 일로 여겼다. 활, 언월도, 철퇴 등으로 무장한 100명, 1000명, 1만 명 단위로 편성된 병사들을 감독하고 규율하는 방법은 모두 이 노련한 사령관(칭기즈칸)의 머리에서 나온 것이었다. 모든 장수와 병사는 동료들의 안전과 명예를 지켜야 할 책임이 있었고 이를 어길 때에는 사형을 당했다. 패배했음에도 목숨을 애원하지 않는 적에 대해서는 결코 평화를 제공하지 않는다는 법령에는 정복의 정신이 숨쉬고 있었다. 하지만 칭기즈칸의 법령 중에서도 우리가 가장 놀랍고도 감탄할 만한 것은 바로 종교 정책이었다. 잔악함으로 자신들의 부조리를 방어한 유럽의 가톨릭 이단 심문관들도, 직접 접하지 않았음에도 철학의 교훈을[6] 받아들여 순수한 유신론과 종교에 대한 완벽한 관용 정책을 법령으로 확립시킨 이 야만인의 모범을 본다면 아마도 당혹감을 느꼈을 것이다. 칭기즈칸의 유일한 종교적 신념은 모든 선(善)의 원천인 동시에 그 존재만으로도 스스로 창조한 하늘과 땅을 모두 채우는 유일신이 있다는 것이었다. 타타르와 몽골의 부족 들은 대대로 온갖 종류의 우상을 섬겨 왔지만, 그들 중에서 외국의 선교사들에게 감화되어 모세나 마호메트, 그리스도의 종교로 귀의한 사람들도 상당히 많았다. 같은 군영 안에서 다양한 종교들이 자유롭고 조화롭게 설파되고 행해졌으며, 불교의 승려와 이슬람교의 이맘, 유대교의 랍비, 네스토리우스파 성직자, 라틴 성직자 들이 똑같이 명예로운 대우를 받으면서 부역과 조공을 면제받고 있었다. 오만한 승리자라면 보카라의 이슬람 사원에서 코란을 자신의 말발굽으로 짓밟을 수도 있었겠지만, 냉정한 입법가인 칭기즈칸은 서로 으르렁대는 종교 분파에 속하는 예언자들과 성직자들을 똑같이 존중해 주었다. 칭기즈칸의 이런 이성적 태도는 책에서 얻은 것이 아니었다. 사실 그는 글을 읽을 줄도 쓸 줄도 몰랐다. 위구르 부족을 제외하고 대다수의 몽골족과 타타르족은 대칸과 마찬가지로 문맹이었다. 때문에 그들의 정복 위업은 구전으로 보존되었는데, 칭기즈칸이 죽고 68년이 지난 뒤에야 구전으로 내려오던 위업에 대한 기억이 비로소 하나로 집대성되어 글로 옮겨지게 되었다.7 그들의 국내 연대기는 비교적 간략한 편이지만, 중국이나 페르시아, 아르메니아,8 시리아,9 아랍,10 그리스,11 러시아,12 폴란드,13 헝가리, 라틴 사람들이 쓴 역사서가 이를 보완해 줄 수 있을 것이다. 이들이 쓴 역사서는 그들 자신의 재앙과 패배와 관련된 기록에서는 신빙성이 있을 것으로 생각된다.

칭기즈칸과 그의 장수들이 이끄는 군대는 중국의 만리장성과 볼가 강 사이에 천막을 치고 생활하는 사막 부족들을 계속해서 평정했다. 그러면서 유목 세계의 지배자이자 수백만 유목민과 병사들의 주인이 된 이 몽골의 황제는 자신들의 통일된 힘을 믿고 온화한 기후와 풍요로운 땅이 있는 남쪽으로 진출하기 위해 스스로를 채찍질했다. 칭기즈칸의 조상은 일찍이 중국 황제에게 조공을 바쳤고, 테무진 자신 역시 이 종복의 지위에 봉해지는 치욕스러운 일을 겪기도 했다. 하지만 베이징의 황궁은 과거 자신들에게 복속했던 나라에서 온 대사가 전하는 말에 경악을 금치 못했다. 테무진은 자신이 모든 나라의 왕이라는 어조로, 예전에 자신이 중국에 바친 것과 똑같은 조공은 물론

1210~1214년, 칭기즈칸의 중국 침입

7 1294년 칭기즈칸의 4대 손인 페르시아의 칸 카잔의 명으로 이 작업에 들어갔다. 구전 전승을 바탕으로 카잔의 대신 파드랄라는 페르시아어로 몽골 제국의 역사를 담은 『부족지』를 편찬하였고, 크루아(Petit de la Croix)가 이를 통해 몽골의 역사를 서양에 전해 주었다. 『타타르족의 역사』는 칭기즈칸의 후손이며 카리즈메의 우즈베크인들을 통치한 아불가지 바하두르칸의 명으로, 시베리아로 유형을 온 스웨덴 죄수들에 의해 번역되었다. (1644~1663년) 아불가지칸은 자신의 부족 명칭과 혈통, 생활 양식을 철저하게 신봉하는 사람이었다. 그의 명으로 집대성된 책은 총 9부로 이뤄져 있다. 1부는 아담에서 몽골의 초대 칸까지의 역사를, 2부는 칭기즈칸까지, 3부는 칭기즈칸의 일대기를, 4부에서 7부까지는 칭기즈칸의 네 아들과 그들의 후손에 관한 이야기를, 8부와 9부는 마우레나하르와 카리즈메를 지배한 샤이바니칸의 일대기를 담고 있다.

8 아르메니아의 수장이며 훗날 프레몽트레회의 수도사가 된 하이토누스는 오랫동안 거느리던 부관들에게 프랑스어로 『타타르족』을 받아 적게 했다. 이 책은 즉시 라틴어로 번역되었으며, 현재는 그리나이우스의 『지도첩』에 포함되어 있다.

9 칭기즈칸과 그의 첫 번째 계승자들은 아불파라

기우스가 쓴 책의 9왕조 결말 부분에 등장하고, 10왕조에 등장하는 것은 페르시아의 무굴 왕조이다. 아세만누스는 시리아어로 된 아불파라기우스의 글에서 몇 가지 역사적 사실과 함께, 망명한 시리아 교회 대주교의 동방에서의 삶에 대해서도 알아낼 수 있었다.

10 이슬람교의 입장에서는 아랍어로 적힌 역사서들 가운데에서도, 시리아의 하마의 술탄이자 마말루크식 기준을 지키며 몽골에 맞서 싸운 아불페다의 사서를 중요한 것으로 꼽을 수 있다.

11 비잔티움 제국의 역사가 니케포루스 그레고라스는 스키타이와 비잔티움의 역사를 하나로 연결할 필요가 있음을 느꼈다. 그는 페르시아에 정착한 몽골족의 생활 양식을 사실적이면서도 우아하게 기술했다. 하지만 그는 그 기원의 중요성을 무시한 나머지 칭기즈칸과 그의 아들들의 이름은 생략하고 말았다.

12 레베스크(M. Levesque)는 장로 니콘의 설명과 오래된 연대기들을 토대로 타타르인들의 러시아 정복에 대해 기술했다.

13 폴란드어의 경우에는 그리나이우스의 『지도첩』에 수록되어 있으며, 크라코우의 수도사이자 의사인 미슈(Matthew à Michou)가 쓴 『유럽의 사르마티아 아시아인들』을 손꼽을 수 있다.

이고 천자에게는 봉신으로서의 복종을 요구하면서 황제를 하찮은 사람으로 취급했던 것이다. 중국 황실은 거만하게 거절했지만 속으로는 상당히 불안해 했고, 몽골의 대군이 만리장성의 취약한 성벽을 뚫고 사방에서 진격해 오자 그들의 두려움은 금세 사실로 드러나고 말았다. 몽골군은 아흔 개의 성을 무너뜨리고 보급로를 차단했는데, 점령을 모면한 성은 겨우 열 개 정도밖에 되지 않았다. 중국인들이 효심이 두터운 사실을 잘 알고 있던 칭기즈칸은 중국 병사들의 어버이를 포로로 삼아서 그들을 앞세우기도 했다. 별 성과도 거두지 못하면서 적의 미덕을 비열하게 악용하는 치졸하기 짝이 없는 짓이었다. 칭기즈칸이 중국 침공에 성공을 거둔 데에는 중국의 국경 수비를 도와주던 10만 거란족의 배신도 한몫을 했다. 어쨌든 화해 요청을 받아들인 칭기즈칸은 철수 대가로 중국 황녀 1명과 말 3000필, 청년 500명과 처녀 500명, 그리고 많은 금과 비단을 요구했다. 칭기즈칸이 두 번째 원정을 감행하자, 금나라의 황제 선종은 황허 남쪽에 있는 궁전으로 후퇴해야 했다. 베이징[14] 포위전은 길고 힘든 싸움이었다. 기아로 황도의 주민들 사이에서는 동포를 죽여서 인육을 먹는 일까지 벌어졌다. 무기가 떨어진 중국의 군대는 심지어 병기에 붙어 있는 금이나 은으로 된 조각까지 떼어서 무기로 써야 했다. 하지만 몽골군은 수도 중심부까지 땅굴을 파고 들어갔고, 점령당한 황궁은 30일이 넘도록 불탔다. 중국은 타타르 전쟁과 내부의 당파 싸움으로 황폐화하였고, 북부 다섯 개 성은 칭기즈칸 제국에 병합되었다.

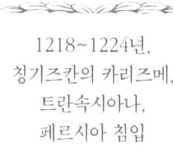

1218~1224년,
칭기즈칸의 카리즈메,
트란속시아나,
페르시아 침입

칭기즈칸의 영토는 서쪽으로는 카리즈메의 술탄인 모하메드의 영토와 맞닿아 있었다. 페르시아 만에서 인도와 투르키스탄 국경에 걸친 광대한 영토를 통치하던 술탄 모하메드는 오만하게도 알렉산드로스 대왕을 흉내 내면서 자신의 조상들이 셀주크 왕조에 복종하고, 배은망덕하게 굴었던 사실을 잊고 있었다. 이슬람 세계에서 가장 강력한 힘을 발휘하는 술탄 모하메드와 친분을 유지하고 통상 관계를 맺는 것은 칭기즈칸도 원하는 바였다. 하지만 그는 사사로운 잘못으로 교회와 국가의 안전을 위험에 빠뜨린 바그다드의 칼리프가 제시한 은밀한 제안에는 마음이 움직이지 않았다. 그러던 어느 날 타타르군의 남아시아 정벌을 정당화시켜 줄 수도 있는 경솔하고 비인간적인 사건이 발생했다. 특사 3명과 상인 150명으로 구성된 대상 행렬이 모하메드의 명령으로 오트라르에서 체포되어 살해되는 사건이 벌어졌다. 자신의 정당한 요구가 거절당하자 몽골 황제는 산에서 사흘 밤이나 단식기도를 올린 후 마침내 신과 자신의 검이 제시하는 판단에 따르기로 결심했다. 유럽의 철학자 겸 문필가에 따르면 유럽의 전쟁사는 아시아 지역 안에서 싸우다가 쓰러져 간 병사들의 수에 비하면 사소한 분쟁에 불과하다. 칭기즈칸과 그의 네 아들의 깃발 아래서 몽골인들과 타타르인들로 이뤄진 70만 대군이 진격했다고 한다. 야크사르테스 강의 북쪽까지 뻗은 대평원에서 칭기즈칸의 대군은 술탄의 40만 대군과 대치했다. 밤까지 이어진 첫 번째 전투에서만 카리즈메인 병사 16만 명이 목숨을 잃었다. 모하메드는 적군의 엄청난 병력과 드높은 사기에 놀라지 않을 수 없었다. 술탄은 당장의 위험을 피하기 위해 후퇴하여 자신의 군사들을 전선 지역 여러 마을에 분산 배치하고는, 저 야만인들이 전투에서는 아무리 무적을 자랑할지라도 길고 힘든 포위전을 여러 번 되풀이하다 보면 제풀에 지쳐 분명 철군하리라고 믿었다. 그러나 불굴의 인내심을 가진 칭기즈칸은 병기 제조 기술은 물론이고 화약 제조 비법에도 능숙한 일단의 중국인 공병

14 좀 더 정확하게는 오늘날의 베이징에서 동남쪽으로 멀리 떨어진 곳에 폐허가 남아 있는 고도인 옌징을 말하는 것이다. 실제로 베이징은 쿠빌라이칸이 세운 도읍이다. 베이징과 난징은 각기 북의 황도와 남의 황도를 가리키는 말이다. 중국 한자에 익숙한 독자일지라도 이 이름을 제대로 구분하기는 쉽지 않을 것이다.

부대를 편성해 놓고 있었다. 실제로 이 중국인들은 칭기즈칸의 통솔을 받으면서 자국을 방어할 때보다도 훨씬 더 원기 왕성하고 능숙하게 이국에 대한 공격을 감행하는 능력을 갖추고 있었다. 페르시아의 역사가들은 오트라르, 호젠드, 보카라, 사마르칸트, 카리즈메, 헤라트, 메로우, 니샤부르, 발흐, 칸다하르의 포위전과 정복에 대해, 그리고 트란속시아나, 호라산과 같은 부유하고 인구가 많은 지역들을 정벌한 것에 대해 말할 것이다. 오랫동안 칭기즈칸과 몽골족의 파괴적인 공격을 설명하기 위해 아틸라와 훈족의 예를 들었다. 하지만 이보다는 카스피 해에서 인더스 강에 걸쳐 당시 많은 사람들이 살고 있었고 인류의 자취가 어려 있는 수천 킬로미터에 달하는 지역을 칭기즈칸과 몽골족이 무참히 파괴했으며, 그 4년간의 공격에서 회복하기에는 500년의 세월로도 모자랐다고 설명하는 것이 더 적절하다고 말할 수 있을 것이다. 몽골의 황제는 자기 군대의 이런 포악함을 제재하기는커녕 격려하거나 조장했다. 장차 지배할 영토에 대한 포부는 무분별한 강탈과 살육에 파묻혀 사라져 버렸고, 전쟁의 명분은 정의와 보복이라는 허울을 쓰고 그들의 타고난 광포함을 더욱 격화시켰다. 술탄 모하메드는 카스피 해의 외딴 섬에서 아무런 애도도 받지 못한 채 쓸쓸히 죽어 갔고, 이것만으로도 자신이 도발했던 사건에 대한 응분의 대가를 치렀다고 말할 수 있다. 만일 카리즈메 제국을 위기에서 구해낼 만한 영웅을 꼽는다면, 의심할 여지 없이 모하메드의 아들로서 용맹하게 몽골군을 계속해서 저지시킨 자랄레딘일 것이다. 그는 싸움에 패해 인더스 강변까지 후퇴했으나 적의 대군이 밀려오자 마지막 힘을 다해 말을 채찍질해서는 아시아에서도 가장 넓고 물살이 가장 빠르기로 유명한 이 강을 헤엄쳐 건넜다. 그 모습에는 칭기즈칸마저도 감탄을 금치 못했다. 자기 진영으로 돌아온 몽골의 황제는 지쳤지만 부유해진 병사들이 안락한 고향을 그리워하며 내뱉는 불평의 소리를 마지못해 받아들였다. 전리품을 가지고 천천히 회군하던 그는 정복당한 지역의 비참한 상태에 조금은 측은한 마음이 들었던지, 광포한 자신의 부대가 무참히 파괴한 여러 도시들을 재건하겠다는 의사를 밝혔다. 옥수스 강과 야크사르테스 강을 지난 뒤에 칭기즈칸은 페르시아 서쪽 영토 정벌의 임무를 띠고 말 3만 기의 병력과 함께 떠났던 두 장수와 다시 합류했다. 두 장군은 자신들의 앞길을 가로막는 나라들을 가차 없이 짓밟고 데르벤드의 문을 통과한 뒤 볼가 강과 사막을 가로질러, 이전에는 물론이고 이후로도 아무도 시도한 적이 없는 대원정에서 카스피 해 해안을 한 바퀴 도는 위업을 달성했다. 칭기즈칸의 귀환은 반역이나 독립의 뜻을 품고 있던 타타르의 여러 왕국들을 무너뜨리는 신호탄이 되었다. 그리고 그는 아직은 한창 일할 나이에 자신의 아들들에게 중국 정복을 완수하라는 유언을 남기고 죽었다.

1227년, 칭기즈칸의 죽음

칭기즈칸의 후궁에는 500명의 처첩이 있었고, 수많은 자손들 중에서 출신과 공적이 혁혁한 아들 넷이 아버지를 도와 전쟁 때나 평화 시에 중요한 임무를 수행했

1227~1295년, 칭기즈칸의 후계자들 치하에서의 몽골인들의 정복

다. 장남인 주치(Toushi)는 아버지의 사냥개를 돌보는 임무를 맡았고, 차남 차가타이(Zagatai)15는 칭기즈칸의 판사 역할을, 삼남 오고타이(Octai)는 대리인 역할을, 사남 툴루이(Tuli)는 사령관 역할을 맡았다. 칭기즈칸의 정복사에서 이 네 아들의 이름과 활약상은 뚜렷하게 드러난다. 주치를 제외하고 세 형제와 그 가족들은 자신과 민족의 이익을 위해 굳게 뭉쳤고, 아직은

15 차가타이는 트란속시아나의 영토에 자신의 이름을 지어 붙였으며, 몽골에서 이주해 온 사람들이 형성한 인도의 무굴 제국을 일컬어 페르시아인들은 차가타이족이라고 불렀다. 이러한 어원이나, 또는 우즈베크(Uzbek)나 노가이(Nogai) 같은 예는 개인의 이름을 국가명에 붙이는 것을 무조건 거부할 필요는 없음을 알려 준다고 할 수 있다.

16 마르코 폴로의 『동방견 문록』을 보면 카타이(Cathay)와 망기(Mangi)라는 말은 중국의 북제국과 남제국을 의미한다. 이 두 나라는 1234년부터 1279년까지 공존했으며 북제국은 대칸의 지배를, 남제국은 남송 황제의 지배를 받았다. 실제로 발견했음에도 불구하고 대칸들이 다스린다는 황금의 땅 카타이에 대한 환상은 16세기 유럽의 항해사들이 북동 항로를 찾기 위해 원정에 나서는 계기가 되기도 했다.

중국에 예속된 주권을 누리는 데 만족하고 있었다. 그리고 삼남인 오고타이가 집안의 동의를 얻어 몽골과 타타르의 황제인 대칸 자리에 오르게 되었다. 오고타이의 뒤를 이어 그의 아들 구유크(Gayuk)가 제위에 올랐고, 그가 죽은 후에는 칭기즈칸의 손자이며 툴루이의 아들인 망구(Mangou)와 쿠빌라이(Cublai)에게 칸의 자리가 옮겨 갔다. 칭기즈칸 이후 네 명의 대칸들이 통치한 68년 동안 몽골은 아시아 거의 전역과 유럽의 상당 지역을 정복했다. 지금부터 시간 경과에 상관없이 몽골 군대의 총괄적인 진격 내용을 1) 동, 2) 남, 3) 서, 4) 북의 순서로 간략하게나마 살펴보기로 하자.

1234년,
중국의 북부 제국 정복

1) 칭기즈칸 침공 이전에 중국은 남북으로 두 제국 또는 두 왕조로 나누어져 있었다.16 하지만 법률이나 언어, 민족적 습속이 전체적으로 동일한 편이었기 때문에 두 왕조의 뿌리와 이해관계의 차이는 상당히 완화되어 있었다. 칭기즈칸에 의해 분열된 북쪽 제국은 그가 죽고 7년 뒤 마침내 패망하고 말았다. 당시 황제(애종(哀宗))는 수도 베이징을 잃고 카이펑[開封]으로 수도를 옮겼다. 중국 연대기에 따르면 카이펑은 둘레가 수 리그 밖에 되지 않지만, 그 안에는 원주민과 피난민을 포함해 140만 가구의 주민들이 거주하고 있었다. 이후 카이펑에서 기병 일곱만을 이끌고 도망친 황제는 제3의 거점을 또 다른 수도로 삼아서 마지막 저항을 시도했으나 더 이상 가망이 없자, 자신의 결백을 주장하고 불운을 탓하면서 장작더미에 올라가, 시종들에게 자신이 칼로 자기 몸을 찌르는 순간에 장작더미에 불을 붙이라고 명했다. 예로부터 나라 전체를 통치해 온 중국 고유 민족인 한족으로 구성된 송나라는 자신들을 남쪽으로 내몬 금나라가 멸망한 뒤에도 45년 동안 존속했고, 이후 쿠빌라

이의 군대에 의해 완전히 멸망하게 된다. 이 45년 동안 몽골은 다른 나라들과 여러 번 전쟁을 벌였다. 송나라는 좀처럼 몽골과 직접 전투를 벌이는 일은 없었지만, 그들의 접쟁이 같은 태도는 무수히 많은 성읍을 전쟁의 폭풍 속으로 밀어 넣었으며 수백만의 목숨을 잃게 만들었다. 여러 요충지에서 공방전을 벌일 때마다 고대의 병기와 '그리스의 불'이 번갈아 사용되었으며, 화약을 넣은 포탄과 대포 역시 흔히 볼 수 있는 광경이었다.17 이런 포위전은 쿠빌라이에게 관대한 조건으로 고용된 이슬람인들이나 프랑크인들이 주로 수행하였다. 양쯔 강을 건넌 후 길게 이어진 운하로 보병대와 화기들을 운반한 몽골군은 마침내 비단의 주요 산지이며 중국에서도 기후가 가장 온화한 것으로 알려진 항저우〔杭州〕의 황궁을 포위하였다. 무방비 상태에 있던 젊은 황제(공종(恭宗))는 완전히 항복하고 옥새를 적에게 내주어야 했다. 타타르로 유배되기 전 황제는 대칸의 자비와 은혜에 경배하는 태도를 보이기 위해 땅바닥에 이마를 조아리며 아홉 번이나 큰절을 올려야 했다.

17 나는 고빌(Père Gaubil)의 책에서 많은 지식을 얻었는데, 그는 한자로 적힌 몽골족과 원나라의 연대기를 번역했다. 하지만 나는 이러한 연대기들이 언제 편찬되고 발행되었는지에 대해서는 알지 못한다. 시앙양〔襄陽〕포위 공격에서 병기 기술자로 일했던 마르코 폴로의 두 숙부는 이 파괴적인 화약의 위력을 절감하면서 이를 설명했을 것이 분명하다. 그렇기에 그들의 침묵은 화약 사용에 대한 반대 의사를 나타내는 것이 확실하다고 판단된다.

1279년, 중국의 남부 제국 정복

하지만 (이제는 내란으로 변한) 전쟁은 항저우에서 광둥〔廣東〕에 이르는 중국 남부 전역에서 계속되었고, 독립을 주장하며 완강하게 저항하는 생존자들과의 전투는 지상전에 이어 해전으로 이어졌다. 그러나 훨씬 막강한 군사력을 가진 몽골군이 함대를 에워싸자 송나라의 마지막 전사는 어린 황제(병제(昺帝))를 품에 안고는, "노예로 사느니 군주로서 죽는 것이 훨씬 영광스러운 일이다."라고 외치며 바닷물 속으로 뛰어들었다. 송나라의 10만 병사들도 그와 행동을 같이했다. 이제 통킹(Tonkin)에서 만리장성에 이르기까지 쿠빌라이는 중국의 전체 영토를 확보하게 되었다. 그럼에도 끝없는 야망으로 일본 정벌을 시도하였지만, 거센 파도에

18 페르시아와 시리아의 아사신파에 대해서는 팔코네(M. Falconet)가 비문(碑文) 아카데미 앞에서 읽은 두 편의 회고록에 적힌 풍부하고 박식한 내용을 통해 세간에 알려졌다.

19 시리아의 이스마일파에 속한 4만여 아사신교도들은 토르토사 언덕에 열 개의 성을 빼앗거나 세워 놓고 있었다. 1280년 그들은 이집트 마믈루크군에게 전멸당했다.

그의 함대는 두 번이나 난파되었고 10만 명의 몽골과 중국 병사들이 이 실패로 끝난 원정에서 목숨을 잃었다. 하지만 원나라의 군사력은 주변 국가들을 차례로 복속시켰고, 고려, 통킹, 코친차이나(Cochinchina), 페구(Pegu), 벵골, 티베트 등의 왕국들은 규모는 다르지만 모두 조공을 바치며 복종해야 했다. 쿠빌라이칸은 1000척의 대선단으로 인도양 탐험에 나서게 했고, 이들은 68일간의 항해를 거쳐 적도 바로 아래에 있는 보르네오 섬에 도착할 수 있었다. 원정대가 전리품과 승리의 영광을 가지고 귀환했음에도 쿠빌라이칸은 그들이 야만족의 왕을 잡지 못하고 돌아온 것을 못마땅하게 여겼다.

1258년, 페르시아와 칼리프들의 제국 정복

2) 몽골의 힌두스탄 정복 사업은 그 후 티무르 왕조의 손으로 넘어갔다. 하지만 이란, 즉 페르시아의 정복은 칭기즈칸의 손자이며, 망구와 쿠빌라이라는 두 황제의 동생이자 부관인 훌라구(Holagou)칸이 완수하였다. 그의 말발굽 아래 짓밟힌 수많은 술탄이나 태수, 아타베크(atabek)의 이름을 일일이 열거할 생각은 없지만, 페르시아의 아사신파(Assassins), 즉 이스마일파[18]를 절멸시킨 것은 인류에 대한 공헌이라고 생각한다. 이 불쾌한 분파는 카스피 해안 남쪽 산속에서 160년간 군림해 왔다. 이맘이라고 불리는 이 분파의 지도자가 보낸 대리인은 십자군 원정 역사에서 그토록 유명하며 난공불락의 기록을 가지고 있는 레바논 산악 지대의 거주지를 다스리고 있었다.[19] 이 이스마일파는 코란에 대한 광신과 인도의 윤회 사상이나 그들 자신의 예언자들의 예지에 대한 확신이 뒤섞여, 자신의 영혼과 육체를 신에게 의탁하고 신의 대리인에게 무조건 복종하는 것이 자신들의 첫째가는 의무라고 생각했다. 그가 파견한 전도자들의 단검은 동서를 막론하고 어디에서나 사용되었으므로 조

금 과장된 면은 있지만, 그리스도교도들은 물론이고 같은 이슬람교도들 역시 이 '산의 노인'(이런 식으로 좋지 않게 불렀다.)의 열망이나 탐욕, 분노에 희생된 사람들의 이름을 무수히 열거하고 있다. 그러나 이맘의 유일한 무기인 단검(암살단)은 훌라구칸의 검에 무너지고 말았으며, 오늘날 이 인류의 공적(公敵)이 존재했다는 증거는 유럽 언어에서 가장 흉측한 의미로 사용되어 온 '암살자(assassin)'라는 단어를 빼면 세상에서 완전히 사라지고 말았다. 압바스 왕조의 멸망은 이 왕조의 흥망성쇠를 지켜본 사람들에게는 무관심한 사건일 수 없었다. 칼리프들은 셀주크의 압제자들이 무너진 이후 바그다드와 아라비아 이라크에 대한 자신들의 합법적인 지배권을 회복했지만, 도시는 여러 종교상의 파벌로 사분오열되어 있었으며, 그들의 종교 지도자 칼리프 무타심은 하렘의 700명의 처첩들 품에서 헤어 나올 줄을 모르고 있었다. 몽골군의 침입에 그는 고작 허술한 무기와 거만하기 짝이 없는 대사들로 대응했다. 무타심은 이렇게 선언했다.

압바스 자손들의 왕위는 신의 천명에 따라 세워진 것이다. 그러므로 그들의 적은 이 세계에서든 다음 세상에서든 반드시 멸망할 것이다. 우리에게 감히 반기를 드는 이 훌라구라는 자는 도대체 누구인가? 그가 평화를 원한다면 이 신성한 땅에서 당장 물러가라. 그러면 과인이 그에게 관대한 자비를 베풀 수도 있을 것이니.

칼리프가 이런 터무니없는 생각을 품게 된 것은 혹시라도 야만인들이 성 안에 들어온다 해도, 여인네와 아이 들이 테라스에서 돌만 던져도 그들을 충분히 물리칠 수 있을 것이라는 간신

20 중국의 몇몇 역사가들은 칭기즈칸이 마호메트의 고향인 메디나를 직접 정복했다고 적어 놓았지만, 이는 오히려 이국과의 교류에 대해 중국인들이 무지했음을 보여 주는 증거라고 할 수 있다.

배들의 장담에 넘어갔기 때문이었다. 하지만 훌라구가 손을 대는 순간 이러한 망상은 산산조각 나고 말았다. 두 달간의 포위 공격으로 바그다드는 몽골군에 의해 철저히 파괴되고 약탈당했다. 몽골의 야만적인 사령관은 마호메트의 마지막 직계 후손이며 지난 500년 동안 아시아에 군림해 온 고귀한 압바스 왕조의 일족인 칼리프 무타심에게 사형을 언도했다. 정복자의 계획이 무엇이었든 간에, 메카와 메디나[20] 두 성도는 아라비아 사막의 보호를 받았다. 하지만 몽골족은 티그리스와 유프라테스를 넘어 알레포와 다마스쿠스를 쑥대밭으로 만든 다음, 당장이라도 프랑크군과 손잡고 예루살렘을 해방시킬 듯 위협을 가했다. 이집트 역시 유약한 자손들만으로 방어했다면 완전히 함락당했을 것이다. 그러나 어린 시절부터 스키타이의 매서운 공기를 들이마시며 훌륭한 훈련을 받은 마말루크군이 몽골군에 버금가는 용맹을 발휘하여 모든 전투에서 승리하여 몽골군을 유프라테스 강 동쪽 너머로 몰아냈다. 하지만 이번에는 그리스도 교도들이 차지하고 있는 아르메니아 왕국과 투르크인들이 지배하는 아나톨리아 왕국이 몽골군의 사정없는 공격을 받게 되었다. 이코니움의 술탄은 몽골군에 약간의 저항을 시도했지만, 아자딘이 콘스탄티노플로 도망치자 셀주크 왕조의 마지막 군주가 된 그의 연약한 후계자들은 마침내 페르시아의 칸에게 완전히 멸망당하고 말았다.

1242~1272년, 아나톨리아 정복

3) 중국의 금나라를 멸망시킨 오고타이는 곧바로 먼 서방의 나라들로 군대를 보내겠다는 결심을 굳혔다. 군역자 명부에 50만 명의 몽골인과 타타르인이 이름을 올리자, 대칸은 그 중 3분의 1을 뽑아서, 자신의 조카이며 당시 그의 아버지가 정

1235~1245년, 킵차크, 러시아, 폴란드, 헝가리 등의 정복

복한 카스피 해 북부의 땅을 다스리고 있던 툴루이의 아들 바투(Batu)에게 지휘권을 맡겼다. 40일간의 축연이 끝난 뒤 바투는 대원정에 나섰다. 그의 수많은 기병대가 놀라운 속도로 빠르게 진격했다는 것은 6년 동안 지구 둘레의 4분의 1에 해당하는 거리를 종횡무진 휩쓸고 다닌 것에서도 잘 알 수 있다. 그들은 볼가 강과 카마 강, 돈 강과 보리스테네스 강, 비스툴라 강과 도나우 강에 이르기까지, 아시아와 유럽의 큰 강들을 말을 타고 헤엄치거나 얼어붙은 강 위를 걸어서 건넜으며 군용 물자나 병기는 가죽으로 만든 배로 실어 날랐다. 바투가 최초의 승리를 거두면서 투르키스탄과 킵차크 평원[21]에 있던 민족의 자유에 대한 잔재는 흔적도 없이 사라져 버렸다. 바투는 빠르게 전진하면서 오늘날 아스트라한과 카잔이라고 불리는 왕국들을 전멸시켰고, 그가 카프카즈 산맥에 파견한 부대는 그루지야와 키르카시아 같은 세상에서 가장 알려지지 않은 오지도 정복하였다. 대공들이나 제후들의 알력으로 내분에 시달리던 러시아는 타타르에게 나라를 잃고 말았다. 이로써 타타르군은 리보니아에서 흑해 일대로까지 퍼져 나갔고, 현재의 수도와 옛 수도 모스크바와 키예프는 모두 잿더미로 변하고 말았다. 하지만 200년 동안의 강제 복속이 러시아인들의 자존심에 남긴 상처에 비하면, 이런 잠깐의 폐허 더미는 오히려 훨씬 덜 심각한 상처라고 말할 수 있을 것이다. 타타르인들은 자신들이 차지하고 싶은 나라이건 아니면 잠시 머물다 떠나는 나라이건 상관없이 무차별적인 파괴 행위를 일삼았다. 그들은 러시아를 항구적으로 정복한 뒤, 저 멀리 독일과 접해 있는 폴란드의 심장부에도 일시적이긴 하지만 치명적인 공격을 감행했다. 루블린과 크라코우를 쑥대밭으로 만든 타타르군은 이어서 발트 해 가까이까지 진격했다. 그들은 리그니츠 전투에서 실레지아 공작들,

21 볼가 강 양쪽으로 자이크 강과 보리스테네스 강을 향해 끝없이 뻗어 있는 평원. 킵차크는 코사크족의 이름으로 여겨지며 이 지역 민족들도 코사크 계통에 속한다.

폴란드의 팔라틴 백작들, 그리고 튜턴 기사단장의 연합군을 격파하고 전리품으로 전사자들의 오른쪽 귀를 잘라 아홉 개의 큰 부대에 담아 갔다. 서쪽 진격의 종착역이 된 리그니츠 전투를 뒤로하고 타타르군은 방향을 바꾸어 헝가리를 공격했다. 바투가 이끌고 있다는 사실만으로도 50만 대군의 사기는 하늘을 찌를 정도로 높았다. 카르파티아 산악 지대도 체계적으로 편성된 타타르군의 대오를 오랫동안 막지는 못했다. 그들의 빠른 진격을 좀처럼 믿지 않으려던 사람들도 막상 자신들의 눈으로 그 모습을 보자 저항이 불가능하다는 것을 실감했다. 당시 헝가리 국왕 벨라 4세는 백작과 주교들의 군대를 끌어모았지만 부랑 집단인 코만족의 4만 가구를 받아들임으로써 국민의 신임을 잃고 말았다. 게다가 코만족 역시 자신들의 수장이 살해당했다는 배신감에 사로잡혀 폭동을 일으켰다. 도나우 강 이북 지역을 단 하루 만에 잃고 말았으며, 그곳은 한 해 여름 동안 사람조차 살지 않을 정도였다. 폐허가 된 도시와 교회들에는 투르크인 조상들이 저지른 죄를 속죄라도 하듯이 주민들의 뼈가 여기저기 나뒹굴었다. 와라딘의 약탈에서 도망쳐 나온 한 성직자는 자신이 직접 목격하고 체험한 참상을 자세히 설명했다. 그의 말에 따르면 포위 공격이나 야전에서 벌어진 잔혹한 만행은 피난민들에 대한 처사에 비하면 그나마 훨씬 덜 가혹한 편이었다. 숲에 숨어 있다가 평화와 사면을 약속받고 빠져나온 피난민들은 가을걷이와 포도 수확이 끝나자마자 냉혹하게 살육당하고 말았던 것이다. 그해 겨울 얼어붙은 도나우 강을 건넌 타타르군은 독일령이며 헝가리 왕국의 중심지이기도 한 그란(스트리고니움)으로 진격했다. 성벽을 향해 대포 30문이 설치되었고 해자는 흙과 시체들로 메워졌다. 시민들에 대한 무차별적인 대학살이 감행된 후, 300명의 귀부인들이 대칸이 지켜보는 앞에서 처형당했다. 헝가리의 모든 도시와 요새 들 중에서 타타르군의 침공을 모면한 곳은 단 세 군데에 불과했고, 불운한 벨라 왕은 아드리아 해에 있는 한 섬에 몸을 숨겨야 했다.

라틴 세계 전체에 이 포악한 전쟁의 암운이 어둡게 드리웠다. 러시아의 한 난민이 스웨덴에 이 놀라운 소식을 전하자 멀리 떨어진 발트해와 대서양 연안 국가들도 타타르군의 접근 소식에 벌벌 떨었고,22 그들은 두려움과 무지에 사로잡혀서 타타르군이 인간이 아닐 것이라고 생각하기까지 했다. 8세기 아랍인들의 침공을 당한 이후 유럽은 이런 대참상을 한 번도 겪은 적이 없었다. 마호메트의 사도들이 유럽의 종교와 자유를 억압했다면, 이 스키타이의 유목민들은 유럽의 많은 도시와 예술과 사회 제도까지도 모조리 소멸시킬지도 모르는 일이었다. 로마 교황은 이 무시무시한 이교도들을 회유하고 개종시킬 목적으로 프란체스코회와 도미니크회 수도사들로 구성된 사절단을 파견했지만, 놀랍게도 칸에게서 돌아온 대답은 신과 칭기즈칸의 아들인 자신들은 모든 국가를 정복하고 멸망시킬 신성한 권한을 부여받았다는 것이었다. 대칸은 교황 역시 직접 찾아와서 화해를 간청하지 않는다면 그 역시도 파괴의 물결에서 벗어나지 못할 것이라고 못 박았다. 황제 프리드리히 2세는 좀 더 나은 방어책을 생각해 냈다. 프랑스와 잉글랜드의 국왕, 독일의 제후들에게 보낸 그의 편지는 유럽 전체에 위기가 닥쳤음을 상기시키면서 이 정의롭고 이성적인 십자군 전쟁을 수행하기 위해 가신들을 보내 달라고 촉구했다. 한편 몽골군 역시 프랑크군의 명성과 용맹에 놀람을 금치 못했다. 오스트리아의 노이슈타트는 몽골군의 공격에 50명의 기사와 20정의 석궁만으로 용감하게 맞섰고, 그들은 독일에서 지원군이 오자 후퇴해야만 했다. 바투는 인접한 세르비아, 보스니아, 불가리아 왕국들을 차

22 1238년 고티아(스웨덴)와 프리스의 주민들은 타타르군에 대한 두려움 때문에 평소와 달리 영국 연안으로 청어잡이를 하러 갈 수가 없었다. 영국에서는 청어를 수출할 수 없는 탓에 청어 가격이 40~50마리당 1실링까지 내려갔다.

례로 짓밟고 난 뒤, 천천히 도나우에서 볼가 강으로 넘어갔다. 그런 다음 그는 사막 한가운데에 세라이라는 도시와 궁전을 짓게 하고는 그곳에서 승리의 기쁨을 만끽했다.

1242년 등,
시베리아 정복

4) 척박하고 얼어붙은 북쪽 나라들조차도 몽골군의 관심에서 벗어날 수는 없었다. 바투의 동생 샤이바니칸은 1만 5000가구로 구성된 군단을 이끌고 시베리아 황야로 진출하였다. 그의 후손들은 이후 러시아에 점령당하기 전까지 300년 동안 토볼스코이 지역을 통치하였다. 오비 강과 예니세이 강을 거슬러 올라간 진취적인 정신은 이들을 북극해까지 인도하였다. 개의 머리와 둘로 쪼개진 발을 가진 사람들에 대한 기괴한 이야기는 접어 두더라도, 몽골인들은 극지방 근처에서 땅 아래 움막을 짓고 유일한 생업인 사냥을 통해 모피와 식량을 얻는 사모예드족의 존재와 그들의 생활 양식을 칭기즈칸이 죽고 15년이 지났을 무렵에는 이미 알고 있었을 것으로 짐작할 수 있다.

1227~1259년,
칭기즈칸의 후계자들

몽골군과 타타르군이 거의 동시에 중국과 시리아, 폴란드를 침공하고 있을 무렵, 이 가공할 만한 전쟁을 일으킨 장본인들은 자신들의 말이 곧 죽음의 칼임을 충분히 인식하고 있었으며 이를 만방에 공포하는 것도 서슴지 않았다. 초대 칼리프들과 마찬가지로 칭기즈칸의 최초 후계자들 역시 자신들의 승승장구하는 군대를 반드시 직접 지휘하지는 않았다. 오논과 셀링가 강변에서 황제 직속의 '황금군대'는 단순함과 장엄함의 훌륭한 대조를 보여 주었다. 그들의 축하연에 나온 음식은 고작 구운 양고기와 말 젖 술이 진부인데 반해, 병사들에게 나눠 준 전리품은 하루에만도 금은으로 마차 500대분에 이르렀기 때문이다. 유럽과 아시아에서 온 사절과 군주 들은 이 멀리 떨어진 곳까지 와서 강제로 칸을 예방해야 했고, 러시아의 대공들이나 그루지야와 아르메니아의 왕들, 이코니움의 술탄, 페르시아의 태수 들은 대칸의 얼굴 표정이나 웃음 한번에 목숨과 통치권이 결정되었다. 칭기즈칸의 아들들과 손자들은 유목 생활에 익숙했지만, 카라코룸이라는 마을은[23] 칸이 선출되고 거주하게 되면서 점점 고상한 도시로 변모했다. 오고타이와 망구가 천막을 벗어나 가옥 생활을 하기 시작한 것은 생활 양식의 변화를 의미하며, 이들을 좇아 몽골 제국의 왕족이나 고관들도 가옥에서 살기 시작했다. 이제 그들은 끝없이 펼쳐진 삼림 대신 울타리가 처진 공원 같은 곳에서 좀 더 안락한 사냥 게임을 벌이게 되었다. 새로운 집은 그림과 조각품으로 장식되었으며, 무수히 많은 금은보화를 녹여 분수나 대야, 거대한 조각상 등을 만드는 데 사용했다. 중국과 파리의 예술가들이 대칸을 섬기기 위해 서로 경쟁을 벌였다.[24] 카라코룸에는 두 개의 대로가 만들어졌는데, 한 곳에는 중국의 장인들이, 다른 곳에는 이슬람 상인들이 정착하였다. 네스토리우스파 교회 한 곳, 이슬람 사원 두 곳, 여러 신상을 모셔 놓은 열두 곳의 사원 등 각종 종교 사원들이 많았다는 것은 카라코룸의 주민 수와 분포 상태를 어느 정도 알려 준다고 볼 수 있다. 하지만 한 프랑스인 선교사는 파리에 가까운 생드니조차도 카라코룸보다 더 크며 망구가 사는 궁전은 베네딕트 대수도원의 10분의 1도 안 된다고 말한다. 러시아와 시리아를 정복한 것이 역대 대칸들의 허영심을 만족시켜 주었을지는 모른다. 하지만 중국과 국경을 접하고 있는 그들에게는 이 제국을 손에 넣는 것이 가장 절실하고도 중요한 목표였으며, 또한 유목 경제에서 양치기는 양을 보호

[23] 당빌(d'Anville) 지도와 중국 전도(全圖)는 카라코룸(또는 홀린이라고도 함.)의 위치를 베이징 북서쪽 약 600마일 지점에 표시하고 있다.

[24] 몽골을 여행한 프랑스인 뤼브뤼키(Rubruquis)는 카라코룸에서 파리의 금 세공사 부셰르(Guillaume Boucher)를 만났다고 적고 있다. 칸을 위해 부셰르는 사자 네 마리가 떠받치고 있고 네 종류의 술이 뿜어져 나오는 은 나무를 만들고 있었다고 한다. 아불가지도 거란이나 중국의 화가 들에 대해 언급한다.

1259~1368년, 중국의 관습을 받아들인 후계자들

하고 번식시키는 일이 가장 큰 이익이라는 사실을 배웠을 것이다. 나는 앞에서 인구가 많고 번성한 다섯 개 성을 몽골군의 약탈로부터 지켜 낸 한 관리의 지혜와 미덕을 칭송한 바 있다. 30년 동안 청렴결백하게 관할 지역을 다스리며 중국과 더 나아가 인류에 이바지한 이 인물은 전쟁에 따른 파괴를 최소화하거나 중지시키기 위해, 학문의 기념비를 보호하고 나아가 학문을 중흥시키기 위해, 무보다는 문을 중시하는 정치를 유지하기 위해, 그리고 정의와 평화를 사랑하는 마음을 몽골인들에게 새겨 넣기 위해 계속해서 자신의 모든 힘을 쏟았다. 그는 초기 정복자들의 야만스러운 정책에 굴복하지 않았는데, 그의 경건한 교훈으로 정복 2세대는 풍부한 결실을 거두게 되었다. 북쪽의 제국은 물론이고 점차로 남쪽의 제국도 망구의 부장이며 훗날 황제에 오르는 쿠빌라이의 통치를 받아들임으로써 중국 전체가 중국식 생활 양식을 교육받은 이 군주에게 충성을 바치게 되었다. 쿠빌라이는 중국의 훌륭한 전통 제도들을 복구시켰고, 이제 정복자들은 자신들이 정복한 사람들의 법률과 풍습, 그리고 심지어는 편견까지도 받아들였다. 이러한 평화로운 승리가 여러 번에 걸쳐 반복되어 온 가장 큰 이유는 중국 국민의 수가 엄청나게 많고 그들이 순종적인 태도를 보인 데서 찾을 수 있을 것이다. 몽골군은 인구가 많고 광활한 나라 중국에 동화되었으며, 몽골 출신의 황제들은 중국의 정치 제도를 기꺼이 채택함으로써 자신은 철저한 전제 정치를 보장받는 한편 신하들에게는 철학과 자유, 효심이라는 공허한 명분만을 넘겨줄 수 있었다. 쿠빌라이의 통치로 학문과 상업, 평화와 정의가 회복되었고, 난징에서 수도 베이징에 이르는 500마일의 대운하도 완공되었다. 황제는 수도 베이징의 황궁에 머물면서 아시아 최고 군주로서의 위엄을 과시했다. 그러나 이 학식 높은 군주는 조상들이 섬겨 온 순수하고 단순한 종교를 버렸다. 그는 불상에 제물을 바치고 티베트의 라마승들이나 중국 본토의 승려들과25 맹목적으로 가깝게 지내면서 유교학자들로부터 거센 항의를 받았다. 그의 후계자들은 황궁을 환관과 의사, 점성술사들의 무리로 더럽혔고, 중국의 각 지역에서는 1300만 명의 백성들이 굶어 죽었다. 칭기즈칸이 죽은 지 140년만에 타락해 버린 원나라 왕조는 중국 본토 민족인 한족의 반란으로 무너졌고 몽골의 황제들은 사막의 망각 속으로 사라져 버렸다. 본토를 잃기 전에 이미 그들의 종속적인 가계(家系), 즉 킵차크와 러시아의 칸, 트란속시아나 또는 차가타이의 칸, 이란 또는 페르시아 칸에 대한 지배권도 상실한 상태였다. 이들 나라의 칸들은 중국 본토와는 멀리 떨어져 있고 자체의 힘이 강했기 때문에 이미 본국에 대한 복종의 의무에서 벗어나 있었다. 특히 쿠빌라이 사후에는 그 후계자들을 존경할 가치가 없다고 여기면서 중국 황제로부터 왕권을 인정받는 일을 수치로 여겼다. 이들은 각자의 상황에 따라 소박한 유목 생활을 유지하든가 아시아의 여러 도시들의 화려한 생활을 구가하였다. 하지만 그들의 군주와 백성들은 한결같이 외래 종교를 수용하는 공통점을 보였다. 그들은 한동안 복음서와 코란 사이에서 망설이다가 결국 마호메트의 종교를 받아들였다. 그리고 그들은 아랍과 페르시아 사람들을 자신들의 동포로 인정함으로써, 중국 문화에 심취한 같은 혈통을 지닌 몽골인들과는 모든 교섭을 단절했다.

이처럼 몽골의 침략으로 여러 민족이 파멸되는 과정에서, 비잔티움 사람들과 라틴 사람들로 분할되어 있던 비잔티움 제국과 그곳의 유적들이 화를 모면한 것

1259~1300년,
몽골 제국의 분할

1240~1304년,
몽골인들로부터 벗어난
콘스탄티노플과
비잔티움 제국

25 승려나 라마승 들에 대한 칸의 애착과 중국 사람들의 증오심은 그들을 인도 불교의 전파자로 생각한 데서 연유한 것으로 보인다. 불교는 시암, 티베트, 중국, 일본 등으로 퍼져 나가 여러 분파를 만들었다. 하지만 이 불가사의한 주제는 여전히 베일 속에 싸여 있으며, 이는 아시아 학회가 계속 밝혀야 할 과제일 것이다.

26 헝가리에서 몽골군을 격퇴했다는 거짓 소식은 아마도 쉽게 퍼져서, 불가리아 국경에 위치한 프랑크 국가들의 왕들에게 보내는 동맹과 승리에 대한 보고서에도 영향을 끼쳤을 것이다. 심지어는 40년이 지난 뒤 티그리스 너머에 살았던 아불파라기우스조차도 이 소식을 사실이라고 믿었을 정도였다.

에 대해 사람들은 놀랄지도 모른다. 알렉산드로스 대왕만큼 유능하지는 못했지만, 비잔티움 제국은 유럽과 아시아 양쪽에서 이 마케도니아의 왕 못지않은 스키타이 유목민들의 압박을 받았다. 만약 몽골군이 포위 공격을 감행했다면 콘스탄티노플 역시 베이징과 사마르칸트, 바그다드의 전철을 밟았을 것이 거의 분명하다. 바투는 도나우 강에서 스스로의 의지로 영예롭게 철군한 것임에도 비잔티움 사람들은 자신들이 승리해서 그렇게 된 것이라며 우쭐해 했다.26 그리고 바투는 황제의 수도를 공격하기 위한 두 번째 원정에서 갑작스러운 죽음을 맞이했다. 바투의 동생 바라카가 타타르군을 이끌고 불가리아와 트라키아를 침공했지만, 북위 57도 지점에서 노브고로드로 방향을 바꾸어 그곳에서 러시아의 인구 조사와 조공에 대한 규정을 정비한 덕분에 이번에도 비잔티움은 정복을 면할 수 있었다. 몽골의 칸은 페르시아의 그의 혈족들과 싸우기 위해 마말루크와 동맹을 맺고, 30만의 기병을 이끌고 데르벤드 성문을 넘어 페르시아를 침공했다. 아마도 비잔티움 사람들은 몽골인들의 첫 내전에 크게 기뻐했을 것이다. 콘스탄티노플을 되찾은 뒤 미카엘 팔라이올로구스 황제는 자신의 궁전과 군대로부터 멀리 떨어진 트라키아의 한 성에서 2만 명이나 되는 타타르군의 기습 공격을 받고 포위되었다. 하지만 타타르군의 공격 목표가 투르크인 술탄 아자딘을 구출하는 개인적인 이해관계에 있었기 때문에, 그들은 술탄의 신병을 확보하고 황제의 보화를 받게 되자 만족하고 물러갔다. 아스트라한 군대 사이에서 오랫동안 이름을 떨친 그들의 장군 노가(Noga)는 킵차크 칸국의 3대 칸인 멩고 티무르에 대항해서 대규모 반란을 일으키고, 팔라이올로구스의 서녀 마리아와 결혼한 뒤에는 친구이자 장인인 황제의 영토를 지켜 주었다. 뒤이어 한 스키타이 무리가 침입하였지만 단순히 무법자와 도망자 들 집단에 불과했기 때문에 무난히 물리쳤고, 고향에서 쫓겨났던 알라니족과 코만족 수천 명이 유랑 생활을 마치고 고국으로 돌아와 로마 제국에서 군역을 행했다. 이러한 일들은 모두 몽골군의 침공이 유럽에 끼친 영향으로 발생한 것이었다. 몽골군과 타타르군에 대한 최초의 공포는 동로마령 소아시아의 평화를 교란했다기보다는 안정시키는 역할을 했다. 이코니움의 술탄은 요하네스 바타체스와의 개인적인 만남을 요청했으며, 술탄이 이용한 교묘한 정책은 투르크인들에게 공동의 적에 맞서서 국경 수비를 강화하도록 용기를 북돋워 주었다. 하지만 얼마 지나지 않아 국경은 무너지고 말았고, 셀주크 왕조의 예속과 멸망으로 비잔티움이 얼마나 무방비 상태였는가가 만천하에 드러났다. 무시무시한 훌라구칸이 40만의 군사를 이끌고 콘스탄티노플로 진격하겠다고 으름장을 놓았을 때, 니케아 시민들은 근거 없이 당황하고 겁을 먹은 나머지 실제로 그런 일이 벌어지기라도 한 듯이 굴었다. 때마침 진행된 한 행사 행렬 속에서 흘러나온 "주여, 타타르군의 분노로부터 우리를 구원해 주옵소서!"라는 비통한 애원은 타타르군의 습격과 학살이 시작되기라도 한 듯 순식간에 퍼져 나갔다. 맹목적인 두려움에 휩싸인 수많은 시민들은 누가 습격해 온 것인지 어디로 도망쳐야 하는지도 알지 못한 채 쏟아져 나와 우왕좌왕하면서 니케아 거리를 꽉 메웠다. 그리고 이러한 소동은 군대가 출동하여 지휘관들의 단호한 조치로 가상의 적으로부터 도시를 구해 냈음을 알리기 전까지 몇 시간이나 계속되었다. 하지만 다행히도 훌라구와 그 계승자들은 바그다드 정복과 시리아와의 오랜 전쟁에 정신이 팔려 있었기 때문에, 콘스탄티노플은 그들의 관심에서 비켜날 수 있었다. 이슬람에 대한 적개심은 몽골인들에게 비잔티움 사람들과 프랑크인들과 동맹을 맺

27 아불파라기우스는 1284년에 발표한 글에서 바투가 갑자기 사망한 이후 몽골군은 프랑크나 비잔티움 국가들을 침공하지 않았다고 적고 있으며, 이 점에서는 그의 증언이 옳았다. 또한 아르메니아의 군주 헤이툰도 자신과 국가 양쪽을 위한 몽골인들과의 우정을 기뻐하고 있다.

28 파키메르는 카잔칸을 페르시아의 키루스 대왕이나 알렉산드로스 대왕에 견줄 만한 인물이라고 설명한다. 1308년에 쓴 역사책의 결론에서 파키메르는 카잔칸의 후계자가 3만 타타르 군대를 이끌고 와서 비티니아의 투르크인들을 막아 주기를 바란다고 적었다.

게 만들었으며,27 그들은 관대함과 경멸감을 동시에 내비치며 아나톨리아 왕국을 아르메니아의 한 봉신의 충성에 대한 보상으로 제공해 주었다. 뿔뿔이 흩어진 셀주크 왕국의 영토를 두고 도시와 산림 지대를 지배하고 있던 태수들이 서로 세력 다툼을 벌였지만, 그들은 모두 페르시아의 칸에게 충성을 약속한 사람들이었다. 페르시아의 칸은 종종 자신의 권위를 이용하고 때로는 무력을 동원해서 태수들의 약탈 행위를 사전에 예방하고 투르크 전선의 평화와 균형을 유지하고자 노력했다. 칭기즈칸 가문에서 가장 위대하고 가장 훌륭한 업적을 거둔 군주의 한 사람인 카잔이 죽자28 이러한 점잖은 통솔 방식도 같이 사라졌다. 몽골의 쇠락은 오스만 투르크 제국이 등장해서 발전해 나가기 위한 길을 활짝 열어 주었다.

1304년, 페르시아의 몽골 칸들의 쇠락

칭기즈칸이 철수한 뒤 카리즈메의 술탄 자랄레딘은 자신의 페르시아 영토를 회복하고 방어하기 위해 인도에서 돌아왔다. 이후 이 영웅은 11년 동안 열네 번의 전투에 직접 참가했다. 자신의 기병대를 이끌고 테플리스에서 케르만까지 1000마일이나 되는 거리를 단 17일 만에 진격했다는 사실에서 그가 얼마나 정력적으로 움직였는지를 알 수 있다. 하지만 질시하는 이슬람 군주들과 무수한 몽골 군대가 그를 압박했고, 마지막 전투에서 패배한 이후 자랄레딘은 쿠르디스탄의 산 속에서 비참한 최후를 맞이했다. 그가 죽음으로 해서 카리즈메 부대라는 이름으로 불리던 노련하고 진취적인 군대 역시 해체되고 말았다. 수많은 투르크족 병사들이 포함되어 있던 이 부대는 그동안 술탄과 무운을 함께 해 왔다. 그들 중에서 용감하고 강력한 무장들은 시리아를 침공해 예루살렘의 성묘들을 모독했지만,

1240년 등, 오스만인들의 기원

비교적 온순한 사람들은 이코니움의 술탄 알라딘 밑으로 들어갔다. 바로 이들 중에 오스만 가문의 선조가 될 사람이 섞여 있었다. 과거 그들은 옥수스 강 남쪽 지대에 있는 마한 평야와 네사 평야에 천막을 치고 살았다. 같은 장소에서 파르티아 왕국과 오스만 제국의 시조가 모두 나왔다는 것은 대단히 흥미진진한 일이다. 카리즈메 부대의 선봉대나 후위대를 이끌던 술라이만 샤가 유프라테스 강을 건너다가 익사하자, 그의 아들 오르토그룰은 알라딘의 병사이자 신하가 되었다. 오르토그룰은 상가르 강변 수르구트에 400가구, 즉 천막으로 이루어진 군영을 건설하고 그곳을 52년 동안 평시와 전시를 오가며 통치했다. 오르토그룰은 아들이 바로 타만(Thaman), 즉 아스만(Athman)으로 아스만이라는 이 투르크식 이름은 칼리프 오스만

1299~1326년, 오스만의 통치

(Othman)이라는 호칭 속에 녹아들었다. 만약 우리가 이 유목민 수장을 한낱 양치기나 도둑처럼 묘사한다면, 치욕과 비천함에 대한 모든 생각을 다시 정의해야 할 것이다. 오스만은 일개 평범한 병사에 비해 훨씬 뛰어난 능력을 가지고 있었고, 시대적 상황이나 무대도 그의 자립과 성공에 유리하게 작용했다. 셀주크 왕조는 더 이상 존재하지 않았고, 멀리 떨어져 있는 몽골의 칸들이 쇠락하고 있다는 사실은 그를 방해할 우월한 힘이 없음을 의미했다. 그는 비잔티움 제국 가까이에 살고 있었고, 코란은 그가 이교도에 맞서 싸우는 성전(聖戰)을 정당화시켰다. 또한 이교도들의 정치적 실책으로 올림푸스 산으로 향하는 길이 무방비 상태에 놓인 것 역시 그가 비티니아 평원 지대로 내려가기로 마음먹는 계기가 되었다. 팔라이올로구스가 통치하기 이전에는 이런 고갯길을 그 지역 민병대가 열심히 방비해 주었고, 그들은 이에 대한 대가로 자신들의 안전을 보장받고 납세

의무를 면제받을 수 있었다. 팔라이올로구스 황제는 그들이 특권을 빼앗겨도 국경을 수비해 줄 것이라고 생각했다. 황제는 세금은 꼬박꼬박 챙기는 반면 고갯길에 대한 방비는 소홀히 했기 때문에, 이 용맹스러운 산사람들은 어느새 기강도 규율도 없는 오합지졸 농민 집단으로 변하고 말았다. 1299년 7월 27일, 오스만군이 마침내 니코메디아 영역을 처음으로 침범했다. 침공 날짜가 이토록 정확히 알려져 있다는 사실은, 오스만이라는 괴물이 얼마나 빠르고 무시무시하게 성장할 것인지를 미리 알려 준다고도 볼 수 있다. 27년의 치세 동안 오스만은 똑같은 침공을 여러 번 반복했고, 그의 군대는 출정할 때마다 포로와 자원병 들로 그 수가 곱절로 늘어났다. 자신이 살던 산속으로 돌아가는 대신 오스만은 전략적으로 가장 쓸모 있고 방어가 용이한 요새들을 확보하였다. 처음에는 약탈한 도시와 성 들을 요새화했으며, 유목 생활을 포기하고 새로 얻은 도시들의 욕장과 궁전이 주는 안락함을 기꺼이 만끽했다. 하지만 그의 아들 오르한의 군대가 기아와 모반에 시달리던 프루사를 함락했다는 기쁜 소식을 들은 것은, 그가 노환으로 자리에 누운 다음이었다. 오스만의 영광은 대부분 그의 후손들이 세운 것이었지만, 투르크인들은 정의와 중용을 가르친 이 시조의 마지막 유훈을 기록한 뒤 왕조 대대로 물려주었다.29

1326~1360년, 오르한의 통치

우리는 프루사 정복을 오스만 제국의 진정한 시작이라고 생각해도 좋을 것이다. 그리스도교 신민들의 생명과 재산은 금화 3만 크라운의 조공이나 몸값으로 보전되었고, 오르한의 노력으로 프루사 시는 이슬람교도들의 수도와 같은 모습을 띠게 되었다. 이슬람 사원과 학교, 병원이 군주의 기금으로 들어섰고, 셀주크 시대의 주화는 새 왕조의 이름과 얼굴을 새겨 넣

---

29) 나는 투르크 사가들 중에 마호메트 2세보다 나이 많은 사람이 있었는지 알지 못한다. 또한 요하네스 고디에가 많은 주석을 붙여 번역하고 레운클라비우스가 출간한 빈약한 연대기(『투르크 연대기 1550』)에 적힌 것보다 더 많은 것을 알아내지도 못했다. 오스만 제국 흥망성쇠의 역사(1300~1683년)에 대한 영역본은 몰다비아 군주 데메트리우스 칸테미르의 라틴어 필사본을 옮긴 것이었다. 이 저자는 동양 역사를 쓰면서 이해할 수 없는 실수를 많이 저질렀지만, 투르크 언어, 연대기, 제도 등에 대해 정통한 사람이었다. 칸테미르는 일부 자료를 라리사의 종독 에펜디가 쓴 『개요』에서 차용했다. 이 글은 1696년 술탄 무스타파에게 바쳐진 것으로서 동양을 연구하는 사가들에게 귀중한 자료가 되고 있다. 《산책자들》에서 존슨은 놀스(Knolles)를 최초의 동양사가라고 칭송하면서 그가 주제를 잘못 선택한 것이 아쉬울 따름이라고 말한다. 하지만 나는 라틴 작가들이 쓴 편파적이며, 또한 2절판으로 1,300페이지 분량이나 되는 장황한 책들이 계몽주의 시대 사람들에게 지식이나 재미를 전해 줄 수 있을지 심히 의심스럽다. 계몽주의 시대는 역사가들에게 역사에 대한 철학이나 비평을 어느 정도 요구하기 때문이다.

은 동전으로 바뀌었다. 또한 인문학과 신학에 조예가 깊기로 소문난 교수들이 동방 학문을 가르치는 오랜 학교들에서 페르시아와 아랍 출신의 학생들을 끌어왔다. 오르한의 동생 알라딘을 위해 대신용 집무실이 마련되었고, 시민과 농민, 이슬람교도와 이교도를 구분하는 복장 규정이 제정되었다. 오스만의 군대를 구성하는 투르크 기병대들은 보수 없이 싸우는데다 체계도 없었기 때문에 느슨한 조직이었다. 하지만 아들인 오르한은 처음으로 정규 보병대를 편성해서 그들을 체계적으로 훈련시켰다. 그 밖에도 약간의 보수를 받는 의용병 상당수가 군 명부에 등록되어 있었는데, 그들은 전장에 나가지 않을 때는 생업에 종사할 수 있었다. 오르한은 의용병들의 무례한 행동과 반항적인 성격을 보면서 젊은 포로들을 자신의 군대이자 마호메트의 병사로 기르기로 마음먹었다. 물론 투르크인 농부들은 말을 타고 '약탈자'라는 명칭을 달고서 오르한의 깃발 아래 싸울 수 있다는 것에는 변함이 없었다. 이러한 방법으로 오르한은 2만 5000명의 이슬람 군대를 조직했으며, 공성전에 대비해 파성추를 갖춘 일단의 부대도 편성했다. 그의 훈련 방식은 니케아와 니코메디아 두 도시를 공격하면서 그 효과가 성공적으로 입증되었다. 오르한은 군에서 이탈하기를 원하는 사람은 가족과 개인 물품을 들고 안전하게 돌아갈 수 있도록 보장해 주었지만, 전사자의 아내는 정복자들과 재혼해야 하며 책이나 집기류, 성상 등 교회에서 약탈한 물품들은 콘스탄티노플에서 팔아야 한다는 규정을 내걸었다. 연소 안드로니쿠스는 오르한에게 패하고 부상을 입었다.[30] 오르한은 멀리 보스포루스와 헬레스폰투스에 이르는 비티니아의 속국과 왕국 전역을 정복했다. 그리스도교도들조차도 그가 공평하고 관대한 통치

1326~1339년, 오르한의 비티니아 정복

30 칸타쿠제누스는 연소 안드로니쿠스의 전투와 탈주를 영웅적으로 설명하고 있지만, 프루사, 니케아, 니코메디아를 잃은 것에 대해서는 침묵으로 일관하고 있다. 이 도시들의 함락을 정직하게 서술한 사람은 14세기 비잔티움의 역사가 니케포루스 그레고라스이다. 투르크 기록에서는 오르한이 니케아와 니코메디아를 다른 시기에 정복한 것으로 나오는데, 니케아는 1330년에 니코메디아는 1339년에 정복된 것으로 보인다.

자임을 인정했고, 이로 인해 아시아의 투르크족들도 자발적으로 그의 통치 아래 들어왔다. 그러나 오르한은 태수(emir)라는 겸손한 칭호로 불리는 것에 만족했는데,

1300년 등, 투르크 태수들 사이의 아나톨리아 분할

실제로 그의 경쟁자인 로움이나 아나톨리아의 군주들 명단을 보면 게르미안과 카라마니아 태수들이 각각 4만의 군사력을 동원할 수 있는데 비해 그의 군사력은 여기에 못 미치는 수준인 것도 한 가지 이유였다. 하지만 로움이나 아나톨리아 군주들의 영토가 셀주크 왕국의 심장부에 위치한데 비해, 비록 신분은 미천할지라도 비잔티움 제국 근처에서 새로운 공국을 형성하고 있는 오르한의 성스러운 전사들은 역사적으로 훨씬 두드러지는 자리를 차지하고 있었다. 오랫동안 외적의 위협을 받으며 자주 약탈당하곤 했던 프로폰티스에서 메안데르 강과 로도스 섬에 이르는 해안 지역은 연로 안드로니쿠스 치세 30년째 될 무렵에 마침내 잃고 말았다. 이 지역을 정복한 두 투르크 수장 사루한과 아이딘은

1312년 등, 아시아 지역들 상실

점령한 땅에 자신들의 이름을 붙인 뒤 그 땅을 후손들에게 물려주었다. 아시아의 일곱 교회에 대한 점령과 파괴는 이때 완료되었지만, 이오니아와 리디아의 야만적인 영주들은 지금도 여전히 고대의 기념비와 그리스도교 유적들을 파괴하고 있다. 그리스도교도들은 에페수스 교회를 잃은 뒤 「요한계시록」에 나오는 첫 번째 천사의 몰락과 첫 번째 촛대의 소멸을 한탄하였다. 에페수스는 완전히 파괴되어서, 아무리 호기심 많은 여행자라 할지라도 디아나의 신전과 성모 마리아의 교회는 그 흔적조차 찾을 수 없을 것이다. 라오디케아의 원형경기장과 위풍당당하던 세 개의 극장은 지금은 늑대와 여우의 서식처가 되었고, 사르데스도 옛 모습을 찾아볼 수 없을 정도로 초라한 부락

으로 전락했으며, 경쟁자도 자식도 두지 못한 마호메트의 신은 티아티라와 페르가무스에 있는 이슬람 사원에서 경배를 받고 있다. 스미르나가 번영을 누리고 있긴 하지만, 이는 프랑크인이나 아르메니아인 들이 외국과 교역을 벌이는 덕분이다. 예언 덕분인지 아니면 용기 덕분인지는 모르지만, 필라델피아만이 파괴의 위기를 모면했다. 먼 바다 너머에 있고 황제들의 관심 밖인데다가 사방이 투르크인들에게 에워싸여 있음에도 불구하고 80년이 넘도록 자신들의 종교와 자유를 지키기 위해 맹렬히 노력했던 필라델피아의 용감한 시민들은 마침내 조건부로 오스만 제국에 항복했다. 아시아의 비잔티움인 거주지와 교회들 중에서 필라델피아만이 파괴된 유적 위에 오롯이 서 있는 기둥처럼 여전히 우뚝 서 있다. 이 도시는 때로는 명예와 안전을 동시에 지킬 방법이 존재함을 보여 주는 좋은 예라고 할 수 있다. 로도스 섬은 예루살렘의 성 요하네스 기사단[31]이 창설되면서 200년 동안이나 투르크에게 정복되는 것을 막을 수 있었

31 베르토(Abbé de Vertot)가 쓴 『말타 기사단의 역사』 제4권을 참조하기 바란다. 이 유쾌한 작가는 비티니아의 약탈자들인 오스만 부족이 로도스 섬을 공격했다고 쓰면서 자신이 역사에 대해 얼마나 무지한지를 드러냈다.

1310년 8월~1523년 1월, 로도스의 기사들

다. 기사단이 마련한 규율로 로도스는 명성과 부를 거머쥘 수 있었으며, 점잖으면서도 호전적인 이 수도사들의 명성은 바다로 땅으로 널리 퍼져 나갔다. 그리스도교 왕국의 방파제와도 같은 로도스 섬은 200년 동안 투르크와 사라센 군대의 도발과 공격을 모두 막아 낼 수 있었다.

비잔티움 사람들은 결국 자신들의 내부 분열로 멸망을 자초하였다. 연로 안드로니쿠스와 그의 손자 연소 안드로니쿠스

1341~1347년, 투르크인들의 첫 번째 유럽 통과

사이에 내분이 벌어지는 동안, 오스만의 손자 오르한은 거의 아무 저항도 받지 않고 비티니아를 정복할 수 있었다. 또한 이들의 내란을 보고 리디아와 이오니아의 투르크족 태수들 역시

함대를 구성해서 인접한 섬들과 유럽 해안 지대를 약탈하고 돌아다녔다. 칸타쿠제누스 역시 자신의 목숨과 영예를 지키기 위해 조국과 종교의 공적을 자기편으로 끌어들임으로써 그들의 행동을 똑같이 흉내 냈다. 투르크식 복장 속에 그리스인의 인간미와 겸허함을 감추고 있던 아이딘의 아들 아미르는 이 훌륭한 친구(칸타쿠제누스)와 손을 잡고 서로를 존중하고 최대한 도와주었는데, 화려한 수사 어구를 좋아하는 당시의 사람들은 이 두 사람의 우정을 그리스 신화에 나오는 오레스테스와 필라데스의 우정에 비유하기도 했다. 궁정이 감사한 줄도 모르고 자신의 친구를 핍박하고 목숨을 위협하고 있다는 소식을 듣자, 이 이오니아의 왕자는 300척의 선단과 병사 2만 9000명을 집결시켜 한겨울에 출항해서 헤브루스 강 어귀에 닻을 내렸다. 그는 2000명의 투르크 정예 부대를 이끌고 거기서부터 강둑을 따라 진격하여 데모티카에서 야만스러운 불가리아인들의 포위 공격을 받고 있던 황후를 구출했다. 이 위험한 상황에 사랑하는 친구 칸타쿠제누스는 세르비아로 도망친 탓에 생사 여부를 알 도리가 없었지만, 이레네는 자신을 구해준 아미르에게 감사하면서 한시바삐 아미르를 만나고 싶다며 성 안으로 초대했다. 그러고는 노고에 감사한다는 말과 호화로운 의복과 말 백 필을 선물로 함께 보냈다. 이 점잖은 야만인은 특유의 섬세한 기질로 불행한 친구가 없는 동안에 그 아내를 방문한다거나 비잔티움 궁의 화려함을 만끽하는 것을 거절했다. 그는 2000명의 병사들과 함께 혹독한 겨울을 보내면서 그들 역시 자기 못지않게 영예와 공적에 대한 칭찬을 받을 자격이 있다고 말하면서 황후의 호의적인 선물마저 마다했다. 아미르가 바다로 땅으로 약탈 원정을 나간 것은 필요와 복수라는 두 가지 이유에서였다. 그는 함대의 안전을 지키기 위해 병사 9500명을 남겨 놓은 뒤 칸타쿠제누스를 찾기 위한 탐색을 계속 했지만 결국 거짓 편지와 혹독한 날씨, 따로 떨어진 부대의 원성, 약탈품과 포로라는 무거운 짐 등으로 인해 서둘러 다시 배에 올라탈 수밖에 없었다. 내전이 벌어지는 와중에도 아미르는 두 번이나 유럽으로 돌아가서 황제(칸타쿠제누스)의 군대와 힘을 합쳐서 테살로니카를 포위하고 콘스탄티노플을 위협했다. 중상모략을 일삼는 사람들은 그가 불완전하게 도움을 준 것이나 서둘러 철수한 점, 그리고 비잔티움 궁으로부터 뇌물 1만 크라운을 받은 사실들을 거론하며 그를 비난할지도 모른다. 하지만 칸타쿠제누스는 친구인 아미르의 도움에 만족했으며, 아미르에게는 조상 대대로 물려받은 영토를 라틴인들로부터 지켜 내야 할 좀 더 신성한 의무가 있다고 말하며 그를 변호해 주었다. 투르크인들의 해군력이 막강해지자 교황과 키프루스의 왕, 베네치아 공화국, 성 요하네스 기사단은 연합을 맺어서 훌륭한 십자군을 발족시킨 뒤 이오니아 해안을 공격했다. 아미르는 스미르나 성채를 로도스 기사단으로부터 탈환하고자 전투를 벌이는 와중에 화살을 맞고 전사했다.32 그는 생전에 칸타쿠제누스에게 동맹을 맺을 수 있는 또 한 사람의 투르크인을 추천해 주었다. 그는 비록 아미르만큼 진지하거나 열성적이지는 않지만, 콘스탄티노플 바로 앞에 위치하고 프로폰티스 해와 잇대어 있는 좋은 지리적 여건으로 신속하고 강력한 도움을 줄 수 있었다. 비티니아에 있던 오르한은 좀 더 유리한 협정을 맺을 의도에서 사보이의 안느와 맺은 혼인을 파기했다. 그리고 이 자부심 강한 자는

32 라틴인들이 스미르나를 정복한 이후 교황 그레고리우스 11세는 이 섬을 방어할 의무를 로도스 기사단에게 내주었다.

1346년, 비잔티움 공주와 결혼한 오르한

칸타쿠제누스의 딸 테오도라를 아내로 맞을 수 있다면 신하이자 사위로서 그 의무를 충실히 이행할 것이라고 엄숙히 서약했다. 아버지로서의 애정은 야망의 목소리에 눌려 침묵을 지켰

고, 성직자들 역시 그리스도교도 공주와 이슬람교도의 결혼을 묵인해 주었다. 더욱이 테오도라의 아버지는 황제로서 자신의 영예롭지 못한 행위를 수치스럽게도 만족스러운 것으로 기술하고 있다. 셀림브리아에 있는 황제의 군영지에 사절단을 실은 배 서른 척이 도착했고 그들 중에는 투르크 기병대도 있었다. 화려한 천막이 세워지고 이레네 황후는 딸과 함께 그곳에서 밤을 보냈다. 다음 날 아침 테오도라는 비단에 금실로 수놓은 휘장이 둘러쳐진 옥좌에 올랐다. 군대는 무장을 갖추고 있었지만 황제만은 말을 타고 있었다. 신호 소리가 울리자 일순간에 휘장이 올라갔고, 꿇어 엎드린 환관들과 혼례용 촛대에 둘러싸인 신부가, 아니 희생양이 모습을 드러냈다. 피리와 나팔 소리가 울려 퍼지며 성대한 행사가 시작되었음을 알렸다. 결혼식을 위해 모인 많은 시인들이 공주의 행복을 기원하는 혼례 축가를 불렀다. 테오도라는 그리스도교 혼례 의식도 치르지 못한 채 남편이 될 야만족 수장에게 인도되었지만 협정에 따라 그녀는 프루사의 하렘에서도 자신의 종교를 유지할 수 있도록 보장받았다. 테오도라의 아버지는 훗날 자신의 책에서 이러한 복잡한 상황에서 딸이 보여 준 자애심과 헌신적인 태도를 칭송했다. 그는 콘스탄티노플의 제위를 평화롭게 차지한 다음 투르크인 사위를 방문했고, 이때 오르한은 여러 부인들에서 얻은 네 아들을 대동하고 아시아 쪽의 스쿠타리 해안까지 나가 황제를 맞이하였다. 두 군주는 짐짓 화기애애한 분위기 속에서 연회와 사냥을 즐겼고, 테오도라는 보스포루스 해협을 건너 며칠 동안 어머니와 함께 보내는 것을 허락받았다. 그러나 오르한의 우정은 어디까지나 자신의 종교와 이해관계를 위한 것이었기 때문에, 제노바 전쟁이 일어났을 때 그는 아무런 거리낌 없이 칸타쿠제네스의 적과 동맹을 맺었다.

일찍이 오스만 군주가 안느 황후와 맺은 협약에는 그가 획득한 포로들을 콘스탄티노플에서 팔거나 이들을 아시아로 보내도 된다는 유례없는 조항이 들어 있었다. 수도사와 성직자, 기혼녀와 처녀 등 남녀노소를 불문하고 많은 그리스도교도들이 벌거벗긴 채 노예 시장에 끌려나와 경매에 붙여졌고, 이들을 사 갈 사람들의 자비심을 부추기고자 노예들에게 여러 번 혹독한 채찍질이 가해졌다. 가난한 비잔티움 사람들은 정신과 육체가 모두 속박되어 처참하게 끌려가는 동포들의 운명을 슬퍼했다.33 칸타쿠제누스도 오스만과 맺은 협정에 같은 조항을 포함시켜야 했고, 이 조항이 실행될 경우 비잔티움 제국은 훨씬 치명적인 피해를 입을 것이 분명했다. 안느 황후를 원조하기 위해 1만 명으로 편성된 투르크 군대가 파견되어 있었지만, 오르한은 장인을 위해 전 병력을 투입해 주었다. 만약 이러한 재앙들이 일시적인 사건에 불과했다면, 한바탕 전쟁이 끝난 다음 피난민들은 자신들의 고향으로 돌아갈 수도 있었을 것이다. 하지만 몇 차례의 내란과 외국과의 전쟁이 끝나자 유럽은 아시아에서 온 이슬람교도들에 의해 완전히 텅 비게 되었다. 칸타쿠제누스는 그의 제자(요하네스 팔라이올로구스)와 벌인 마지막 싸움에서, 그의 후계자들이 치유하기 힘들 정도로 치명적이고 깊은 상처를 남기고 말았다. 이는 마호메트를 반박하며 쓴 신학적 대화집으로도 도저히 용서받을 수 없는 커다란 중죄였다. 자신들의 역사에 무지한 오늘날의 투르크인들은 당시 자신들이 처음 헬레스폰투스 해협을 건넜을 때와 마지막을 혼동하면서, 오르한의 아들이 수하 병사 여든 명을 이끌고 마치 밤도둑처럼 적국의 해변을 정탐한 것으로 묘사한다. 하지만 실제로 술라이만은 기병대 1만 명을 이끌고 비잔티움 황제의 배를 타

1353년, 유럽에 정착한 오스만인들

33 이러한 포로들에 대한 가장 생생하면서도 정확한 묘사는 두카스에게서 찾을 수 있다. 그는 칸타쿠제누스가 치욕스럽게 내준 것이 무엇이었는지 생생하게 묘사하고 있다.

34 칸타쿠제누스와 그레고라스 이후 백 년 동안 비잔티움의 역사에 대해 기술한 것은 거의 없는 상태이다. 프란차(George Phranza), 두카스(Michael Ducas), 칼콘딜레스(Laonicus Chalcondyles)는 모두 1453년 콘스탄티노플이 함락된 후에야 역사서를 썼다.

고 당당히 도착해서 친구로서 영접을 받았다. 황제는 로마니아 내전에 참가하여 약간의 도움을 주었지만 그보다 훨씬 많은 과오를 저질렀다. 그러나 케르소네수스 반도는 차츰 투르크인들로 채워졌고, 비잔티움 궁전은 트라키아 요새의 반환을 요구했지만 실패했다. 오스만 군주와 그의 아들이 교활한 지연술을 펼치며 반환을 차일피일 미루자 결국 반환 보상금으로 6만 크라운이 매겨졌다. 첫 번째 반환금의 지불이 끝나자마자 지진이 일어나 이 지역의 성들과 도시들이 무너져 내렸고, 폐허가 된 이 땅은 또 한 번 투르크인들의 차지가 되었다. 이렇게 해서 헬레스폰투스 해협의 관문인 갈리폴리는 술라이만의 정책에 따라 재건되어 다시 사람들이 살게 되었다. 칸타쿠제누스가 제위를 양위하면서 그나마 허울뿐이던 동맹 관계도 완전히 사라지고 말았고, 마지막으로 그는 동포들에게 성급한 대결을 피해야 하며 자신들이 이슬람군의 병력과 용맹함, 규율, 열정에 비해 한없이 약하다는 사실을 잊지 말아야 한다고 충고했다. 거만하고 허영심에 가득 찬 젊은 후계자는 칸타쿠제누스의 신중한 충고를 무시해 버렸고, 곧이어 이어진 오스만의 승리는 그의 충고가 옳았음을 입증해 주었다. 하지만 술라이만은 전장에서 투창 훈련을 하던 중 낙마 사고로 사망했고, 늙은 오르한도 용맹한 아들의 무덤에서 통곡하다가 숨을 거두고 말았다.

오르한과 그의 아들 술라이만의 죽음

1360~1389년 9월, 무라드 1세의 통치와 유럽 정복

하지만 비잔티움 사람들은 자신들의 적인 두 사람의 죽음에 기뻐할 여유가 없었다. 오르한의 차남이자 술라이만의 동생인 무라드 1세가 지휘하는 투르크인들의 언월도는 여전히 가공할 만한 맹위를 떨쳤기 때문이다. 우리는 비잔티움 연대기의 희미하고 흐릿한 조망 속에서도[34] 무라드 1세가 헬레스폰투

스에서 하이무스 산맥과 콘스탄티노플 교외 지역에 이르기까지 로마니아, 즉 트라키아 전역을 아무 저항 없이 복속시켰으며, 유럽에서 자신이 움직일 정치와 종교 중심지로 하드리아노폴리스를 선택했음을 알 수 있다. 콘스탄티노플의 쇠락은 하드리아노폴리스의 창건과 거의 동시에 시작되었다고 볼 수 있다. 콘스탄티노플은 지난 1000년 동안 동서 야만족으로부터 무수히 침공당하였지만, 비잔티움 사람들이 아시아와 유럽 양쪽에서 똑같은 적군에게 포위당하는 치명적인 상황에 이른 것은 이번이 처음이었다. 그러나 무라드 1세는 인내심에서인지 아니면 관대함에서인지 모르지만 손쉬운 정복을 당분간 연기하였는데, 언제든 부르기만 하면 비잔티움 황제 요하네스 팔라이올로구스와 네 아들이 오스만 군주가 있는 궁전이나 군영지로 즉시 달려오는 것에 상당한 자부심을 느꼈다. 그는 진군하면서 도나우 강과 아드리아 해 사이에 거주하는 불가리아인, 세르비아인, 보스니아인, 알바니아인 등 슬라브 민족들을 공격했고, 과거 제국의 위엄을 자주 욕보이던 이 호전적인 부족들은 무라드의 파괴적 공격 앞에 계속해서 무릎을 꿇어야 했다. 이들의 국토는 금은 등의 자원이 풍부하지 않았으며, 시골이건 도시이건 상업이 융성하지도, 화려한 예술품으로 장식되어 있지도 않았다. 하지만 이 땅의 원주민들은 나이를 불문하고 심신이 강하게 단련된 사람들이었는데, 교묘한 제도로 어느덧 오스만 제국의 가장 확고하면서도 충성스러운 지지자로 변해 있었다. 무라드 1세의 한 대신이 군주에게, 마호메트 법에 따르면 군주에게는 전리품과 포로의 5분의 1을 차지할 권한이 있으므로, 충직한 관리를 골라 갈리폴리에 배치하여 거리를 지나다니는 그리스도교도들 중에서 가장 튼튼하고 잘생긴 젊은이들을 골라 활용할 수만 있다면 이러한 권리를 더욱 효과적으로 발휘할 수

[35] 하얀 얼굴과 검은 얼굴은 터키어로 칭찬을 하거나 모욕을 할때 흔히 쓰이는 표현이다.

있을 것이라고 간언하였다. 대신의 간언은 즉시 받아들여져서 칙령이 선포되었다. 이로써 수많은 유럽인 포로들이 종교 교육과 군사 훈련을 받았는데, 저명한 이슬람 수도승이 이 새로운 민병대를 고르는 책임을 맡았다. 그는 정렬한 민병대 앞에 서서 가장 앞줄의 병사 머리에 자신의 가사 소매를 넓게 펼치고는 다음과 같은 축복의 말을 내렸다.

> 이들을 예니체리군(새로운 병사들)이라 부를지어다. 이들의 얼굴은 언제나 밝게 빛날 것이며, 이들의 검은 항상 날카로울 것이며, 이들의 창은 항상 적의 머리를 걸고 있을 것이다. 이들이 어디를 가든지, 항상 '하얀 얼굴'[35]을 한 채 돌아오기를 바라도다!

이것이 이 오만불손한 군대, 국민들과 때로는 술탄에게조차 공포의 대상이었던 군대의 시작이었다. 지금이야 그때의 용맹함이 사라져 규율도 해이해졌고 무질서한 편성으로 현대적인 전술과 무기로 무장한 군대에는 대적할 수 없는 것이 사실이다. 하지만 처음 예니체리군이 창설되었을 때 그리스도교 국가들 중에는 끊임없이 훈련을 하고 보수를 지급하는 정규 군대가 없었기 때문에, 전투에서 아무도 이들을 당할 수 없었다. 열렬한 개종자인 예니체리군은 우상 숭배를 행하는 동포들과 맞서 싸웠고, 독립을 꾀하며 연합체를 구성했던 슬라브족들은 코소바 전투를 마지막으로 끝내 무너지고 말았다. 싸움이 끝난 전장을 순시하던 정복자 무라드는 상대편 전사자들 대부분이 아직 수염도 나지 않은 애송이임을 알았고, 그들이 좀 더 나이가 들고 지혜로웠다면 무적의 군대에 저항하는 어리석은 짓은 하지 않았을 것이라는 아첨에 기분이 한껏 들떴다. 하지만 예니체리군의 검도 적의 절망적인 단검에서 무라드를 지켜 주지는 못했다. 무수히 널려 있던 시체들 속에서 한 세르비아 병사가 벌떡 일어나 무라드의 배를 칼로 찔러 치명상을 입힌 것이다. 이 오스만의 손자는 성정이 온후하고 옷차림이 검소했으며 학문과 미덕을 사랑하는 사람이었다. 그러나 이슬람 사회는 공식 예배에 불참하는 그를 좋지 않은 눈으로 바라봤으며, 한 민사 재판에서 엄격한 성격의 이슬람 율법가는 따끔한 충고를 던지면서 감히 군주의 증언을 각하시키기까지 했다. 이런 모든 일화는 오리엔트의 역사에는 복종과 자유가 혼재되어 있음을 보여 주는 것이라고 말할 수 있다.36

무라드의 아들이자 후계자인 바야지트의 성격은 번개라는 의미의 또 다른 이름인 '일데림(Ilderim)'에서 분명하게 드러난다. 불 같은 에너지를 발휘하는 정신력의 소유자이며 신속하고 파괴적인 진군을 행한다는 점에서 이 별칭은 그에게 딱 어울리는 것이었다. 그는 재위 14년 동안37 군대를 진두지휘하면서 프루사에서 하드리아노폴리스로, 도나우에서 유프라테스로 쉴 새 없이 전진했다. 그는 법질서 확립을 위해 끊임없이 노력하는 한편으로, 자신의 야망을 이루기 위해 유럽과 아시아의 그리스도교 국가와 이슬람 국가들을 계속 침공했다. 앙고라에서 아마시아와 에르제룸에 이르기까지 아나톨리아의 북쪽 영토는 모두 그의 지배에 들어갔고, 심지어는 자신의 동족 태수들의 세습 영토인 게르미안, 카라마니아, 아이딘, 사루칸도 침략하였다. 이코니움을 정복함으로써 오스만 왕조라는 형태로 셀주크 왕국이 부활한 셈이었다. 바야지트의 정복은 유럽에서도 이에 못지않게 신속하고 중요하였다. 세르비아와 불가리

1389년~1403년 3월, 바야지트 1세의 통치

유프라테스 강에서 도나우 강까지 정복한 바야지트 1세

36 무라드 1세의 일생과 죽음에 대해서는 칸테미르의 저서, 칼콘딜레스의 첫 저서, 레운클라비우스의 투르크 연대기를 참조하기 바란다. 그 밖에도 무라드 1세가 자신의 천막에서 한 크로아티아인에게 찔려 죽었다는 이야기도 전해진다. 부스베쿠우스가 이 일을 했다는 주장도 있지만 사실이라고 보기는 힘든데, 그가 무라드 1세를 알현할 때 암살을 방지하기 위해 두 시종이 그의 팔을 붙잡고 있었기 때문이다.

37 바야지트 1세, 즉 일데림 바야지트의 통치에 대해서는 칸테미르의 책과 칼콘딜레스의 두 번째 책, 레운클라비우스의 투르크 연대기에 서술되어 있다. 번개라는 뜻의 또 다른 이름인 일데림은 시대를 불문하고 정복자와 시인들이 공포의 대상으로부터 장엄함을 만들어 낸다는 것을 보여 주는 한 예라고 할 수 있다.

³⁸ 칸테미르는 위대한 스테판의 투르크전 승리를 칭송하면서 모국인 몰다비아의 고대사와 현대사에 대한 글을 남겼다. 오래전에 쓰여진 글이지만 아직 정식으로 출간되지는 않았다.

³⁹ 법관들의 부정부패는 이미 오래전부터 추문과 풍자의 대상이었다. 여행객들의 말을 모두 믿을 수는 없지만, 투르크족 자신들도 같은 생각을 전하고 있다.

⁴⁰ 동시대의 시리아 사람 벤 슈나가 들려주는 사실은 바야지트가 존귀한 술탄 자리에 오르게 된 경위에 대한 에펜디와 칸테미르의 설명과는 완전히 배치된다.

아를 공식적으로 복속 국가로 만든 다음 그는 곧바로 도나우 강을 건너 몰다비아의 중심부에서 새로이 정복 대상을 모색하였다.³⁸ 아직까지 비잔티움 제국의 영토였던 트라키아, 마케도니아, 테살리아도 투르크의 술탄에게 복종하도록 만들었다. 한 주교는 바야지트에게 아부하기 위해 그를 테르모필라이 관문을 통해 그리스로 끌어들였다. 또한 신탁으로 유명한 델포이 신전을 차지하고 있던 스페인 출신 한 수장의 미망인이 아름다운 딸을 바친 대가로 바야지트의 자비와 은혜를 입은 사실도 빼놓을 수 없을 것이다. 투르크군이 유럽과 아시아를 오가며 연락을 주고받는 방법은 위험하고 신뢰성도 떨어졌지만, 그들은 갈리폴리에 갤리 선단을 주둔시켜 헬레스폰투스 해협을 장악함으로써 라틴 세계가 콘스탄티노플을 도와주는 것을 차단했다. 오스만의 군주 본인은 거리낌 없이 부당하고 잔악한 행동을 서슴지 않으면서 병사들에게는 겸양과 금욕을 강조하는 가장 엄격한 법을 적용했다. 그 덕분에 그의 군영에서는 약탈품이 평화로운 방법으로 거래되었다. 느슨하고 부도덕한 법 집행에 분노하고 있던 바야지트는 어느 날 자신이 다스리는 지역 안에 있는 판관과 법률가 들을 한자리에 소집했고, 그들은 자신들이 곧 화형에 처해져 한 줌의 재로 변하게 될 것임을 감지할 수 있었다. 그의 대신들은 침묵을 지키며 떨고만 있었지만, 에티오피아 출신의 한 광대가 용기를 내 부패가 만연하게 된 진짜 이유를 고했다. 그 바람에 법관에게 적절한 보수를 제공하는 제도가 마련되었다.³⁹ 하지만 법관이 돈에 매수될 가능성까지 완전히 사라진 것은 아니었다. '태수'라는 소박한 칭호는 이제 더 이상 오스만 제국의 위용에 어울리지 않았고, 바야지트는 마말루크의 고삐 아래에서 이집트에 복종하던 칼리프들로부터 술탄이라는 칭호를 사용해도 좋다는 허락을 받았다.⁴⁰

하지만 이것은 투르크 정복자가 압바스 왕조와 아랍 예언자의 후계자들에게 마지막으로 거짓 예의를 표하면서 거의 반 강제로 얻어 낸 것에 불과했다. 술탄의 야망은 존엄한 존칭에 걸맞게 행동해야 한다는 부추김에 더욱 불타올랐고, 그는 오랫동안 투르크의 승리와 패배의 무대였던 헝가리 왕국으로 자신의 군대를 보냈다. 헝가리 왕 지기스문트는 원래 서방 황제들의 아들이자 동생이었고, 그의 대의는 유럽 전역과 교회의 대의이기도 했다. 지기스문트가 위험에 처했다는 소식을 들은 프랑스와 독일의 가장 용감한 기사들은 앞다퉈 그의 깃발과 교회의 깃발 아래로 몰려들었다. 니코폴리스 전투에서 바야지트는 하늘이 무너지면 창칼로 그것을 받치겠노라고 호언장담하던 그리스도교 연합군 10만 명을 무찔렀다. 그리스도교도 병사 대다수가 학살을 당하거나 도나우 강에 던져졌고, 도나우 강과 흑해를 통해 콘스탄티노플로 도망친 지기스문트는 먼 길을 돌고 돌아 황폐해진 자신의 왕국으로 돌아왔다. 승전의 자부심에 취한 바야지트는 이번에는 부다페스트를 포위하고, 독일과 이탈리아의 인접 국가들을 모두 복속시킬 것이며, 로마의 성 베드로 성당 제단에 바쳐진 밀을 자신의 말에게 먹일 것이라고 으름장을 놓았다. 그의 진군을 저지한 것은 사도의 기적적인 개입도 그리스도교 국가들이 조직한 십자군도 아니었다. 그것은 바로 바야지트가 오래전부터 앓아 온 통풍이었다. 때로는 육체적인 질병이 도덕적인 질병을 바로잡기도 하는 법이다. 한 인간의 신경 마디마디에 내려앉은 해로운 체액이 여러 나라가 비참한 상황에 처하는 것을 막아 준 셈이다.

헝가리 전쟁에 대해 대략적으로 알려진 내용은 위와 같지만, 프랑스인들의 파멸적인 모험을 통해 우리는 바야지트의 승

1396년 9월,
니코폴리스 전투

~~~~~~~
1396~1398년,
십자군과 프랑스
제후들의 감금
~~~~~~~

리와 인격에 대해 약간의 기록을 얻을 수 있다.[41] 플랑드르의 통치자이자 샤를 6세의 숙부인 부르고뉴 공작은 자신의 아들 네베르 백작 장의 만용을 꺾지 못했고, 그 결과 두려움을 모르는 이 젊은이는 자신의 사촌이자 프랑스 국왕의 사촌이기도 한 네 영주들과 함께 헝가리 전선으로 출격했다. 그리스도교 왕국들 중에서 가장 훌륭한 백전노장 쿠시가 이 미숙한 젊은이들을 이끌었는데,[42] 프랑스의 최고 사령관과 장군, 제독이[43] 고작 1000명도 안 되는 기사와 종자로 이뤄진 부대를 지휘한 셈이었다. 거창한 이름을 가진 이 젊은이들의 주제넘은 행동은 부대의 규율에 해를 끼쳤다. 그들은 저마다 명령만 내릴 뿐 사령관이나 장군의 명령은 따르지 않으려 했으며, 특유의 국민성으로 적과 동지를 모두 경멸하는 태도를 보였다. 그들은 머지않아 바야지트가 도망치거나 패할 것이 분명하다고 확신하면서 조만간 콘스탄티노플에 입성할 수 있을 것이고 심지어는 성지도 해방시킬 수 있을 것이라고 자만했다. 수색대가 투르크군이 오고 있음을 알렸을 때, 식사와 함께 마신 포도주로 이미 얼큰하게 취해 있던 이 철없는 젊은이들은 즉시 군장을 갖추고 말에 올라 전속력으로 달려 선두에 섰다. 그들은 자중하라는 지기스문트의 충고를 맨 먼저 공을 세우는 영예를 자신들로부터 빼앗으려는 의도라 생각하고 오히려 화를 냈다. 프랑스인들이 헝가리인들의 신중함을 따랐더라면 유럽이 니코폴리스 전투에서 패하는 일은 없었을지도 모른다. 반대로 헝가리인들이 프랑스인들처럼 용맹했다면 영광의 승리를 거머쥐었을지도 모른다. 프랑스군은 아시아인들로 구성된 적의 제일선을 무너뜨렸으며, 적군이 기병대를 방어할 목적으로 일렬로 심어 놓은 말뚝들도 돌파한 뒤 피비린내 나는 싸움 끝에 예니체리군도 격파했

[41] 내가 자료 조사는 적게 하고 탐구심이 많으며 모든 것을 믿는 평판 좋은 프루아사르(Froissard)의 연대기와 같은 책에서 항상 자료를 참조하는 사람이라면, 이 글의 노력에 대해 불평을 할 리가 없다. 부시콜(Maréchal de Boucicault)의 비망록에는 몇 가지 사실이 더 나와 있기는 하지만, 이러한 책은 유쾌한 글재간을 자랑하는 프루아사르의 책에 비하면 무미건조하며 내용도 불충분한 편이다.

[42] 쿠시(Sire de Coucy)에 대한 정확한 기록은 쥐르로방(de Zurlauben) 남작의 비망록에 적혀 있다. 쿠시는 영국과 프랑스 모두에서 상당한 지위와 재산을 보유한 사람이었다. 1375년에는 조상 대대로 내려온 영지를 되찾기 위해 한 무리의 모험가들을 이끌고 스위스로 갔다. 그는 이곳이 오스트리아의 알베르트 1세의 공주였던 자신의 할머니에게 권리가 있다고 주장했다.

[43] 군대 통솔자 역할을 두 사람이 나눠 가지면서 그 중요성이 훨씬 더 두드러지게 되었다. 십자군의 제독 자리를 맡은 사람은 그 유명한 부시콜인데, 그는 훗날 콘스탄티노플을 방어하고 제노바를 통치했으며 아시아 해안을 침공했다. 부시콜은 아쟁쿠르(Azincour) 전투에서 사망했다.

다. 하지만 소수에 불과한 그들은 숲 속에서 벌 떼같이 쏟아져 나와 사방을 에워싸는 투르크군에게 결국 압도당하고 말았다. 바야지트의 적들은 그의 군대가 보여 주는 빠르고도 은밀한 전진 속도와 체계적이고 발전된 전투 능력을 온몸으로 실감하지 않을 수 없었다. 바야지트는 승자로서의 잔인함을 그대로 보여 주었다. 술탄의 통역관이 일일이 프랑스 포로들의 신분과 재산 여부를 확인하면서 네베르 백작과 다른 스물네 명의 영주들은 그날의 학살에서 목숨을 건질 수 있었다. 하지만 술탄 앞에 끌려 나와서도 개종하기를 끝끝내 거부하자 결국 몇몇은 차례대로 참수형에 처해졌다. 술탄은 자신의 가장 용감한 부대인 예니체리군을 잃은 것에 대해 격노하였다. 만약 교전 전날 밤 프랑스군이 투르크인 포로들을 학살했다는 소문이 사실이라면, 그들이 참수형을 당한 것은 결국 누구의 탓도 아닌 그들 자신의 탓이었다. 기사 한 명이 참수형을 면하고 파리로 돌아가는 것을 허락받았는데, 그에게는 이 슬픈 소식을 본국에 알리고 귀족 포로들의 몸값을 마련해야 할 책임이 주어졌다. 그 사이 네베르 백작을 비롯한 프랑스의 제후들은 유럽과 아시아의 이슬람교도들의 전승 기념물로 투르크군 진영을 이리저리 끌려다녀야 했으며, 바야지트가 수도 프루사에 머무는 동안에는 이곳에 갇혀 지내며 엄중한 감시를 받아야 했다. 술탄의 부하들은 매일같이 순교자들의 피를 포로들의 피로 씻어야 한다고 간언했다. 하지만 술탄은 이미 포로들의 목숨을 보장한다고 약속했기 때문에, 자비에서든 아니면 파괴를 위해서든 그 말을 번복할 수 없었다. 더욱이 전령이 가져온 프랑스 왕과 키프루스 왕의 선물과 탄원서를 보자, 포로들의 목숨을 살려 줄 가치가 있다는 생각은 더욱 확고해졌다. 뤼지냥 가문은 기묘한 모양새에 정교한 세공이 들어간 1만 두카트짜리 황금으로 만든 소금 그릇을 선물하였고, 샤를 6세는 헝가리를 경유해서 노르웨이산 매 한 쌍, 랭스산 고급 리넨, 알렉산드로스 대왕의 전투 장면을 짜 넣은 아라스산 태피스트리 등 주홍빛 천을 말 여섯 마리에 가득 실어 보냈다. 술책이라기보다 거리가 멀다는 이유로 포로 석방 문제가 한참이나 지연된 끝에, 바야지트는 마침내 20만 두카트를 받고 네베르 백작을 비롯해 남은 제후들을 풀어 주는 데 동의했다. 유명한 전사인 부시콜 장군도 이런 행운을 누린 사람들 중에 끼어 있었지만, 프랑스의 제독은 전투 중 사망했고 사령관은 쿠시와 함께 프루사 감옥에서 옥사했다. 부대 비용을 포함해서 거의 두 배로 늘어난 포로들의 몸값은 부르고뉴 공작이 감당해야 했다. 아니 솔직히 말해 포로로 잡힌 영주의 장남의 몸값을 지불하는 책임은 봉건 법규에 따라 플랑드르 주민들에게 돌아갔다고 해야 할 것이다. 막대한 금액을 마련하는 과정에서 일부 제노바 상인들이 몸값의 다섯 배에 달하는 금액에 대해 보증을 서야 했다. 난세에 얻은 이 귀중한 교훈은 상업과 신용이 국민들을 하나로 묶는 수단이 될 수 있음을 알려 주는 것이었다. 송환에 앞서 프랑스인 포로들은 정복자 투르크인들 앞에서 다시는 무기를 들지 않겠다고 서약해야 한다는 조약이 체결되었지만, 바야지트 본인의 뜻에 따라 이런 귀찮은 구속 조치는 철회되었다. 바야지트는 부르고뉴의 상속자에게 이렇게 말했다.

나는 그대들의 맹세와 그대들의 무기를 경멸하오. 그대들은 젊소. 그러니 기사로서 처음 겪은 이 불명예와 불운을 씻기를 원하는 것이 당연하지 않겠소. 힘을 모으고 다시 한 번 전쟁을 선포해도 좋소. 나 바야지트는 두 번째 전장에서도 기꺼이 그대들과 맞서 싸울 것이오.

포로들은 출발 전에 프루사 궁전에서 베풀어 준 자유와 환대를 기꺼이 만끽하였다. 프랑스 귀족들은 바야지트와 함께 사냥을 나섰는데, 술탄의 사냥에 사냥꾼과 매사냥꾼 각각 7000명이 수행하는 것을 보고 오스만의 웅대함에 감탄했다.[44] 또 술탄의 한 시종이 가난한 여인의 염소젖을 빼앗아 먹었다는 탄원이 들어오자, 그 자리에서 바로 이 시종의 배를 칼로 찔러 처형하는 모습을 본 이방인들은 이처럼 정의가 실현되는 것에 크게 놀라기도 하였다. 그러나 사실 이는 증거의 신빙성 여부나 유무죄의 정도를 고려하지 않는 술탄의 법 집행 방식을 의미할 뿐이었다.

압제적인 보호자로부터 벗어난 뒤 요하네스 팔라이올로구스는 이후 36년간을 조국의 파멸을 무기력하다기보다는 무관

1355년 1월~1391년, 요하네스 팔라이올로구스 황제

심하게 지켜보는 방관자의 삶을 살았다. 사랑을 가장한 호색 행위만이 그가 활발하게 움직이는 유일한 분야였다. 투르크의 노예와도 같은 그는 수많은 처첩과 처녀 들의 품속에 빠져 로마 황제로서의 불명예를 잊고자 했다. 그의 큰아들 안드로니쿠스는 무라드의 아들 사우제스와 친밀하면서도 불미스러운 우정을 다졌는데, 두 젊은이는 각자 자기들 아버지의 권위와 목숨을 빼앗고자 음모를 꾸몄다. 유럽으로 돌아온 무라드는 이들의 공모 사실을 알아채고 이를 분쇄했다. 처벌로 사우제스의 눈을 도려낸 무라드는 자신의 봉신인 팔라이올로구스에게도 안드로니쿠스에게 똑같은 처벌을 내리지 않는다면 그를 공모자이자 적으로 간주할 것이라고 협박했다. 팔라이올로구스는 두려움에 벌벌 떨며 무라드의 명령을 따랐다. 그러나 지나치게 복종한 나머지 아무것도 모르는 순진한 어린아이에 불과한 손자 요하네스에게도 똑같은 처벌을 내리고 말았다. 하지만 처벌

[44] 알리(Sherefeddin Ali)는 이 사냥에 1만 2000명의 관리와 시종 들이 수행했다고 기술한다. 그의 전리품 중 일부가 훗날 티무르의 사냥 시합에 모습을 보였는데, (1) 공단(貢緞) 덮개를 씌운 사냥개들, (2) 보석이 박힌 깃을 두른 표범들, (3) 그리스산 그레이하운드, (4) 사자만큼이나 강인한 유럽산 개들이었다. 특히 바야지트는 매로 두루미를 공격하게 하는 것을 즐겼다.

이 철저하고 능숙하게 이루어지지 않은 탓에 한 사람은 한쪽 시력을 잃는 데만 그치고 다른 한 사람은 사팔뜨기가 되는 정도에 그쳤다. 황태자와 황손은 계승권을 박탈당한 뒤 아네마 탑에 감금되었고, 황제의 둘째 아들이며 효심이 지극했던 마누엘이 제위를 물려받게 되었다. 하지만 2년 뒤 라틴인들의 소요와 비잔티움 사람들의 경솔한 행동으로 혁명이 일어났고, 이번에는 두 황제가 탑에 갇히고 갇혀 있던 두 죄수가 제위에 앉게 되었다. 다시 2년 뒤 팔라이올로구스와 마누엘은 탑에서 탈출할 방도를 마련했다. 그들의 탈출을 위해 마법 또는 계책을 마련한 수도사는 한쪽에서는 천사로 다른 쪽에서는 악마로 불리게 되었다. 스쿠타리로 피신한 팔라이올로구스와 마누엘은 자신들을 지지하는 측근들에 둘러싸였고, 이후 비잔티움의 두 당파는 과거 카이사르와 폼페이우스가 패권을 놓고 싸웠을 때 보인 야심과 서로에 대한 적개심에 결코 뒤지지 않는 적의를 드러냈다. 비잔티움 제국의 영토는 이제 프로폰티스 해와 흑해 사이 길이 50마일, 폭 30마일 정도의 트라키아의 한 귀퉁이에 불과했다. 이때까지 존재한 콘스탄티노플의 부와 인구가 한 왕국을 대표하리만치 강력하지 못했다면, 이 도시의 입지는 독일이나 이탈리아의 작은 공국에도 못 미치는 수준으로 전락하고 말았을 것이다. 하지만 국내의 평화를 지키기 위해서는 제국의 파편마저 반으로 나눌 수밖에 없다는 결론이 내려졌다. 팔라이올로구스와 마누엘이 수도를 소유하기로 했고, 반면에 성 밖의 거의 전 영역은 각각 로도스토와 셀림브리아에 거처를 정한 두 눈먼 황손이 차지하게 되었다. 황실에 비교적 평온한 기운이 돌았다. 하지만 이성과 체력을 잃은 상태에서도 팔라이올로구스의 애정 행각은 전혀 시들 줄을 몰랐다. 그는 사랑하는 후계자 마누엘로부터 트레비존드의 젊은 왕녀를 가로챘다. 망령 든 황제가 왕녀와 결혼식을 올리고자 애쓰는 동안, 마누엘은 오스만 궁정의 무조건적인 소환령을 받고 귀족 백 명과 함께 술탄을 직접 알현해야 했다. 그들은 바야지트의 전쟁에 참가하여 공을 세웠지만, 콘스탄티노플 방비 계획에 심기가 상한 술탄이 두 부자의 목숨을 위협하자 즉시 계획을 철회해야 했다. 만일 이 마지막 굴욕이 팔라이올로구스의 사인이 되었다고 생각한다면, 이는 아마도 그를 지나치게 과대평가하여 찬사하는 말이 될 것이다.

황제의 죽음은 마누엘에게 즉시 전달되었다. 그는 재빨리 그리고 은밀하게 프루사 궁전을 빠져나와 제위를 물려받았다.

1391년~1425년 7월, 마누엘 황제

맹세를 바친 귀중한 인질이 도망친 것을 두고 바야지트는 오만한 태도로 모른 체하면서 유럽과 아시아 원정에 나섰다. 그러면서 비잔티움의 황제가 정당한 제위 계승권을 주장하는 눈먼 조카인 셀림브리아의 요하네스와 8년 동안이나 내전을 벌이는 것을 그대로 묵인하였다. 승승장구하는 술탄의 야망은 마침내 콘스탄티노플로 향했지만, 지금 비잔티움과 싸움을 벌이면 그리스도교 왕국들이 하나로 뭉쳐서 과거보다도 더욱 강력한 십자군을 조직하게 만들 수도 있다는 대신의 진언을 받아들여 황제에게 다음과 같은 서신을 보냈다.

신의 가호로 우리의 무적의 언월도는 아시아 거의 모든 지역과 유럽의 여러 나라들을 복속시켰소. 콘스탄티노플만이 여기에서 벗어났을 뿐이오. 성벽 너머로는 그대들에게 남은 것이 하나도 없소. 콘스탄티노플을 포기하고 보상 조건에 합의하시오. 혹시 경솔하게 거절한다면, 그대와 그대의 불행한 백

1395~1402년, 콘스탄티노플의 고통

성들은 거절의 결과를 예상하며 두려움에 떨어야 할 것이오.

하지만 술탄의 지시를 받은 사절은 부드러운 어조로 조약을 제시했고, 황제는 굽실거리며 감사하는 태도로 술탄의 제안을 받아들였다. 또한 콘스탄티노플은 10년간의 휴전에 대한 대가로 해마다 금화 3만 크라운의 조공을 바쳐야 했다. 마호메트의 법을 참아 내야 한다는 사실에 비통함을 금치 못하는 비잔티움 사람들과는 달리, 바야지트는 그리스도교 동방 교회의 중심지인 콘스탄티노플에 투르크 법관을 임명하고 왕립 모스크를 세울 수 있다는 것에 기뻐했다. 하지만 여기에 만족하지 못한 술탄은 얼마 지나지 않아 휴전 협정을 파기했고, 오스만 군대는 셀림브리아의 황손이야말로 적법한 제위 계승자라는 명분을 내세워 다시금 콘스탄티노플을 위협하기 시작했다. 궁지에 몰린 마누엘은 프랑스 왕에게 보호를 요청했다. 처량한 황제의 사절은 많은 동정심과 약간의 원조를 얻을 수 있었다. 헝가리 전쟁에서 포로로 잡힌 것에 대해 이교도들에게 보복하기만을 기다리며 종교적 기사도 정신에 불타오르고 있던 부시콜 장군이 지원군을 총지휘하는 책임을 맡았다. 부시콜은 함선 4척을 이끌고 에이귀모르테를 출발해 헬레스폰투스 해협에 도착한 뒤, 해협을 지키는 투르크 갤리선 17척을 돌파했다. 이윽고 중기병 600명과 궁수 1600명으로 구성된 지원군이 콘스탄티노플에 상륙했다. 그리고 장군은 비잔티움의 군중을 동원하는 것을 단념하고 자신의 부대를 가까운 평원에서 점검하였다. 부시콜의 지원군은 바다와 육지 모두에서 적의 봉쇄를 뚫었다. 바야지트의 함대도 좀 더 먼 바다로 퇴각해야 했으며, 술탄의 지배를 받던 유럽과 아시아의 몇몇 성들은 용맹하게 싸우는 황제의 군대와 부시콜의 병사들에게 급습을 당했다. 하지만 오스만 군대는 머지않아 병력을 늘려 다시 돌아왔다. 더욱이 두려움을 모르는 부시콜조차도 1년간의 전투 끝에 더 이상 자신의 병사들에게 급료와 보급품을 댈 수가 없게 되자, 결국 퇴각하기로 결심할 수밖에 없었다. 그는 마누엘에게 프랑스 궁정으로 안내해 주겠다고 제안했다. 그곳에서라면 황제가 직접 군대를 꾸리고 전비를 마련할 수 있을 것이고, 그동안 장님 사촌에게 제위를 맡겨 국내의 모든 불안을 종식시키는 것이 바람직하다고 충고했다. 마누엘은 부시콜의 충고를 받아들였고, 셀림브리아의 군주가 콘스탄티노플에 입성했다. 그러나 수도의 상태가 매우 처참했기 때문에 황제 노릇을 하느니 차라리 망명자 신세가 되는 편이 훨씬 낫게 느껴질 정도였다. 투르크의 술탄은 자신의 봉신이 제위를 이은 것에 박수갈채를 보내는 대신에 콘스탄티노플을 자기 땅이라고 주장했다. 더욱이 요하네스 7세가 도시를 넘기라는 명을 거절하자, 바야지트는 콘스탄티노플을 전쟁과 기아라는 재난으로 전보다도 더욱 심하게 압박해 왔다. 이러한 종류의 적에게는 기도도 저항도 아무 소용이 없었다. 그리고 야만인이 자신의 먹이를 언제 집어삼킬지 모르는 절체절명의 순간, 더 강력한 야만인이 그 야만인을 타도하는 사건이 벌어졌다. 티무르, 즉 타메를란이 승리를 거두면서 콘스탄티노플의 함락은 50년 뒤로 미뤄졌다. 비록 우발적이지만 이 중대한 공헌이 바로 이 몽골 정복자의 일생과 인격을 소개하는 데 한 장 전체를 할애한 이유이다.

THE DECLINE AND FALL OF THE ROMAN EMPIRE

티무르(타메를란)의 사마르칸트 제위 등극 · 티무르의 페르시아, 그루지야, 타타르, 러시아, 인도, 시리아, 아나톨리아 정벌 · 티무르의 대(對)투르크전 · 바야지트의 패배와 생포 · 티무르의 죽음 · 바야지트의 아들들의 내란 · 마호메트 1세에 의한 투르크 왕국의 재건 · 무라드 2세의 콘스탄티노플 포위 공격

야심만만한 티무르의 첫 번째 목표는 세계 정복과 지배였고, 두 번째 소망은 후세 사람들이 자신의 고매한 정신을 기리고 숭배해 주는 것이었다. 그의 치세의 내정 및 군사 활동은 모두 그의 서기관들이 쓴 일지에 자세히 기록되어 있다.[1] 각각의 분야에 가장 정통한 사람들이 일지 내용을 교정하였고, 제국과 가문에 전해져 내려오는 바에 따르면 티무르 자신이 자신의 생애에 대해서뿐만 아니라 통치[2] 강령[3]에 대한 주석[4]을 직접 적어 넣었다고 한다. 하지만 이러한 노력은 티무르의 명성을 후대에 전하는 데에는 아무 도움도 되지 못했는데, 몽골어나 페르시아어로 적힌 탓에 유럽을 비롯한 세상 사람들은 이 귀중한 회고록을 읽을 수가 없었던 것이다. 티무르에게 정복당한 민족들은 졸렬하면서도 무기력한 보복을 감행했는데, 무지 몽매한 자들은 중상모략적인 이야기를 재탕하면서 티무르[5]의 출생과 인품, 용모, 그리고 심지어는 이름조차도 왜곡하고 말

티무르의 이력

[1] 이 일지들을 접하게 된 야지드 사람 세레페딘 알리는 페르시아어로 티무르의 일생을 편찬했고, 세레페딘의 책을 크루아(M. Petit de la Croix)가 프랑스어로 번역했다. 크루아의 번역서는 항상 내 충실한 안내서가 되어 주었다. 이 책에 나온 지리적 배경과 연대기는 놀라울 정도로 정확하다. 비록 그가 티무르의 장점과 행운을 지나치게 칭송하였지만, 역사적 사실을 정확히 전해 준 공은 대단히 크다. 티무르가 자국과 외국에 대해 알기 위해 노력했다는 것이 그가 쓴『강령』에서도 드러난다.

[2] 현재의 몽골인들은 위대한 선조가 만든 제도를 읽고 귀중히 여기고 있지만 이를 모방할 수 없다. 영국의 번역가는 몽골 내부

의 증빙 자료에 의존하고 있다. 하지만 그러한 증빙 자료가 거짓이거나 허구라는 의혹이 든다면 데이비(Davy)의 편지로는 이런 의혹을 떨쳐 낼 수 없다. 동양은 비판의 문화를 허용한 적이 없고, 혹여 영예롭지 못할지라도 제왕의 후원을 받는 것이 오히려 이익이 되는 일이기 때문이다. 또한 실제 저자인 페르시아인이 단순히 작업의 대가와 가치를 위해 작품의 신뢰성을 저버렸다고 생각하기는 힘들다.

[3] 원래 규정에 대한 내용이 터키어나 몽골어로도 전해지는지는 알 수 없다. 현재 전해지는 것은 데이비와 아랍어 교수인 화이트가 페르시아어로 된 내용을 영어로 번역하고, 여기에 색인을 달아 출간한 것이다. 이후 동양학자인 랑글레(M. Langlès)가 페르시아어 책을 프랑스어로 번역한 뒤, 여기에 티무르의 일생과 몇 가지 주석을 달아서 출간했다.

[4] 티무르가 어떤 설명을 달았는지 유럽에는 알려져 있지 않다. 하지만 화이트의 설명에 따르면, 자신의 친구 데이비가 "흥미진진한 격동기에 대한 자세하고도 신뢰할 수 있는 글"을 읽은 뒤 이를 번역했을 가능성도 배제할 수 없다.

[5] '티무르(Timour)'는 터키어로 철을 의미하며, '베크(Beg)'는 군주나 제왕을 뜻하는 칭호이다. 문자나 악센트의 변화로 이

앉다. 하지만 한낱 농부 출신인 그가 아시아의 패권을 거머쥐게 된 것에 대해 우리는 그를 비난할 것이 아니라 오히려 칭송해야 마땅하다. 또한 그가 명예롭기까지 한 자신의 신체적 결함을 부끄러워하는 나약한 인물이 아닌 이상, 절름발이라는 사실로 그를 깎아내려서도 안 될 것이다.

칭기즈칸 가문의 적장자가 제위를 이어야 한다고 생각하는 몽골 사람들이 볼 때 티무르는 모반자임에 틀림없다. 하지만 그는 바를라스의 고귀한 부족 출신이었으며, 5대 선조인 카라샤르 네비안은 칭기즈칸의 차남 차가타이가 새로운 영토인 트란속시아나를 통치했을 때 대신을 지내기도 했다. 또 좀 더 몇 대를 거슬러 올라가면 티무르의 혈통은 적어도 모계 쪽에서는[6] 황제의 가문[7]과도 연관이 있었다. 그는 사마르칸트에서 남쪽으로 40여 마일 떨어진 카시의 비옥한 영토에 자리한 셉자르 부락에서 태어났다. 그의 조상들은 대대로 이 부락의 족장이었으며 말 1만 마리의 관리권자였다. 티무르가 태어날 당시 아시아는 여러 왕조들이 몰락하고 모험과 야심에 찬 인물들이 새로운 장을 여는 일종의 무정부 상태였다.[8] 당시 차가타이 칸국은 이미 멸망하였고 태수들은 자립을 꿈꾸고 있었지만, 그들은 국내의 내분에다가 카슈가르칸들이 칼무크인이라고도 불리는 게타이인들과 함께 트란속시아나 왕국을 침공해서 압제를 행하는 탓에 겨우 명맥만을 유지할 뿐이었다.[9] 티무르는 열두 살에 이미 전쟁터에 나갔고, 스물다섯 살 때는 조국의 구원자로 떠오르게 되었다. 자신들을 위해 고난을 자처하는 이 젊은 영웅에게 사람들의 이목과 희망이 모아졌다. 그러나 법률과 군대의 지도자들은 일찍이 해방을 위해 자신들의 목숨과 재산을 그에게 맡기기로 맹세했음에도, 막상 위험이 닥치자 두려움에

1361~1370년, 티무르의 첫 번째 모험담

떨며 침묵하고 말았다. 그래서 티무르는 사마르칸트의 낮은 산에서 7일간을 기다리다가 기병 60명만을 이끌고 사막으로 후퇴할 수밖에 없었다. 이 도망자들은 자신들을 추격한 게타이군 1000명을 도저히 믿기 힘들 정도의 용맹함으로 무찔렀고, 적들은 "티무르는 놀라운 사람이다. 행운과 신의 가호가 그와 함께 한다."고 외쳤다. 하지만 이 피비린내 나는 전투로 티무르의 군사는 열 명으로 줄었고, 이마저도 카리즈메 출신의 병사 셋이 이탈함으로써 더욱 줄어들었다. 그는 아내와 병사 일곱, 말네 필과 함께 사막을 떠돌아다녔다. 그러다가 붙잡혀 62일 동안이나 더러운 지하 감옥에 갇혀 있었지만, 감금시킨 사람이 가책을 느끼자 기지를 발휘하여 감옥에서 탈출했다. 강폭이 넓고 물살이 빠른 옥수스 강을 헤엄쳐 건넌 뒤에 한동안 인접한 여러 나라 국경 지대에서 유랑자와 무법자로 지내야 했다. 하지만 그의 명성은 역경 속에서 더욱 빛났다. 티무르는 진정한 친구와 일시적인 동지를 구분하고, 그들은 물론이고 자신의 이익을 위해서도 그들 제각각의 특성을 적절히 활용하는 방법을 터득했다. 고향으로 돌아온 티무르는 사막에서 자신을 애타게 찾아다녔던 동지들과 차례로 만났다. 이러한 행운의 만남 가운데 하나를 간단하게나마 설명하면 다음과 같다. 한번은 티무르가 기병 70명을 이끄는 3명의 족장의 안내를 맡은 적이 있었다. 당시 상황을 티무르는 이렇게 말한다.

    세 사람의 눈이 나를 향한 순간, 그들은 기쁨에 몸을 떨었다. 그들은 말에서 내려 나에게 다가와 무릎을 꿇고 내 등자에 입을 맞추었다. 나 역시 말에서 내려 그들을 한 명씩 꼭 껴안아 주었다. 그런 다음 첫 번째 족장의 머리에는 내가 쓰고 있던 터번을 씌워 주고, 두 번째 족장에게는 보석과 금으로 장식한 허

말은 '랭크(Lenc, 절름발이(lame))'로 바뀌어 전해졌다. 특히 유럽에서는 두 단어가 합쳐져 타메를란(Tamerlane)이라는 완전히 잘못된 이름으로 전해졌다.

6 티무르에 대한 몇몇 날조되고 터무니없는 이야기를 전한 후에, 아랍샤(Arabshah)는 진실을 말하고 그가 칭기즈칸의 친족임을 말해야 했다. 아불가지칸의 설명은 의심의 여지가 없이 명확하고 결정적인 증거가 된다.

7 족보를 따지면 칭기즈칸의 4대조와 티무르의 9대조는 형제간이었다. 그들은 형의 후손은 신성한 칸의 자리를 이어받고, 동생의 후손은 재상과 대신의 자리를 이어받아야 한다는 데 동의했다. 이러한 전통은 최소한 티무르가 지닌 야심의 가장 첫 단계를 정당화하는 데 도움이 되는 것이었다.

8 티무르의 출생에 대해서는 하이드의 책을 참조하기 바란다. 티무르의 손자 울루그베크의 점성술사들이 출생에 대해 말한 내용이 담겨 있다. 티무르는 1336년 4월 9일 밤 11시 57분, 위도 36도 지점에서 태어났다. 이 점성술사들이 다른 정복자나 예언자들처럼 행성들의 위대한 결합을 어떻게 입증할 수 있었는지는 알 수가 없다.

9 티무르의 강령에서 카슈가르칸의 백성들에게는 우즈베크인이라는 대단히

부적절한 이름이 붙여졌는데, 이것은 타타르의 또 다른 복속 지역이나 속국에 해당되는 이름이다. 우즈베크라는 말이 원래 터키어에서 나온 것이라고 확신할 수만 있다면, 통치 강령이 티무르가 죽고 백 년이 지나 트란속시아나에 우즈베크가 세워진 이후 마련된 것이라고 자신 있게 말할 수 있을 것이다.

10 세레페딘의 첫 번째 책은 전적으로 영웅 티무르의 개인사에 대한 내용을 담고 있다. 티무르 본인이든 아니면 그의 서기관이든, 티무르의 장점을 충분히 드러내기 위해 기쁜 마음으로 책을 열세 가지 도안으로 증보한다. 심지어는 아랍사의 어두운 채색법에서도 화려하게 드러날 정도이다.

리띠를 둘러 주었으며, 세 번째에게는 내가 입고 있던 겉옷을 입혀 주었다. 그들은 흐느껴 울었고 나도 흐느껴 울었다. 기도할 시간이 되자 우리는 함께 기도를 드렸다. 그리고 우리 넷은 말에 올라 내 집으로 향했고, 나는 식구들을 불러모아 잔치를 열었다.

신의로 뭉친 그의 부대는 가장 용감한 부족들이 합류하면서 규모가 커졌고, 티무르는 그들을 이끌고 적과 맞서 싸웠다. 몇 차례 승리와 패배를 거듭한 끝에 마침내 게타이인들을 트란속시아나 왕국에서 몰아냈다. 티무르는 많은 업적으로 자신의 영광을 높일 수 있었지만, 동지들로부터 주군으로 인정받기 위해 더 많은 일을 하고 더 많은 책략을 발휘하며 더 많은 피를 뿌려야 했다. 태수인 후사인의 신분과 권세는 그의 누이동생을 가장 사랑하는 아내로 맞이하고 있던 티무르에게 불합리하고 부당한 동맹 관계를 억지로 맺게 하였다. 그러나 둘 사이의 동맹은 질시로 점철된 잦은 충돌로 단기간으로 끝났다. 티무르의 계략으로 후사인은 불공정하고 불성실하다는 비난을 받았다. 결국 마지막 사소한 싸움에서 패한 뒤 후사인은 주군의 명령을 거역하기로 한 기민한 친구들에게 살해당하고 말았다. 서른네 살의 나이에[10] 티무르는 부족장 회의인 쿠릴타이에서 제국의 지도자로 추대되었지만, 그는 겉으로나마 칭기즈칸 가문에 대한 예우를 지키는 듯 굴었다. 태수 티무르는 차가타이와 동방을 실질적으로 지배하는 동안, 명목상의 칸으로 자신의 종자들을 내세우고 자신은 군대에서 개인 장교로서 종군하였다. 길이와 너비가 다 같이 500마일이나 되는 이 비옥한 왕국만으로도 어쩌면 이 실질적인 지배자의 야심을 채우기에 충분했을

1370년 4월, 차가타이의 왕위에 오른 티무르

지도 모른다. 하지만 세계 지배의 야욕을 품고 있던 티무르에게 차가타이 칸국의 왕관은 그가 생전에 보유한 스물일곱 개 왕좌 중 하나에 지나지 않았다. 서른다섯 번에 달하는 대규모 승리나 아시아 대륙을 수도 없이 오간 무수한 원정에 대해서는 자세한 설명을 하지 않겠다. 여기에서는 1) 페르시아, 2) 타타르, 3) 인도 정벌[11]에 대한 내용을 간략히 설명한 뒤 더욱 흥미 있는 부분인 오스만과의 전쟁에 대해 다룰 것이다.

11 페르시아와 타타르, 인도에 대한 정벌은 세레페딘과 아랍샤가 쓴 책 2권과 3권에 등장한다.

   1) 정복자에게는 어떤 전쟁에서든 나름의, 이를테면 안전이나 보복, 영예나 야욕, 정의나 이권 등의 합당한 명분이 있게 마련이다. 티무르는 복속국이던 카

1370~1400년,
티무르의 정복.
1. 1380~1393년,
페르시아 정복

리즈메나 칸다하르를 차가타이 칸국에 재통합시키자마자 이란, 즉 페르시아 칸국으로 정복의 눈길을 돌렸다. 옥수스 강에서 티그리스 강까지 뻗은 이 광대한 영토에는 훌라구칸의 마지막 후예인 아부사이드가 죽은 이후, 적법한 통치자가 존재하지 않는 상태였다. 이 땅에서 평화와 정의가 사라진 지 벌써 40년이 지났기에, 이 몽골의 침입자는 오히려 억압받는 백성들의 호소를 들어주는 구세주로 보일 정도였다. 각 지역의 군주들이 힘을 모았다면 티무르를 물리칠 수 있었을지도 모르지만, 그들은 각자 전투를 벌였고 결국 티무르와의 싸움에서 차례로 패하고 말았다. 이들의 운명은 순순히 복종했느냐 아니면 끈질기게 저항하다 무너졌느냐만 다를 뿐 결국 똑같았다. 시르완, 즉 알바니아의 군주 이브라힘은 차가타이칸의 옥좌에 놓인 발판에 입맞춤을 해야 했다. 이브라힘은 화평과 복종의 의미로 타타르 풍습에 따라 비단과 말, 보석 각각 아홉 점씩을 공물로 바쳤는데, 흠잡기 좋아하는 구경꾼 하나가 노예가 여덟 명밖에 없다고 지적하고 나섰다. 그 말이 나오길 기다렸다는 듯 이브라힘

이 "내가 아홉 번째 노예입니다."라고 대답하자, 이 아첨 어린 대답에 티무르는 만족한다는 미소로 화답해 주었다.12 페르시아 본토, 즉 파르스의 왕인 샤 만수르는 티무르의 적들 가운데 세력은 가장 약하지만 대단히 위험한 인물이었다. 그는 시라즈 성 밑에서 치른 전투에서 3000~4000명의 적은 병력으로 티무르가 직접 지휘하는 기병대 3만과 대등하게 맞서 싸웠다. 티무르의 군기 주위에 있던 호위병들은 겨우 14~15명만이 살아남았지만, 티무르는 바위처럼 꿋꿋하게 그 자리에서 자신의 투구에 가해지는 언월도의 강한 타격을 두 번씩이나 받아 냈다.13 다시 몽골군은 대열을 정비하고 반격에 나섰고 베어진 샤 만수르의 목이 티무르 앞에 놓였다. 이처럼 대담무쌍한 종족의 남자들을 모두 절멸시킨 후에야 티무르는 비로소 그들의 용감함에 경의를 표했다. 티무르의 군대는 시라즈를 출발해 페르시아만까지 진군했고, 호르무즈는 해마다 60만 디나르의 금을 조공으로 바치기로 약속함으로써 풍요롭지만 허약한 국가임이 그대로 드러났다.14 바그다드는 이미 더 이상 평화의 도시도 칼리프들의 본거지도 아니었지만, 훌라구칸의 가장 고귀한 정복지를 야심만만한 후계자인 티무르가 그대로 지나칠리 만무했다. 티그리스 유역을 비롯해 유프라테스의 하구와 수원지(水源地)까지 두 강의 모든 영역이 티무르에게 복종하게 되었다. 에데사에 입성한 티무르는 메카의 대상 행렬을 불손하게 노략질했다는 이유로 흑양조(黑羊朝)의 투르크만인들을 응징하였다. 그루지야의 산악 지대에 사는 그리스도교도들은 여전히 용감하게 마호메트의 법과 검을 따르기를 거부했지만, 티무르는 세 번의 원정을 통해 성전의 위업을 달성했고 테플리스의 군주는 개종해서 그의 친구가 되었다.

2) 투르키스탄, 다시 말해 동(東)타타르에 대한 침공은 어찌

보면 정당한 보복 공격이었다고 할 수도 있다. 게타이인들에게 아무 단죄도 하지 않는 것은 티무르의 위신에 어울리지 않았기 때문이다. 티무르는 시훈 강을 건너 카슈가르 왕국을 정복하고, 그들의 영토 중심부까지 일곱 번이나 진격했다. 티무르의 최전선 진영은 사마르칸트 북동쪽으로 두 달이나 달려야 하는 480리그 정도 떨어진 곳에 있었다. 이르티 시 강을 건넌 티무르의 태수들은 시베리아의 숲에 자신들의 진격을 기념하는 글을 조잡하게 새겨 넣기도 했다. 킵차크, 즉 서(西)타타르15 정복은 고통받는 백성들을 돕고 배은망덕한 자들을 징벌한다는 두 가지 대의명분에 따라 행해졌다. 예전에 망명 중이던 킵차크 군주 토크타미슈는 티무르의 궁전에서 환대와 보호를 받았지만, 아우루스칸의 사절들은 문전 박대를 당했을 뿐만 아니라 바로 그날로 차가타이군의 추격을 받았다. 이 추격전이 성공한 덕분에 토크타미슈는 북부 몽골 제국의 제위에 오를 수 있었다. 하지만 황제의 자리에 오른 지 10년이 지나자 토크타미슈는 자신에게 은혜를 베푼 티무르의 공과 실력을 망각한 채 그를 칭기즈칸 가문의 신성한 권리를 빼앗은 비열한 인간이라고 무시하는 실수를 저질렀다. 결국 토크타미슈는 기병 9만 명을 이끌고 데르벤드 관문들을 지나서 페르시아에 입성했다. 킵차크, 불가리아, 키르카시아, 러시아의 수많은 병력과 연합군을 꾸린 토크타미슈는 시훈 강을 건너 티무르의 궁전들을 불태웠다. 하지만 당시는 눈이 내리는 엄동설한으로 그는 이제부터 사마르칸트를 얻기 위해 목숨을 걸고 싸워야 할 처지에 놓였다. 티무르는 승리를 거둔 후 온화하게 타일러도 소용이 없자 마침내 보복을 결심하고 카스피 해와 볼가 강의 동서 양쪽으로 두 번이나 킵차크를 침공했다. 이때 병력이 어찌나

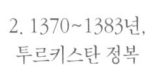

2. 1370~1383년, 투르키스탄 정복

15 아랍샤는 킵차크까지 여행하면서 북부 지역의 지리, 도시, 혁명 등에 대해 독보적인 지식을 얻을 수 있었다.

~~~~~~~~
1390~1396년,
킵차크, 러시아 등 정복
~~~~~~~~

16 화이트는 세레페딘이 티무르의 계획이나 진정한 전쟁 동기에 대해서는 알지 못한 채 피상적인 설명에만 그쳤다며 혹평하고 있다.

17 러시아산 모피는 금괴나 은괴보다 더 귀하게 여겨지는 것이었다. 하지만 안티오크의 아마포는 결코 유명한 물건이 아니었으며 도시도 완전히 폐허가 된 상태이다. 어쩌면 일부는 유럽에서 들어온 것일 수도 있는데, 한자동맹의 상인들이 노브고로드를 통해 수입한 것으로 짐작된다.

18 레베스크(M. Levesque)는 세레페딘의 실수를 정정하면서 티무르가 행한 원정의 진정한 한계에 대해서 설명했다. 지나칠 정도로 자세하면서도 전적으로 러시아 연표에 의존한 주장은 모스크바가 토크타미슈에 의해 점령당하기 6년 전에 좀 더 강력한 적의 침략에서 벗어났다는 것을 입증하기에 충분하다.

19 카이로 출신의 이집트인 관리에 대해서는 카이로가 재건된 이후인 1436년 바르바로가 쓴 타나 항해기에 나온다.

엄청났는지 좌익과 우익 부대 사이의 거리가 13마일에 이를 정도였다. 그들은 5개월 동안 사람이 거의 살지 않는 지역을 진군해야 했기 때문에 그날그날 사냥한 짐승으로 식량을 해결하는 일도 허다했다. 드디어 양쪽 군이 맞닥뜨렸고, 전투가 한창일 때 킵차크의 깃발을 든 기수가 방향을 트는 바람에 차가타이군은 결정적인 승기를 잡을 수 있었다. 이로써 (『강령』에 따르면) 토크타미슈는 주치의 혈통을 이은 부족을 황량한 벌판에서 오갈 데 없는 신세로 만들어 버렸다.[16] 토크타미슈는 일단 리투아니아의 그리스도교도 공작에게로 몸을 피했다가 볼가 강 근처로 다시 돌아왔으나 부족 내의 경쟁자와 열다섯 번이나 싸운 끝에 마침내 시베리아의 숲에서 죽음을 맞이했다. 도망치는 적들을 추격하면서도 티무르는 러시아의 속주들을 제압하였고, 이 지역을 통치하는 가문의 공작은 전쟁으로 무너진 수도에서 포로로 붙잡혔다. 사실 옐레츠는 수도가 아니었는데, 이 동양인들은 자부심과 무지로 이곳을 러시아의 수도인 모스크바와 착각한 것이다. 모스크바는 타타르군이 언제 올지 몰라 두려움에 떨기만 할 뿐 용감하게 맞서 싸우려는 노력은 별로 하지 않았다. 그들은 성모 마리아가 기적을 일으켜 자신들을 구원해 주리라고만 믿고 있었고, 실제로 타타르군이 어떤 이유에서인지 자발적으로 철군하자 성모가 자신들을 보호해 준 것이라고 생각했다. 원대한 야심을 품고 있던 티무르는 남쪽으로 기수를 돌렸다. 남쪽의 나라는 황폐해져 싸울 힘이 없었지만 몽골 병사들은 모피, 안티오크의 아마포,[17] 금은괴 등 막대한 전리품으로 부자가 될 수 있었다.[18] 티무르는 돈 강, 즉 타나이스 강어귀에서 타나, 즉 아조프의 상업을 장악하고 있던 이집트,[19] 베네치아, 제노바, 카탈로니아, 비스케이 출신 상인들이 보낸 사절단의 융숭한 영접을 받았다. 그들은 선물을 바치고 황제의 위대함을 칭송하면서 침략하지 않겠다는 약속을 믿겠다고 말했다. 하지만 군수품 창고와 항만의 상태를 시찰하기 위한 한 태수의 평화로운 방문이 있고 나서 타타르군은 곧바로 파괴적인 공격을 감행하였다. 도시는 잿더미로 변했고, 이슬람교도들은 노략질과 추방을 당하는 수준에 그쳤지만, 배로 피신하지 못한 그리스도교도들은 모두 죽거나 노예가 되어야 했다.[20] 티무르의 복수심으로 찬란한 문명의 기념비인 세라이와 아스트라한의 두 도시는 완전히 전소되고 말았다. 승리감에 도취된 티무르는 자신이 영원히 낮이 계속되는 지역을 정벌했노라고 공포했고, 이 이상한 현상 덕분에 그의 이슬람 박사들은 저녁 기도의 의무를 면제받을 수 있었다.[21]

3) 티무르가 인도 또는 힌두스탄에 대한 침공을 처음 제기하자 제후와 태수들은 불만스럽게 중얼대며 다음과 같이 대답했다. "강과 산과 사막을 생각하십시오! 또한 중무장한 병사들과 사람들을 짓밟는 코끼리에 대해서도 생각하셔야 합니다!" 황제가 무섭게 불쾌감을 표하자 대신들은 자신들의 공포심을 숨겨야 했고, 그의 탁월한 이성은 아무리 대규모일지라도 인도 원정을 안전하고 용이하게 실행할 수 있다고 확신하고 있었다. 첩자들이 알려 온 바에 따르면 인도는 지금 무기력한 무정부 상태였다. 실제로 많은 지역에서 반란이 들끓었으며 끝이 보이지 않는 술탄 마흐무드의 유치한 행각은 델리의 하렘에서조차도 조롱거리였다. 몽골군은 3개 군단으로 나뉘어서 전진하였다. 티무르는 각각 기병 1000명으로 구성된 92개 부대가 선지자 마호메트의 92개나 되는 이름이나 별칭을 나타낸다는 것을 기쁜 마음으로 자신의 책에 기록하고 있다. 시훈 강을 건

3. 1398년, 1399년, 힌두스탄 정복

[20] 아조프 침공에 대해서는 세레페딘의 책에 설명되어 있다. 또한 이탈리아의 연대기 작가 역시 이에 대해 매우 자세하게 설명한다. 그는 베네치아 출신의 미아니스 형제와 함께 개종했는데, 이 형제 중 한 명은 티무르 군영지에 사절로 파견되었으며, 다른 한 명은 아조프에서 세 아들과 1만 2000두카트를 잃었다.

[21] 세레페딘은 그 지역의 일조량이나 일출 시간에 대해 낮과 밤을 구분하기가 힘들었다는 말만을 하고 있다. 이 문제를 이해하기 위해서는 모스크바의 위도(북위 56도), 북극광, 백야 현상을 모두 고려해야 한다.

²² 펀자브의 강들, 다시 말해 인더스 강으로 흘러드는 5대 지류들은 렌넬의 인도 지도에 아주 자세하고 정확하게 기록되어 있다. 『비평적 회고록』에서 렌넬은 자신이 추측한 알렉산드로스와 티무르의 행군 경로를 적어 놓았다.

너 인더스 강으로 향하는 동안 그들은 아랍의 지리학자들이 '지구의 돌띠'라고 부르는 산맥의 하나를 넘었다. 도적 떼를 복종시키거나 절멸시키는 것은 별로 어렵지 않았지만, 그럼에도 수많은 병사들과 말들이 눈 덮인 산 속에서 하나둘씩 쓰러져 갔다. 황제 자신도 이동용 발판에 150큐빗이나 되는 줄을 달고 낭떠러지에서 밑으로 내려가야 했는데, 이 같은 위험한 과정을 다섯 번이나 반복한 후에야 마침내 완전히 바닥에 내려설 수 있었다. 티무르는 통상적 통로를 이용해 아톡에서 인더스 강을 건넌 뒤, 알렉산드로스 대왕이 통과한 길을 따라 인더스 강이 흘러드는 펀자브의 5대 지류²²를 잇달아 건넜다. 아톡에서 델리에 이르는 길은 600마일이 채 되지 않지만 두 정복자들은 모두 남동쪽으로 우회하는 방법을 택했다. 티무르가 그렇게 한 이유는 자신의 명령에 따라 모울탄 정복을 달성한 손자와 합류하기 위해서였다. 마케도니아의 젊은 대왕은 사막과 접한 히파시스 강의 동쪽 강변에 멈춰 서서 울음을 터뜨렸으나, 몽골의 황제는 사막으로 진입하여 바트니르 요새를 점령한 다음, 이슬람 왕들의 지배를 받으며 300년 동안 번성해 온 위대한 수도 델리의 성문 앞에 군사들과 함께 우뚝 섰다. 포위 공격은 특히 성곽일 경우 대체로 시간이 더 많이 걸리지만, 티무르는 자신의 군대가 약한 것처럼 보이도록 위장술을 펼침으로써 술탄 마흐무드와 그의 태수를 평원으로 유인할 수 있었다. 마흐무드는 기병 1만 명과 보병 4만 명, 독을 바른 날카로운 단검으로 무장되어 있다고 알려진 코끼리 120마리를 이끌고 왔다. 이 괴물에 맞서기 위해, 아니 솔직히 말해 병사들이 만들어 낸 상상의 공포에 맞서기 위해 티무르는 불과 도랑, 철로 만든 못, 벽처럼 둘러친 둥근 방패를 이용하는 등 만전을 기했는데, 실제 전투를 치르고 난 뒤 몽골군은 자신들이 얼마나 무시무시한 존재인지를 깨닫고는 새삼 득의양양하였다. 이 거대한 동물들이 패배하자 그보다 허약한 종족(인도의 병사들)은 전장에서 모습을 감추었다. 승리자로서 인도의 수도에 입성한 티무르는 장중한 모스크 건축물들을 감탄스럽게 바라보며 자신도 이를 모방해야겠다고 생각했다. 그러나 곧바로 자행한 무차별적 약탈과 학살은 승리의 축제를 더럽히고 말았다. 그 후 티무르는 자신의 병사들을 이슬람교도보다 열 배나 많은 우상숭배자 힌두교도들의 피로 정화하기로 결심했다. 이 경건한 계획을 가슴에 품은 티무르는 델리 북동쪽으로 백 마일을 진군한 뒤 갠지스 강을 건넜다. 그러고는 수륙 모두에서 여러 번의 전투를 치른 뒤 암소처럼 생긴 유명한 쿠펠레 바위까지 곧장 진격했다. 갠지스 강의 수원은 실제로는 저 멀리 떨어진 티베트 고원이지만, 쿠펠레 바위를 보면 마치 이 바위에서 갠지스 강이 뿜어져 나오는 것 같았다.23 티무르는 북부 산악 지대의 비탈진 기슭을 따라 고국으로 돌아왔다. 티무르의 태수들은 더운 나라에서 자신들의 자식이 힌두교도로 전락하고 말 것이라고 억측했지만, 1년 동안의 원정은 그렇게 될 겨를도 주지 않을 만큼 신속한 것이었다.

갠지스 강 기슭에 도착했을 무렵, 티무르는 전령들로부터 그루지야와 아나톨리아의 국경 지대에서 그리스도교도들이 반란을 일으켜 내분이 일어났다는 소식과 함께 바야지트의 야심만만한 계획을 듣게 되었다. 63세의 고령인데다 쉴 새 없는 전투로 피로가 누적되었음에도 그의 심신은 전혀 지치지 않았다. 사마르칸트의 궁전에서 몇 달 동안 평온한 나날을 보낸 뒤에 티무르는 아시아 서쪽 지역에 대한 7년 동안의 새로운 원정을 시작할 것임을 선포했다. 티무르는 인도 원정에 참가했던 병사

1400년 9월,
술탄 바야지트와의 전쟁

23 두 개의 큰 강 갠지스와 부람푸테르는 티베트 고원에서 서로 1200마일을 두고 떨어져 마주 보고 있는 산맥에서 시작된다. 그리고 각기 2000마일 정도를 흐른 뒤에 벵골 만 근처에서 다시 하나로 합쳐진다. 하지만 두 강에 대한 명성은 하늘과 땅 차이인데, 부람푸테르 강은 비교적 최근에 발견되었지만 그 형제 격인 갠지스는 고금을 불문하고 칭송의 대상이었다. 티무르가 마지막 승전을 거둔 쿠펠레 바위는 캘커타에서 1100마일 정도 떨어진 롤동에 위치한 것으로 여겨진다. 이곳은 1774년 영국군의 야영지이기도 했다!

들에게는 고향에 남아 있든지 아니면 자신을 따라 새로운 원정에 참가하든지 선택할 기회를 주었지만, 페르시아의 모든 속주와 왕국의 병사들에게는 이스파한에 집결해서 제국의 군기가 도착하기를 기다리라는 명령을 내렸다. 티무르의 첫 번째 정복 목표는 험한 지형과 단단한 성채를 무기 삼아 겨울 동안 완강하게 버틸 것이 분명한 그루지야의 그리스도교도들이었다. 하지만 티무르의 열망과 인내심 앞에서 이러한 장애물은 아무 소용이 없었으며, 반란군들은 조공을 바치든 아니면 코란의 율법을 따르든 양자택일을 해야 했다. 그리스도교와 이슬람교 모두 순교자를 자랑스럽게 여기는 것은 맞지만, 이번에는 그리스도교도 포로들이 개종이냐 죽음이냐 둘 중 하나를 선택하면서 순교자의 역할을 맡을 차례였다. 티무르는 산에서 내려오자마자 바야지트가 보낸 첫 번째 사절단을 알현했다. 이때부터 2년 동안 불만과 위협으로 얼룩진 적대적인 교섭이 오가기 시작했고 마침내 양쪽 모두 분노가 폭발하고 말았다. 서로 질시하며 거만한 두 제국 사이에는 싸움거리가 끊이지 않았다. 지금도 몽골과 오스만의 점령지는 에르제룸과 유프라테스 강 근처에서 맞닿아 있는데, 불확실한 경계선은 시간이 흘러도 상호 협정으로도 확정되어 있지 않다. 두 야심만만한 군주는 서로 상대방이 자신의 영토를 침입해서 신민들을 위협하고 있으며 반도들을 보호하고 있다는 비난을 퍼부었다. 여기서 반도는 자신이 왕국을 강탈하고 목숨과 자유를 빼앗기 위해 끈질기게 추격하고 있는 망명 군주를 가리키는 말임을 두 황제는 잘 알고 있었다. 둘의 이해관계가 충돌한다는 사실보다 두 황제의 성격이 너무도 유사하다는 점이 더욱 위기를 불러오고 있었다. 지금까지 무수한 승리를 거두는 동안, 티무르는 경쟁자의 존재를 용납하지 않았고 바야지트는 자기보다 더 뛰어난 사람을 본 적이 없었다. 몽골 황제가 보낸 첫 번째 서신[24]은 투르크 술탄의 마음을 달래는 대신, 바야지트의 가문과 신민들을 업신여기는 자극적인 내용으로 채워졌다.[25]

> 아시아의 거의 전역이 우리의 군대와 우리의 법령을 따른다는 사실을 그대는 알지 못하는가? 우리의 무적 군대가 동서 양쪽으로 뻗어 있다는 사실을 그대는 알지 못하는가? 세상의 모든 권세가들이 우리 성문 앞에서 장사진을 이루고 있음을 알지 못하는가? 행운의 여신이 우리 편이 되어 나의 제국의 번영을 지켜 주고 있다는 사실을 알지 못하는가? 그대의 오만방자함과 어리석음은 도대체 어디에서 연유하는 것인가? 그대는 아나톨리아의 숲에서 전투를 몇 번 치렀을 뿐이오. 참으로 하찮은 승리로다! 유럽의 그리스도교도들을 상대로 몇 번인가 승리를 거둔 것은 사실이나, 이는 신의 사도가 그대의 검을 축복해 주었기 때문이오. 우리가 이슬람 세계의 최전선이며 보루인 그대의 나라를 파괴하지 않은 이유는 단지 그대가 이교도들과 전쟁을 벌이면서 코란의 규정에 순종했기 때문이오. 지금이라도 현명하게 구시오. 반성하고 뉘우치시오. 그대의 머리 위에 드리워진 내 분노의 폭풍을 피하도록 하시오. 개미처럼 미약한 그대가 어찌해서 코끼리를 화나게 하는 것이오? 슬프도다! 코끼리들이 그대를 짓밟을 것이란 말이오.

도를 넘는 모욕에 기분이 몹시 상한 바야지트는 마음속의 분노를 그대로 드러내는 답장을 보냈다. 오스만의 군주는 가장 저속한 말로 몽골군이 사막의 도적과 반도 무리에 지나지 않는다고 모욕하고 나서, 자신이 이란과 투란, 인도에서 거둔 승리를 자랑스럽게 요약해서 설명했다. 그러고는 배신 행위나 적군의

[24] 『강령』, 세레페딘. 아랍사를 통해 이 적대적인 편지들 중 세 통을 살펴볼 수 있는데, 문체는 다르지만 안에 담긴 내용은 비슷하다. 아마도 처음에 터키어로 씌어졌던 것이 여러 경로를 거쳐 아랍어와 페르시아어로 번역되었으리라고 짐작할 수 있다.

[25] 몽골의 황제는 자신과 백성들을 투르크인들이라고 지칭하는 반면, 바야지트의 백성과 국가를 투르크만이라는 명예롭지 못한 이름으로 부르며 폄하하였다. 하지만 나로서는 오스만 사람들을 어떻게 투르크만 뱃사람의 후손이라고 부를 수 있는지 이해가 되지 않는다. 이 양치기들은 내륙 깊숙이 살았기 때문에 뱃일을 해보기는커녕 바다를 본 적도 없었다.

26 아랍샤에 따르면 동양 사람들은 여인과의 일을 떠벌리지 않는데 투르크 국가들에서는 그 정도가 훨씬 심했다. 칼콘딜레스도 동양인들에게 이는 대단히 큰 모욕임을 잘 알고 있었으리라 충분히 짐작할 수 있다.

모반이 아니었다면 티무르는 결코 전쟁에서 승리하지 못했을 것이라며 그를 깎아내렸다.

    그대의 병사들은 셀 수도 없이 많소. 그렇긴 할 것이오. 하지만 짐 휘하에 있는 무적의 예니체리군이 쓰는 언월도와 큰 도끼 앞에서 그대 타타르인들의 화살이 무슨 소용이란 말이오? 짐은 내 보호를 원하는 군주들을 기꺼이 지켜 줄 것이오. 짐의 천막 안에서 그런 사람들을 한번 찾아보시오. 아르징간과 에르제룸의 도시들은 이미 짐의 것인만큼 조공을 게을리한다면, 짐은 타우리스와 술타니아의 성벽 아래에서 그 책임을 다하기를 요구할 것이오.

이어서 끓어오르는 분노를 참지 못한 채 기어이 가정사에 대해서까지 모욕하였다.

    짐이 그대의 군대에게 밀려 도망친다면 짐의 아내들은 세 번 이혼을 언도받아도 좋을 것이오. 하지만 그대가 전장에서 나와 맞설 용기가 없다면, 그대는 다른 사내의 애무를 세 번이나 받은 그대의 아내들을 다시 받아들이는 것이 좋을 것이오.

어떠한 형태의 말이나 행동으로든 투르크 국가에서 은밀한 영역인 하렘을 모욕하는 것은 도저히 용납할 수 없는 범죄로 여긴다.26 결국 두 군주 간의 정치적 싸움은 사적인 분노로 한층 격화되었다. 그러나 티무르는 첫 원정에서 아나톨리아 국경에 있는 요새 도시인 세바스테를 포위 공격해서 파괴한 것만으로 만족했다. 오스만 군주가 던진 모욕에 대해서는 용맹하고 충성스럽게 방어 임무를 수행했던 4000명의 아르메니아 병사들을 생매장함으로써 복수했다. 티무르는 그 자신도 이슬람교도로서 여전히 콘스탄티노플 봉쇄 작전을 펼치고 있는 바야지트의 신성한 책무를 존중했던 것으로 보인다. 그래서 첫 원정에서 유익한 교훈을 얻은 뒤, 몽골의 정복자는 더 이상의 진격을 멈추고 기수를 시리아와 이집트 쪽으로 돌렸다. 정전을 위한 교섭에서 동양인들은 물론이고 티무르조차도 오스만의 군주를 로마의 카이사르라는 뜻에서 '로움의 황제(Kaissar of Roum)'라고 불렀다. 콘스탄티누스의 후계자들이 다스렸던 모든 지역을 점령하고, 이제는 그 수도마저 위협하고 있는 군주에게 이런 별칭이 붙은 것은 어느 정도 예상할 수 있는 일이었다.[27]

1400년, 시리아를 침입한 티무르

이집트와 시리아는 여전히 마말루크 군사 정권의 지배를 받고 있었다. 하지만 투르크 왕조는 키르카시아인들에게 전복되었는데, 그들은 노예이자 죄수 출신인 바르쿠크를 왕으로 옹립하였다. 반란과 불화의 틈바구니에서 바르쿠크는 몽골 황제의 위협을 무시하고 그의 적들과 동맹을 맺는 한편 티무르가 보낸 사절단을 감금하였다. 그래서 몽골의 황제는 바르쿠크가 죽기를 기다렸다가 그의 아들 파라즈의 통치력이 미약한 틈을 타서 그 아버지가 저지른 죄를 보복하기 위한 행동에 나섰다. 몽골군의 침입을 저지하고자 시리아의 태수들[28]이 알레포로 소집되었다. 그들은 마말루크의 명성과 규율, 다마스쿠스에서 나오는 가장 순수한 철로 만든 견고한 검과 창, 성채 도시의 굳건함, 그리고 6만 명에 달하는 주민 수를 믿으면서 승리를 확신하였다. 그래서 그들은 포위 공격을 당하기보다 성문 밖으로 나가 평원에서 전투를 벌이는 방법을 택했다. 하지만 이들 군대의 사기나 기강은 별로 센 편이 아니었으며, 심지어 도망치거나 자기보다 충성스러운 동료들을 배신하겠다는 생각까지

[27] 몽골인들의 글은 『강령』을 참조하고 페르시아인들의 글은 『동방 총서』를 참조하기 바란다. 하지만 나는 카이사르라는 칭호를 아랍인들이 붙인 것인지 아니면 오스만인들이 붙인 것인지 알지 못한다.

[28] 이 내부 교섭에 대해서는 비록 편파적이기는 해도 아랍샤가 믿을 만한 내용을 설명하고 있다. 분명 시리아에게 티무르는 상대하기도 싫은 존재였을 것이다. 하지만 그동안 쌓아 온 악명을 고려했더라면 그는 자신은 물론이고 적의 의견도 어느 정도는 존중했을지도 모른다. 어쩌면 그의 냉혹한 품성이 세레페딘의 지나친 찬사를 어느 정도 바꿔 놓았을 수도 있다.

29) 티무르가 이들과 나눈 흥미진진한 대화는 쇼우나의 진술을 토대로 아랍 샤가 적어 놓은 것으로 여겨진다. 하지만 그가 그 후 어떻게 75년을 더 살 수 있었던 것일까?

품고 있는 자들도 있었다. 티무르군의 전방에는 인도 코끼리들이 줄지어 있었고, 이동 탑에는 궁수들과 그리스의 불이 가득 차 있었다. 시리아의 군대는 티무르의 기병대가 신속하게 전진하는 모습에 혼비백산하여 대열도 정비하지 못하고 일제히 퇴각하는 바람에 대로 입구에서 수천 명의 병사들이 압사하거나 학살당했다. 도망쳐 온 병사들과 함께 몽골군도 밀려 들어와 아주 잠깐 저항이 있기도 했지만, 겁쟁이들과 배신자들 덕분에 난공불락의 알레포 성채를 손에 넣었다. 투항자들과 포로들 틈에서 율법학자들을 찾아낸 티무르는 그들을 개인 면담이라는 명예롭지만 위험천만한 자리에 초대했다.29) 몽골의 황제는 열성적인 이슬람교도였지만 그가 속한 페르시아 학파에서는 그에게 알리와 후세인만을 존경하라고 가르쳤기 때문에, 그는 신의 사도의 외손자(후세인)를 죽인 시리아인들에게 뿌리 깊은 편견을 가지고 있었다. 티무르는 율법학자들에게 보카라, 사마르칸트, 헤라트의 결의론자(決疑論者)로서는 도저히 해답을 제시할 수 없는 심술궂은 질문을 던졌다. "우리 편에 속한 살해당한 자와 그 살인을 저지른 적 가운데, 진정한 순교자는 누구라고 생각하오?" 알레포의 한 율법학자는 마호메트의 말을 인용하면서, 나라를 위해서가 아니라 대의명분을 위해 싸운다면 순교자의 자격을 갖춘 것이며, 어느 쪽이든 신의 영광을 위해 싸우는 이슬람교도만이 신성한 호칭을 받을 자격이 있노라고 답했다. 이 말에 만족한 티무르는 더 이상 짓궂은 질문을 던지지 않았다. 그러나 칼리프의 진정한 계승자가 누구인가는 여전히 많은 논란을 불러일으키는 미묘하고도 복잡한 문제였다. 한 율법학자의 지나치게 솔직한 답변에 황제는 분노하며 이렇게 말했다. "그대들은 저 다마스쿠스 사람들만큼이나 거

1400년 11월, 알레포 약탈

짓말쟁이들이오. 무아위야는 강탈자이고 야지드는 폭군이오. 알리만이 예지자의 적법한 계승자이외다." 율법학자의 신중한 설명에 분노가 가라앉자 그는 좀 더 편안한 쪽으로 대화 주제를 돌렸다. 그가 율법학자에게 물었다. "그대 나이는 몇인가?" "오십입니다." "내 큰아들과 비슷한 나이군. 이리 가까이 다가와 이 절름발이에 늙어 빠진 불쌍한 육신을 보게나. 하지만 전지전능한 신께서는 기꺼이 내 팔을 빌려 여러 왕국들을 점령하셨네. 짐은 피를 부르는 인간이 아니네. 신이 내 증인이시네. 지금까지 무수한 전쟁을 치렀지만 내가 먼저 공격한 적은 한 번도 없었네. 짐의 적이 스스로 재앙을 만들었을 뿐이네." 평화로운 대화가 오가는 동안 알레포의 거리에는 피가 흘러넘쳤고, 어머니와 아이들의 울음소리 그리고 폭행당한 처녀들의 비명 소리가 곳곳에 울려 퍼졌다. 약탈을 허락받은 병사들이 탐욕을 부린 것도 원인이겠지만, 충분한 수의 두개골을 모아 오라는 황제의 명령은 그들의 잔혹성을 한층 배가시켰다. 이렇게 모아진 두개골은 몽골의 풍습에 따라 원기둥이나 삼각뿔 모양으로 정성스럽게 쌓아 올려졌다. 몽골인들이 승리의 축전을 즐기는 동안 살아남은 이슬람교도들은 쇠사슬에 묶여 눈물 속에서 밤을 지새워야 했다. 알레포에서 다마스쿠스까지 이 파괴자의 행군에 대해 자세히 기술할 생각은 없다. 다만 다마스쿠스에서 그는 이집트군의 거센 저항을 받고 거의 전멸당할 뻔했다. 티무르가 불안과 절망감에 퇴각 명령을 내린 것이 원인일 수도 있는데, 그의 조카 한 명이 배신하여 적에 붙은 것이다. 마말루크의 반란으로 파라즈가 치욕스럽게도 카이로의 궁전으로 몸을 피해 달아났을 때, 시리아는 티무르가 패배했다는 소문을 듣고 환성을 질렀다. 다마스쿠스 주민들은 군주로부터 버림받은 후에도 여전히 성을 방위하고 있었는데, 티무르는 다마

30 80만 명이라는 숫자는 아랍샤의 글에서 인용한 것이다. 비잔티움의 역사가(프란차)가 여기에 2만 명 정도를 더했어도 전혀 놀랄 일은 아니다. 포기우스는 그 수를 100만 명으로 계산하고, 동시대의 다른 라틴 역사가는 110만 명이라고 기록한다. 앙고라 전투에 참전한 한 독일 병사는 그 수를 무려 160만 명으로 전하고 있다. 티무르는 『강령』에서 자신의 군대나 신하들, 또는 수입에 대해 정확히 계산하지는 않고 있다.

스쿠스 주민들이 자신의 퇴각을 장식해 주기 위해 몸값이나 각 품목에 아홉 개씩의 선물을 바친다면 포위 공격을 푸는 데 동의하겠다고 말했다. 정전 협정을 위해 성 안에 들어오자마자

　　　1401년 1월,
　　　다마스쿠스 약탈

그는 신의를 저버리고 금화 1000만 닢을 바치라고 요구하였다. 또한 자신의 병사들에게는 마호메트의 손자를 살해한 죄를 저지른 시리아인들의 자손을 단죄해도 좋다고 부추겼다. 후세인의 수급을 정중하게 매장해 주었던 일가의 자손과 사마르칸트에서 노역에 써먹을 한 무리의 장인들만이 집단 학살에서 목숨을 보전할 수 있었다. 이로써 다마스쿠스는 후세인이 죽고 700년이 흐른 뒤, 복수심에 불타오르던 한 타타르인의 종교적 열성으로 잿더미가 되고 말았다. 원정에 따른 인명 손실과 피로가 누적되자 티무르는 팔레스타인과 이집트 정복을 단념할 수밖에 없었다. 하지만 유프라테스로 귀환하는 도중에 그는 알레포를 불살랐는데, 후세인의 묘 순례를 원하는 알리파 신도들 2000명의 목숨을 살려 주고 포상함으로써 자신의 종교적 행위를 정당화시켰다. 지금까지 이 몽골 영웅의 품성을 알려 주는 개인적인 일화 몇 가지를 소개했다. 이제 여기에 덧붙여 그가

　　　1401년 7월,
　　　바그다드 약탈

바그다드의 폐허에 9만 명의 두개골로 피라미드를 쌓은 행위와, 두 번째로 그루지야를 침략해서 아라크세스 강변에 천막을 치고 오스만 황제를 정벌하기 위해 또 한 번 출전하기로 결정한 일에 대해 간략히 언급하고자 한다. 앞으로 치르게 될 전쟁의 중요함을 잘 알고 있었기에 티무르는 각 지역에서 병사들을 모집했고, 그 결과 총 80만 명에 이르는 대군이 모였다.[30] 하지만 그의 휘하에 5000 내지 1만의 훌륭한 기병대가 있다는 것은 단지 지휘관들의 서열과 녹봉을 나타낸 말일 뿐 동원 가

능한 병력을 가리키는 말은 아닌 것 같다.31 시리아 침공으로 몽골의 병사들은 이미 막대한 부를 거머쥐었는데, 그동안 쌓인 미지급금은 물론 7년치 급료를 선불로 받자 황제군의 결속력은 하늘을 찌를 듯 단단해졌다.

몽골군이 다른 곳을 정벌하는 사이 바야지트는 좀 더 거대한 결전을 준비하기 위해 2년 동안 군사를 모집해 왔다. 바야지트의 총 병력은 기병과 보병을 합쳐 40만에 이르렀지만,32 병사들의 능력이나 충성심은 다 제각각이었다. 이들을 구분하면, 조금씩 수를 늘리면서 4만 병력으로 늘어난 예니체리군, 오늘날의 스파히(비정규 기병대)에 해당하는 국민 기병대, 단단한 검은색 갑옷으로 중무장한 유럽 출신의 기병 2만, 지휘관들이 티무르 진영으로 몸을 피해 버린 아나톨리아의 군사들, 티무르에 의해 킵차크에서 쫓겨난 뒤 바야지트의 아량으로 하드리아노폴리스 평원에 거주하게 된 일단의 타타르인들로 나눌 수 있다. 자신감에 충만한 술탄은 최대 경쟁자와의 일전을 기다렸다. 그리고 보복을 위해 일부러 선택한 듯, 그는 불운의 장소인 세바스테의 폐허 근처에 자신의 군기를 내걸었다. 그러는 동안 티무르는 아라크세스 강을 출발해 아르메니아와 아나톨리아의 국경을 통과하고 있었다. 그는 대담성을 발휘하면서도 현명하고 신중하게 움직였으며, 진군 속도를 높이면서도 질서와 규율을 갖추는 것을 잊지 않았다. 수색대가 그의 행로를 앞서가면서 모든 숲과 삼림과 강을 주도면밀하게 탐색했다. 오스만 제국의 심장부에서 결전을 치른다는 계획을 굳힌 후, 티무르는 적의 군영이 있는 곳을 피해 왼쪽으로 교묘하게 돌아가서는 카이사레아를 점령한 다음, 소금 사막과 할리스 강을 건너서 앙고라를 포위하였다. 한편 바야지트는 자신의 진영에서

1402년, 아나톨리아를 침입한 티무르

31 몽골 황제는 자신의 자부심과 지휘관들의 편의를 위해 평소에도 상당수의 병력을 거느릴 수 있도록 허용해 주었다. 베르니에의 후원자는 5000명의 기병대 지휘관인 펜게하자리였는데, 실제로 그가 평소에 거느리는 기병대는 500명 정도에 불과했다.

32 티무르는 『강령』에서 오스만의 군대가 40만에 불과하다고 말하는데, 프란차는 이를 15만이라고 줄여 적었고, 앞서 나온 독일인 병사는 140만 명이라고 말했다. 몽골군이 오스만군보다 훨씬 숫자가 많았다는 것은 분명한 사실이다.

33 앙고라와 근처 도시들 사이의 거리를 언급할 필요가 있는데, 대상들의 여행기에 따르면 앙고라에서 스미르나까지는 20마일, 키오타히아까지는 10마일, 부르사까지 10마일, 카이사레아까지 8마일, 시노페까지 10마일, 니코메디아까지 9마일, 콘스탄티노플까지는 12~13마일 정도였다.

34 (티무르의 말에 따르면) 술탄은 용기의 발을 인내심의 등자에 올려놓아야 했다. 이러한 타타르식의 비유는 영어에서는 그 의미가 전해지지 않고 있지만, 프랑스어 판 『강령』에는 그 의미가 적혀 있다.

전혀 움직이지 않으면서 타타르군의 진군 속도가 달팽이처럼 느리다고만 알고 있었다.33 하지만 사실을 알자마자 그는 크게

〰️〰️〰️
1402년 7월,
앙고라 전투
〰️〰️〰️

분노하여 앙고라를 구하기 위해 신속하게 돌아왔다. 양쪽 장수들은 즉시 전투를 치르기를 원했고, 도시 주변의 평원에서 벌어진 역사적인 전투에서 티무르는 길이길이 기억될 영광을 안았고 바야지트는 영원히 잊히지 않을 치욕을 입었다. 몽골군이 눈부신 승리를 거둔 원인은 몽골 황제 본인의 탁월한 능력과 그 순간의 운수 그리고 30년간 갈고닦은 훈련 덕분이었다. 그는 신민들의 기본적인 생활 양식을 해치지 않으면서도 군사적인 책략을 향상시켰으며, 수많은 기병들이 갖춘 하늘을 나는 무기와 신속한 전개 속도는 몽골군의 위력을 강하게 유지시켜 주었다. 일개 부대에서 대규모 연합 부대에 이르기까지 공격 방식은 동일했다. 제일선 부대가 가장 앞에서 돌격을 하면 주요 선봉대가 그 뒤를 질서 정연하게 따르며 뒤를 받쳐 주었다. 사령관의 눈은 전장을 주의 깊게 관찰했고, 그의 명령에 따라서 좌익과 우익의 전방 부대와 후방 부대 들은 차례로 각자의 대열을 유지하면서 정면으로 진격하거나 비스듬하게 진격했다. 티무르의 군사들은 18~20번 정도 공격을 감행하며 적을 압박했고, 공격할 때마다 매번 승리의 기회를 거머쥘 수 있었다. 혹시라도 이 모든 공격이 효과가 없거나 실패했다고 판단되면 때로는 황제가 직접 앞으로 나가서 군기와 주력 부대에 전진 명령을 내리기도 했다.34 하지만 앙고라 전투에서는 티무르의 아들들과 손자들이 지휘하는 가장 용감한 정예 부대가 전방과 후방 모두에서 주력 부대를 엄호해 주었다. 힌두스탄의 정복자(티무르)는 승리의 전리품인 코끼리 부대를 적에게 보란 듯이 앞세웠다. 또한 그리스의 불의 효력은 몽골과 오스만 모

두가 익히 잘 아는 바였지만, 그들이 최근 유럽에서 발명한 화약과 우레 같은 소리를 내는 대포를 사용했더라면 아마도 그날 전쟁의 결과는 바뀌었을지도 모른다.35 그날 바야지트는 훌륭한 군인이자 수장으로서의 모습을 유감없이 보여 주었지만 그의 능력은 더 강력하고 우월한 힘을 가진 사람 앞에서 맥을 쓰지 못했고, 휘하의 병사들 대다수도 여러 이유에서 결정적인 순간에 실망스럽게 행동하고 말았다. 지나치게 엄하고 탐욕스러운 그의 성격 때문에 투르크인들 사이에서는 이미 모반의 기운이 싹트고 있었고, 심지어는 아들인 술라이만마저도 일찌감치 전장에서 퇴각하는 우를 범했다. 이번 봉기를 지지하던 아나톨리아의 군대는 도망쳐서 자신들의 합법적인 군주 밑으로 들어갔다. 바야지트의 편에 섰던 타타르인 동맹들도 마음이 흔들렸다. 티무르가 밀사 편에 편지를 보내, 그들 아버지의 노예였던 자에게 수치스럽게도 굴종하고 있는 그들을 꾸짖는 한편으로, 새로운 나라를 다스리게 해 주거나 옛 국토를 되찾아 주겠다는 제안을 했기 때문이다. 바야지트의 우익 부대에서는 유럽 출신의 중기병들이 충성심을 잃지 않고 강력한 무기를 휘두르며 계속 전진했지만, 이 철의 사나이들도 타타르군의 교묘한 퇴각 전술에 휘말려 무분별하게 추격하다가 무너지고 말았다. 이제 기병대도 하늘을 나는 무기도 다 잃은 예니체리군만이 홀로 남아 몽골의 사냥꾼들에게 둘러싸이는 신세가 되고 말았다. 더위와 갈증, 적군의 압도적인 숫자에 마침내 그들의 사기도 무너져 내렸고, 수족 통풍으로 고생하던 불운한 술탄은 가장 빠른 말에 태워져 전쟁터를 급히 빠져나가야 했다. 하지만 차가타이의 명목상의 칸에게 추격을 당해 붙잡혔다. 그가 포로로 잡히고 오스만군이 패배하자 아나톨리아 왕국은 정복자에

바야지트의 패배와 감금

35 티무르 쪽에서 쓴 그리스의 불에 대해서는 세레페딘이 증언하고 있다. 하지만 이상한 문자가 새겨진 대포 몇 문에 대해 볼테르는 티무르가 델리에 보내 준 것이 분명하다고 추측하고 있지만, 동시대 사람들은 대부분 이러한 추측을 인정하지 않고 있다.

게 무릎을 꿇었다. 티무르는 키오타히아에 군기를 꽂고 진영을 구축한 뒤 약탈과 파괴의 사자들을 곳곳에 보냈다. 티무르의 장손이며 가장 아끼는 손자이기도 한 미르자 메헤메드 술탄이 3만 기병과 함께 부르사로 급파되었다. 그는 젊은 혈기로 230마일에 달하는 거리를 단 5일 만에 주파하였고, 오스만 투르크의 수도인 부르사에 도착했을 때 그를 뒤따른 병사는 겨우 4000명에 불과했다. 하지만 두려움에 휩싸인 상대의 도망치는 발걸음은 훨씬 빨랐는데, 바야지트의 아들인 술라이만은 이미 막대한 보화를 챙겨서 유럽으로 도망치고 없었다. 게다가 주민들도 이미 다 도망친 후였지만 궁전과 도시에는 아직 약탈할 것들이 수없이 남아 있었다. 목조 건물이 대다수이던 수도 부르사는 이제 한줌 잿더미로 변해 버렸다. 티무르의 손자는 이번에는 부르사를 출발해 아직까지 번영을 누리고 있는 아름다운 도시인 니케아로 향했으며, 이 몽골 부대는 프로폰티스 해의 거센 파도에 잠시 주춤했을 뿐 계속 전진했다. 다른 태수들이나 술탄들도 원정에서 똑같은 성공을 거두었다. 황제가 직접 나선 곳은 로도스 기사단이 죽을 힘을 다해 용감히 지키던 스미르나 성채밖에 없었다. 하지만 완강하던 방어도 무너지고 성채는 급습을 당했다. 숨을 쉬던 모든 것이 몽골군의 칼날 앞에 쓰러졌고, 그리스도교도 영웅들의 수급은 대포에 장전된 뒤 항구에 정박해 있던 유럽에서 온 두 척의 대형 범선을 향해 발사되었다. 아시아의 이슬람교도들은 위험한 내부의 적들이 사라졌다는 소식에 기뻐 환성을 질렀다. 7년 동안 바야지트의 포위 공격이나 봉쇄 조치에도 끄떡없던 스미르나 요새를 티무르가 단 14일 만에 함락시켰다는 것은 두 경쟁자의 실력 차이를 보여 준다고 할 수 있었다.

티무르가 바야지트를 감금했던 '철제 우리'에 대한 이야기는 오랫동안 도덕적인 교훈으로서 두고두고 회자되어 왔지만, 오늘날의 역사가들은 그것을 꾸며 낸 것에 불과하다며 그 이야기를 너무 쉽게 믿은 사람들의 어리석음을 비웃고 있다.36 사람들은 세레페딘 알리가 쓴 페르시아 역사서를 거론하며 그 일화가 사실이라고 자신 있게 말한다. 우리의 호기심에 화답하듯이 최근 프랑스어로 번역된 이 책의 내용을 토대로 역사적인 사건을 좀 더 자세하게 기술하고자 한다. 포로가 된 바야지트가 자신의 천막 앞에 당도했다는 보고를 듣자마자 티무르는 정중하게 앞으로 걸어 나와 그를 맞이한 뒤 자신의 옆자리에 앉혔다. 그리고 황제는 바야지트를 비난하면서도 그가 처한 현재 상황과 불운을 애석하게 여기며 다음과 같이 말했다.

'철제 우리'에 대한 이야기

페르시아 역사가에 의해 반박된 바야지트에 관한 이야기

36 이는 볼테르가 모든 사건에 대해 대중의 말을 믿지 않고 악행이나 미덕을 부풀리는 행위를 경시하는 회의주의적인 태도를 가졌음을 잘 보여 주는 것이다. 그리고 대부분은 그의 불신이 합당하다고 말할 수 있다.

슬프도다! 운명의 판결은 바로 그대 자신의 과실에 의한 것이오. 그것은 그대가 엮은 거미줄이며, 그대가 직접 심은 나무의 가시오. 나는 이슬람의 영웅에게 아량을 베풀고 심지어는 원조해 주고자 했소. 하지만 그대가 우리의 우정을 무시했기에 우리는 무적의 군대를 이끌고 그대의 왕국에 입성할 수밖에 없었소. 그리고 그 결과가 이것이오. 혹여 그대가 이겼다면, 그대가 나와 내 군대를 위해 어떤 운명을 준비했을 것인지 충분히 짐작하도고 남는 바이오. 하지만 과인은 보복을 좋아하지 않소. 그대의 목숨과 명예는 안전하오. 그리고 짐은 인간에게 자비를 베풂으로써 신에 대한 감사의 마음을 표할 것이오.

바야지트는 조금 후회하는 기색을 보이면서 자신이 패배했음을 명예롭게 인정했다. 그러고는 그의 부탁으로 전쟁터에서 붙잡힌 포로들 가운데서 찾아낸 아들 무사를 껴안고 눈물을 흘렸다. 티무르는 오스만의 왕과 왕자를 위해 훌륭한 막사를 마련해 주었고, 이를 지키는 경비병들도 그들에게 최대한 경의를 표하며 공손하게 굴었다. 부르사에서 후궁들이 도착하자 티무르는 황후 데스피나와 공주를 바야지트와 만나게 해 주었다. 하지만 티무르는 아직까지 그리스도교를 섬기고 있던 이 세르비아 출신의 황후에게 지체 없이 선지자 마호메트의 종교로 귀의할 것을 정중하게 요구하였다. 바야지트까지 참석한 승전 잔치에서 몽골의 황제는 그의 머리에 왕관을 씌워 주고 손에는 왕홀을 쥐어 주면서, 바야지트의 조상들이 누려 왔던 보다 영광된 왕위에 앉혀 주리라고 엄숙하게 약속하였다. 하지만 그 약속은 술탄의 갑작스러운 죽음으로 지켜지지 못했다. 바야지트는 가장 유능한 의사들의 보살핌도 소용없이 패전한 지 9개월 후 악세히르에서, 다시 말해 피시디아의 안티오크에서 세상을 떠나고 말았다. 승리자는 그의 주검 앞에서 눈물을 흘렸고, 바야지트의 유해는 국왕에 걸맞은 화려한 장례식을 치른 뒤 생전에 부르사에 마련해 둔 왕릉에 정중하게 안치되었다. 티무르는 그의 아들 무사에게 많은 금은보화와 말, 무기 들을 선물로 준 다음, 아나톨리아 국왕에 봉한다는 내용이 붉은 잉크로 적힌 정식 윤허장을 내려 주었다.

이상은 티무르 자신이 직접 썼으며 그가 죽고 19년 후, 아직도 많은 사람들이 진실을 기억하고 또 뻔히 들통 날 거짓말은 그의 실제 행위를 조롱하기 위해 날조된 것이라고 말할 수 있는 시기에, 그의 아들과 손자가 물려받은 기록에서 발췌한 관대한 정복자의 모습이다.[37] 모든 페르시아 역사책들이 채택했다는 점에서도 이 기록은 상당히 신빙성이 높다.[38] 하지만 그런 굴종적인 태도는 특히 동방에서는 비천하면서도 명예롭지

---

[37] 셰레페딘의 역사서를 참조하기 바란다. 이 책은 1424년 시라즈에서 완성되었고, 티무르의 아들 샤로흐의 아들인 술탄 이브라힘에게 바쳐졌다. 샤로흐는 부친이 살아 있는 동안에는 파르스를 통치했다.

[38] 콘데미르와 쇼우나의 글을 읽은 후 학식이 높은 데르벨로(d' Herbelot)는 가장 신빙성이 높은 사서에서는 이에 대한 일화가 적혀 있지 않음을 확인했을지도 모른다. 하지만 아랍샤가 눈으로 본 증거를 부정했다는 점에서 그의 책의 정확성에 조금 의문이 드는 것도 사실이다.

못한 것으로 여겨졌으며, 여러 증인들은 바야지트가 받은 가혹하고 불명예스러운 처우를 증언하고 있다. 그들의 증언을 시대와 나라별로 묶으면 다음과 같다. (1) 부시콜이 철군할 때 콘스탄티노플 방어를 위해 주둔군을 남겨 두었다는 사실은 앞에서도 이미 설명한 바 있다. 그들은 자신들의 가장 큰 적이 패하여 무너지는 것을 제일 먼저 생생하게 현장에서 목격할 수 있었으며, 아마도 그들 가운데 몇몇은 티무르 군영을 방문하는 비잔티움 사절단을 수행했을 가능성도 높다. 7년 뒤 부시콜의 부관이며 역사가인 한 프랑스인이 그들의 증언을 수집해서 바야지트가 갇혔던 감옥과 죽을 때의 상황 등 그가 당한 고초를 자세히 설명해 주었다.[39] (2) 이탈리아 사람 포기우스[40]는 15세기의 문예 부흥자로서 오늘날에도 그 이름이 널리 알려져 있다. 그는 50세 때, 말하자면 티무르가 투르크전을 승리로 이끌고 28년이 지난 뒤에 운명의 급변에 대한 내용을 담은 훌륭한 대화록을 저술했는데,[41] 이 책에서 그는 티무르를 고대의 유명한 야만족들에게 결코 뒤지지 않는 인물로 찬양하였다. 포기우스가 책에 적은 티무르의 위업과 규율은 현장에 있던 여러 증인들로부터 직접 들은 내용을 토대로 한 것이었다. 또한 그는 티무르라는 인물을 적절히 설명하기 위한 실례로, 오스만 군주가 짐승처럼 철제 우리에 갇혀 아시아인들에게 구경거리가 되었다는 사실에 대해서도 자세히 기록하는 것을 잊지 않았다. 또한 이보다 앞서 나온 두 이탈리아 사가의 연대기도 예로 들 수 있다. 사실이든 사실이 아니든, 세 권 모두 바야지트가 겪은 고초를 언급한다는 것 자체가 문예 부흥의 첫 번째 물결과 함께 바야지트에 대한 소식이 유럽에 전해졌음을 입증한다고

1. 프랑스인들에 의해 입증된 바야지트에 관한 이야기

2. 이탈리아인들에 의해 입증된 바야지트에 관한 이야기

[39] (바야지트는) 잡혀서 감옥으로 끌려가 그곳에서 무자비한 죽음을 맞았다!(『부시콜 회고록』) 이 회고록은 부시콜이 제노바 총독으로 있을 때 저술했다. 그는 민중 봉기가 일어나 1409년 제노바에서 축출당했다.

[40] 포기우스의 일생과 그의 책들에 대해서는 랑팡(M. Lenfant)의 흥미진진한 저서 『포기아나』와 파브리키우스의 중세 라틴어 도서 목록을 통해 충분히 확인할 수 있을 것이다. 포기우스는 1380년에 태어나 1459년에 세상을 떠났다.

[41] 대화집인 『운명론』은 교황 마르티누스 5세가 죽기 직전에 편찬되었으므로 1430년 말쯤에 나왔다고 볼 수 있다.

3. 아랍인들에 의해 입증된 바야지트에 관한 이야기

말할 수 있다. (3) 포기우스가 로마에서 활발히 활약하고 있던 그 시기에 다마스쿠스의 아랍샤는 투르크와 타타르를 여행하면서 얻은 자료들을 토대로 티무르에 대한 생생하면서도 다소 악의에 찬 역사서를 저술하였다. 라틴의 사가인 포기우스와 이 아랍인 저자 사이에는 그 어떤 서신 왕래도 없는 상황에서 철제 우리에 대한 진술은 서로 일치하고 있다. 그리고 이러한 일치는 그들이 최대한 사실대로 적었음을 분명하게 보여 준다고 말할 수 있다. 아랍샤는 바야지트가 겪은 가정사에 대한 또 다른 모욕을 기술하고 있다. 사실 그가 보낸 여성과 이혼에 대한 경솔한 답장에 질투심 강한 타타르 군주는 크게 분노한 바 있었다. 그래서 바야지트는 승전 연회에서 술 따르는 여자 노예들과 함께 베일도 쓰지 못한 채 취객들의 술 시중을 드는 자신의 처첩들의 모습을 지켜봐야 했다. 이후 바야지트의 후계자들은 똑같은 치욕을 당하는 것을 피하기 위해, 합법적인 결혼을 하는 것을 삼가게 되었으며 예외는 단 한 명밖에 없었다고 한다. 이런 오스만 군주들의 관습과 신념에 대해서는 적어도 16세기에 비엔나 궁정이 술라이만 대제의 궁정에 파견한 특사였던 부스베퀴우스의 세밀한 관찰을 통해 확인되었다.

4. 비잔티움인들에 의해 입증된 바야지트에 관한 이야기

(4) 언어의 분리를 보여 주기라도 하듯, 비잔티움 사가의 증언은 포기우스나 아랍샤 못지않게 독립적인 내용을 담고 있다. 이들보다 후기에 활발히 활동했으며 확실성이 조금 떨어지는 내용을 담고 있는 칼콘딜레스나 두카스의 책보다는, 마지막 황제들을 섬겼으며 앙고라 전투가 있기 1년 전에 태어난 프란차의 책에 더 많은 관심을 기울일 필요가 있다. 전쟁이 끝나고 22년이 지난 뒤 그는 무라드 2세에게 사절로 파견되었

다. 이곳에서 그는 바야지트와 함께 포로가 되었고, 철제 우리에 갇힌 황제의 모습을 목격했던 퇴역한 몇몇 예니체리 병사들과 대화를 나눴을 것으로 짐작된다. (5) 모든 의미에서 가장 최종적인 증거는 투르크 연대기에서 찾을 수 있는데 레운클라비우스, 포콕, 칸테미르도 이를 참조로 글을 쓰거나 필사했다. 그들은 이구동성으로 바야지트가 철제 우리에 갇힌 것을 한탄했는데, 타타르의 군주를 비난하기 위해 자기네 왕과 국토의 치욕을 고스란히 드러냈다는 점에서 그들의 글에 어느 정도 신뢰성을 부여해도 좋을 것이다.

5. 투르크인들에 의해 입증된 바야지트에 관한 이야기

이런 정반대되는 진술들을 토대로 한쪽에 치우치지 않는 공정한 결론을 도출할 수 있을 것이다. 나는 정복자가 성공에 도취되어 마치 관대한 인간처럼 행동하고 있었을 때 세레페딘 알리가 그를 접견하고 그 내용을 충실히 옮겨 적은 것이라고 생각한다. 하지만 그때에도 티무르의 속내는 때와 장소를 가리지 못하고 거만하게 구는 바야지트를 서서히 멀리하게 되었다. 바야지트의 적인 아나톨리아 군주들의 항의도 격렬하고 타당한 것이었기에, 티무르는 한때 황제였던 포로를 끌고 사마르칸트까지 개선하겠다는 계획을 드러내고 있었다. 게다가 천막 밑으로 굴을 파서 바야지트를 탈출시키려던 시도가 들통 나면서 몽골의 황제는 더욱 가혹한 구금 조치를 취할 결심을 하였다. 따라서 그의 끊임없는 진군 과정에서 마차에 철제 우리를 만들겠다는 생각은 무자비한 모욕을 가하기 위해서가 아니라 철저한 예방 조치로 볼 수 있을 것이다. 티무르는 예전에 조상들 중 한 페르시아 왕이 이런 비슷한 처우를 받았다는 기록을 읽은 적이 있었기 때문에, 로마 황제의 죄를 대신해서 갚

그럴듯한 결론

[42] 페르시아의 왕 사포르는 갈레리우스 황제의 포로가 되어 소가죽으로 만든 우리 안에 갇힌 적이 있었다. 이에 대한 일화는 에우티키우스의 책에 적혀 있다. 진실된 역사를 기억함으로써 우리는 헤지라 이전 수세기 동안의 동방에 대한 역사를 배울 수 있다.

[43] 아랍샤는 호기심 많은 여행자의 관점에서 갈리폴리 해협과 콘스탄티노플을 설명해 준다. 나는 당시 상황을 정확히 알기 위해 각자 편견을 가지고 서술된 몽골과 투르크, 비잔티움, 아랍의 사서 들을 비교했다. 스페인 대사는 적대 관계이던 그리스도교도들과 오스만인들의 동맹에 대해 설명해 준다.

을 사람으로 바야지트를 선택했던 것이다.[42] 하지만 바야지트는 이 시련으로 몸과 마음의 힘을 모두 잃게 되었으므로, 그의

1403년 3월, 바야지트의 죽음

갑작스러운 죽음은 티무르의 가혹한 처사 탓이라고 말해도 무리가 아닐 것이다. 티무르는 죽은 자와 싸움을 벌이는 인물이 아니었다. 따라서 눈물을 흘려 주고 화려한 무덤을 마련해 준 것은 죽음으로써 마침내 자신의 지배에서 벗어난 포로에게 베풀어 줄 수 있는 최대의 보상이었다. 바야지트의 아들 무사는 폐허가 된 부르사를 다스리는 허락을 받았지만, 정복자는 아나톨리아 대부분의 지역을 원래의 합법적인 지배자들에게 돌려주었다.

1403년, 티무르의 정복의 경계

이르티시 강과 볼가 강에서 페르시아 만까지, 그리고 갠지스 강에서 다마스쿠스와 에게 해에 이르기까지, 아시아의 대부분 지역이 티무르의 지배를 받게 되었다. 그의 군대는 무적이었고 그의 야망은 끝이 없었다. 어쩌면 그는 이미 자신의 이름을 듣기만 해도 벌벌 떠는 서방의 그리스도교 왕국들을 제패해서 개종시키겠다는 열망을 품고 있었을지도 모른다. 티무르는 대륙의 맨 끝까지 갔지만, 거기에는 좁기는 하지만 건너기에 만만치 않은 바다가 유럽과 아시아 두 대륙을 가로막고 있었다.[43] 그런데 수많은 기병대를 거느린 이 군주에게는 갤리선이 단 한 척도 없었다. 콘스탄티노플과 갈리폴리로 통하는 두 관문인 보스포루스 해협과 헬레스폰투스 해협은 그리스도교 국가들과 투르크가 한 곳씩 지배하고 있었다. 이 절체절명의 위기에서 그들은 종교가 다르다는 것을 잊고 서로의 목표를 위해 굳게 뭉쳤다. 일단의 함선들과 요새들이 두 해협을 지키고 있었고, 그들은 수송선을 제공해 달라는 티무르의 요구를 적의

공격을 방어하기 위해서라는 구실을 대며 거절하였다. 이와 동시에 그들은 티무르의 위신을 세워 주기 위해 선물을 제공하고 사절을 파견해서, 승리의 영광이 충만한 지금 철군하는 것이 어떻겠냐고 신중하게 회유하였다. 바야지트의 아들 술라이만은 자신과 아버지를 위해 티무르의 자비를 간청함으로써 이미 창검으로 지배하고 있던 로마니아 왕국을 하사한다는 내용의 붉은 잉크로 적힌 정식 윤허장을 받고서, 세계의 제왕 앞에 꿇어 엎드려 그의 관대함에 열렬히 감사하였다. 비잔티움의 황제 (요하네스 7세나 마누엘 2세)도 투르크 술탄에게 바친 것과 똑같은 조공을 바치겠노라고 약속하면서 조약 내용을 재차 확인시키기 위해 충성 맹세까지 하였다. 몽골군이 아나톨리아에서 철수하자마자 황제는 마음의 짐을 금세 벗어던질 수 있었다. 그러나 두려움과 공상에 사로잡힌 나머지 유럽인들은 야심 찬 티무르가 대규모 원정 계획을 다시 세울지도 모른다고 상상하였다. 이를테면 티무르가 이집트와 아프리카를 손에 넣은 뒤 나일 강에서 대서양까지 곧장 진군한 다음, 지브롤터 해협을 통과해 유럽으로 들어와서 그리스도교 왕국들을 제패한 뒤 러시아와 타타르의 사막을 건너 귀국할 것이라는 공상이다. 이 계획은 몽골의 황제로서도 실행이 불가능한 것이었다. 이런 먼 훗날의, 그리고 아마도 상상에 불과할, 위기는 이집트 술탄이 제 스스로 굴복한 덕분에 피할 수 있었다. 기도자로서의 영예와 받아 챙긴 돈은 티무르가 카이로의 주인이 되었음을 입증했으며, 아프리카는 조공 이외에도 진기한 선물인 기린 한 마리와 타조 아홉 마리를 사마르칸트에 바쳤다. 이 몽골인이 스미르나를 바라보는 군영지에 머물 때 중국 제국에 대한 침략을 생각했으며, 이 계획이 거의 실현될 뻔했다는 점에 우리는 놀라움을 금하지 않을 수 없다. 티무르가 이런 대규모 원정을 생각하게 된 것은 민족의 영광과 종교적인 열망에서였다. 티무르는 그동안 자신 때문에 죽어 간 수많은 이슬람교도들의 수만큼 이교도들을 없애는 것만이 그들의 피를 보상하는 길이라 생각했다. 이제 천국에 갈 시간이 다가오고 있는 지금, 자신이 천국으로 영광스럽게 입장하기 위해서는 중국의 우상들을 완전히 파괴하고 모든 도시에 이슬람 사원을 세워 중국인들에게 유일신과 선지자 마호메트에게 신앙 고백을 하게 해야 한다고 생각했다. 최근 칭기즈칸의 왕조가 멸망한 것은 몽골 혈통을 물려받은 그에게는 모욕이나 다름없었으며, 중국 제국이 무질서한 지금이야말로 보복 공격을 감행할 절호의 기회였다. 명나라를 세운 홍무제(주원장)는 앙고라 전투가 발발하기 4년 전에 이미 죽었으며, 병약하고 불운한 손자는 내란으로 수백만의 중국 백성들이 희생된 후 궁궐에서 분신자살하였다. 아나톨리아에서 철수하기 전에 티무르는 시훈 강 너머로 많은 병력을 보내 놓은 상태였다. 사실 군인이라기보다는 기존의 신민들과 새로운 신민들로 이뤄진 이 거류민 집단은 길을 닦고, 이교도인 칼무크와 몽골인 들을 복속시켜 사막 한가운데에 도시와 군수 창고를 건설할 책임을 지고 있었다. 임무를 성실하게 수행한 부관들 덕분에 티무르는 얼마 지나지 않아 이르티시 강 수원지에서 만리장성에 이르는 미지의 영역에 대한 완벽한 정보를 담은 지도와 지지(地誌)를 받아 볼 수 있게 되었다. 중국 원정을 준비하면서도 몽골의 황제는 그루지야에 대한 최종 정벌을 달성했으며, 아라스 강변에서 겨울을 보내고 페르시아의 소요 사태를 잠재운 다음, 4년 9개월에 걸친 긴 원정을 마치고 자신의 수도로 천천히 귀환하였다.

티무르는 짧은 휴식 중에도 사마르칸트의 옥좌에 앉아서 자신의 위대함과 권력을 유감없이 과시하면서도 한편으로는 백성들의 불만에 귀를 기울이고 적절한 상벌 수단을 마련하였다. 또한 자신의 재산으로 궁전과 사원 같은 여러 건축물을 지었으며, 이집트와 아랍, 인도, 타타르, 러시아, 스페인 등지에서 온 사절단들을 만났다. 그중에서도 스페인 사절단이 가져온 태피스트리 한 장은 동방 화가들의 붓놀림 솜씨가 무색할 정도로 훌륭한 무늬가 짜여 있었다. 황제의 손자 여섯 명의 혼례식이 황실의 행사 차원을 넘어 종교적인 행사로 여겨지면서, 옛날 칼리프들이 행한 화려한 의식이 혼례식에서 그대로 재연되었다. 이 성대한 의식은 도시에서 쓰는 사치품과 전장에서 약탈해 온 전리품들이 아낌없이 장식되어 있는 카니굴 정원에서 거행되었다. 혼례식에 앞서 이 정원에 대형 천막들이 즐비하게 세워졌다. 부엌에서 쓸 땔감을 마련하고자 숲 하나가 몽땅 베어졌으며, 평평한 곳에는 고기를 담은 접시와 술병 들이 한껏 늘어서 있었다. 수천 명의 손님들이 혼례식에 정중하게 초대를 받았다. 국내 각계각층의 인사들과 세계 여러 나라의 대표들이 황실의 연회에 참석했다. 대양의 가장 작은 물고기도 자기 자리가 있듯이, 심지어는 유럽의 사절단들도 연회에서 쫓겨나지 않았다. 백성들은 구석구석 불을 환하게 밝히고 가장행렬을 하면서 기쁜 마음을 드러냈다. 사마르칸트의 장인들도 행렬에 참석했는데, 그들은 서로 앞다퉈서 온갖 솜씨를 발휘해 진기한 물건을 만들어 보임으로써 장관을 연출하였다. 법관들이 혼인 서약을 재가해 준 뒤 신랑들과 신부들은 혼례실로 물러나 앉아 전통에 따라 아홉 번 겉옷을 바꿔 입는 의식을 치렀다. 옷을 한 번씩 갈아입을 때마다 신랑과 신부의 머리 위로 루비와 진주가 뿌려졌는데, 옆에서 시중 드는 사람들은 보석을 나눠 가질 수 있었다. 대사면이 내려지고 법 집행이 완화되었으며, 여

1404년 7월~1405년 1월, 사마르칸트에서 승리의 기쁨을 누리는 티무르

44 세레페딘은 유럽의 가장 강력한 군주 중의 한 사람이 보낸 사절단에 대해 설명했다. 이 군주는 바로 카스틸리아의 엔리 3세를 말하는 것이었다. 두 대사관에 대한 세레페딘의 자세한 설명은 아직도 그 기록이 남아 있다. 또한 몽골의 황제와 프랑스 왕 샤를 7세 사이에는 서신 왕래가 있었던 것으로 보인다.

45 몽골은 중국의 황제에게 과거 티무르가 타고 다니던 노쇠한 말 한 필을 선물로 주었다. 사절단이 헤라트의 궁전을 출발한 것은 1419년이었으며, 그들은 1422년이 되어서야 베이징의 궁전을 떠나 고국으로 돌아왔다.

러 가지 오락이 허용되었다. 백성들은 자유를 얻었고 군주는 한가로이 지낼 수 있었다. 이에 대해 티무르의 사가들의 입을 빌리면,44 제국 창건을 위해 지난 50년 동안 모든 힘을 쏟아부은 황제도 이 두 달만큼은 국정을 잠시 잊고 행복한 나날을 보낼 수 있었다. 하지만 얼마 지나지 않아 그는 다시 통치와 전쟁에 대한 일을 살피기 시작했다. 중국 침공을 위한 군기가 걸리자, 태수들은 이란과 투란에서 노련한 병사 20만을 모집했다는 보고를 했다. 무기와 보급품은 500대의 큰 마차와 말과 낙타의 기다란 행렬이 실어 날랐다. 사마르칸트에서 베이징까지는 대상들이 아무 일 없이 오갈 경우에도 6개월 이상 걸리는 긴 여정이었기 때문에, 보급품이 떨어지는 일이 없도록 티무르군은 이렇게 대대적인 수송 부대를 준비한 것으로 보인다. 자신이 많이 늙었으며 혹독한 추위의 겨울철이라는 것도 한시바삐 출발하려는 티무르의 결심을 늦추지 못했다. 그는 말에 올라 얼어붙은 시훈 강을 건넌 다음 수도에서 76파라상을 곧장 진군해 오트라르 강 근처에 마지막 군영을 구축했다. 하지만

1405년 4월,
중국으로 진군하던 중에
죽은 티무르

그곳에서 그는 죽음의 천사를 맞이해야 했다. 피로가 누적된데다 경솔하게 얼음물을 마구 들이킨 것이 열병의 진행을 재촉하고 말았던 것이다. 이 아시아의 정복자는 차가타이의 왕위에 등극하고 35년만인 70세의 나이에 세상을 떠났다. 중국 원정은 무산되었으며 군대는 해산하였고, 중국은 위기에서 벗어날 수 있었다. 그로부터 14년이 흐른 뒤 티무르의 가장 강력한 아들은 우호 및 통상 관계를 맺기 위해 베이징의 궁정에 사절단을 보냈다.45

티무르의 명성은 동서양에 널리 퍼졌다. 그의 후계자들은 여전히 황제라는 호칭을 부여받고 있으며, 그의 가장 강력한

적들의 찬사나 고백은 그를 신성시하며 숭배했던 신민들의 마음이 어떤 것인지를 잘 알려 준다고 볼 수 있다. 비록 한 손이 불편하고 다리는 절뚝거렸지만, 그는 지위에 걸맞은 당당한 풍채와 체격을 지니고 있었다. 또한 절제된 생활과 단련을 통해 세상과 자신에게 그토록 중요한 역할을 하는 활력과 건강을 더욱 다질 수 있었다. 평소 대화를 나눌 때에는 중후하면서도 겸허했으며, 아랍어는 잘 몰랐지만 페르시아어와 투르크어는 능숙하고 유창하게 구사하였다. 역사와 과학에 대해 심도 깊은 대화를 나누는 것을 즐겼으며, 한가한 시간에는 여흥으로 체스를 두었는데 새로운 규칙을 만들어 냄으로써 게임을 개선하거나 개악시켰다.[46] 그는 정통파는 아니지만 열렬한 이슬람교도였다. 건전한 지성의 소유자였던 그가 저주나 예언, 성자나 점성술사 등을 미신적으로 숭배했던 것은 단지 정책 수단으로 사용하기 위해서였을 뿐이라고 생각하고 싶다. 그는 혼자서 절대적인 권력을 휘두르며 광대한 제국을 다스렸다. 그의 힘에 거역하는 반도도, 총애를 받는 신하도, 판단을 오도하는 신하도 없었다. 결과에 상관없이 군주가 내뱉은 말은 절대로 논쟁거리가 되어서도 번복되어서도 안 된다는 것이 그가 가장 확고하게 믿는 좌우명이었다. 하지만 티무르의 적들은 그가 관대함과 호의보다는 분노와 파괴의 명령을 더욱 엄격하게 실행했다고 악의적으로 주장하였다. 사망할 당시 총 서른여섯 명이었던 티무르의 아들과 손자 들은 그의 가장 중요하면서도 충직한 부하였다. 직무를 태만히 할 때마다 그들은 칭기즈칸의 법에 따라 태형을 받은 다음 다시 원래의 명예로운 지휘관의 자리에 복귀하였다. 티무르가 사회적 덕목을 갖추지 못한 사람이라거나 지인들을 사랑하고 적을 용서하는 마음을 가지지 못한 사람이었다

티무르의 품성과 공적

[46] 그는 종래에 32개의 말로 64개 사각형 위에서 하던 체스 게임을 말은 56개로, 사각형은 110 내지 130개로 늘렸다. 하지만 티무르의 궁전을 제외하면 종래의 게임 방식으로도 충분히 정교한 게임을 할 수 있다고 여겼다. 몽골의 황제는 체스 게임을 하면서 신하가 이겨도 자존심에 상처를 입지 않았으며 오히려 즐거워하였다. 체스를 즐기는 사람이라면 응당 이런 찬사의 말이 귀중함을 알아야 할 것이다!

고는 말할 수 없을 것이다. 그러나 도덕성에 대한 규칙을 마련할 때에는 공익을 우선적인 기준으로 삼는 것이 마땅하므로, 자신이 궁핍해지면서까지 관대함을 발휘하지 않으며 정의에 따라 힘을 기르고 부를 축적한 군주의 지혜는 칭찬받기에 충분하다. 권위와 복종의 적절한 조화를 유지하고, 교만한 자를 처벌하고, 약한 자를 보호하며, 합당한 행위에 상을 주고, 악덕과 게으름을 몰아내고, 여행자와 상인을 안전하게 지켜 주며, 병사들의 불법적인 약탈을 금지시키고, 농민들의 노동을 소중히 여기며, 산업과 학문을 증진시키고, 공평하면서도 적절한 산정 방법을 통해 수입을 늘리면서도 세금을 올리지 않는 것이야말로 군주의 진정한 책무이다. 그리고 이런 의무를 충실히 수행할 때 군주는 즉각적이면서도 풍부한 보답을 얻을 수 있을 것이다. 티무르는 아시아 일대가 무정부 상태에 약탈이 횡행했을 때 자신이 왕좌에 올라 나라를 다스린 후부터는 어린아이조차 겁먹거나 다칠 염려 없이 금화 주머니를 들고 나라 끝에서 끝으로 여행할 수 있게 되었다고 자랑할지도 모른다. 그는 이토록 자신의 공적을 확신하면서 자신이 승전한 덕분에 나라가 완전히 탈바꿈하게 되었다며 세계 제패를 정당화시켰다. 이제부터 말하는 네 가지는 그가 백성들의 감사를 받을 자격이 있는지 없는지를 제대로 밝히는 데 도움이 될 것이다. 하지만 결론부터 말하면, 몽골의 황제는 인류의 은인이라기보다는 채찍에 가까웠다고 말할 수 있다. (1) 일부의 병폐와 일부 지역의 억압이 티무르의 검 덕분에 치유되었을지라도, 그의 치유 행위는 훨씬 파괴적인 결과를 불러왔다. 페르시아의 소소한 압제자들이 약탈과 잔악함, 내분으로 백성들을 괴롭혔다면, 몽골군의 말발굽은 나라 전체를 완전히 짓밟아 버렸다. 한때 번성했던 도시가 있던 땅에는 전승을 기리기 위해 쌓아 놓은 보기만 해도 끔찍한 두개골 기둥이나 피라미드들이 수도 없이 늘어서 있었다. 아스트라한, 카리즈메, 델리, 이스파한, 바그다드, 알레포, 다마스쿠스, 부르사, 스미르나를 비롯해 수많은 도시들이 티무르와 몽골군에게 약탈당하거나 전소되거나 완전히 파괴되어 버렸다. 성직자나 철학자가 이른바 이러한 평화와 질서를 확립하는 데 수백만의 사람들을 희생시켰다는 사실을 들이댄다면 티무르는 깜짝 놀라 양심의 가책을 받았을지도 모른다. (2) 그의 파괴적인 전쟁은 정복이 아니라 약탈을 위한 것이었다. 그는 투르키스탄, 킵차크, 러시아, 힌두스탄, 시리아, 아나톨리아, 아르메니아, 그루지야를 침략할 때 이 나라들을 지배하거나 속국으로 만들겠다는 희망이나 염원은 전혀 없었다. 반항하는 사람들을 제압할 군대도 유순한 백성들을 보호할 관리도 전혀 남기지 않은 채 약탈품만을 챙겨서 떠나 버렸다. 티무르가 종전의 통치 체제를 완전히 파괴해 버린 탓에 이런 지역의 백성들은 그의 침공으로 야기되거나 더욱 악화된 재앙에 무방비 상태로 던져지고 말았던 것이다. 그리고 당시는 물론이고 훗날까지도 백성들은 그 어떤 도움으로도 이러한 재앙에서 완전히 벗어날 수가 없었다. (3) 트란속시아나와 페르시아의 왕국들은 티무르가 자기 가문의 영원한 세습 재산으로 삼으면서 경작과 정비에 힘쓴 특별한 지역이었다. 하지만 정복자가 자리를 비울 때마다 이런 평화로운 노력은 종종 중단되거나 심지어는 완전히 무위로 돌아가고 말았다. 티무르가 볼가 강이나 갠지스 강에서 승리를 거두는 동안 신하들은 물론이고 심지어는 그의 아들들조차도 주군의 명과 자신들의 임무를 망각하고 말았다. 때늦은 엄격한 심문이나 처벌로는 공사(公私) 양면의 폐단을 거의 되돌리지 못했다는 점에서, 우리는 티무르의 『강령』을 완벽한 군주국에 대한 그럴듯한 이상을 담은 책이라고 칭송하는 데 만족해야 할 것이다. (4) 티무르의 통치에 좋은 점이 있었을지라도 그것은 그의 죽음과 함께 사라져 버렸다. 그의 아들들과 손자들은 통치보다는 군림하기를 더 바랐기에 그들은 서로 간은 물론이고 백성들의 적이 되고 말았다. 분열된 제국은 막내아들 샤로흐가 집권하면서 과거의 영광을 조금은 되찾았지만 그가 죽고 나자 그조차도 다시 어둠과 혈투 속에 파묻혔다. 그리고 한 세기가 가기도 전에 트란속시아나와 페르시아는 북쪽의 우즈베크인들과 투르크만의 백양조와 흑양조에게 짓밟히는 신세가 되었다. 만약 티무르의 5대 손에 해당하는 한 영웅이 우즈베크의 군대에 쫓겨서 힌두스탄 정복에 나서지 않았다면, 그의 가문은 여기서 대가 끊겼을지도 모르는 일이었다. 그리고 이 5대 손의 후계자들(무굴의 황제들)은 자신들의 패권을 카슈미르의 산악 지대에서 코모린 곶까지 그리고 칸다하르에서 벵골 만까지 확대하였다. 아우랑제브의 치세가 끝난 후 그들의 제국은 와해되었다. 델리에 쌓여 있던 그들의 보물은 페르시아 도적 떼에게 약탈당했으며, 그들 왕국에서 가장 부유했던 곳은 이제 저 먼 북쪽 바다 외딴 섬나라에서 온 그리스도교도 상인들의 회사 차지가 되었다.

1403~1421년, 바야지트의 아들들의 내분

오스만 제국의 운명은 이와 정반대였다. 굵은 나무줄기는 꺾여 땅에 쓰러졌지만, 폭풍우가 지나가자마자 새로운 활력을 되찾은 오스만에는 전보다도 더욱 싱싱한 초목이 돋아났다. 티무르가 아나톨리아에서 완전히 철수했을 때 그들 도시에는 궁전도 재보도 심지어 왕도 남아 있지 않았다. 황량해진 국토에는 타타르나 투르크족 출신의 방랑자나 도적 떼들이 들끓었다. 바야지트가 최근 정복한 지역들은 원래 주인이던 태수들 손에 돌아갔는데, 그들 중 한 사람은 비열한 복수심에서 그의 무덤을 파헤치는 만행을 저지르기도 하였다. 다섯이나 되는 바야지트의 아들들은 내분에 휩싸여서는 남은 가산을 탕진하는 데 열을 올리고 있었다. 그들의 이름을 연령과 행적순으로 열거하면 다음과 같다.[47] (1) 지금 내가 말하는 사람이 진짜 무스타파인지 아니면 행방불명된 왕자를 사칭한 사기꾼의 이야기인지는 확신할 수가 없다. 그는 앙고라 전투에서 아버지와 함께 싸웠지만 포로가 된 바야지트의 요청으로 행방이 확인된 아들은 무사뿐이었고, 승리자의 노예가 되어 있었던 투르크의 사가들은 무사의 형 무스타파를 전사자 명단에 포함시켰다. 하지만 무스타파는 참담한 전장에서 용케 몸을 피해 자기편과 적들로부터 완전히 숨어 지내다가 12년 뒤에 테살리아에서 홀연히 모습을 드러냈고, 수많은 도당들은 바야지트의 후계자로서 무스타파를 추대하였다. 진짜인지 가짜인지는 모르지만 이 무스타파가 비잔티움 사람들에게 구조되어 동생 무사가 죽은 후 자유롭게 제위에 오르지 못했다면 아마도 그의 첫 번째 패배는 마지막 패배가 되었을 것이다. 그의 천박한 성품은 의심스러운 출신을 그대로 입증한다고 볼 수 있다. 설사 그가 하드리아노폴리스의 옥좌에 올라 오스만의 술탄으로서 존경을 받았을지라도, 도망치다가 족쇄를 차고 비천한 모습으로 교수형에 처해짐으로써 결국 이 사기꾼은 백성들의 비웃음을 사는 처지가 되고 말았다. 무스타파를 자칭하는 사기꾼들은 이외에도 수없이 많았는데, 무스타파라는 이름으로 처형당한 사람이 무려 서른 명이나 되었다. 이처럼 무스타파를 자칭하는 사람들에 대한 처형이 빈번했다는 사실은 투르크 황실조차도 이 적법한 황태자의 생사 여부를 완전히 확신하지 못하고 있었음을 반증한다고 말할 수 있다. (2) 아버지 바야지트가 포로로 잡힌 후에도 이

1. 무스타파

[47] 칸테미르의 『오스만 제국 흥망사』에 따르면 바야지트의 죽음으로 빚어진 내분과 무스타파의 죽음으로 인한 내분은 서로 관계가 있다. 비잔티움인들과 칼콘딜레스, 프란차, 두카스의 책들 중에서는 두카스의 책이 가장 자세하면서도 정확한 내용을 담고 있다.

2. 이사

사는 앙고라와 시노페 및 흑해 일대 지역을 얼마 동안 지배하였고, 티무르에게 보냈던 그의 사절단도 통치권에 대한 확실한 약속과 명예로운 선물을 받아 가지고 돌아왔다. 하지만 그는 얼마 지나지 않아 질투심 많은 동생인 아마시아의 군주에게 나라와 목숨을 모두 빼앗기고 말았다. 형제간의 싸움이 끝난 뒤 사람들은 이 사건을 모세와 예수의 율법인 이사와 무사의 율법이 더 위대한 마호메트의 율법에 의해 근절된 것이라고 경건하게 비유하였다. (3) 술라이만은 황제

3. 1403~1410년, 술라이만

명단에는 이름을 올리지 못했지만, 승승장구하는 몽골군의 전진을 막았을 뿐만 아니라 그들이 철군한 후에는 한동안 하드리아노폴리스와 부르사의 왕위를 통합한 인물이었다. 그는 전장에서는 몸을 사리지 않고 용감하게 싸웠으며 운도 좋았다. 하지만 평화가 계속되면서 용맹함은 어느덧 사라져 버렸으며 방종함과 무절제, 나태함이 그의 정신을 좀먹었다. 일개 신하이든 군주이든 기강을 지키기 위해 항상 노력해야 하는 법이다. 하지만 그로 인해 궁정의 기강은 해이해졌고, 그의 부덕함으로 법관들이나 부관들도 고개를 돌릴 정도였다. 그는 언제나 만취 상태였는데, 이는 군주로서도 한 남자로서도 경멸받아 마땅한 짓이었으며, 선지자의 후예로서는 곱절로 더 경멸받을 추악한 처신이었다. 술에 취해 선잠에 빠졌다가 동생 무사의 기습을 받은 술라이만은 하드리아노폴리스를 빠져나와 콘스탄티노플로 도주하다가 결국 붙잡혔고, 치세 7년 10개월 만에 욕탕에서 살해되었다. (4) 봉

4. 1410년, 무사

작을 받은 무사는 몽골의 노예가 되었다는 비난을 면치 못했다. 아나톨리아 내에서 그에게 조공을 바치는 곳은 극히 한정

되어 있었으며, 나약한 군대와 텅빈 국고는 로마니아 군주의 강력하고 노련한 군대의 적수가 되지 못했다. 무사는 변장한 채 부르사 궁을 빠져나와 갑판도 없는 작은 배를 타고 프로폰티스 해를 건넌 뒤, 왈라키아와 세르비아 산지를 헤매다가 몇 차례 공격을 시도한 끝에 최근 술라이만의 피로 얼룩진 하드리아노폴리스의 왕위에 간신히 올랐다. 그의 군대는 3년 반 동안 하드리아노폴리스를 다스리면서 헝가리 및 모레아의 그리스도교도들에게 승리를 거뒀지만, 무사는 소심한 천성과 이치에도 맞지 않는 지나친 관대함으로 신세를 망치고 말았다. 아나톨리아의 군주 자리를 양도한 뒤에는 신하들마저도 그를 배신했고, 결국은 동생 마호메트에게 왕위를 빼앗기고 말았다. (5) 마호메트의 최종적인 승리는 그의 신중함과 절제에 대한 정당한 대가였다. 아버지 바야지트가 붙잡히기 전 이 어린 왕자는 콘

5. 1413~1421년, 마호메트 1세

스탄티노플에서 30일 정도 걸리는 거리에 떨어져 있으며, 트레비존드와 그루지야의 그리스도교도들을 막기 위한 전초 기지인 아마시아를 통치하고 있었다. 아시아 전쟁이 한창일 때에도 그의 난공불락의 성채는 함락되지 않았다. 아마시아는 이리스 강에 의해 양쪽으로 똑같이 갈라져 있었으며, 양쪽이 원형경기장의 모양으로 솟아올라 마치 바그다드의 축소판 같은 모습을 보여 주고 있었다. 신속하게 진군하던 티무르는 이 아나톨리아의 속주가 심각하게 반항하는 태도를 보이지 않았기 때문에 그냥 무시해 버린 것 같다. 마호메트는 정복자의 심기를 자극하지 않으면서 조용하게 독립을 유지하는 한편 자신의 지역에 남아 있는 단 한 명의 타타르 낙오병까지 모두 몰아냈다. 마호메트는 위험한 이웃인 형 이사의 위협에서는 벗어날 수 있었지만 자기보다 강한 형제들이 싸움을 벌이는 동안에는 확고하게 중

[48] 동시대의 한 비잔티움인은 이브라힘의 탁월함에 대해 칭찬하고 있다. 그의 후손들은 현재 터키에 남아 있는 유일한 귀족 가문이다. 그들은 조상 이브라힘 덕분에 정부에서 요식을 차지하고 있으며, 군역의 면제와 함께 해마다 두 번 술탄을 배알할 특권을 누리고 있다.

립을 지켰으며, 이윽고 무사가 승리를 거두자 불운한 술라이만의 후계자이자 보복자로서 전면에 나섰다. 마호메트는 조약으로 아나톨리아를, 무력으로 로마니아를 손에 넣었다. 그리고 자신에게 무사의 수급을 갖다 바친 병사를 국왕과 국가의 은인으로 대접하며 포상해 주었다. 8년에 이르는 그의 평화로운 치세 동안 내란의 악습은 사라졌으며, 오스만 제국의 기틀은 전보다 더욱 확고하게 다져졌다. 그가 마지막으로 심혈을 기울인 일은 어린 아들 무라드를 옆에서 보필해 줄 두 대신 바야제트와 이브라힘[48]을 선택한 것이었다. 그들이 서로 합심하면서 신중하게 행동했음은 황제의 후계자가 부르사 궁전에 도착할 때까지 40일이 넘도록 황제의 사망 사실을 숨겼다는 데서도 충분히 드러났다. 유럽

1421년~1451년 2월, 무라드 2세의 통치

에서 가짜인지 진짜인지 모르는 무스타파 때문에 일어난 새로운 전쟁으로 바야제트는 군대와 목숨을 잃었지만, 이브라힘은 그보다는 운이 좋았다. 이브라힘은 바야지트의 후계자임을 자처하는 마지막 사기꾼을 무찌르고 국내의 내분을 종식시킴으로써 후대까지도 그 자신과 가문의 이름을 빛낸 주역이 되었다.

1421년, 오스만 제국의 재통일

이러한 내분 속에서도 가장 현명한 투르크인들은 물론이고 실상 거의 모든 사람들은 제국의 통일을 염원하며 굳건하게 단합하였다. 개인적인 야망으로 갈가리 찢어지곤 했던 로마니아와 아나톨리아는 이제 통합에 대한 강력하고도 굳건한 염원으로 활기를 띠고 있었다. 그들의 이런 노력을 그리스도교 세계의 열강들도 본받았어야 했다. 그리스도교 세계의 열강들이 연합 함대를 구축해서 갈리폴리 해협을 봉쇄했다면, 최소한 유럽 지역에 있던 오스만 군대만이라도 신속하게 소탕했을 것

이 분명하다. 하지만 서방의 종교 분열 및 프랑스와 영국의 내분, 그리고 양국의 전쟁으로 라틴인들은 이런 웅대한 계획을 결코 세우지 못했다. 그들은 먼 미래를 내다보지 못한 채 잠깐의 휴전 상태에만 만족하고 순간적인 이익을 취하는 데 여념이 없었다. 결국 이런 행동은 그들의 종교상의 적대자를 도와준 꼴이 되었다. 이오니아 해안 최북단에 위치한 포카이아에 건설된 제노바인 거류지49는 이윤이 높은 백반(白礬) 사업의 독점으로 막대한 부를 쌓고 있었다.50 그리고 투르크 제국 치하에서 그들은 매년 조공을 바침으로써 평화와 안전을 제공받았다. 오스만 투르크의 마지막 내전 당시 젊은 야심가였던 제노바인 총독 아도르노는 무라드 2세 편에 가담하여 일곱 척의 튼튼한 갤리선을 동원해서 아시아에서 유럽까지 그를 수송하는 임무를 완수하였다. 술탄과 500명의 호위병들이 배에 올라타자 800명의 용감한 프랑크인들이 배를 몰았다. 이 순간 술탄의 목숨은 그들 손에 달려 있었다고 해도 과언이 아니다. 따라서 항해 도중에 술탄 앞에 무릎을 꿇고 엎드려서 조공을 면제해 준 것에 대해 감사를 고한 아도르노의 충성심을 칭송하고 싶은 마음은 전혀 들지 않는다. 어쨌든 그들은 무스타파와 갈리폴리의 코앞에 무사히 도착했고, 창과 전투용 도끼로 중무장한 2000명의 이탈리아 병사들이 무라드 2세의 지휘에 따라 하드리아노폴리스 정벌에 나섰다. 그리고 돈에 눈이 먼 아도르노 총독의 행위에 대한 대가는 포카이아의 상업과 거류지 파괴였다.

이때 만일 티무르가 비잔티움 황제의 구원 요청에 관대하게 응해서 위기에서 구해 주었다면, 그리스도교 세계의 칭송과 감사를 한 몸에 받았을지도 모른다.51 하지만 그루지야에

1402~1425년, 비잔티움 제국의 상태

49 호기심 많고 신중한 관찰자였던 두카스는 신분과 거주지의 이점을 십분 활용해서 이오니아와 주변 섬들을 살펴볼 기회를 가질 수 있었다. 그는 초기 지중해 교역의 증거로, 새로운 포카이아에 정착했던 민족들 중 영국인들에 대해서도 언급하고 있다.

50 플리니우스가 열거한 백반 산지에는 포카이아가 포함되어 있지 않다. 그는 이집트를 첫 번째 주요 산지로 꼽았고 두 번째로는 여행가이며 박물학자인 투른포(Tournefort)도 언급한 바 있는 멜로스 섬을 꼽았다. 포카이아를 잃은 후 제노바인들은 이 유용한 광물을 1459년에 이스키아 섬에서 발견하였다.

51 이 꾸며 낸 관대함을 가장 잘못 설명하고 있는 작가가 바로 이국의 장점을 예찬하는 우리의 훌륭한 윌리엄 템플 경이다. 윌리엄 템플의 타타르 영웅은 러시아를 정복하고 도나우 강을 건넌 뒤 자신이 위기에서 구해 준 콘스탄티노플을 방문한다. 그리고 이 도시에 감탄을 하면서도 정복하기를 거부한다. 템플의 아부성 글은 모든 것이 역사의 진실과는 한참 동떨어져 있다. 그렇다고 해도 칸테미르의 총체적 착오보다는 그의 유쾌한 거짓에 더 높은 점수를 주고 싶다.

박해의 칼날을 박아 넣으면서 바야지트의 성전을 존중한 이 이슬람교도에게는 유럽의 우상 숭배자들을 불쌍히 여기거나 도와줄 마음이 전혀 없었다. 이 타타르인은 그저 야망의 충동을 따랐을 뿐, 콘스탄티노플을 구원한 것은 우연한 결과에 불과했다. 팔라이올로구스의 둘째 아들 마누엘이 제위를 포기했을 때, 나라와 교회의 멸망을 늦추고 싶다는 그의 바람은 단순한 희망이 아니라 간절한 기원이었다. 그렇기에 서방 순례에서 돌아온 후 그는 슬픈 참극을 맞이할 마음의 준비를 항상 하고 있었다. 그런데 어느 날 그는 갑자기 오스만 군대가 퇴각하더니 몽골 군대에게 패하고 술탄이 포로로 잡혔다는 놀라운 소식을 듣고 환호성을 질렀다. 마누엘은 즉시 모레아의 모돈에서 배에 오른 뒤 콘스탄티노플로 돌아와 제위에 올랐으며, 장님 경쟁자(요하네스 7세)를 레스보스 섬으로 보내 안락한 망명 생활을 하도록 하였다. 얼마 뒤 그는 바야지트의 아들이 보낸 사절단을 접견하였는데 그들의 자만심은 한풀 꺾여 있었고 말투도 공손했다. 그들은 비잔티움이 몽골 군대에 유럽으로 향하는 관문을 열어 줄지도 모른다는 당연한 두려움에 떨고 있었다. 술라이만은 아버지의 이름으로 황제에게 공손하게 인사를 한 다음, 황제의 손에 로마니아에 대한 통치권을 공손하게 넘겨주었다. 그리고는 변함없는 우정에 대한 보답으로 테살로니카와 더불어 스트리몬 강, 프로폰티스 해, 흑해 일대의 요충지들도 반환하겠노라고 약속했다. 하지만 술라이만과의 동맹으로 황제는 무사의 증오와 보복의 표적이 되었는데, 결국 무장한 투르크 군대가 콘스탄티노플 성문 앞에 진을 쳤지만 바다와 육지 양쪽 모두에서 이들을 물리쳤다. 한 무리의 외국인 용병들이 콘스탄티노플을 지켜 주지 않았다면 비잔티움 사람들은 자신들이 어떻게 승리를 거두게 된 것인지 영문을 몰랐을 것이다. 그러나 정치적 이유 때문인지 열의 때문인지 모르지만 마누엘은 오스만의 분열을 장기화하는 대신 바야지트의 가장 강한 아들을 도와야 하는 처지가 되었다. 그는 험난한 갈리폴리 장벽 때문에 더 이상 앞으로 전진하지 못하고 있던 마호메트와 조약을 체결한 뒤 그와 그의 군대에 보스포루스를 넘을 수 있는 방편을 제공해 주었다. 수도에 도착한 마호메트는 따뜻한 환대를 받았고, 그의 성공적인 출정은 로마니아 정복을 위한 첫 번째 발판이 되었다. 콘스탄티노플의 멸망은 이 정복자의 인내심과 절제력 덕분에 뒤로 늦춰졌다. 마호메트는 자신은 물론 술라이만이 약속했던 의무도 충실히 이행하여 감사와 평화의 법을 존중했으며, 야심이 많고 냉혹한 장남 무라드로부터 나이 어린 두 아들을 지키고 싶다는 헛된 바람에서 황제를 그들의 후견인으로 삼았다. 하지만 비잔티움의 황제를 두 아들의 후견인으로 삼는다는 그의 마지막 유언은 나라의 명예와 종교를 모욕하는 행위라고 여겨졌다. 중신들은 결코 그리스도교의 개에게 어린 두 왕자의 보호와 교육을 맡겨서는 안 된다고 만장일치로 합의했다. 황제의 후견인 자격을 거부당했다는 소식을 전해 들은 비잔티움 궁정은 의견이 분분하였고, 관록과 신중함을 자랑하던 마누엘도 아들 요하네스의 혈기 앞에 두 손을 들어야 했다. 비잔티움은 복수라는 이름의 위험천만한 무기를 빼어 들고 매년 30만 아스페르[52]의 대가를 받으면서 오랫동안 포로로 구금해 왔던 진짜인지 가짜인지도 불분명한 무스타파를 석방하는 실수를 저지르고 말았다. 감옥 문을 나서며 무스타파는 모든 제안에 동의했는데, 유럽으로 향하는 관문인 갈리폴리를 열어 주겠다는 것이 그를 석방해 주는 대가였다. 하지만 그는 로마니아의 왕좌에 오르자마자 비잔티움의 사절단에게 경멸의 웃음을 지으면서, 이슬람의 도시를 이교도들에게 넘겨주느니 차라

[52] 아스페르(asper)(그리스어 아스프로스(άσπ-ρος)에서 온 단어)는 투르크의 은화로, 현재는 그 가치가 많이 떨어졌지만 당시에는 적어도 베니스의 두카트나 투르크의 금화 세퀸의 54분의 1에 해당하는 가치를 지니고 있었다. 따라서 무스타파의 대가 또는 조공으로 지불한 30만 아스페르는 지금 가치로 환산하면 약 2500파운드로 추정된다.

리 심판의 날에 맹세를 어긴 벌을 받겠노라고 엄숙한 어조로 말했다. 결국 비잔티움의 황제는 자신이 구금하고 있던 무스타파는 물론이고 약속을 깸으로써 위해를 가한 형국이 된 무라드까지, 모두의 적이 되는 처지에 빠지고 말았다. 그리고 둘의 싸움에서 승리한 무라드는 이듬해 봄 콘스탄티노플에 대한 포위 공격을 감행했다.

> 1422년 6~8월, 무라드 2세의 콘스탄티노플 포위 공격

황제들의 도시를 점령한다는 종교적 명예는 아시아 전역에서 순교자 반열에 오르기를 원하는 수많은 자원병들을 불러들였고, 값비싼 전리품과 아름다운 여인들을 약속받으면서 군대의 사기는 한없이 높아만 갔다. 또한 예언자의 후손임을[53] 자처하는 세이드 베차르가 500명의 제자들로 이뤄진 수행단을 이끌고 나귀를 타고 군영에 도착한 것 역시 술탄의 야심을 더욱 성스럽게 만들어 주었다. 그러나 그는 자신의 장담이 실패로 돌아간 것에 얼굴을 붉혔을지도 모르는 일이다. 혹여 광신도가 부끄러워할 줄 안다면 말이다. 견고한 콘스탄티노플의 성벽은 20만 투르크 대군의 공격에도 무너지지 않았다. 낡은 방어 수단이 신형 공격 무기를 이겨 낸 셈이었다. 몽환 상태에서 하늘로 올라가 선지자 마호메트와 대화를 나눴다는 이슬람교 수도승의 광신적인 이야기에 그리스도교도들은 보랏빛 옷을 걸친 성처녀 마리아가 성벽을 걸으며 자신들의 용기를 북돋워 주었다는 말로 응수했다.[54] 두 달간 포위 공격을 벌이고 있는데, 비잔티움 사람들의 배신으로 부르사에 반란이 일어났고 동생이 죽으면서 반란이 끝났다는 소식을 듣고 무라드는 급히 귀환해야 했다. 그가 예니체리군을 이끌고 유럽과 아시아 정벌에 나서면서 비잔티움 제국은 살얼음판을 걷 듯 아슬아슬했

> 1425년 7월~1448년 10월, 요하네스 팔라이올로구스 2세 황제

[53] 이름은 언급하지 않지만 카나누스에도 세이드 베차르에 대한 설명이 나온다. 그의 설명에 따르면 이 마호메트의 친구는 선지자의 특권으로 여인들을 맘껏 취할 수 있었으며, 비잔티움의 가장 아름다운 수녀들을 제공받기로 약속받았다.

[54] 카나누스는 이슬람의 신자가 이런 기적적인 체험에 대해 직접 말했다고 적고 있다. 하지만 세이드 베차르의 말을 과연 누가 믿을까?

지만 30년이라는 유예 기간을 벌게 되었다. 마누엘은 죽어 무덤에 묻혔고, 제위를 이어받은 요하네스 팔라이올로구스는 매년 30만 아스페르의 조공을 바치고, 콘스탄티노플 이외에 비잔티움 제국이 보유했던 모든 영토들을 넘겨주는 대가로 겨우 자리를 유지할 수 있었다.

인생의 중대한 고비에서 그 사람의 인품과 성격이 결정적인 역할을 하는 것처럼, 술탄들의 개인적인 자질이야말로 투르크 제국의 창건과 부흥에 가장 중요한 역할을 했다는 점에는 의심의 여지가 없다. 술탄들이 지닌 지혜나 덕목은 제각기 달랐지만, 오스만 대제의 등극에서 술라이만 대제의 죽음까지 265년의 제국사에서 아홉 명의 술탄이 이어지는 동안, 그들은 한 명만을 빼고는 모두 호전적이면서도 활달한 기품을 지녔으며 백성들에게는 복종의 대상이었고 적에게는 공포의 대상이었다. 후계자들은 후궁들 품에서 향락에 빠져 게으른 나날을 보내는 대신 중신들의 회의와 전장에서 교육을 받았다. 그들은 아주 어릴 때부터 아버지인 술탄으로부터 자신만의 영토와 군대를 다스릴 수 있는 지휘권을 위임받았다. 잦은 내란의 원인이 되기도 했지만 이들에 대한 이런 용맹한 훈련 방식은 군주국의 규율과 사기를 다지는 데 결정적인 공헌을 하였다. 아랍의 칼리프들과 달리 오스만 왕조는 신의 사도의 후계자임을 자처할 수 없었다. 또한 자신들이 칭기즈칸 가문의 대칸들과 인척 사이라는 주장 역시 진실이라기보다는 일종의 자기 포장이라고 볼 수 있다.[55] 사실 그들의 조상이 누구인지는 불분명하다. 하지만 그들은 순식간에 백성들의 마음속에서 시간으로도 지울 수 없고 그 어떤 폭력으로도 침해할 수 없는 신성불가침의 권력을 가진 존재로서 영원히 각인되었다. 설사 약하거나

오스만 왕조의
세습 계승과 공적

[55] 투르크의 술탄들도 칸이라는 칭호를 사용한다. 하지만 아불가지는 사촌뻘인 오스만의 술탄들에 대해서는 전적으로 무시하고 있다.

56 세 번째 위대한 대신의 이름은 1691년 살랑카멘 전투에서 죽은 키우페를리로. 그는 술라이만의 모든 후계자는 바보 아니면 압제자라고 서슴없이 말하면서 지금이야말로 그들을 없애야 할 때라고 말했다. 이 정치적 이단자는 프랑스 대사 앞에서 영국의 혁명을 당당하게 옹호한 훌륭한 자유주의자였다. 그는 단 한 번을 제외하고 똑같은 가문이 왕위를 계속 이었다는 사실을 비난했다.

57 칼콘딜레스와 두카스는 오스만의 인재 훈련 정책의 무자비한 특징과 그리스도교 아이들이 투르크의 병사로 탈바꿈하는 과정에 대해 설명하고 있다.

악랄한 술탄이 퇴위당하거나 교살되는 일을 겪는다 해도, 술탄의 유산은 후계자가 백치이건 아기이건 상관없이 그에게 돌아갔다. 또한 아무리 대담한 반도라 해도 적법한 후계자가 물려받은 왕위를 빼앗는 일은 상상조차 하지 않았다.56 아시아에서는 교활한 대신이나 승전의 위용을 자랑하는 장군에 의해 왕조가 전복된 일이 허다했지만, 오스만 왕조만은 지난 5세기 동안 적법한 후계자에게 왕위를 물려주는 관습을 굳건하게 지켜 왔다. 이러한 관습은 이후 투르크 민족의 가장 중요한 원칙으로 자리를 잡게 되었다.

투르크인들의 교육과 규율

그런데 그들이 끼친 강인하고도 독특한 영향력은 바로 그들의 정신과 제도에서 그 원인을 찾을 수 있을 것이다. 오스만 제국 최초의 신민들은 그들의 조상을 따라 옥수스 강에서 상가르 강으로 이동해 온 400가구 정도의 투르크계 유목민들이었다. 사실 아나톨리아 평원은 오늘날도 여전히 그들의 동포들이 거주하는 흰색이나 검은색의 천막으로 뒤덮여 있다. 하지만 이 초기 집단은 자발적인 의사에 따라 뿔뿔이 흩어져 각자 정복 집단에 합쳐졌고, 투르크인이라는 이름으로 공통의 종교와 언어, 생활 양식을 향유하고 있다. 오늘날 에르제룸에서 벨그라데에 이르는 여러 도시에서, 투르크인이라는 명칭은 모든 이슬람 사회에서 가장 명예로운 주민을 지칭하는 말로 사용되고 있다. 그러나 투르크인들은 적어도 로마니아에서만은 마을의 운영과 토지 경작을 그리스도교도 농부들에게 맡겨야 했다. 오스만의 통치가 막강한 힘을 발휘하던 시절에는 투르크인들도 민간 또는 군사적으로 그 어떤 특권도 누리지 못했다. 제국은 복종과 정복, 명령을 위한 교육 체계를 통해 노예처럼 고분고분하고 순종적인 계층을 육성했다.57 오르한부터 무라드 1세에 이르기까지 술탄들은 각 세대마다 새로운 병사들을 육성해서 칼에 의한 통치를 새롭게 다져야 했고, 이를 위해 유약한 아시아인들이 아니라 강인하고 용맹한 유럽의 원주민들 중에서 이런 병사들을 모집해야 한다고 확신했다. 그래서 트라키아, 마케도니아, 알바니아, 불가리아, 세르비아와 같은 지역들은 투르크 군대의 영원한 공급처가 되었다. 술탄은 포로들 중 5분의 1을 차지할 권한이 있었는데 정복 과정에서 이 수가 줄어들자, 그리스도교도 가족의 다섯 번째 아이에 대해 비인간적인 과세를 하거나 5년마다 엄격한 세금을 부과하기도 했다. 12~14세가 되면 가장 건장한 청년들은 부모와 헤어져서 군사 명부에 이름을 올려야 했다. 그리고 그 순간부터 국가에 이바지하는 대가로 그들의 의복과 교육 및 부양을 국가가 책임졌다. 국가는 이들을 외모와 체격에 따라 부르사나 페라, 하드리아노폴리스의 군사 학교로 보내 지방 감독이 책임지고 훈련을 시키도록 하든가 또는 아나톨리아의 농가에 배치하기도 했다. 이들은 가장 먼저 투르크어를 배웠으며 힘을 기르기 위해 온갖 노역을 해야 했다. 또한 격투와 도약, 달리기, 활 쏘기, 나중에는 머스킷 총의 조작법 등을 배웠다. 더 장성해서 예니체리군에 입대한 다음에는 엄격한 군의 규율에 따라서 혹독한 훈련을 받았다. 출신이나 능력, 외모가 특히 출중한 젊은이들은 비록 낮은 계급이라도 아쟈모글란이나 이보다 좀 더 자유로운 이코글란에 편입되었는데, 아쟈모글란은 궁전에 배치되었고 이코글란은 술탄 주위에 배치되었다. 네 개 학교를 연속으로 거치는 동안 백인 환관들의 가혹한 채찍을 맞으며 그들은 매일 기마 훈련과 투창 훈련을 해야 했지만, 그 와중에도 학구열에 불타는 젊은이는 코란을 공부하거나 아랍어나 페르시아어를 익히기도 했다. 그들은 연공 서열이 높아지고 능력을 쌓게 되면 군사 및 행정에 관한 업무나 더 나아가 종교에 관한 업무를 전담하게 된다. 이런 생활을 오래할수록 기대치도 높아지게 마련이다. 나이가 들어 원숙하게 일을 처리할 수 있게 되면, 술탄과 마주 설 수 있는 자격이 생기며 정원이 마흔 명인 아가(aga)의 일원으로 들어갈 수도 있었다. 그리고 술탄의 선택을 받으면 지역 통치권을 받거나 제국의 가장 명예로운 직위에 오를 수도 있었다. 이런 식의 제도는 전제 군주국의 형태와 정신에 맞게 아주 훌륭하게 적용되었다. 사실 엄밀히 말하면 대신이나 장군들은 모두 술탄의 노예이므로, 술탄의 자비심에 따라 그들에 대한 지도나 지원이 달라질 수 있었다. 이들이 해방의 상징으로 수염을 기를 수 있게 된 순간부터, 그들은 요직에 앉아 있으면서도 어떤 파벌에 속할 수도 우정을 나눌 수도 없으며 부모나 상속자를 둘 수도 없게 된다. 투르크 속담이 잘 말해 주듯 술탄의 손이 그들의 운명을 좌우하고 있는 것이다. 술탄은 그들을 진창에서 건져 내 가르치고 길러 주었지만, 그의 기분이 조금만 상해도 유리 조각상을 부수듯 술탄의 손이 그들을 산산이 부숴 버릴 수 있기 때문이었다. 그들의 인품과 재능은 느리면서도 고통스럽게 이루어지는 교육 과정에서 통찰력 있는 사람에게 속속들이 공개되었고, 완전히 벌거숭이가 된 그들은 오직 자신의 능력 여하에 따라 장래의 향방이 결정되었다. 그리고 지혜로운 선택과 함께 오스만의 군주는 오직 자신의 뜻대로 자유롭게 선택할 수 있는 권한도 동시에 갖추고 있었다. 오스만 궁정의 훈련생들은 행동을 함에 있어 절제의 미덕을 갖추도록 교육받았으며, 지휘 체계에서는 복종의 습관을 갖추도록 훈련받았다. 비슷한 정신은 군대에도 퍼졌는데 오스만 군대가 지닌 엄숙함과 침착함, 그리고 인내심과 겸양에는 그리스도교도 적들조차도 칭송하지 않을 수 없었다. 따라서 규율과 훈련으로 다져진 예니체리군을 출생에 대한 자부심, 기사단의 자립 정신, 신병들의 무지, 노련한 병사들의 불복종적인 태도, 그리고 방종과 무질서라는 악습에 오랫동안 물들어 있던 유럽의 군대와 비교할 때, 어느 쪽이 승리를 거둘지는 의문의 여지가 없다.

투르크 군대에 대해 결정적인 우월성을 확보할 수 있도록 한층 강력한 무기를 만들어 내고 좀 더 새로운 전쟁 기술을 개발해 내는 것만이 비잔티움 제국과 인접한 왕국들을 구원할 수 있는 유일한 희망이었다. 사실 결정적인 운명의 순간 그런 신무기를 발명함으로써 그들은 이미 강력한 무기를 손에 쥐고 있었다. 우연의 산물이든 아니면 복잡한 실험을 통해서든 중국 또는 유럽의 화학자들은 초석(硝石)과 황, 숯의 혼합물이 불꽃을 내면서 강력하게 폭발한다는 사실을 알아냈다. 그들은 이어서 세심한 관찰을 통해 엄청난 폭발력을 지닌 이 혼합물을 튼튼한 관에 압축해서 돌이나 쇠로 된 탄환을 만들어서 쏘면 불가항력적일 정도로 파괴적인 속도로 발사된다는 사실도 알아냈다. 화약이 발명되고 응용된 정확한 시기는 몇몇 의심스러운 구전이나 기록들이 전하고 있다. 하지만 우리가 분명히 확신할 수 있는 점은 화약이 14세기 중반에 세상에 알려졌으며, 14세기 말 무렵에는 독일이나 이탈리아, 스페인, 프랑스, 영국 같은 나라들이 바다나 육지에서 전투를 벌이거나 포위 공격을 할 때 대포를 이용하고 있었다는 사실이다. 어느 나라가 화약을 먼저 사용하기 시작했는지는 중요한 문제가 아니다. 화약에 대한 지식을 더 먼저 더 많이 얻은 나라일지라도 독점적인 이득을 누리지는 못했으며, 오히려 개선된 화학 지식을 여러 나라들이 공동으로 소유하고 있었기 때문에 그들의 화력이나 군사

화약의 발명과 사용

[58] 두카스가 처음으로 소개한 투르크의 대포에 대해 칼콘딜래스는 1422년 무라드 2세가 콘스탄티노플을 포위 공격할 때 사용한 것이라고 언급하고 있다.

과학은 상대적으로 엇비슷한 수준이었다. 또한 화약 제조의 비밀을 그리스도교 국가 안에만 한정시키는 것도 불가능했다. 어쨌든 화약 제조의 비밀은 배신자이든 아니면 경쟁국들이 자국의 이익을 위해 누설한 것이든 투르크인들에게도 알려졌다. 술탄들은 그리스도교도 화약 제조자를 고용하고 막대한 보상을 지급해 주는 등의 현명한 태도를 취했다. 무라드를 유럽까지 호송해 준 제노바인들은 그에게 화약 제조에 관한 비밀을 가르쳐 주었다는 비난을 면하기 힘들 것이다. 또한 그들이 직접 술탄의 대포를 만들어 주고 콘스탄티노플 성벽 앞까지 끌고 갔을 확률도 높다.[58] 첫 번째 포위 공격은 실패했지만 당시에는 가장 공격을 많이 퍼붓는 쪽이 전쟁에서 승리할 가능성도 더 높은 편이었다. 따라서 얼마 지나지 않아 공격자와 방어자의 균형이 깨졌고, 투르크군은 약한 무기들에나 견딜 수 있는 오래된 성벽에 대고 우레와 같은 소리를 내며 대포를 발사했다. 오스만 제국에 대항하고 있던 이집트와 페르시아의 술탄들 그리고 그들의 동맹들도 베네치아인들을 통해 화약 사용법에 대한 비밀을 전해 들었다. 이 비밀은 곧 아시아 구석구석까지 다 퍼져 나갔고, 결국 유럽인들이 화약으로 손쉽게 승리를 거둔 경우는 신대륙의 원주민들과 싸웠을 때뿐이었다. 화약이라는 해로운 발명품이 급속하게 발전하는 것과 정반대로 이성이나 학문, 평화를 위한 기술은 천천히 힘들게 진전되고 있을 뿐이라는 사실에 대해, 인류의 어리석음을 두고 비웃는 철학자도 있을 것이고 한탄하는 철학자도 있을 것이다.

66

THE DECLINE AND FALL
OF THE ROMAN EMPIRE

교황에게 간청하는 동방의 황제들 · 팔라이올로구스 왕조의 요하네스 1세, 마누엘, 요하네스 2세의 서방 방문 · 바젤 공의회에 의해 추진된 비잔티움 교회와 라틴 교회의 통합, 페라라와 피렌체 공의회의 결의 · 콘스탄티노플의 문예 상태 · 비잔티움 망명자들에 의한 이탈리아의 문예 부흥 · 라틴인들의 호기심과 경쟁심

비잔티움 제국의 마지막 400년 동안 황제들이 교황과 라틴인들에게 우호적인 태도를 보였는지 아니면 적대적인 태도를 보였는지는 비잔티움의 번영과 불안을 나

1339년,
교황 베네딕투스 12세에게
파견된
연소 안드로니쿠스의 사절

타내는 척도였으며, 동시에 야만족 왕조들의 흥망을 나타내는 척도였다고도 말할 수 있다. 셀주크 왕조의 투르크인들이 아시아를 침략하고 콘스탄티노플을 위협했을 때, 앞에서도 설명했듯이 플라켄티아에서 열린 공의회에 파견된 알렉시우스 황제의 사절들은 그리스도교 국가들의 공통의 아버지에게 보호를 간청했다. 하지만 프랑크인 순례자들의 군대가 술탄을 니케아에서 이코니움으로 몰아내자마자, 비잔티움의 황제들은 갑자기 태도를 바꾸어 제국의 멸망을 촉진시킨 서방 교회의 분리주의에 대해 다시금 진심으로 증오와 경멸감을 드러냈다. 콘스탄티노플을 되찾은 후에도 내외의 적들은 여전히 초대 팔라이올로구스의 자리를 위협하였고, 샤를의 검이 머리 위에서 번뜩이

1 이 흥미진진한 내용은 라이날두스의 『바로니우스 연대기』에서 필사한 것이다. 플뢰리(Abbè Fleury)의 설명은 명확하고 공평해서 나도 매우 만족스러울 정도이다.

고 있는 동안 그는 비굴한 태도로 로마 교황의 도움을 간청했다. 이 같은 행동은 현재의 위기를 모면하기 위해 자신의 신앙과 미덕, 심지어는 군주에 대한 백성들의 애정마저도 저버린 것이었다. 콘스탄티노플을 수복한 미카엘 8세가 죽자 군주와 백성들은 자신들 교회의 독립과 신경(信經)의 순수성을 강조했다. 연로 안드로니쿠스는 결코 라틴 세계를 두려워하지도 좋아하지도 않았으며, 그가 만년에 어려움에 빠졌을 때 자부심은 그의 미신을 유지하는 버팀목이었다. 또한 그는 젊은 시절의 확고했던 정통 신앙에 대한 선언을 품위 있게 철회할 만한 인물도 되지 못했다. 그의 손자인 연소 안드로니쿠스는 투르크에 복종하지 않으려는 기질이 강했고 상황도 이를 뒷받침해 주었다. 투르크가 비티니아를 정복하는 것을 보고 그는 서방의 군주들과 세속적인 측면과 종교적 측면 모두에서 동맹을 맺고자 노력할 수밖에 없었다. 50년 동안의 분리와 침묵 끝에 바를라암 수도사가 교황 베네딕투스 12세에게 밀사로 파견되었는데, 그가 전달한 교묘한 내용들은 아마도 비잔티움 제국의 유능한 누군가가 뼈대를 작성해 준 것으로 보인다.[1] 그가 전달한 내용은 다음과 같다.

십자군과 통합에 대한 논의들

교황 예하, 저희 황제 폐하께서도 예하만큼 두 교회의 통합을 적극 바라고 계십니다. 하지만 이 미묘한 사안을 처리함에 있어 폐하께서는 그분의 신앙과 백성들의 생각을 존중해 주어야 할 의무가 있습니다. 통합 방법에는 강제와 설득, 두 가지가 있습니다. 강제에 의한 방법은 라틴 세계가 우리 비잔티움 제국을 굴복시켰을지라도 그 정신만은 굴복시키지 못했다는 점을 감안할 때 이미 실효성이 없다는 사실이 입증되었습니다. 비록 느릴지라도 설득에 의한 통합이 확실하고 항구적인 효과를 가져올 수 있습니다. 우리 비잔티움의 박사들 30~40명으로 이뤄진 사절단과 바티칸의 박사들은 진리를 사랑하고 신앙에 대한 통일을 염원하는 마음으로 여기에 합의할 것입니다. 하지만 그들이 각자 자기 나라로 돌아갔을 때 이런 합의는 무슨 효력이 있겠으며, 또한 그들에게 돌아올 보상은 무엇이겠습니까? 아마도 동료들의 비웃음과 무지하고 완고한 백성들의 비난이 그들이 받게 될 보답일 것입니다. 그럼에도 국민들은 신앙 개조(信仰個條)를 확립한 공의회에 대해서는 외경의 마음을 품고 있습니다. 국민들이 리옹 공의회에서 발표된 교령을 받아들이지 못하는 까닭은, 이 공의회에 대해 우리 동방 교회가 아무 통보도 받지 못한 탓에 대표조차 파견할 수 없었기 때문입니다. 이 훌륭한 목표를 이루기 위해서는 주의 깊게 선발한 사절을 비잔티움으로 보내서 콘스탄티노플과 알렉산드리아, 안티오크, 예루살렘의 주교들과 함께 회의를 열고 그들의 도움을 받으며 자유롭고도 보편적인 종교 회의를 준비하게 하는 것이 합당하고도 꼭 필요한 처사라고 할 수 있을 것입니다. 하지만 지금 이 순간,

말을 잠시 끊었다가 이 솜씨 좋은 대리인은 다시 말을 이었다.

비잔티움 제국은 아나톨리아의 주요 도시 네 곳을 점령한 투르크의 공격을 받고 위험에 처해 있습니다. 콘스탄티노플의 그리스도교도 주민들은 자신들의 충성심과 종교를 되살리기를 원하고 있습니다. 그러나 황제의 군사력과 재력만으로는 그들을 구해 주기에 부족합니다. 따라서 프랑크 군대가 로마의 사절단과 함께 오거나 또는 미리 와서 이교도들을 물리치고 성묘로

가는 길을 열어야 한다고 생각합니다.

의심 많은 라틴인들이 어떤 맹세나 또는 비잔티움의 진정성을 증명해 보이기를 요구했을지라도, 바를라암의 대답은 이를 상쇄할 수 있을 만큼 명쾌하고 합리적이었다.

(1) 동서 두 교회가 모이는 종교 회의만이 교회의 통합을 실현할 수 있습니다. 하지만 세 명의 동방 대주교와 많은 수의 주교들이 이슬람의 굴레에서 해방되지 않고서는 이런 종교 회의는 열릴 수 없을 것입니다. (2) 오랜 억압과 부당한 대우로 비잔티움 사람들은 지금 소외감에 시달리고 있습니다. 따라서 동포애적인 사랑을 보여 주는 행동과 실질적인 원조만이 그들의 마음을 달랠 수 있으며, 그런 행동만이 황제와 통합 추진자들의 권위와 주장에 힘을 실어 줄 수 있을 것입니다. (3) 신앙이나 예식에 존재하는 얼마간의 차이를 좁힐 수는 없을지도 모릅니다. 하지만 비잔티움 사람들이 그리스도의 제자라는 사실과 투르크인들이 그리스도교 세계 공통의 적이라는 사실에는 변함이 없습니다. 아르메니아, 키프로스, 로도스 섬의 사람들이 모두 공격을 받고 있으므로, 우리 종교 전체를 지키기 위해 칼을 뽑는 것은 프랑크 군주들에게도 신심에 합당한 행동일 것입니다. (4) 혹여 안드로니쿠스 황제 폐하의 백성들이 가장 악질적인 분리파나 이단자, 또는 이교도로 취급당할지라도, 서방 측의 열강들에게는 유용한 동맹을 포용해서 침몰하는 제국을 일으키고 유럽의 경계선을 지키는 것이 좀 더 합리적인 정책일 것입니다. 이것이 비잔티움을 투르크에게 빼앗기고 비잔티움의 군대와 보물이 투르크 군대와 연합을 맺게 되는 사태보다는 더 나을 것입니다.

안드로니쿠스의 이런 명분과 제안 및 요구에 돌아온 것은 냉담하고도 거만한 무관심이 섞인 거절이었다. 프랑스와 나폴리의 왕들은 십자군의 위험과 영광에 참여하기를 거절하였고, 교황 역시 옛 신앙 개조를 확정하기 위해 새로운 공의회를 소집하기를 거부하였다. 그리고 라틴 황제와 성직자들의 구태의연한 주장에 귀를 기울이면서 교황은 "비잔티움 국민들의 중재자²와 스스로 동방 교회의 총대주교를 자칭하는 사람들에게"라는 모욕적인 말로 시작하는 답장을 보냈다. 특사 바를라암으로서는 이토록 부적절한 시기에 이토록 부적절한 교황을 만나기도 쉽지 않았을 것이다. 무지한 농사꾼 출신의 베네딕투스 12세는 양심의 가책을 가누지 못하면서 게으름과 술에 찌들어 살고 있었다. 오만한 마음에 삼중관에 제3의 왕관을 장식할 마음은 있었을지 모르나, 그는 왕국과 교회 행정에는 맞지 않는 무능한 인물이었다.

2 이 모호한 칭호에는 심술궂은 쾌감과 독창성이 모두 담겨 있다. 주임 사제나 총독과 비슷한 의미를 지닌 '중재자'라는 단어는 고어의 분위기를 풍긴다. 키케로의 냄새도 풍기는데, 뒤캉주(Ducange)의 용어집이 아니라 스테판의 어휘집에서 찾을 수 있다.

안드로니쿠스가 죽은 후 비잔티움이 내란으로 분열되어 있는 동안, 라틴 세계는 그리스도교 세계의 통합에 대해 다시

1348년, 교황 클레멘스 6세와 칸타쿠제누스의 협상

논의할 만한 여유가 없었다. 하지만 칸타쿠제누스가 자신의 적을 물리치고 사면하고 나자마자, 투르크군을 유럽으로 불러들이고 이슬람 군주에게 딸을 시집보낸 것을 정당화할 수는 없을지라도 최소한 변명이라도 해야 할 필요성을 절감하게 되었다. 그리하여 황제의 이름으로 두 명의 대신이 라틴어 통역관을 대동하고 교황청에 특사로 파견되었다. 당시 로마 교황청은 70년이라는 기간에 걸친 이전을 마치고 론 강 기슭의 아비뇽에 자리를 잡은 상태였다. 두 대신은 비잔티움의 황제가 어쩔 수 없이 야만인들과 동맹을 맺게 된 경위를 설명했다. 그리고 황제의 명에 따라 듣기 좋고 점잖은 말만 골라서 동서 교회의 통합

과 십자군의 필요성을 역설했다. 베네딕투스 12세의 뒤를 이어 교황에 오른 클레멘스 6세는 친절하고 영예롭게 그들을 환대해 주면서 그들 군주의 결백함을 인정하고 불안감을 이해해 주었다. 또한 그가 지닌 관대함을 칭송하는 한편, 비잔티움 제국의 현재 상황과 혁명에 대해 자세히 알고 있음을 보여 주었다. 얼마 전 안느 황후의 수행원인 사보이 출신의 귀부인이 비잔티움의 상황을 소상히 전해 준 덕분이었다.[3] 클레멘스 6세가 성직자로서 갖춰야 할 미덕이 부족했던 것은 사실이다. 하지만 그는 성직자 자리나 왕위나 똑같이 별 어려움 없이 배분할 줄 아는 군주와도 같은 기개와 호방함을 갖추고 있었다. 그가 교황으로 있는 동안 아비뇽은 화려함과 쾌락이 흘러넘쳤으며, 실제로 그는 젊은 시절에 가장 방탕한 귀족 못지않은 난봉꾼으로 명성이 높았다. 교황의 마음에 든 여인들이 뻔질나게 드나들면서 교황청은, 금녀의 구역이어야 할 교황의 침실은 그 여인들로 더욱 화려해졌다. 사실은 오염되었다는 편이 맞겠다. 프랑스와 영국 사이에 벌어진 100년 전쟁은 교계(敎界)에 불리하게 돌아갔지만 비잔티움의 특사가 전한 구상은 그의 허영심을 만족시켜 주었다. 그래서 그는 비잔티움으로 귀국하는 특사에게 자기의 측근인 라틴 주교 세 명을 대동시켰다. 콘스탄티노플에 도착한 로마의 특사들은 황제와 만난 자리에서 서로의 신심과 능란한 말솜씨를 칭찬하기 시작했고, 여러 차례 회담이 열리는 동안 그들은 줄곧 서로를 칭찬하고 많은 약속을 했다. 양쪽 모두 기분이 좋았기 때문에 어느 한 쪽이 속을 염려는 전혀 없었다. 신심이 높은 칸타쿠제누스는 이렇게 말했다.

짐은 성전을 생각하게 된 것이 기쁘기 그지없소. 성전은 그리스도교 왕국 전체에 도움이 될 뿐만 아니라 내 개인에게도

[3] 그녀의 이름은 (잘못 전해졌을 가능성도 높지만) 잠페아였다. 그녀는 콘스탄티노플의 여주인과 끝까지 함께했으며, 그녀의 신중함과 박식함, 점잖은 행동거지에 대해서는 비잔티움 사람들도 칭송을 했다.

영광임에 틀림없소. 짐의 왕국은 언제라도 프랑스 군대에 길을 내줄 것이며, 과인의 군대와 갤리선단과 보물을 모두의 대의명분을 위해 기꺼이 바칠 것이오. 짐이 다행스럽게도 순교자의 자리에 오를 수만 있다면, 그런 운명에 더없이 행복할 것이오. 뿔뿔이 흩어져 있는 그리스도의 후손들이 다시 합쳐지기를 과인이 얼마나 열망하는지 말로는 다 표현할 수 없을 정도외다. 만약 나의 죽음이 도움이 된다면 기꺼이 과인의 검과 목숨을 바칠 것이며, 과인이 불타 잿더미 속에서 영적인 불사조로 되살아날 수 있다면 짐이 먼저 장작더미를 쌓고 내 두 손으로 불을 붙일 것이외다.

하지만 그렇게 말하면서도 비잔티움 황제는 라틴 사람들의 오만함과 경솔함 때문에 두 교회를 분열로 이끈 신앙 개조가 등장하게 되었다고 말하는 것을 잊지 않았다. 그는 초대 팔라이올로구스의 비굴하고 자의적인 행보를 비난하고는, 자신은 자유롭고 보편적인 종교 회의가 채택하게 될 교령 이외에는 양심을 맡길 생각이 전혀 없다고 확고하게 선언하였다. 그리고 그는 이렇게 이었다.

지금의 상황에서 교황과 짐이 로마나 콘스탄티노플에서 회합을 가질 수는 없을 것이오. 하지만 주교들을 모으고 동서 양교회의 신자들을 교육하기 위해 두 제국이 맞닿아 있는 해안 도시 한 곳을 선택할 수는 있을 것이오.

로마의 사절단은 이 제안에 만족하는 듯했다. 하지만 칸타쿠제누스는 클레멘스 6세가 죽고 그와 생각이 다른 교황이 즉위하면서 자신의 희망이 물거품으로 돌아가는 것을 비통한 마음으

† 이 불명예스러운 조약에 대해서는 라이날두스를 참조하기 바란다. 그는 바티칸 문서 보관소에 있는 기록을 인용하였다. 그의 기록은 종교 문서 변조라는 비난을 받을 정도는 아니었다.

로 지켜볼 수밖에 없었다. 칸타쿠제누스는 장수했지만 이는 모든 것을 버리고 수도원으로 들어갔기 때문이었다. 이 겸손한 수도사는 자신의 기도에 매달리는 것 이외에는 자신의 백성들과 국가에 대한 권한을 완전히 잃고 말았다.

1355년, 교황 이노켄티우스 6세와 요하네스 팔라이올로구스 사이의 조약

그러나 칸타쿠제누스의 뒤를 이어 제위에 오른 요하네스 팔라이올로구스는 비잔티움의 황제들 중에서도 서방 교회 목자의 뜻을 포용하고 믿고 따를 마음이 가장 많았다. 그의 어머니인 사보이의 안느는 라틴 교회에서 세례를 받은 여인이었다. 비록 안드로니쿠스 3세와 결혼하면서 이름과 복장과 예배 방식을 바꿔야 했지만 마음만은 여전히 자신의 조국과 종교에 대한 믿음을 버리지 않고 있었다. 안느 황후는 아들의 유년기에 많은 영향을 끼쳤으며, 성인 남자에 걸맞은 정신과 체격을 갖게 된 후에도 황후의 영향력은 계속되었다. 그가 해방되어 복위한 첫 해에도 헬레스폰투스 해협은 여전히 투르크의 지배를 받고 있었으며, 칸타쿠제누스의 아들은 하드리아노폴리스에 군대를 주둔시키고 있었기 때문에, 그는 자기 자신도 자신의 백성들도 믿을 수 없는 처지였다. 그는 모후의 충고에 따라 외국의 원조를 받기 위해 교회와 국가에 대한 자신의 권리를 모두 포기할 수밖에 없었다. 보라색 잉크로 날인되고 황금 옥쇄로 봉인된 예속 조항을† 담은 서한을 이탈리아에서 온 교황의 대리인에게 비밀리에 전달하였다. 협정의 첫 번째 조항은 로마와 가톨릭 교회의 최고 수장인 이노켄티우스 6세와 그 후계자들에게 바치는 충성과 복종의 맹세였다. 또한 황제는 로마의 사절단과 특사들을 정중히 맞이하고 그들이 머물 궁과 예배를 드릴 교회를 따로 마련할 것과 이런 맹세를 지키겠다는 뜻으로 둘째 아들 마누엘을 볼모로 보낼 것

을 약속했다. 그는 자신이 충성을 약속하는 대가로, 이 조약에 반대하는 그리스도교도들을 비롯해 적인 이슬람교도들과 싸울 수 있도록 갤리선 15척과 중기병 500명, 궁수 1000명을 즉시 보내 달라고 요청했다. 팔라이올로구스는 비잔티움의 성직자와 국민 들에게도 똑같은 정신적인 멍에를 짊어 지게 하겠다고 약속했지만, 비잔티움 사람들이 저항할 것은 당연했기 때문에 황제는 매수와 교육이라는 두 가지 방법을 모두 사용하기로 했다. 이로써 로마의 사절단은 바티칸의 신조를 수락하는 성직자들에게 비어 있는 성직을 배분할 수 있는 권리를 가지게 되었으며, 젊은이들에게 라틴어와 교리를 가르칠 학교 세 곳을 콘스탄티노플에 세울 수 있게 되었다. 학생 명단에 가장 처음 이름을 올린 사람은 바로 황제의 후계자인 안드로니쿠스(안드로니쿠스 4세)였다. 팔라이올로구스는 이런 설득이나 군사적 수단이 모두 실패한다면 자신은 황제 자리를 유지할 자격이 없으므로 군주와 가장으로서의 권위를 모두 넘겨줄 것이며, 자신의 가문과 통치권, 아들과 후계자들의 결혼에 대한 권한까지도 이노켄티우스 6세에게 모두 이양할 것이라고 선언하였다. 하지만 이 조약은 실행되지도 대중에게 공포되지도 않았으며, 로마의 갤리선도 비잔티움 사람들의 복종도 한낱 헛된 상상으로 끝나고 말았다. 결국 조약이 공포되지 않은 덕분에 비잔티움의 군주는 이 무익하고 굴욕적인 불명예에 처하는 사태를 면할 수 있었다.

하지만 곧이어 투르크 군대가 맹렬한 폭풍우처럼 그의 머리 위에서 휘몰아쳤다. 하드리아노폴리스와 로마니아를 잃은 후 팔라이올로구스는 오만한 무라드 1세의 한낱 봉신으로서 언제라도 이 야만인의 마지막 먹이가 될

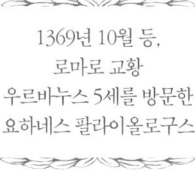
1369년 10월 등, 로마로 교황 우르바누스 5세를 방문한 요하네스 팔라이올로구스

것 같은 절망적인 예감에 휩싸인 채 콘스탄티노플에 갇히는 신세가 되고 말았다. 이 비참한 상황에서 그는 베네치아로 몰래 출항해서 교황의 발치에 꿇어 엎드려 원조를 요청해 볼 결심을 했다. 그렇게 해서 그는 서방이라는 미지의 영역을 방문한 비잔티움의 첫 번째 황제였음에도 불구하고 로마에서는 자신이 원하는 원조와 위안을 간신히 얻을 수 있었으며, 오스만 투르크 궁정보다는 바티칸의 추기경 회의에 모습을 보이는 것이 위엄을 조금이라도 살릴 수 있는 길이었다. 오랜 시간 자리를 비운 교황은 아비뇽을 출발해 테베레 강변의 옛 자리로 돌아오고 있었다. 인품이 온화하고 후덕한 우르바누스 5세는 이 비잔티움 군주의 순례를 기꺼이 권장하거나 허락해 주었다. 이로써 바티칸은 같은 해에 콘스탄티누스와 샤를마뉴 대제의 권위를 대변하는 두 황제를 맞이하는 영광을 누리게 되었다. 하지만 여러 가지 어려움을 겪으면서 이미 허영심은 자취도 없이 사라져 버린 콘스탄티노플의 황제는 도움을 청하기 위한 이번 방문에서 자신이 예상한 공허한 말이나 형식적인 굴종보다 더 많은 것을 내 주어야 했다. 예비 관문이 그에게 부과되었는데, 네 명의 추기경 앞에서 황제는 진정한 가톨릭교도로서 교황의 최고 권위와 성령의 이중 발현 교리를 인정한다고 선언해야 했다. 이런 정화 의식을 거친 뒤에 황제는 성 베드로 성당에서 교황을 공식 접견하는 자리로 안내받았다. 우르바누스 5세가 추기경들을 양쪽으로 거느리고 교황 좌에 앉아 있었다. 세 차례 무릎을 꿇고 난 뒤 비잔티움 황제가 교황의 발과 손과 입술에 경건한 태도로 입맞춤하자, 교황은 이에 대한 화답으로 황제에게 장엄 미사를 올려 준 뒤 그에게 자신이 타는 노새의 고삐를 끄는 것을 허락하고 바티칸 궁전에서 호화로운 연회를 열어 주었다. 교황은 팔라이올로구스를 친절하고 영예롭게 대접해 주었지만 바티칸이 동방의 황제와 서방의 황제를 대하는 태도에는 약간의 차이가 있었는데,5 비잔티움의 황제는 부제의 자격으로 복음을 제창할 수 있는 고귀한 특권은 부여받지 못했다.6 이 개종자를 위해 우르바누스 5세는 프랑스 왕을 비롯해 서방 열강들의 열의를 다시 지피기 위해 노력했지만, 그들은 자국 내 분쟁에만 관심을 쏟을 뿐 비잔티움 수호라는 대의에 대해서는 냉담했다. 황제의 마지막 희망은 아쿠토라고도 불리는 영국인 용병 대장 호크우드7였다. 그는 백색형제단이라는 일단의 모험가들을 이끌고 알프스에서 칼라브리아에 이르기까지 이탈리아를 종횡무진 누비고 다니면서 적국에도 기꺼이 용병대를 제공했으며, 심지어는 교황의 거처에도 화살을 쏘아서 파문에 처해지기까지 하였다. 황제는 교황의 특별 허락으로 이 무법자와 협상을 벌였지만, 군사력에서나 기개 면에서도 호크우드는 투르크군과 대적하기에는 부족했다. 어쩌면 팔라이올로구스에게는 원군을 얻지 못한 것이 오히려 다행스러운 일이었는지도 모른다. 원군을 확보해 봤자 비용만 많이 들고 별 쓸모도 없으며 위험만 한층 더 커질 것이 분명했기 때문이다. 낙담한 비잔티움 황제는 귀국할 준비를 했지만8 돌아오는 길마저도 아주 힘든 장애물이 버티고 있었다. 일찍이 그는 엄청나게 비싼 이자로 막대한 자금을 빌려 쓰고 있었다. 하지만 황제의 국고가 빈 것을 알게 된 채권자들이 그가 베네치아에 도착하자마자 가장 확실한 담보물로 그를 억류한 것이다. 황제는 큰아들이자 콘스탄티노플의 섭정을 맡고 있는 안드로니쿠스에게 교회의 재산을 빼앗는 등 무슨 방법을 써서라도 몸값을 마련해서 자신을 불명예스러운 처지에서 구해 달라고 거듭 촉구하였다. 하지만 이 몰인정한 젊은이는 아버지가 당하는 치욕에 별 관심을 보이지 않았을 뿐만 아니라 오히려 황제가 붙잡힌

5 '로마 황제에는 약간 미치지 못하는.(Paullo minus quam si fuisset Imperator Romanorum.)' 하지만 그리스의 황제(Imperator Græcorum)라는 칭호에 대해서는 더 이상 아무 논란도 없었다.

6 이는 샤를마뉴의 후계자들이, 그것도 크리스마스에만 누릴 수 있는 특권이었다. 그때를 제외하고 다른 축제에서 황제는 교황의 책을 들어 주고 몸을 부축하는 부제 역할을 하는데 만족해야 했다. 하지만 사드(Abbé de Sade)는 샤를 4세의 탁월함이면 적절한 날(1368년 11월 1일)이 아니더라도 모든 특권을 받을 자격이 있었을 것이라고 관대하게 생각한다. 아마도 사드는 그 특권이나 샤를 4세에 대해 공정한 가치를 매긴 것으로 보인다.

7 일부 이탈리아어가 잘못 전해지기는 했지만, 보스코(bosco)의 팔콘(Falcone)이라는 말은 영어로 호크우드(Hawkwood)를, 우리의 용감한 동포의 진짜 이름을 의미한다. 그는 22번 승리를 거두고 1번밖에 패하지 않았으며 피렌체의 장군으로서 죽었다. 하지만 피렌체 공화국은 그에게 단테나 페트라르카에 준하는 명예를 주지는 않았다.

8 칼콘딜레스는 자신이 프랑스 왕을 만나기 위해 여정을 준비했다는 내용을 적었지만. 사가들의 침묵은 이 내용이 잘못되었음

을 충분히 입증하는 셈이다.

9 그는 1370년에 돌아왔고 마누엘은 1373년 9월 25일에 황태자 즉위식을 올렸으며, 이어서 즉시 안드로니쿠스에 대한 대책과 처벌이 행해진다.

것을 은근히 기뻐하였다. 그는 국고가 비었고 성직자들이 반대한다고 둘러댔지만, 성직자들이 아무리 주저한다고 해도 무관심과 사태 해결을 지연시킨 그의 죄는 도저히 용서할 수 없는 것이었다. 그의 동생이며 효심이 깊은 마누엘은 형의 불효를 신랄하게 비난하면서 자신의 모든 재산을 팔거나 담보로 잡혀서 돈을 마련한 뒤 베네치아로 가서 아버지를 구하고 남은 채무는 자신의 자유를 걸고서라도 변제할 것을 약속하였다. 콘스탄티노플로 돌아온 후 부모이자 한 나라의 군주로서 황제는 두 아들에게 마땅한 상벌을 내렸다. 하지만 천성이 나약한 팔라이올로구스의 신앙과 행동 방식은 로마에 다녀온 뒤에도 전혀 변하지 않았다. 변절이라고 부르든 아니면 개종이라고 부르든 그가 가톨릭에 귀의한 것은 정신적으로나 현실적으로나 아무 영향도 미치지 못했고 비잔티움과 라틴 세계 모두 금세 잊어버렸다.9

1370년, 콘스탄티노플로 돌아온 요하네스 팔라이올로구스

마누엘 황제의 순방

팔라이올로구스의 로마 순방 이후 30년이 지나서, 그의 아들이자 후계자인 마누엘(2세)은 비슷한 동기이지만 훨씬 대규모로 서방 여러 나라를 순방하였다. 그가 바야지트와 맺은 협정, 협정에 대한 파기, 콘스탄티노플 포위 및 봉쇄, 부시콜이 이끄는 프랑스 원군에 대해서는 앞 장에서 이미 설명한 바 있다. 마누엘은 앞서 사절단을 보내 라틴 여러 나라의 마음을 얻고자 노력하기는 했지만, 곤경에 빠진 황제가 직접 눈물을 흘리며 간청을 하면 아무리 완고한 야만인일지라도 도와줄 수밖에 없으리라는 것이 그의 계산이었으며, 이번 순방을 권한 부시콜 역시 비잔티움의 군주를 맞이할 준비를 하고 있었다. 지상의 길은 투르크인들이 점령하고 있었지만 베네치아로 통하

는 항로는 아직 안전했다. 이탈리아는 그를 그리스도교 국가의 으뜸가는 군주, 적어도 두 번째 군주로서 맞이해 주었다. 마누엘은 신앙의 옹호자이자 고백자로서 동정을 받았지만, 그의 위엄 있는 행동거지는 이러한 동정심이 경멸감으로 바뀌는 것을 막아 주었다. 베네치아를 출발한 그는 파두아와 파비아로 향했다. 바야지트와 비밀 동맹을 맺고 있던 밀라노의 한 공작조차도 자신의 영지를 지날 때 접경 지대까지 그를 안전하고 정중하게 호위하였다.10 프랑스 국경부터는 왕실에서 나온 고위 관리가 황제의 신병 안전과 여행 일정을 책임지고 경비 일체를 부담해 주었으며, 수도의 가장 부유한 시민 2000명은 그를 환영하기 위해 갑옷을 입고 말을 타고서 인근의 샤랑통까지 마중 나와 있었다. 파리로 들어가는 성문에서 그는 수석 장관과 의회 대표의 영접을 받았고, 궁에 도착하자 왕자들과 귀족들을 거느리고 나온 샤를 6세가 형제를 맞이하듯이 황제를 따뜻하게 포옹해 주었다. 이때 이 콘스탄티누스 대제의 후예는 하얀 비단옷을 입고 우윳빛 준마를 타고 있었는데, 프랑스 궁정의 의전 행사에서 흰색은 군주의 권위를 나타내는 것으로서, 흰색으로 치장한 황제의 차림새는 상징적으로 아주 중요한 의미가 있었다. 사실 얼마 전 파리를 방문한 독일 황제가 거만한 요구와 변덕스러운 거절로 검은색 말을 타는 데 만족해야 했던 일만 봐도 비잔티움 황제가 얼마나 융숭한 대접을 받았는가를 알 수 있다. 마누엘은 루브르 궁전에 묵었는데, 프랑스 사람들은 자신들의 화려함을 보여 주고 황제의 슬픔을 달래 주기 위해 매일같이 연회와 무도회를 열고 사냥 대회를 여는 등 여러 다양한 행사를 마련하였다. 황제는 자신만의 예배당에서 자유롭게 기도를 드릴 수 있었으며, 소르본느의 박사들은 황제가 이

1400년 6월, 프랑스 왕실 방문

10 갈레아초(John Galeazzo)는 밀라노에서도 지위가 가장 높고 강력한 공작이었다. 프루아사르(Froissard)에게 바야지트와의 관계를 간파당한 갈레아초는 어쩔 수 없이 니코폴리스에 잡혀 있는 프랑스인 포로들의 송환을 도와주었다.

끌고 온 성직자들의 언어나 의식, 예복에 놀라기도 하고 때로는 불쾌해 하기도 하였다. 하지만 프랑스의 상황을 얼마 동안 살펴본 황제는 실질적인 원조를 얻어 내기가 불가능하다는 사실을 알아챘을 것이다. 사실 샤를 6세는 가끔씩 제정신이 들 때도 있기는 했지만 계속해서 흉포해지거나 백치와도 같은 광기 상태를 반복하고 있었다. 그래서 실질적인 권한은 오를레앙과 부르고뉴의 공작들인 그의 동생과 숙부가 번갈아 가며 장악하고 있었는데, 그들의 정쟁은 이미 비극적인 내란의 조짐까지 보이고 있었다. 오를레앙 공은 사치와 향락을 즐기는 사람으로 유명하고, 부르고뉴 공은 얼마 전까지 투르크에 포로로 잡혀 있다가 몸값을 지불하고 풀려난 네베르 백작인 장의 아버지였다. 혈기 왕성한 장은 자신의 패배를 되갚고자 열을 올렸을지도 모르지만, 좀 더 신중한 성격의 부르고뉴 공은 처음의 무모한 시도로 치른 비용과 희생에 만족하고 있었다. 마누엘은 프랑스 사람들의 호기심이 충분히 채워지고 인내심도 바닥이 날 때 즈음, 이웃 섬나라를 방문하기로 결심했다. 도버 해협을 건너 캔터베리에 도착하자 성 아우구스티누스회 수도원장과 수도사들이 나와 아주 정중하게 황제를 맞아 주었고, 블랙히스에서는 국왕 헨리 4세가 궁정 사람들을 이끌고 나와 예를 갖추고서 비잔티움의 영웅(오래된 역사가의 표현을 빌리면)을 환대해 주었다. 그리고 여러 날 런던에 머무는 동안 마누엘은 동로마 제국의 황제로서 극진한 대접을 받았다. 하지만 영국은 성전에 참여할 준비를 하기에는 프랑스보다도 상황이 더욱 좋지 않았다. 이 해에 세습 국왕이 왕위에서 쫓겨나 사형을 당한 데다가, 지금의 왕 헨리 4세는 왕위를 성공적으로 찬탈하기는 했지만 자신의 야망에 대한 벌을 받기라도 하듯이 시기심과 양

1400년 12월,
영국 왕실 방문

심의 가책으로 괴로워하고 있었다. 게다가 랭커스터 가문 출신의 헨리 4세는 끊임없이 왕좌를 위협하는 음모와 반역에 대비해야 했기 때문에 성전에 직접 참전하는 것은 고사하고 병력을 빌려 줄 여유조차 없었다. 헨리 4세는 콘스탄티노플의 황제의 처지를 동정하고 그의 인품을 칭송하며 연일 연회를 베풀어 주기만 할 뿐이었다. 이때 만약 영국의 군주가 십자가를 메는 체했다면, 그것은 경건한 대의명분을 따르는 시늉으로 신민들의 마음과 자신의 양심의 가책을 달래기 위한 행동이었을 것이다.[11] 결국 선물과 정중한 대접에 만족한 채 마누엘은 파리로 돌아와 2년 동안 서방에서 머문 뒤 독일과 이탈리아를 경유해서 베네치아에서 출항해 모레아에 도착한 다음, 파멸 또는 구원의 순간을 참을성 있게 기다렸다. 하지만 그는 공개적으로든 또는 은밀하게든 자신의 종교를 팔아 버려야 하는 치욕스러운 일만은 모면할 수 있었다. 라틴 교회에서 대분열이 일어나 양쪽으로 갈라졌는데, 유럽의 왕들과 신민들, 그리고 대학들까지도 로마 교황과 아비뇽 교황 중 누구에게 복종할 것인가를 두고 서로 대치하는 상황이었다. 양쪽이 서로 화해하기를 염원하는 마음에서 비잔티움의 황제는 빈궁하고 인기 없는 두 적대자들과는 일체의 접촉을 삼갔다. 그는 성년(聖年)에 유럽 순방을 시작하면서 신도의 원죄에 대한 단죄나 고해를 무효로 만드는 완전한 사면을 요청하지도 않고서 이탈리아를 통과하는 실수를 저지르고 말았다. 교황청을 무시한 황제의 행동에 크게 분노한 로마의 교황은 황제가 그리스도의 성상에 불경죄를 저질렀다고 비난하면서, 이탈리아 군주들에게 이 못된 분리주의자를 받아들이지 말 뿐만 아니라 절교를 선언하라고 강요했다.

십자군 전쟁 동안 비잔티움 제국 사람들은 미지의 세계인

1402년, 그리스로 귀환한 마누엘

[11] 셰익스피어의 『헨리 4세』는 왕이 십자군 서약을 하는 장면으로 시작해서 맨 마지막에는 그가 예루살렘에서 죽었을 것이라는 추측으로 극을 마친다.

12 칼콘딜레스의 비잔티움과 투르크에 대한 사서는 1463년 겨울을 끝으로 막을 내린다. 갑작스럽게 결론을 맺었다는 사실에서 어쩌면 그가 그해에 절필을 선언했을지도 모른다는 추측을 할 수 있다. 그가 아테네 사람임은 다 아는 사실이며, 동시대에 그와 같은 이름을 가진 몇몇 사람이 이탈리아에서 그리스어를 부흥시키는 데 도움을 준 것은 사실이다. 그러나 매우 실망스러운 일이기는 하지만 이 점잖은 사가는 결코 자신을 드러내지 않았으며, 그의 편집자인 레운클라비우스나 파브리키우스도 그의 일생이나 인품에 대해서는 관심이 없었던 듯 보인다.

13 나는 칼콘딜레스가 지명에서 실수한 것을 꼬집을 생각은 없다. 이 경우 그는 헤로도투스를 그대로 따르느라 실수를 저지른 것으로 보이는데, 원문을 적어 놓았을 수도 있고 아니면 자신의 무지에 대해 양해를 구했을 수도 있다. 이 현대의 그리스인들이 스트라보나 얼마 안 되는 지리학자들의 글을 읽은 적이 있었을까?

비잔티움 사람들의 견문과 묘사

서쪽으로부터 끊임없이 밀려 들어오는 이민 대열을 공포와 경악의 눈길로 바라보았다. 그들의 마지막 두 황제의 서방 방문으로 동서를 분리하던 장막이 벗겨졌고, 비잔티움 사람들의 눈앞에 유럽의 강국들이 그대로 펼쳐지면서 더 이상 그들을 야만족이라고 부를 수 없게 되었다. 마누엘보다 좀 더 주의 깊고 신중한 수행원들이 서방을 관찰했던 사항들에 대해 당시 비잔티움의 사가가 옮긴 내용은 그대로 전해지므로,12 여기에서는 단편적인 내용들을 취합해서 간단히 소개하는 정도로만 그칠 것이다. 예나 지금이나 우리에게 친근하게 느껴지는 독일, 프랑스, 영국에 대한 대략적인 묘사를 읽어본다면, 재미있을 뿐만 아니라 어쩌면 교훈까지 얻을 수 있을지도 모른다. (1) 독

독일에 대한 묘사

일은 (칼콘딜레스의 글에 따르면) 비엔나에서 대서양까지 이어진 드넓은 국가로 보헤미아의 프라하에서 타르테수스 강과 피레네 산맥까지 펼쳐져 있다.13 무화과와 올리브는 자라지 않지만 토양은 충분히 비옥하고 공기는 맑으며 주민들의 체구는 늠름하고 튼튼하다. 한랭한 지역인 탓에 전염병이나 지진과 같은 재앙이 거의 일어나지 않는다. 게르만인들은 타타르인이라고도 불리는 스키타이인들 다음으로 인구가 많은 민족이다. 이들은 용감하고 인내심이 강해서 한 명의 수장 아래 통일된다면 그 힘이 천하무적이 될 것이다. 그들은 교황이 내려 준 선물로 신성 로마 제국의 황제를 선출하는 특권을 가지고 있기 때문에 그들만큼 헌신적으로 라틴 교회의 수장에게 신뢰와 복종을 바치는 사람들은 없다. 국토의 대부분은 비록 여러 제후들과 고위 성직자들이 나눠서 지배하고 있지만, 스트라스부르크, 쾰른, 함부르크를 비롯해 200개 이상의 자유 도시들은 국가 전체

의 이익을 위하여 마련된 현명하고 공정한 법의 지배를 받고 있다. 그들은 각종 기계 기술에 뛰어난 재능을 보이는데, 오늘날 세계 대부분의 지역에 퍼져 있는 화약과 대포는 독일 사람들이 발명했다고 봐도 무방할 것이다. (2) 프랑스 왕국은 독일에서 스페인까지, 그리고 알프스에서 북해까지 15~20일 이상 걸리는 거리 정도까지 펼쳐져 있으며 번성하는 도시가 많다. 그들 중에서도 왕도인 파리는 그 부와 호화로움에서 다른 도시들을 훨씬 압도한다. 많은 왕족들과 귀족들이 왕궁에서 왕을 받들며 그를 자신들의 군주로 인정하고 있는데, 그중에서도 가장 유력한 인물은 브르타뉴의 공작과 부르고뉴의 공작이다. 특히 부르고뉴 공은 비옥한 영토인 플랑드르의 영주인데, 그곳의 항구에는 우리 영국은 물론이고 먼 나라의 상선이나 배 들이 빈번하게 드나든다. 프랑스 사람들은 오랜 전통을 가진 부유한 국민들이며, 그들의 언어와 풍습은 조금 차이가 있기는 하지만 이탈리아 사람들과 별반 다를 바 없다. 그들은 샤를마뉴 대제의 위엄, 사라센인들과 벌인 전쟁에서 거둔 승리, 그리고 자신들의 영웅 올리베르와 로랑14의 무공을 들먹이면서 자신들이야말로 서방 세계에서 가장 우수한 민족임을 자부한다. 하지만 최근 브리튼 섬의 주민인 잉글랜드인들과 벌인 전쟁에서 패배하면서 이런 어리석은 오만함은 무참하게 구겨지고 말았다. (3) 브리튼은 플랑드르 해안과 마주 보는 대양에 있는데, 어떤 사람들은 섬 하나 또는 세 개의 섬으로 이뤄진 나라라고도 한다. 하지만 어쨌든 브리튼 섬 전체 주민들은 공통의 이해관계와 동일한 생활 양식, 비슷한 통치 방식 아래 결합되어 있다. 둘레가 5000스타디움인 이 섬나라에는 수많은 도시

프랑스에 대한 묘사

영국에 대한 묘사

14 옛 로맨스들은 16세기에 프랑스 산문으로 번역되었으며, 곧이어 샤를 6세 궁정 기사들과 숙녀들의 여흥거리가 되었다.

15 에라스무스는 손님이 도착하거나 떠날 때 입을 맞추는 영국의 풍습에 대해 꽤 훌륭하게 적어 놓았다. 하지만 그는 이것이 문란한 행동이라는 뜻을 비치는 표현은 전혀 하지 않았다.

와 촌락 들이 흩어져 있다. 비록 포도주가 부족하고 과실수도 많지 않지만 밀과 보리, 꿀, 양모가 풍부하며 주민들은 많은 직물을 제조한다. 인구와 권력, 부와 사치에서 이 섬나라의 수도 런던은 서방의 다른 모든 도시들을 압도한다고 볼 수 있을 것이다. 런던에는 강폭이 넓고 물살이 빠른 템스 강이 있다. 이 강은 30마일 떨어져 있는 갈리아 해로 흘러가며, 매일 밀물과 썰물이 발생하는 덕분에 상선들은 템스 강에 안전하게 드나들 수 있다. 국왕은 권세가 높고 소란스러운 귀족들의 우두머리이다. 국왕의 주요 봉신들은 자유로우면서도 변경할 수 없는 보유권에 따라 영지를 보유하며, 법률은 국왕의 권위와 봉신들의 복종 범위를 규정하고 있다. 이 왕국에서는 이민족의 침략이나 내란이 빈번하게 발생했지만, 신민들은 대담하고 강인하며 무기를 잘 다루기로 정평이 높고 싸움에서는 패배를 모르는 사람들이다. 큰 방패와 작은 방패의 형태는 이탈리아 사람들이, 검의 형태는 그리스 사람들이 만들어 냈다면, 긴 활은 오직 그들만이 사용하는 독특하고도 결정적인 장점이었다. 언어는 대륙의 언어와 전혀 닮은 점이 없지만 각 가정의 생활 양식은 이웃 프랑스와 쉽게 구분하지 못할 정도로 매우 비슷하다. 하지만 가장 독특한 점을 꼽는다면 부부간의 신의나 여인의 순결을 중시하지 않는 태도라고 할 수 있다. 지인이 방문하면 그들은 환대한다는 의미에서 제일 먼저 손님에게 자신의 아내나 딸과 포옹할 것을 권한다. 심지어 친구들끼리는 아내나 딸을 빌려 준다 해도 전혀 수치스러운 일로 받아들이지 않는데, 이 섬나라 주민들은 이런 이상한 행동에 화를 내기는커녕 오히려 당연하게 여긴다. 고대 잉글랜드의 풍습을 잘 알고 있는 우리로서는 우리 어머니들이 정숙했음을 믿어 의심치 않는다. 그렇기 때문에 겸손하게 손님을 맞이하는 것을[15] 죄 많은 포옹과 혼동했던 이 비잔티움 사가의 어리석은 설명을 웃어넘기거나 부당하다며 반박할 수 있다. 하지만 그의 경솔하면서도 부당한 설명은 한 가지 중요한 교훈을 가르쳐 준다. 외국이나 먼 곳에 사는 이민족들에 대한 설명을 들을 때 혹시라도 자연의 법칙이나 인간의 특성에서 벗어나는 내용이 있을지라도 절대로 곧이곧대로 믿어서는 안 된다는 것이다.

티무르가 바야지트와의 전쟁에서 승리한 덕분에 마누엘은 번영과 평화 속에서 여러 해 동안 콘스탄티노플을 통치할 수 있었다. 바야지트의 아들들이 우호 관계를 맺기를 원하면서 그의 영토를 인정해 주는 한 마누엘은 자신의 국교에 만족할 수 있었다. 그리고 이를 옹호하기 위하여 여가 시간을 이용해 신학적인 대화집 스무 편을 지었다. 콘스탄츠 공의회에 비잔티움의 사절단이 참석한 것은 라틴 교회의 부활과 투르크의 힘이 되살아났음을 알리는 신호탄이었다. 술탄 마호메트 1세와 무라드 2세의 정복 사업은 황제에게 바티칸과의 화해를 고려하게 만들었고, 콘스탄티노플이 포위 공격을 당하자 그는 성령의 이중 발현을 묵인하려고까지 했었다. 마르티누스 5세가 아무 경쟁자도 없는 상태에서 성 베드로 좌에 오르자, 동방 교회와 서방 교회 사이에 친선을 위한 서신과 사절단이 다시 오가기 시작했다. 한쪽은 야심에서 그리고 다른 쪽은 불안감에서, 양쪽 모두 점잖은 어조로 평화와 관용에 대해 말했다. 비잔티움의 황제가 자신의 아들 여섯을 모두 이탈리아의 왕녀들과 결혼시키고 싶다는 뜻을 표하자, 여기에 뒤질세라 로마인들도 몬페라트 후작의 딸과 여러 귀공녀들을 서둘러 비잔티움으로 보냈다. 이 여인들의 매력으로 완강한 분리주의자들의 마음을 달래

1402~1417년, 라틴인들에 무관심한 마누엘

1417~1425년, 마누엘의 협상

16 그리스어 원본 원고가 상당 부분 로마나 밀라노, 에스퀴리알의 도서관에 남아 있음에도, 우리가 정확도도 떨어지고 문장도 아름답지 못한 폰타누스의 라틴어 번역본에 의존해야 한다는 것은 참으로 수치스럽고도 화나는 일이다.

보겠다는 시도였다. 하지만 겉으로는 이렇듯 양쪽 모두 열의를 보였지만, 콘스탄티노플 궁정과 교회가 모든 일에서 불성실하고 거짓으로 행동한다는 것은 통찰력을 가진 사람이라면 쉽게 알아차릴 수 있을 정도였다. 위기와 평화가 번갈아 계속되는 상황에서, 황제는 한 발 앞서기도 하고 뒤로 물러서기도 하면서 대신들에게 지시를 하기도 하고 어떤 때는 그들의 말을 극구 부인했다. 또한 집요한 압박을 피하기 위해 그는 실태 규명의 의무를 다해야 하고, 총대주교와 주교들의 생각을 모아야 할 책무를 이행해야 하며, 투르크군이 수도의 성문을 포위 공격하고 있는 상황에서 그들을 소집하기가 불가능하다는 등의 핑계를 둘러댔다. 이 공식적인 교섭 과정을 검토해 보면 비잔티움 사람들은 원조, 공의회, 재결합이라는 세 가지 방안을 순서대로 진행하자고 고집한 반면에, 라틴인들은 두 번째(공의회)를 피하고 단지 첫 번째 방안만을 세 번째 방안에 대한 자발적이고 자연스러운 보상으로 약속하고 있음을 금세 알 수 있다. 하지만 마누엘이 아무런 가식이나 속임수 없이 개인적으로 은밀하게 나눈 대화를 살펴보면 그가 가장 깊숙이 감추고 있었던 의도가 무엇인지를 알 수 있다. 말년에 이르러 비잔티움 황제는 자신의 큰아들이며 두 번째 이름이 같은 요하네스 팔라이올로구스를 공치제로 임명하면서 통치권의 대부분을 이양하였다. 어느 날, 역사가이며 자신이 가장 총애하는 시종장 프란차만이 있는 자리에서 황제는 동료이자 후계자인 아들에게 교황과 협상을 벌일 때 따라야 할 원칙에 대해 일러 주었다.[16]

마누엘의 사적 동기들

투르크인들과 맞서기 위한 우리의 마지막 방안은 우리가 서방의 호전적인 국가들과 동맹을 맺을지도 모른다는 그들의 두려움이니라. 라틴인들이 우리를 구하고 자신들을 파괴할지도 모른다는 두려움이지. 이교도들로부터 위협을 받을 때마다 그러한 가능성을 내비쳐야 한다. 공의회를 제의하고 방책에 대해 논의하라. 하지만 막상 공의회를 소집하는 것은 되도록 미루면서 회피하라. 그것은 종교적으로나 물질적으로나 우리에게 전혀 도움이 되지 않기 때문이니라. 라틴인들은 거만하고, 비잔티움 사람들은 완고하므로 어느 한쪽도 물러서지도 양보하지도 않을 것이다. 따라서 두 교회의 완전한 통합을 시도하다가는 오히려 더 심하게 갈라지고 두 교회 사이가 더욱 멀어져서, 우리는 결국 아무 희망도 방비도 없이 야만인들의 손에 던져지는 신세가 되고 말 것이다.

하지만 이 유익한 훈계가 쓸데없다고 생각한 젊은 황제는 자리에서 일어나 조용히 방을 나갔고, 현명한 군주는 (프란차는 말을 잇는다.) 시종장 쪽으로 눈길을 던지며 말을 계속했다.

내 아들은 자신을 위대하고 영웅적인 군주로 생각하지만, 슬픈 일일세! 우리의 비참한 시대는 영웅이나 위대함을 허락하지 않거든. 그의 용감한 기개는 더 평화로웠던 우리 조상들 시대에는 어울렸을지도 모르지. 하지만 지금 이 나라가 요구하는 것은 황제가 아니라 우리 가산의 마지막 유산을 조심스럽게 지켜 줄 충복이지. 저 아이가 무스타파와 맺은 동맹에 높은 기대를 가진 것은 잘 기억하고 있네. 하지만 성급한 만용으로 우리 가문의 멸망을 부추기지는 않을지 그리고 종교조차도 우리의 몰락을 재촉하지나 않을지 몹시 걱정스럽군.

마침내 풍부한 경험과 권위로 마누엘은 평화를 유지했으며, 공

17 여기서는 6마일로 적혀 있지만 이 해협의 정확한 폭은 3800오르기아이로, 1오르기아이는 1투아즈 또는 6그리스피트와 같은 단위이다. 당빌(d'Anville)이 측정했으며 현재 터키에서 여전히 사용하고 있는 660투아즈보다는 훨씬 작은 수치이다. 현재 이 해협의 폭은 5마일이라는 것이 공통된 의견이다.

18 유대인들이 그리스도교에 가장 크게 반대하는 점은 그리스도의 죽음과 관련된 것이었다. 그가 자청해서 십자가에 오른 것이라면 이는 자살이나 다름없다는 유대인의 주장을 황제는 애매모호하게 받아넘겼다. 그러자 그들은 동정녀의 임신은 단지 신의 예언을 감지한 것에 불과하다고 반박했다.

의회가 열리는 것도 막을 수 있었다. 수도사 복장을 하고 78세의 나이로 숨을 거두면서 자신의 귀중한 재산을 자녀들과 가난한 사람들, 시의들, 평소 아끼던 시종들에게 나누어 주었다.

마누엘의 죽음

마누엘의 여섯 아들들 중에서 안드로니쿠스 2세는 테살로니카 공국을 물려받았는데, 그는 이곳을 베네치아인에게 매각하였고 결국 투르크가 도시를 정복한 직후에 나병으로 죽었다. 약간의 행운으로 펠로폰네수스, 즉 모레아를 되찾은 적이 있는데, 마누엘은 그나마 번성하던 이 시절에 6마일[17]밖에 안 되는 좁은 해협에 석조 벽과 153개의 망루를 지어서 방비를 강화하였다. 이 벽은 오스만 투르크의 첫 번째 침공으로 무너지고 말았지만, 마누엘은 이 비옥한 반도라면 어린 네 아들들, 테오도르, 콘스탄티누스, 데메트리우스, 토마스가 충분히 먹고살 수 있을 것이라고 생각했다. 그러나 그들은 내분에 휩싸여 남은 힘을 모두 소진해 버렸고, 그중에서도 운이 가장 나빴던 아들은 비잔티움 궁전에 몸을 의탁하는 신세가 되었다.

1425~1437년,
요하네스 팔라이올로구스
2세의 열정

마누엘의 장남인 요하네스 팔라이올로구스 2세는 아버지가 죽은 후 비잔티움의 유일한 황제로 승인받았다. 그는 즉시 아내와 이혼하고 트레비존드의 왕녀와 새로 결혼하는 데 온 정신을 쏟았다. 그에게 황후의 첫 번째 조건은 미모였기 때문에, 혹시라도 이혼이 성사되지 않으면 동생인 콘스탄티누스에게 제위를 이양하고 수도원으로 들어가겠다며 이혼 결심을 완강히 굽히지 않았기 때문에 성직자들은 마지못해 그 뜻을 받아들일 수밖에 없었다. 팔라이올로구스가 거둔 최초이자 유일한 승리는 오랫동안 학문적 논쟁을 벌인 끝에 한 유대인을[18] 그리스도교로 개종시킨 일로, 이 중대한 승리는 당시의 사서에도 자세히 적혀 있다. 하지만 그는 곧 동방 교회와 서방 교회를 통합하려는 계획을 다시 품고는, 아버지의 충고를 무시하고 아드리아 해 너머에서 열릴 총회에서 교황과 회견을 하자는 제안에 진지하게 귀를 기울였다. 이 위험천만한 계획을 조장한 사람은 마르티누스 5세였지만, 그의 뒤를 이은 에우게니우스의 반응은 냉담했다. 하지만 지루한 협상 끝에 황제는 마침내 새로운 성격의 라틴인 집회, 다시 말해 자신들을 가톨릭 교회의 대표이며 판관이라고 칭하는 바젤의 독립적인 고위 성직자들의 초청장을 받을 수 있었다.

로마 교황은 교권의 독립이라는 명분으로 싸움을 벌이고 승리를 거두었지만, 승리의 주역인 성직자들은 곧 자신들을 해방시켜 준 구원자의 압제에 시달리는 신세가 되고 말았다. 세속의 권력자들에게 그토록 날카롭고 훌륭한 효과를 발휘했던 성직자들의 무기는 교회의 신성한 권위 앞에서는 소용이 없었다. 선거권을 명시한 그들의 헌장은 상소(上訴)를 구실로 무효화되고, 위임이나 성직의 일시 보유라는 말로 발뺌당하기 일쑤였다. 또 훗날 복귀시켜 주겠다는 약속을 빌미로 그들의 자리를 빼앗거나 독단적으로 그들을 파직하는 행위를 일삼았다.[19] 로마 교황청에서 열린 공개 경매장에서는 추기경이나 측근들이 백성들에게서 빼앗은 전리품으로 부를 축적하고 있었다. 가장 중요한 지역의 성직록이 이방인이나 부재 성직자 들의 손아귀에 들어가는 것을 보면서 국민들은 당연히 불만을 터트렸다. 교황들의 포부는 아비뇽 교황청에 머무는 동안 탐욕[20]과 사치로 물들면서 흔적도 없이 사라져 버렸고, 교황청은 성직자에게 햇곡식과 십일조 헌납의 의무는 엄격하게 부과하면서 악덕이나 부조리, 부패에 대해서는 너그럽게 용납해 주었

라틴 교회의 타락

[19] 수도사 파울루스는 성직록에 관한 글에서(그의 마지막 작품이자 가장 훌륭한 제4권에서) 교황 제도를 심층적으로 연구하여 솔직하게 표현한다. 만약 로마와 가톨릭의 권세가 약해졌더라면 이 귀중한 책은 여전히 살아남아 지혜로운 역사와 유익한 경고를 전해 주었을지도 모른다.

[20] 교황 요하네스 22세가 떠났을 때 아비뇽에는 금화 1800만 플로린과 700만 플로린이 넘는 금은 접시와 보석이 남아 있었다. 빌라니(John Villani)의 연대기에 자세히 설명되어 있는데, 이는 그의 형이 교황의 재무관에게 교황청 재산 내역을 소상히 들은 덕분이었다. 14세기에 600 내지 800만 파운드에 해당하는 보물은 지금으로서는 그 가치를 따질 수 없을 정도로 막대한 규모이다.

21 학식이 높고 개방적인 성품의 프로테스탄트인 랑팡(M. Lenfant)은 피사와 콘스탄츠, 바젤 회의에 대한 객관적인 입장의 역사를 적어 주었다. 하지만 보헤미아 문제에 대한 설명을 빼면 마지막 부분은 상당히 성급하고 불완전한 내용을 담고 있다.

22 바젤 공의회 최초의 의사록은 공립 도서관에 보관되어 있으며 분량은 총 열두 권이다. 바젤은 자유 도시였으며 라인 강과의 교통도 편하고, 이웃 스위스의 군대가 도시를 보호해 주고 있었다. 공의회 서기장을 지낸 교황 피우스 2세는 1459년에 바젤 대학을 세웠다.

1377~1429년,
분열

다. 이런 갖가지 추문은 50년 이상이나 지속된 서방 교회의 대분열로 더욱 심각해졌다. 로마와 아비뇽은 치열한 공방전을 벌이면서 경쟁이라도 하듯이 서로의 악행을 만방에 드러냈고, 이런 불안정한 상황으로 말미암아 두 교황청의 권위는 추락하고 규율은 느슨해졌으며 그들의 탐욕과 착취는 나날이 늘어만 갔다. 상처를 치료하고 교회의 군주제를 올바로 세우기

1409년,
피사 공의회.
1414~1418년,
콘스탄츠 공의회

위해 피사와 콘스탄츠[21]에서 연달아 공의회가 소집되었지만, 여기에 모인 이들은 자신들의 힘을 의식하면서 그리스도 교회의 귀족주의적 특권을 정당화하겠다는 결심만을 굳혔다. 콘스탄츠에 모인 신부들은 처음에는 자신들이 거부한 두 교황과, 권위는 인정했지만 자신들의 손으로 직접 퇴위시킨 제3의 교황에 대해 어떤 인사 판결을 내릴 것인지를 논의하고, 로마의 최고권의 성격과 한계를 검토하였다. 그들은 마지막으로 공의회의 권위가 교황의 권위를 넘어선다는 결론을 내린 다음에야 비로소 해산했다. 또 교회의 통치와 개혁을 위해서는 이런 공의회가 정기적으로 열려야 하며, 그렇기 때문에 공의회에서는 해산에 앞서 다음 회의가 열릴 시간과 장소를 정해야 한다고 결의했다. 로마 교황청의 방해 공작으로 시에나에서 열릴 다음 번 공의회는 쉽사리 무산되었지만, 바젤 공의회[22]의 대담하고도 강력한 결의는 당시의 교황 에우게니우스 4세에게 치명타가 되었다. 그가 이를 막을 계획을 세울지

1431~1443년,
바젤 공의회

도 모른다고 의심한 바젤 공의회의 신부들은 현세의 악과 싸우는 지상의 교회는 교황을 포함해 모든 그리스도교도들에게 발휘할 수 있는 신이 부여하신 영적인 사법권을 부여받았다는

공의회에서의 최초 칙령을 서둘러 공포하였다. 또한 칙령에는 자유 의지와 동의에 따라 해산하는 것이 아니라면 공의회를 강제로 해산하거나 정회하거나 연기할 수 없다는 내용도 담겨 있었다. 때마침 에우게니우스가 바젤 공의회를 해산시킬 목적의 교서를 발표했다는 소식을 듣고, 신부들은 이 성 베드로의 후계자에 대한 소환과 경고, 위협, 비난을 가하기 시작했다. 신

에우게니우스 4세에게 대항하는 바젤 공의회

부들은 교황에게 회개할 기회를 수차례나 주었음에도 이를 계속 받아들이지 않자, 60일 이내에 항복하지 않으면 교황이 가진 현세적, 종교적 권한 일체의 행사를 정지시킬 것이라는 최후통첩을 보냈다. 또한 자신들이 성직자는 물론이고 군주들에 대해서도 사법권을 가졌음을 알리기 위해, 그들은 아비뇽의 통치권을 접수하고 교황청 세습 재산의 양도를 무효화하고 로마가 새로운 세금을 부과하지 못하도록 하였다. 이러한 바젤 공의회의 대담한 조치는 성직자들 전체의 의견이라는 점과, 그리스도 왕국의 군주들이 이를 지지하고 힘을 보태 준 덕분에 그 정당성을 인정받을 수 있었다. 지기스문트 황제는 자신이 바젤 공의회의 종복이자 비호자임을 자처하였고, 독일과 프랑스도 신부들의 의견에 손을 들어 주었으며, 밀라노 공작은 에우게니우스를 적으로 돌렸다. 게다가 로마 민중이 봉기를 일으키는 바람에 에우게니우스는 바티칸에서도 쫓겨나는 신세가 되고 말았다. 세속과 교회의 종복들이 모두 그를 거부하고 있었기 때문에 굴복 이외에는 다른 대안이 없었다. 교황은 그동안 자신이 내린 교서를 모두 철회하며, 바젤 공의회의 결의를 받아들일 것이라는 대단히 굴욕적인 내용의 교서를 발표했다. 또한 자신의 사절과 추기경들을 존경할 만한 공의회에 합류시키고, 교회 최고의 입법부가 발표한 칙령을 그대로 따를 것이라는 뜻

23 여기서 말하는 두카트(Ducat)와 플로린(Florin)에는 별 차이가 없다. 두카트라는 말은 밀라노 공에게서 비롯되었으며, 플로린은 피렌체 공화국에서 비롯된 말이다. 이탈리아와 라틴 세계에서 주조된 두카트 금화의 크기나 가치는 영국 기니의 3분의 1 정도에 해당한다고 볼 수 있다.

을 표했다. 공의회의 명성은 동방의 여러 나라에까지 널리 퍼졌다. 지기스문트 황제가 투르크 술탄이 보낸 사절단을 만난 것도 공의회가 열리는 자리였는데, 사절단은 비단옷과 금화로 가득 찬 열두 개의 큰 단지를 황제의 발 앞에 바쳤다. 바젤의

1434~1437년, 비잔티움과의 협상

신부들은 교회의 울타리 안으로 보헤미아인들은 물론이고 비잔티움 사람들까지 포함시킨다는 열의에 불타올라, 콘스탄티노플의 황제와 총대주교에게 사절을 보내 서방 국가들의 신임을 받고 있는 공의회에 참석해 달라고 요청했다. 팔라이올로구스는 이 제안을 거절하지 않았으며, 그의 사절단은 그 자격에 걸맞은 영예로 가톨릭 귀족 회의의 환대를 받았다. 하지만 장소 선택이 장해 요인이었는데, 황제가 알프스를 넘거나 시칠리아 해를 건너기를 거부하면서 자기가 쉽게 갈 수 있는 이탈리아의 도시에서 열거나 그렇지 않으면 적어도 도나우 강 근처에서 열어 달라고 강력하게 요구했던 것이다. 반면에 협정의 다른 조항들은 비교적 쉽게 타결되었다. 공의회는 황제와 700명 수행원들의 여행 경비 일체를 부담하고, 비잔티움 성직자들의 숙박에 필요한 총 8000두카트의23 금액을 즉시 송금해 주며, 황제 부재 중의 콘스탄티노플 방위를 위한 자금 1만 두카트를 비롯해 궁수 300명과 갤리선 수 척을 제공하겠다는 내용에 동의하였다. 아비뇽 시는 이를 위한 자금을 미리 지불하였으며, 마르세유에서의 출항 준비도 약간의 어려움과 지연이 있기는 했지만 무리 없이 진행되었다.

1437년 11월, 교황의 배에 올라탄 요하네스 팔라이올로구스

팔라이올로구스가 곤궁에 빠진 것을 기화로 그의 우정을 두고 서방의 종교 권력자들 사이에서 다툼이 벌어지는 일이 생겼지만, 한 군주의 노련하고도 발 빠른 행동은 더디기만 하

고 융통성은 없는 한 공화국의 한가로운 토론을 누르는 계기가 되었다. 당시 바젤의 칙령은 교황의 전제를 제한하고 교회 내에 최고 권위를 가진 영속적인 재판 기구를 설립하겠다는 뜻을 계속 강화하고 있었다. 이런 구속을 더 이상 견디기 힘겨웠던 에우게니우스는 동방 교회와의 통합이 반항적인 바젤 공의회를 라인 강변에서 포 강으로 이동시킬 만한 구실이 될지도 모른다고 생각하였다. 신부들의 독립심은 알프스를 넘는 순간 사라질 것이 분명했고, 그들이 마지못해 가게 될 사보이나 아비뇽은 콘스탄티노플에서는 헤라클레스의 기둥(지브롤터 해협)보다 훨씬 먼 곳으로 여겨지고 있었다.[24] 게다가 황제와 비잔티움 성직자들은 긴 항해에 닥칠지도 모르는 위험을 걱정하고 있는 상황에서, 보헤미아 출신의 새로운 이단자를 처형한 뒤 비잔티움의 옛 이단자들까지도 근절하겠다는 바젤 공의회의 거만한 선포에 분개하게 되었다.[25] 반면 에우게니우스 측에서는 모든 준비가 순조롭게 진행되고 있었다. 교황은 비잔티움의 황제에게 라틴 교회의 분열과 동방 교회의 분열을 치유하기 위해서라도 친히 왕림해 달라는 초청장을 보냈다. 두 수장의 평화적인 회견 장소로 아드리아 해안 근처에 있는 페라라가 제안되었다. 위조나 절도가 어느 정도 묵인된 아래, 공의회의 동의로 장소를 이탈리아의 도시로 옮긴다는 내용의 비밀 칙령이 만들어졌다. 이를 위해 베네치아와 칸디아 섬에 갤리선 아홉 척이 준비되었고, 그들은 바젤 공의회가 준비한 배보다 훨씬 부지런히 움직였다. 게다가 로마 교황청에서 보낸 선단의 지휘관은 공의회의 배를 격침시키거나 불태워 버려도 좋다는 허락을 받았기 때문에, 신부들을 태운 양쪽의 선박은 그 옛날 아테네와 스파르타가 제해권을 장악하기 위해 싸움을 벌인 바로 그 바다에서 해전을 벌일 뻔하였다. 하지만 자신을 두고 양쪽이

[24] 프란차의 글 라틴어 판 말미에는 비잔티움의 긴 서한과, 황제에게 에우게니우스와 이탈리아 편에 서라고 조언하는 트레비존드의 게오르기우스의 청원서가 등장한다. 게오르기우스는 분리주의를 표방하는 바젤 공의회를 독일의 야만인들 짓이라고 모욕하면서, 그들이 성 베드로의 권좌를 알프스 너머로 옮겨 갈 음모를 꾸미고 있다고 말한다. 콘스탄티노플에는 지도도 없단 말인가?

[25] 시로풀루스는 자신과 국민들의 분노를 생생히 증언하고 있다. 바젤 측 대리인들은 경솔한 선포에 변명만 했을 뿐 공의회의 조치를 부인하거나 바꿀 수는 없었다.

집요하게 싸우는 데 마음이 불편했던 팔라이올로구스는 출항하기 직전 이러한 위험한 도전을 위해 궁전과 나라를 떠나도 되는 것인지 주저하지 않을 수 없었다. 아버지의 충고가 여전히 뇌리에 새겨져 있었고, 분열된 라틴 국가들이 외국을 도와주기 위해 하나로 뭉칠 가능성은 전혀 없다는 사실도 머리로는 분명히 알고 있었다. 지기스문트도 위험하기 짝이 없는 여행은 삼가라고 황제에게 충고하고 있었다. 바젤 공의회의 편에 있는 그의 입에서 나온 것인만큼 이런 충고는 사심이 없는 것이었으며, 또한 독일 황제가 서방 제국의 계승자로서 비잔티움의 황제를 지명할지도 모른다는 사람들의 기묘한 신념도 그의 충고의 정당성을 강화시켜 주었다.26 투르크의 술탄조차도 황제의 의논 상대였는데, 그는 완전히 믿을 수는 없지만 기분을 상하게 해서도 안 될 사람이었다. 무라드는 교리 논쟁에는 문외한이었지만 동서방 교회의 통합을 내심 걱정하고 있었다. 그는 자신의 재물까지 털어서 비잔티움 궁정의 곤궁함을 덜어 주겠다고 제안하면서, 황제가 궁전에 없을 때는 자신이 콘스탄티노플을 안전하게 방어해 주겠노라고 짐짓 관대하게 말하는 것도 잊지 않았다. 호화로운 선물과 그럴듯한 약속에 팔라이올로구스는 떠나기로 마음을 굳혔다. 그는 잠시나마 위험하고 곤궁한 생활에서 벗어날 수 있을지도 모른다는 생각으로 바젤 공의회에서 보내 온 전령을 애매모호한 대답으로 물리친 뒤 로마에서 보낸 갤리선에 오르겠다고 선언했다. 황제의 결심을 보면서 노령의 요세푸스 총대주교는 희망보다는 두려움이 앞섰다. 항해에 따른 두려움보다도 비잔티움 교회 성직자들 서른 명의 도움을 받는다 해도 자신의 나약한 목소리가 압도적 다수인 라틴 교회의 힘과 숫자에 밀릴 것이 분명했기 때문이었다. 하지만 결국 그는 황제의 명령과 모든 나라 사람들이 신탁을 들 듯이

[26] 시로풀루스는 팔라이올로구스의 희망과 지기스문트의 마지막 충고를 설명하고 있다. 코르푸에서 황제는 친구의 부음을 전해 들었다. 조금만 빨리 그 소식을 들었다면 황제는 아마도 귀국했을 것이다.

그의 발언을 경청할 것이 분명하다는 감언이설, 그리고 교회를 세속 군주의 멍에에서 해방시키기 위한 방법을 서방 측 동료들로부터 알아내겠다는 자신의 은밀한 소망에 무릎을 꿇었다. 일명 '십자가를 지는 사람들'이라고도 불리는 성 소피아 대성당의 고위 성직자 다섯 명이 총대주교를 수행하기로 했는데, 이들 중의 한 명으로 성당의 전도 책임을 맡고 있는 실베스테르 시로풀루스는 이 거짓 통합[27]에 대해 솔직하고도 흥미로운 역사를 전하고 있다.[28] 마지못해 황제와 총대주교의 명령을 따를 수밖에 없는 이 성직자에게는 복종이 첫째 의무이며 인내가 가장 유용한 덕목이었다. 황제와 총대주교를 수행하기 위해 선발된 스무 명의 주교 명단에는 헤라클레아와 키지쿠스, 니케아와 니코메디아, 에페수스와 트레비존드의 대주교 위계에 있는 사람들과, 마르코스와 베사리온처럼 뛰어난 학식과 화술로 감독관 자리에 오른 인재들도 포함되어 있었다. 또한 비잔티움 교회의 학문과 존엄성을 과시하기 위해 수도사와 철학자도 몇 명 포함시켰으며, 합창을 담당할 가수와 음악가 들도 선발하였다. 알렉산드리아와 안티오크, 예루살렘의 대주교들은 정식이나 임시 대리인을 보냈으며, 러시아의 수석 대주교도 교회를 대표해서 참석했다. 비잔티움 사람들은 이 정도면 영적인 제국의 위세를 갖춘 셈이기 때문에 라틴 교회와 충분히 겨룰 만하다고 생각했다. 총대주교가 위엄을 갖추고 예배를 집전할 수 있도록 하기 위해 성 소피아 대성당의 귀중한 항아리들이 비바람을 맞으며 운반되었고, 황제의 침실과 마차를 화려하게 장식하기 위해 제국 내의 금을 모두 끌어 모았다. 이렇게 그들은 찬란한 옛 영화를 유지하고 있는 듯 모양새를 갖추고자 애썼지만, 그 뒤로는 로마 교황이 1차로 보낸 1만 5000두카트의 분배를 둘러싸고 다툼을 벌이고 있었다. 필요한 준비를 마

[27] 역사적인 결론으로 볼 때 이 날짜는 공의회가 끝나고 4년 후, 총대주교가 자기 자리에서 물러난 1444년의 어느 날이라고 볼 수 있다. 그의 열정은 세월과 은퇴로 무뎌졌다. 그리고 시로풀루스는 가끔씩 평정심을 잃기는 했지만 결코 자신을 제어하지 못하는 사람은 아니다.

[28] 시로풀루스의 『비잔티움인과 라틴인 사이의 거짓 통합의 참된 역사』는 찰스 2세의 신부인 크레이톤(Robert Creyghton)이 망명 중일 때 다소 산만하지만 화려한 모습으로 처음 판이 출간되었다. 이 편집자는 열정에서인지 모르지만 논쟁의 소지가 많은 표제를 붙였는데 이는 앞부분의 내용이 다소 불충분하기 때문이었다. 훌륭한 설명과 문체는 시로풀루스를 비잔티움 최고 작가들의 반열에 올리기에 충분했을지 몰라도, 그는 공의회가 정통 교의를 수집할 때 그 대상에서 제외되었다.

29 시로풀루스의 글을 일일이 인용하면서 모든 사실을 다 설명할 수는 없을 지라도 비잔티움 일행이 콘스탄티노플에서 베네치아와 페라라로 항해한 것은 그의 책 4부에 자세히 적혀 있다. 이 역사가는 독자들에게 장면 하나하나를 생생히 묘사해 주는 비범한 재능을 가지고 있다.

30 공의회가 열릴 때 프란차는 펠로폰네수스에 머물고 있었다. 하지만 그는 데메트리우스에게서 황제와 총대주교 일행이 베네치아와 페라라에서 받은 영접에 대해 소상히 전해 들을 수 있었다. 이에 대해서는 라틴인들이 더 자세히 언급하고 있다.

31 비잔티움 황제와 프랑스 대사가 베네치아를 보고 놀랐다는 것은 이곳이 당시 그리스도교 도시들 중에서 가장 화려한 도시였음을 충분히 반증해 준다고 볼 수 있다.

친 다음 요하네스 팔라이올로구스는 동생 데메트리우스와 많은 수행원들, 그리고 교회와 제국에서 가장 존경받는 인물들과 함께 노가 딸린 범선 여덟 척에 올랐다. 그들이 탄 배는 투르크 측 갈리폴리 해협을 통과하여 에게 해와 모레아를 지나 아드리아 만으로 접어들었다.[29]

1438년 2월,
요하네스
팔라이올로구스의
의기양양한 베네치아 입성

77일간의 지루하고 험난한 항해 끝에 비잔티움의 종교적 선단은 베네치아 항구에 닻을 내렸고, 환영식은 이 강력한 공화국의 환희와 웅대함을 그대로 보여 주는 것이었다. 겸허했던 아우구스투스가 세계를 제패했을 때에도 그의 허약한 후계자가 한 독립 국가로부터 받은 이런 어마어마한 규모의 환대를 받아 본 적은 없었다. 황제는 고물 갑판 위에 마련된 옥좌에 앉아서 대공과 원로원 의원들의 인사, 비잔티움식으로 말하자면 배례를 받았다.[30] 일행은 위풍당당한 열두 척의 갤리선의 호위를 받으며 부켄타우르 호로 갈아탔다. 바다에는 호화롭게 장식한 곤돌라들이 무수히 떠다니고 있었고, 음악과 환호성이 사방에 울려 퍼졌다. 선원들은 물론이고 배도 비단과 금으로 장식되어 있었으며, 모든 기장과 장식물에는 로마의 독수리와 성 마가의 사자가 그려져 있었다. 대운하를 거슬러 오르는 행렬은 리알토 다리 아래를 통과했고, 동방에서 온 손님들은 도시의 궁전과 교회, 심지어는 시민들까지도 물결 위에 둥둥 떠 있는 것 같은 모습을 감탄스럽게 쳐다보았다.[31] 또한 그들은 콘스탄티노플을 약탈해서 가져온 전리품들과 기념품들이 도시를 장식하고 있는 것을 보면서는 한숨을 내쉬었다. 15일간의 성대한 환영식이 끝난 후에 팔라이올로구스는 베네치아를 출발해 육로와 수로를 번갈아 이용해 페라라로 향했고, 바티칸의 오만함은 동방 황제의 옛 위엄을 살려 주려는 뜻에서인지 여행을 하는 중에는 별로 드러내지 않았다. 검은색 말을 타고 바티칸에 입성하는 황제 앞에서는 황금 독수리 자수가 놓인 마구를 씌운 우윳빛 준마를 탄 사람이 그를 인도하고 있었다. 황제의 천개(天蓋)를 들고 있는 사람은 에스테 가문의 귀족들로, 그들은 도시의 후작이며 황제보다도 더 막강한 권력을 가진 니콜라스의 자식들이나 친족인 사람들이었다.32 팔라이올로구스는 말을 탄 채로 계단 바로 앞까지 나아갔다. 문 앞까지 마중 나온 교황은 배례를 극구 사양하면서 어버이처럼 황제를 포옹한 후 그를 친히 자신의 왼쪽 자리로 안내하였다. 총대주교 역시 로마와 콘스탄티노플의 주교들 사이에서 그를 황제에 준하는 예로 맞이하기로 합의를 이룬 후에야 갤리선에서 하선하였다. 콘스탄티노플의 주교들은 서방의 동료들로부터 화해와 자비를 의미하는 입맞춤으로 공손한 환영을 받았지만, 그들 중 누구도 서방 교회 수장의 발에 입을 맞추지 않아도 된다는 합의를 얻어 냈다. 공의회가 시작되자 현세의 수장과 내세의 수장 중 누가 중앙의 영예로운 자리에 앉을 것인지를 두고 논쟁이 벌어졌지만, 에우게니우스가 자신의 선임자들이 니케아 공의회와 칼케돈 공의회에 참석하지 않았다고 주장한 덕분에 그 옛날 콘스탄티누스와 마르키아누스 사이에 벌어진 분란이 재발하지는 않았다. 논의를 거듭한 끝에 양쪽은 각기 교회의 오른쪽과 왼쪽에 나란히 앉으며, 성 베드로의 자리는 라틴 측의 제일 첫 번째에 따로 배치하고, 비잔티움 성직자들의 수장인 동방 황제는 공석인 서방 황제와 동등한 자리인 맞은편의 두 번째 자리에 앉는 데 합의하였다.33

하지만 공식적인 환영식이 끝나고 좀 더 진지한 조약에 대한 논의로 넘어가자, 비잔티움 측은 이번 여행은 물론이고 스

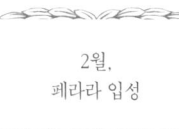

2월,
페라라 입성

32 에스테의 니콜라스 3세는 48년(1393~1441년) 동안 군림했으며, 그는 페라라와 모데나, 레지오, 파르마, 로비고, 코마치오의 영주였다.

33 한 라틴인은 비잔티움 사람들의 낯선 차림새, 특히 그들의 긴 옷자락과 소매, 수염에 웃음을 터뜨렸다. 보라색 옷과 꼭대기에 보석이 박힌 왕관이 아니라면 누가 황제인지 구분할 수 없었다. 하지만 또 다른 구경꾼은 비잔티움의 옷이 이탈리아보다는 더 진중하고 품위 있다고 인정했다.

34 교황은 황제에게 보잘
것없는 매 열한 마리를 보
내 주었지만 황제는 러시
아산의 튼튼하고 날랜 말
한 필을 살 수 있었다. 예
니체리라는 말에 놀랄 수
도 있지만 이는 공식 군대
라기보다는 오스만에서
쓰던 말이 비잔티움에 전
해진 것에 불과하며, 황제
의 마지막 시대에 종종 사
용되곤 하였다.

1438년 10월~1439년 7월,
페라라와 피렌체에서
비잔티움인들과
라틴인들의 공의회

스로와 교황에 대해 불만을 나타내기 시작했다. 교황의 사자들은 교활한 언변으로 그가 유럽의 군주들과 성직자들의 수장 역할을 매우 성공적으로 하고 있으며, 모든 이들이 그의 말에 순종하면서 따른다고 꾸미고 있지만 초라하기 짝이 없는 페라라 공의회의 모습은 그의 힘이 강력하지 않음을 여실히 드러낸다. 실제로 이 첫 번째 공의회에 참석한 라틴 교회 측 인원은 대주교 다섯, 주교 열여덟, 수도원장 열 명이 고작이었고, 그나마도 그들 대부분은 이탈리아인 교황의 측근이거나 동향 사람들이었다. 부르고뉴 공작을 제외하면 직접 참석하기는커녕 대리인을 보낸 서방 교회 측 유력자는 한 사람도 없었다. 또한 이번 공의회는 에우게니우스의 위엄과 개인 신상을 직접 공격한 바젤 공의회의 사법적 결의를 무효화하지도 못했는데, 사실 이것은 새로운 선거를 통해서나 결론을 맺을 수 있는 일이었다. 상황이 이렇게 되자 정회 요청이 받아들여진 것은 당연한 일이었다. 하지만 이때까지도 팔라이올로구스는 동서의 통합이 별 지지를 얻지는 못할지라도 라틴 교회의 동의가 있으면 어느 정도 현실적인 보상이 있을 것으로 기대하고 있었다. 하지만 첫 번째 회기가 끝나고 6개월이 넘도록 공식 회의는 재개될 기미조차 보이지 않고 있었다. 하지만 황제는 자신이 총애하는 신하들과 예니체리군을 이끌고 페라라에서 6마일 정도 떨어진 쾌적하고 널찍한 수도원에서 여름을 보내면서 사냥의 즐거움에 몰두하느라 국가와 교회의 위기는 까맣게 잊어버렸다. 그는 후작이나 농민들의 볼멘소리에도 아랑곳없이 계속 사냥에만 빠져 지냈다.34 그 사이 황제를 따라온 불쌍한 일행들은 도망을 치거나 곤궁한 처지에 빠지는 등 온갖 비참한 생활을 맛보고 있었다. 1인당 매달 체류비로 3~4플로린이 책정되었고 한 달에 총 금액이 700플로린에도 못 미치는 금액이었지만, 로마 교황청의 빈궁한 재정 상태 때문에 그나마도 걸핏하면 뒤로 미뤄지기가 일쑤였던 것이다.35 그들은 한시바삐 고국으로 돌아갈 날을 손꼽아 기다렸지만, 세 가지 장애물이 그들을 가로막고 있었다. 우선 페라라 성문을 통과하려면 상관에게 받은 통행증이 있어야 했고, 베네치아는 망명자의 구속과 송환을 약속하고 있었다. 더욱이 콘스탄티노플로 무사히 돌아간다 해도 피할 수 없는 처벌이 그들을 기다리고 있었다. 파문과 벌금은 물론이고, 발가벗긴 채 공개 태형을 당하는 등 성직자의 위엄을 전혀 존중하지 않는 처벌을 당할 것이 뻔했다.36 굶어 죽을 것이냐 회의에 참석할 것이냐를 두고 비잔티움 일행은 결국 첫 번째 회의에 참석하는 쪽을 택할 수밖에 없었다. 그들은 마지못해 페라라를 떠나 피렌체로 옮겨 가는 공의회 일행들을 따라갔다. 사실 공의회의 장소를 변경한 데에는 불가피한 사정이 있었다. 페라라에 전염병이 퍼진데다가 밀라노 공작이 니콜라스 후작의 충성심을 의심하면서 페라라 성문에 자기 용병대를 배치하고 로마냐까지 점령하는 사건이 발생했기 때문이다. 결국 교황과 팔라이올로구스, 그리고 주교들은 갖은 고생과 위험을 무릅쓰고 인적이 드문 아펜니노 산맥을 넘어야 했다.37

하지만 이런 모든 장애물들은 시간과 교묘한 계책으로 극복할 수 있었다. 바젤 공의회에서 보여 준 신부들의 무도한 행동은 에우게니우스의 주장에 손상을 주기보다는 오히려 보탬이 되었다. 유럽의 국민들이 교회 분리에 반기를 들면서, 사보이 공작과 독거 수도사를 거쳐 바젤 공의회에서 교황으로 선출된 펠릭스 5세의 정당성을 부인하고 나선 것이다. 게다가 유력한 군주들도 펠릭스의 경쟁자(로마 교황) 때문에 점차로 중립을

35 비잔티움 사람들은 물자가 아니라 돈을 직접 받는다는 약속을 아주 어렵게 얻어 낼 수 있었다. 명예로운 직위에 있는 사람에게는 한 달에 4플로린, 그들의 종자에게는 3플로린. 황제에게는 30플로린. 총대주교에게는 25플로린. 데메트리우스에게는 20플로린을 지급한다는 내용이었다. 첫 달 지급된 금액은 691플로린이었고, 이 금액으로 따질 때 비잔티움 일행이 총 200명을 넘지 않는다는 계산이 나온다. 1438년 10월 20일까지 4개월 동안 체류비가 지급되지 않고 있었고 1439년 4월에는 3개월치가 밀린 상태였다. 합동 회의가 열린 7월에는 5개월 반치가 밀려 있었다.

36 시로풀루스는 비잔티움 사람들이 오도 가도 못하게 된 상황을 한탄하면서 황제와 총대주교의 압제를 비난한다.

37 이탈리아의 내란에 대해서는 무라토리의 연대기 제13권에 자세히 적혀 있다. 분리주의자인 시로풀루스는 교황이 페라라에서 피렌체로 후퇴하면서 보인 두려움과 무질서함을 과장해서 설명하고 있는 듯하다. 과장이라고 말할 수 있는 증거는 교황의 행동이 어느 정도는 용의주도하고 적절했다는 점에서 찾을 수 있다.

표방하거나 로마 교황을 지지하는 쪽으로 돌아서게 되었다. 일부 유력 인사들을 포함해서 교황의 사절들도 바젤 공의회를 등지고 로마 진영으로 합류하면서 그들의 수와 명성은 조금씩 높아지고 있었다. 바젤 공의회 측은 주교 39명과 하급 성직자 300명으로 줄어든 반면,[38] 피렌체 측은 교황, 추기경 8명, 총대주교 2명, 대주교 8명, 주교 52명, 수도원장과 각 종교 단체의 책임자 45명의 규모로 불어나 있었다. 9개월 간의 노력과 25차례의 회의를 거쳐 그들은 비잔티움 교회와의 통합이라는 모험에서 영광스러운 결과를 맛볼 수 있었다. 두 교회가 그동안 논쟁을 벌여 온 네 가지 중요한 문제는 (1) 그리스도의 몸을 나누는 성찬식에서 효모가 들어 있지 않은 빵의 사용 여부, (2) 연옥의 성격 정의, (3) 교황의 최상권, (4) 성령의 단독 또는 이중 발현에 대한 문제였다. 두 교회의 입장에 대해서는 열 명의 훌륭한 신학자들이 각자의 입장을 토로했는데, 라틴 측에서는 지칠 줄 모르는 웅변력을 지닌 율리아노 추기경이, 비잔티움 쪽에서는 대담하고 유능한 교회 지도자인 에페수스의 마르코스와 니케아의 베사리온이 그 일을 맡았다. 우리는 위의 네 문제 중 첫 번째 사안이 시대와 국가의 풍습에 맞도록 변화를 거치면서 이제는 별로 중요하지 않은 의례 행위로 여겨지는 것을 보면서 인간 이성의 발전에 약간은 찬사를 보내도 좋을 것이다. 두 번째 사안은 동서 교회 모두 신도들이 저지른 사소한 죄를 정화하기 위한 중간 상태의 지옥이 존재한다는 것에 동의하였다. 그리고 신도들의 영혼을 과연 근본적인 불로 정화할 수 있는지 없는지는 다소 의심스러운 문제로 이에 대해서는 몇 년 뒤에 열릴 토론회에서 상황에 맞게 정의하도록 하였다. 교황의 최고권에 대한 사안은 앞의 두 문제보다는 좀 더 중대한 문제로 여겨진 것은 사실이었다. 하지만 동방 교회 역시 로

[38] 시로풀루스는 기뻐하면서 바젤 공의회에 참석한 신부가 700명이라고 적고 있다. 이는 아마도 그가 자의적으로 일으킨 착오로 보인다. 당시 공의회에 참석한 모든 직급의 성직자들을 모두 합해도 700명이라는 숫자는 나오지 않는다. 더욱이 공의회에 참석하지 않은 서유럽의 주교들도 노골적으로든 암묵적으로든 바젤 공의회의 포고를 별로 중시하지 않는 편이었다.

마의 주교를 다섯 명의 총대주교 중에서 제일인자로 존중해 왔기 때문에, 교황의 관할권은 신성한 교회법에 맞춰서 행사되어야 한다는 내용에 대해 아무 이의 없이 동의하였다. 하지만 이는 상황에 따라서 시행할 수도 있고 회피할 수도 있는 애매모호한 동의였다. 마지막으로, 성령이 성부에게서만 발현하느냐 아니면 성부와 성자 모두에게서 발현하느냐는 양쪽 사람들 모두의 가슴에 매우 깊숙이 박혀 있는 신앙 개조에 관한 문제였다. 그리고 페라라와 피렌체의 공의회는 필리오케(filioque, '성자로부터도 또한')라는 라틴 문구를 추가하는 문제에 대해 두 가지 관점에서 논의하였다. 첫 번째는 합법성에 대한 문제였고 두 번째는 정통성 여부와 관련된 것이었다. 이 주제에 대한 내 입장이 불편부당한 무관심임은 굳이 강조할 필요가 없을 것이다. 그러나 칼케돈 공의회에서는 니케아 신조라기보다는 콘스탄티노플 신조에서 그 어떤 말도 추가해서는 안 된다고 금한 바 있었는데, 내 생각에 이 금지령은 비잔티움 교회의 입장을 강력히 지지하는 것이었다.[39] 현실적으로 보아 이 입법자들의 모임이 자신들과 동등한 힘을 지닌 훗날의 후계자들을 얼마나 구속할 수 있을지는 미지수였다. 하지만 신령의 인도를 받은 자가 내리는 지시는 진리이자 불변이기 때문에, 주교 개인이나 지방의 종교 회의가 가톨릭 교회의 판단에 반기를 들면서 이를 개혁하려 해서는 안 되는 일이었다. 교리의 실체에 대해서는 똑같은 논쟁이 끝없이 반복되었고, 성령의 발현 문제는 이성을 혼란스럽게 만들었으며, 제단에 놓인 복음서는 침묵을 지켰다. 각각의 교부들이 쓰는 글은 기만으로 왜곡되고 궤변으로 혼탁해질 소지가 다분했으며, 비잔티움 사람들은 라틴 성인들의 인품이나 그들이 쓴 글에 대해서는 아는 바가 전혀 없었다. 이런 점으로 미루어, 동서 양쪽이 상대방의 주장을 전혀 납득하지

[39] 동서 통합에 반대하는 비잔티움 사람들은 이 강력한 요새에서 나오는 것을 내키지 않아 했다. 라틴인들의 추한 행동은 두 번째 니케아 공의회에서 니케아 신조에 '필리오케'라는 말을 추가해서 옛 과오를 재탕함으로써 더욱 악화되었다. 이 얼마나 속 보이는 날조인가!

못했을 것이라는 사실을 충분히 짐작할 수 있다. 편견은 이성으로써 바로잡을 수 있고 우리의 능력에 맞게 사물을 좀 더 명확하고 완전하게 보는 시각을 기름으로써 피상적인 선입견을 수정할 수는 있다. 하지만 주교와 수도사 들은 어린 시절부터 종교에 관해서는 틀에 박힌 신성한 단어를 반복해서 사용하도록 가르침을 받아온데다 그들의 민족적, 개인적 명예 역시 이와 동일한 단어를 반복해서 사용하는 데 좌우되고 있었다. 그 때문에 공개 토론이 점점 치열해지면서 그들의 편협한 마음도 더욱 확실하게 굳어질 뿐이었다.

비잔티움인들과의 협상

먼지와 어둠 속에서 헤매고 있는 동안, 교황과 황제는 두 교회의 표면적인 통합이 이루어져 이번 회견의 목적이 실현되기만을 바라고 있었다. 그나마 은밀하고 개인적인 협상의 기교가 발휘된 덕분에 점점 험악해지던 공개 토의 분위기를 조금은 누그러뜨릴 수 있었다. 노환으로 죽음을 앞둔 요세푸스 총대주교는 자애와 화합의 중요성을 역설하고 있었으며, 공석이 될 그의 자리는 야심 있는 성직자들을 유혹하기에 충분했다. 러시아의 대주교인 이시도르와 니케아의 대주교 베사리온은 적극적으로 복종함으로써 즉시 추기경 자리에 오르는 보답을 받을 수 있었다. 첫 번째 공개 토론에서 베사리온은 비잔티움 교회의 입장을 대단히 열렬하면서도 훌륭하게 강변하였다. 비록 자신의 나라에서는 배교자 내지 비열한 인간이라는 비난을 면치 못하고 있었지만, 그는 종교사에서만큼은 반대 의견을 소리 높여 외치다가 시의적절하게 입장을 바꿈으로써 궁정의 호의를 얻어 낸 보기 드문 애국자의 모범으로 등장한다. 이 두 정신적인 원군에게 힘을 얻은 황제는 전체 상황과 주교들의 개인적인 특성에 맞춰 자신의 주장을 펼쳤고, 권위와 모범을 보이면서 하나둘씩 그들의 뜻을 바꿀 수 있었다. 사실 비잔티움 일행의 수입은 투르크인들이 장악했고, 그들의 신병은 라틴인들의 손아귀에 놓인 상태였다. 교회가 지급해 준 옷 세 벌과 40두카트의 체류비는 다 써 버린 지 이미 오래였기 때문에⁴⁰ 콘스탄티노플로 돌아갈 희망이라도 품기 위해서는 베네치아의 선박과 로마의 의연금이 절실했다. 이토록 궁핍한 상태에서 그들은 자신들의 부채를 대신 갚아 주는 것만도 감지덕지했을 것이고, 이는 일종의 뇌물일 공산도 크다.⁴¹ 콘스탄티노플을 위기에서 구원한다는 것에 감복해서 타산적인 행동이나 종교적인 위법 행위를 어느 정도 눈감아 주었을 수도 있다. 게다가 동서의 통합을 완강히 거부하는 이단자는 적지에 남겨져 로마 교황의 보복이나 사법 처리를 받을 수도 있다는 소문까지 나돌았다.⁴² 비잔티움 사람들끼리 연 첫 번째 비공개 회의에서 통합은 찬성 24표, 반대 12표로 가결되었지만, 총대주교의 자리에 오르기를 원하는 성 소피아 대성당의 십자가를 받드는 다섯 명의 주교는 옛 규율에 따라서 투표권을 박탈당했다. 그들의 투표권은 고분고분한 수도사나 문법학자, 평신도 들에게 돌아갔다. 황제의 강력한 의지는 거짓되고 비굴한 만장일치를 이끌어 냈고, 용기를 내 자신의 신념과 조국의 입장을 표명한 애국자는 단 둘밖에 없었다. 황제의 동생 데메트리우스는 두 교회의 통합을 자신의 눈으로 볼 생각이 없다며 베네치아로 돌아갔고, 에페수스의 마르코스는 라틴 이단자들과의 교류 일체를 완강히 거부하면서 자신은 정통 신조의 옹호자이자 고백자라고 공언했다.⁴³ 사실 마르코스는 특유의 오만함을 양심으로 착각했을 공산이 크다. 조약을 체결하는 과정에서 비잔티움의 명예를 해치지 않으면서 라틴 교회도 만족시킬 수 있을 만한 몇 가지 합의 조항이 제안되었고, 그들은 모든 단어와 문구를 면밀히 검토하고

⁴⁰ 한 인간이 일생 동안 가진 전 재산이 결국 낡은 옷 세 벌뿐이었다는 것이다. 수도원에서 21년 동안 수도사들을 가르치면서 베사리온은 금화 40플로린을 모을 수 있었다. 하지만 그는 펠레폰네수스에서 콘스탄티노플로 오는 경비로 28플로린을 써야 했고, 나머지는 콘스탄티노플에 머물면서 이미 다 쓴 상태였다.

⁴¹ 시로풀루스는 통합 조약에 서명하기 전에 비잔티움 사람들이 돈을 일부 받았다는 사실을 부인하지만, 의심할 만한 몇 가지 상황이 있다고 설명하고 있다. 사가인 두카스는 비잔티움 사람들이 뇌물을 받고 부패했음을 상당히 확신하면서 적고 있다.

⁴² 비잔티움 사람들 대부분이 도망쳤다가 잡히면 영원히 노예 상태가 될 수도 있다는 것을 두려워했으며, 황제의 으름장도 마음을 바꾸는 강력한 요인이 되었다.

⁴³ 정통 신앙의 또 다른 옹호자를 언급하지 않을 수 없다. 황제의 총애를 받았던 이 사냥개는 평소에는 황제의 옥좌 옆에서 조용히 누워 있었지만, 합동 조례가 낭송되는 동안에는 맹렬하게 짖어댔다. 황제의 시종들이 아무리 달래고 회초리질을 해도 사냥개는 짖는 것을 멈추지 않았다.

†† 무라토리의 전집에 있는 「교황들의 생애」를 보면 에우게니우스 4세의 언행은 점잖았으며 심지어 타의 모범이 되기도 했던 것으로 보인다. 세상과 적에게 드러난 그의 입장은 당시에는 구속적인 것이었지만 지금으로 보면 하나의 약속인 셈이다.

나서 신학적인 균형추가 바티칸 쪽으로 약간 유리하게 기울었다는 결론을 내렸다. 양쪽은 성령의 발현에 대해 다음과 같이 합의했다.(이 부분에 대해서는 독자의 주의를 당부한다.)

성령은 하나의 원리이며 하나의 실체인 성부 그리고 성자로부터 발현한다. 그 성질과 실체가 동일하므로 성령은 성자로부터 발현하며, 한 번의 호흡과 한 번의 소산을 통해 성부 그리고 성자로부터 발현한다.

이중 발현에 대한 합의에 비하면 예비 조약에 대한 조항은 이해하기가 훨씬 쉬운 편이다. 그 내용인즉 교황은 비잔티움 사람들의 귀국 경비 일체를 부담하며, 콘스탄티노플 방위를 위해 매년 갤리선 두 척과 군사 300명을 파견하고, 예루살렘으로 가는 순례자를 실은 선박은 반드시 콘스탄티노플에 기항할 것이며, 교황은 비잔티움의 요청이 있을 때마다 1년에 갤리선 10척 또는 6개월에 20척을 제공해 주어야 하며, 황제가 지상 병력을 필요로 할 경우 교황은 유럽 군주들에게 이를 강력하게 요청해야 한다는 것이었다.

1438년 6월,
바젤 측의
에우게니우스 파면

같은 해, 게다가 날짜까지 거의 비슷한 시기에 바젤에서는 에우게니우스에 대한 추방을 결의하였고, 피렌체에서는 그의 주도로 비잔티움 교회와 라틴 교회의 통합이 선포되었다. 바젤 공의회(에우게니우스는 이를 악마들의 집회라고 칭했다.)는 교황이 성직 매매, 위증, 압제, 이단, 교회 분리를 조장하는 죄를 저질렀다고 비난하면서,†† 그의 악덕이 구제 불능에 이르렀으며 고귀한 자리를 차지할 자격도 교회의 공직을 제대로 수행할 능력도 없는 사람이라고 선포하였다. 반면에 피렌체 공의회에서는 그를 그야말로 600년 동안 이어진 분열을 종식시키고, 동서 양쪽의 그리스도교도들을 하나의 교단과 하나의 지도자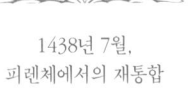

1438년 7월, 피렌체에서의 재통합

아래로 모이게 한 진실로 영광된 그리스도의 후계자라고 칭송하였다. 교황과 황제, 두 교회의 주요 인사들은 물론이고 심지어는 시로풀루스처럼[45] 투표권을 박탈당한 사람들도 통합 조약에 서명을 하였다. 조약은 동서 교회 양쪽이 나눠 가질 수 있도록 두 부만 작성해도 충분했지만, 에우게니우스는 이에 만족하지 않고 자신의 승리를 보여 주기 위한 기념물로서 동일한 신뢰성을 지니는 원본 네 부를 작성하고 인준해야 한다고 주장하였다.[46] 7월 6일, 기념할 만한 날에 성 베드로의 후계자와 콘스탄티누스 대제의 후계자는 양쪽 신도들이 운집해 있는 가운데 피렌체 성당에 마련된 옥좌에 올랐다. 양쪽의 대표인 율리아노 추기경과 니케아의 베사리온 대주교가 설교단에 모습을 드러냈다. 그들은 각자의 언어로 조약문을 발표한 후 동료들의 박수갈채를 받으며 서로 포옹했다. 이어서 교황과 로마의 성직자들이 로마의 의전 절차에 따라서 예식을 집전하면서 '필리오케'라는 말을 추가한 신조를 낭송하였다. 비잔티움 사람들은 필리오케라는 말의 추가를 묵인한 것에 대해, 음절이 조화롭기는 하지만 발음이 분명치 않아서 잘 알아듣지 못했다는 구차한 변명을 늘어놓았으며, 이들보다 용의주도한 라틴 교회 측은 비잔티움 방식으로 공식적인 의례를 집전하기를 한사코 거부하였다. 하지만 황제와 비잔티움 성직자들이 국가의 명예를 완전히 망각한 것은 아니었다. 조약 자체가 그들의 동의를 받아 승인된 것인데다. 그들의 신조나 의식에 대해서는 어떤 변화도 주지 않을 것이라는 데 양쪽이 묵시적으로 동의했기 때문이다. 그들은 에페수스의 마르코스 대주교의 아량과 확고한 결

[45] 시로풀루스는 서명을 하지 않더라도 통합 의식을 도와줘야 할 처지였다. 그는 강제적으로 두 가지를 다 해야 했고, 총대주교는 자신이 황제에게 복종한 것에 대해 구차한 변명을 늘어놓았다.

[46] 조약문 원본 4부 가운데 단 1부도 현재까지 전해지지 않는다. 현재는 10부의 부본이 전해지고 있는데(5부는 로마에, 나머지는 피렌체, 볼로냐, 베네치아, 파리, 런던에 보관되어 있다.) 이 가운데 9부에 대해서는 세심한 비평가(브레키니(M. de Brequigny))가 검토한 바 있다. 그는 비잔티움 측 서명이 부본마다 다르고 불완전하다고 비판한다. 하지만 이들 중 몇 부는 신뢰성이 높다고 볼 수 있는데, 그것들은 교황과 황제가 최종적으로 분리하기(1439년 8월 26일) 전에 피렌체에서 서명된 것이다.

[47] 돌아가는 길에 비잔티움의 일행은 볼로냐에서 영국의 대사들과 대화를 나눌 수 있었다. 몇 가지의 질문과 대답이 오간 후에 어느 쪽에도 속하지 않는 이 이방인들은 피렌체에서 이루어진 거짓된 통합에 박장대소하였다.

[48] 나는 네스토리우스파, 야고보파 등의 재결합에 대한 이야기가 너무 허무맹랑해서 바티칸의 충실한 노예 아세만누스가 쓴 『동방 총서』를 뒤져 보았지만 아무 소득도 없었다.

[49] 리파이유는 사보이의 토논 근처 제네바 호 남쪽에 있는 수도원이다. 현재는 카르투지오회 소속 수도원으로, 애디슨이라는 사람이 여행기에서 수도원의 위치와 그 설립자를 칭송하였다. 실비우스와 바젤 공의회의 신부들은 이 공작 출신 독거 수도사의 경건한 삶을 찬양하지만, 불행하게도 이탈리아와 프랑스 속담은 그가 실제로는 사치스러운 생활을 영위했음을 어실히 드러내고 있다.

심을 관대하게 받아들였고 내심으로 그를 존경하고 있었으며, 총대주교가 죽자 그들은 성 소피아 대성당 이외의 장소에서 후계자를 뽑는 것을 거부하였다. 공사(公私) 간에 은혜를 베푸는 데 있어서 교황은 너그러이 비잔티움 사람들의 바람이나 자신이 한 약속보다 더 많은 것을 제공하였으며, 그들은 처음보다 거만함과 화려함이 조금은 가신 모습으로 페라라와 베네치아를 경유해서 고국으로 돌아갔다. 콘스탄티노플이 그들을 어떻게 맞이했는지에 대해서는 다음 장에서 설명할 것이다.[47] 첫 번째 통합 시도에서 성공하여 자신감을 얻은 에우게니우스는 같은 종류의 교화 무대를 마련하기로 마음먹었다. 아르메니아파, 마론파, 시리아와 이집트의 야고보파, 네스토리우스파, 에티오피아파 대표단이 차례로 초청되었고, 이들은 로마 교황의 발에 입 맞추면서 동방 교회의 복종과 정통성을 고백하였다. 대표임을 자칭하는 그들 나라에서조차 별로 알려지지 않은[48] 이 동방 사절단의 예방은 서방 세계에서 에우게니우스의 명성을 높이는 데 일조한 셈이었다. 스위스와 사보이에 남아 있는 그리스도교 세계의 화합을 방해하던 분리주의파 잔당들에 대한 비난의 목소리가 이들을 통해 교묘하게 전파된 것이다. 저항의 활력이 무기력한 절망으로 바뀌면서 바젤 공의회는 슬그머니 해산하였다. 교황을 상징하는 삼중관을 벗은 펠릭스는 다시 리파이유의 경건한, 어쩌면 쾌적한 수도원으로 은신하였다.[49] 대사면과 면책의 상호 결정으로 전체적인 평화가 확보되면서 개혁의 모든 이념도 수면 아래로 가라앉았고, 교황은 교권적인 독재를 계속해서 행사하고 남용했지만, 이후 로마가 대립 교황의 선출로 혼란에 빠지는 사태는 한 번도 발생

1440년 2월, 콘스탄티노플로 돌아온 비잔티움 사람들

1449년, 교회의 최종 평화

하지 않았다.50

세 황제의 서방 여행은 세속적인 구원과 영적인 구원이라는 점에서 모두 별 도움이 되지 못했지만 한 가지 바람직한 결과를 불러오는 데는 성공하였다. 바로 이탈리아에서 시작해 유럽의 서쪽과 북쪽 끝에 있는 나라들에까지 골고루 퍼지게 된 그리스 문예 부흥이었다. 비잔티움 제국의 백성들은 가장 비천한 예속과 침체 상태에 있기는 했지만 여전히 고대의 보물 창고를 열 수 있는 황금 열쇠, 감각의 대상에는 영혼을, 철학적인 개념에는 실체를 부여해 주는 음악적이면서도 풍부한 언어를 가지고 있었다. 제국의 경계선과 심지어 수도의 경계선마저 마구 짓밟힌 이후 여러 야만인들이 비잔티움 언어의 형태와 본질을 심하게 훼손시켰으며, 아랍어, 투르크어, 슬라브어, 라틴어, 프랑스어 등에 어원을 둔 수많은 단어를 번역하기 위해 다양한 어휘들이 만들어졌다.51 그러나 순수한 관용어는 궁정에서 사용되고 또 학교에서 가르치고 있었다. 이런 언어적인 번영 상황에 대해 투르크에 정복되기 30여 년 전에 콘스탄티노플에 장기 체류하던 중 귀족 여인과 결혼하면서 비잔티움으로 귀화한 필렐푸스라는 한 학식 높은 이탈리아인은52 다음과 같이 미화해서 설명하고 있다.

일반 대중들이 사용하는 언어는 변질되었으며, 매일 수도로 몰려와 주민들과 뒤섞이는 수많은 이방인들과 상인들로 말미암아 오염되었다. 라틴 세계는 지금까지 이런 학교에서 배운 제자들이 번역한 의미도 불명확하고 정신도 빈약하기 짝이 없는 아리스토텔레스와 플라톤의 번역서를 받아들인 것이다. 하지만 이런 오염을 모면한 사람들이 그리스인들로서 그들이야

1300~1453년, 콘스탄티노플의 언어 상태

---

50 바젤 공의회, 페라라 공의회, 피렌체 공의회에 대해 설명하기 위해 나는 베네치아 번역본의 17권과 18권 전체를 차지할 정도로 방대하고 15세기 이탈리아인 파트리키우스의 편파적이지만 명쾌한 설명이 담긴 원본 조항들을 참조하였다. 뒤팽(Dupin)과 플뢰리의 계승자는 내용을 압축해서 간략하게 전하고 있으며, 프랑스 가톨릭 교회는 반대 교파를 의식해서인지 어설픈 중간적인 입장만을 전하고 있다.

51 처음에 메우르시우스는 3600개의 저속한 그리스어를 수집했으며 두 번째 판에서는 1800개를 추가했다. 그럼에도 그가 수집한 풍부한 자료는 포르티우스, 뒤캉주, 파브로티, 볼란드파 등에게 많은 도움이 되었다. 크세노폰에서는 페르시아 단어들을 일부 발견할 수 있으며 플루타르크에서도 라틴어 단어 몇 개를 찾을 수 있는데, 이는 전쟁과 상거래에 따른 어쩔 수 없는 결과이다. 하지만 이런 약간의 혼용은 그리스 언어의 형태와 본질에는 영향을 끼치지 못했다.

52 소피스트로서 거만하고 활동적이며 탐구심이 높았던 필렐푸스의 삶에 대해서는 랑슬로와 티라보시가 그가 쓴 편지를 참고하여 자세한 글을 남긴 바 있다. 필렐푸스가 정성껏 쓴 글과 동시대 사람들이 쓴 글은 현재 전해지지 않고 있지만, 그들의 시간체

문학 작품은 당시 사람들과 시대 배경을 잘 설명해 주고 있다.

53 이 부분은 상당히 불합리한데, 필렐푸스가 설명한 비잔티움이나 동방 사람들의 지나친 경계심은 고대 로마인들의 행동 방식에서 추론한 것이다.

말로 우리가 진정으로 따라야 하며 모방할 가치가 있는 유일한 대상이다. 그들은 일상 대화에서 아리스토파네스와 에우리피데스, 그리고 아테네의 역사가들과 철학자들이 사용하던 언어를 여전히 사용하고 있으며, 그들의 문체는 이보다 더욱 우아하고 정교하다. 출신 성분이나 관직으로 비잔티움 궁정에 속한 사람들이야말로 고대의 우아함과 순수함의 척도를 가장 완전하게 보존하고 있는 사람들이다. 따라서 그리스 언어가 지닌 고유의 우아함은 외국인과의 교류를 완전히 차단당하는 귀부인들 사이에서 가장 찬란하게 빛을 발한다. '내가 외국인들과 무슨 말을 하겠어?' 라는 태도를 지닌 그들은 시민들의 눈에도 잘 띄지 않게 조용히 살면서 거리에도 좀처럼 그 모습을 드러내지 않는다. 그녀들은 어스름이 깔리는 저녁에 집을 나서서 교회와 가까운 친인척을 방문한다. 이럴 때에도 그들은 베일을 두른 다음에야 말에 오르며, 항상 부모나 남편, 시종이 그 옆을 지킨다.[53]

비잔티움 사람들 중에서도 각계각층의 수많은 성직자들은 종교에 헌신적으로 이바지하였으며, 그들의 주교와 수도사 들은 항상 엄숙하면서도 검소한 생활 방식을 유지하기로 유명했다. 그들은 라틴 성직자들과 달리 세속의 쾌락을 추구하지 않았으며 군사적인 행동을 취하는 일도 없었다. 비록 기도만 하면서 게으름에 빠지고 교회와 수도원의 불화에 많은 시간과 재능을 허비하는 것을 감안한다 해도, 탐구심과 야심이 강한 성직자들은 자국어로 씌어진 종교적, 세속적 학문 탐구에 많은 노력을 기울였다. 성직자들이 젊은이들의 교육을 담당하였고, 철학과 웅변을 가르치는 학교는 제국이 멸망할 때까지 계속 존속하였다. 아마도 콘스탄티노플 성벽 안에는 서방 여러 나라에 퍼져 있는 것보다도 더 많은 서적과 지식이 쌓여 있었을 것이다. 그러나 이미 앞에서도 지적했듯이 비잔티움 사람들은 정체적이거나 퇴보적이었던 반면 라틴인들은 급속하게 발전하고 있었다는 점에서 차이가 있다. 라틴의 나라들은 독립심과 경쟁심으로 불타고 있었다. 심지어 이탈리아의 소국들조차도 퇴행하는 비잔티움 제국보다 더 많은 사람과 산업을 포용하고 있었다. 유럽에서는 사회의 하층민들이 봉건적인 종속 상태에서 벗어나고 있었는데, 이런 자유야말로 지식 탐구를 위한 첫 걸음이라 할 수 있다. 비록 거칠고 쇠락했다고는 하지만 라틴어는 미신적 관습에 의해 사용되면서 그 명맥이 유지되었다. 또한 볼로냐에서 옥스퍼드에[54] 이르기까지 유럽의 각 대학에는 수천 명의 학자들이 포진해 있었는데, 이들의 잘못된 열정이 좀 더 자유롭고 대담한 학문을 추구하도록 이끌어 주었을 수도 있다. 문예 부흥으로 이탈리아는 자기들의 수의를 가장 먼저 벗어던진 나라가 되었으며, 웅변가인 페트라르카는 훌륭한 교훈과 모범을 보여 주었다는 점에서 문예 부흥의 최초의 선구자라는 찬사를 들을 자격이 충분할 것이다. 고대 로마의 저술가들을 연구하고 모방하면서 이탈리아의 학자들은 좀 더 순수한 문체로 감정을 한층 고상하고 우아하게 표현하였다. 이들 키케로와 베르길리우스의 제자들은 그들의 그리스 거장들의 성역에 존경과 애정을 가지고 접근하였다. 과거 콘스탄티노플을 포위 공격하면서, 프랑스인들은 물론이고 심지어 베네치아인들마저도 리시포스와 호메로스의 작품을 경멸하면서 파괴를 일삼았다. 기념비적인 예술품이 단 한 번의 공격으로도 파괴될 수 있지만 불굴의 정신만은 펜에 의해 언제든 다시 살아날 수 있는 법이기에, 페트라르카와 그의 친구들도 바로 이런 필사본을 소

비잔티움과 라틴 세계의 비교

[54] 15세기 말 유럽에는 약 50개의 대학이 있었고, 이 중 10~12개는 설립 시기가 1300년 이전으로 거슬러 올라간다. 희소성 때문인지 이들 대학에는 많은 학생들이 몰려들었다. 볼로냐 대학에는 1만 명의 학생이 있었으며, 주로 민법을 공부했다. 3만 명에 달했던 옥스퍼드의 학생 수는 1357년에는 6000명으로 줄었다. 하지만 이 숫자도 현재 옥스퍼드 대학의 학생 수에 비하면 상당히 많은 편이다.

유하고 이해하기를 열망했다. 투르크 군대가 뮤즈(학예의 신(神))를 도망가게 했다는 점에는 의심의 여지가 없다. 하지만 유럽이 엄청난 야만성에서 빠져나오기도 전에 그리고 이탈리아의 토양이 학문을 경작할 채비를 갖추기도 전에, 그리스와 그곳의 모든 학교와 도서관이 전멸해서 학문의 씨앗이 바람에 산산이 흩어져 버렸다면 어떻게 되었을지 상상만으로도 오싹할 정도이다.

이탈리아에서 부활한 그리스 문예

15세기 이탈리아의 학자들이 수백 년간 긴 잠에 빠져 있던 그리스 문예의 부흥에 앞장선 것은 사실이다. 하지만 암흑시대에 이탈리아는 물론이고 알프스 너머에서도 학식이 높은 몇몇 학자들은 그리스어에 대한 지식으로 세간의 신망을 한 몸에 받고 있었으며, 민족적 허영심은 그들이 고매한 학식을 갖춘 드문 예라며 소리 높여 칭송해 왔다. 개개인의 성취를 자세히 거론하지 않고 포괄적으로만 본다면 그들의 학문에는 명분도 없었고 그렇기 때문에 뚜렷한 효과도 없었다고 생각한다. 사실 그들에게 자신들과 자신들보다 무지한 동포들을 만족시키는 것은 어려운 일이 아니었다. 따라서 그들이 그토록 훌륭하게 습득한 그리스어 표현은 몇몇 원고에서만 필사되었을 뿐 이를 가르치는 서방 측 대학은 하나도 없었다. 그것은 이탈리아의 한 귀퉁이에서 서민의 언어나 교회에서 사용하는 말로 간신히 그 명맥을 유지했을 뿐이었다. 도리아와 이오니아 식민지가 남긴 첫 번째 흔적이 완전히 지워진 것은 아니었는데, 칼라브리아의 교회들은 오랫동안 콘스탄티노플 황제들에게 충성을 바쳤으며 성 바실리우스파의 수도사들은 아토스 산과 동방 교회의 학교들에서 연구를 계속하였다. 칼라브리아는 앞서 소개된 바를라암의 고국으로, 그는 호메로스에 대한 기억을, 또는 적어도 호메로스의 글들을 알프스 너머에서 처음으로 되살린 사람이었다. 페트라르카와 보카치오의 설명에 따르면, 바를라암은 비록 체구는 작을지라도 진정으로 위대한 재능과 학식을 보유했으며 말은 느려서 답답할 정도이지만 통찰력이 뛰어난 인물이었다. 그리스는 수 세기 동안 역사와 문법, 철학에서 바를라암에 버금가는 지식을 갖춘 인재를 배출하지 못했으며(페트라르카와 보카치오는 그렇게 확신한다.), 콘스탄티노플의 군주들과 박사들도 그의 학식에 대해 높이 평가하고 있었다. 그에 대한 평가 하나가 오늘날까지도 전해지고 있는데, 바를라암의 적대자들을 비호한 칸타쿠제누스 황제조차도 이 심오하고 신비스러운 논리학자가 유클리드, 아리스토텔레스, 플라톤에 정통하다는 것을 인정할 수밖에 없었다는 사실이다. 바를라암은 아비뇽 교황청에서 라틴 학자들 가운데 제일인자라 할 수 있는 페트라르카와 친밀한 관계를 맺었으며, 상호 계발에 대한 열망이 그들이 문학적 교류를 맺게 된 주요 원인이었다. 이 투스카니 사람(페트라르카)은 대단한 탐구심과 지칠 줄 모르는 끈기로 그리스어 공부에 매진했다. 무미건조하고 어렵기만 한 기본 원칙을 파악하기 위해 오랜 시간 힘든 씨름을 벌인 끝에, 페트라르카는 마침내 자신과 뜻이 맞는 시인과 철학자 들의 관념과 정신세계를 이해할 수 있게 되었다. 하지만 그는 곧 이 유용한 조력자와 교분을 나누고 가르침을 얻을 수 있는 기회를 잃게 되었다. 바를라암이 의미 없는 사절 임무를 버리고 그리스로 돌아가서는 광신적인 수도사들을 현실 도피적인 묵상이 아니라 이성에 눈을 돌리도록 만들려 하다가 경솔하게 그들을 자극하고 말았던 것이다. 3년 동안 연락 없이 지내던 두

> 1339년,
> 바를라암의 학식

> 1339~1374년,
> 페트라르카의 공부

사람은 나폴리의 궁정에서 다시 만났는데 아량이 넓은 제자인 페트라르카는 자신이 승직할 기회를 극구 사양했고, 그의 추천으로 바를라암은 마침내 고향인 칼라브리아에서 한 작은 교구의 주교 자리에 오르게 되었다. 페트라르카는 여러 가지 도락(道樂), 이를테면 사랑과 우정, 많은 서신 왕래와 빈번한 여행, 로마의 월계관, 라틴어와 이탈리아어로 운문이나 산문을 쓰는 등의 일을 즐기다 보니 외국어 공부에서는 자연히 멀어지게 되었고, 나이가 들수록 그리스어 습득은 일생의 희망이라기보다는 한낱 바람에 불과하게 되었다. 50세쯤 되었을 때 페트라르카는 비잔티움에 파견되어 있었으며 두 언어에 정통한 친구 바를라암에게서 호메로스의 책 한 권을 선물받게 되었다. 페트라르카가 보낸 답장은 그의 웅변 능력과 감사와 후회의 마음을 고스란히 담고 있다. 선물을 준 이의 관대한 마음을 칭송하고 이 선물이 황금이나 루비보다 더 귀한 가치를 지녔다고 말하고 나서 페트라르카는 이렇게 적었다.

이토록 신성한 시가 적힌, 모든 창의의 원천을 담은 이 귀중한 책을 제게 주신 것은 당신과 저에게 모두 무척 가치 있는 행동입니다. 당신은 일찍이 저와의 약속을 이행하셨고 제 바람을 채워 주셨습니다. 하지만 당신의 호의는 아직 불완전합니다. 호메로스와 함께 당신 자신, 다시 말해 저를 빛의 세계로 이끌어 주고 감탄하는 제 눈에 일리아드와 오디세이의 광대한 기적을 펼쳐 보여 줄 안내자를 함께 보내 주셨어야 했습니다. 하지만 슬픈 일입니다! 호메로스가 벙어리이든가 아니면 제가 귀머거리일 것입니다. 제게는 제가 가진 아름다움을 향유할 수 있는 능력이 없습니다. 저는 그저 호메로스를 플라톤의 옆자리에, 즉 철학자의 왕 옆에 시인의 왕을 앉혀 두고서 이 찬란한 손님들을 영광스러운 마음으로 쳐다보고만 있을 뿐입니다. 그들의 불멸의 작품에서 라틴어로 번역된 것들은 이미 모두 제 수중에 있습니다. 하지만 제가 아무런 소득이 없더라도 이 존경스러운 그리스인들이 그들 고유의 민족 의상을 입고 있는 것을 바라보는 것만으로도 제게는 충분히 즐거운 일입니다. 저는 호메로스의 모습을 황홀하게 바라보고 종종 그 침묵하는 책을 끌어안고서 이렇게 한탄의 소리를 내뱉습니다. '찬란한 시인이여! 벗의 죽음으로 내 청력이 손상되어 사라지지만 않았던들, 아니면 또 다른 친구가 애석하게도 먼 곳에 살고 있지만 않았던들, 정말로 즐겁게 그대의 노래를 들을 수 있었을 것을!' 하지만 저는 절망하지 않습니다. 카토의 선례는 제게 한 가닥 위안과 희망을 줍니다. 그도 말년에 들어서야 그리스 학문에 대한 지식을 익히게 되었으니까요.

역사는 페트라르카의 노력에 상을 주지 않는 대신에 그의 친구이자 투스카니 산문의 아버지로 불리는 보카치오[55]의 행운과 근면함에 상을 주었다. 그의 해학과 연애사가 난무하는 백 편의 소설로 이뤄진 『데카메론』으로 대중적인 인기를 한 몸에 얻게 된 보카치오야말로 이탈리아의 그리스어 연구를 부흥시킨 주역이라는 칭송을 받아 마땅하다. 1360년, 바를라암의 제자로서 레오 또는 레온티우스 필라투스라고 불리는 사람이 아비뇽 교황청으로 가는 길에 보카치오의 적극적인 권유와 환대로 그의 집에 오래 머물게 된 일이 있었다. 보카치오는 그가 계속 머물 수 있도록 피렌체 공화국 관리들을 설득해서 연금을 받게 해 주는 한편, 서부 유럽 최초의 그리스어 교수라고 할 수 있는 그에게 배움을 얻고자 남는 시간을 모두 할애하였다.

1360년 등, 보카치오의 공부

[55] 보카치오는 1313년에 태어나 1375년에 죽었으며, 그의 일생과 작품들에 대해서는 파브리키우스와 티라보시를 참조하면 된다. 그의 소설은 여러 번 재출간되었으며 번역과 모방도 무수하게 행해졌다. 하지만 보카치오는 존경하는 친구인 페트라르카에게 그런 시시하고 다소 경박하다고까지 할 수 있는 글을 전하는 것을 부끄러워했다. 그가 쓴 편지와 회고록에서는 이런 심정이 잘 나타나 있다.

> 1360~1363년,
> 피렌체, 서방에서의 최초의
> 그리스인 교수,
> 레오 필라투스

사실 레오의 겉모습은 아무리 열의에 넘치는 제자라도 질릴 정도로 몹시 추악했다. 그는 철학자나 탁발 수도사가 걸치는 망토로 온몸을 감싸고 다녔고, 소름 끼칠 정도로 무섭게 생긴 얼굴 위로 검은 머리카락을 길게 내려뜨렸으며, 행동거지는 투박하고 기질은 음울하고 변덕스러웠다. 또한 자신의 말을 수사 어구로 꾸미는 법도 없었고 명쾌한 라틴어 웅변술을 발휘하는 일도 없었다. 하지만 그의 머릿속에는 그리스 학문에 대한 지식이 가득 들어차 있었는데 특히 역사와 우화, 철학과 문법에 능통했기 때문에 호메로스의 시를 피렌체의 여러 학교에서 낭독해 주었다. 보카치오가 『일리아드』와 『오디세이』의 산문을 완전히 번역해서 필사함으로써 친구인 페트라르카의 갈증을 풀어 줄 수 있었던 것도, 또 다음 세기에 이것들을 라틴어로 옮겨 쓴 라우렌티우스 발라도 아마 남몰래 레오의 설명을 참조했을 것이다. 또한 보카치오는 레오의 이야기를 듣고 그리스 신들의 계보에 대한 자신의 저술 자료도 수집할 수 있었다. 보카치오의 이 저작은 당시로서는 대단히 방대한 지식을 담고 있었으며, 그는 그리스어에 무지한 독자들의 감탄과 갈채를 얻어 내기 위해 그리스 문자와 문장 들을 곳곳에 집어넣었다. 학문의 첫 단계는 언제나 느리고 고통스러운 법이다. 당시만 해도 이탈리아를 통틀어 호메로스의 열렬한 숭배자는 채 열 명도 되지 않았고, 로마와 베네치아, 나폴리에서는 이 빈약한 명단에 들어갈 사람이 단 한 명도 없었다. 혹시라도 레오가 명예롭고 금전적으로 도움이 되는 지위를 계속 유지했더라면, 아마도 그 수는 훨씬 늘어났을 것이며 그들의 학문적 성취도 한층 빨라졌을지도 모른다. 귀국하는 길에 잠시 파두아에 들른 레오는 페트라르카의 환대를 받게 되었다. 페트라르카에게 레오의 학식은 많은 도움이 되었지만, 그의 음울하고 무뚝뚝한 성품에는 당연히 기분이 상할 수밖에 없었다. 세상은 물론 스스로에게도 만족하지 못하는 레오는 현재의 즐거움을 폄하하고 눈에 보이지 않는 사람이나 대상을 그리워하는 그런 인물이었다. 그는 이탈리아에서는 테살리아 출신으로 행세하고 그리스에서는 칼라브리아 출신으로 행세하였다. 라틴 세계에 머무를 때는 그들의 언어와 종교, 행동 양식을 경멸했지만, 콘스탄티노플에 돌아가서는 곧바로 베네치아의 풍요로움과 피렌체의 우아함을 다시 그리워하였다. 그의 이탈리아 친구들은 그의 집요한 부탁을 들어주려 하지 않았지만 그들의 탐구열과 관대함을 믿으면서 그는 다시 이탈리아로 가는 배를 탔다. 하지만 아드리아 해로 들어선 순간 폭풍우가 배를 덮쳤고, 이 불행한 교사는 마치 율리시스처럼 떠내려가지 않기 위해 돛대에 자신의 몸을 묶은 채 벼락을 맞아 죽고 말았다. 인정 많은 페트라르카는 레오의 죽음에 눈물을 흘리면서도 한편으로는 살아남은 선원들의 손에서 에우리피데스나 소포클레스의 책을 구할 수 있는지 알아보기 위해 바쁘게 돌아다녔다.

[56] 그가 도착한 정확한 날짜는 알 수 없고 대략 1390년에서 1400년 사이쯤으로 보이며, 보니파키우스 9세가 재위하던 시절로 한정된다.

하지만 페트라르카가 장려하고 보카치오가 씨를 뿌려 싹을 틔운 그리스 학문은 곧 시들어 소멸하고 말았다. 다음 세대는 한동안 라틴어 수사법을 개선하는 데 만족했고, 14세기 말이 되어서야 비로소 이탈리아에서 그리스 학문에 대한 새롭고 본격적인 불꽃이 다시 타오르기 시작했다. 마누엘 황제는 여행을 떠나기 전에 서방 군주들의 동정심을 얻어 낼 요량으로 사절단과 웅변가들을 미리 파견했었다. 이 사절단 중에서 가장 현명하고 학식이 높은 사람은 귀족 출신의 마누엘 크리솔로라스로,[56] 일설에 따르면 로마에 거주하던 그

1390~1415년,
이탈리아에 그리스 학문의
기초를 닦아 준
마누엘 크리솔로라스

57 아레틴의 라틴식 이름은 아레티누스(Aretinus)로, 투스카니의 아레조에만 아레티누스라는 이름을 가진 사람이 대여섯 명은 되었다. 이들 가운데 가장 유명하지만 동시에 가장 가치 없는 삶을 산 사람이 바로 크리솔로라스의 제자 레오나르두스 브루누스 아레티누스였다. 아레티누스는 언어학자이자 웅변가, 역사가로 4대에 걸쳐 교황의 비서를 지냈으며 피렌체 공화국의 재상을 역임했다. 그는 1444년 75세의 나이로 세상을 떠났다.

의 조상들이 콘스탄티누스 대제와 함께 동쪽으로 이주한 것으로 알려져 있다. 크리솔로라스는 프랑스와 영국의 궁정에서 약간의 원조금과 이보다 좀 더 많은 원조 약속을 받아 낸 후 교수 자리에 초빙되었다. 두 번째로 그리스인 교수를 초빙하는 영예를 안은 곳은 바로 피렌체였다. 크리솔로라스는 그리스어뿐만 아니라 라틴어에도 조예가 깊어 사람들의 기대를 충분히 넘어서 이 공화국이 지불하는 보수에 상응하는 공헌을 하였다. 그의 학원에는 다양한 계층과 나이의 수많은 수강생들이 몰려들었는데, 그 가운데 한 명인 레오나르드 아레틴은[57] 자신이 쓴 역사책에서 강의를 듣게 된 동기와 그것이 훌륭한 경험이었음을 다음과 같이 설명하였다.

당시에 나는 민법을 배우는 학생이었지만 내 영혼은 인문학에 대한 사랑으로 불타고 있었기에 논리학과 수사학에 대한 미련을 버리지 못하고 있었다. 마누엘이 도착했을 때 나는 법학 공부를 포기할 것인가 아니면 이 황금 같은 기회를 저버릴 것인가를 두고 고민하였다. 젊음의 열정에 휩싸인 나는 스스로에게 이렇게 질문하였다. 나에게 다가온 행운을 스스로 내팽개칠 것인가? 호메로스, 플라톤, 데모스테네스와 친밀한 대화를 나눌 기회를, 그 많은 경이의 대상으로 언급되고 수 세기 동안 인문학의 대가로서 숭앙받아 온 이들 시인과 철학자와 웅변가와 대화를 나눌 기회를 저버릴 것인가? 민법 교수와 학자는 우리 대학에서 언제든 부족하지 않게 찾을 수 있지만, 이토록 훌륭한 그리스어 스승은 한 번 가 버리면 다시는 만나기 힘들 것이 분명하다. 이런 이유로 확신을 얻은 나는 크리솔로라스의 수업을 듣기로 결심했다. 내가 얼마나 수업을 열정적으로 들었던지, 낮에 들은 수업 내용이 밤이 되면 꿈에 나올 정도였다.

같은 시간 같은 장소에서는 페트라르카의 수제자라고 할 수 있는 라벤나 출신의 지오반니[58]가 라틴 고전에 대해 강의하고 있었다. 시대와 국가를 빛낸 이탈리아인들이 모두 이 두 학교에서 양성되면서 피렌체는 그리스와 로마 학문의 풍요로운 산실이 되었다. 비잔티움 황제의 이탈리아 방문으로 크리솔로라스는 대학에서 궁정으로 자리를 옮겼지만, 그 후에도 파비아와 로마에서 똑같이 열정적인 강의를 펼침으로써 칭송을 받았다. 이후 15년 동안 크리솔로라스는 이탈리아와 콘스탄티노플을 오가며 대사직을 수행하면서 강단에서 학문을 가르쳤다. 다른 나라 국민을 계몽하는 숭고한 일을 하는 동안에도 이 문법학자는 군주와 조국에 대한 좀 더 신성한 의무를 결코 잊지 않았다. 마누엘 크리솔로라스는 황제의 공식적인 사절로 공의회에 참석 도중 콘스탄츠에서 사망하였다.

[58] 페트라르카는 자신의 수제자인 이 젊은이를 총애했지만, 가끔은 그의 열렬한 호기심과 침착하지 못한 성격, 거만한 분위기를 꾸짖으면서 원숙한 세대의 능력과 영광을 닮을 것을 충고했다.

그의 모범을 본받기라도 하듯 재산은 없지만 학식과 언어적 지식을 가지고 있던 일련의 이민자들이 이탈리아에서 그리스 학문과 예술을 부흥시키는 데 앞장섰다. 테살로니카와 콘스탄티노플의 주민들은 투르크군의 공포와 압제를 피해 자유와 탐구심 그리고 부(富)가 있는 땅으로 탈출한 것이다. 공의회는 피렌체에 비잔티움 교회의 광명과 플라톤 철학의 신탁을 소개하였고, 이런 점에서 동서 교회의 통합을 주장한 망명자들은 단순히 그리스도교만이 아니라 가톨릭의 대의를 위하여 자신들의 국가를 저버리는 이중의 공을 세운 셈이 되었다. 하지만 자신의 교파와 양심을 버리고 황제의 총애라는 유혹을 선택한 애국자에게도 개인적, 사회적인 미덕이 존재했을지도 모르는 일이었다. 그는 더 이상 노예니 배교자니 하는 비난 어린 별칭을 듣지 않게 되고, 새로운 동료들로부터 존경까지 받게 되면

1400~1500년, 이탈리아의 그리스인들

서 자신의 위엄이 완전히 회복되었다고 스스로를 자찬하게 되었던 것이다. 베사리온의 용의주도한 전향은 로마의 추기경을 상징하는 자줏빛 법의로 보상받았다. 이탈리아에 상주하며 콘스탄티노플 총대주교라는 공식 직함을 받은 이 그리스인 추기경은 자기 국민의 수장이자 보호자로서 존경을 받았다. 그는 볼로냐, 베네치아, 독일, 프랑스에 사절로 파견되었을 때 뛰어난 외교 수완을 발휘했으며, 심지어는 한때 교황을 선출하는 회의인 콘클라베에서도[59] 성 베드로 자리에 오를 인물로 거론되었을 정도였다. 성직자로서의 영예는 그의 학문적인 공적과 봉사를 더욱 찬란하고 뛰어난 것으로 포장해 주었다. 학교를 관저로 삼고 있던 베사리온 추기경이 바티칸을 방문할 때면 두 나라의 학자들이 줄지어 모여들어 많은 박수갈채를 보냈다.[60] 사실 그들의 저서는 지금은 먼지만 뒤집어쓴 채 읽히고 있지 않지만 당시에는 많은 인기와 칭송을 얻는 것들이었다. 여기서 15세기에 그리스 문예를 부흥시킨 사람들을 일일이 열거할 생각은 없다. 다만 피렌체와 로마의 학교에서 그리스어를 가르친 테오도르 가자, 트레비존드의 게오르기우스, 요하네스 아르기로풀루스, 데메트리우스 칼콘딜레스의 이름을 감사하는 마음으로 언급하는 정도면 충분할 것이다. 그들의 노고는 그리스 문예 부흥에서 베사리온의 노력에 결코 뒤지지 않았다. 그들은 추기경의 자줏빛 법의를 숭앙하면서도 내심으로는 그의 행운에 질투의 눈길을 보냈을지도 모른다. 하지만 이 문법학자들의 삶은 초라하고 눈에 잘 띄지도 않았다. 그들은 교회가 돈벌이에 매달리는 것을 경멸하였으며, 그들의 옷차림과 행동거지도 세상 사람들과 동떨어진 생활을 하게 하는 데 일조하

[59] 콘클라베 일로 추기경들이 그를 방문한 적이 있는데, 그의 수행원은 베사리온의 학문 수양을 방해하면 안 된다며 그들의 방문을 거절했다. 그는 이렇게 말했다. "니콜라스, 자네의 존경심으로 그대는 모자를 잃었고 나는 삼중관을 잃었구나."

[60] 트레비존드의 게오르기우스, 테오도르 가자, 아르기로풀루스, 테살로니카의 안드로니쿠스, 필렐푸스, 포기우스, 블론두스, 니콜라스 페롯, 발라, 캄파누스, 플라티나 같은 사람들을 들 수 있다. (호디는 학자로서 경건한 열의를 가지고 이렇게 말한다.) "영원히 잊히지 않을 위인들."

베사리온 추기경 등

이탈리아의 그리스인들의 결점과 공적

였다. 원래 그들이 내세울 것은 학문적 지식밖에 없었기 때문에 그들은 학문 수양에서 얻는 보상에 만족했을 것이다. 하지만 야누스 라스카리스[61]는 예외에 속하는 인물로 그는 뛰어난 웅변술과 예의 바른 행동, 그리고 황제 가문의 혈통을 지녔다는 사실로 프랑스 국왕에게 추천된 일도 있었으며, 피렌체와 로마를 오가며 강의와 외교 활동을 벌였다. 그들이 라틴어 공부에 열을 올린 것은 의무이면서 동시에 이익을 얻고자 하는 이유에서였는데, 라틴어 공부의 성취가 가장 뛰어난 사람은 이 외국어를 자유자재로 우아하게 말하고 쓸 수 있을 정도였다. 하지만 그들은 자기 조국에 대한 고질적이고 뿌리 깊은 허영심은 결코 버리지 않았다. 그들은 자신들의 명성과 생계 수단의 밑바탕이 되어 주는 자국의 학자들만을 칭송하거나 존중했으며, 베르길리우스의 시나 키케로의 웅변에 대해서는 멋대로 비평을 하거나 풍자하면서 로마 저술가들에 대한 경멸감을 드러냈다. 그리스 거장들의 우월성은 그들이 자신들의 생활 속 언어를 익숙하게 구사하는 데서 비롯된 것이지만, 그들의 제자들은 조상의 지식이나 생활 습관에서 자신들이 얼마나 타락하였는지도 제대로 인식하지 못하였다. 그들이 소개한 형편없는 발음은[62] 다음 세대의 현자들에 의해 학교에서 추방되었다. 그들은 그리스어 악센트에 완전히 무지했다. 아티카(아테네)의 혀에서 아티카의 귀에까지 그리스어의 음악적인 음절 하나하나는 비밀스러운 조화의 정수를 이루고 있음에도 불구하고, 오늘날의 우리와 마찬가지로 그 제자들도 이러한 음절을 사소하고 의미 없는 부호에 불과하며 산문에 쓰기에는 어수선하고 운문으로 하기에도 골치 아픈 언어라고 보았던 것이다. 그들도 문법의 기법에 대해서는 잘 알고 있었다. 아폴로니우스와 헤로디아누스가 남긴 귀중한 지식의 일부가 그들의 강의에 도입되었

[61] 라스카리스는 콘스탄티노플이 함락되기 전에 태어났지만 그는 16세기까지도(1535년까지) 영예로운 삶을 이어 갈 수 있었다. 레오 10세와 프란시스 1세가 그의 가장 존귀한 후원자였으며, 그들의 후원을 받으며 라스카리스는 로마와 파리에 그리스 학문을 가르치는 대학을 세울 수 있었다. 그는 프랑스에 후손을 남겼지만, 뱅티밀르 백작 가문이나 그들의 수많은 분가들이 물려받은 라스카리스라는 이름은 13세기에 거행된 비잔티움 황녀와의 의심스러운 결혼에서 비롯된 것이다.

[62] 마누엘 크리솔로라스와 그의 동료들은 무지하고 시기심이 많으며 탐욕스럽다는 비난을 받고 있다. 근세 그리스어는 β를 자음 V로 발음하며 세 개의 모음($\eta \, \iota \, \upsilon$)과 여러 복모음을 혼동해서 사용한다. 엄격한 역사가 가드너는 케임브리지 대학에서 엄격한 규칙과 벌칙을 적용하면서까지 이런 잘못된 발음을 유지하였다. 하지만 단음절 단어 $\beta\eta$은 아티카인들의 귀에는 양의 울음소리를 의미했는데, 길잡이 양이 주교나 재상보다 더 훌륭한 증거이다. 에라스무스를 비롯해 고전적인 발음의 중요성을 주장한 사람들의 글은 현재 하베르캄프 문서 보관소에 있다. 하지만 단어로 소리를 위장하기는 어려운 법이며, 이들이 근세에서 언급되는 모습을 보면 그 나라 사람들만이 그런 단어들

을 이해할 수 있을 것으로 보인다. 오늘날 우리가 0를 th로 발음하게 만든 사람은 에라스무스라고 말할 수 있다.

63 다양한 작품을 많이 남겼으며 베사리온 학문의 대가이자 당시 모든 플라톤 학파를 이끈 플레토를 말한다. 그는 노년에 이탈리아를 방문했다가 곧 귀국해서 펠레폰네수스에서 남은 생을 보냈다.

으며, 비록 철학 정신은 결여되어 있을지라도 구문론과 어원론에 대한 논고는 여전히 그리스어 학습자들에게 많은 도움이 되고 있다. 비잔티움의 도서관이 파괴될 때 망명자들은 이 귀중한 논고들 중 일부를 가지고 탈출했으며, 어떤 작가의 글은 아마도 그들의 부지런함이 없었다면 오늘날까지 전해지지도 못했을 것이 틀림없다. 이 고문서들은 열렬하게 그리고 때로는 우아한 필체로 필사되었으며, 필사한 사람들은 자신들의 해석을 첨부하거나 옛 고전 주석자의 해석을 첨부해서 본문 내용을 수정하거나 설명해 주었다. 이로써 그 정신까지는 아니더라도 그리스 고전의 의미가 번역되어 라틴 세계에 전해질 수 있었던 것이다. 번역 과정에서 문장의 아름다움은 사라져 버렸지만, 테오도르 가자는 아리스토텔레스와 테오프라스투스의 훌륭한 글을 선택하는 판별력을 발휘했고, 동식물에 대한 그들의 박물학은 진정한 실험과학이 융성하는 기틀을 마련하였다.

플라톤

하지만 잠깐뿐이었던 형이상학의 그림자 뒤에 더 큰 호기심과 열정이 생겨났다. 오랫동안 잊혀져 있던 플라톤이 코스모 메디치 가(家)의 저택에서 수업을 가르치는 한 훌륭한 그리스인에63 의해 이탈리아에서 되살아나게 된 것이다. 당시 피렌체 공의회는 신학적 논쟁에 휘말려 있었기 때문에 플라톤의 품격 높은 철학을 공부함으로써 얼마간의 유익한 결과를 얻을 수 있을 것으로 기대되었다. 플라톤의 문체는 아테네 언어의 가장 순수한 표준이었으며, 그의 숭고한 사상은 때로는 일상의 대화 속에 녹아들었고 때로는 가장 화려한 색채로 포장되어 시와 웅변으로 표현되기도 하였다. 플라톤은 대화편에서 한 현자의 삶과 죽음을 극적으로 묘사한다. 구름 위에서 지상으로 내려올 때마다 그의 도덕적 체계는 진리와 조국, 인류에 대한 사랑을 설파한다. 소크라테스의 교훈과 모범은 온건한 회의와 자유로운 탐구를 권장하고 있었다. 플라톤주의자들이 맹목적인 충성을 바치면서 이 신격화된 수장의 공상이나 오류까지도 숭배하기는 했을지라도, 그들의 열정이라면 소요학파(아리스토텔레스 학파)의 무미건조하고 독단적인 방법론을 어느 정도 보완해주었을 것이다. 플라톤과 아리스토텔레스는 업적은 서로 비슷하지만 그 이론은 정반대였기 때문에 양자 간의 균형을 위해서는 끝없는 논쟁이 필요했을 테지만, 이런 자유의 불꽃은 서로 반대되는 학파가 대등하게 충돌할 때에만 만들어질 수 있는 것이었다. 근세의 그리스 학자들은 두 진영으로 나뉘어 있었으며, 그들은 능력이 아니라 분노에 따라서 자기네 지도자의 깃발 아래에서 치열하게 싸움을 벌였다. 그리고 그들이 망명하면서 싸움터도 콘스탄티노플에서 로마로 옮겨갔다. 하지만 이러한 철학 논쟁은 어느새 문법학자들의 개인적인 감정 싸움으로 변질되었고, 플라톤의 옹호자인 베사리온마저도 중재자의 조언과 권위로 조정에 나섬으로써 자국의 명예를 보호하는 쪽으로 돌아섰다. 메디치 가문의 정원에서는 귀족들과 학자들이 학문적인 교의(敎義)를 마음껏 향유했지만 그들의 철학 모임은 금세 해산되고 말았다. 아티카의 현인(플라톤)이 쓴 저작물은 몰래 숨어서 읽어야 하는 처지로 전락했으나 스타게이로스 사람(아리스토텔레스)은 한층 강력한 권위를 발휘하며 교회와 학교의 신탁으로 군림하게 되었다.

그리스인들의 학문적 업적에 대해서는 공정하게 설명한 편이지만, 라틴인들의 열정이 그들을 지탱해 왔고 뛰어나다는 점을 솔직히 인정하는 바이다. 이탈리아는 독립된 여러 작은 나라로 나뉘어 있었고, 당시 군주들과 공화국들은 경쟁이라도

라틴인들의 경쟁과 발전

64 볼링브로크의 강력한 주장에 따르면 당시 교황들은 이슬람교 법률 고문보다도 더 못된 정치가들이었고, 오랫동안 인류를 사로잡았던 마법을 깨뜨린 것은 바로 마법사들 본인이었다.

1447~1455년, 니콜라스 5세

하듯이 문예 활동을 적극 장려하고 보상해 주었다. 니콜라스 5세의 업적은 지금까지도 그에 어울리는 명성을 얻지 못하고 있다. 그는 한낱 평민 출신으로 순전히 자신의 인품과 학문으로 입신양명했으며, 교황으로서의 이해관계보다는 자신의 인품을 유지하는 것을 더 중요하게 여기면서 로마 교황청을 겨누기 위한 무기를 스스로 갈고닦았다.64 그는 당대의 가장 저명한 학자들과 교분을 나누면서 그들의 후원자 역할을 해 주었고, 겸손한 말씨와 행동은 훗날 그가 교황 자리에 오른 후에도 거의 변함이 없었다. 그는 상대방이 자신이 내리는 자비로운 선물을 극구 사양할 때면 이는 공과에 대한 보상이 아니라 자애심의 증거라고 설득하였다. 그리고 상대방이 자신의 공적을 낮추면서 선물을 거절하면 교황은 자신의 위치를 충분히 의식하게 하면서 이렇게 말하곤 했다. "받으시오. 니콜라스 교황이 언제까지 그대들 곁에 있을지 알 수 없는 일이니." 교황의 영향력은 그리스도교 세계 전체로 퍼져 나갔지만, 그는 이런 영향력을 성직록을 부여할 때가 아니라 서책을 찾을 때 발휘하였다. 그는 폐허가 된 비잔티움의 도서관에서 그리고 독일과 영국의 어두컴컴한 수도원에서 고대의 작가들이 쓴 먼지 덮인 글들을 수집하였다. 도서관에서 원문을 반출할 수 없는 경우에는 교황을 위해 충실한 필사본이 제작되고 전달되었다. 옛날부터 교서와 성인전 그리고 미신과 위작들의 보고이기도 한 바티칸은 날마다 좀 더 귀중한 보물들로 채워졌으며, 니콜라스 5세가 학문에 얼마나 매진했는지는 재위 8년 동안 수집한 장서가 5000권에 달한다는 점에서도 확실히 드러났다. 그의 학문 장려 정책 덕분에 라틴 세계는 크세노폰, 디오도루스, 폴리비우스, 투키디데스, 헤로도투스, 아피아누스를 비롯해 스트라보의

『지리지(地理誌)』와 호메로스의 『일리아드』, 플라톤과 아리스토텔레스, 프톨레마이오스와 테오프라스투스의 가장 귀중한 작품들, 비잔티움 교회 교부들의 작품 등에 대한 번역서를 갖출 수 있게 되었다. 피렌체의 한 상인은 로마 교황청이 보여준 선례를 그대로 따르면서 무기도 공식 직함도 없이 공화국을 다스릴 수 있었다. 여러 군주를 배출하면서 국부(國父)라고도 불린 코스모 메디치는 그 이름과 자신의 시대를 문예 부흥이라는 말과 거의 동의어로 만든 사람이다. 그의 진실함은 명성을 한층 더 높여 주었고, 인류에 이바지하는 데 자신의 부를 아낌없이 쏟아부었다. 그는 카이로, 런던과 서신 왕래를 했으며 인도의 향료와 그리스의 책들을 자주 같은 배로 들여오기도 했다. 그의 손자 로렌조의 재능과 교육은 그를 단순한 후원자가 아니라 학문 경쟁의 심판자이자 지원자가 되게 하였다. 로렌조의 궁전에서 빈곤은 구제의 대상이었으며 공적은 보상의 대상이었다. 한가할 때면 그는 플라톤 학파의 아카데미아에서 즐거운 시간을 보내곤 하였다. 그는 데메트리우스 칼콘딜레스와 안젤로 폴리치아노의 경쟁을 독려하였으며, 그를 위해 야누스 라스카리스는 사절 활동을 열심히 수행하면서 동방에서 200점의 귀중한 원고를 가져다주었다. 그 가운데 80점은 그때까지 유럽의 도서관에는 알려지지도 않은 것들이었다. 이탈리아의 나머지 지역에서도 이와 비슷한 열정이 불타올랐으며, 국민들의 발전이 군주의 관대함에 대한 보답이었다. 라틴인들은 자신들의 학문과 예술을 다른 이들과 나누지 않고 독점하였지만, 이들 그리스 문예의 제자들은 곧 자신들이 습득한 가르침을 전파하고 향상시키는 능력을 갖추게 되었다. 얼마 동안은 외국인 교사들이 계속 들어오다가 그 기세가 가라앉았지만 콘

> 1428~1492년, 코스모 메디치와 로렌조 메디치

⁶⁵ 옥스퍼드 대학은 피렌체에서 데메트리우스 칼콘딜레스 밑에서 수학한 그로신, 리나서, 라티머에 의해 15세기 말에 처음으로 그리스어 수업을 도입할 수 있었다. 나이트의 『에라스무스의 일생』을 참조하기 바란다.

⁶⁶ 로마인 알두스 마누티우스의 인쇄소는 1494년경 베네치아에서 자리를 잡았다. 그는 60이 종의 그리스 문헌을 인쇄했는데 이는 당시로서는 거의 최초의 일이고, 여기에는 다양한 소논고와 필자 들이 포함되어 있었으며, 여러 작품이 재판 내지 4판까지도 인쇄되었다. 하지만 그에게 영광을 돌리는 한편 우리는 1476년 밀라노에서 최초의 그리스어 책으로 콘스탄티누스 라스카리스의 『문법』이 출간되었으며, 1488년 피렌체에서 출간된 호메로스는 문자 예술의 극치를 보여 주고 있음을 잊지 말아야 한다.

스탄티노플의 언어는 알프스 너머까지 확산되었고, 피렌체와 로마의 학원에서 학문 수양의 신성한 불꽃을 점화한 프랑스와 독일, 영국⁶⁵ 출신의 제자들은 자신의 나라에도 그 불꽃을 전파하였다. 땅에 심는 농작물과 마찬가지로 정신 활동에서도 천부적 재능은 부지런히 능력을 연마할 때 더 훌륭해지기 마련이다. 일리수스 강변에서 잠자고 있던 그리스의 문인들이 엘베 강과 템스 강 주변의 사람들도 가르치게 되었다. 어쩌면 베사리온과 가자조차도 자신들보다 뛰어난 야만족 출신 학자들, 즉 부다이우스의 엄밀성, 에라스무스의 심미안, 스테판 부자의 다작, 스칼리게르의 박학다식함, 라이스케와 벤틀리의 통찰력을 선망했을지도 모른다. 라틴인들이 인쇄술을 발견한 것은 우연이었지만, 알두스와 그의 수많은 후계자들이 이 유용한 기술을 응용함으로써 고대의 글을 널리 퍼뜨리고 보존할 수 있었다.⁶⁶ 그리스에서 들여온 한 권의 원본이 이제는 1만 권의 인쇄본으로 재탄생하였고, 인쇄본 하나하나가 원본보다 더 선명하게 내용을 전달하였다. 아마도 호메로스와 플라톤 역시 자신들의 글이 선명하게 인쇄된 것을 본다면 한층 만족스럽게 여길 것이며, 이제는 고전 해석자들도 우리 서방 편찬자들의 노고를 솔직하게 인정해야 할 것이다.

고대 학문의 이용과 오용

유럽 내의 야만인들은 고전 문예가 부활하기 전까지 거의 무지한 상태에 놓여 있었으며, 거칠고 궁핍한 생활 양식을 반영하듯 그들의 입에서 튀어나오는 말도 천박하기 그지없었다. 한층 다듬어진 로마와 그리스의 언어를 연구한 사람들은 빛과 학문의 새로운 세계로, 자유롭고 고색창연한 고대 국가의 사회로, 훌륭한 웅변술과 이성을 갖춘 이 불멸의 인간들과 친숙한 대화를 나누는 세상으로 들어갈 수 있었다. 이러한 교제가 근세 사람들의 심미안을 세련되게 다듬어 주고 재능을 끌어올려 준 것은 분명하지만, 처음의 경험에서 판단해 보건대 고대에 대한 연구는 인간의 정신에 날개를 달아 주었다기보다는 족쇄를 채웠다고 볼 수도 있다. 아무리 훌륭할지라도 모방의 정신은 종속성을 낳을 수 있기에, 그리스와 로마 문인 들의 최초의 제자들은 그들이 살고 있는 시대와 나라에서는 이방인들과 마찬가지였다. 먼 과거의 고색창연한 지식을 세심하게 그리고, 각고의 노력을 기울여 탐구하는 것이 현재 사회를 개선하고 발전시키는 길이라고 생각했을지도 모른다. 하지만 실제로 비평가와 형이상학자 들은 아리스토텔레스의 노예가 되었고, 시인과 역사가, 웅변가 들은 아우구스투스 시대의 사상과 표현을 거만하게 반복하는 데 그쳤을 뿐이었다. 자연에 대한 연구를 할 때에는 플리니우스와 테오프라스투스의 관점을 답습했을 뿐이고, 일부 이교 숭배자들은 남몰래 호메로스와 플라톤이 섬긴 신들을 모시고 있음을 당당하게 밝히기까지 했다.[67] 이탈리아인들은 그들의 고대 군단의 힘과 숫자에 압도당했고, 페트라르카와 보카치오가 죽은 후 한 세기 동안에는 현재 우리의 서가에서 점잖게 쉬고 있는 라틴 모방자들이 수많이 배출되었다. 이처럼 고대를 학습하는 시기에는 그 나라의 일상 언어로 씌어진 진정한 학문상의 발견과 참된 창조, 그리고 웅변에 관한 작품을 식별하기가 쉽지만은 않았을 것이다. 하지만 천상의 이슬이 땅속 깊숙이 스며들자마자 그곳에서는 초목과 생명이 신속하게 자라나기 시작했다. 근대 언어가 좀 더 세련되게 다듬어졌으며, 아테네와 로마의 고전이 순수한 심미안과 너그러운 경쟁을 고취시키면서 이탈리아 그리고 뒤이어 프랑스와 영국에서도 시와 산문이 유쾌한 지배력을 발휘하게 되었고, 이는 사변적이고 실험적인 철학이 융성할 수 있는 토대를 마련하였다.

[67] 고전에 대한 이런 열광에 대해서는 간단히 세 가지 예만을 들겠다. (1) 피렌체 공의회에서 플레토는 트레비존드의 게오르기우스와 친숙한 대화를 나누던 도중에 조만간 인류는 복음서와 코란을 버리고 이교도들과 비슷한 종교를 만장일치로 택하게 될 것이라고 말했다. (2) 교황 바오로 2세는 라이투스가 설립한 로마의 아카데미를 핍박하면서 그 주요 회원들을 이단 숭배자, 불경자, 우상 숭배자라고 비난했다. (3) 다음 세기에 프랑스의 일부 학자들과 시인들은 클레오파트라를 소재로 쓴 조델의 비극이 성공한 것을 축하했다. 일설에 따르면 그들은 바쿠스 축제를 열면서 희생양을 바쳤다고도 한다. 하지만 비록 광신에 빠져 있을지라도 그들 대부분은 심각한 불경죄를 저지르지 않을 정도의 분별력은 갖추고 있었다.

천재는 남보다 한발 앞서 계절의 성숙함을 맛볼 수 있겠지만, 개인에 대한 교육이든 만인에 대한 교육이든 기억력을 단련시켜야 이성과 공상의 힘을 넓혀 나갈 수 있는 법이다. 또한 예술가들 역시 선배들의 작품을 모방하는 법을 익히기 전까지는 그들과 동등해질 수도 그들을 능가할 수도 없는 것이다.

67

THE DECLINE AND FALL
OF THE ROMAN EMPIRE

비잔티움 교회와 라틴 교회의 분리·무라드 2세의 치세와 인품·헝가리 왕 라디슬라우스의 십자군·라디슬라우스의 패배와 죽음·야노슈 후냐데·스칸데르베그·동로마의 마지막 황제 콘스탄티누스 팔라이올로구스·프란차의 사절들·비잔티움 궁정

이탈리아 학통(學統)의 아버지인 그리스의 한 웅변가는 로마와 콘스탄티노플이 지닌 장점을 각각 비교하면서 찬미한다.[1] 그의 조상들이 거주했던 옛 수도의 경관은 마누엘 크리솔로라스의 가장 낙관적인 기대를 뛰어넘을 만큼 훌륭했기에, 그는 로마가 인간이 아니라 신의 거주지라고 주장하는 옛 소피스트의 감탄을 더 이상 비난하지 않게 되었다. 그런 신들과 인간은 모두 오래전에 사라졌지만, 자유로운 열정을 지닌 크리솔로라스의 눈에는 폐허의 위엄이 그 옛날 번성하던 모습을 되살려내고 있는 것처럼만 보였다. 집정관과 황제 들, 순교자와 사도들의 기념비는 모든 측면에서 이 철학자이면서 그리스도교도인 사람의 호기심을 불러일으켰기 때문에 그는 로마의 무기와 종교가 시대를 초월해 온 세상을 지배하고 있음을 시인했다. 크리솔로라스는 어머니(로마)의 존귀한 아름다움을 찬양하면서도 자신의 조국, 즉 그 어머니의 가장 아름다운 딸인 제국의

로마와 콘스탄티노플 비교

[1] 마누엘 크리솔로라스가 요하네스 팔라이올로구스에게 보낸 서한은 고전을 공부하는 학도들의 눈과 귀에 아무 해가 되지 않는다. 그의 서한에 적힌 수취인의 이름과 주소는 역사적인 사실을 언급하고 있는데, 요하네스 팔라이올로구스 2세가 크리솔로라스가 죽은 해인 1414년 이전에 제국과 연관을 맺었음을 암시한다. 팔라이올로구스의 어린 두 아들인 데메트리우스와 토마스(두 사람 모두 별칭은 포르피로게니투스이다.)의 나이로 추정하건대 이보다 훨씬 전인 적어도 1408년쯤으로 여겨진다.

식민지를 잊지 않았다. 그러면서 이 비잔티움의 애국자는 콘스탄티누스 대제의 도시를 예나 지금이나 아름답게 장식해 주는 영원불멸의 훌륭한 자연과 이보다는 덧없는 예술과 통치의 영광을 자세히 설명하고 있다. 하지만 복제품(콘스탄티노플)의 완벽성은 여전히 원본의 영예로 돌아가게 하는 바(라며 크리솔로라스는 겸허하게 말한다.), 무릇 부모는 훌륭한 공을 세운 자식으로 자신이 더 훌륭하고 새로운 모습으로 탄생하게 되는 것을 기뻐하기 마련이다. 이 웅변가는 말한다.

> 콘스탄티노플은 유럽과 아시아 사이, 에게 해와 흑해 사이의 요충지에 있다. 콘스탄티노플의 중재로 두 바다와 두 대륙은 제국의 공동 이익을 위해 하나로 합쳐지며, 이 도시의 의지에 따라 통상의 문이 닫힐 수도 있고 열릴 수도 있다. 사면이 바다와 대륙으로 둘러싸인 이 항구 도시는 세상에서 가장 안전하고 광대하다. 콘스탄티노플의 성벽과 성문은 바빌로니아의 것들과 비교될 수 있는데, 수많은 탑들은 하나하나가 견고한 구조로 우뚝 서 있다. 바깥쪽 방호벽인 제2의 성벽만으로도 수도를 방어하고 위엄을 갖추기에 충분할 것이다. 넓은 해자로는 물살이 빠른 바닷물을 언제든 끌어들일 수 있어서 이 인공적인 섬은 아테네처럼[2] 바다에 둘러싸일지 땅에 둘러싸일지를 선택할 수 있다.

새로운 로마가 완벽한 형태를 띠게 된 데에는 두 가지 강력한 자연적 원인이 있다고 생각할 수 있다. 지상에서 가장 빛나는 국민들의 지배자로 군림하게 된 초대 황제(콘스탄티누스 대제)는 도시를 설계하면서 로마의 국력에 그리스의 예술과 학문을 결합시켰다. 보통의 도시들은 우연과 세월이 흐르면서 완숙해

[2] 어떤 사람들은 아테네 시를 배로 둘러볼 수 있다고 주장했다. 하지만 콘스탄티노플을 설명하는 데에는 이런 표현이 타당하지만, 5마일 바다 건너 있는 아테네는 배를 띄울 수 있는 강이 도시를 가로지르거나 둘러싸지도 않았다.

지고 아름다움과 무질서, 추함이 뒤섞이게 마련이며, 자기가 태어난 땅을 떠나고 싶어하지 않는 주민들은 조상들의 잘못은 물론이고 도시 고유의 지형적, 풍토적 결함을 바로잡을 수가 없다. 하지만 콘스탄티노플을 설계할 때에는 한 사람의 뜻에 따라서 자유롭게 계획하고 실행에 옮길 수 있었으며, 이 초대 황제의 신민들과 후계자들은 그의 뜻을 받들며 열정적으로 도시의 모습을 거듭 개선해 왔다. 인근의 섬들에는 대리석이 엄청나게 쌓여 있기는 했지만 그 밖에 여러 자재들은 멀리 떨어진 유럽이나 아시아의 해안에서 들여와야 했다. 궁전, 성당, 수로, 저수조, 주랑, 욕장, 경기장 등 모든 건물들은 동로마 제국 수도의 위용에 걸맞은 모습으로 건축되었다. 콘스탄티노플의 막대한 부는 유럽과 아시아의 해안에까지 두루 퍼져 나갔고, 저 멀리 흑해와 헬레스폰투스 해협, 긴 성벽에까지 이르게 된 비잔티움의 영토 전체가 제국의 번창하는 교외이자 영원한 정원으로 간주될 정도였다. 크리솔로라스의 이런 찬미의 묘사에는 과거와 현재, 번영과 쇠락의 시대가 교묘하게 뒤얽혀 있는데, 이 웅변가는 현재의 비참한 자기 조국이 과거 영광의 그림자요 무덤일 뿐이라며 한탄 어린 고백을 토해 내고 있다. 고대의 조각품들은 그리스도교도들의 열정이나 야만족의 무력으로 사라져 버렸으며, 가장 아름다운 건축물들은 무너져 내렸고, 파로스 섬이나 누미디아의 대리석은 석회를 만들기 위해 태워지거나 천박한 용도로 사용되었다. 빈 받침대들은 수많은 조각상들이 있었다는 흔적이며, 파손된 기둥머리를 보고 기둥의 크기를 짐작할 수 있을 따름이다. 황제들의 무덤은 다 파헤쳐졌고, 폭풍우와 지진으로 시간의 파괴 속도는 더욱 빨라졌으며, 구전을 통해서나마 공허한 공간에 한때 훌륭한 금은 기념비들이 장식되어 있었음을 알 수 있다. 하지만 크리솔로라스는 단지 기억이나 믿음 속에서만 존재하는 이런 경이로움과는 별도로 반암(斑岩)으로 만들어진 기둥, 유스티니아누스의 원주와 거대 조각상,[3] 그리고 성 소피아 대성당의 돔에 대해서는 특별한 설명을 붙이고 있다. 이는 참으로 합당한 결론이었다. 사실 이들 건조물들은 그 우수함의 순위를 매겨서 설명할 수도 없거니와 이들을 빼고 다른 것들만 설명하는 일은 아무 소용도 없는 짓일 수 있기 때문이었다. 그러나 그는 한 세기 전만 해도 이 거대 조각상과 대성당의 기반이 불안했으며, 이를 복구하기 위해 연로 안드로니쿠스가 시기적절한 지원을 했다는 사실을 잊고 있다. 연로 안드로니쿠스 황제가 성 소피아 대성당에 두 개의 새로운 버팀벽을 세워서 보강하고 30년이 지나 동쪽 반구(半球)가 갑자기 붕괴되었고, 많은 성상과 성찬대, 제단이 무너진 지붕에 깔려 부서졌다. 손상은 재빨리 복구되었고 쓰레기는 모든 지위와 연령의 많은 사람들의 도움으로 깨끗이 치워졌으며, 비잔티움 사람들은 동방의 가장 웅장하고 고귀한 성전을 복구하기 위해 얼마 남지 않은 재산과 힘을 기꺼이 바쳤다.[4]

1440~1448년, 피렌체 공의회 이후 비잔티움의 분열

추락하는 도시와 제국의 마지막 희망은 어머니와 딸 사이의 화합, 즉 어머니로서의 로마의 다정한 보살핌과 자식으로서의 콘스탄티노플의 복종에 달려 있었다. 피렌체 공의회에서 비잔티움 사람들과 라틴인들은 서로 포옹을 하고 협정문에 서명하여 약속을 했지만, 우정의 서약은 불성실했고 아무런 열매도 맺지 못했으며,[5] 동서 교회의 통합이라는 부실한 토대는 한낱 꿈인 양 사라져 버렸다.[6] 황제와 성직자 일행은 베네치아가 마련해 준 갤리선을 타고 귀국했다. 하지만 그들이 모레아 반도와 코르푸, 레스보스 근처를 지나고 있을 즈음 라틴 세계의 사람들은 이 거짓된 통합이 억압의 수단이 될 것이라고 불평을 늘어놓기 시작했다. 또한 황제 일행이 비잔티움 해안에 상륙하자 사람들은 환영이 아니라 온갖 광분과 불만의 소리가 뒤섞인 비난을 퍼부었다. 그들이 2년이 넘게 수도를 비운 동안 제국은 민정과 종교의 지도자가 없는 무정부 상태에서 광신만이 들끓었다. 가장 광적인 수도사들이 여인들과 광신도들의 양심을 지배함으로써, 만인과 종교가 따라야 할 가장 첫 번째 원리는 바로 라틴식 이름에 대한 증오심이었다. 일찍이 황제는 이탈리아로 출발하기에 앞서 시민들에게 신속한 구조와 강력한 원군을 약속하며 마음을 달랬고, 자신들의 정통 신앙과 학문적 우수성을 맹신한 성직자들은 스스로와 일반 신도들에게 서방의 무식한 성직자들을 설득하여 쉽게 승리를 거둘 것이라고 장담한 바 있었다. 이중의 실망감에 휩싸인 콘스탄티노플 사람들을 보면서 통합 조약에 서명한 성직자들의 양심이 살아났다. 유혹은 이미 과거가 된 마당에 고위 성직자들에게 황제나 교황의 호의를 얻을 수 있다는 희망보다는 민중의 분노에 대한 두려움이 더 크게 다가왔다. 자신들의 행위를 정당화하는 대신 그들은 스스로의 허약함을 탄식하고 뉘우침을 고백하면서 신과 동포들의 은총에 몸을 맡길 수밖에 없었다. 이탈리아 종교 회의에 참석한 것이 무슨 도움이 되었는가? 하는 비난에 그들은 한숨과 눈물로 이렇게 대답하였다. "슬프게도 우리는 새로운 신조를 만들어 버렸습니다. 우리는 신심을 불경으로 바꾸었고, 순결한 희생을 배신하면서 아주몬의 무리가 되었습니다."(아주몬의 무리는 효모를 넣지 않은 빵으로 성찬식을 하는 무리를 말하며, 이 시대의 성장 철학에 대해 내가 행했던 찬사를 철회하거나 수정하지 않을 수 없다.) "애석하게도 우리는 곤궁함과 거짓, 그리고 덧없는 삶에 대한 희망과 두려움에 현혹당하고 말았습니다. 통합 조약에 서명한 이 손을 잘라 내고, 라틴

와 스폰다누스의 설명에 귀기울일 필요가 있다. 단 스폰다누스의 설명은 로마와 종교 문제만 나오면 편견과 개인적인 열정으로 객관성을 잃는 편이다.

67장 445

신조를 낭독한 이 혀는 뿌리째 뽑아야 마땅할 것입니다." 그들이 후회하고 있다는 가장 큰 증거는 아주 사소한 의식과 대단히 비합리적인 교리에 그 어느 때보다도 집착하고, 황제를 포함해 언제나 존중하며 대해야 할 모든 사람들과의 관계를 철저히 단절했다는 데서 찾을 수 있다. 요제푸스 총대주교가 사망한 후 헤라클레아와 트레비존드의 대주교들은 그 후임에 앉기를 용감하게 거절하였고, 베사리온 추기경 역시 바티칸의 안락하고 따뜻한 거처를 더 좋아하여 그 자리를 거절하였다. 황제와 성직자들은 키지쿠스의 메트로파네스 이외에는 선택의 여지가 없었지만, 성 소피아 대성당에서 그의 수임식이 거행되는 동안 성당 안은 거의 텅 비어 있었다. 십자가를 드는 책임을 맡은 사람들조차 자신들의 봉사 의무를 포기하였다. 이런 사태의 영향은 수도에서 촌락까지 일파만파로 퍼져 나갔고, 메트로파네스는 한 분리주의자에게 가한 종교적 비난이 아무런 효과도 없자 자신의 말을 철회해야 했다. 비잔티움 사람들의 눈은 조국의 투사인 에페수스의 마르코스에게 향했으며, 이 성스러운 고백자는 그동안 겪은 고통을 칭찬과 갈채로 보상받을 수 있었다. 그가 보인 모범과 글은 종교 불화의 불길을 더욱 부채질하였다. 그는 노환으로 곧 세상을 떠나고 말았지만, 마르코스의 복음은 관용의 법칙을 용납하지 않았다. 그는 마지막 숨을 거두면서까지 로마를 지지하는 사람들은 그 누구도 자신의 장례식에 참석할 수 없으며 명복을 비는 기도조차도 허용하지 않겠다는 유언을 남겼다.

동방인들과 러시아인들의 열성

분리주의는 이미 비잔티움 제국의 좁은 경계선을 뛰어넘고 있었다. 마말루크의 왕홀 아래에서 안전하게 보호받고 있는 알렉산드리아, 안티오크, 예루살렘의 세 대주교들은 여러 차례 종교 회의를 소집해서 페라라와 피렌체 공의회에 참가했던 대표단을 부인했으며, 라틴 교회의 신조와 공의회를 비난하면서 비잔티움 교회의 이름으로 콘스탄티노플의 황제를 위협하였다. 러시아인들은 비잔티움 교회의 분파 중에서도 가장 강력하면서도 가장 무지하고 미신적이었다. 러시아 교회의 수좌 대주교 이시도르 추기경은 독립된 자국 국민을 로마의 속박 아래 두기 위해 피렌체에서 모스크바로 서둘러 돌아갔다. 하지만 러시아의 주교들은 비잔티움 교회의 정통 신앙을 중시하는 아토스 수도원에서 수학했고, 러시아의 군주와 백성들도 이런 사람들이 전하는 신학을 받아들이고 있었다. 그들은 교황이 보낸 사절단의 칭호와 거만함, 라틴식 십자가에 분노하였으며, 수염을 깎아 버리고 손에는 장갑을 꼈으며, 손가락에는 반지를 낀 채 성스러운 임무를 수행하려는 무리들의 친구가 된 이시도르에게 광분하였다. 결국 주교 회의는 이시도르를 맹렬히 비난하면서 그를 수도원에 유폐시켰고, 추기경은 극도로 광분한 사람들의 손에서 가까스로 탈출할 수 있었다.7 심지어 러시아인들은 돈 강 너머에 사는 이교도들을 개종시키고자 강을 건너려는 로마 선교단의 통행 허가도 거절하면서,8 우상 숭배보다 분리주의가 더 나쁜 죄라는 격률로 자신들의 행동을 정당화했다. 보헤미아파의 잘못된 행동도 교황에 대적한다는 이유로 묵인되었으며, 심지어 비잔티움의 성직자 대표단은 이 잔인하기 짝이 없는 광신도들과 적극적으로 우호 관계를 맺고자 했다.9 에우게니우스가 비잔티움 교회와의 통합과 정통성을 자축하고 있는 사이 그의 사절단은 콘스탄티노플 성벽 안에서만, 아니 솔직히 말하면 궁전 안으로만 활동이 제한되어 버렸다. 팔라이올로구스는 개인적인 이해관계에 이끌려 교회 통합에 열을 올렸지만, 그 열의는 반대 여론에 밀려 곧 수그러들고 말았다.

7 레베스크(Levesque)의 자세한 설명은 총주교구 관할 문서 보관서 자료에서 인용한 것이다. 페라라와 피렌체 공의회에 대한 설명은 무지와 열정으로 얼룩져 있지만, 러시아인들에 대한 설명은 그들이 지닌 편견을 감안해도 믿을 만하다.

8 방랑 수도승과 고대 인도의 나체 고행자의 고대 종교인 샤머니즘은 대중의 많은 지지를 받는 브라만들에 의해 인도에서 북부의 사막까지 전파되었다. 이 벌거벗은 철학자들은 동물 털로 몸을 감싸고 다녀야 했으며, 스스로도 인식하지 못하는 사이에 마법사나 치료사의 길로 빠지게 되었다. 우랄 산맥 서쪽의 러시아 영토인 유럽 쪽 러시아에 사는 모르드반족과 체르미스족이 오늘날까지도 믿고 있는 이 종교는 유일한 왕 또는 유일신, 신의 대리인이나 천사들, 그리고 신에게 반기를 드는 반역적인 악령들로 이루어져 있다. 볼가 강 유역의 이 부족들은 성상을 모시지 않는다는 점에서, 그들이 라틴 선교사들이야말로 우상 숭배자라고 몰아세우는 것이 어쩌면 과히 틀린 말은 아닐지도 모른다.

9 그들의 서한의 라틴어 번역본은 현재 프라하 대학 도서관에 보관되어 있다.

[10] 어쩌면 'Amurath' 보다는 'Murad' 나 'Morad' 가 더 정확할지도 모른다. 하지만 나는 근거가 불분명한 세심함보다는 보다 널리 말해지는 'Amurath' 로 부르기를 더 선호한다. 사실 동방의 언어가 로마 알파벳으로 성공적으로 번역된 경우는 거의 없기 때문이다.

이제는 국민의 신념에 반하는 행동을 한다면 제위는 물론 목숨마저 위태로울 지경에 이르렀고, 종교적인 반군들이 언제라도 국내외에서 원군을 끌어올지 모르는 상황이었다. 동생 데메트리우스는 이탈리아에서 침묵을 유지한 채 신중하게 사태를 관망하면서 종교적 명분을 위해서라면 언제라도 달려올 수 있도록 검을 반쯤 뽑아 놓은 상태였고, 투르크의 술탄 무라드는 비잔티움과 라틴의 표면적인 통합에 대해 불쾌감을 표하면서 촉각을 곤두세우고 있었던 것이다.

1421년~1451년 2월, 무라드 2세의 통치와 성품

무라드는 49년의 생애 동안 30년 6개월 8일을 제위에 앉아 있었다. 그는 공정하고 용맹스러운 군주이며 위대한 영혼을 가지고 끈기 있는 노력을 할 줄 아는 사람이었으며, 박식하고 관대하며 신앙심이 깊고 자비로운 군주였다. 또한 학문에 힘쓰는 사람과 과학이나 예술에 뛰어난 재능이 있는 사람들을 깊이 사랑하면서 그들을 적극 장려해 주었다. 그는 훌륭한 황제이자 동시에 위대한 장수였다. 어떤 사람도 무라드보다 위대한 승리를 많이 거두지는 못했으며, 벨그라데만이 그의 공격을 견뎌낼 수 있었다. 그의 치세에서 병사들은 연거푸 승리를 거두었으며 시민들은 부유하고 안전했다. 그는 한 나라를 정복하면 가장 먼저 모스크와 대상(隊商)용 숙소, 병원, 학교를 짓는 데 관심을 쏟았다. 무라드는 예언자 마호메트의 자손들에게 해마다 금화 1000닢을 보내 주었으며, 메카, 메디나, 예루살렘의 이슬람교도들에게도 금화 2500닢을 보냈다.[10]

이상의 묘사는 오스만 제국의 한 사가의 글에서 따온 것이다. 원래 비굴하고 미신적인 사람들은 어느 시대를 막론하고 최악

의 폭군에게 항상 아낌없는 갈채를 보내는 법이며, 술탄의 미덕은 때로는 자신에게는 가장 유용하고 그의 신민들에게는 가장 기분 좋은 악덕이 되기 마련이다. 자유와 법 앞에서 평등하다는 것을 알지 못하는 백성들은 섬광처럼 번쩍이는 독재자의 권력에 외경심을 가지기 마련이며, 압제자의 잔인성은 정의로, 사치와 낭비는 관대함으로, 완고함은 단호함으로 포장되기 마련이다. 가장 이성적인 변명조차 거부당한다면 강제적인 복종이 만연할 것이고, 항상 결백을 밝힐 수 없는 곳에서는 범죄가 들끓게 마련이다. 전쟁을 끊임없이 수행하면서 국민의 평안함과 군대의 규율을 가장 훌륭하게 유지할 수 있었기 때문에 전쟁은 예니체리군의 장사 수단과도 같아서 전쟁에서 살아남아 전리품을 나눠 가질 수 있게 된 병사들은 군주의 대범한 야망에 환호성을 보냈다. 참된 종교를 설파하는 것이 충실한 이슬람교도의 의무였고, 이슬람교도가 아닌 사람들은 충실한 이슬람교도의 적인 동시에 선지자의 적이었다. 또 투르크인들에게는 언월도가 이런 적을 개종시키는 유일한 도구였다. 하지만 이런 상황에서도 무라드의 정의심과 절제심은 행동을 통해 입증되었으며, 그리스도교도들도 그의 치세에서 투르크가 번창하고 그가 평온한 죽음을 맞게 된 것은 독보적인 업적에 대한 보상임을 인정하고 있다. 무라드는 한창 원기 왕성하고 활발하게 군사력을 모을 때에도 상대방이 선제공격을 하거나 도발이 잦지 않는 이상 좀처럼 전투를 벌이지 않았으며, 적이 항복하면 더 이상 전쟁을 수행하지 않았다. 협정을 준수하는 면에서 그의 말은 신성불가침의 절대적인 위력을 지니고 있었다. 가장 공격적인 사람들은 헝가리인들이었다. 스칸데르베그가 반란을 일으켜 무라드를 도발했지만, 오스만의 술탄은 이 신의가 없는 카르마니아인 배신자를 두 번 격파하고 두 번 모두 용서해 주

11 볼테르는 '투르크 철학자'를 찬미하는 말을 바친다. 그가 그리스도교 군주가 양위를 하고 수도원으로 물러났어도 과연 똑같은 찬사를 보냈을까? 이런 점에서 볼테르는 관용을 모르는 광신자였던 셈이다.

12 데르벨로(D' Herbelot)의 『동방 총서』에 실린 대로비세, 파키르, 나세르, 로바니아트의 글을 참조하기 바란다. 그러나 그 주제에 대해서는 페르시아와 아랍의 작가들이 피상적으로 다루고 있다. 이런 무수한 종파들이 융성하게 된 것은 주로 투르크인들 사이에서였다.

13 라이코트는 이에 대한 내용을 자세히 전해 주고 있다. 그는 이슬람교 수도승들의 지도자들과 직접 대화를 나눌 수 있었는데, 그들은 대부분 오른 시대에 태어난 사람들이었다. 라이코트는 무라드가 은둔 후 같이 어울렸던 사람들로 칼콘딜레스가 말한 '치키다이족(Zichidae)'에 대해서는 언급하지 않는데, 칼콘딜레스가 말하는 세이드족(Seid)은 마호메트의 후손들이다.

었다. 스칸데르베그는 모레아 반도를 침공하기에 앞서 테베를 기습 공격해서 술탄을 놀라게 한 일이 있었기 때문에, 바야지트의 손자가 테살로니카를 정복한 것은 일전에 베네치아가 스칸데르베그에 매수당한 것에 대한 보복 성격이 짙다. 콘스탄티노플에 대한 첫 번째 공방전을 끝낸 후에도 술탄은 팔라이올로구스의 불안이나 로마로의 여행, 또는 그가 모욕당한 일을 기회로 비잔티움 제국의 죽어 가는 불빛을 완전히 꺼 버릴 생각을 결코 하지 않았다.

1442~1444년,
무라드 2세의
두 번의 양위

하지만 무라드의 일생과 인품에서 가장 놀라운 점은 그가 투르크의 술탄 자리를 두 번이나 포기했다는 것이다. 만약 그의 동기에 미신적인 요소가 개입되지 않았다면, 우리는 40세라는 나이에 인간의 위대성에 대한 공허함을 깨달은 이 황제 철학자를 진심으로 찬미해야 할 것이다.[11] 무라드는 아들에게 양위를 한 뒤에 마그네시아의 쾌적한 거주지로 물러나 성자와 은둔자 집단과 함께 어울렸다. 헤지라 4세기에 이르자 마호메트의 종교도 창시자의 뜻에 반하는 제도로 타락하기 시작했으며, 십자군 시대에는 그리스도교, 더 나아가 라틴 수도사들을 본받기라도 하듯이 무수한 종파들이 생겨났다.[12] 모든 신민들의 왕인 무라드도 어지럼증을 영혼의 빛으로 착각하는 광신도들과 함께 단식하고 기도하는 생활을 끝없이 반복하였다.[13] 하지만 그는 헝가리인의 침공으로 이런 광신의 꿈에서 금세 깨어나야만 했는데, 평소 순종적이던 그의 아들이 이번에는 국가의 위기와 국민의 소망을 술탄에게 가장 앞서서 주창했다. 예니체리군은 노련한 지휘관의 깃발 아래에서 전투를 벌이고 적을 섬멸하였지만, 무라드는 바르나 전장에서 빠져나와 다시 마그네시아의 동료들과 단식하고 기도하며 순회 모임을 갖는 생활로 돌아갔다. 이 경건한 소임은 또 한 번 위기가 닥치자 다시 중단되었다. 백전백승의 군대가 미숙한 젊은 술탄을 경멸하면서 반란을 일으켜 하드리아노폴리스를 함락한 뒤 학살을 일삼자, 원로들은 만장일치로 입을 모으며 그가 나와서 예니체리군의 폭동을 진정시키고 이후 반란이 일어나지 않도록 막아 달라고 촉구했다. 예니체리군은 자신들이 익히 잘 아는 주군의 목소리를 듣자 벌벌 떨며 투항했고, 무라드는 4년 후 죽음의 신의 부름을 받을 때까지 그들이 충실한 복종을 바칠 수 있도록 마지 못해 도와줄 수밖에 없었다. 노령이나 질병, 불운이나 순간적인 충동으로 왕위를 물려준 군주들은 남은 일생을 돌이킬 수 없는 조치를 후회하면서 살았다. 그러나 무라드만은 황제로서의 고독을 경험한 후 완전히 자유 의지에 따라 자신이 좋아하는 개인적인 삶을 다시 한 번 선택한 유일한 군주였다.

14 1431년, 독일은 보헤미아의 후스파를 제압하기 위해 4만 명의 기병대를 모집하였다. 1474년 라인 강변에서 누이스가 포위당했을 때 제후들과 고위 성직자, 도시들은 각각 할당된 병력을 파병해 주었고, 뮌스터의 주교는 1400명의 기병과 6000명의 보병(모두 초록 군복을 입었다.)과 마차 1200대를 준비해 주었다. 영국 왕과 부르고뉴 대공의 연합군을 모두 합해도 이 독일군의 3분의 1에도 미치지 못할 정도였다. 현재에도 독일군은 6000~7000의 상비군을 유지하고 있으며 군대의 규율 역시 감탄할 정도로 훌륭하다.

에우게니우스는 비잔티움 황제 일행이 이탈리아를 떠난 후에도 그들의 현세적인 이익을 결코 잊지 않고 있었다. 투르크군이 이탈리아 국경에 접근해서 언제 공격

1443년, 투르크군에 맞서 동맹을 결성한 에우게니우스

해 올지 모르는 상황이 되자 비잔티움 제국에 대한 교황의 따뜻한 배려는 한층 높아졌다. 하지만 십자군의 정신은 이미 사라져 버렸고, 프랑크인들이 과거에는 무분별한 열정을 발휘했다면 이번에는 조리에 맞지 않게 냉담하게 굴었다. 11세기에는 광신적인 수도사가 유럽 전역에서 십자군을 규합해서 성지를 회복하기 위해 아시아로 진격할 수 있었지만, 15세기에는 종교적이든 정치적이든 아무리 급박한 동기라도 그리스도교 세계를 방어하고자 라틴인들을 하나로 묶는 데는 역부족이었다. 독일에는 병력과 무기가 넘쳐 났지만,[14] 이 복잡하고 무기력한 나라에는 강력한 지도자의 추진력이 절실히 필요함에도 프리

67장 451

드리히 3세는 인품에서나 황제로서의 위엄에서나 무능력하기 짝이 없는 인물이었다. 영국과 프랑스의 100년 전쟁은[15] 적개심을 전혀 없애지 못한 채 두 나라의 국력만 축냈을 뿐이었다. 하지만 허영심이 강하고 배포만 큰 부르고뉴의 필립 공작은 자신은 아무 위험이나 비용도 감당하지 않았으면서도 모험심이 강한 신하들이 갤리 선단을 조직해서 플랑드르 해안에서 헬레스폰투스까지 항해하는 것을 보고 기뻐하였다. 해양 공화국인 베네치아와 제노바는 전장에서 그리 멀지 않은 곳에 있었기 때문에, 서로 적대적인 두 나라도 이번에는 성 베드로의 깃발 아래 하나로 뭉쳤다. 라틴 교회의 내륙 진지 역할을 하는 헝가리와 폴란드 두 왕국은 투르크군의 전진을 막는 데 가장 큰 관심을 보였다. 스키타이인과 사르마티아인의 호전적인 기질을 물려받은 이 두 민족이 피비린내 나는 내분 때문에 까닭 없이 칼을 뽑아 드는 대신에 공동의 적을 향해 칼을 겨누었다면 충분히 승산이 있었을지도 모른다. 하지만 그들의 기질은 화합이나 순종과는 거리가 멀었고 척박한 국토와 군주의 제한된 힘만으로는 상비군을 유지할 여력도 없었다. 한때는 프랑스 기사단에게 압도적인 위력을 과시하던 폴란드와 헝가리의 기병대는 이제 기백도 무기도 갖추지 못한 산만한 오합지졸로 바뀌어 있었다. 그러나 로마 교황의 계획과 사절인 율리아노 추기경의 웅변에 시대적 상황이[16] 헝가리군에 힘을 보태 주었다. 때마침 두 나라의 왕관이 야심만만한 젊은 군인인 라디슬라우스[17]의 머리 위에서 하나로 합쳐지고, 그 용맹성으로 그리스도교 세계에서 많은 지지를 받고 있으며 투르크에도 공포의 대상이 된 야누스 후냐데라는 이름의 영웅도 여기에 가세하였던 것이다. 교황의 사절이 용서와 면죄부를 끝없이 뿌려대자 프랑스와 독일의 많은 용사들이 교황의 깃발 아래로 모여들었고, 덕분에

[15] 1444년이 되어서야 비로소 프랑스와 영국은 몇 달간의 정전 협정에 합의할 수 있었다.

[16] 헝가리 십자군에 대한 부분은 스폰다누스의 설명이 가장 많은 도움이 되었다. 그는 헝가리, 폴란드, 서방 유럽 사가들의 서적들을 탐독한 후 비잔티움과 투르크의 물자를 날카롭게 비교하고 있다. 그의 설명은 단순 명료하며, 종교적 편견을 배제할 수만 있다면 그의 판단도 눈여겨볼 만한 가치가 있다.

[17] 대부분의 작가들은 그의 이름을 쓸 때 폴란드식 발음을 따르거나 또는 경쟁자인 오스트리아의 갓난아기 라디슬라우스와 구분하기 위해 블라디슬라우스(Wladislaus)라고 쓰지만, 나는 일부러 W를 생략하였다. 칼리마쿠스, 본피니우스, 스폰다누스, 랑팽의 설명에 따르면 두 사람은 헝가리 왕좌를 놓고 경쟁을 벌이는 사이였다.

십자군은 적어도 체면치레는 할 수 있을 정도의 병력을 유럽과 아시아의 새로운 동맹국으로부터 모집할 수 있었다. 망명 중이던 세르비아의 군주는 도나우 강 너머 그리스도교도들의 고통과 열기를 과장되게 설명하면서, 그들도 종교와 자유를 수호하기 위해 하나로 힘을 합쳐 들고 일어나 줄 것이라고 말했다. 비잔티움의 황제도[18] 선조들과는 다른 기백을 보이며 보스포루스 해협을 지키기 위해 비잔티움의 국민군과 의용군을 직접 이끌고 콘스탄티노플에서 출격할 것이라는 소식을 전해 왔다. 카르마니아의 술탄은 무라드가 퇴각하면 아나톨리아의 심장부로 진출해서 강력한 견제 작전을 수행해 주겠노라고 통보했다. 따라서 서방의 선단이 헬레스폰투스 해협을 동시에 점령해 버린다면 오스만 제국은 분열되어 무너질 것이었다. 하늘과 땅도 이교도의 멸망에 기뻐할 것이 분명했다. 이런 식으로 조심스럽고도 애매모호한 웅변을 통해 율리아노 추기경은 그리스도와 성모께서 눈에 보이지 않는, 아니 어쩌면 눈에 보이는 확실한 도움을 주실 것이라는 믿음을 사람들에게 주입하였다.

폴란드와 헝가리 의회는 이번 종교 전쟁의 필요성을 만장일치로 부르짖었고, 라디슬라우스는 연합군을 직접 통솔하면서 도나우를 건너 불가리아 왕국의 수도인 소피아까지 진격했다. 이 원정에서 연합군은 후냐데의 용맹성과 지도력 덕분에 두 번의 중요한 승리를 거두었다. 처음 승리에서 그는 1만 명의 선발대를 이끌고 투르크 진영을 기습 공격하였고, 두 번째 승리했을 때는 지형으로나 숫자상으로나 두 배나 우세했던 적군을 물리치고 그들의 가장 유명한 장군을 포로로 잡을 수 있었다. 겨울이 다가오고 있었고 하이무스 산의 자연적, 인공적 장애물이 영웅의 진로를 가로막았으나, 그는 6일이라는 짧은

투르크군에 맞서 진군하는
폴란드와 헝가리의 왕
라디슬라우스

[18] 비잔티움의 사가인 프란차, 칼콘딜레스, 두카스의 설명에 따르면 그들의 황제는 이번 십자군에 적극 참여하지는 않았다. 아마도 적극 참여하고 싶었지만, 두려움으로 그러지 못한 듯하다.

19 프리드리히 3세에게 보낸 편지에는 헝가리 군대가 한 번의 전투에서 투르크군 3만 명을 죽였다고 적혀 있으나, 율리아노 추기경은 사망자 수는 2000~6000명 정도라고 정직하게 말하고 있다.

시일 안에 이 산자락에서 적진인 하드리아노폴리스의 탑과 우방인 비잔티움 제국의 수도까지 행군하였다. 그는 철수할 때에도 아무런 방해를 받지 않았으며, 도나우 강 서쪽에 위치한 부다(Buda)로의 입성은 군사적 개선 행진임과 동시에 종교적 개선 행렬이기도 했다. 기도 행렬의 뒤를 이어 왕과 전사들이 맨발로 행진하였다. 라디슬라우스 국왕은 신중히 균형을 맞추면서 두 민족에게 보상을 내렸고, 정복에 대한 자부심은 그리스도교의 겸허한 정신과 혼합되었다. 13명의 고위 장수, 9개의 군기, 4000명의 포로는 의문의 여지가 없는 승리의 트로피였다. 십자군 병사들은 뻔뻔스럽게도 전쟁터에 버려진 투르크군의 시체가 무수히 많았다면서 자신들의 위용을 과장하였고, 사람들은 이 말을 기꺼이 믿으면서 아무런 반박도 하지 않았다.[19] 승리의 가장 확실한 증거이자 가장 유익한 성과는 오스만 투르크의 원로 회의가 사절단을 보내 세르비아를 반환하고 포로들의 몸값을 지불함과 동시에 헝가리 국경에서 군대를 철수시키겠다며 화평을 요청한 일이었다. 이 조약을 통해 전쟁의 합리적 목표는 달성된 셈이었다. 세게드에서 열린 휴전 회담에 참석한 왕과 세르비아의 지배자, 후냐데 모두 개인적, 공적인 보수에 만족하면서 10년간의 휴전 협정에 동의하였다. 복음서와 코란에 대고 협정을 맹세한 그리스도와 마호메트의 신도들은 신의 말씀이 진리의 수호자이며 배신의 처벌자임을 선언하였다. 투르크 측 성직자들은 복음서 대신에 가톨릭 하느님의 진정한 존재를 의미하는 성체에 대고 협정을 맺자고 제안했지만, 그리스도교도들은 이것을 신성한 성사에 대한 불경스러운 행동이라 하여 거절했다. 솔직히 미신에 물든 양심은 서약의 영적인 힘보다는 그것의 외면적인 상징에 더 크게 구속당

투르크의 평화

하는 법이다.

휴전 협정이 진행되는 동안 교황청 사절인 율리아노 추기경은 국왕과 국민들의 동의에 찬성할 마음이 전혀 없었지만 그렇다고 반대도 하지 못한 채 침묵하면서 그 과정을 지켜볼 수밖에 없었다. 하지만 회담이 끝날 무렵에 카라마니아인들이 아나톨리아를 침공하고 비잔티움 황제가 트라키아를 침략했으며, 제노바와 베네치아, 부르고뉴의 함대가 헬레스폰투스를 차지했다는 반가운 소식이 들려온 덕분에 율리아노 추기경은 자신의 입장을 강화할 수 있었다. 또 라디슬라우스의 동맹군은 승전보는 전해 들었으나 휴전 소식은 듣지 못한 상태로 승리한 군대가 하루빨리 귀환하기를 기다리고 있다는 것이었다. 추기경은 이렇게 외쳤다.[20]

> 1444년, 평화의 침해

[20] 본문에 적힌 율리아노의 연설이 사실과 조금도 다르지 않다고 말할 수 없는데, 그것은 칼리마쿠스와 본피니우스를 비롯해 여러 사가들의 사서에 적힌 내용이 조금씩 다르기 때문이다. 그들은 율리아노의 연설에 자신들의 웅변술을 조금씩 덧붙였을 가능성이 높은데, 그들이 모두 당대를 대표하는 연설가들이었기 때문이다. 하지만 위증죄라는 부분에 대한 조언이나 주장에서는 그들이 모두 일치하고 있는데, 이런 위증죄에 대해 프로테스탄트들은 거센 비난을 퍼붓는 데 반해 가톨릭의 변명은 옹색하기만 했다. 더욱이 가톨릭은 바르나의 불운에 의기소침해 있는 상태였다.

이런 상황에서도 그대들은 그들의 기대와 당신들의 행운을 저버릴 참이오? 그대들은 그들과 그대들의 신, 그대들의 동료인 그리스도교도들에게 맹세했소. 한층 더 숭고한 의무를 저버리고 이렇게 적에게 성급하고도 굴욕적인 언약을 맹세해서는 안 될 것이오. 지상에서 그리스도의 대리인은 로마의 교황이니, 그분의 재가 없이는 함부로 서약을 하거나 이를 수행해서는 안 될 것이오. 본인이 교황의 이름으로 그대들의 위증죄를 사해 주고 그대들 군대의 죄를 깨끗이 씻어 주겠소. 나를 따라 영광과 구원의 길을 걸으시오. 조금이라도 주저하는 마음이 남아 있다면, 그에 대한 처벌과 죄를 내 머리로 옮기시오.

해롭기만 한 궤변이었지만 추기경의 존귀한 인격과 그 자리에 모인 사람들의 경솔함은 그의 말을 따르게 하는 데 도움이 되었다. 조금 전까지만 해도 평화를 맹세하고 조약을 체결하려던 바로 그 자리에서 전쟁이 결의되었다. 조약을 이행하려던 투르크인들은 그리스도교도들의 갑작스러운 공격을 받게 되었다. 이런 상황에서 그들이 그리스도교도를 이교도라 부르는 것도 충분히 납득할 만한 일이다. 라디슬라우스는 자신의 거짓된 말과 서약에 대해서 당시의 종교적 상황을 들어서 변명했는데, 가장 완벽하거나 가장 많은 지지를 얻은 변명은 바로 그의 군대의 승전보와 동방 교회의 구원이었을 것이다. 하지만 이 조약은 그의 양심에는 아무런 제약도 가하지 않은 채 그의 군사력만을 감소시켰다. 평화가 선포되자마자 프랑스와 독일의 의용군들은 분노의 목소리를 내뱉으며 전장을 떠났고, 폴란드 병사들은 고향에서 멀리 떨어진 곳에서 치르는 전쟁으로 기력이 소진한데다 외국인의 지휘를 받는 것이 싫었기 때문에 지위 높은 귀족들이 가장 먼저 허가를 얻어 서둘러 자신들의 영지와 성으로 돌아갔다. 심지어는 헝가리 군대마저도 파벌이 생겨 우물쭈물 주저하면서 움직이기를 꺼리고 있었다. 결국 2차 원정에 나선 십자군의 잔류 병력은 부족하기 짝이 없는 2만 명으로 줄어 있었다. 사병들을 이끌고 왕의 깃발 아래에서 함께 참전했던 한 왈라키아인 무장은 2만의 군사는 술탄이 가끔씩 사냥을 나갈 때 동행하는 수행원들의 수에도 못 미친다며 노골적으로 분노를 표했다. 게다가 라디슬라우스가 비할 데 없이 빠른 준마 두 필을 선물로 받은 것은 앞으로 일어날 전쟁의 결말에 대한 은밀한 경고로 볼 수도 있었다. 하지만 자신의 영토와 자식들을 되찾은 세르비아의 군주는 새로이 영토를 확장할 수 있다는 것에 마음이 움직였다. 왕의 경험 부족, 사절인 추기경의 종교적 광신, 후냐데의 군사적 공명심은 그들에게 불굴의 위력을 가진 검과 십자가 앞에서는 그 어떤 장애물도 무릎을 꿇을 것이라는 확신을 갖게 하였다. 도나우 강을 건넌 후 콘스탄티노플과 헬레스폰투스로 진군할 수 있는 길은 두 가지였다. 하나는 최단거리이기는 하지만 하이무스 산맥을 넘어야 하는 험준하고 까다로운 길이고, 다른 하나는 평탄한 국토를 가로질러 흑해 연안을 따라가는 길로 좀 더 멀지만 안전한 길이었다. 두 번째의 경우는 스키타이의 규율에 따라서 마차로 만든 이동용 요새를 구축해서 부대의 좌우 측면을 방어하는 것이 가능했다. 그들은 현명하게도 후자를 선택했고, 가톨릭 군대는 가는 길에 만나는 그리스도교도들의 교회와 마을을 이유 없이 잔혹하게 불살라 버리면서 불가리아 평원을 통과한 뒤, 해안 근처에 있는 바르나에 최종 진지를 구축하였다. 바로 그곳에서 라디슬라우스가 패망하고 죽음으로써 이 땅의 이름은 역사에 길이 남게 되었다.[21]

21 오데수스의 그리스식 이름인 바르나(Warna)는 영웅 율리시스로부터 민족의 이름을 부여받았으며, 아일랜드인들의 조상으로 알려진 밀레시아인들의 거주지였다. 아리아누스의 『흑해 주항(周航)』에 따르면 바르나는 도나우 강 입구에서는 1740필롱, 비잔티움에서는 2140필롱, 바다까지 뻗어 있는 하이무스 산의 북쪽 낭떠러지에서는 360필롱 떨어진 곳에 있다.

그들이 이 운명의 장소에서 마주친 것은 작전을 원조하기로 되어 있던 연합군 함대가 아니라 마그네시아 수도원에서 나와 아시아의 병력을 직접 이끌고 온 무라드였다. 그들은 크게 당황하였다. 일부 역사가들은 비잔티움의 황제가 공포 때문인지 아니면 설득을 당해서인지 확실하지 않지만 술탄이 보스포루스 해협을 통과하는 것을 양해하였다고 한다. 그러나 황제가 돈을 받고서 헬레스폰투스의 방비를 허술하게 했다는 지울 수 없는 오명이 교황의 조카이자 가톨릭 군대의 제독인 한 제노바인의 증언으로 정설로 굳어져 있다. 술탄은 6만 병력을 이끌고 하드리아노폴리스를 출발해 신속하게 진격하였다. 추기경과 후냐데는 투르크군의 병력과 대열을 가까이에서 지켜보았는데, 전쟁을 열렬히 주장한 이 두 용사도 한발 늦기는 했지만 퇴각을 제안할 수밖에 없었다. 국왕만이 승리 아니면 죽음이라

1444년 11월, 바르나 전투

는 결의를 다졌고, 그의 결의는 영광스럽고 유익한 승리로 거의 보상받을 뻔도 하였다. 양국의 국왕은 중앙에서 상대방을 보고 대치하였고, 아나톨리아와 로마니아군의 사령관, 즉 베글레르베그(Beglerbeg)들은 세르비아의 군주와 후냐데의 군대에 맞서기 위해 각각 술탄의 좌우 날개 부대를 지휘했다. 투르크군의 양익은 첫 번째 공격으로 대열이 무너져 버렸지만, 오히려 이 첫 승리가 참담한 결과를 가져오고 말았다. 경솔한 이 승리자들은 적을 추격하는 데 열중한 나머지 적군의 교란도 아군의 지원도 미치지 못할 먼 거리까지 진격하고 만 것이다. 무라드는 자신의 부대가 패주하는 것을 보면서 자신과 오스만 제국의 운명에 절망했다. 바로 그때 예니체리 부대의 한 늙은 병사가 술탄이 탄 말의 재갈을 움켜잡았는데, 공포에 사로잡힌 군주가 도망치는 것을 용감하게 저지한 이 노병을 술탄은 너그럽게 용서했을 뿐만 아니라 포상까지 내렸다. 술탄은 그리스도교도들이 배신한 증거인 조약서 사본을 모든 병사들이 볼 수 있도록 높이 내걸고, 괴로운 심정을 토로하듯 눈과 손을 하늘로 향한 뒤 진리의 신의 가호를 염원하는 한편, 예언자 예수에게도 그의 이름과 종교를 불경하게 모욕한 무리들을 처벌해 달라고 기도했다.[22] 헝가리 왕은 수적 열세에 대열까지 흐트러졌음에도 승리를 자신하면서 성급하게 돌진했지만 예니체리군의 철통 같은 밀집 대형에 저지당했다. 오스만 제국의 연대기를 그대로 믿는다면 헝가리 왕이 탄 말이 무라드의 창에 맞아 쓰러지면서 그는 보병대의 긴 창 사이에 굴러떨어졌고,[23] 한 투르크 병사가 큰소리로 "헝가리 놈들아, 너희 왕의 머리를 보아라!"라고 외쳐댔다고 한다. 라디슬라우스의 죽음은 그들의 패배를 알리는 신호탄이었다. 무모한 추격전에서 돌아온 후냐

라디슬라우스의 죽음

[22] 일부 그리스도교 사가들은 조약서는 화약이 되지 않았으므로 술탄이 가슴에서 꺼낸 것은 성찬용 빵이었다고 단언한다. 이슬람교도들은 신과 신의 선지자 예수에게 보다 간단하게 기도를 드리며, 칼리마쿠스 역시 이런 내용을 넌지시 암시하기도 하였다.

[23] 승리한 사람이 획득한 최고의 수훈에 대해 비평가는 언제나 불신의 눈초리를 거두지 않아야 한다. 자고로 진정한 무용을 갖추기는 힘드나 아첨을 만들어 내기는 쉽기 때문이다.

데는 자신의 실수와 병력의 손실을 한탄하였다. 그는 왕의 시신을 수습해 오려고 애썼지만 승자와 패자가 뒤섞인 혼전 속에서는 어찌할 수가 없었기에, 자신의 마지막 힘과 용기를 모아 부대를 지휘하여 왈라키아 기병대의 남은 병사들을 구출하였다. 비참한 바르나 전쟁에서 모두 1만 명의 그리스도교도 군사들이 목숨을 잃었고, 투르크군은 숫자상으로는 이보다 많았을지라도 그 손실이 총 병력에서 차지하는 비중은 그리스도교 군대보다 적은 편이었다. 그러나 술탄은 냉정한 태도로 자신이 또 한 번 비슷한 전쟁을 치른다면 분명히 패배할 것이라고 고백했다. 라디슬라우스가 죽은 자리에는 술탄의 명령으로 묘비가 세워졌는데, 거기에는 젊은 헝가리 왕의 경솔함을 책망하는 대신 그의 무용을 기리고 불운을 슬퍼하는 비문이 새겨졌다.

나는 바르나 전투에서 눈을 다른 곳으로 돌리기에 앞서, 전쟁의 두 주역인 율리아노 추기경과 야노슈 후냐데의 인품과 일생을 잠시 살펴보고자 한다. 율리아노 카이사리니는 로마의 귀족 가문 출신으로 라틴과 그리스 학문, 신학과 법학에 두루 조예가 깊었으며, 학교와 군대, 궁정 모두에서 자신의 다재다능한 재주를 유감없이 발휘하였다. 그는 로마 교회의 추기경을 나타내는 자줏빛 법복을 걸치자마자, 신성 로마 제국이 보헤미아의 반도와 이교도 들에게 맞서 싸울 군대를 조직할 수 있도록 독일로 급파되었다. 박해는 그리스도교도에게는 어울리지 않으며, 군사적 책무는 성직자에게는 이롭지 못한 것이었다. 하지만 전자는 시대적 상황으로 용납되었고, 후자는 독일군이 명예롭지 못하게 도주하는 상황에서 그 혼자만이 맞서 싸우는 불굴의 용기를 발휘함으로써 오히려 존귀한 행동으로 추앙받았다. 율리아노 추기경은 교황의 특사 자격으로 바젤 공의회를

율리아노 추기경

24 과연 이탈리아의 사가 본피니우스는 왈라키아 마을의 이름을 로마의 발레리우스 가문의 분가라는 영광된 존칭과 섞어서 아무렇지도 않게 말할 수 있었을까? 헝가리 왕은 이를 얼굴을 붉히지 않고 들을 수 있었을까?

주재했지만, 의장으로서 그는 종교적 자유를 가장 열렬히 수호하는 투사의 모습을 드러냈고 그런 능력과 열의 덕분에 대치 상황은 7년이나 지속되었다. 그는 에우게니우스의 권위와 신병에 대한 가장 강력한 조치를 적극 추진하였지만, 개인의 이익 때문인지 아니면 양심의 가책 때문인지 모르지만 모종의 은밀한 동기로 사제들의 모임에서 갑자기 이탈하였다. 추기경은 바젤 공의회를 떠나 페라라 공의회로 전향하였다. 비잔티움인들과 라틴인들이 논쟁을 벌일 때 드러난 그의 예리한 주장과 깊이 있는 신학적 소양에는 양쪽 모두 감탄을 금하지 못했다. 우리는 그가 헝가리에 사절로 파견되어 늘어놓은 궤변과 달변이 어떤 결과를 불러왔는지, 그리고 자신이 그 결과의 첫 희생자가 되었다는 것을 앞에서 이미 보았다. 추기경은 성직자로서 그리고 군인으로서의 직무를 수행하다가 바르나 전투의 패배로 목숨을 잃었다. 그의 마지막 모습에 대해서는 여러 이야기가 있지만 그가 걸치고 있던 묵직한 금붙이들이 도망치는 데 방해가 되었으며, 또 일부 그리스도교도 패잔병들의 잔혹한 탐욕을 부추긴 것으로 여겨진다.

야노슈 후냐데

야노슈 후냐데는 비천한 혹은 의심스러운 가문 출신으로 오직 자신의 능력만으로 헝가리군의 총사령관직에 오른 인물이었다. 후냐데의 아버지는 왈라키아인이고 어머니는 그리스인이었는데, 세간에 알려지지 않은 모친의 혈통이 어쩌면 콘스탄티노플의 황제의 가문과 연관이 있을지도 모르는 일이다. 그의 출신 지역에서 유래한 코르비누스라는 성 때문에 그가 고대 로마 귀족 가문들과 혈통이 섞여 있다는 왈라키아인들의 주장은 근거가 매우 희박한 터무니없는 소리이다.24 그는 젊은 시절 이탈리아 전쟁에 참전한 뒤 열두 명의 기병과 함께 자그라브의 주교에게 고용되었다. 이 백기사25의 용맹함이 금세 세상에 알려졌고, 부유한 귀족 여인과 결혼함으로써 재산을 늘릴 수 있었다. 또 그는 헝가리 국경을 방어할 때에는 한 해에만 투르크군과 세 번을 싸워 모두 승리하였다. 폴란드의 라디슬라우스는 후냐데의 도움을 받아 헝가리 왕좌에 오르게 되자, 그에 대한 보답으로 후냐데에게 트란실바니아의 군정 장관직을 하사하였다. 율리아노 추기경의 제1차 십자군은 후냐데의 머리에 두 번의 투르크전 승리라는 월계관을 올려 주면서, 나라 전체를 불안에 잠기게 한 바르나의 치명적인 패전은 잊혀졌다. 명목상의 국왕인 오스트리아의 라디슬라우스의 부재와 미성년 기간에, 후냐데는 헝가리 최고 지도자이자 총독으로 임명되었다. 처음에는 공포 정치로 자신을 질시하는 소리를 잠재우기도 했지만, 12년 동안이나 권력을 쥐고 있었다는 것은 그가 전쟁은 물론이고 정치에서도 뛰어난 수완을 보였음을 암시한다. 하지만 사실 그는 자신이 참여한 전쟁들에서 장수다운 탁월한 면모를 보이지는 못했다. 이 백기사는 머리보다는 몸으로 싸우는 줏대 없는 야만족의 수장에 불과했으며, 공격할 때는 두려워하지 않고 도망칠 때도 전혀 부끄러움이 없었다. 군인으로서 그의 일생은 승리 아니면 도망이라는 극단적인 양자택일로 이뤄져 있다. 투르크인들은 칭얼대는 아이들을 혼낼 때 그의 이름을 악당이라는 뜻의 '얀쿠스 라인(Jancus Lain)'이라고 바꿔서 들먹이곤 했는데, 그들의 증오는 그에 대한 두려움이 컸다는 증거이다. 투르크군은 후냐데가 지키고 있는 왕국에는 접근조차 하지 못했으며, 그들은 이 수장이 죽어서 그의 나라가 회복할 수 없는 혼란에 빠져 있다는 소문에 좋아할 새도 없이 그의 대담하고 무시무시한 위력을 새삼 확인해야 했다. 후냐데는 방어적인 전쟁에만 스스로를 가두는 대신, 바르나에서 패배하고

25 당시의 전통에 따라 코민(Philip de Comines)은 극도의 찬사를 바치며 그의 이름을 언급하지만, 왈라키아의 백기사라는 즉흥에서 지은 이름을 붙이는 것도 빼놓지 않는다. 비잔티움의 칼콘딜레스, 레운클라비우스의 투르크 연대기에서는 그의 충성심과 용맹함에 대해 의심의 눈초리를 지우지 않는다.

[26] 후냐데는 벨그라데 방어의 영광을 프란체스코회 수도사인 카피스트란과 함께 나누었다. 하지만 각각의 공적을 설명하면서 이 영웅과 성인 모두 라이벌의 공적을 높이기 위해 자신의 공적을 낮추는 일은 하지 않았다.

4년 후에 불가리아의 중심부로 진격하여 코소바 평원에서 자기 병력의 네 배나 되는 오스만군의 압박을 3일 동안이나 견뎌냈다. 그리고 혼자서 왈라키아 숲을 통과해 도망치는 도중에 이 영웅은 두 도적의 급습을 받았지만, 그들이 그의 목에 걸린 금 목걸이를 두고 싸움을 벌이는 틈을 타 자신의 검을 되찾은 뒤 도적 한 명을 죽이고 다른 한 명을 제압한 후, 그 도적과 함께 죽음의 고비를 넘기고 고통받는 자신의 왕국으로 돌아와 백성들을 안심시켰다. 하지만 그의 생애 마지막이자 가장 영광스러운 전투는 마호메트 2세가 직접 지휘하는 군대에 맞서서

1456년 7월, 9월,
후냐데의 벨그라데
방어전과 죽음

싸운 벨그라데 방어전이었다. 이미 시내를 점령했던 투르크군은 40일에 걸친 공방전을 치른 끝에 마침내 퇴각을 결정해야 했고, 국민들은 적의 철수에 기뻐하면서 후냐데와 벨그라데를 그리스도교 왕국들의 마지막 보루라며 자축하였다.[26] 이 위대한 해방이 있은 지 약 한 달 후에 이 전사는 세상을 떠났다. 자신의 군대를 제압했던 유일한 맞수에게 복수할 기회가 사라지고 말았다며 한탄한 오스만 군주의 애통함이야말로, 이 영웅의 묘비에 새겨질 가장 훌륭한 비문이라고 할 수 있을 것이다. 처음으로 왕위가 비게 되자 헝가리인들은 후냐데의 공적에 대한 감사의 마음으로 그의 아들 마티아스 코르비누스를 열여덟 살의 어린 나이임에도 불구하고 국왕으로 선출하였다. 마티아스는 오랫동안 훌륭하게 나라를 다스렸다. 그는 정복자이자 성인으로서의 영광을 얻기를 바랐지만, 사실 그의 가장 훌륭한 공적은 학문을 장려한 일이다. 후냐데의 아들에게 초빙되어 이탈리아에서 건너온 라틴 웅변가들과 역사가들은 훌륭한 웅변술로 그의 아버지의 인품을 찬양하였다.

영웅들의 이름을 열거할 때 야노슈 후냐데와 스칸데르베그

는 대부분 같이 거론된다.27 오스만 제국의 이목을 자기들에게 돌림으로써 비잔티움 제국의 멸망을 늦췄다는 점에서 두 사람 모두 주목을 끌 만한 자격이 있다. 스칸데르베그28의 아버지 야노슈 카스트리오트는 산악 지대와 아드리아 해 사이에 끼여 있는 알바니아라고도 불리는 에피루스라는 작은 지역의 세습 영주였다. 술탄의 힘에 대항할 수 없었던 카스트리오트는 평화를 유지하기 위해 조공을 바치는 힘든 상황을 이어 나가야 했으며, 게다가 충성의 맹세로 자신의 네 아들까지도 볼모로 보내야 했다. 그 때문에 이 그리스도교도 젊은이들은 상징적이나마 할례의 절차를 밟은 후에 마호메트의 종교의 가르침을 받으면서 투르크 정책에 따라 군사 훈련을 받고 학문을 익혔다. 위의 세 형은 그 후 노예 무리와 뒤섞여 지냈는데, 그들이 독살당했다는 소문이 돌기는 했지만 이를 입증하거나 부인할 만한 어떤 확실한 증거도 존재하지 않는다. 하지만 넷째 게오르기우스 카스트리오트가 훌륭하고 따뜻한 대접을 받으면서 어린 시절부터 전사로서의 힘과 기백을 드러냈다는 점을 볼 때, 이런 독살설은 그 근거가 상당히 빈약하다. 그는 투르크 궁정에 오만한 도전장을 던진 타타르인 한 명과 페르시아인 둘을 연달아 제압함으로써 무라드의 총애를 받게 되었고, 투르크어로 알렉산드로스 대왕을 의미하는 스칸데르베그(Scanderbeg)라는 이름은 그의 영광과 굴종의 나날을 상징하는 지울 수 없는 기념일 것이다. 그의 부친이 다스리던 영지가 이제는 하나의 속령으로 전락해 버리기는 했지만, 이에 대한 보상으로 기병 5000을 호령할 수 있는 산쟈크라는 계급과 칭호를 받았으며 이로써 장차 제국에서 가장 존엄한 자리에 오를 수 있는 가능성이 열렸다. 유럽과 아시아의 전쟁터에서 영

1404~1413년 등, 알바니아 군주 스칸데르베그의 출생과 교육

27 템플(William Temple)은 『영웅의 미덕에 관한 에세이』라는 흥미로운 책에서 두 사람을 언급하고 있다. 그는 영원히 닳지 않는 왕관을 쓸 자격이 있는 일곱 수장의 이름을 거론하는데, 그들은 벨리사리우스, 나르세스, 코르도바의 곤잘보, 오렌지의 윌리엄 1세, 파르마의 알렉산데르 대공, 야노슈 후냐데, 스칸데르베그이다.

28 아마도 스칸데르베그의 친구가 쓴 짧지만 신뢰할 만한 회고록을 읽을 수 있다면 좀 더 많은 내용을 알 수 있을텐데 그러지 못하는 것이 아쉽다. 스코드라의 사제인 마리누스 발레티우스의 오래된 국가 공식 역사서를 보면, 스칸데르베그의 화려하고 풍성한 의복에는 모조 보석이 주렁주렁 달려 있었다고 한다.

예롭게 싸웠지만, 그가 그리스도교도들이 도망칠 때는 관대하게 봐주고 적이 이슬람교도일 때에는 사정없이 철퇴를 가했다고 추측하는 사가의 설명과 경솔한 믿음에 우리는 미소를 짓지 않을 수 없다. 투르크인들은 후냐데에게는 나라와 종교를 지키기 위해 싸웠다고 칭찬하면서 그의 영광에 아무 비난도 가하지 않지만, 그의 경쟁자인 스칸데르베그에게는 배신자와 배교자라는 낙인을 찍고 있다. 그리스도교도들이 볼 때 스칸데르베그의 반란은 아버지의 잘못과 세 형의 의심쩍은 죽음, 자신의 타락, 조국의 속국 상태를 바로잡기 위한 정당한 행동이었기에, 그들은 신앙과 독립을 되찾기 위해 그가 보인 느리기는 하지만 확고한 열정을 찬탄해 마지않는다. 하지만 그는 아홉 살 때부터 코란의 교리를 누누이 들어 왔으며 복음서에 대해서는 전혀 알지 못했다. 무릇 한 병사의 종교는 권위와 습관으로 결정되게 마련이어서, 40세에 이른 그의 영혼에 새로운 광명이 쏟아져 들어갔을 것이라고 생각하기는 힘들다. 혹시라도 그가 자신을 옭아매고 있는 쇠사슬의 중압감을 느낀 순간 그것을 부숴 버렸다면, 그의 진정한 동기는 사리사욕이나 복수심이라는 의심은 받지 않았을지도 모른다. 하지만 오랜 망각의 세월은 그가 원래부터 가지고 있던 권리를 손상시켰고, 복종과 보상의 나날은 술탄과 신하 간의 유대 관계를 공고히 다져 주었다. 스칸데르베그가 오랫동안 그리스도교 신앙을 간직하면서 반란의 뜻을 품어 왔다면, 자신의 속셈을 철저히 숨기고서 언젠가는 배신하기 위해 거짓 복종과 약속을 일삼으면서 불행한 동포들을 현세적, 정신적 파멸로 이끌었다는 사실에 대해 고결한 정신을 가진 사람들의 비난을 받아 마땅할 것이다. 투르크 선발대를 지휘하는 동안에도 그가 후냐데와 은밀히 내통한 것이 과연 칭찬할 만한 일일까? 그가 군기를 버린 행위를, 은인의 적

에게 승리를 넘겨준 배신적인 행위를 과
연 그냥 넘겨야 할 것인가? 패전의 혼란
속에서 스칸데르베그의 시선은 제1서기
인 레이스 에펜디에게 고정되었다. 그는 에펜디의 가슴에 단검
을 들이대고 알바니아 통치에 대한 칙령을 쓰도록 강요하였으
며, 이후 죄 없는 서기와 그의 종자를 살해함으로써 자신의 배
신이 즉시 알려지는 것을 막을 수 있었다. 스칸데르베그는 예
전부터 자신과 뜻을 같이했던 몇몇 대담한 동료들과 함께 밤에
전장을 빠져나와 고향의 산간 지대로 재빨리 행군하였다. 왕의
명령으로 크로야의 성문이 이들을 맞이하기 위해 활짝 열렸고,
요새의 지휘권을 넘겨받자마자 스칸데르베그는 그동안의 가면
을 벗어던지고 마호메트와 술탄의 종교를 버릴 것이며 조국과
가족의 복수를 하겠노라고 선언했다. 종교와 자유라는 명분은
나라 전체에 반란의 기운을 불러일으켰다. 호전적인 기질의 알
바니아인들은 자신들의 세습 군주와 함께 생사고락을 함께하
겠다며 일치단결하였고, 이 지역의 오스만 주둔군은 순교냐 세
례냐 양자택일을 강요받았다. 에피루스의 속주들의 집회에서
스칸데르베그는 대(對)투르크전 총사령관에 선출되었고, 동맹
군은 병사와 군자금을 각기 분담해서 제공할 것을 약속하였다.
그는 이런 원조금, 세습 영지에서 물려받은 재산, 그리고 셀리
나의 귀중한 소금 광산에서 자금을 거둬들임으로써, 연간 20만
두카트의 수입을 확보할 수 있었다. 이 돈은 사치스러운 용도
가 아니라 철저하게 공적인 용도에만 사용되었다. 스칸데르베
그의 언행은 서민적이었지만 엄격한 규율이 몸에 배어 있었기
때문에 그의 군영에서는 모든 쓸데없는 악습을 물리칠 수 있었
으며, 모범적인 태도는 지휘관으로서의 위상을 강화해 주었다.
그의 지휘를 받는 동안 알바니아군은 자타가 공인하는 무적의

1443년 11월,
투르크에 반란을 일으킨
스칸데르베그

²⁹ 이 영웅을 기리기 위해 발레티우스는 병에 걸린 술탄이 크로야 성벽 아래에서 죽음을 맞이했다고 적고 있다. 하지만 이런 허황된 설명은 비잔티움과 투르크 사가들에 의해 거짓임이 입증되었다. 무라드 2세가 하드리아노폴리스에서 언제, 어떻게 죽었는지에 대해 그들은 서로 일치하는 설명을 전하고 있다.

스칸데르베그의 무용

군대였다. 프랑스와 독일의 용감한 모험가들이 그 명성에 이끌려 그의 군대에서 종군하기를 희망했을 정도이다. 이렇게 하여 그는 기병 8000, 보병 7000의 상비군을 거느리게 되었는데 비록 말의 체구는 작았지만 병사들은 민첩하고 적극적이었다. 그는 산악 지형에서 전투를 치를 때의 어려움과 장점을 정확하게 파악한 뒤, 전국에 봉화 체계를 마련해서 가장 중요하고 튼튼한 요새를 거점으로 싸울 수 있도록 조직하였다. 스칸데르베그는 열세임이 분명한 군대를 이끌고서 23년 동안이나 오스만 제국의 무력에 저항하였다. 두 정복자, 즉 무라드 2세와 그보다 더 위대한 아들은 겉으로는 경멸했지만 속으로는 크게 분노했고, 자신들이 잡기 위해 안달하던 그 반도 때문에 여러 번 애를 먹게 되었다. 6만 기병과 4만의 예니체리군을 이끌고 알바니아에 입성한 무라드 2세는 평탄한 대지를 쑥대밭으로 만들고, 도시를 점령했으며, 교회를 모스크로 바꾸고, 그리스도교도 젊은이들에게 강제로 할례를 받게 했으며, 완강한 포로들에게는 사형을 언도하였다. 하지만 술탄은 작은 스페티그라드 요새만을 정복했을 뿐이었고, 자신의 무력에 꿈쩍도 하지 않는 스칸데르베그의 상비군에 대해서는 기껏해야 하찮은 술책이나 미신적인 심리전으로 압박을 가할 뿐이었다. 무라드 2세는 큰 피해를 입고서 카스트리오트 가문의 성이자 거주지인 크로야의 성벽에서 수치스럽게 퇴각해야 했고, 그 후로도 진군과 포위 공격, 퇴각할 때마다 이 눈에 보이지 않는 집요한 적의 공격에 시달려야 했다. 실망감이 술탄의 마지막 나날들을 좀먹고 있었다. 어쩌면 이런 실망감이 그의 마지막을 더 재촉했는지도 모르는 일이다.²⁹ 마호메트 2세가 정복 사업을 완수한 뒤에도 부관들에게 자기 대신 휴전 협정 테이블에 앉게 할 만큼 스칸데르베그는 술탄의 가슴 깊숙이 박힌 가시 같은 존재였다. 그렇기 때문에 알바니아의 군주는 국가의 독립을 위해 싸운 불굴의 의지와 능력을 갖춘 투사로서 칭송받아 마땅할 것이다. 기사도와 종교에 대한 열정은 그를 알렉산드로스 대왕과 피루스 왕의 이름과 같은 반열에 올려놓았으며, 알바니아 사람들도 자신들의 용감무쌍한 전사의 공적을 찬양해 마지않는다. 하지만 그의 좁은 영토와 얼마 안 되는 권력을 감안한다면, 그는 동방의 대군이나 로마의 대군과 맞서 대승을 거둔 고대의 두 영웅에는 한참 못 미치는 존재임이 분명하다. 그의 훌륭한 업적, 즉 그가 맞서 싸운 걸출한 인물들, 그가 타파한 대군, 그리고 홀로 투르크 병사 3000명을 무찔렀다는 설명은 이제 의심의 비평이라는 저울에 올려놓고 그 무게를 재어 봐야 할 것이다. 스칸데르베그를 칭송하는 전기 작가들은 그가 고립된 암흑의 땅 에피루스에서 무지몽매한 적과 맞서 싸운 일에 대해서 지나칠 정도로 허무맹랑한 공상을 덧붙이고 있다. 이제는 이탈리아의 역사를 통해 그런 설명에서 허구적인 부분을 들어내야 한다. 사실 스칸데르베그가 나폴리 왕국의 위기를 구하기 위해 800명의 기병을 이끌고 아드리아 해를 건넜다는 황당무계한 무용담은 그 진위가 매우 의심스럽다. 굳이 스칸데르베그의 명성에 흠을 내지 않더라도, 그가 결국은 오스만의 무력에 무릎을 꿇었다는 점, 생명의 위험을 느끼고 교황 피우스 2세에게 교황령에 피난처를 마련해 달라고 호소한 점, 그리고 베네치아 공화국령인 리수스에서 망명 생활 중에 객사했다는 사실로 보아 그의 기략(機略)도 거의 바닥이 났음을 인정할 수밖에 없을 것이다.[30] 그의 무덤은 얼마 지나지 않아 투르크 정복자들에게 훼손되었지만, 예니체리 병사들이 그의 뼈를

[30] 스폰다누스는 가장 훌륭한 증거와 합리적인 비평으로 거인 스칸데르베그를 한 인간으로 평하고 있다. 스칸데르베그가 교황에게 보낸 편지와 프란차의 증언, 그리고 코르푸 섬 근처에 피난처를 마련했다는 사실은 발레티우스가 서투르게 감추려 했던 그의 마지막 고난을 여지없이 드러낸다.

1467년 1월, 스칸데르베그의 죽음

31 프란차의 연대기는 명확하면서도 믿을 만한 설명을 전하고 있다. 하지만 스폰다누스는 에우게니우스가 에디오피아 왕에게 보낸 거짓 서한을 토대로 비잔티움의 마지막 황제의 재위 기간은 4년 7개월이 아니라 7~8년이었다고 말한다.

박아 넣은 팔찌를 착용했다는 사실은 그들이 이 미신적인 부적을 통해 은연중에 그의 용맹함을 경외하고 있음을 보여 준 것이나 다름없었다. 스칸데르베그의 조국이 일순간에 폐허가 된 것도 이 영웅의 영광을 드높였다고 볼 수 있지만, 항복과 저항의 결과를 잘 저울질했다면 어쩌면 이 애국자는 한 사람의 일생과 능력에만 의존했던 불리한 항쟁을 피했을지도 모르는 일이었다. 아드리아 해와 그리스에서 이탈리아로 통하는 좁은 수로를 지키려는 자유 세계의 그리스도교 신민들의 방위에 교황과 나폴리의 왕, 그리고 베네치아 공화국이 동참해 주리라는 합리적이지만 헛된 희망이 스칸데르베그를 지탱해 주는 힘이었을 것이다. 아직 아기인 그의 아들은 다행히 국가의 몰락에서 목숨을 건졌으며 카스트리오트 가문은 나폴리의 한 공작령을 하사받았다. 그들의 혈통은 이 지역의 가장 고귀한 가문에서 아직도 이어지고 있다. 알바니아의 피난민들도 칼라브리아에 정착해서 조상들의 언어와 생활 방식을 오늘날까지 계속 유지하고 있다.

1448년 11월~1453년 5월, 로마 또는 비잔티움의 마지막 황제 콘스탄티누스

길고 오랜 로마 제국의 쇠망 과정을 이야기한 끝에 역대 황제들의 이름과 위엄을 명맥만 간신히 유지하고 있는 콘스탄티노플의 마지막 황제들의 시대에 이르게 되었다. 헝가리의 십자군 원정이 끝난 후에도 4년을 더 살았던 요하네스 팔라이올로구스가 사망했을 때,31 안드로니쿠스는 이미 죽은 상태였고 이시도르는 수도원으로 들어갔기 때문에 남은 황족은 마누엘의 어린 아들들인 콘스탄티누스, 데메트리우스, 토마스 세 명뿐이었다. 큰아들인 콘스탄티누스와 막내 토마스는 멀리 떨어진 모레아에 머물고 있었지만, 셀림브리아 영지를 물려받은 데메트리우스는 한 당파의 수장으로서 수도 교외에 머물고 있었

다. 국민들의 불안에도 그의 야심은 식지 않았으며 투르크인들이나 분리파들과 획책한 계략은 자기 조국의 평안을 교란시키고 있었다. 의심스러울 정도로 서둘러서 선대 황제의 장례식을 조촐하게 치른 후에 데메트리우스는 자신은 자주색으로 단장된 방에서 태어났으므로 자신이 부황의 진정한 장자라는 속이 뻔한 궤변을 늘어놓으면서 제위에 대한 야욕을 정당화했다. 하지만 모후, 원로원과 군대, 성직자와 국민 모두는 적법한 계승자가 제위를 물려받아야 한다고 생각했으며, 이런 상황을 모른 채 때마침 수도로 돌아온 토마스도 부재중인 맏형이 물려받아야 한다고 주장했다. 그래서 역사가인 프란차가 사절로 하드리아노폴리스 궁에 급파되었다. 무라드는 그를 영예롭게 맞아 주었으며 돌아가는 그에게 원하는 선물을 하사해 주었는데, 투르크 술탄의 이런 승인은 사실 술탄이 패권을 장악했으며 동로마 제국의 몰락이 임박했음을 만방에 알리는 일이었다. 콘스탄티누스는 술탄이 파견한 두 저명한 대리인에 의해 스파르타에서 황제 관을 머리에 얹었다. 이듬해 봄 황제는 모레아를 출발해 투르크 함대와 맞닥뜨리지 않고 바다를 통과해 신민들의 환호를 받으며 비잔티움에 입성했다. 그는 새로운 치세가 다가왔음을 축하하는 연회를 열었는데, 국가의 재산을 아니 솔직히 말해 마지막 남은 국고를 즉위 축하연으로 모두 써 버리고 말았다. 황제는 모레아 소유권을 즉시 형제들에게 넘겨주었고, 데메트리우스와 토마스 두 형제의 아슬아슬한 우애는 모후가 참석한 자리에서 서약과 포옹으로 미덥지 못한 약속을 함으로써 간신히 이어 갈 수 있었다. 황제의 다음 임무는 황후를 선택하는 것이었다. 과거에도 베네치아 공화국 대공의 딸이 후보로 오른 적이 있었지만 당시에는 비잔티움 귀족들이 세습 군주와 선거로 뽑힌 수장의 신분 격차를 들먹이며 반대한 적이 있었

32 이 부분에 대해서는 프란차의 설명이 가장 믿을 만하다.

33 그가 1394년 티무르가 그루지야전을 치를 때 포로로 잡혔을 것이라고 가정한다면, 아마도 그는 타타르인 주인을 따라 1398년에 힌두스탄에 갔다가 그곳에서 향료 섬으로 항해해 갔을 공산이 크다.

다. 그래서 이 강력한 공화국의 수장은 신세가 궁핍해진 제국의 청혼을 거절함으로써 아무 거리낌 없이 그때 받은 모욕을 되갚을 수 있었다. 콘스탄티누스는 트레비존드와 그루지야의 왕가 중 어느 쪽을 선택해야 할지 망설였다. 이때 사절인 프란차가 공적으로 또는 사적으로 보여 준 모든 행동은 비잔티움 제국 최후의 나날을 그대로 반영한다고 볼 수 있다.32

1450~1452년,
프란차의 사절단

궁내부 대신인 프란차는 새신랑의 사절 자격으로 콘스탄티노플을 출항했는데, 이때 궁전에 남은 마지막 재보들이 그의 외양을 화려하게 꾸미는 데 사용되었다. 프란차는 귀족과 근위병, 의사와 수도사 들로 구성된 수많은 수행원들을 거느렸으며, 심지어 한 무리의 악사들까지 그의 여정에 동행하였다. 사치스럽기 짝이 없는 이 사절단은 2년 이상이나 외국에 머물렀다. 사절단이 이베리아라고도 불리는 그루지야에 도착했을 때 도시와 마을에서 나온 수많은 사람들이 이방인들을 둘러쌌는데, 단순하기 짝이 없는 그들은 원인도 모르는 채 결과만을 즐기고 있었다. 다시 말해 음악을 모르면서 그 화음만을 즐기는 것과 같았다. 군중 속에는 백 세가 넘은 노인도 있었는데, 예전에 야만족에게 포로로 잡혀간 적이 있다는33 이 노인은 미지의 바다를 통해 포르투갈로 돌아오는 중에 인도에 머물다가 겪은 놀라운 경험으로 듣는 사람들의 귀를 즐겁게 해 주었다. 항구에서 받은 환대를 뒤로하고 프란차는 트레비존드 궁전으로 향했고, 그곳에서 비잔티움의 군주가 보낸 전령으로부터 최근에 무라드가 세상을 떠났다는 소식을 듣게 되었다. 이 노련한 정치가는 조국의 해방을 기뻐하기보다 야심만만한 젊은 새 술탄이 아버지가 이룩한 현명하고 평화로운 정책을 오랫동안 지속하려 하지 않을지도 모른다는 염려를 표했다. 술탄이 죽은 뒤 그의 그리스도교도 아내이자 세르비아 군주의 딸인 마리아가[34] 정중하게 부모의 품으로 돌아오게 되었다. 프란차는 이미 미모와 덕성으로 명망이 높은 그녀를 가장 합당한 황후 후보로서 추천하면서 혹시 있을지도 모르는 반대 의견을 막기 위한 그럴듯한 반론까지 마련하였다. 그 주장인즉 자의의 위엄은 동등하지 못한 결합조차도 고귀한 것으로 만들 것이며, 근친이라는 장애물은 교회의 특별 허가로 제거할 수 있다는 것, 또한 투르크 술탄과 결혼했다는 오점은 과거에도 여러 번 묵과된 일이며, 비록 아름다운 마리아의 나이가 거의 50세에 이르렀다고는 해도 아직 제국의 후계자를 낳을 희망은 충분해 보인다는 내용이었다. 콘스탄티누스는 프란차가 트레비존드에서 첫 번째 배편으로 전해 온 조언을 귀담아들었으나, 궁정의 여러 파벌들이 이 결혼을 반대하였고 결국은 술탄의 미망인이 수도원에서 평생을 보내겠다는 서약을 함으로써 결혼이 무산되고 말았다. 이제 대안이 줄어들면서 프란차의 선택은 그루지야의 왕녀 쪽으로 기울었고, 공주의 아버지도 허영심 탓에 이 영광된 혼사에 마음이 끌렸다. 이제까지의 관습에 따라 공주를 주는 대가로 사례금을 받기는커녕[35] 그루지야의 왕은 오히려 5만 6000두카트의 지참금에 매년 5000두카트의 연금까지 지불해 주겠다고 제안했다. 또한 자신의 아들이 세례를 받을 때 비잔티움의 황제가 대부가 되어 주도록 도와준 것처럼, 이번에도 자기 딸이 콘스탄티노플의 황후라는 중요한 자리에 오를 수 있을 것이라며 확답을 해 준 사절의 노력에 대해서도 후한 보답을 잊지 않았다. 프란차가 귀국한 즉시 비잔티움 황제가 재가를 하여 혼인 조약이 성립되었다. 황제는 금인칙서에 자신의 손으로 직접 세 개의 주홍빛 십자가를 그려 넣은 후, 이듬해 봄에 공주를 신부로서 궁에 맞이하기 위한 갤리선을 보

[34] 칸테미르는 마리아를 라자루스 오글리의 딸이자 세르비아의 헬레나라고 묘사하면서, 그녀가 1424년에 무라드와 결혼했다고 설명한다. 26년간의 결혼 생활에서 술탄이 그녀의 몸에 손대지 않았다고는 쉽게 믿을 수 없다. 콘스탄티노플이 함락된 후 그녀는 마호메트 2세에게로 도망갔다.

[35] 고전서 독자라면 아가멤논이 제시한 지참금과 고대의 일반적인 관습을 눈여겨볼 필요가 있다.

낼 것이라고 그루지야의 사절단에게 약속하였다. 그런 다음 충성스러운 신하를 포옹하면서 콘스탄티누스는 군주로서 차갑게 명하는 태도가 아니라 오랜 부재 끝에 돌아온 벗에게 마음의 비밀을 탁 털어 놓는 친구로서의 태도를 보이며 이렇게 말했다.

비잔티움 궁정의 상태

짐에게 사심 없이 냉정한 조언을 해 주었던 어머니와 칸타쿠제누스가 세상을 뜬 이후, 짐의 주위에는 도저히 애정을 가질 수도 믿을 수도 존경할 수도 없는 인물들만이 그득할 뿐이오. 그대도 루카스 노타라스 총제독을 잘 알고 있겠지만 그는 오직 자신의 생각만을 고집하는 인간이오. 그는 공사 모두에서 나의 생각과 행동을 자신의 잣대로 판단한다고 공언하고 있소. 나머지 대신들도 개인적인 의견을 내세우거나 파벌에 좌우되고 있는 판국인데다, 정책이나 결혼에 대한 문제를 수도사들과 상의할 수도 없지 않소? 지금 짐에게는 그대의 근면함과 충성심이 절실히 필요하오. 봄이 오면 그대는 내 아우와 동행해서 서방 강국들에게 원조를 요청하는 일에 나서야 하오. 그리고 그 일을 마친 후에는 특별 임무를 띠고 모레아에서 키프로스로 항해한 다음, 거기서 그루지야로 가서 장래의 황후를 모시고 귀국해야 할 것이오.

황제의 부탁에 프란차가 짐짓 정색하는 미소를 지으며 답하였다.

폐하의 분부를 받들겠습니다. 하지만 폐하, 제가 그렇게 계속 집을 비운다면 제 아내가 다른 남편을 찾든가 아니면 수도원에 몸을 의탁할지도 모릅니다.

이 염려 어린 대답에 크게 웃으며 황제는 이번 임무가 그의 해외에서의 마지막 임무가 될 것이며, 그의 아들이 부유한 귀공녀를 아내로 맞이하도록 해 주겠다고 약속하면서 프란차를 위로하였다. 또한 프란차 본인에게도 국무대신이라는 요직을 하사할 것이라고 약속하였다. 결혼 문제는 즉시 매듭이 지어졌지만, 야심가인 루카스 노타라스는 총제독이라는 자리와 국무대신을 겸직할 수 없음에도 불구하고 억지로 국무대신의 자리를 차고 앉은 상태여서 프란차의 동의를 얻고 그에 합당한 자리를 부여하는 데는 시간이 걸렸다. 이 때문에 오만하고 강력한 총제독의 비위를 건드리지 않기 위해 프란차가 국무대신의 물망에 올랐다는 사실은 일부만 공표되고 일부는 비밀에 붙여졌다. 사절단은 겨울 내내 출항 준비를 했는데, 프란차는 자신의 아들을 이번 여정에 데리고 나가서 혹시 위험이 닥치면 모레아에 있는 외가에 맡겨 놓을 결심을 했다. 이상이 비잔티움 제국을 구하기 위한 사적, 공적 계획이었다. 하지만 이 계획은 투르크 전쟁으로 실행되지 못한 채 결국 제국의 파멸과 함께 파묻히고 말았다.

68

THE DECLINE AND FALL
OF THE ROMAN EMPIRE

마호메트 2세의 치세와 성격 · 투르크의 콘스탄티노플 포위, 공격 및 최종 정복 · 콘스탄티누스 팔라이올로구스의 죽음 · 비잔티움의 예속 · 동로마 제국의 멸망 · 유럽의 경악 · 마호메트 2세의 정복과 죽음

투르크의 콘스탄티노플 포위 공격에서 우리의 첫 번째 관심사는 이 위대한 파괴자의 인품과 성격이다. 마호메트 2세는 무라드 2세의 아들이었다. 그의 어머니는 그리스도교 국가의 공주라는 칭호로 불리기는 했지만, 실제로는 각지에서 몰려든 술탄의 수많은 후궁들 중의 한 명에 지나지 않았을 것이다. 마호메트 2세는 어린 시절부터 경건한 이슬람교도로서의 교육과 정서를 익혀 왔으며, 이교도와 대화를 나눌 때면 종교적인 규범에 따라 얼굴과 손을 깨끗이 씻어서 정화했다. 나이가 들고 제위에 오른 뒤에는 이런 편협한 행위가 어느 정도는 누그러진 것으로 보인다. 그의 야심만만한 천성은 자신을 능가하는 권력이 있음을 쉽사리 인정하려 들지 않았으며, 조금 편한 자리에서는 메카의 예언자를 도둑놈 또는 사기꾼이라고 부르기도 했다고 전해진다. 하지만 이 술탄은 코란의 교리와 율법을 상당히 존중했으며,[1] 그가 사석에서 보인 경솔한 행동은 세인들의

마호메트 2세의 성격

1 칸테미르는 술탄이 세운 모스크를 예로 들며 그가 공식적으로 이슬람교를 존중했음을 설명한다. 마호메트 2세는 두 종교에 대해 겐나디우스와 허심탄회한 논쟁을 벌였다.

2 필렐푸스는 라틴 송시를 통해 콘스탄티노플의 정복자에게 장모와 처형들의 자유를 요청하여 이를 허락받을 수 있었다. 이 송시는 밀라노 대공의 사절단에 의해 술탄의 손에 전해졌다.

3 발투리오는 1483년 베로나에서 펴낸 자신의 열두 번째 책에서 폭탄의 효력에 대해 처음 언급한다. 리미니의 군주이며 그의 후원자이기도 한 말라테스타에 의해 발투리오의 책은 라틴 산문과 함께 마호메트 2세에게 전달되었다.

4 프란차에 따르면 마호메트 2세는 알렉산드로스 대왕, 아우구스투스 황제, 콘스탄티누스 황제, 테오도시우스 황제의 삶과 행적을 열심히 탐구하였다. 그의 명령으로 『플루타르크 영웅전』이 투르크어로 번역되었다는 말은 나도 어디에서 읽은 기억이 난다.

5 술탄이 베네치아에서 초청한 유명 화가인 벨리노는 황금 목걸이와 훈장, 3000두카트가 들어 있는 지갑을 받았다. 볼테르는 물론이고 나 역시 그가 이 화가에게 근육의 움직임을 보여 주기 위해 일부러 한 노예의 목을 베었다는 말도 안 되는 일화에는 조소를 금할 수 없다.

귀에 들어가지는 않은 듯하다. 우리는 이방인들이나 교파 간의 가벼운 믿음에 대해서는 의심의 눈길을 거두지 말아야 하는데, 그들의 정신은 종교를 맹신한 나머지 진리에는 귀를 기울이지 않으면서 정작 남의 부조리나 착오에 대해서는 그 누구보다도 경멸해 마지않기 때문이다. 가장 훌륭한 스승들의 가르침을 받으면서 마호메트 2세는 어린 시절부터 학문 습득에서 빠른 성취를 보였으며, 모국어는 물론이고 아랍어, 페르시아어, 칼데아어, 히브리어, 라틴어, 그리스어 등 여러 언어를 말하고 이해할 수 있었다. 페르시아어는 그에게 큰 기쁨의 원천이었으며 아랍어는 학문 함양에 많은 도움이 되었다. 이와 같은 학업은 동방의 젊은이에게는 흔한 일이었다. 비잔티움 사람들과 투르크인들의 교류가 행해질 때 이 정복자는 자신이 장차 통치할 포부를 품은 나라의 사람들과 대화를 나누고 싶다는 생각을 했을지도 모르며, 그가 라틴의 시나[2] 산문을[3] 찬양했다는 사실은 아마도 비잔티움 황궁에까지 전해졌을 것이다. 하지만 도대체 어떤 소용이나 장점 때문에 정치가이자 학자인 술탄에게 히브리 노예들의 비속한 방언을 권하게 된 것일까? 그는 세계의 역사와 지리를 잘 알고 있었으므로, 어쩌면 동방이나 서방 영웅들의 삶이[4] 그의 경쟁적인 성격을 자극했을지도 모른다. 술탄이 점성술에 능통했던 것은 시대의 어리석음에서 그 원인을 찾을 수 있고, 이를 통해 그가 수학에도 약간의 기초 지식을 지니고 있었음을 짐작할 수 있다. 이탈리아 화가들을 활발하게 초청하고 보상을 했다는 점에서는 그가 세속의 예술에도 조예가 있었음을 드러낸다.[5] 하지만 종교와 학업도 그의 포악하고 방자한 천성에는 아무 영향을 미치지 못했다. 나는 그가 도둑맞은 멜론을 찾으려고 소년 시동 열네 명의 배를 갈랐다는 이야기나 예니체리 병사들에게 그들의 군주가 자애(慈愛)의 숭배자가 아님을 보여 주기 위해 아름다운 노예의 목을 잘랐다는 일화를 소개할 생각도 없거니와 이를 믿을 마음도 전혀 없다. 마호메트 2세가 술을 즐기지 않았다는 사실은 투르크 연대기가 오스만 투르크의 역대 술탄들 중 음주벽에 빠진 단 세 명을 그토록 지탄하지만 그에 대해서는 아무런 언급도 하지 않는다는 것에서도 입증된다. 하지만 그의 성정이 매우 무자비하고 광포하다는 사실을 부인할 수는 없다. 궁정에서 그리고 전쟁터에서 아주 사소한 잘못으로도 무수한 피를 흘렸으며, 포로가 된 고귀한 신분의 젊은이들은 그의 부자연스러운 욕정으로 불명예를 당하는 일도 허다했다. 알바니아 전쟁을 통해 아버지에게 배운 교훈을 확실히 익힌 그는 금세 아버지의 모범을 능가했다. 그의 무적의 검은 2개의 제국과 12개의 왕국, 200개의 도시 정복이라는 믿기지 않을 만큼 엄청난 위업을 달성했다. 그는 타고난 군인이자 장수였으며 콘스탄티노플 정복은 그의 영광에 마지막 인장을 찍어 주었다. 하지만 마호메트 2세의 수단이나 그에게 닥친 장애물, 그리고 그가 세운 업적을 알렉산드로스 대왕이나 티무르와 비교한다면 그는 수치심에 얼굴을 붉힐 것이 분명하다. 그가 지휘한 오스만군은 항상 적들보다 월등히 많았음에도 유프라테스나 아드리아 해에서 번번이 진격이 가로막혔으며, 그의 무력은 후냐데와 스칸데르베그에 의해 그리고 로도스 기사단과 페르시아 왕에 의해 저지당했기 때문이다.

무라드의 치세 때 마호메트 2세는 두 번이나 옥좌에 올랐다가 두 번 모두 내려와야 했던 적이 있다. 어린 그로서는 아버지의 복위를 막을 능력이 없었으나, 배후에서 아버지의 복위를 건의한 대신들은 결코 용서하지 않았다. 그는 투르크만 태

1451년 2월~1481년 7월, 마호메트 2세의 통치

수의 딸과 결혼하여 두 달 간의 결혼 축하연을 마친 뒤 신부와 함께 하드리아노폴리스를 떠나 자신의 영지인 마그네시아에 머물렀다. 하지만 채 6주도 지나지 않아 추밀원이 그에게 무라드의 서거 소식과 예니체리군이 반란을 일으킬 조짐을 보이고 있음을 알리는 전령을 급파했다. 마호메트 2세는 신속하고 확실하게 그들을 복종시킨 뒤 정예 요원들과 함께 헬레스폰투스를 건넜다. 하드리아노폴리스를 1마일 앞둔 지점에 이르자 새로운 술탄을 영접하기 위해 꿇어 엎드린 대신들과 태수들, 이맘(imam, 종교 지도자), 법관들, 병사들과 시민들의 모습이 보였다. 그들은 구슬피 우는 척하다가 다시 환호하는 체했다. 스물한 살의 나이에 술탄에 오른 마호메트 2세는 어린 동생들을 제거함으로써 반역의 기미를 미연에 차단하였는데 사실 그들의 죽음은 기정사실이나 다름없었다.[6] 곧이어 유럽과 아시아에서 온 사절들이 술탄의 즉위를 경축하면서 우호 관계를 간청하였고, 그들의 부탁에 술탄도 온건과 화평의 말로 화답해 주었다. 비잔티움 황제는 조약을 승인하였음을 엄숙하게 선서하고 확답함으로써 신뢰 관계를 회복할 수 있었으며, 자의로 비잔티움 궁정에서 볼모로 머물고 있는 오스만 투르크 왕자의 연간 체류비인 30만 아스페르를 마련하기 위해 스트리몬 강변의 비옥한 영토를 받을 수 있었다. 하지만 마호메트 2세의 이웃 나라들은 선대 술탄의 화려함을 완전히 뒤엎은 젊은 군주의 엄격함에 벌벌 떨었을 것이다. 이제 사치품에 드는 비용은 그의 야심을 채우는 데 충당되었으며, 7000명에 달하는 쓸모없는 매잡이들은 직위에서 해제되거나 군대 명부에 등록되었다. 제위에 오르고 첫 번째 여름에 그는 군대를 이끌고 아시아의 속주들을 순방하였다. 하지만 이는 카라마니아인들의 자존심을 짓밟고 그들의 항복을 받아들이고 나서의 일이었다. 이러한 행동

[6] 마호메트 2세의 동생 중 한 명인 칼라펀은 잔인한 형으로부터 목숨을 구한 뒤 로마에서 칼리스투스 오토마누스라는 세례명을 받았다. 그는 프리드리히 3세로부터 오스트리아에 있는 한 영지를 받은 후 그곳에서 일생을 보냈다. 훗날 젊은 요하네스 쿠스피니안이 이 연로한 영주와 담론을 나눈 일이 있었는데, 그는 오토마누스의 신심과 지혜에 탄복했다.

은 그가 자신의 위대한 계획을 수행하는 데 사소한 장애물도 결코 용납하지 않을 것임을 보여 주는 것이었다.

이슬람의, 좀 더 구체적으로 말해서 투르크의 결의론자(決疑論者)들은 이슬람의 이익과 의무에 반하는 약속은 지킬 필요가 전혀 없으며, 따라서 술탄도 당대는 물론이고 선대에서 맺은 협정도 언제든 파기할 수 있다고 공언해 왔다. 정의롭고 관대하던 무라드는 이런 부도덕한 특권을 경멸했지만, 그의 아들은 자긍심이 매우 높았음에도 불구하고 자신의 야망을 위해서라면 가장 비열한 속임수와 거짓을 일삼는 것을 전혀 주저하지 않았다. 그는 입으로는 평화를 주장했지만 마음속으로는 늘 전쟁을 생각했다. 콘스탄티노플을 점령할 기회만을 호시탐탐 노리고 있던 마호메트 2세에게 비잔티움 사람들이 저지른 경솔한 행동은 치명적인 국교 단절을 위한 그럴듯한 구실이 되었다. 술탄의 관심에서 벗어나고자 노력하는 대신에 비잔티움의 사절단은 매년 지불되는 금액을 증액해 달라고 요구하기 위해 마호메트 2세의 진영으로 향했던 것이다. 그들이 대신 회의에 증액을 요구하며 불만을 토로하자 그리스도교도들의 숨은 동조자였던 칼릴이라는 대신은 자기 동포들의 본심을 털어놓을 수밖에 없었다.

> 1451년, 마호메트의 적대적 의도

그대 어리석고 불쌍한 로마인들이여, 우리는 그대들이 어떤 책략을 부리고 있는지 잘 알고 있소. 하지만 그대들은 다가올 위험을 전혀 알지 못하는구려! 관대하신 무라드는 이미 돌아가셨고, 지금은 젊은 정복자가 옥좌에 앉아 있소. 어떤 법도 그를 구속할 수 없으며 어떤 장애물도 그를 막을 수 없소. 혹시라도 그대들이 술탄의 손에서 벗어날 수 있다면 그대들의 죄과에 대

7 이 성채의 상황이나 보스포루스 해협의 지형에 대해서는 길리우스, 레운클라비우스, 투른포(Tournefort)의 책에서 소상히 알 수 있다. 하지만 나는 투른포가 프랑스 해양부에 보낸 지도나 조감도에 부족한 면이 있다고 생각한다.

한 징계를 미루고 계시는 신의 자비를 찬양해야 할 것이오. 어찌하여 그대들은 헛된 협박으로 우리를 자극하려 하는 것이오? 망명한 오르한 왕자를 석방해서 로마니아의 술탄에 앉히시구려. 헝가리인들을 도나우 강 너머로 불러들이고, 서방 국가들을 무장시켜 우리와 대적하게 해보시구려. 장담하건대 그런 행동은 그대들의 영원한 패망을 재촉할 뿐이오.

비잔티움 사절단은 대신의 단호한 어조에 놀라며 두려움을 느꼈지만, 오스만의 술탄이 점잖게 그들을 접견해 주며 우호적인 말을 던지자 그 두려움은 가셨다. 마호메트 2세는 자신이 하드리아노폴리스로 돌아가는 즉시 비잔티움의 고충을 덜어 주고 진정한 이익을 도모해 주겠노라고 약속했다. 하지만 술탄은 헬레스폰투스 해협을 건너자마자 연금 지급을 즉시 중단하고 스트리몬 강변에서 비잔티움의 관리들을 추방하라는 명령을 내렸다. 이 조치가 그의 적개심을 은연중에 드러낸 셈이었다면, 두 번째 내린 명령은 콘스탄티노플 포위 공격에 대한 선전 포고와 다르지 않았다. 아니 실제로는 전쟁 개시나 다름없었다. 그의 할아버지는 좁은 보스포루스 해협의 아시아 쪽 지역에 요새 하나를 세웠는데, 마호메트 2세가 이번에는 반대편인 유럽 쪽에 더욱 건고한 성채를 세우기로 결심하였다. 이듬해 봄이 되자 술탄은 비잔티움 제국의 수도에서 약 5마일 떨어진 아소마톤이라는 곳에 석공 1000명을 모으는 소집령을 내렸다.7 약자의 유일한 능력은 설득력이지만, 사실 약자가 진정한 설득력을 발휘하기는 힘든 법이다. 황제의 사절단은 마호메트 2세의 계획을 막고자 노력했으나 허사였다. 그들은 술탄의 할아버지가 자신의 고유 영토에 성채를 건설할 때에도 마누엘 황제의 허가를 요청했는데, 이번에 술탄이 해협을 제압하기 위해 세우는 이 이중의 요새는 양국의 동맹 관계를 해칠 뿐만 아니라 흑해에서 교역을 하는 라틴인들을 방해할 것이고, 콘스탄티노플의 존속에도 위협이 될 것이라고 설명하였다. 그들의 설득에 전혀 응할 마음이 없는 술탄은 이렇게 말했다.

나는 그 도시에 대해서는 아무 야욕도 없소이다. 하지만 콘스탄티노플 제국의 영토는 이제 그 성벽 안으로만 제한될 것이오. 그대들이 헝가리인들과 동맹을 결성했을 때, 그대들이 육로로 짐의 나라를 침공했을 때, 그리고 프랑스의 갤리선이 헬레스폰투스를 장악했을 때 짐의 선친이 얼마나 많이 심려했는지 그대들은 잊었소이까? 무라드 술탄께서는 보스포루스를 강행 돌파해야 했지만, 그대들은 악의만 높을 뿐 실제 힘은 거기에 필적하지 못했소이다. 당시 나는 어렸기 때문에 하드리아노폴리스에 남아 있었지만, 우리 이슬람교도들은 공포에 떨었고, 그대들은 우리를 불명예스럽게 모욕하였소. 하지만 짐의 선친은 바르나 전쟁에서 승리한 후 서쪽 해안에 요새를 세우기로 맹세하셨고, 그 맹세를 실현하는 것이 짐의 의무요. 짐의 땅에서 짐이 하는 일을 막을 권한이 그대들에게 있소이까? 짐을 통제할 힘이 있소이까? 그곳은 짐의 땅이오. 보스포루스의 아시아 쪽 해안선까지 이미 투르크인들이 거주하고 있고, 유럽 쪽은 로마인들에게 버림받았소. 돌아가서 그대들의 왕에게 지금의 술탄은 선대 술탄들과는 전혀 다르다고 전하시오. 현재 술탄의 결심은 선대 술탄들의 바람을 능가하며, 그 실행력은 선대 술탄들의 각오를 훨씬 앞지른다고 전하시오. 돌아가는 길의 안전은 보장하겠소. 다음 번 사절단이 똑같은 내용을 전하기 위해 온다면, 산 채로 가죽이 벗겨질 것임을 명심하시오.

[8] 유럽의 고성인 이 요새의 크기에 대한 프란차의 설명은 칼콘딜레스의 설명과 정확히 일치하지는 않는다. 칼콘딜레스의 설명에 대해서는 현장에 있던 그의 편집자 레운클라비우스가 사실임을 입증하였다.

술탄의 선전 포고를 전해 들은 뒤, 서열뿐 아니라 기백에서도 비잔티움에서 최고였던 콘스탄티누스는 칼을 뽑아 들고서라도 투르크인들이 보스포루스 해협에 접근해서 정착하는 것을 기필코 막겠노라고 결심하였다. 그는 궁정과 교계(敎界)의 고관 대작들의 충고에 무장을 해제했지만 그 내용은 콘스탄티누스의 방비책에 비해 그다지 훌륭하지도 신중하지도 못하였다. 대신들의 충고인즉, 자기들은 인내심이 많고 고통을 오랫동안 견딜 수 있다고 자신하면서 오스만의 술탄은 침략자에 불과하며 콘스탄티노플의 안전은 시간과 운에 맡기는 것이 마땅하다는 내용이었다. 다시 말해 인구가 많은 대도시 근처에 세운 요새는 오래 견디지 못하고 파괴될 것이 분명하다는 말도 안 되는 조언이었다. 희망과 불안 속에서, 현명한 사람들은 불안에 떨고 경솔한 자들은 헛된 희망을 품은 가운데 그해 겨울이 지나갔다. 사람들은 각자의 임무를 뒤로 미루었고, 비잔티움 사람들은 눈을 감고서 임박한 위험을 애써 무시했다. 마침내 봄이 왔고, 술탄은 비잔티움을 패망시킬 결심을 굳혔다.

1452년 3월, 보스포루스 해협에 요새를 건설한 마호메트

용서를 모르는 주인의 명령에 불복하기는 좀처럼 힘든 법이다. 3월 26일, 아소마톤 지역은 벌 떼처럼 몰려든 투르크인 장인들로 인산인해를 이루었고, 유럽과 아시아에서 해로와 육로를 통해 자재가 쉴 새 없이 운반되어 왔다. 카타프리기아에서는 석회석을 불에 태워 생석회를 만들었고, 헤라클레아와 니코메디아의 숲에서는 벌목 작업이 이루어졌으며, 아나톨리아의 채석장에서는 석재가 채굴되었다. 1000명의 석공 각자에게 조수 두 명이 붙여졌고, 하루 작업량으로 2큐빗이 할당되었다. 아소마톤 요새는[8] 삼각형의 형태로 지어졌는데, 한 귀퉁이마다 옆에 튼튼하고 거대한 탑이 세워졌다. 한 면은 언덕 내리막

에 두 면은 해안에 접해 있었으며, 두께는 성벽이 22피트이고 탑은 30피트였으며, 건조물 전체가 납으로 만든 튼튼한 판으로 덮여 있었다. 마호메트 2세는 불굴의 열의로 공사 진행을 재촉하고 지휘하였다. 그의 세 대신들은 각자 맡은 탑을 먼저 완공하는 영예를 얻고자 온 힘을 다했고, 법관들은 예니체리군에 못지않은 열성을 발휘했으며, 가장 비천한 노역일지라도 신과 술탄을 위한 사역으로서 귀중한 일로 평가받았다. 압제자는 눈빛 하나만으로도 많은 군중들을 더욱 열심히 움직이게 하였는데, 그의 미소는 행운에 대한 희망이었으며 찡그림은 죽음의 전령이었다. 공사가 착실하게 진행되는 모습을 공포에 떨며 바라보던 비잔티움의 황제는 싸움을 위한 작은 빌미라도 잡기 위해 호시탐탐 기회를 엿보며 은밀히 갈등을 부추기는 무자비한 적을 달래고자 아첨도 해보고 선물도 보내 보았지만 모두가 허사였다. 그리고 얼마 지나지 않아 결국 싸움의 빌미가 만들어지고 말았다. 불경하고 탐욕스럽기 짝이 없는 이슬람교도들이 아무 양심의 가책도 없이 웅장한 교회의 유적들과 심지어 대천사 성 미카엘에게 봉헌된 대리석 기둥마저도 약탈하자, 그들에게 용감하게 저항했던 일부 그리스도교도들이 이교도들에 의해 순교자의 관을 쓰게 된 사건이 벌어졌다. 또 일찍이 콘스탄티누스는 투르크 경비병을 배치해 자기 백성들의 농지와 수확물을 보호해 달라고 요청한 바 있었다. 경비병이 배치되기는 했지만 술탄이 그들에게 맡긴 가장 중요한 임무는 군영의 노새나 말들이 자유롭게 풀을 뜯어 먹을 수 있게 해 주고, 주민들이 방해할 경우에 대비해 동료 병사를 지키라는 것이었다. 오스만의 한 무장이 이끄는 부대가 다 익은 곡식밭에 말을 풀어 놓는 바람에 밤새 곡식을 먹어 치워 버리자 주민들 몇몇이 분노했고, 결국 유혈 충돌이 일어나 양쪽 사람들 여럿이 죽는 사

⁹ 이들 중에는 마호메트의 시종들도 섞여 있었는데 술탄의 냉혹하고 엄격한 성정을 잘 알고 있었기에, 그들은 자신들이 해 지기 전에 돌아가지 못하면 목숨을 잃을 것이라고 애걸했다.

태가 발생하고 말았다. 마호메트 2세는 이런 충돌 사태를 듣고 몹시 기뻐하면서, 부대를 급파해 그 마을 주민들을 몰살하라는 명령을 내렸다. 하지만 싸움을 일으킨 장본인들은 이미 도망가 버렸고, 아무것도 모른 채 추수를 하고 있던 마흔 명의 농부들이 투르크 병사들에게 잔혹하게 살해되었다. 이 사건이 일어나기 전까지 콘스탄티노플은 교역이나 관광 목적의 방문자에게는 성문을 개방하고 있었으나, 이와 같은 첫 번째 경보가 울리자 성문을 폐쇄하였다. 하지만 여전히 평화를 갈망하는 황제는 사흘째 되는 날 투르크인 포로들을 석방하면서⁹ 그들 편에 그리스도교도와 군인으로서 자신의 확고한 체념 의사를 담은 마지막 전언을 남겼다.

6월, 투르크 전쟁

맹세도, 조약도, 그리고 항복도 평화를 보장해 줄 수 없다면, 그대의 불경스러운 전쟁을 추진시키는 것이 좋겠소이다. 이제 나는 오직 신께만 내 신뢰를 바칠 것이오. 만일 신께서 그대의 마음을 누그러뜨리고자 하신다면 그 행복한 변화에 나는 매우 기뻐할 것이오. 그대의 손에 이 도시를 넘기는 것이 신의 뜻이라면 나는 아무 불평 없이 그분의 신성한 뜻을 따를 것이오. 하지만 지상의 심판자께서 우리의 승패를 선포하실 때까지는 신민들을 지키기 위해 목숨을 거는 것이 내 의무이외다.

9월

술탄의 대답은 적대적이고 결정적인 것이었다. 요새가 완공된 후 하드리아노폴리스로 출발하기에 앞서 술탄은 대포의 사정거리 안을 지나가는 모든 선박에 대해 국적을 불문하고 통행세를 부과하기 위해 용의주도한 사령관 한 명과 400명의 예니체리군을 이곳에 주둔시켰다. 보스포루스의 새 주인에게 복종하기를 거부한 베네치아의 선박 한 척은 대포 단 한 발에 격침당했다. 선장과 선원 서른 명은 보트를 타고 도망쳤지만 결국은 사슬에 묶여 술탄의 궁전까지 끌려갔고, 선장은 말뚝으로 찔려서 죽고 선원들은 참수형을 당했다. 역사가인 두카스는 데모티카에서 그들의 시신이 들짐승의 밥이 되는 것을 직접 목격하였다. 콘스탄티노플 포위전은 이듬해 봄까지 늦춰졌지만, 오스만의 한 부대는 콘스탄티누스의 동생들의 병력을 견제하기 위해 모레아까지 진격했다. 이 대재앙의 시대에 콘스탄티누스의 막내 동생이며 전 제 군주인 토마스는 아들의 탄생으로 축복과 슬픔을 동시에 맛보게 되었다. 프란차는 아기를 보고 탄식하며 이렇게 말한다.

1453년 1월

10 술탄은 자신의 정복 사업의 성공에 의문을 품었거나 아니면 콘스탄티노플의 우세한 점이 무엇인지를 모르고 있거나 둘 중 하나였다. 그러나 때로는 황제의 행불행에 의해 한 도시나 수도가 패망할 수도 있는 법이다.

로마 제국의 마지막 불꽃의 마지막 후계자이로다.

한 해 비잔티움 사람들은 두려움에, 투르크인들은 기대감에 밤잠을 설쳤다는 점이 다를 뿐 양쪽 모두 방어와 공격을 준비하며 분주한 겨울을 보냈다. 그리고 잃을 것이 가장 많거나 혹은 얻을 것이 가장 많은 두 황제는 국민 감정을 뼈저리게 느끼고 있었다. 마호메트의 심장은 젊음과 성마름으로 불타오르고 있었다. 그는 하드리아노폴리스에서 예한 누마(Jehan Numa, '세계를 보는 망루')라는 이름의 화려한 궁전을 지으며 시간을 보내고 있었지만,[10] 사실 그의 진짜 관심은 카이사르의 수도를 정복하는 데 온통 쏠려 있었다. 어느 날 한밤중인 제2시가 되었을 무렵 술탄은 침상에서 벌떡 일어나 즉각 총리 대신을 불

1452년 9월~1453년 4월, 콘스탄티노플 포위 공격에 대한 대비

11 쿠쟁(Cousin)은 '형제 같은 사람(Σύντροφος)'을 앙아버지라고 번역하는데, 라틴어로는 정확하다고 말할 수 있다. 하지만 그는 성급하게 번역을 하다가 보일라우드가 자신의 실수를 정정하면서 달아 놓은 주석을 간과하고 말았다.

12 선물을 들고서 군주나 상관을 알현하는 동방의 관습은 상당히 오래된 것이며, 이는 고대에 보편적으로 행해졌던 제물을 바치는 개념과 비슷하다고 볼 수 있다.

러들이라고 명령했다. 갑작스러운 소환이나 시간, 그리고 군주의 성품이나 지금의 상황 등은 칼릴 바샤의 떳떳하지 못한 양심을 뜨끔하게 만들었는데, 사실 그는 무라드의 두터운 신임으로 그의 복위를 적극 주장한 적이 있기 때문이었다. 마호메트가 제위를 물려받은 후에도 이 총리 대신은 자신의 지위를 유지하면서 겉으로는 신임을 얻고 있었지만, 노련한 정치가인 그는 자신이 언제라도 발밑의 얼음이 부서져서 나락으로 곤두박질칠 수 있는 살얼음판을 걷고 있음을 잘 알고 있었다. 그리스도교도들과 우정을 나누는 일이 죄가 되지 않던 무라드의 치세 때, 사람들은 그리스도교도들과 절친한 그를 두고 가부르 오르타치(Gabour Ortachi), 즉 이교도의 의형제라고 부르기도 하였다.11 게다가 물욕이 강한 그는 돈에 매수되어 반역의 성격이 다분한 서신을 주고받기도 하였는데, 전쟁이 끝난 후 이 사실이 발각되면 처형을 면치 못할 것이 분명했다. 술탄의 명을 받자마자 그는 처자식과 마지막이 될지도 모르는 포옹을 하고 단지에 금화를 가득 채우고는 서둘러 궁전으로 달려가 술탄을 경배하며, 동방의 관례에 따라 의무와 감사의 뜻으로 바치는 사소한 조공이라며 금화 단지를 바쳤다.12 마호메트 2세가 입을 열었다.

과인의 소원은 경들에게 준 선물을 되찾는 것이 아니라 그대들의 머리 위에 더 많은 재화를 쌓아 올리는 것이오. 짐은 더 귀중하고 중요한 선물을 원하오. 콘스탄티노플 말이오.

놀란 가슴을 진정시키고 총리 대신은 답했다.

이미 로마 제국의 대부분을 폐하에게 주셨던 신께서 얼마 남지 않은 영토와 수도까지 주는 것을 거부할리 없습니다. 신의 섭리와 폐하의 힘이면 성공을 보증하고도 남습니다. 그리고 소신은 다른 충성스러운 폐하의 노예들과 함께 기꺼이 목숨과 재산을 바치겠사옵니다.

술탄이 말을 이었다.

랄라여[13] (스승이시여), 이 베개가 보이시오? 과인은 밤새도록 잠을 뒤척이면서 베개를 이리 잡아 뜯고 저리 잡아 뜯었소. 침상에서 일어났다 다시 누웠지만 내 지친 눈은 전혀 잠을 청하지 못했소이다. 로마 제국의 금은보화에는 조심해야 하오. 그러나 군사력에서는 우리가 우세하고 신의 가호와 선지자의 기도도 있으니 우리는 콘스탄티노플을 재빨리 점령할 수 있을 것이외다.

그는 병사들의 생각을 떠볼 필요가 있을 경우 자주 변장을 하고서 홀로 거리를 돌아다니곤 했으며, 세상 사람들의 눈에 띄기를 원치 않았음에도 술탄의 정체를 알아챈 사람은 목숨을 잃었다. 그는 공격할 도시의 지도를 그리면서, 장군이나 기술자들과 어느 지점에 화포를 세우고 어느 방면에서 성벽을 공격해야 하는지를 의논하면서, 그리고 어느 곳에서 갱도를 파고 어느 곳에 공성사다리를 놓을 것인지를 의논하면서 시간을 보냈다. 술탄은 밤에 익힌 내용을 낮에 연습하고 복습함으로써 확실히 자기 것으로 만들었다.

술탄은 여러 가지 무기들 중에서도 최근에 라틴인들이 발견한 것에 각별한 관심을 쏟았으며, 그 결과 오스만의 포병대

마호메트의 거대한 대포

[13] 투르크인들의 '랄라(Lala)'와 그리스인들의 '타타(Tata)'는 아이들의 언어에서 비롯된 것이다. 이러한 단어들은 부모를 의미하는데, 하나의 순음이나 치음 그리고 하나의 개모음으로 구성된 음절이 단순하게 반복되는 말임을 알 수 있다.

는 이제껏 세상에 나온 그 어떤 것보다도 강력한 무기를 갖게 되었다. 비잔티움을 위해 일하다가 거의 굶어 죽을 지경에 이른 헝가리 출신의 우르반이라는 대포 주조자가 비잔티움을 배신하고 이슬람 진영에 붙었다가 술탄에게 중용되었다. 마호메트는 열의에 차서 첫 번째 질문을 던졌고, 그에 대해 기술자는 무척이나 만족스러운 답변을 제시했다.

콘스탄티노플 성벽을 무너뜨릴 수 있을 정도로 큰 탄환이나 돌덩이를 발사할 수 있는 대포를 주조할 수 있겠는가? 과인은 콘스탄티노플 성벽이 얼마나 튼튼한지 모르지 않네. 하지만 그 성벽이 바빌로니아의 성벽보다 더 단단하다고 해도 그것을 능가할 수 있는 대포를 만들 수 있을 것이라고 생각하네. 대포를 놓는 장소와 조작은 전적으로 자네 기술자들에게 맡길 것이네.

이에 대해 우르반이 확답하자 즉시 하드리아노폴리스에 대포 주조소가 세워졌고, 금속 재료가 준비되었다. 그리고 3개월 후 우르반은 믿을 수 없을 정도로 큰 거대한 황동 대포 1문을 만들어 냈다. 포문은 크기가 거의 열두 손바닥 길이 정도였으며, 석제 탄환의 무게는 600파운드가 넘었다. 새로 지은 궁전 앞 공터를 시험 발사 장소로 정하고, 놀란 사람들이 두려워하다가 불의의 사고가 발생하는 것을 막기 위해 대포를 쏘기 하루 전날 미리 시험 발사에 대한 공고를 내렸다. 파열음과 충격파가 100펄롱까지 감지될 정도였고, 화약의 힘으로 1마일 이상 날아간 탄환은 한 길이나 깊이 땅 속에 파묻혔다. 이 파괴적인 무기를 실어 나르기 위해 줄지어 연결한 30대의 마차를 60마리의 소가 끌어야 했으며, 흔들리는 포신의 균형을 잡고 지지하기 위해 200명의 병사들이 마차 양쪽에서 따라가야 했다. 또한 마차 앞으로는 250명의 장인들이 따라나서 미리 길을 닦고 다리를 수리했다. 150마일의 힘든 행군을 마치는 데 거의 2개월이나 걸렸다. 한 현명한 철학자는14 비잔티움 사람들이 이 대포의 위력을 믿는 고지식함을 비웃으면서, 우리는 어떤 경우에도 정복당한 사람들의 과장된 변명을 믿어서는 안 된다는 지극히 합리적인 주장을 펼치고 있다. 그는 무게가 200파운드인 탄환을 발사하려면 150파운드의 화약이 필요한데, 그 15분의 1도 단번에 점화하기는 불가능하므로 탄환의 위력은 그다지 세지 않을 것이라고 주장한다. 나는 폭파 기술에는 문외한이지만 최근의 대포의 개량은 무게보다는 발사 탄의 개수를 더 중시하며, 단발 파열의 소리나 위력보다는 신속한 점화를 더 중시한다는 것 정도는 알고 있다. 하지만 나는 이 시대의 작가들이 이구동성으로 강력하게 주장하는 것을 부인할 생각은 없으며, 최초의 대포 기술자들이 거침없이 야심 찬 노력을 기울임으로써 적당하다고 생각되는 수준을 넘어섰을 가능성에 대해서도 부인할 생각은 전혀 없다. 현재 마호메트가 제작한 것보다도 한층 더 거대한 투르크의 대포가 다르다넬스 해협의 입구를 지키고 있으며, 비록 작동이 불편하다고는 해도 최근의 시험 발사에서 그 위력이 정말로 대단하다는 것이 입증되었다. 1100파운드의 석제 포탄에 330파운드의 화약을 넣어서 발사했는데, 포탄은 600야드 너머에 떨어지면서 세 개의 덩어리로 부서져 바다를 갈랐다. 이 충격파로 큰 포말이 높게 치솟더니 반대편 언덕에까지 가서 부딪쳤다.15

마호메트가 동로마 제국의 수도를 위협하는 동안 비잔티움의 황제는 밤낮으로 기도하며 지상과 하늘의 도움을 구하였다. 하지만 보이지 않는 신은 황제의 애원에는 귀를 막고 있었

14 볼테르는 만인의 군주국에 대한 야심이 있었고, 그렇기에 이 시인의 글에는 천문학자나 화학자 등의 이름과 스타일에 대한 열망이 자주 등장하는 편이다.

15 러시아의 침공에 대비해 다르다넬스 성채를 강화한 토(Baron de Tott)는 생생하면서도 약간은 희극적인 톤을 가미하여 자신의 위업과 투르크인들의 경악을 설명한다. 하지만 이 모험심 많은 여행가는 우리의 신뢰를 얻을 만한 솜씨는 갖추지 못했다.

1453년 4월, 콘스탄티노플 포위 공격을 시작한 마호메트 2세

고 그리스도교 왕국들은 콘스탄티노플의 몰락을 냉담하게 지켜보고만 있을 뿐이었다. 황제는 이집트에 대한 술탄의 시기심을 이용한 현실적인 정책으로 얼마간이나마 원조 약속을 받아낼 수 있었다. 몇몇 나라는 국력이 너무 약했고 몇몇 나라는 도움을 주기에는 너무 멀리 있었다. 어떤 이들은 대수롭지 않은 위험이라고 생각했고, 어떤 이들은 불가피한 일이라고 생각했다. 당시 서방의 군주들은 끊임없는 내분에 휘말려 있었고, 로마의 교황은 비잔티움의 거짓됨과 완고함에 분노하고 있었다. 니콜라스 5세는 비잔티움을 도와주기 위해 이탈리아의 병력과 재화를 끌어모으기는커녕 그들의 패망이 임박했음을 예언하였다. 이 말이 실현됨으로써 그의 명예는 확실하게 굳어진 셈이었다. 아마도 비잔티움 제국이 극도의 고통을 당하는 모습에 교황의 화가 누그러지기는 했겠지만, 그의 동정 표시는 너무 늦어 시기를 놓쳤을 뿐만 아니라 그 노력도 미미하고 무익한 것이었다. 제노바와 베네치아의 함대가 출항하기도 전에 이미 콘스탄티노플은 함락되고 말았기 때문이다. 모레아와 그리스 여러 섬들의 군주들조차도 냉담하게 중립을 표방하였는데, 술탄은 갈라타의 제노바 거류민들과 비밀리에 협상을 맺어서 비잔티움 제국이 멸망하더라도 살아갈 수 있도록 자비를 베풀어 줄 것이라며 그들에게 헛된 희망을 품게 한 것이다. 평민들과 일부 비잔티움의 귀족들은 조국의 위험에서 비겁하게 몸을 피했고, 탐욕스러운 부자들은 수도 방위를 위해 많은 용병을 끌어모을 수 있을 만큼 충분한 재산을 갖추고 있었음에도 황제를 돕기를 거부하면서 결과적으로는 투르크인들에게 그 재산을 고스란히 바치는 꼴이 되었다.16 궁지에 몰린 황제는 혼자서라도 무시무시한 적과 맞서 싸울 준비를 했다. 하지만 그의 용기는 위험에 맞설 정도로 충분하다 해도 그의 힘은 전쟁을

16 존슨은 이레네의 비극을 설명하면서 당시의 특유한 상황을 정확하게 포착하고 있다. "비잔티움 사람들은 슬퍼하며 황금의 굴을 만들고 있습니다. 그토록 오랜 세월에 걸쳐 축적된 부를 그들의 슬퍼하는 군주에게 바친다면, 성문 곳곳마다 싸울 채비를 갖춘 사람들을 배치할 수 있었을 것입니다."

치르기에는 턱없이 부족했다. 봄이 오자 투르크군 선발대가 콘스탄티노플 성문 너머에 있는 도시와 부락들을 휩쓸었으며, 항복한 자는 목숨을 건지고 보호를 받았으나 조금이라도 저항의 기미가 보이는 사람은 화형을 당하거나 그 자리에서 칼에 찔려 죽었다. 흑해 연안에 있는 메셈브리아, 아퀠로움, 비존에 사는 비잔티움 사람들은 처음 항복 권유를 받자마자 투항하였으나, 셀림브리아의 주민들만은 포위와 봉쇄 조치를 견뎌 냈다는 영예를 얻을 자격이 충분한 사람들이었다. 셀림브리아의 용감한 주민들은 육로가 봉쇄되었음에도 배를 타고 반대편 해안인 키지쿠스의 마을을 약탈한 후 투르크인 포로들을 노예 시장에서 팔았던 것이다. 하지만 마호메트가 친히 셀림브리아에 오자 이 모든 노력은 수포로 돌아가고 말았다. 술탄은 일단 5마일 정도 떨어진 지점에서 멈춘 다음 그곳에서 전투 대열을 갖추고서 성 로마누스의 문 앞까지 진격한 뒤 그곳에 오스만 제국의 깃발을 꽂았다. 4월 6일, 역사에 길이 남을 콘스탄티노플 공방전이 그 막을 열었다.

아시아와 유럽의 군대가 프로폰티스 해로부터 항구까지 좌우로 길게 대열을 이루었다. 최전선에 배치된 예니체리군은 술탄의 천막 앞에 포진하였고, 오스만군은 깊이 판 참호로 엄호를 받았으며, 한 하급 부대는 갈라타 교외 지역을 포위하고 신뢰하기 힘든 제노바 거주민들을 감시했다. 이번 포위전이 있기 약 30년 전에 그리스에 살았던 호기심 강한 필렐푸스는 그 명성으로 보나 가치로 보나 투르크 군대는 아무리 많아도 기병 6만과 보병 2만을 넘지 않을 것이라고 자신만만하게 말하면서, 얼마 되지도 않는 야만인들에게 맥없이 항복한 비잔티움 신민들의 유약함을 비난한다. 그러나 실제로는 정규군이며 황실 재

투르크군의 병력

17 술탄의 직속 부대는 '카피쿨리'라고 하고 지방의 군대는 '세라트쿨리(Seratculi)'라고 한다. 투르크 군대의 명칭과 조직 체계는 술라이만 2세의 명명법이 제정되기 이전부터 존재했다. 그리고 이 명명법과 자신의 경험을 바탕으로 마르시글리는 오스만 제국의 군사 제도에 대한 글을 적을 수 있었다.

18 펠렐푸스의 주장에 대해서는 1508년 쿠스피니안이 동의하고 있다. 마르시글리는 투르크 병사들 중에서 전투력을 갖춘 자의 수는 보이는 것보다 훨씬 적다고 말한다. 키엔시스는 콘스탄티노플을 포위한 병사들의 수는 어림잡아 1만 5000의 예니체리군에 불과했다고 주장한다.

정으로 유지되고 전투가 벌어졌을 때에는 술탄을 보위하면서 진격하는 군대인 '카피쿨리(Capiculi)'의[17] 숫자만도 이를 충분히 넘었을 것이다. 게다가 각 속령을 다스리는 파샤들도 독자적으로 병사들을 양성하거나 징집하였다. 많은 토지를 둔전병들이 소유하고 있었으며, 전리품을 챙길 수 있다는 희망에 수많은 자원병이 몰려들었고, 성스러운 나팔 소리에 굶주리고 두려움을 모르는 광신자들이 벌 떼처럼 몰려들었다. 적어도 그들은 첫 전투에서 상대방의 공포심을 배가시키고 그리스도교도들의 검을 무디게 만드는 데에는 도움이 되었다. 두카스나 칼콘딜레스, 키오스의 레오나르드는 투르크군의 총 병력을 30~40만 명에 이를 것이라고 과장하고 있지만, 프란차는 좀 더 가까운 시대의 인물이며 좀 더 판단력이 정확한 사람이었으므로 그가 25만 8000명이라고 딱 잘라 말한 숫자는 아마도 직접 목격한 경험과 개연을 토대로 측정한 수치일 것이다.[18] 포위군의 해군력은 지상군보다는 덜 위력적이었다. 320척의 선박이 프로폰티스 해를 뒤덮었지만, 그중 전투용 갤리선은 18척에 불과했고 대부분은 군영에 병력이나 무기, 식량 등의 보급품을 실어다 주는 수송선이나 저장선에 지나지 않았다. 마지막 쇠퇴기임에도 불구하고 콘스탄티노플에는 여전히 10만 명 이상의 주민들이 살고 있었지만 이 숫자는 전쟁에서 싸울 수 있는 인원이 아니라 포로로 잡힐 수 있는 숫자일 뿐이었다. 그들은 대부분 직공이나 성직자, 여인 들이거나, 아니면 가끔은 나라의 안전을 위해 여인 들까지도 발휘할 수 있는 그런 기개마저도 갖추지 못한 심약한 남자들이었다. 내 짐작으로는 아마도 비잔티움의 신민들은 군주의 뜻에 못 이겨 전장에 억지로 나가야 했을지도 모른다. 하지만 가족과 재산을 지키기 위해 용감

비잔티움군의 병력

하게 목숨을 걸지 못하는 인간은 자연의 가장 중요하고 활력적인 에너지를 사회 속에서 상실해 버린 자라는 것이 내 생각이다. 얼마나 많은 시민들과 심지어는 수도사들이 조국을 위해 군대에 기꺼이 몸을 바쳐서 싸울 수 있는지에 대한 특별 조사가 황제의 명으로 가가호호 행해졌다. 프란차가 명부를 작성하는 책임을 맡았다. 부지런히 명부를 작성한 프란차는 놀라고 애통해 하면서 나라를 방위할 수 있는 사람은 고작해야 4970명의 '로마인'들에 불과하다는 사실을 황제에게 보고했다. 이 서글픈 비밀은 콘스탄티누스와 그의 충성스러운 대신만이 알고 있는 가운데, 무기고에 있던 방패와 석궁, 머스킷 총과 같은 장비들이 민병대에 충분히 배분되었다. 콘스탄티노플은 제노바 귀족인 요하네스 유스티니아니가 지휘하는 2000명의 외인부대가 합류함으로써 병력을 보충할 수 있었는데, 황제가 그 원군들을 후하게 치사하자 그들의 수장인 유스티니아니는 용감하게 싸워 반드시 렘노스 섬을 탈환하겠노라고 자신만만하게 약속하였다. 항구 입구에는 튼튼한 쇠사슬이 걸렸다. 비잔티움과 이탈리아의 군함과 상선 몇 척이 항구를 방위하였으며, 칸디아와 흑해의 그리스도교 국가의 배들도 입항하자마자 국익을 위해 연달아 억류되었다. 오스만 제국군을 막기 위해 13마일 내지 16마일 범위의 도시를 고작 7000~8000명 정도로만 이뤄진 수비대가 방어하게 되었다. 공격자는 유럽과 아시아를 자유롭게 오갈 수 있었으나, 비잔티움의 군사력과 보급품은 매일같이 줄어들기만 했으며 외국의 원조나 도움은 전혀 기대할 수도 없는 상황이었다.

아마도 고대 로마인들이라면 승리 아니면 죽음뿐이라는 각오로 칼을 뽑아 들었을 것이다. 초기 그리스도교도들이라면

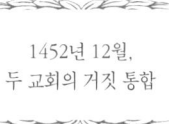
1452년 12월,
두 교회의 거짓 통합

19 교회 통합에 대한 스폰다누스의 설명은 불완전하며 편파적이기까지 하다. 파미에르의 주교는 1642년에 죽었으며, 이때의 상황을 상당히 사실적으로 설명해 주는 두카스의 역사서는 1649년에야 출간되었다.

서로를 부둥켜안고서 인내와 자애심 속에서 순교의 일격을 기다렸을 것이다. 하지만 콘스탄티노플의 비잔티움 사람들은 종교 정신에만 활발히 반응했고, 그런 정신은 단지 불협화음만을 낳을 뿐이었다. 선대 황제인 요하네스 팔라이올로구스는 국민적 지지를 얻지 못했던 라틴 교회와의 통합이라는 협정을 죽기 전에 취소시켰지만, 콘스탄티누스가 극도의 절망 속에서 마지막으로 어쩔 수 없이 취한 거짓 아첨과 위선으로 통합의 필요성이 다시 대두되었다.[19] 황제는 사절단에게 현실적인 원조 요청과 함께 종교적인 복종의 뜻도 밝히라는 지시를 내렸다. 비잔티움 교회의 의사를 무시한 황제의 태도는 국가의 위기 상황으로 용납되었지만, 사실 그의 가장 큰 바람은 로마 교황청이 비잔티움에 특사를 파견하는 것이었다. 지금껏 여러 번 비잔티움에 기만당한 바티칸도 이토록 후회하는 태도를 그럴듯한 구실을 내세워 물리칠 수가 없었다. 군대보다는 특사를 파견하기가 더 용이했기 때문에, 콘스탄티노플이 최종 함락되기 6개월 전쯤 러시아의 이시도르 추기경이 성직자와 병사 들을 이끌고 교황의 특사 자격으로 방문하였다. 황제는 그를 벗이자 어버이로서 정중하게 맞이하였고 추기경의 공식적인 설교와 개인적인 설교를 귀 기울여 들은 후, 가장 유순한 성직자와 일반인들과 함께 피렌체 공의회에서 승인된 것과 동일한 내용의 통합 조약문에 서명하였다. 12월 12일, 대표들은 성 소피아 대성당에서 희생과 기도라는 성체 배령으로 하나가 되어 두 최고 지도자, 즉 그리스도의 대리인인 니콜라스 5세와 반항적인 국민들에 의해 나라 밖으로 추방되었던 그레고리우스 총대주교의 이름을 엄숙하게 찬미하였다.

그러나 제단에서 예배를 집전하던 라틴 성직자의 의상과 언행이 추문의 대상이 되었는데, 사람들은 그가 효모를 넣지 않

은 성찬용 빵을 신에게 바치고 성찬용 잔
에 찬물을 붓는 모습에 경악하였다. 비잔   비잔티움 사람들의
티움의 한 사가는 황제를 포함해 동포들   완고함과 광신
중 어느 누구도 이 행사의 예법을 성실하게 이행하지 못했음을
몹시 수치스러워하며 인정했다고 말한다. 그들은 훗날 조약을
개정할 것이라고 약속하면서 자신들의 성급하고 무조건적인 굴
복을 변명하고 있으나, 그들이 둘러댄 최선 혹은 최악의 변명은
스스로 거짓을 행하고 있음을 고백한 것이나 다름없었다. 정직
한 동포들의 비난으로 궁지에 몰리자 그들은 이렇게 속삭였다.

[20] 그의 원래 속명은 스콜라리우스였지만, 수도사 또는 총대주교가 되었을 때 젠나디우스라는 이름으로 개명하였다. 그는 피렌체 공의회에서는 교회 통합을 찬성하였으나, 정작 콘스탄티노플에 머물 때에는 이를 맹렬히 비난하였다. 이 사실을 두고 알라티우스는 젠나디우스가 한 사람이 아니라 두 사람이었다고 설명하는 우를 범했으나, 르노도(Renaudot)는 그의 진정한 정체와 이중적인 인격을 자세히 밝히고 있다.

> 인내합시다. 신께서 우리를 집어삼키려는 거대한 용으로부
> 터 우리 도시를 구원해 줄 때까지는 인내해야 하오. 그때가 되
> 면 그대들은 우리가 아주몬 무리와 정말로 화해한 것인지 아닌
> 지 알게 될 것이외다.

그러나 인내심은 열정과는 거리가 멀었고, 궁정이 발휘한 책략
은 민중의 자유로운 열광이나 맹렬함에는 먹혀들지 않았다. 성
소피아 대성당의 돔에서 나온 남녀노소 각계각층의 주민들은
교회의 신탁을 물어보기 위해 젠나디우스[20] 수도사가 기거하
는 암자로 몰려갔다. 그러나 성인은 깊은 명상에 잠겨 있기 때
문인지 아니면 신성한 황홀경에 빠져 있기 때문인지 그 모습을
드러내지 않았다. 대신 그는 문 앞에 명판 하나를 걸어 놓았
고, 몰려든 군중은 거기에 적힌 무시무시한 글을 읽은 후 조용
히 물러났다.

> 오, 불쌍한 로마인들이여. 그대들은 어찌하여 진실을 포기
> 하려 하는가? 어찌하여 신을 믿지 않고 이탈리아인들을 믿으

려고 하는가? 신앙을 잃는 순간 그대들은 도시도 잃을 것이다. 오, 신이여! 저를 불쌍히 여겨 주소서. 저는 그러한 죄를 결코 짓지 않았음을 신께 맹세하나이다. 오, 불쌍한 로마인들이여! 생각을 고쳐먹고 멈추고 회개할지어다. 그대들은 선조의 종교를 저버린 순간 불경에 빠지게 될 것이니, 그로 인해 외국에 예속되는 신세로 전락할 것이다.

겐나디우스의 충고에 따라 천사처럼 순결하고 악마처럼 거만한 수녀들은 통합 조약을 거부하면서 지금은 물론이고 앞으로도 라틴 교회의 종교인들과 일체 어울리지 않을 것이라고 선언했고, 성직자와 민중 대다수는 그들의 모범을 찬미하면서 똑같이 행동했다. 신심 깊은 비잔티움 사람들은 수도원에서 나와 선술집에 모여, 교황의 노예들이 파멸하기를 기원하며 축배를 들었고 성처녀 상을 경배하며 술잔을 비웠다. 그들은 이전에 호스로우와 칸으로부터 수도를 구해 주었듯이, 이번에는 마호메트의 손아귀에서 벗어날 수 있게 해 달라고 성처녀에게 빌었다. 그들은 종교적 열광과 포도주에 취해 용감하게 부르짖었다.

도대체 우리에게 라틴인의 구원이나 그들과의 통합이 무슨 도움이 된다는 말인가? 아주몬 무리의 예배 행위 따위는 거들떠보지도 않을 것이다!

온 국민은 투르크군의 정복 사업이 진행되기 전 한 해 겨울 동안 이런 전염병과도 같은 광기에 휩싸여 있었다. 그리고 사순절과 부활절이 가까워 올수록 자비와 사랑의 기운이 감도는 대신에 광신도들의 완고함과 영향력만이 더욱 강화되었다. 고백성사를 받는 신부들은 신도들의 양심을 엄격히 조사하고 경고하였으며, 노골적으로든 아니면 암묵적으로든 교회 통합에 찬성하는 성직자나 성체 배령을 받은 신도에게는 엄격한 참회를 요구하였다. 그들의 주장에 따르면 통합파 사제가 제단에서 예배를 드리면 이를 가만히 보고만 있는 일반 신도들에게도 그런 오염된 행위가 전염되며, 이렇게 오염된 구경꾼들에 의해 그렇지 않은 성직자마저도 사제로서 갖춰야 할 미덕을 상실하게 되므로, 갑자기 사망하는 일이 발생할지라도 그들에게 기도나 사면을 요청하는 것은 적법하지 못한 행위가 될 수 있다는 것이었다. 성 소피아 대성당이 라틴식의 성찬식으로 더럽혀진 순간부터 성직자와 신도 들은 유대교의 예배당이나 이교도의 사원이라며 대성당을 멀리했고, 얼마 전까지도 향 연기가 그득하게 번지고 셀 수 없이 많은 촛불이 불타오르고 기도와 감사의 소리가 사방에 울려 퍼지던 대성당의 돔에는 이제 거대하고 음울한 침묵이 흐를 뿐이었다. 라틴인들은 가장 혐오하는 이단자와 무신론자로 치부되었고, 비잔티움 제국 최고의 대신인 대공은 콘스탄티노플에서 교황의 삼중관이나 추기경의 모자를 보느니 차라리 마호메트의 터번을 보는 것이 더 낫겠노라고 선언하기까지 하였다.[21] 그리스도교도들과 애국자들에 대한 반감이 비잔티움 사람들 전체로 퍼져 나갔는데, 이는 하등의 도움도 되지 못하는 치명적인 반감이었다. 결국 황제는 신민들의 애정과 지지를 잃었고, 콘스탄티노플 사람들의 비겁한 천성은 신의 뜻을 따른다는 체념이나 기적적인 구원에 대한 헛된 희망으로 그럴듯하게 신성시되었다.

콘스탄티노플의 지형 구조를 형성하는 삼각형 모양에서 바다와 접한 두 면 중 프로폰티스 해는 자연적인 여건으로 그리

21 '터번(Φακιόλιον, καλύπτρα)'은 추기경의 모자라고 번역하는 것이 적절하다. 비잔티움과 라틴 풍습의 차이가 교회 분열을 더욱 부추겼다.

1453년 4~5월, 콘스탄티노플 포위 공격

고 항구는 인공적인 방비로 적의 접근을 막아 주고 있었다. 두 바다 사이, 즉 삼각형의 밑변에 해당하는 육지 쪽은 이중의 성벽과 100피트 깊이의 해자가 보호해 주고 있었다. 오스만군은 프란차가 실제 육안으로 확인한 6마일 길이의 방어선을 주요 공격 지점으로 잡았다. 한편 황제는 가장 위험한 지점의 임무와 지휘를 장군들에게 배정하고 자신은 외벽 방어를 맡았다. 포위 공격이 시작되고 처음 며칠 동안 비잔티움 병사들은 해자 아래로 내려가거나 들판으로 돌격을 감행하기도 했지만, 얼마 지나지 않아 그들은 비잔티움의 병사 한 명이 투르크 병사 스무 명 이상의 가치가 있음을 깨달았다. 그들은 대담한 선제공격을 자제하고 대신에 하늘을 나는 수성 무기로 성벽을 유지하는 데 만족하는 신중한 작전을 택했다. 이런 신중함을 소극적인 행동으로 비난해서는 안 된다. 물론 국민들은 겁이 많고 소심했지만, 마지막 황제인 콘스탄티누스는 진정한 영웅이라는 칭호가 아깝지 않은 인물이다. 그의 고귀한 의용군 부대는 로마인다운 덕망으로 사기가 충천해 있었으며, 외국의 지원 부대는 서방 기사도의 명예를 보여 주었다. 끊임없이 창과 화살이 쏟아질 때마다, 비잔티움인들이 쏘아대는 머스킷 총과 대포에서도 자욱한 연기와 불꽃이 피어올랐다. 그들의 소형 총기는 호두 알 크기의 납탄을 한 번에 5발 내지 10발까지도 발사할 수 있었으며, 대열의 밀집도와 화약의 세기에 따라서는 단 한 발로 여러 개의 흉갑, 다시 말해 적군 여럿을 한 번에 죽일 수도 있었다. 투르크군은 참호나 무너진 성벽의 잔해물 때문에 접근이 쉽지 않았다. 그리스도교도들의 전술은 나날이 늘어 갔으나, 매일 치르는 전투로 가뜩이나 부족한 화약은 계속해서 줄어들고 있었다. 그리스도교도들의 대포는 크기나 숫자에서 적에 비해 턱없이 약했고, 대형 대포를 몇 문 가지고 있기는 했으나 노후된 성벽이 흔들리거나 무너질지 몰라 설치하지 못하고 있었다. 압제자의 열의와 재정적 지원으로 거대한 대포를 적극 활용하고 있는 이슬람교도들도 이런 파괴적인 비밀을 모르는 바 아니었다. 마호메트의 거포는 앞에서 설명했듯이 이번 전쟁에서 중요한 위치를 차지하는 무기였는데, 거의 같은 크기의 대포 2문이 그 양옆을 방어하고 있었다.[22] 길게 늘어선 투르크군 포병대는 성벽의 가장 취약한 지점을 향해 14문의 포를 한 번에 발사했다. 혹자는 각각의 포 한 발에 130개의 탄환이 장전돼 있었다고 막연하게 말하기도 했는데, 어쨌든 이 술탄의 위력과 활동으로 새로운 무기 기술이 잉태되고 있음을 감지할 수 있다. 그는 하루라도 빨리 콘스탄티노플을 함락하고 싶은 의지를 불태웠으나, 이 거포는 하루에 겨우 일곱 번밖에 발사하지 못했다.[23] 더욱이 열에 달궈진 금속이 갑자기 터지는 바람에 여러 병사들이 목숨을 잃는 사태도 발생했지만, 포를 발사한 후에 입구에 기름을 부음으로써 위험한 사고를 예방하는 방법을 고안해 낸 무기 장인의 능력은 감탄할 만하였다.

첫 번째의 무차별 포격은 소리만 요란했을 뿐 실제 효과는 그다지 없었다. 이때 투르크군에 섞여 있던 한 그리스도교도의 충고로 포수들은 성벽의 돌출된 부분과 마주하는 두 면을 향해 포를 조준하게 되었다. 불완전하기는 했지만 위압적인 포격이 여러 차례 반복되자 성벽에 어느 정도 손상을 주었다. 해자 가장자리까지 접근한 투르크군은 이 거대한 도랑을 메운 다음 공격로를 구축하려 하였다.[24] 무수한 장작단과 큰 통, 나뭇등걸 등이 쌓아 올려졌는데, 성급하게 앞장서던 군중들 중에서 맨 앞에 있거나 힘이 약한 자들은 해자 아래로 굴러 떨어져 그 즉시 나뭇더미들에 파묻히고 말았다. 해자를 메우는 것은 공격

공격과 방어

[22] 칼콘딜레스와 프란차에 따르면 이 거대한 대포는 폭발했다. 하지만 두카스는 장인이 훌륭한 솜씨를 발휘해 폭발 사고를 막을 수 있었다고 적고 있다. 그들이 똑같은 대포를 말하고 있는 것이 아님이 분명하다.

[23] 콘스탄티노플이 함락되고 약 백 년이 흐른 후 프랑스와 영국은 영불 해협에서 벌인 두 시간여의 교전에서 300발의 포탄을 발사했다고 자랑하였다.

[24] 나는 베르토(Abbé de Vertot)의 터무니없고 완강한 어조를 전혀 흉내 내지 않고서도 로도스, 말타 등지에서의 공방전에 대한 그의 장황한 설명에서 몇 가지 이상한 점을 골라낼 수 있었다. 하지만 이 사람 좋은 역사가는 로도스 공방전을 중세 기사 이야기를 풀어내듯이 쓰고 있는데, 로도스 기사단의 비위를 맞추려는 듯 그는 바로 그 중세의 기사도와 열의를 인용하면서 설명하고 있다.

25 갱도에 화약을 채워 넣어 폭파시키는 것에 대한 첫 번째 이론은 1480년 시에나의 게오르기우스가 쓴 한 원고에서 처음 등장했다. 이 이론은 사르자넬라에서 1487년에 처음으로 시도되었으나 실제 폭파를 성공시키고 기법을 개선한 공은 1503년 나바르의 페테르에게 돌려야 한다. 그는 이탈리아 전쟁에서 이 기술을 성공적으로 활용하였다.

자들에게는 큰 희생을 요구하는 일이었고, 포위당한 쪽에서는 안전을 위해서라도 해자의 온갖 잡동사니를 치워야 했다. 길고 피비린내 나는 싸움으로 낮 동안에 처진 거미줄이 밤이면 말끔히 치워지는 상황이 계속 이어졌다. 마호메트가 다음으로 고안한 방안은 갱도를 파는 것이었다. 하지만 토양이 바위처럼 단단했고, 술탄이 시도할 때마다 번번이 그리스도교도 측 기술자들에게 저지당했다. 당시에는 아직 지하 통로에 화약을 채워 넣어서 탑이나 도시 전체를 날려 버리는 기술은 개발되지 않은 상태였다.²⁵ 콘스탄티노플 공방전의 가장 두드러진 특징은 고대와 근세의 포술이 결합되었다는 점이다. 돌이나 화살을 쏘아서 날려 보내는 투석기 등과 대포가 같이 사용되면서, 포탄과 파성추가 같은 성벽을 향해 돌진하였다. 화약이 발명되었다고 해서 액체 상태의 꺼지지 않는 불(그리스의 불)이 완전히 사라진 것도 아니었다. 나무로 만들어진 엄청나게 큰 망루에는 바퀴가 달려서 이동을 도왔다. 화약과 나뭇더미를 채워 넣은 이 이동용 화약고를 보호하기 위해 세 겹의 쇠가죽을 둘렀으며, 총구를 통해서 여러 번이고 안전하게 발사할 수 있었고, 병사들과 조작공들이 교대로 들락거릴 수 있도록 세 곳의 출입구가 만들어져 있었다. 병사들과 조작공들은 계단을 통해 위쪽의 포좌에 올라갈 수 있었으며, 포좌의 윗부분에 설치된 성벽 공격용 사다리는 도르래를 이용해서 들어 올리면 적의 성벽에 연결되는 가교가 되었다. 투르크군은 몇 가지 새로운 작전을 포함해 다양한 전술로 비잔티움군을 끈질기게 공격하여 마침내 성 로마누스 탑을 무너뜨렸다. 치열한 접전이 오간 후 밀려든 어둠으로 투르크군은 돌파구에서 잠시 퇴각했으나, 날이 밝아서 새롭게 원기를 충전해서 공격을 재개한다면 승리를 거둘 수 있다고 자신했다. 적군이 잠시 공격을 중단할 때마다 비잔티움

쪽은 그 순간을 노려 희망을 지폈다. 황제와 유스티니아니는 현장에서 밤을 지새우면서 보수를 담당하는 인부들에게 교회와 수도의 안전을 위해 노력해 달라고 독려하는 등 분주한 시간을 보냈다. 날이 밝았고 성급한 술탄은 아군의 목재 망루가 불타 재로 변해 버리고 메워졌던 해자가 다시 복구되었으며 성 로마누스 탑이 다시금 튼튼하게 우뚝 서 있는 모습을 경악과 한탄의 마음으로 바라봐야 했다. 그는 자신의 계획이 실패했음을 탄식하면서, 3만 7000명의 예언자들이 한결같이 증언한다 해도 자신은 이교도들이 이런 엄청난 일을 그토록 단시간 내에 해냈다고는 도저히 믿을 수 없다는 불경스러운 말까지 내뱉었다.

그리스도교 왕국 군주들의 원조는 냉담하고 느리기 짝이 없었다. 하지만 콘스탄티누스는 처음 포위전이 일어날 것을 걱정했을 때 에게 해의 여러 섬들과 모레아, 시칠리아로부터 필요한 지원을 해 주겠다는 약속을 받아 놓았다. 세찬 북풍이[26] 불지 않았다면 4월 초에는 물자 수송과 전투를 위해 만반의 채비를 갖춘 거선 다섯 척이[27] 키오스 항을 출항했을지도 모른다. 그 가운데 한 척은 황제의 깃발을 꽂고 있었고 다른 네 척은 제노바인의 소유였다. 각 배에는 밀과 보리, 포도주, 기름, 채소가 가득 실려 있었고 무엇보다도 수도 방위를 도와줄 병사들과 선원들이 타고 있었다. 지루한 기다림 끝에 마침내 미풍이 불어왔고 출항 둘째 날부터는 강한 남풍이 불어와 배들은 헬레스폰투스 해협과 프로폰티스 해를 순조롭게 통과할 수 있었다. 하지만 콘스탄티노플은 이미 바다와 육지가 모두 봉쇄된 상태였으며, 보스포루스 해협 입구에는 투르크 함대가 초승달 모양으로 해안에 포진한 채 이 대담한 원군을 나포

배 네 척의 원조와 승리

[26] 거센 반대의 뜻에서인지 아니면 언어와 지리를 전혀 몰랐기 때문인지 모르지만, 쿠쟁은 그들이 남풍 때문에 키오스에 발길이 묶였으며 북풍이 불 때 콘스탄티노플을 향해 나아갔다고 적고 있다.

[27] 비잔티움의 사가들이 이 화려한 함대의 숫자를 서로 다르게 말했다는 점에 주목해야 한다. 두카스는 5척으로, 프란차와 레오나르두스는 4척으로, 칼콘딜레스는 2척으로 말하는 등, 보다 작은 규모로 말하기도 하고 더 큰 규모로 말하기도 한다. 볼테르는 이 가운데 1척을 프리드리히 3세의 소유로, 다시 말해 동로마 황제와 신성 로마 황제의 배가 섞여 있었다고 말한다.

하거나 격침시킬 준비를 하고 있었다. 콘스탄티노플의 지형을 떠올릴 수 있는 독자라면, 이 장대한 광경을 상상하며 감탄을 금치 못할 것이다. 이들 다섯 척의 그리스도교 측 선단은 고함을 지르면서 돛을 모두 펴고 힘차게 노를 저어 300척에 달하는 적군 함대를 향해 용감하게 돌진하였다. 성벽과 군영, 그리고 유럽과 아시아 쪽 해안에는 이 귀한 원군이 하루빨리 도착하기만을 기다리는 구경꾼들이 많이 나와 있었다. 첫눈에 보기에도 의심의 여지가 없는 싸움이었다. 수적으로나 규모로나 우세가 확실했기 때문에, 침착하게 맞섰더라면 투르크군은 확실하게 원군을 제압했을지도 모른다. 하지만 급조된 투르크의 해군은 불완전했으며, 우수한 인력이 아니라 순전히 술탄의 의지만으로 만들어진 오합지졸에 불과했다. 신이 그들에게 땅을 제압하는 것은 허락해 주었지만 가장 번성할 때조차도 바다만은 이교도들에게 선사해 주었음은 투르크인들조차도 인정하는 사실이다. 연이은 패배와 급속한 쇠락은 그들의 겸허한 고백이 진실임을 입증해 준다. 약간의 무력을 갖춘 열여덟 척의 갤리선을 제외하면 나머지 배들은 지붕조차 없는데다 조잡하게 건조되고 조종도 어설펐으며 병사들을 태우긴 했지만 대포도 실려 있지 않았다. 무릇 용기는 대부분이 자신의 힘을 자각하는 데서 나오게 마련인데, 바다라는 새로운 영역에서는 가장 용감한 예니체리 병사들마저도 두려움에 벌벌 떨고만 있었다. 반대로 그리스도교 국가에서 온 다섯 척의 함선은 숙련된 조타수가 조종하고, 오랫동안의 항해술이 몸에 배어 있고 바다의 위험을 익히 잘 아는 이탈리아와 그리스 출신의 노련한 선원들이 타고 있었다. 다섯 척의 배는 육중한 몸집을 끌고서 앞길을 가로막는 장애물을 격침시키거나 쫓아 버렸다. 이 배들의 대포는 물살을 갈랐고, 자신들에게 접근하여 배에 오르려는 적함의 뱃머리에는 뜨거운 그리스의 불을 쏟아부었다. 바람과 파도 역시 가장 유능한 항해사들의 편을 들어주었다. 이 전투에서 거의 제압될 위기에 처해 있던 제국의 선박은 제노바 선박에 의해 구조되었으나, 투르크 함대는 원거리 공격과 접근전을 두 번이나 시도하다가 모두 큰 손실을 입고 퇴각해야 했다. 마호메트는 해안가에서 말 위에 앉아 이 광경을 지켜보면서, 승리했을 때 큰 상을 내리겠다고 약속하고 그렇지 못하면 적의 두려움보다 더 무시무시한 두려움을 맛보게 될 것이라고 큰 소리로 아군의 분전을 재촉했다. 그의 영혼이 지닌 열정은 심지어는 몸짓까지도[28] 전장의 병사들의 행동을 모방하는 듯했는데, 그는 마치 자기가 자연의 주인이라도 되는 듯 무모하게 말을 타고 바다로 들어가려는 시늉까지 했지만 소용없는 노력이었다. 그의 성난 질타와 군영 병사들의 아우성에 격앙된 오스만군의 세 번째 공격은 앞선 두 번의 공격보다도 훨씬 치명적이고 잔인하였다. 믿기는 힘들지만 프란차의 증언을 잠시 짚고 넘어가지 않을 수 없다. 프란차가 투르크인에게 직접 들었다고 주장하는 바에 따르면, 그날 하루 투르크군은 1만 2000명이 넘는 병력을 잃었다고 한다. 그들은 뿔뿔이 흩어져 유럽 쪽 해안과 아시아 쪽 해안으로 도망쳤고, 반면에 전투에서 승리하고 피해도 거의 없는 그리스도교 측 선단은 보스포루스 해협을 유유히 통과해 항구에 안전하게 닻을 내렸다. 승리로 자신감을 얻은 그들은 투르크의 전력이 자신들보다 한 수 아래임이 분명하다고 떠들어댔다. 반면에 투르크군의 함대 사령관은 한쪽 눈에 치명적인 부상을 입는 바람에 패배했다는 변명을 늘어놓았다. 함대 사령관인 발타 오글리는 불가리아 왕족의 혈통을 이어받은 변절자였다. 그는 군 생활 내내 탐욕스러운 인물로 나쁜 평판을 받고 있었는데, 군주의 압제와 사람들의 억압이 가해지는 상황에서

[28] 고백건대, 거대한 시라쿠사 항에서 펼쳐진 해전에서 아테네인들이 보여준 열정과 행동을 투키디데스가 너무나도 생생하게 묘사해 주어서 나는 마치 한 편의 그림을 보는 듯한 느낌이었다.

는 이런 사람에게 불운도 유죄를 입증하는 충분한 증거가 되는 법이다. 패배에 분노한 마호메트는 오글리의 지위와 공적을 박탈하였다. 술탄이 보는 앞에서 그는 네 명의 노예에게 끌려 나가 황금 채찍으로 백 대를 맞는 태형을 받았다.[29] 술탄은 처음에는 사형을 언도했으나 자비를 애원하는 사령관의 청을 받아들여 재산 몰수와 추방이라는 조금 감형된 처벌을 내리는 것으로 만족했다. 보급품이 도착한 덕분에 희망이 되살아난 비잔티움 사람들은 다시 서방 동맹들의 냉담한 반응을 비난하고 나섰다. 과거에는 수백만의 십자군 병사들이 자원하여 싸우다가 아나톨리아의 사막과 팔레스타인의 바위 골짜기의 무덤에 몸을 묻었다. 하지만 제국의 수도는 적에게는 공격하기 힘들지만 우방들에게는 접근하기 용이한 장점을 갖추고 있었다. 그러므로 적절한 해군력을 갖춘 해양 강국들이 나서기만 했다면 로마라는 이름의 이 유적지를 구출해서 오스만 제국의 심장부에 남아 있는 전통적인 그리스도교도들의 보루를 끝까지 지켜 냈을지도 모르는 일이었다. 그러나 콘스탄티노플을 구원하기 위한 서방의 미약한 시도는 이것이 처음이자 마지막이었다. 멀리 떨어져 있는 열강들은 사태의 심각성을 제대로 이해하지 못하고 있었으며, 심지어 헝가리의 사절, 특히 후냐데의 사절은 투르크 진영에 계속 머물면서 술탄의 근심을 없애 주고 작전을 조언해 주기까지 하였다.[30]

[29] 두카스의 과장되거나 왜곡된 설명에 따르면 이 황금 채찍은 무게가 무려 500파운드나 되었다. 부이요(Bouillaud)는 그 무게가 5파운드라고 말하는데, 이 정도라면 마호메트가 이를 휘둘러서 오글리의 등에 피멍이 들게 하기에 충분한 수준이다.

[30] 두카스는 헝가리에 대해 자신이 잘못 알고 있었다고 시인하면서 그 원인을 잘못된 미신으로 돌리고 있는데, 그것은 콘스탄티노플이 투르크군 원정의 끝이 될 것이라는 치명적인 믿음이었다.

육상으로 해군을 수송하는 마호메트

비잔티움이 오스만 투르크의 국정 회의에서 논의된 비밀 내용까지 알아내기는 어려운 일이었으나, 그들은 이 정도의 완강하고 놀라운 저항이면 마호메트의 인내심도 바닥이 났을 것이라고 믿었다. 실제로도 술탄은 퇴각에 대해 생각하기 시작했는데, 열의에 불타는 야심가인 제2대신이 비잔티움 궁정과 계속해서 비밀리에 내통하고 있던 칼릴의 반역적인 간언에 이의를 던지지만 않았더라면 투르크군은 신속하게 포위를 해제했을지도 모른다. 지상과 항구 양쪽에서 공격을 감행하지 않는 이상 콘스탄티노플을 함락시키기는 불가능한 듯이 보였다. 그러나 항구 쪽으로는 접근할 수가 없었다. 8척의 거대한 선박과 이보다 약간 작은 20척의 선박, 그리고 수많은 갤리선과 외돛배가 사슬처럼 촘촘하게 연결되어 수도를 방위하고 있었던 것이다. 투르크군은 이 방위선을 무너뜨릴 엄두도 내지 못한 채 공해에서 또 한 번의 돌발적인 해상전이 벌어질 것을 염려하였다. 이런 당혹스러운 상황에서도 마호메트는 좀 더 가벼운 배와 군수 물자를 보스포루스 해협에서 항구의 고지대까지 육로를 통해 운송한다는 놀랍고도 대담한 계획을 생각해냈다. 그 거리는 약 10마일이며 땅은 울퉁불퉁한데다 잡목이 뒤엉켜 있었다. 또한 길은 갈라타 교외 지역을 돌아서 닦아야 했으므로, 그들이 이 길을 자유롭게 통과하는가 아니면 완전히 전멸당하는가는 제네바인들의 선택에 달려 있었다. 하지만 술탄은 이 이기적인 상인들에게는 마지막에 파멸시키는 호의를 베풀기로 결심하는 한편, 부족한 기술은 온순한 병사들로 인해 전술을 펼쳐 보충하기로 했다. 평탄해진 길에는 튼튼하고 단단한 널빤지로 이어 만든 넓은 판을 덮었고, 여기에 마차들이 더 잘 굴러갈 수 있도록 양이나 소의 기름을 발랐다. 이렇게 해서 50 내지 30개의 노가 달린 80척의 가벼운 갤리선과 쌍돛대 범선은 보스포루스 해안에서 뭍에 올려진 다음 굴림대 위에 차례로 배열된 후 인력이나 도르래에 끌려 운반되었다. 각 선박마다 두 명의 항해사가 이물과 고물에 앉아서 방향을 안내했고, 바람이 불면 돛을 활짝 펼쳤으며, 노랫가락과 환호성으로 인부들의 작업을 격려하였다. 단 하룻밤 만에 투르크 함대는 갖은 고생 끝에 언덕을 넘고 평원을 건넌 후, 내리막을 통과해 항구의 얕은 물가에 다다를 수 있었다. 거기에서라면 바닥이 깊은 비잔티움 선박들의 방해를 충분히 피할 수 있을 것이 분명했다. 이 수송 작전의 중요성은 사람들의 놀람과 사기충천으로 과장되기는 했지만, 양국 사람들은 의심의 여지가 없는 이 유명한 사건을 생생하게 목격한 후 기록해 놓았다.31 이와 비슷한 작전은 고대에도 몇 차례 시행된 적이 있었고,32 (다시 한 번 반복하지만) 오스만의 갤리선은 군함이라기보다는 대형 보트 정도로 보는 것이 적절하다. 그러므로 이 작전의 규모나 이동 거리, 장애물이나 방법 등을 고대의 그것과 비교할 때, 투르크인들이 그토록 떠들어대는 기적은 아마도 오늘날의 사람들의 근면성이라면 어렵지 않게 이루어낼 수 있는 일일 것이다.33 마호메트는 항구 안쪽에 함대와 군대를 주둔시키자마자 폭이 가장 좁은 지점에 너비 50큐빗, 길이 100큐빗의 다리를 만들었다. 사실 다리라기보다 방파제에 가까운 이것은 큰 통들을 뗏목처럼 연결해서 쇠고리로 묶어 고정시킨 다음 그 위에 단단한 널빤지를 깔아 놓은 것이었다. 술탄은 이 떠 있는 장치에 가장 큰 대포를 설치하였고, 그 사이에 병사들과 공성 사다리를 실은 80척의 갤리선은 예전에 라틴 정복자들이 급습했을 때 이용했던 접근하기 가장 쉬운 지점으로 다가갔다. 라틴 정복자들에 의해 파괴된 곳을 복구하지 않은 채 그대로 둔 그리스도교도들의 게으름은 비난받아 마땅하지만, 그들의 화력은 더 우세한 투르크군의 화력에 압도당해 침묵을 지킬 수밖에 없었다. 그래서 그들은 술탄의 다리와 선박을 불태우기 위해 야간 기습까지 감행하기도 하였으나 술탄이 경계를 게을리하지 않은 탓에 비잔티움 측은 접근조차 할 수 없었다. 선두에 섰던 소형 갤리선은 격침되거나 포획되었고 이탈리아와 비잔티움의 가장 용감한

31 네 명의 비잔티움인이 똑같은 증언을 했고 여기에 대해 칸테미르와 투르크 연대기도 같은 내용을 전하고 있다. 하지만 내 생각으로는 10마일보다는 조금 짧았을 것이며 시간도 하룻밤 이상 걸렸을 것으로 보인다.

32 프란차는 6마일에 달하는 코린토스 지협에서 비슷한 수송 작전이 두 차례 펼쳐진 적이 있다고 설명한다. 한 번은 아우구스투스가 악티움 전투가 끝난 후 행한 것으로 사실인지는 분명치 않으며, 또 한 번은 10세기에 비잔티움의 장군인 니케타스가 행한 작전이었다. 다만 프란차가 이 두 작전에 한니발이 타렌툼 항에 선박을 입항시키기 위해 쓴 대담한 책략을 추가하지 않은 것이 아쉽다.

33 무엇보다도 1776년과 1777년에 캐나다의 호수에서 행한 적재작업을 언급하지 않을 수 없다. 이 작전들은 매우 많은 노력을 기울였으나 아무 결실도 맺지 못했다.

젊은이 40명은 술탄의 명령에 따라 잔인하게 처형당했다. 이에 대한 황제의 슬픔은 이슬람 포로 260명의 목을 베어 성벽에 매다는 정당하지만 잔인하기 짝이 없는 보복으로도 가라앉지 않았다. 포위전이 시작되고 40일이 흐르자 콘스탄티노플의 운명은 더 이상 되돌릴 수 없게 되었다. 얼마 안 되는 수비대는 양면 공격으로 이미 사기가 땅에 떨어졌고 오랜 세월 적의 침입을 막아 낸 성채는 오스만군의 포격으로 여기저기 무너져 내렸다. 성벽 곳곳에 큰 구멍이 났고, 성 로마누스 문 근처에 있는 네 개의 탑은 완전히 흙더미로 변해 버렸다. 콘스탄티누스는 허약하기 짝이 없으면서도 반항의 기미마저 보이는 병사들에게 보수를 지급하기 위해 훗날 네 배로 갚겠다는 약속을 하고 교회의 성물들을 처분해야만 했다. 이런 신성 모독적인 행동은 통합 반대파에게 새로운 비난의 빌미를 제공하였다. 불화의 기운은 남아 있는 그리스도교도 병사들의 사기를 떨어뜨렸고, 제노바와 베네치아의 원군들은 서로 자기들의 공이 더 크다는 주장만을 일삼았다. 유스티니아니와 대공은 공동의 위기 앞에서도 개인의 야욕을 떨치지 못한 채 상대방을 배신자, 겁쟁이라고 비난하는 데 여념이 없었다.

콘스탄티노플 공방전이 벌어지는 동안 화평과 조건부 항복이라는 말이 가끔씩 제기되었고, 사절들이 여러 차례 투르크 진영과 콘스탄티노플을 오갔다.[34] 불리한 상황에 자신감을 잃은 비잔티움 황제는 종교와 제권의 양립이 가능하다면 기꺼이 항복할 생각이었다. 술탄도 병사들이 더 이상 피 흘리는 일이 없기를 바랐으며, 무엇보다도 비잔티움의 보물을 손상시키지 않고 그대로 손에 넣고 싶은 마음이 컸다. 그리고 술탄으로서

콘스탄티노플의 재앙

1453년 5월, 총공격을 준비하는 투르크인들

[34] 칼콘딜레스와 두카스는 협상의 시기와 상황을 서로 다르게 말하고 있다. 사실 협상은 굴욕적이고 불리하기만 했을 뿐임에도, 충성스러운 프란차는 심지어 항복까지 생각하는 군주에게 너그러운 태도를 보이고 있다.

는 그리스도교도들에게 이미 할례나 조공, 아니면 죽음을 선택하게 하는 신성한 임무를 완수한 셈이었다. 마호메트의 욕심은 연간 10만 두카트의 조공에 만족했을지도 모르지만 동로마의 수도에 대한 자신의 야심을 완전히 떨칠 수도 없었기 때문에, 비잔티움의 군주에게는 이에 상응하는 금전적 대가를 요구하고 국민들에게는 너그러운 관용이나 안전한 퇴거를 제안하였다. 그러나 몇 차례나 조약 체결이 실패로 끝나자 술탄은 콘스탄티노플 성벽 아래에서 제위를 무너뜨리지 못하면 죽음뿐이라는 결심을 선언하였다. 한편 자신의 명예와 만방에서 쏟아질 비난을 염려하게 된 팔라이올로구스도 오스만 제국에 도시를 넘긴다는 생각을 바꾸고, 최후의 순간까지 전쟁을 계속하리라는 각오를 다졌다. 술탄은 여러 날에 걸쳐 총공격을 준비하면서 점성술에 따라 5월 29일을 최후의 운명의 날로 정하고 그 전까지는 잠시 휴식을 취하였다. 27일 저녁 마지막 명령을 내린 술탄은 군 수장들을 막사로 소집하였다. 그런 다음 이 위험한 작전의 대의와 각 부대가 수행해야 할 임무를 전달하기 위해 군영 곳곳으로 전령들을 급파했다. 전제 정치의 첫 번째 원리는 공포이다. 술탄 역시 이러한 원리에 따라 도망자나 탈영병은 새의 날개를 가졌다 하더라도 자신의 냉혹한 정의의 심판을 결코 피할 수 없을 것이라는 전형적인 오리엔트식의 위협을 병사들에게 가했다. 마호메트의 총독이나 예니체리 병사들은 대부분 부모가 그리스도교도들이었으나, 그들은 잇단 양자 결연으로 투르크식 이름을 얻음으로써 완전한 투르크인이 되어 있었고, 투르크 고유의 군 생활을 통해 그들 개인의 태도도 차츰 변해 가고 있었다. 이 성전을 치르기 전 이슬람교도들은 기도로 정신을 정화하고 일곱 번의 목욕재계로 몸을 깨끗이 하고 나서 다음 날 해지기 전까지는 음식을 금하라는 훈계를 받았다. 수많은 수도 탁발승들이 막사를 돌아다니면서 순교 의욕을 고취시켰는데, 순교자는 천국의 강과 정원에서 검은 눈동자를 가진 순결한 처녀들의 품에서 불로불사의 축복을 누리게 될 것이라고 장담했다. 한편 마호메트는 눈에 보이는 현실적인 보상을 약속하였다. 그는 승리하는 부대에는 두 배의 상을 내리겠다고 약속했다.

> 저 도시와 건물들은 모두 짐의 것이지만, 포로와 전리품, 금은보화와 미인은 용맹한 그대들의 차지가 될 것이니 그대들은 부와 행복을 거머쥐게 될 것이다. 짐의 제국은 많은 속령을 거느리고 있으니, 콘스탄티노플 성벽을 가장 먼저 오른 용기 있는 병사에게는 가장 아름답고 비옥한 지역의 통치권을 상으로 내릴 것이니라. 또한 짐이 내리는 감사의 선물은 그 용감한 자가 바라는 것보다도 훨씬 많은 명예와 부를 쌓게 해 줄 것이니라.

이처럼 다양하고 막대한 포상을 내걸자 투르크군 전체의 사기는 충천하였고 목숨을 아끼지 않고 분투할 것이라는 결의가 팽배하였다. 군영 전체에 "신은 신이다. 신은 오직 한 분만이 계시며, 마호메트는 신의 사도이다."라고 외치는 이슬람교도들의 환성이 울려 퍼졌고,[35] 곧이어 갈라타에서 일곱 개 탑에 이르는 땅과 바다는 온통 그들이 밝히는 횃불로 대낮처럼 환해졌다.

그리스도교도들의 상태는 이와는 완전히 달랐다. 그들은 무기력한 불평불만을 강하게 토해 내면서 자신들의 원죄와 벌을 애통해 하고 있었다. 성처녀 상이 엄숙한 행렬 앞에 모습을

[35] 프란차는 이런 이슬람교도들의 환호성을 비난하는데, 그 비난은 신의 이름이 아니라 선지자의 이름에 대한 것이었다. 볼테르의 종교적인 열의는 너무 지나쳐서 심지어는 우스꽝스러울 정도이다.

황제와 비잔티움 사람들의 최후의 작별

드러냈지만 이 성스러운 여성 수호자는 신도들의 애원에는 귀를 막고 있었다. 그들은 적절한 시기에 항복하지 못한 황제의 완강함을 비난하고 다가올 비극적 운명을 예상하면서 투르크에 예속되더라도 평화와 안전을 지킬 수 있게 되기만을 염원했다. 5월 28일 저녁, 비잔티움의 최고위층 귀족들과 동맹군의 가장 용감한 장수들이 궁전에 모여 적의 총공격에 대비하여 자신들이 해야 할 일을 점검했다. 팔라이올로구스의 마지막 연설은 로마 제국에 대한 추도 연설이나 다름없었다.[36] 그는 약속을 하고 도움을 호소하면서, 자신의 마음에서도 이미 꺼져 버린 희망을 불어넣기 위해 헛된 노력을 기울였다. 콘스탄티노플이라는 세상에서는 모든 것이 불안하고 암울했으며, 복음서도 교회도 조국을 지키기 위해 목숨을 바친 영웅들에게 아무런 뚜렷한 보상도 제시할 수 없었다. 하지만 황제의 모범과 포위로 봉쇄된 상황은 이런 전사들에게 절망 속에서도 용기를 북돋울 수 있게 해 주었고, 슬픔에 잠긴 회의에 참가했던 역사가 프란차는 그 비장한 상황을 감격적으로 서술하고 있다. 그들은 흐느껴 울고 서로를 얼싸안았으며, 자신의 가족과 재산을 버릴지라도 조국을 위해 목숨을 바치기로 결심했다. 그런 뒤 자신의 부대로 돌아간 지휘관들은 성벽 위에서 빈틈없이 경계를 서며 온 밤을 지새웠다. 황제와 몇몇 믿을 만한 측근들은 앞으로 몇 시간 후면 모스크로 바뀔지도 모르는 성 소피아 대성당에서 눈물의 기도를 올리며 경건한 마음으로 성체 배령의 미사를 거행하였다. 황제는 울부짖는 소리와 한탄이 울려 퍼지는 궁전으로 돌아가 잠시 휴식을 취한 후 자신 때문에 상처를 입었을지도 모르는 모든 사람들에게 용서를 구했다. 그런 뒤 말에 올라타 경계 태세를 점검하고 적의 움직임을 예의 주시했다. 마지막 황제 콘스탄티누스의 고난과 죽음은 역대 비잔티움 황제들이

[36] 아마도 황제의 마지막 연설문은 프란차가 작성해 주었을 것이다. 또한 설교와 의식 집전의 분위기가 상당히 많이 풍기는 것으로 보아 콘스탄티누스가 정말로 연설을 했는지 의문이 든다. 레오나르두스는 황제가 또 한 번 연설을 하면서 라틴 원군에 대해 좀 더 정중한 태도를 취했다고 말하고 있다.

누리던 오랜 번영보다도 훨씬 영광스러운 것이었다.

때로는 어두운 밤의 혼란을 틈타 불시에 일격을 가하는 것이 성공을 거둘 수도 있지만 이번의 대대적인 총공격을 감행하면서 마호메트는 군사적인 판단력과 점성술에 따라 그리스도교 기원 1453년 5월 29일의 아침이 오기를 기다리기로 했다. 마침내 아침이 밝았고 이 아침을 맞기 위해 밤 사이 많은 준비를 해야 했다. 여러 지점에서 성벽의 갈라진 틈까지 도달할 넓고 평탄한 길을 만들어 병력과 대포, 장작단이 해자 가장자리에 전진 배치되었다. 80척의 갤리선들은 이물과 공성 사다리의 연결을 끝내고 항구의 방비가 약한 성벽으로 최대한 가까이 다가갔다. 소리를 내는 자는 죽음에 처한다는 엄명이 내려졌지만, 운동이나 소리의 물리적인 법칙이 규율이나 두려움에 복종할 리 없었다. 병사 개개인은 소리를 죽이고 걸음도 최대한 조용히 옮겼을지 모르나, 수천 명이 진군하고 작업하면서 불가피하게 발생하는 이상하고 혼란스러운 소음은 탑에서 경계를 서는 보초병의 귀에까지도 들려왔다. 날이 밝자마자 아침을 알리는 통상의 포성도 없이 투르크군은 바다와 육지에서 일제히 도시를 공격했다. 연속된 밀집 형태를 취하는 투르크군의 공격은 마치 꼬아 놓은 실과 같았다.[37] 맨 앞에 나선 부대는 쓰레기 취급을 당하는, 규율이나 체계도 없이 싸우는 오합지졸로, 이들 선발대는 주로 노년병이나 소년병 또는 농부나 부랑자 등 약탈과 순교에 대한 맹목적인 희망만을 가지고 군대에 지원한 자들로 이루어져 있었다. 그들은 공통된 충동에 사로잡혀 성벽을 향해 돌진했다. 대담하게 성벽을 오르는 자들은 그 즉시 창에 찔렸고, 이들 오합지졸 무리를 향해 쏜 그리스도교도들의 화살이나 탄환은 단 한 발도 빗나가지 않았다. 하지만 힘든 공방전

5월 29일, 총공격

[37] 두카스는 1만 명의 경비병과 선원, 해군 외에도 이 총공격에 가담한 투르크군의 숫자는 기병과 보병을 합쳐 25만 명이었다고 말한다.

을 치르느라 수비대의 병력과 탄환은 모두 바닥을 드러냈고, 해자는 죽은 자들의 시체로 메워졌다. 투르크 병사들이 죽은 동료들을 발판으로 전진함으로써, 이 헌신적인 선발대는 살았을 때보다 죽어서 더 많은 공을 세운 셈이었다. 아나톨리아와 로마니아의 부대는 각자의 지휘관들의 명령을 받으며 계속해서 돌진하였으나 뿔뿔이 흩어진 채 전진한 탓에, 전투를 시작한 지 2시간이 지났음에도 전황은 여전히 비잔티움 측에 우세하게 전개되었다. 조국을 구하기 위해 끝까지 노력하라며 병사들의 사기를 진작시키는 황제의 외침이 곳곳에 울렸다. 이 결정적인 순간 무적의 예니체리 부대가 전투에 참가하여 돌진해 왔다. 말에 올라타 지휘봉을 쥐고 전투 상황을 지켜보고 있던 술탄은 부대의 용맹함을 평가하는 심판자였다. 마지막 순간을 위해 아껴 둔 친위대 1만의 병사가 그의 주위를 둘러싸고 있었으며, 그의 말 한 마디 눈빛 하나에 전투의 방향이 정해지고 속도가 조절되었다. 대열 뒤에는 수많은 사법관들이 포진하고서 병사들의 분투를 독려하고 도망을 막으며, 도망자에게는 처벌을 내리는 임무를 수행하고 있었다. 앞에서는 전투의 위험이 기다리고 있었고, 뒤에서는 도망자에게 내리는 불명예와 처형이 기다리고 있었다. 두려움과 고통의 외침은 북과 나팔, 아타발이 내는 군악에 파묻혀 들리지도 않았다. 경험으로 알 수 있듯이 기계적인 소리는 혈액과 정신의 순환 속도를 높이기 때문에 이는 이성과 명예에 호소하는 웅변보다 인체에 훨씬 강력한 영향을 끼친다. 오스만군의 진영과 갤리선, 다리로부터 일제히 포화 공격이 쏟아졌다. 군영과 도시, 투르크군과 비잔티움 병사들 모두가 연기구름에 휩싸였고, 이제 이 구름이 가시고 나면 로마 제국이 해방되느냐 멸망하느냐가 최종적으로 결정될 것이었다. 역사나 우화 속에 나오는 영웅끼리의 혈투는 우리의 공상을 즐겁게 하고 흥미를 자아내며, 훌륭한 작전으로 전개되는 전쟁은 비록 잔인하기는 할지라도 필요한 학문 발전에 도움을 주기도 한다. 하지만 한결같이 무시무시한 총공격이 감행되는 상황에서는 피와 공포와 혼란만이 존재할 뿐이다. 때문에 그때로부터 300년이 지났고 내가 사는 곳이 전쟁터에서 1000마일 이상 떨어져 있을지라도, 아무도 구경꾼이 될 수 없었으며 무대에서 활약하는 배우들마저도 적절하고 충분한 생각을 갖출 수 없었던 당시의 상황을 나는 자세히 묘사할 생각이 없다.

콘스탄티노플이 곧바로 함락된 직접적인 계기는 화살 혹은 탄환이 유스티니아니의 긴 장갑을 관통한 데에 따른 것이라고 할 수 있다. 손에서 흐르는 피와 극심한 고통은 지금까지 용맹함과 지혜로 수도 방어의 가장 확실한 버팀목이 되어 온 이 사령관의 용기를 꺾어 버렸다. 그가 의사를 찾아가기 위해 자리를 뜨는 모습을 보고 꿋꿋이 싸우던 황제가 그의 앞을 가로막았다. 그리고 팔라이올로구스는 "그대의 상처는 가볍고 우리의 위기는 긴박하오. 그대는 자리를 지켜야 하오. 도대체 그대는 어디로 물러나려는 것이오?" 하고 외쳤다. 그러자 제노바 출신의 사령관이 떨리는 목소리로 말했다. "소신은 신께서 투르크인들에게 열어 준 바로 그 길로 퇴각할 것입니다." 이 말을 내뱉고는 그는 안쪽 성벽에 난 틈새 하나를 통해 황급히 빠져나갔다. 이런 비겁한 행동으로 그는 군인으로서의 명예를 더럽혔고, 그 때문에 갈라타 혹은 키오스 섬에서 얼마 남지 않은 생을 보내는 동안 자책감과 대중의 지탄을 받으며 괴로워했다.[38] 라틴인 원군들 대다수가 그의 행동을 그대로 따라서 했고, 총공격의 위세가 더욱 거세지면서 마침내 방어선이 무너지고 말았다. 오스만군의 숫자는 그리스도교도들의 숫자보다 50배, 어쩌면 100배 이상 더 많았고, 이중의 성벽은 계속되는

[38] 유스티니아니의 도주를 신랄하게 비판하면서 프란차는 자신의 느낌과 신민들의 감정을 적고 있다. 두카스는 몇 가지 개인적인 이유에서 그의 도주를 좀 더 관대하고 정중한 어조로 적고 있지만, 키엔시스는 그 자신이 느낀 강한 분노를 어김없이 드러내고 있다. 동로마에 대한 일련의 정책에서 키엔시스는 자신의 동포인 제노바인들에 대한 의혹을 눈길을 거두지 않으면서 많은 경우 그들에게도 잘못이 있다고 말한다.

포격으로 무너져 내렸다. 수 마일이나 이어진 긴 성벽에서는 접근이 쉽거나 방비가 허술한 부분이 군데군데 있기 마련이고, 공격자들이 단 한 곳만 돌파해서 진입하기만 해도 도시 전체가 완전히 함락될 것은 불을 보듯 뻔했다. 술탄이 내건 포상을 받을 만한 공을 세운 첫 번째 병사는 예니체리군 소속으로 기골이 장대하고 힘이 장사인 하산이라는 자였다. 그는 한 손에는 언월도를 한 손에는 방패를 들고서 외벽을 기어 올라갔다. 그와 무공을 다투기 위해 용감하게 성벽을 오르던 30여 명의 예니체리 병사 중 18명이 죽었다. 하산과 다른 12명의 동료들만이 성벽 끝까지 올라갔으나 이 거인은 공격을 받고 아래로 떨어졌다. 그는 한쪽 무릎을 세우고 일어났으나 이번에는 화살과 돌멩이가 빗발치듯 쏟아져 내렸다. 하지만 그의 성공은 성벽에 오르는 것이 가능함을 입증한 셈이었고, 얼마 지나지 않아 성벽과 탑들은 투르크 병사들로 뒤덮였다. 유리한 공격 지점을 잃게 된 비잔티움군은 점점 늘어만 가는 투르크 병사들에게 완전히 제압되었다. 이 무리들 속에서 황제는[39] 총사령관과 한 명의 병사로서의 임무를 훌륭히 소화하면서 오랫동안 버텼지만 마침내 그의 모습도 사라졌다. 그의 옆에서 함께 싸우던 귀족들은 마지막 숨을 거두는 순간까지 팔라이올로구스와 칸타쿠제누스라는 명예로운 이름을 지켜 주기 위해 분투했다. 황제의 서글픈 외침이 들렸다. "누구 내 목을 쳐 줄 그리스도교인 없소이까?"[40] 황제의 마지막 두려움은 이교도의 손에 자신의 목숨을 맡겨야 한다는 것이었다.[41] 절망 속에서도 콘스탄티누스는 현명함을 잃지 않은 채 자의를 벗어 던졌다. 이런 아수라장 속에서 그는 한 무명 병사에게 붙잡혀 목숨을 잃었고 그의 시신은 다른 수많은 전사자들 속에 파묻혔다. 황제가 죽자 저

콘스탄티누스
팔라이올로구스의 죽음

[39] 두카스는 그가 투르크 병사들에게 두 차례 가격을 당한 후 죽였다고 말하고, 칼콘틸레스는 그가 어깨에 부상을 입은 후 성문에서 깔려 죽었다고 말한다. 슬픔에 겨운 프란차는 황제가 적군 한복판으로 몸을 날렸다고 설명하면서도 그의 마지막 순간이 어떠했는지는 정확히 말하지 못하고 있다. 하지만 우리는 아무런 미화를 하지 않아도 드라이든의 숭고한 시를 그의 죽음에 적용해 볼 수 있다.
"성 세바스천에 대해서는, 그들에게 전장을 찾아보게 할지니
그곳에서 그들은 시신의 산을 찾은 후
하나가 그 산에 올라가 아래를 내려다보게 할 것이다.
그곳에서 그들은 마침내 그의 시신을 찾을 수 있을 것이니
그의 훌륭한 검이 파 놓은 그 핏빛 기념비 속에서도
그의 얼굴은 하늘을 향하고 있도다."

[40] 황제가 내세의 구원을 얻었을 것이라는 희망에서 스폰다누스는 누군가 황제의 요구를 들어주어 그가 자살하는 죄악을 저지르는 것을 면하게 되었기를 염원한다.

[41] 키엔시스는 투르크인들이 황제를 알아보았더라면 어떻게 해서든 그를 살려서 포로로 삼은 후 술탄에게 데려갔을 것이라는 그럴듯한 주장을 펴고 있다.

514

항 의지도 지휘 체계도 더 이상 존재하지 않았다. 비잔티움 병사들은 도시를 향해 일제히 도망쳤고, 성 로마누스 문의 좁은 통로로 한꺼번에 많은 인파가 몰려들면서 압사당하는 사람도 생겼다. 승리한 투르크군이 성 안쪽의 틈새를 통해 성 안으로 진입해서 거리를 향해 진군하였고, 얼마 후 항구 쪽에서 페나르 문을 돌파하고 들어온 우군이 그들과 합류하였다.[42] 첫 번째 추격전이 벌어지는 동안 약 2000명의 그리스도교도들이 칼에 찔려 죽었다. 하지만 곧 탐욕이 잔혹함을 앞질렀는데, 승리자들은 용감한 황제와 그가 고른 정예군들이 수도 곳곳에 저항군을 준비해 놓지 않았더라면 즉시 자비를 베풀어 주었을지도 모르는 일이었다. 이로써 호스로우, 칸, 칼리프 들의 무력에도 꿋꿋이 버틴 콘스탄티노플은 53일간의 공방전 끝에 마호메트 2세의 군대에 의해 정복당했다. 이전에 비잔티움 제국은 단 한 번 라틴인들에게 점령당했을 뿐이었는데 이제는 이슬람 정복자들의 진흙 묻은 군홧발에 철저히 짓밟히고 말았다.[43]

콘스탄티노플과 제국의 상실

불행한 소식은 원래 빠른 속도로 전파되는 법이지만, 콘스탄티노플은 워낙 넓었던 탓에 조금 멀리 떨어진 곳에서는 자신들의 파멸을 모른 채 잠시나마 행복한 무지 상태를 누렸을지도 모른다.[44] 하지만 도시 전체의 경악, 개인과 나라의 안위에 대한 걱정, 총공격의 혼란과 포화 속에서 사람들은 누구나 밤낮으로 잠을 못 이뤘을 것이며, 많은 비잔티움 처녀들이 예니체리 병사들에 의해 깊고 조용한 잠에서 깨어났을 것이라고는 도저히 상상할 수 없다. 나라가 무너졌음을 안 사람들은 집과 수도원을 뛰쳐나와 거리로 쏟아져 들었다. 그들은 마치 약한 동물들처럼 약자들끼리도 모이면 힘을 발휘할 수 있을 것이라

콘스탄티노플에 입성해 약탈하는 투르크인들

[42] 항구 입구에 머물고 있던 그리스도교 측 선박은 투르크군의 해상 공격을 측면에서 방어하면서 그들의 진군 속도를 조금이나마 지연시켰다.

[43] 고대 트로이 대재앙에 대한 복수로 아시아인들이 콘스탄티노플 약탈을 감행한 일이 있었다는 칼콘딜레스의 설명은 전혀 말이 되지 않는다. 15세기의 문법학자들은 투르크라는 투박한 호칭을 좀 더 고전적인 분위기를 풍기는 '테우크리(Teucri)'로 바꾸고 있다.

[44] 페르시아의 키루스 왕이 축연을 벌이고 있던 바빌로니아를 기습하여 점령했을 때, 이 도시는 대단히 넓고 주민들은 너무 부주의해서 멀리 떨어진 곳에 있던 사람들은 자신들이 포로가 되었음을 알게 될 때까지 많은 시간이 걸렸다.

45 이 생생한 묘사는 두카스에서 인용한 것으로 그는 2년 후 레스보스 군주의 사절로 술탄에게 파견되었다. 1463년 정복당하기 전까지 레스보스 섬은 콘스탄티노플에서 온 난민들로 들끓었는데, 그들은 또 한 번의 비극이 반복되는 것을 기뻐하였으며 심지어는 찬양하기까지 하였다.

고 생각하거나, 혹은 군중 속에 있으면 개개인은 눈에 띄지 않아 안전하리라는 헛된 희망을 품은 듯했다. 도시의 곳곳에서 쏟아져 나온 사람들은 성 소피아 대성당으로 몰려갔고, 한 시간도 안 되어 지성소와 성가대석, 본당 회중석, 2층과 1층의 회랑에 아버지와 남편들, 여인과 아이들, 성직자들, 수도사들, 수녀들이 빈틈없이 꽉 들어찼다. 그들은 출입문의 빗장을 안쪽에서 걸어 잠근 후 얼마 전까지만 해도 오염된 장소라며 혐오했던 성당의 보호를 빌었다. 그들이 이렇게 믿게 된 것은 한 사기꾼 광신자의 예언 때문이었다. 언젠가는 투르크군이 콘스탄티노플에 들어와서는 로마인들을 성 소피아 대성당 앞 광장에 있는 콘스탄티누스 대제의 기둥으로까지 내몰 것이다. 하지만 로마인들의 재앙은 여기서 끝날 것이니, 천사가 한 손에 검을 쥐고 하늘에서 내려와 그 무기를 휘둘러서 제국을 위기에서 구원하고 가난한 사람을 포함해 기둥 밑에 앉은 모든 사람을 구해 줄 것이다. 천사는 "이 검을 들고 신의 백성들의 원수를 갚아라."라고 외칠 것이다. 이 우렁찬 함성에 투르크인들은 즉시 줄행랑치고 승리한 로마인들은 적을 서방 세계와 아나톨리아에서 몰아내고 저 먼 페르시아 변방까지 쫓아낼 것이다. 이상이 그 광신도가 한 예언이었다. 역사가 두카스는 약간의 허구와 상당한 진실을 섞어서 비잔티움 사람들의 아우성과 고집불통의 태도를 꾸짖었다. 그는 이렇게 소리 질렀다. "만일 천사가 와서 적을 섬멸시키는 대가로 교회 통합에 동의해 줄 것을 제안한다 하더라도 그대들은 이 절체절명의 순간에도 자신들의 안전을 거부하거나 신을 기만했을 것이 틀림없다."45

포로가 된
비잔티움 사람들

사람들이 내려올 기미조차 없는 천사를 기다리고 있는 동안 도끼날에 출입문이 부서졌다. 투르크 병사들은 아무런 저항도 받지 않자 피 묻은 손으로 포로들을 선별하고 확보하는 작업을 시작했다. 그들은 우선 젊은이나 미인, 부유해 보이는 사람을 골라냈고, 포로에 대한 권리는 선착순, 힘의 세기, 또는 지위 고하에 따라 결정되었다. 한 시간 만에 남자 포로들은 끈으로, 여자 포로들은 베일이나 허리띠로 포박당했다. 원로원 의원이 노예와, 고위 성직자와 교회의 청지기가, 평소 베일을 쓰고 다니며 태양은 물론 가까운 친척에게도 얼굴을 드러내지 않던 귀부인들이 평민 남자들과 같이 묶였다. 이렇게 포로들을 한데 포박하는 과정에서 각 계층이 뒤섞였고 가족들은 뿔뿔이 흩어졌다. 무자비한 병사들은 아버지의 신음에도, 어머니의 눈물에도, 아이들의 울음소리에도 아랑곳하지 않았다. 가장 크게 구슬피 운 사람들은 가슴이 파헤쳐지고 산발이 된 채 두 팔을 하늘을 향하여 높이 치켜든 모습으로 강제로 제단에서 끌어내려진 수녀들이었다. 이들 중에서 수도원의 경건한 생활보다 하렘의 생활을 더 좋아할 사람은 거의 없을 것임을 우리는 경건한 마음으로 믿어야 한다. 비운의 비잔티움 사람들은 가축처럼 끈에 묶여 거리로 거칠게 끌려 나왔다. 더 많은 먹잇감을 찾을 욕심에 다시 돌아온 정복자들이 위협과 구타를 가하자 포로들은 공포에 떨며 걸음을 재촉해야 했다. 같은 시각, 수도의 모든 성당과 수도원, 모든 궁전과 저택에서도 똑같은 약탈이 자행되었고, 아무리 신성한 장소나 격리된 장소도 비잔티움 사람들의 신병이나 재산을 보호해 주지는 못했다. 나라를 잃은 6만 명이 넘는 포로들은 수도에서 군영이나 함대로 압송된 후, 그들의 새 주인이 된 자의 변덕이나 이익에 따라 교환되거나 팔려 나가 오스만 제국의 속령 곳곳으로 뿔뿔이 흩어져 노예 생활을 하게 되었다. 이들 중에서도 몇몇 유명한 인물들을 주목할 필요가 있다. 역사가이자 시종장이며 제1서기관이던 프란

[46] 티라보시와 랑슬로를 참조하기 바란다. 나는 필렐푸스가 어떻게 이 공공의 적에게 송시를 바칠 수 있었는지 궁금하기 짝이 없는데, 그는 술탄을 가장 비열하고 비인간적인 군주로 자주 묘사하고 있기 때문이다.

차와 그의 가족들도 나라의 고난을 피할 수 없었다. 프란차는 4개월 동안 노예로서 온갖 고생을 겪다가 간신히 자유를 되찾았고, 이듬해 겨울에는 하드리아노플로 가서 미르 바시(mir bashi), 즉 기마를 관장하는 우두머리에게 몸값을 치르고 아내를 되찾았다. 그러나 젊고 꽃처럼 아름다운 두 자녀는 마호메트의 개인적 용도로 잡혀 있었다. 프란차의 딸은 후궁에서 아마도 처녀인 채로 죽었고, 잡혔을 때 열다섯 살이었던 아들은 불명예를 당하느니 죽음을 택하면서 술탄의 단검에 찔려 죽었다. 마호메트의 이런 비인간적인 행위는 고귀한 가문의 여인을 아내로 맞은 필렐푸스로부터 라틴어 송시를 받은 보답으로 그의 아내와 두 딸을 관대하게 풀어 준 것만으로는 전혀 속죄될 수 없는 것이었다.[46] 마호메트의 자만심과 잔악성은 로마 교황의 사절을 포로로 잡았다면 크게 만족스러워했을지도 모르지만, 이시도르 추기경은 기지를 발휘해서 수색을 피한 다음 평민 복장으로 갈라타를 빠져나갔다.

외항의 출입은 여전히 이탈리아의 함선들이 통제하고 있었다. 그들은 수도 공방전에서 용맹하게 싸웠고, 투르크 수병과 선원 들이 도시를 노략질하기 위해 흩어진 틈을 타고 재빨리 퇴각했다. 그들이 돛을 올렸을 때 해안은 구원의 손길을 기다리며 구슬프게 우는 사람들로 가득 차 있었다. 하지만 수송 능력이 불충분한데다 베네치아와 제노바인 들은 자국인들만을 골라서 태웠다. 그리고 갈라타 주민들은 술탄이 관대한 약속을 했음에도 불구하고 집에서 가장 값비싼 귀중품만을 챙겨 나와 배에 올랐다.

약탈의 규모

위대한 도시들의 함락이나 약탈에 대해 기술할 때 역사가는 항상 재난 이야기로 일관하는 경향이 있다. 동일한 열정에서 동일한 결과물이 나오기 마련이며, 아무런 통제 없이 이런 열정에 탐닉하게 될 때 문명인과 야만인의 차이는 슬프게도 매우 작은 편이다. 광신과 증오의 아우성이 울려 퍼지는 가운데에도 투르크인들은 그리스도교도들의 피를 무자비하고 잔혹하게 흩뿌렸다는 비난을 받지는 않았다. 그들은 고대로부터 내려온 격언에 따라 패배자의 생명을 몰수했던 것이고, 남녀 포로들을 팔거나 자신의 노예로 삼음으로써 정복자로서의 합당한 보상을 얻었을 뿐이다.[47] 술탄은 콘스탄티노플의 재보를 병사들에게 나누어 주었으며, 그들은 한 시간의 약탈로 수 년 동안 종군하면서 얻은 보수보다 더 많은 재화를 얻을 수 있었다. 하지만 전리품 배분에 대한 아무런 규칙이 마련되지 않은 탓에 공적이 많은 사람이 꼭 더 많은 전리품을 차지하는 것은 아니었다. 오히려 위험한 전투를 피해 비겁하게 꽁무니를 뺐던 자들이 용맹하게 맞서 싸운 사람들이 얻어 낸 보상을 빼앗아 갔다. 그들끼리의 이런 강탈 행위를 이야기한다고 해서 어떤 재미나 교훈을 얻을 수 있는 것은 아니다. 제국의 총재산은 마지막 궁핍 상태일 때 금화 400만 두카트 정도로 추정되었는데,[48] 그 가운데 일부는 베네치아인, 제노바인, 피렌체인, 안코나 상인들의 재산이었다. 이들 외국인들은 재산을 계속해서 재빨리 회전시킴으로써 재산을 불려 나갔지만, 비잔티움 사람들은 궁전이나 옷에 화려한 장식을 달아서 남들에게 자신의 부를 과시하든가, 국토 방위 비용으로 징발당하는 것을 막기 위해 금괴나 금화로 바꿔서 금고 안에 고이 모셔 두었다. 사람들이 가장 슬프게 여긴 것은 수도원이나 성당이 당한 신성 모독과 약탈이었다. 수 세기 동안 지상의 천국이자 제2의 창공, 지식의 천사 케루빔의 마차이며 신의 영광을 나타내는 성좌로 일컬어져 온 성 소피아 대성당이 약탈당했다. 성당의 금은 기물과 진주, 보

[47] 부스베퀴우스는 고대인들과 투르크인들이 전쟁을 통해 누린 권한과 노예 전용을 당연한 것으로 이야기하고 있다.

[48] 이 금액은 레운클라비우스의 책의 난외 주에 적혀 있는 것으로, 여기에는 베네치아, 제노바, 피렌체, 안코나에 대한 배분 금액이각각 50, 20, 20, 1만 5000두카트라고 적혀 있는데 아마도 숫자 하나가 빠진 것 같다. 심지어 변상을 했더라도 외국인들의 차지는 4분의 1을 넘지 않았을 것이다.

석, 단지와 장식물 들은 가장 사악한 방법으로 인간이 사용할 목적으로 개조되었다. 성상들은 세속인들의 눈에 값비싸 보일 수도 있는 모든 장식품들을 다 빼앗겼으며, 그 바탕이 되는 캔버스나 나무 판은 갈가리 찢기고 부러지고 군홧발에 짓밟힌 후 마구간이나 부엌에서 비천하게 사용되었다. 하지만 이런 신성 모독적인 행위는 과거 라틴 정복자들이 콘스탄티노플에 행한 것과 전혀 다르지 않았다. 그때에는 가톨릭교도들이 그리스도, 성처녀, 성자들의 상을 신성 모독했다면, 이번에는 한창 우상 숭배의 기세가 달아오른 이슬람 광신도들이 똑같은 행위를 저질렀다는 점이 다를 것이다. 어쩌면 어떤 철학자는 세상 사람들과 똑같은 비난을 던지는 대신, 예술이 쇠락한 이 시대에서는 작품을 새로 구하기보다 장인을 새로 구하는 것이 쉬운 일이며, 신도들이 성직자들의 사기 행각을 어수룩하게 그냥 믿어 준다면 다른 새롭고 놀라운 작품들을 신속하게 채워 넣을 수 있다고 주장할지도 모른다. 이 철학자는 예술품의 파괴보다는 이번 총공격으로 비잔티움의 도서관이 완전히 파괴되고 소장 도서들이 뿔뿔이 흩어진 것을 훨씬 안타깝게 여겼을지도 모른다. 전해지는 바로는 12만 권의 장서가 사라졌으며, 10권짜리 묶음이 단 1두카트에 팔리기도 했다고 한다. 또한 신학서들을 모아 놓은 서가 전체가 책 한 권 값에도 훨씬 못 미치는 가격에 팔려 나갔으며, 이렇게 헐값에 거래된 장서 중에는 고대 그리스의 과학 및 문학의 최고봉이라 할 수 있는 아리스토텔레스와 호메로스의 작품도 포함되어 있었다. 우리는 도저히 가치를 따질 수 없을 만큼 귀중한 고대의 보물들이 이탈리아에 안전하게 보관되어 있다는 사실에, 그리고 독일의 한 직공(구텐베르크)이 훌륭한 기술을 발명한 덕분에 시간과 야만인의 잔인한 파괴 행위를 비웃을 수 있게 되었다는 사실에 기뻐해야 할 것이다.

콘스탄티노플은 역사에 기억될 5월 29일 제1시(오전 1~2시)부터[49] 술탄이 성 로마누스의 문을 개선 행진한 시각인 같은 날 제8시(오후 3~4시)까지, 무질서와 약탈이 횡행하는 아수라장이 되었다. 술탄은 대신들과 태수들, 근위대의 수행 속에 입성했는데, (비잔티움 사가의 설명에 따르면) 죽을 운명에 처한 비잔티움 사람들의 눈에는 그들이 헤라클레스의 힘과 아폴로의 지혜와 한 명당 열 명을 물리칠 전투력을 갖춘 전사로 보였다. 정복자 술탄은 오리엔트의 건축물과는 사뭇 다른 양식으로 지어진 기묘하면서도 아름다운 돔과 저택 들을 감탄하면서 만족스럽게 쳐다보았다. 경기장에 이르렀을 때 그는 세 마리의 뱀이 뒤엉킨 모습으로 조각되어 있는 원기둥에 눈길이 멎었고, 자신의 힘을 시험이라도 하듯 전투용 도끼로도 쓰는 철제 지휘봉으로 그중 한 마리의 아래턱 부분을 힘껏 내리쳤었다. 사실 투르크인들의 눈에 원기둥의 뱀은 콘스탄티노플의 우상이나 부적에 불과할 뿐이었다. 성 소피아 대성당의 정문 앞에 이른 술탄은 말에서 내려 돔 안으로 들어갔다. 자신의 영광의 기념비를 깊은 관심을 나타내며 보고 있던 술탄의 눈에 한 광신적인 병사가 성당의 대리석 보도를 부수고 있는 모습이 들어왔다. 그는 언월도를 빼 들면서 전리품과 포로는 병사들에게 하사하지만 비잔티움의 공공건물과 개인 주택 들은 모두 군주인 자신의 것이라고 단호히 선언하였다. 마호메트의 명령에 따라 동방 교회의 중심인 성 소피아 대성당은 모스크로 변했다. 귀중하거나 밖으로 들고 나갈 수 있는 미신적인 기물들은 이미 없어진 상태였으며, 십자가는 바닥에 내팽겨쳐졌고, 성상과 모자이크로 장식된 벽면은 물로 깨끗이 닦아 아무 장식도 없는 단순한 모습이 되었다. 같은 날이거나 아니면 그 이튿날인 금

콘스탄티노플 시(市), 성 소피아 성당, 궁전 등을 둘러보는 마호메트 2세

[49] 콘스탄티노플에서 사용한 율리우스력은 날짜와 시간을 자정부터 계산한다. 하지만 두카스는 동틀 무렵을 자연적인 시간의 출발점으로 생각하고 있는 것 같다.

요일에 선전관이 가장 높은 탑에 올라가 신과 그의 선지자를 부르며 에잔, 즉 공식적 초청 의식을 거행하였다. 이맘의 율법 설교가 끝난 후, 얼마 전까지만 해도 비잔티움의 마지막 황제가 참석하여 성찬식을 거행하던 바로 그 제단에서 기도와 감사의 나마즈가 행해졌다.50 성 소피아 대성당을 나온 술탄은 콘스탄티누스 대제의 후계자 백 명이 머물던 당당하지만 이제는 황폐해진 궁전으로 향했다. 궁전은 이미 몇 시간 전에 황실의 위엄을 완전히 빼앗겨 버린 상태였다. 인간의 영화가 덧없음을 보면서 갑자기 우울한 생각이 든 그는 페르시아 고유의 우아한 2행 압운시를 읊었다.

거미가 황궁에 거미줄을 드리웠고, 올빼미는 아프라시압(옛 사마르칸트)의 탑에 앉아 망루의 노래만 불러대는구나.51

비잔티움 사람들에 대한
마호메트 2세의 태도

하지만 술탄의 마음은 만족스럽지 못했다. 콘스탄티누스의 행방을 알기 전까지는, 그가 도망쳤는지 포로가 되었는지 아니면 전사했는지 확실하게 알기 전까지는 완전한 승리를 거뒀다고 말할 수 없다고 생각했다. 예니체리 병사 두 명이 자신들이 황제를 죽였다며 포상을 요구했다. 무수히 쌓인 시체 더미 속에서 황금 독수리 문장이 수놓인 군화를 신고 있는 시신한 구가 발견되었고 비잔티움 사람들은 눈물을 흘리며 그들의 황제임을 확인해 주었다. 마호메트는 피범벅이 된 트로피를52 효시한 다음 예의를 갖추어 장례식을 치러 줌으로써 적수의 명예를 지켜 주었다. 황제가 죽은 지금 가장 중요한 포로는 콘스탄티노플의 대공이며53 제1대신이었던 루카스 노타라스였다. 대공이 술탄의 발치에 보화를 바치며 목숨을 구걸하자 분노한 술탄이 소리쳤다. "그대는 어찌해서 이것들을 그대의 군주와 조국을 방어하는 데 쓰지 않았는가?" 대공이 노예처럼 비굴하게 말했다. "이 보물들은 폐하의 것입니다. 신께서 폐하를 위해 보존해 주신 것입니다." 술탄이 대꾸했다. "신께서 나를 위해 남겨 주신 것이라면, 어찌하여 그대는 내게 그 보물들을 넘기지 않기 위해 그토록 오랫동안 성과도 없는 치명적인 저항을 계속하였는가?" 대공은 이방인의 완강함을 변명으로 계속 주장했다. 다행히 투르크 대신이 모종의 조언을 한 덕분에 대공은 마침내 위험한 접견에서 사면과 보호를 약속받고 빠져나올 수 있었다. 이후 마호메트는 병과 슬픔으로 몸져 누워 있는 대공의 아내를 방문하고, 그녀의 불행을 아주 부드럽고 인간적이면서도 부모를 대하듯 정중한 어조로 위로하였다. 술탄은 비잔티움의 주요 대신들에게도 비슷한 자비를 베풀었으며, 직접 속량금을 대 준 경우도 적지 않았다. 이후 며칠 동안 술탄은 자신이 패배한 국민들의 벗이자 아버지라고 공언하였다. 하지만 이런 온정 어린 모습은 금세 사라져, 술탄이 수도를 떠나기 전에 대경기장은 고귀한 신분의 포로들이 흘린 피로 물들었다. 그리스도교도들은 술탄의 이율배반적인 잔혹성을 지탄하면서 대공과 그의 두 아들의 처형을 영웅적인 순교로서 화려하게 묘사하였는데, 그들은 대공이 술탄의 욕정의 대상으로 자신의 아들들을 바치기를 완강히 거부하다가 처형당한 것이라고 말했다. 하지만 비잔티움의 한 사가는 대공이 음모나 구원, 이탈리아의 원군과 같은 말을 조심성 없이 내뱉었기 때문이라고 말하고 있다. 이런 행위는 비잔티움에는 영광스러운 일이겠으나, 노타라스 대공의 죽음은 목숨을 바칠 각오로 용감하게 싸웠던 반도가 결국에는 목숨을 잃은 사건에 지나지 않았다. 그런 면에서 정복자가 더 이상 신뢰할 수 없게 된 적을 죽였다고 해서

[54] 콘스탄티노플의 재건과 투르크인들의 건설에 대해서는 칸테미르, 두카스, 그리고 테베노(Thévenot), 투른포 등 오늘날의 여행가들의 글을 참조하기 바란다. 콘스탄티노플과 오스만 제국의 방대함과 수많은 인구를 보여 주는 거대한 그림을 통해 우리는 1586년에 이 수도에 거주했던 이슬람교도의 수가 그리스도교도나 유대인의 수보다도 많지 않았음을 알 수 있다.

그를 비난해서는 안 될 것이다. 대승을 거둔 술탄은 6월 18일 하드리아노폴리스로 돌아갔고, 그리스도교 세계 군주들이 보낸 사절단의 비굴하고 거짓된 축하 인사를 득의양양한 미소를 지으며 받았다. 그들은 비잔티움 제국의 멸망으로 자신들도 위험해졌음을 잘 알고 있었던 것이다.

콘스탄티노플에 새로 사람들을 거주시키고 장식하는 마호메트 2세

콘스탄티노플은 군주도 백성도 없는 상태로 황폐하고 벌거벗긴 모습으로 방치되어 있었다. 하지만 이 도시를 대제국의 수도로 만들어 주었던 비할 데 없이 훌륭한 여건들까지 같이 없어져 버린 것은 아니었기에, 그곳만의 독특한 기풍은 시간과 운명의 장난질에도 불구하고 계속해서 승리를 거두었다. 오스만 제국의 옛 수도인 부르사와 하드리아노폴리스는 지방의 도시로 전락했고, 마호메트는 콘스탄티누스 대제가 수도로 택한 이 요충지를 자신과 후계자들이 머물 곳으로 정했다.[54] 라틴인들에게 은신처를 제공할 여지가 충분한 갈라타 요새는 고심 끝에 파괴하였고, 파손된 투르크 대포는 얼마 후 수리를 끝마쳤으며, 8월이 오기 전까지 수도의 성벽을 완전히 보수하기 위해 석회를 대량으로 소성시켰다. 모든 토지와 건물이 이제 공사(公私)나 성속(聖俗)의 구분 없이 정복자 술탄의 소유로 바뀌었으므로, 그는 맨 먼저 삼각형의 꼭짓점에서 8펄롱 거리에 이르는 면적을 궁전을 짓기 위해 할당하였다. 이곳에서 '대군주'(이탈리아인들은 그를 칭할 때 힘을 주면서 이렇게 불렀다.)는 사치품에 둘러싸여 유럽과 아시아를 호령하는 듯 보이지만, 보스포루스 해안에 나오면 가끔씩 적의 해군이 외쳐대는 욕설이 그의 귀에까지 들리기도 했다. 성 소피아 대성당은 모스크로 거듭나서 이슬람교도들이 기도를 올리고 휴식을 취하는 장소로 바뀌어 풍부한 수입원을 보장받았으며, 꼭대기에는

화려한 탑이 세워졌고 주변은 많은 나무와 분수로 장식되었다. 이러한 모습을 각지의 황실 전용 모스크인 자미(jami)에서도 모방하였고, 마호메트의 명에 따라 성사도 교회의 폐허 자리와 비잔티움 황제들의 무덤이 있던 곳에 성 소피아 성당을 모방한 최초의 모스크가 세워지게 되었다. 콘스탄티노플을 정복하고 사흘째 되는 날 아랍인들의 최초의 공성전에서 전사한 아부 아유브의 무덤이 발견되었고, 이후로는 새로운 술탄이 즉위할 때마다 이 순교자의 무덤 앞에서 오스만 제국의 검을 수여받는 것이 관례로 정해졌다.[55] 콘스탄티노플은 로마사를 쓰는 사가에게는 더 이상 관련이 없게 되었으며, 나 역시 투르크 정복자들이 신성 모독을 했다거나 또는 그들이 직접 세운 성속의 건물들에 대해 일일이 설명할 생각도 없다. 새로운 주민들이 급속도로 유입되었고, 아나톨리아와 로마니아의 5000여 가구도 술탄의 명에 따라 그들과 합류하여 콘스탄티노플에서 새로운 거처를 마련하였다. 충성심이 높은 많은 이슬람 신민들이 마호메트의 제위를 철통같이 경호해 주었으나, 그는 살아남은 비잔티움인들을 다시 도시로 불러들인다는 합리적 정책을 택했다. 비잔티움 사람들은 목숨과 자유, 그리고 무엇보다도 종교의 자유를 보장받은 즉시 콘스탄티노플로 한꺼번에 돌아오기 시작했다. 총대주교 선출 때에는 비잔티움 궁정의 의전이 그대로 재현되었다. 그들은 만족감과 공포심이 교차하는 가운데 술탄이 옥좌에서 일어나는 모습을 지켜보았다. 술탄은 겐나디우스에게 총대주교 자리를 상징하는 홀장(笏杖)을 넘겨주고 그를 후궁 정문까지 안내한 다음 호화로운 마구로 장식한 말을 선물하였다. 그리고는 대신과 태수 들에게 총대주교 공관으로 배정된 궁전까지 그를 안내하라고 명하였다. 콘스탄티노플의 성당들은 두 종교를 같이 모셔야 했고 각자의 영역이 정해졌다. 마

[55] 튀르베, 즉 아부 아유브의 묘지에 대해서는 『오스만 제국의 회화』에 자세히 설명되어 있으며 판화까지 실려 있다. 사실 이 책은 그 화려함에 비해 유용성은 덜한 편이다.

56 스폰다누스는 크루시우스의 『터키와 그리스』 같은 책을 인용해서 비잔티움 교회의 예속과 내분을 설명해 준다. 겐나디우스의 뒤를 이어 총대주교에 오른 사람은 절망에 못 이겨 우물에 투신자살하였다.

57 칸테미르는 고대뿐 아니라 근세의 투르크 사가들이 만장일치로 동의한다고 말하면서, 타협보다는 무력으로 도시를 정복하는 것이 더 명예스러운 일이므로 투르크 사가들이 진실을 침해하면서까지 국가의 명예를 훼손하는 짓은 하지 않았을 것이라고 주장한다. 하지만 나는 이런 만장일치에 의심이 든다. 그 이유는 두 가지이다. (1) 칸테미르가 사가의 이름을 구체적으로 언급하지 않은데다, 레운클라비우스도 투르크 연대기에서 마호메트가 콘스탄티노플을 무력으로 정복했다고 적고 있다. (2) 하지만 이 주장을 동시대 비잔티움 사람들의 입장에 맞게 설명할 수도 있는데, 그들로서는 명예롭고 자신들에게 유리하기까지 한 조약 내용을 잊어버렸을 리가 없기 때문이다. 볼테르는 원래 그리스도교도보다는 투르크인들의 설명을 더 믿는다.

58 트레비존드의 콤네누스 왕조의 계보와 몰락에 대해서는 뒤캉주(Ducange)를, 그리고 마지막 팔라이올로구스 왕조에 대해서도 이 정확한 계보 연구서를 참조하기 바란다. 몽테

호메트의 손자 셀림이 이런 협정을 위반할 때까지 비잔티움 사람들은56 60년이 넘는 동안 이런 공평한 구역 배분의 이익을 누릴 수 있었다. 술탄의 광신에서 벗어나고 싶어하는 고문 회의·대신들의 입김에 힘입어 그리스도교도 대표들은 이번 교회 분할이 술탄의 관대함에서가 아니라 정의에서 그리고 양보가 아니라 협약에서 비롯된 결정이며, 수도의 절반은 투르크의 공격으로 함락되었지만 다른 절반은 신성한 조건부 항복이라는 신의에 따라 투르크에 넘긴 것이라고 주장하였다. 양도 증서의 원본은 화재로 소실되었으나, 협약을 맺을 당시의 상황을 기억하는 예니체리 노병 세 명의 증언이 분실된 내용을 대신하였다. 칸테미르는 당시 사서에 적힌 확실한 합의보다는 돈에 매수된 그들의 증언에 더 큰 비중을 두었다.57

콤네누스와 팔라이올로구스 황실의 절멸

나는 유럽과 아시아에 남아 있던 비잔티움 제국의 파편들에 대해서는 투르크 군에 맡기기로 하고, 이제 콘스탄티노플을 마지막으로 지배했으며 동로마 제국의 쇠망을 종결지은 두 왕조의58 최종적인 멸망 과정을 살펴보고자 한다. 팔라이올로구스 가(家)에서 끝까지 살아남은 모레아의 데메트리우스와 토마스 형제는 콘스탄티누스가 죽고 제국이 무너졌다는 청천벽력 같은 소식을 들었다. 두 형제는 일찌감치 영토를 방어할 생각을 버리고 생사고락을 같이하겠다는 비잔티움 귀족들과 함께 오스만의 포화가 미치지 못할 이탈리아로 피신할 채비를 하였다. 승리한 술탄이 쫓아올지도 모른다는 염려는 그가 1만 2000두카트의 조공에 만족하면서 일단 해소되었지만, 술탄이 새로운 먹잇감을 찾아 대륙이나 섬들을 뒤지고 다닌 7년 동안만 모레아 침공이 유예되었을 뿐이었다. 그러나 그 유예 기간에 모레아에는 슬픔과 불협화음, 비참함만이 감돌았다. 보스포

루스 해협의 마지막 보루이며 세워졌다 무너지기를 반복했던 성벽인 헥사밀리온도 300명의 이탈리아인 궁수들로는 방어하기가 불가능했기 때문에, 코린트의 관문은 곧 투르크군에 점령당하고 말았다. 투르크군은 한 여름의 원정을 끝내고 포로와 전리품을 줄줄이 이끌고 귀국한 반면, 모레아의 두 형제는 상처 입은 비잔티움인들의 호소를 무관심과 경멸로서 들은 체 만 체하였다. 양치기와 강도로 이뤄진 부랑자 집단인 알바니아인들마저도 약탈과 살인으로 반도를 어지럽히고 있었으므로 두 군주는 인근의 태수에게 대단히 위험하고 굴욕적인 원조를 요청할 수밖에 없었다. 그리고 반란을 진압한 태수가 보여 준 교훈은 두 형제가 앞으로 어떤 규칙에 따라 행동해야 하는지를 분명히 가르쳐 주었다. 혈연으로 맺어졌음에도, 성체 배령을 하면서 제단 앞에서 무수히 맹세를 반복했음에도, 상황적인 여건상 서로를 도와야 할 필요가 늘어났음에도 불구하고 두 형제는 화해하기는커녕 집안싸움을 중단할 생각조차 하지 않았다. 그들은 총포와 검으로 서로의 세습 재산을 침범하였고, 서방에서 보내 준 원조금은 내전을 치르는 데 다 써 버렸으며, 자신들의 힘을 야만적이고 독단적인 일에만 쏟아 부었다. 결국 싸움에서 질 위기에 처한 쪽이 불안감과 복수심에 최고 군주의 도움을 호소했고, 곪을 대로 곪은 것이 터질 시기와 복수의 계절이 오자 마호메트는 데메트리우스의 편을 들 것임을 선포하고 무적 군대를 이끌고 모레아로 진군하였다. 술탄은 스파르타를 점령한 후 데메트리우스에게 말했다. "자네는 이 혼란스러운 지역을 다스리기에는 너무 약하네. 그대의 딸을 내 침소로 데려갈 것이니, 이후로 자네는 안전하고 명예롭게 남은 생을 보낼 수 있을 것이네." 데메트리우스는 안도의 한숨을 내쉬

라트의 팔라이올로구스 가문은 다음 세기까지 존재했으나, 그들은 이미 비잔티움 혈통과 친인척에 대해서는 다 잊은 상태였다.

1460년, 모레아 상실

59) 시노페의 군주인 이스마엘 베그는 20만 두카트의 재산을 소유하고 있었다.(주로 그의 구리 광산에서 나오는 재산이었다.) 페이소넬은 이 도시에 6만 명이 살고 있었다고 적는다. 이는 다소 과장된 듯 보이며, 그곳 사람들과의 거래를 통해 우리는 그들의 재산과 주민 수를 파악할 수 있게 되었다.

며 술탄의 명을 따랐고, 딸과 성을 넘겨준 후 자신의 군주이자 사위이기도 한 술탄을 따라 하드리아노폴리스로 가는 길에 올랐다. 그리고 자신과 부하들이 먹고살 수 있도록 트라키아의 한 도시와 인근의 임브로스, 렘노스, 사모트라케 섬들을 하사받았다. 데메트리우스는 그 이듬해 자신과 비슷한 처지의 친구와 어울리게 되었는데, 그는 일찍이 라틴인들이 콘스탄티노플을 점령한 후 흑해 연안에 새 왕국을 세우고 지배해 온 콤네누스 가의 마지막 혈통인 사람이었다. 마호메트는 아나톨리아를 정복하는 도중에 스스로 트레비존드의 황제를 자처하는 다비드의 수도를 함대와 군대로 포위하였다. 짧지만 거역할 수 없는 위세를 내뿜는 술탄의 질문 하나로 항복 협정이 완성되었다. "그대는 왕국을 포기해서 그대의 목숨과 재산을 지키겠는가? 아니면 왕국과 재산, 그리고 목숨까지도 잃을 것인가?" 두려움이 콤네누스의 나약한 정신을 압도하였다. 그는 이슬람교도이며 인근의 시노페59)를 다스리던 군주가 비슷한 질문을 받

1461년, 트레비존드 상실

고 나서 400문의 대포와 1만 또는 1만 2000의 병사를 갖춘 견고한 도시를 고스란히 술탄에게 내준 전례를 그대로 따랐다. 트레비존드의 항복 절차는 차근차근 진행되었고, 황제와 일가는 로마니아의 성으로 이주하였다. 하지만 페르시아 왕과 내통하였을지도 모른다는 확실하지 않은 혐의를 쓴 다비드와 콤네누스 가 전체는 정복자 술탄의 의심 또는 탐욕의 희생양이 되었다. 한편 술탄의 장인이라는 칭호도 불운한 데메트리우스를 추방이나 재산몰수로부터 보호해 주지 못했는데, 비천한 굴종에 술탄이 보인 반응은 동정심과 경멸감뿐이었다. 데메트리우스의 가신들은 콘스탄티노플로 강제 이송되었고, 그는 5만 아스페르의 연금을 받으며 궁핍한 생활을 간신히 이어 갈 수

있었다. 그러다가 수도사의 옷을 입고 때늦은 죽음이 찾아온 후에야 데메트리우스 팔라이올로구스는 속세의 주인에게서 해방될 수 있었다. 데메트리우스의 굴종과 동생 토마스의 망명 중 어느 쪽이 더 불명예스러운 것이었는지 단정 지어 말할 수는 없다. 모레아가 정복당했을 때 토마스는 코르푸로 달아났고, 빈털터리가 된 몇몇 추종자들만을 거느린 채 그곳에서 다시 이탈리아로 몸을 피했다. 그의 이름, 그가 겪은 고통, 그리고 그가 들고 간 사도 성 안드레아의 목 덕분에 토마스는 바티칸의 환대를 받을 수 있었으며, 교황과 추기경으로부터 받은 6000두카트의 연금으로 근근이 생활을 이어 나갈 수 있었다. 두 아들인 안드레아와 마누엘은 이탈리아에서 교육을 받았는데, 적대자들로부터는 경멸을 받고 친구들에게는 부담스러운 존재였던 장남 안드레아는 남루한 생활과 비천한 결혼으로 스스로의 품위를 떨어뜨렸다. 팔라이올로구스 가의 후예라는 칭호만이 자신의 유일한 유산이었음에도, 안드레아는 이 유산을 프랑스와 아라곤의 왕에게 잇달아 팔아넘겼다.[60] 짧은 번영기를 구가하는 동안 샤를 8세는 동로마 제국과 나폴리 왕국을 합치겠다는 야욕을 품고 공식 축전에서 스스로를 아우구스투스로 칭하면서 동로마 제국의 황제를 상징하는 보랏빛 옷을 걸쳤다. 프랑스 기사단이 오는 모습에 비잔티움인들은 기뻐하였고 오스만 제국은 겁을 먹었다. 반면 동생인 마누엘 팔라이올로구스는 모국을 다시 방문할 생각이었다. 마누엘의 귀국은 투르크 궁전으로서는 환영할 만한 일이지 전혀 위험한 일은 아니었으므로, 그는 콘스탄티노플에서 안전하고 안락하게 지낼 수 있었고 심지어 죽은 뒤에는 그리스도교도와 이슬람교도 들로 이뤄진 성대한 장례 행렬이 그의 시신을 무덤까지 운구해 주었다.

사람들은 콘스탄티노플이 함락된 후에야 비로소 그 중요성

[60] 1494년 9월 6일 자 조약에, 그리고 파리 왕립 도서관 산하 문서 보관소의 자료에 따르면, 안드레아 팔라이올로구스는 모레아를 제외하고 몇 가지 개인적인 이익을 조건으로 프랑스 왕 샤를 8세에게 콘스탄티노플과 트레비존드의 황제 자리를 넘겨주었다고 한다. 퐁스마뉴(M. de Foncemagne)는 로마에서 이에 대한 자료를 한 부 구해서 이 황제의 직함에 대한 글을 쓰는 데 이용하였다.

1453년, 유럽의 비탄과 공포

을 인식하고 과장했다. 교황 니콜라스 5세가 아무리 태평성대를 구가했을지라도 동로마 제국의 멸망으로 그의 위신은 크게 추락했으며, 슬퍼하고 공포에 전율하는 라틴인들은 마치 옛 십자군 시대의 열정을 되살리려는 듯 보였다. 콘스탄티노플에서 가장 멀리 떨어진 서방 국가의 하나인 부르고뉴의 필립 공은 플랑드르의 리일에서 귀족 회의를 소집한 후 개최한 연회에서 귀족들의 상상이나 감정을 교묘하게 자극하는 화려한 야외극을 무대에 올렸다. 연회가 한창 무르익을 무렵 한 사라센 거인이 등에 성곽 모형을 올려놓은 코끼리를 끌고 연회장으로 들어왔다. 성곽 모형 안에서 종교적으로 상복을 상징하는 옷을 입은 한 귀부인이 나오더니 자신의 슬픔을 한탄하면서 전사들의 지지부진한 행동을 지탄하였는데, 그때 황금 양모(羊毛) 수도회의 의전 책임자가 등장해서는 손에 들고 있던 산 꿩을 기사단 의례에 따라 대공에게 건네주었다. 현명한 노군주인 필립 공은 이 특별한 소환을 받고는 투르크인을 정벌하는 데 자신의 몸과 병력을 바칠 것이라고 선언하였다. 그 자리에 모인 귀족과 기사 들도 그의 행동을 그대로 따르면서 신과 성처녀와 숙녀들과 꿩을 바친 사람에게 맹세하였고, 개개인의 맹세에 못지않게 참가자 모두가 매우 열광적인 서약을 하였다. 그러나 이를 실천에 옮기는 것은 앞으로 진행되는 상황이나 정세 변화에 맞춰서 결정하기로 했고, 부르고뉴 공은 이후 12년 동안 목숨이 다하는 날까지 출전 문제를 신중하게 그리고 아마도 매우 진지하게 고민했던 것으로 보인다. 모두의 가슴이 대공과 똑같은 열의로 불타오르고 있었다면, 그리스도교도들의 연합이 그에 걸맞은 용기를 갖추고 있었더라면, 스웨덴에서[61] 나폴리에 이르기까지 모든 나라들이 각자 몫을 나누어서 기병과 보병과

[61] 실제로도 스웨덴, 고틀란트, 핀란드에는 180만 명의 전사가 있었다는 계산이 나오는데, 이는 결과적으로 오늘날보다도 훨씬 많은 숫자였다.

인력과 자금을 제공했더라면, 정말로 콘스탄티노플을 구원하고 투르크인들을 헬레스폰투스 너머로 혹은 유프라테스 강 너머 멀리까지 쫓아 버릴 수 있었을지도 모른다. 그러나 황제의 서기관이며 모든 서한을 작성하고 회의에도 일일이 참석한 정치가이며 웅변가인 아이네아스 실비우스[62]는 자신의 경험을 토대로 그리스도교 세계의 부조화와 반대 분위기를 다음과 같이 기술하고 있다.

그것은 머리 없이 몸만 있으며, 법도 위정자도 없는 공화국과도 같다. 교황과 황제는 고귀한 칭호를 가진 훌륭한 인물로 보이지만 그들은 명령을 내리지 못하며 명령을 내린다 해도 아무도 따르지 않는다. 모든 국가마다 군주가 존재하고 각 군주의 이해관계가 서로 다르다. 아무리 훌륭한 웅변을 토한들 그토록 서로 다르고 적대적인 여러 나라들을 하나의 군기 아래 모을 수 있을 것인가? 군대를 규합한다 한들 누가 감히 총사령관의 직책을 맡을 수 있을 것인가? 어떻게 질서를 잡을 것이며 어떻게 규율을 유지할 수 있을 것인가? 그 수많은 병사들을 먹여 살리겠다고 누가 나서겠는가? 누가 감히 서로 다른 언어를 이해하고, 서로 이질적인 사람들과 양립할 수 없는 습성을 제대로 이끌고 나갈 수 있겠는가? 영국인과 프랑스인을, 제노바인과 아라곤인을, 독일인과 헝가리나 보헤미아인 들이 사이좋게 지낼 수 있도록 할 수 있는 자는 도대체 누구인가? 소수의 병력만이 이 성전에 참전한다면 필경 이교도들에게 패배할 것이고, 그 수가 많을지라도 스스로의 중압감과 혼란으로 무너질 것이 분명하다.

그러나 이렇게 말한 아이네아스이지만 자신이 피우스 2세라는

[62] 1454년에 스폰다누스는 아이네아스 실비우스의 말에 자신이 직접 관찰한 바를 보태서 유럽의 상황을 설명하고 있다. 이 귀중한 연대기 편찬자이자 이탈리아의 무라토리는 1453년부터 1481년까지 벌어진 일련의 상황, 즉 이 장 말미에 나오는 마호메트가 숨을 거두기까지의 사건들을 연대순으로 편찬한다.

[63] 두 연대기 편찬자 이외에도 투르크의 나폴리 왕국 침공에 대해서는 잔노네의 책을 참조할 수 있다. 마호메트 2세의 치세와 정복 사업에 대해서는 사그레도의 『오스만 왕들에 대한 역사적 회고』를 자주 이용했다. 평시이든 전시이든 베네치아 공화국은 투르크인들에 대한 경계를 늦추지 않았다. 베네치아의 문서 보관소는 성 마르크의 대리인에게 항상 개방되어 있었으며, 사그레도는 학식과 문장에서 모두 훌륭한 글을 남겼다. 하지만 이교도에 대한 그의 증오는 다소 지나친 편이어서 투르크의 언어와 양식에 대해 무시하는 태도를 보이고 있다. 사그레도는 마호메트 2세에 대해서는 70쪽 분량만을 할애하고 있다. 그의 글은 1640~1644년으로 가면서 좀 더 풍성해지고 신뢰성도 높아지는데, 이때는 그의 사가로서의 노력이 가장 빛나는 시기였다.

64 비잔티움 제국에 영원히 작별 인사를 고하고자 하는 지금 이 시점에서, 반복해서 인용되고 있는 비잔티움 사가들의 이름과 그 내용을 잠깐 짚고 넘어가려 한다. 알두스 (Aldus)와 이탈리아인들이 펴낸 비잔티움 관련 서적들은 황금기의 고전에만 좀 더 주력하고 있었다. 프로코피우스, 아가티아스, 케드레누스, 조나라스 등의 조야한 초판은 독일 학자들의 부지런한 노력 덕분에 출간되었다. 루브르 왕립 인쇄소는 로마와 라이프시크(Leipsic)의 공동 도움을 받아서 총 36권 분량의 비잔티움 연대기를 잇달아(1648년 등) 출간하였다. 하지만 값도 싸고 내용도 좀 더 풍부한 베네치아 판(1729년)은 화려함에서는 파리 판보다 못하지만 정확성 면에서는 결코 뒤지지 않는다. 프랑스 편집자들은 다양한 재주를 지니고 있었지만 그 중에서도 안나 콤네나, 킨나무스, 빌라르두앵과 같은 이들의 우수함은 뒤캉주의 언급을 통해 익히 알려져 있다. 그의 『비잔티움 어휘록』, 『그리스도교 시대의 콘스탄티노플』, 『비잔티움 왕조들』 같은 저서들은 어둠에 가려진 동로마 제국의 역사에 지속적인 빛을 비추고 있다.

이름으로 로마 교황에 추대되자 대투르크전을 수행하는 데 자신의 모든 것을 걸었다. 그는 만투아 공의회에서는 거짓되거나 미약할지언정 사람들에게 얼마간 열광의 불꽃이 불타오르게 만들었다. 하지만 교황이 직접 군대를 이끌기 위해 안코나에 모습을 드러냈을 때 열정은 변명 속에 사라져 버렸으며 정확한 출정 일자는 무기한 연기되었다. 결국 교황은 독일의 순례자들로 이뤄진 자신의 훌륭한 부대를 사면하고 보수를 지불한 후 억지로 해산시킬 수밖에 없었다. 후계 교황들과 이탈리아의 여러 나라들은 내세를 무시하고 당면한 국내의 야심을 추진하는 데에만 몰두하였는데, 그 중요도는 그들 눈에 들어온 사안의 멀고 가까움에 따라 결정한 것이라고 말할 수 있다. 어쩌면 자신들의 이익을 좀 더 중시했기 때문에 공통의 적에 대한 방위전과 해상전을 계속해야 함을 알게 된 것이며, 스칸데르베그와 그의 용감한 알바니아 군대를 지원함으로써 나폴리 왕국마저 침공당하는 것을 막을 수 있었는지도 모른다. 투르크군이 이탈리아의 오트란토를 포위 공격하자 이탈리아 전역이 크게 놀랐고 교황 식스투스는 알프스 너머로 피신할 준비까지 하고 있었다. 그러던 참에 마호메트 2세가 51세의 나이로 세상을 떠남으로써 이탈리아에 몰아닥친 전쟁의 폭풍은 순식간에 사라졌다.63 술탄의 드높은 야망은 이탈리아 정복을 꿈꾸고 있었다. 이미 강대한 도시와 널찍한 항구를 점령한 그였지만, 좀 더 오래 살았더라면 신구 두 로마 제국 모두가 그의 치세를 장식하는 전리품이 되었을지도 모르는 일이다.64

1481년 5월 혹은 7월, 마호메트 2세의 죽음.

69

THE DECLINE AND FALL
OF THE ROMAN EMPIRE

12세기 이후의 로마의 상황 · 교황의 세속 지배 · 도시의 소요 · 브레스키아의 아르놀드의 정치적 이단 · 공화제의 부활 · 원로원의 의원들 · 로마 시민들의 자부심 · 그들의 전쟁 · 로마 시민들의 교황 선거권 상실과 교황의 존재 및 아비뇽 유폐 · 성년(聖年) · 로마의 귀족 가문 · 콜론나 가(家)와 우르시니 가의 불화

1100~1500년,
로마의 상태와 혁명들

　로마 제국의 쇠망 초기에 우리의 시선은 지구상 가장 아름다운 지역을 다스려 온 왕도에 변함없이 고정되어 왔다. 우리는 처음에는 감탄의 눈길로 마지막에는 동정의 눈길로, 그리고 시종일관 세심한 주의를 거두지 않고 이 도시의 운명을 고찰하였다. 그러다 우리의 시선이 제국의 수도에서 속주로 향하는 순간, 제국이라는 줄기에서 대단히 많은 가지가 하나하나씩 차례로 잘려 나간 것 같다고 여기게 된다. 보스포루스 해안에 제2의 로마가 세워지면서 역사가인 나는 콘스탄티누스 대제의 후계자들을 차례대로 살펴보지 않을 수 없었으며, 우리의 탐구심은 유럽과 아시아의 가장 멀리 떨어진 지역까지 두루 관찰하면서 비잔티움 제국이 오랜 기간에 걸쳐 쇠퇴하게 된 원인과 그 책임자들을 알아내게 만들었다. 유스티니아누스의 정복 사업으로 인해 우리는 테베레 강가로 돌아가 고대 수도의 해방에 관심을 돌리게 되었다. 하지만 그 해방은 예속 상태를 더 나쁜

[1] 몽테스키외보다는 재능이 덜할지라도 뒤보(Abbé Dubos)는 그러한 분위기의 영향력을 강력히 주장하고 확대하면서, 로마인과 바타비아인 들이 타락했다는 것에 반대 의견을 제시한다. 특히 로마인에 대해서는 이렇게 주장한다. (1) 그러한 변화는 눈에 보이는 것보다 적은 편이며 근세의 로마는 선조들의 미덕을 신중하게 감추고 있으며, (2) 로마의 공기와 토양, 기후가 눈에 띌 정도로 상당히 많이 변했다.

[2] 로마에 오랫동안 눈을 돌리지 않고 있던 독자는 이 책의 제5권 49장을 참조하기 바란다.

쪽으로 바꿔 놓았다고 볼 수 있다. 로마는 이미 과거의 영광도 신도 카이사르들도 다 없어진 상태였으며, 비잔티움의 지배에 비해 고트족의 지배가 더 불명예스러운 것도 더 억압적인 것도 아니었다. 서기 8세기에 우상 숭배를 둘러싼 종교 분쟁은 로마 시민들로 하여금 독립에 대한 주장을 촉발시키는 계기가 되었다. 그들의 주교는 자유 신민의 영적, 현세적 어버이가 되었고, 샤를마뉴에 의해 부활된 서로마 제국이라는 명칭과 이념은 여전히 근세 독일의 독특한 정치 제도를 장식하고 있다. 로마라는 이름이 우리의 자발적인 존경심을 불러일으키는 것은 분명하나 그 분위기는(그것의 영향력이 어느 정도이든 간에) 더 이상 예전과 같지 않다.[1] 수많은 경로를 거치면서 피의 순수성은 오염되었을지라도 로마의 고색창연한 유적과 지나간 위대함에 대한 기억은 민족적 성격의 불꽃을 다시 피운다. 중세의 암흑시대는 우리가 관심을 기울일 가치가 있는 여러 정경을 보여 주고 있다. 그러므로 콘스탄티노플이 투르크에게 정복당했던 때와 엇비슷한 시기에, 교황의 절대 권력에 묵묵히 따르던 로마 시의 상황과 여러 대변혁을 고찰한 다음에야 비로소 내가 이 책을 완성했다고 말할 수 있을 것이다.

800~1100년, 로마의 프랑스와 독일 황제들

첫 번째 십자군 원정이 있었던 12세기 초[2] 로마는 세계의 중심으로서 그리고 교황과 황제가 기거하는 곳으로서 라틴인들의 경외를 한 몸에 받았는데, 사실 교황과 황제는 이 영원불멸의 도시로부터 자신들의 칭호와 영예와 현세에 대한 지배권과 이를 실행할 권리를 부여받았던 것이다. 한참 앞에서 언급하기는 했지만 샤를마뉴와 오토의 후계자들이 라인 강 너머의 민족 회의에서 선출되었음을 다시 말할 필요가 있다. 하지만 이 군주들은 알프스와 아펜니노 산맥을 넘어 테베레 강변에서 제위에 오르기 전까지는 독일과 이탈리아의 왕이라는 보잘것 없는 칭호에 만족하고 있었다.³ 도시에서 얼마간 떨어진 장소 에서부터 종려나무 가지와 십자가를 든 성직자와 시민 들로 이 뤄진 긴 행렬이 그들의 입성을 환영해 주었으며, 군대의 깃발 속에서 보이는 늑대와 사자, 용과 독수리 등의 훌륭한 문장들 은 그 옛날 공화국의 군단과 보병대를 상징하는 것이었다. 로 마의 자유를 유지할 것이라는 황제의 선서는 다리에서 한 번, 성문에서 한 번, 그리고 바티칸에 오르는 계단에서 한 번씩 세 번 반복되었으며, 관례적인 기부금의 분배는 희미하게나마 옛 날 황제들의 웅대함을 흉내 내고 있었다. 성 베드로 성당에서 교황이 대관식을 집전했다. 신의 목소리가 군중의 소리와 뒤섞 였고, 사람들은 다 함께 입을 모아 "우리들의 주인인 교황 성 하 만세! 우리들의 주인인 황제 폐하 만세! 로마군과 튜턴군 만세!"⁴라고 외쳐댔다. 카이사르와 아우구스투스의 이름이, 콘 스탄티누스와 유스티니아누스의 법률이, 샤를마뉴와 오토의 모범이 황제의 최고 지배권을 확립해 주었고, 그들의 칭호와 얼굴 모습이 교황령 주화에 새겨졌으며,⁵ 그들의 사법권은 로 마 수도 장관에게 수여했던 정의의 검에 의해 표시되었다. 하 지만 이 야만족 왕의 이름과 언어, 그리고 행동거지는 로마인 이 온갖 편견을 품게 되는 계기가 되었다. 작센이나 프랑코니 아 출신의 황제들은 봉건 귀족 체제의 수장에 불과할 뿐이었으 며, 먼 지역에 살고 자유를 바라지는 않지만 그렇다고 예속도 원하지 않는 신민들의 순종을 확보할 수 있는 유일한 수단인 체계적인 행정력과 군사력을 발휘하지 못했다. 황제는 일생에 한 번은 튜턴족 봉신들을 이끌고 알프스를 넘어와야 했다. 황 제의 평화롭고 질서 정연한 로마 입성과 대관식은 앞에서도 설 명한 바 있지만, 자신들의 군주를 외국의 침입자로 간주하는

3 로마에서의 독일 황제들 의 대관식은, 특히 11세기 에 행해진 대관식은 무라 토리와 세니의 초기 작품 에 가장 잘 묘사되어 있으 나, 세니의 경우는 슈미트 의 여러 발췌문을 통해 아 는 것이 고작이다.

4 튜턴군은 실제로 보고 느낄 수 있는 존재였으나, 로마군은 위대한 이름의 그림자에 불과했다.

5 무라토리는 교황령 주화 여러 개를 보여 주고 있 다. 그는 800년 전의 것은 단 두 개만을 찾았으며, 레오 3세부터 레오 9세 시 절까지의 주화 쉰 개에는 당대 황제의 모습이 추가 로 같이 새겨져 있다. 그 레고리우스 7세와 우르바 누스 2세의 것에는 황제의 모습이 새겨져 있지 않다. 하지만 파스칼리스 2세 교 황의 주화에 대해서 무라 토리는 이런 독립의 표식 을 부인하는 기색이 역력 하다.

69장 535

로마 시민들의 원성과 소요 때문에 걸핏하면 교란되기 일쑤였다. 황제는 입성하자마자 재빨리 그리고 대개 볼썽사나운 모습으로 도시를 떠났으며, 오랫동안 로마를 비움으로써 황제의 권위는 침해되었고 그 이름마저도 잊혀졌다. 독일과 이탈리아에서 꿈틀거리던 독립의 기운은 황제의 통치권을 그 기반에서부터 침식하였으며 교황의 승리는 로마의 구원을 앞당겼다.

로마에서 교황들의 권위

황제와 교황의 지배권을 따질 때 정복자의 권위를 앞세운 황제의 지배권은 위태롭기 짝이 없었으나, 민의와 관습 위에 세워진 교황의 권위는 부드러우면서도 보다 단호한 기반을 토대로 하고 있었다. 외세의 영향력이 없어지자 목자에 대한 양떼의 애정과 관심이 되살아났다. 독단적으로 또는 돈에 매수되어 황제를 선출하는 독일 궁정과 달리, 대다수 로마 태생의 시민이나 거주민으로 이뤄진 추기경 집단이 자유롭게 그리스도의 대리인을 선출하였다. 각국의 군주들

호의에서 비롯된 권위

과 신민들이 박수갈채를 보내며 교황의 선출을 확인해 주었는데, 스웨덴이나 영국까지도 교황의 권력에 복종하게 된 까닭은 궁극적으로는 그가 로마인들이 직접 뽑은 사람이라는 데서 찾을 수 있다. 이 투표는 교황뿐 아니라 수도의 통치자를 뽑는 일이기도 했다. 콘스탄티누스 대제가 교황에게 로마에 대한 실질적인 통치권을 주었다고 하는 것이 세간의 일반적인 믿음이었기 때문에, 가장 대담한 로마법학자나 가장 불경한 회의론자들도 황제의 권한과 이러한 권한 부여의 타당성에 대해 탁상공론을 하는 것에만 만족하였다. 황제가 교황에게 로마의 통치권을 부여해 준 것이 사실이라는 생각은 4세기 동안의 무지와 전통 속에 깊숙이 뿌리박혀 있었고, 실질적이고 영구적인 교황의 영향력에 가

려져 그 기원의 진위 여부를 판별하는 것이 불가능하게 되었다. 교황이 발행하는 주화에는 주님이라는 뜻의 '도미누스(Dominus)'라는 말이 새겨졌으며, 박수갈채와 복종의 서약으로 이 칭호가 승인되었으며, 독일 황제의 기꺼운 또는 마지못한 동의를 얻음으로써 역대 교황들은 오랜 세월 동안 성 베드로의 도시와 세습 재산에 대해 최고 지배권과 이에 따르는 부차적인 사법권을 행사할 수 있었다. 사람들의 편견을 만족시켜 주는 교황의 지배권은 로마의 자유와 양립할 수 있는 것이었는데, 보다 날카롭게 탐색했다면 그 지배권의 훨씬 숭고한 원천이 무엇인지를, 다시 말해 로마 시민들이 비잔티움 압제자의 이단과 압제로부터 자신들을 구원해 준 교황들에게 바치는 감사의 뜻이 그 원천임을 드러낼 수 있었을지도 모른다. 미신이 난무하는 시대에 왕실과 교회의 연합은 서로의 힘을 강화해 주기 마련이며, 따라서 천국의 열쇠는 지상의 복종을 끌어내기 위한 가장 확실한 보증이라고 여겨지는 것이 당연하다. 한 인간의 개인적 악덕으로 인해 종교적 직무의 고결성이 훼손당할 수도 있다. 하지만 10세기의 그 유명했던 추문은 그레고리우스 7세와 그 후계자들이 훨씬 엄숙하고 위험하기 짝이 없는 미덕을 선보인 덕분에 사람들의 기억에서 완전히 지워졌으며, 교황들이 교회의 권위를 높이기 위해 대대적인 싸움을 벌이는 중에 겪은 고난이나 승리는 사람들의 존경심을 높이는 데 마찬가지로 중요한 역할을 하였다. 그들은 가끔씩 박해의 희생자가 되어 궁핍한 도망 생활을 견뎌 내야 했으며, 사도로서의 열의를 가지고 고난에 스스로 몸을 던진 것은 모든 가톨릭교도의 심중에 호의와 동정을 불러일으키기에 충분했다. 그리고 그들

권리

미덕

은 가끔씩 바티칸에서 분노의 고함을 외치며 세속의 왕을 직접 앉히고 심판하고 퇴위시키기도 하였다. 또한 아무리 거만한 로마인일지라도 성직자에게, 다시 말해 샤를마뉴의 후계자들이 기꺼이 발등에 입맞추고 말의 등자를 잡아 주는 성직자에게 머리를 조아리는 것을 절대 수치로 여기지 않았다.6 심지어 도시의 세속적인 이해관계마저도 교황의 거처를 평화롭고 영예롭게 보호해 주기를 마다하지 않았으니, 게으르고 오만한 로마인일지라도 자신들의 생계 수단과 부가 상당 부분 교황청에서 비롯되는 것임을 잘 알기 때문이었다. 교황청의 고정 수입은 아마 줄어들었을 것이다. 이탈리아나 그 외 지역에 있는 교황의 세습 영지는 불경한 자들이 침범한 상태였으며, 교황령의 토대를 닦아 준 피핀과 그의 후예들이 남긴 그 풍부한 재산을 실제 소유하지는 못한 채 권리를 주장하는 것만으로는 손실을 보충할 수 없었기 때문이다. 하지만 바티칸과 수도 로마는 끊임없이 밀려드는 순례자와 탄원자 들 덕분에 번영을 누릴 수 있었으며, 그리스도교 세계가 확대되면서 교황과 추기경은 종교계와 세속의 소송 사건들을 재판해 주느라 눈코 뜰 새가 없을 정도였다. 새로운 법률은 라틴 교회 내에서 탄원의 권리 및 실행 단계를 확립해 주었고,7 북방과 서방 각지에서 초빙되거나 소환되어 온 주교와 수도원장 들은 교황청의 문턱에서 탄원을 하고 고충을 호소하고 고소를 하고 자신의 입장을 변명하였다. 한번은 기이한 일이 벌어지기도 하였다. 마인츠와 콜로뉴의 대주교 소유의 말 두 마리가 금은보화를 가득 실은 채 알프스를 다시 넘은 일이 발생한 것이다. 하지만 이윽고 사람들은 순례자와 소송 의뢰인의 성공 여부는 자신들의 정당성 보다는 얼마나 많은 봉헌물을 바치느냐에 훨씬 더 많이 좌우된다는 것을

---

6 이런 경배의 표시는 왕이 대주교에게, 가신이 자신의 주군에게 표하는 행동이었다. 자식됨으로서의 도리와 봉건적 종속의 행위를 합친 것이야말로 로마의 가장 훌륭한 정책인 셈이었다.

7 열의에 찬 성 베르나르와 명민한 판단력의 소유자 플뢰리(Fleury) 신부는 모든 교회가 로마 교황청에 탄원하는 것에 대해 한탄을 금치 않는다. 하지만 잘못되었을지언정 교황교령에 대한 믿음이 있었던 성 베르나르는 단지 이러한 탄원의 남발에 대해서만 비난을 한다. 보다 현명한 사가였다면 이 새로운 법체계의 기원을 연구한 후 그 원리를 부인했을 것이다.

시혜

알게 되었다. 그리하여 외부에서 온 사람들은 자신들의 부와 신심을 과시하듯이 내보였고, 교회에 바치는 것이든 아니면 세속에서 쓰는 경비이든 그들이 쓰는 돈은 여러 경로를 거치면서 로마 시민들의 주머니를 두둑하게 채워 주었다.

이런 강력한 동기라면 로마 시민들이 그들의 정신적, 현세적인 아버지에게 자발적이고도 충실한 복종을 바치기에 충분하다고 말할 수 있다. 하지만 선입관과 이해관계의 작용은 겉잡기 힘든 격정의 분출로 인해 곧장 사회를 혼란스럽게 한다. 열매를 따기 위해 나무를 베어 넘기는 인도인이나 대상 행렬을 약탈하는 아랍인을 움직이는 것은 모두 충동적이고 야만적인 천성이다. 이런 야만적인 천성으로 인해 현재에 급급하다 미래를 내다보지 못하고, 순간의 물질적 만족을 위해 오랫동안 확실하게 보유해 온 가장 중요한 하늘의 축복을 포기하게 된다. 바로 이런 식으로 로마인들은 무분별하게 성 베드로의 신성함을 모독하였다. 그들은 앞으로 로마에 올 사람들의 수와 가치는 계산하지 않은 채 무분별하게 봉헌물을 강탈하고 순례자들을 해치는 신성 모독적인 행위를 저지름으로써, 결국은 로마에 오는 순례객의 수를 자신들의 손으로 줄이는 결과를 불러온 것이다. 미신이 발휘하는 위력은 들쑥날쑥 변덕스러운 법이며, 이성을 발휘하지 못하는 노예일지라도 종종 탐욕과 자만에 의해 구원받을 수 있기 마련이다. 성직자의 말이나 신탁에 대한 어리석은 맹신은 야만인의 정신을 가장 강력하게 휘어잡을 수 있지만, 이런 정신을 가진 사람은 감각보다 상상을 우선시하지 못하며, 먼 미래의 눈에 보이지 않는 이상이나 목표를 위해 현재의 욕망과 이익을 버리지도 못한다. 젊고 몸이 건강한 동안에는 끊임없이 신에 대한 믿음을 부인하지만, 세월이나 병마,

미신의 변덕스러움

재앙 등의 압박이 다가오면 공포에 떨면서 어쩔 수 없이 신앙심과 죄책감이라는 두 가지 부채를 청산하지 않을 수 없게 된다. 오늘날의 종교적 무관심이 성직자의 평화와 안녕을 유지하는 데 가장 유리하다는 것은 앞에서도 이미 말한 바 있다. 미신이 지배할 때면 성직자는 사람들의 무지를 두 팔 벌려 환영하고 그들의 폭력을 두려워한다. 이 세상 모든 것을 독점한 것은 아닐까 하고 생각될 정도로 끊임없이 늘어나기만 했던 교황의 재산은 회개하는 선대가 기부를 했다가 다시 탐욕적인 후대가 이를 억지로 빼앗는 과정이 번갈아 가며 되풀이되었다. 교황의 신병은 어떤 때는 경외의 대상이고 어떤 때는 모욕의 대상이었으며, 하나의 우상이 동일한 신봉자에 의해 제단에 안치되기도 하고 흙먼지 속에서 짓밟히기도 하였다. 유럽의 봉건제도하에서 무력은 고귀함의 표본이자 충성심의 척도였으며, 한바탕 전쟁이 벌어지면 법과 이성의 조용한 목소리에 귀를 기울이거나 순종하는 사람은 거의 없었다. 불온한 로마인들은 로마 주교의 권한을 업신여기고 그가 무능할 때에는 모욕을 일삼았으며, 교황은 자신의 교양과 인격 때문에 검을 효과적으로 휘두를 수가 없었다. 로마 시민들은 교황이 선출된 배경이나 그의 생명이 유한함을 옆에서 직접 보았고, 이런 근접성으로 인해 교황의 이름과 포고가 야만 세계에는 깊은 인상을 주었지만 로마 시민들에게는 별다른 존경심을 불러일으키지 못하고 있었다. 이런 존경심의 차이에 관심을 보인 우리 시대의 한 철학적인 역사가는 이렇게 말했다.

교황들에 대한 로마인들의 소요

멀리 떨어진 유럽 여러 나라 사람들에게, 깊은 무지의 늪에 빠진 사람들에게, 그 인품과 행동을 전혀 알지 못하는 사람들에게 로마 교황청의 이름과 권위는 대단한 공포의 대상이었다. 그러나 정작 로마에서 교황은 거의 존경을 받지 못하고 있으며, 그의 오랜 적들이 로마의 성문을 에워싸고서 심지어는 도시의 지배권까지도 좌지우지하고 있었다. 따라서 유럽에서도 가장 멀리 떨어진 나라의 가장 강력한 군주가 보낸 사절단이 겸허한 아니 솔직히 말해 비굴한 복종의 뜻을 밝히는 편지를 들고 올 경우, 이 사절단에게 가장 힘든 일은 교황에게 다가가서 그의 발치에 꿇어 엎드리기까지의 과정이었다.8

초기 시절부터 교황의 부는 선망의 대상이었으며, 권력은 적대의 대상이었고, 그의 신병은 폭력의 대상이었다. 하지만 주교관과 왕관의 오랜 반목은 교황의 적대자의 수를 늘렸고 그들의 격정에 불을 붙였다. 이탈리아에 치명적인 해를 입힌 당파인 겔프(Guelphs, 교황파)와 기벨린(Ghibelines, 황제파)은 교황과 황제의 신민인 동시에 적대자인 로마 시민들로부터 일관되고 진심 어린 지지를 받지는 못했으나, 시민들은 양쪽으로부터 똑같이 지지를 요청받았기 때문에 자신들의 깃발에 성 베드로의 열쇠와 독수리를 번갈아 가며 그려 넣었다. 교황 군주제의 창시자로서 숭배와 혐오를 동시에 받았던 그레고리우스 7세는 로마에서 추방당해 살레르노에서 객사하였다. 그 이후 서른여섯 명의 교황들은9 아비뇽으로 물러날 때까지 로마 시민들과 불리한 싸움을 계속했는데, 그들의 노령과 위엄은 걸핏하면 모욕의 대상으로 전락했고 종교 의식을 집전하는 엄숙한 장소인 교회는 폭동과 살인으로 얼룩졌다. 불쑥불쑥 자행된 이런 야만의 역사를 아무 연결 관계도 계획도 없이 반복해서 설명하면10 독자들도 따분하고 싫증이 날 것이므로, 나는 교황

1086~1305년, 그레고리우스 7세의 계승자들

8 흄은 스티븐의 글을 인용해서 헨리 2세의 아버지인 제프리가 성직자들에게 내린 잔혹하기 짝이 없는 조치 한 가지를 설명해 주었다. "그가 노르망디의 주인이었을 때 감히 그의 동의도 얻지 않고 주교를 선출하는 일이 생겼다. 이에 따라 그는 선출된 주교는 물론이고 그 선출 회의에 참석한 모두를 거세해서 고환을 쟁반에 담아 대령하라는 명을 내렸다." 그들은 당연히 그 고통과 위험에 대해 불만을 토로했을 테지만, 이미 정절 맹세를 하고 있었기 때문에 그는 그들로부터 불필요한 변명거리를 미연에 빼앗을 셈이었다.

9 아라곤의 추기경인 피사누스와 귀도 등이 쓴 레오 9세와 그레고리우스 7세로부터 시작되는 교황들의 일생에 대한 믿을 만한 동시대의 연대기에 대해서는 무라토리의 『이탈리아의 역사가들』에 그 내용이 삽입되어 있으며, 나도 항상 눈에 띄는 곳에 두고 있다.

10 이 장 전체에 걸쳐 적힌 연대는 내가 훌륭한 지침으로 삼고 있는 무라토리의 연대기에 적혀 있는 것이다. 그는 대가다운 자유분방함을 보여 주면서 총 28권으로 된 자신의 『이탈리아의 역사가들』을 거리낌 없이 활용하고 인용하고 있다. 이 보물도 내 서가에 꽂혀 있는데, 의무까지는 아닐지라도 원본을 참조할 수 있다는 것을 나는 큰 기쁨으로 여겨 왔다.

과 로마 시의 상황을 잘 보여 주는 12세기의 몇 가지 사건을 소개하는 선에서 그치고자 한다. 성목요일(Holy Thursday)에 교황 파스칼리스가 제단에서 미사를 집전하고 있는데 한 무리의 시끌벅적한 군중들이 몰려와서 예배를 중단시키고는 자신들이 지지하는 행정관의 지위를 승인해 줄 것을 오만한 어조로 요구하였다. 교황의 침묵에 사람들은 더욱 분노했다. 그가 지상의 일과 하늘의 일을 혼동하는 것을 경건하게 거부하자 군중은 위협적인 어조로 교황이야말로 공적인 불상사를 일으키는 장본인이며 증인이라고 선언하였다. 부활절 축제 동안 교황과 성직자들이 순교자들의 무덤까지 맨발로 행진할 때에는 성 안젤로 다리와 카피톨리누스 언덕 앞에서 두 번이나 그들에게 돌과 화살 세례가 쏟아졌다. 교황 측 지지자들의 집도 공격을 받아 무너졌고, 간신히 사지에서 탈출한 파스칼리스는 성 베드로의 가산을 끌어모아 군대를 규합하였지만 결국 끊임없이 벌어지는 내란 속에서 고통과 슬픔으로 얼룩진 마지막 나날을 보내야했다. 그의 후계자인 겔라시우스 2세가 교황이 된 후에는 교회와 도시 모두에 더욱 불미스러운 상황이 계속 이어졌다. 유력한 당파의 귀족인 프란지파니라는 사람이 무장한 채로 예배 도중에 난입해서 추기경들의 옷을 벗기고 구타하고 발로 짓밟았는가 하면 아무 거리낌 없이 그리스도의 대리인의 목을 움켜잡았던 것이다. 겔라시우스는 머리를 붙잡힌 채 땅에 질질 끌려다니면서 주먹질을 당하고 징 박힌 군홧발로 사정없이 얻어맞은 후 쇠사슬에 묶여 이 야만적인 폭군의 집에 감금당했다. 민중이 폭동을 일으켜 교황을 구출해 주고 적대 파벌들이 모두 들고일어나 이번 폭력 사건을 비난하자 프란지파니는 마지못

1099~1118년,
파스칼리스 2세

1118년, 1119년,
겔라시우스 2세

해 자신의 죄에 대한 용서를 빌었다. 하지만 그는 죄를 저질렀다는 것이 아니라 실패했다는 것에 대해서만 뉘우쳤을 뿐이었다. 며칠 지나지 않아 교황은 제단에서 또 한 번 습격을 받았다. 교황의 측근들과 적대자들이 피 흘리며 싸움을 벌이는 동안 교황은 법의를 입은 그대로 사지를 빠져나왔다. 로마의 귀부인들마저도 동정해 마지않는 이 볼썽사나운 도주를 하는 동안 교황의 시종들은 낙오하거나 낙마하여 대열이 흩어져 버렸고, 사람들은 성 베드로 성당 뒤에 있는 들판에서 사도의 후계자가 두려움과 피로에 반쯤 넋이 나간 채 홀로 주저앉아 있는 모습을 발견할 수 있었다. 이 '사도'는 먼지를 털고 일어나서는 자신의 위엄을 해치고 목숨을 위협한 도시를 빠져나갔다. 하지만 한 명의 황제가 스무 명의 추기경보다는 상대하기 쉽다는 말을 무심코 내뱉음으로써 마음속에 품고 있던 성직자로서의 공허한 야심을 그대로 드러내고 말았다. 이상의 설명만으로도 당시 교황과 로마의 상황이 어떠했는지를 충분히 짐작할 수 있을 것이다. 하지만 같은 시대에 루키우스 2세와 3세 두 교황이 겪은 고초도 빼놓을 수가 없다. 루키우스 2세는 전투 대열을 갖춰서 카피톨리누스를 습격하던 중에

> 1144년, 1145년,
> 루키우스 2세.
> 1181~1185년,
> 루키우스 3세.

관자놀이에 돌을 맞고 며칠 후에 사망하였다. 루키우스 3세의 경우는 그가 부리는 수하들이 심한 모욕을 당하는 일이 발생했다. 소요 사태 속에 그의 성직자들 몇 명이 포로로 잡혔는데, 비인간적인 로마 시민들은 안내자로 삼을 사람 하나만을 남기고 나머지 포로들의 눈을 모두 파냈다. 그런 다음 익살맞게 생긴 주교관을 씌우고는 나귀에 거꾸로 태운 후, 그들로 하여금 교회의 수장이 교훈으로 삼을 수 있도록 자신들의 이런 비참한 모습을 꼭 보여 줄 것이라는 맹세를 하게 하였다. 희망이나 두

려움, 피로나 양심의 가책, 개개인의 성격, 시대 상황으로 인해 중간중간 가끔씩 평화와 복종의 휴식기가 생기기도 했다. 그럴 때면 교황은 위협과 폭력으로 인해 떠나야 했던 라테라노나 바티칸 궁으로 시민들의 환호성을 받으며 다시 돌아올 수 있었다. 하지만 불운의 뿌리는 깊고도 지속적인 것이었으니, 일시적인 평온이 찾아온 다음에는 어김없이 거센 폭풍이 몰아닥쳐 성 베드로라는 배를 좌초 직전까지 몰아넣었다. 로마는 끊임없는 전란과 분란에 휩싸여 있었고, 교회와 궁전은 파벌이나 유력 가문에 의해 보강되기도 하고 공격당하기도 하였다. 칼리스투스 2세만이 유럽에 평화를 선사해 준 후 수도 로마에서 사병 이용을 금한다는 포고를 내리는 결단력을 보여 주었다. 교황의 지위를 존경하는 나라들은 로마 시민들의 소요에 비분강개했고, 성 베르나르는 제자인 에우게니우스 3세에게 보낸 편지에서 매우 날카롭고 열렬하게 로마 반도들의 악덕을 지탄하였다. 그는 편지에 이렇게 적었다.

1119~1124년, 칼리스투스 2세, 1130~1143년, 이노켄티우스 2세

성 베르나르가 본 로마인들의 성격

로마인들의 허영심과 오만함을 모르는 사람이 어디에 있겠습니까? 이 민족은 자신들이 너무 약해 저항할 수 없는 처지가 아니라면 선동적이고 불온하며 복종을 경멸하는 사람들입니다. 그들은 봉사를 약속하면서 지배하기를 꿈꾸고, 충성을 맹세하면서 반란의 기회를 노립니다. 교황 성하의 문(門)과 자문회의가 자신들을 차단하면 큰소리로 불평불만을 쏟아 냅니다. 악행에 능숙한 그들은 선행에서는 결코 교훈을 얻지 못하는 자들입니다. 하늘과 땅으로부터 배척당하고 신에게 불경하고 선동적이며 이웃을 질투하고 이방인에게 불친절한 그들은 결코 아무도 사랑하지 못하며 그 어느 누구의 사랑도 받지 못합니다. 타인에게 두려움을 불러일으킬 기회만을 노리지만, 그들 역시 비천하고 끊임없는 근심 속에서 살아갑니다. 그들은 복종을 모르며 남을 다스릴 줄도 모릅니다. 윗사람에게는 충성을 바칠 줄 모르며 동료에게는 관대하지 못하고 은인에게는 감사할 줄 모르며 부탁을 할 때나 거절할 때나 무례하기 짝이 없습니다. 거창하게 약속하고는 거의 실행하지 않습니다. 아부와 모략, 배신과 반역이 그들이 즐겨 쓰는 정책입니다.

물론 이런 불유쾌한 묘사에는 그리스도교의 자비로운 분위기는 전혀 풍기지 않는다.[11] 그러나 대단히 가차 없고 가혹한 비난이기는 해도, 베르나르 묘사는 12세기 로마 시민들의 모습을 생생하게 보여 주는 것이라 하겠다.[12]

유대인들이 평민의 모습을 하고 나타난 그리스도를 거부했듯이, 로마인들이 화려하고 거만한 현세적 지배자의 모습으로 나타난 그리스도의 대리인을 몰라본 것에 대해서도 변명의 여지는 있을 수 있다. 십자군 원정이 한창이던 시기에 호기심과 이성의 불꽃이 서방 세계에서 다시 타오르면서 불가리아의 이단인 바울파가 이탈리아와 프랑스에 성공적으로 이식되고, 그노시스적 환영이 복음서의 단순함과 혼합되었으며, 성직자를 적대시하는 사람들도 자신들의 열정과 양심을, 그리고 자유에 대한 열망과 신심의 고백을 적절히 조화시켰다.[13] 로마에서 자유의 나팔을 가장 먼저 분 사람은 브레스키아의 아르놀드로, 교회 내에서 지위가 가장 낮았던 그는 복종의 표시가 아니라 빈곤을 상징하는 의미로 수도사의 옷을 걸치고 다녔다. 적대자

1140년,
브레스키아의 아르놀드의
정치적 이단

[11] 로마 시민의 입장에서 페트라르카는 베르나르가 성인이라고는 하지만 한 인간에 불과하며, 비분강개와 아마도 성급한 참회의 열정에 쉽게 자극받는 사람이었을지도 모른다고 주장하고 있다.

[12] 자신의 연대기에서 바로니우스는 공평하면서도 이해하기 쉬운 해석을 내리고 있다. 그는 로마 가톨릭의 수장과 분리주의자들의 수장이라는 두 인물을 만들어 낸다. 바로니우스는 전자에 대해서는 이 도시에 대해 말해지는 모든 선을 적용하고 있으며, 후자에게는 모든 악을 적용하고 있다.

[13] 12세기의 이단에 대해서는 브레스키아의 아르놀드에 대해 호의적인 의견을 피력한 모스하임의 책을 참조할 수 있다. 바울파에 대한 설명과 그들이 아르메니아에서 트라키아, 불가리아, 이탈리아, 프랑스로 옮겨 간 경로에 대해서는 이미 언급한 바 있다.

들마저도 아르놀드의 기지와 웅변술에는 깊은 감명을 받지 않을 수 없었던지 그의 허울뿐인 도덕적 순결성을 마지못해 인정했으며, 대중은 그의 오류마저도 중요하고도 유익한 진리가 들어 있다며 적극 받아들였다. 신학적인 연구에 있어서 아르놀드는 자신과 마찬가지로 이단 혐의를 받고 있는 불운한 유명 인사인 아벨라르[14]의 제자였다. 엘로이자의 연인으로도 유명한 아벨라르는 부드럽고 유연한 성품의 소유자였으며, 교회의 이단 심판관들마저도 그의 겸허한 회개에 마음이 풀려 그를 적대시하지 않게 되었다. 아마도 아르놀드는 스승으로부터 영향을 받아 시대의 기호에 반하는 형이상학적 삼위일체 이론을 받아들이게 되었을 공산이 크다. 세례와 성찬에 대한 그의 생각은 큰 비난을 받지는 않았으나, 정치적 이단 성향은 그의 악명과 불운을 부추긴 가장 큰 원인이었다. 그는 '내 왕국은 이 세상의 것이 아니다.'라는 그리스도의 선언을 적극 인용하면서, 검과 왕홀은 국가의 통치자에게 위임된 것이며 현세의 영예와 재산은 법적으로 세속의 사람들에게 주어진 것이기 때문에 교황을 포함해서 주교나 수도원장 들은 국가나 구원 둘 중 하나를 포기하는 것이 마땅하다는 대담한 주장을 펼쳤다. 또한 수입이 줄기는 하겠지만 신도들의 자발적인 십일조와 헌금이면 사치와 탐욕을 부리기에는 충분하지 않더라도 영적인 사역을 하면서 검소한 생활을 유지하는 데에는 충분할 것이라고 말했다. 짧은 기간이나마 이 설교자는 애국자로서 존경을 받았고, 브레스키아 사람들이 교구 주교에 반대하면서 제기한 불만과 봉기는 그의 위험한 훈계가 맺은 첫 번째 열매였다. 하지만 민중의 호의보다는 성직자의 분노가 더 오래가는 법이다. 라테라노 공의회에서 이노켄티우스 2세가 그에게 이단 판결을 내린 후 각국의 군주들은 편견과 두려움에서 교회의 판결을 서둘러서 집

[14] 베일(Bayle)은 자신의 『비평 사전』에서 아벨라르와 풀케, 엘로이자에 대한 일화를 가벼운 어조로 재미있게 풀어 쓰고 있다. 모스하임은 스콜라 철학의 신성과 법적인 신성에 대한 아벨라르와 성 베르나르의 논쟁의 요지를 정확히 파악하고 있다.

행하기 시작했다. 이탈리아에서는 더 이상 목숨을 보전하기 어려워진 아벨라르의 제자는 알프스를 넘었고, 스위스의 제1주인 취리히에서 안전하고 호의적인 은신처를 마련할 수 있었다. 로마군의 주둔지,[15] 왕족의 별장, 귀족 처녀들의 모임 장소였던 취리히는 점차로 자유롭고 번성하는 도시로 발전했다. 종교 개혁의 기운이 무르익지 않은 시기에 츠빙글리의 선구자 격인 아르놀드에게 사람들의 박수갈채가 쏟아졌고, 용감하고 단순한 사람들은 그의 견해를 마음 깊이 새기면서 오랫동안 간직하였다. 그의 훌륭한 설교술에 콘스탄츠의 주교와 심지어는 교황의 사절마저도 감복한 나머지 그들은 주인의 이익과 명령을 따라야 한다는 사실을 망각하고 말았다. 성 베르나르의 격렬한 훈계에 그들은 때늦은 열의를 불태웠고, 박해를 받게 되자 이들 교회에 대적하는 사람들은 로마에, 그것도 성 베드로의 후계자 코앞에 자신들의 깃발을 세우는 필사적인 행동까지도 마다하지 않았다.

그러나 아르놀드는 용기와 함께 사리분별도 갖춘 인물이었다. 그를 초빙한 귀족들과 민중이 든든한 보호자가 되어 주었으며, 자유를 부르짖는 그의 웅변은 일곱 개 언덕에 울려 퍼졌다. 그는 하나의 강론을 펼칠 때에도 리비우스의 말과 사도 바울의 말을 연결시키고 복음서의 목적과 고전적인 열정을 결합함으로써 로마 시민들에게 그들의 인내와 성직자의 악덕이 원시 그리스도교 시절부터 교회와 도시를 좋지 않은 방향으로 타락시켜 왔다고 훈계하였다. 그는 로마 시민들에게 인간으로서 그리고 그리스도교도로서 양도할 수 없는 권리를 주장하라고, 공화국의 법률과 행정을 복구하라고, 황제의 권위를 존중하면서 교황의 권리를 양 떼에 대한 정

[15] 터키 역(驛)에 대한 로마의 비문이 취리히에서 발견되었지만, 이 도시와 스위스의 다른 주가 티구름과 티구룸 구역이라는 이름을 강탈해서 독점까지 했다는 확실한 증거는 존재하지 않는다.

1144~1154년, 로마인들에게 공화국을 복원하라고 권고하는 아르놀드

신적 지도에만 한정시키라고 권고하였다. 또한 아르놀드는 교황의 영적인 지배에 대해서도 개혁자로서의 검열과 통제를 들이댔으며, 지위가 낮은 성직자들에게는 로마의 스물여덟 개 교구에서 절대적 지배권을 행사해 온 추기경들의 권위에 저항해야 한다고 가르쳤다. 이러한 변혁에는 강탈과 폭력, 유혈 사태와 가옥 파괴가 뒤따랐으며, 승리한 쪽은 성직자와 반대파 귀족에게서 빼앗은 전리품으로 부유해졌다. 아르놀드는 자신의 사명이 완수된 것에 기뻐하기도 했지만 애통해 하기도 했다. 그가 10년 이상 권력을 장악한 동안에 이노켄티우스 2세와 아나스타시우스 4세는 두려움에 떨며 바티칸에 틀어박혀 지내거나 인근 도시를 돌아다니며 도망 생활을 해야 했다. 그들의 뒤를 이은 하드리아누스 4세[16] 교황은 두 사람에 비해 훨씬 적극적이었으며 운도 더 좋았다. 그는 지금까지 성 베드로 옥좌에 오른 유일한 영국인 교황으로, 성 올반스 수도원에서 거의 거지나 다름없는 비천한 수도사 신분에서 시작해 오직 자신의 탁월한 능력으로 두각을 나타낸 사람이었다. 마침 추기경 한 명이 거리에서 살해 혹은 부상당하는 첫 번째 도발 사태가 발생하자 하드리아누스 4세는 이 죄 많은 로마 시민들에게 성무금지라는 강수를 던졌고, 로마는 크리스마스부터 부활절까지 예배를 통해 실질적이고 정신적인 위안을 얻을 수 있는 기회를 박탈당하였다. 현세의 군주를 경멸해 오던 로마 시민들도 정신적인 어버이의 호된 질타에는 비탄과 불안 속에 굴복하지 않을 수 없었는데, 그들은 참회로써 죄를 용서받았으나 사면의 대가로 이 선동적인 설교자를 추방해야 했다. 하지만 하드리아누스 4세의 보복은 여기에서 그치지 않았다. 다가오는 프리드리히 1세의 대관식은 교회와 국가의 수장들을 모욕했던 이 대담무쌍한 개혁가에게는 운명의 날이었다. 비테르보에서

[16] 영국의 독자는 『브리타니카 전기』의 「하드리아누스 4세」편을 참조할 수 있다. 하지만 우리나라의 작가들은 동향인에 대해 익히 알려진 명성과 공적 외에는 아무 내용도 추가하지 않았다.

열린 회담에서 교황은 황제에게 로마인들의 격렬하고 다스리기 힘든 천성에 대해, 즉 자신과 자신의 성직자들이 끊임없이 접해야 했던 모욕과 상해, 두려움에 대해 열변을 토하면서, 이단자 아르놀드의 사악하기 짝이 없는 성향은 필경 교회의 위계질서뿐 아니라 나라의 위계질서마저도 무너뜨릴 것이 분명하다고 말했다. 프리드리히는 교황의 주장에 설득당했든가 아니면 로마 제국의 제위에 대한 욕심에 유혹당했을 것이다. 야망이라는 저울에서 한 개인의 무죄 여부나 생사 여부는 별 무게를 지니지 못하는 법이다. 두 수장은 일시적인 정치적 화합을 위해 공동의 적의 목숨을 희생시키기로 결론 내렸다. 로마에서 도망친 이후 캄파니아 귀족들의 비호를 받고 있던 아르놀드는 황제의 명령에 따라 로마로 끌려와서 수도 장관으로부터 유죄를 선고받았다. 이 자유의 순교자는 경솔하며 감사를 모르는 사람들이 보는 앞에서 화형을 당했고, 혹시라도 이단 종파가 수거해서 숭배의 대상으로 삼는 일이 일어나는 것을 막기 위해 그의 유골은 테베레 강에 뿌려졌다. 그의 죽음으로 성직자들이 승리를 거둔 셈이었다. 그러나 유골과 함께 그의 교파는 산산이 흩어졌지만 그에 대한 기억은 로마 시민들의 마음에 계속 살아남아 있었다. 로마 시민들이 가톨릭 교회의 중심지는 파문과 성무 정지의 처벌을 면제받는다는 새로운 신앙 개조를 이끌어 내게 된 것도 아르놀드의 가르침에서 비롯되었다고 말할 수 있다. 물론 로마 주교들은 왕과 국가에 행사하는 최고 지배권이 가장 크게 적용되는 곳은 바로 최고 사도의 도시와 교구라고 주장할지도 모른다. 하지만 그들의 설교에 사람들은 귀를 기울이지 않았으며, 똑같은 이치에서 바티칸의 우레는 그 효력이 약화되고 남용도 억제되었다.

1155년, 아르놀드의 처형

1144년, 원로원의 부활

오래전부터 내려온 자유에 대한 사랑은 일찍이 작센의 오토 황제들에 대한 첫 투쟁이 시작된 10세기에 원로원 의원들과 시민의 손으로 로마 공화국의 정당성을 입증하고 복구한 것이라는 신념이 생기는 데 일조하였다. 그들은 매년 귀족들 중에서 두 명의 집정관을 선출하였고, 평민 10~12명으로 구성된 행정관들은 호민관이라는 이름과 직무를 부활시킨 바 있었다. 그러나 이 존경할 만한 국가 기구는 비난이 가해지기도 전에 사라지고 만다. 중세의 암흑기에 원로원 의원이나 집정관 또는 집정권의 아들이라 자칭하는 사람이 가끔 등장하기는 했다. 이는 가장 유력한 시민들이 자신들의 지위와 명예[17] 그리고 순수 귀족 혈통임을 자랑하기 위해 황제로부터 수여받거나 스스로 갖다 붙인 이름이었다. 이런 칭호는 아무 연속성도 없고 알맹이도 없는 표면상의 개인적인 칭호일 뿐 공식 통치 체계와는 전혀 관련이 없었다. 그러므로 원로원이 구성되었음을 알리는 도시의 법령 공포일은 영광의 시대를 알리는 것으로서 이때가 1144년이었다. 개인의 야심 또는 민중의 열망에 의해 서둘러서 새로운 제도가 마련되었으나, 12세기의 로마에는 조화롭고 균형 잡힌 고대의 통치 모델을 설명해 줄 역사가나 이를 되살려 낼 수 있는 입법가가 단 한 사람도 없었다. 자유분방하며 무장한 민중의 집회는 언제나 큰소리를 내고 많은 환호성을 받기 마련이다. 하지만 기교를 모르고 법에 의한 통치와 그 혜택에 둔감하며 무지한 군중이 서른다섯 개 부족을 질서 있게 배치하고, 백인대의 재산과 인원의 적절한 균형을 유지하고, 서로 이견을 말하는 연설자들의 토론을 중재하고, 거북이처럼 느리기 짝이 없는 투표나 제비뽑기를 통한 의사 진행 등의 사안을 제대로 처리할 수 있을 리가 없었다. 아르놀드는 기사 계급을 부

[17] 10세기가 되자 비잔티움의 황제들은 베네치아, 나폴리, 아말피 등지의 대공들에게 집정관이라는 칭호를 하사하였으며, 샤를마뉴의 후계자들은 자신들이 물려받은 특권을 하나도 포기하지 않았다. 하지만 전체적으로 볼 때 프랑스인과 독일인 들은 집정관이나 원로원 의원이라는 칭호를 흔하게 사용했는데 이는 백작이나 영주 이상의 의미를 지니지는 않는다. 수도사 출신의 작가들은 세련된 고전어에 대해 일종의 열망을 품은 경우가 많은 듯하다.

활시키고 차별을 두어야 한다고 제안했으나, 도대체 이런 차별의 근거와 기준을 어디에서 찾을 수 있다는 것인가? 기사의 재정적인 자격 요건은 빈곤한 시대 상황에 맞게 낮춰졌음이 틀림없다. 그도 그럴 것이 당시는 더 이상 세수 확보를 위해 재판관이나 농부들에게 시민적인 기능을 요구하지 않았으며, 제1의 의무인 기병으로서의 군역 의무를 보다 충실하게 뒷받침해 준 것은 봉건 제도와 기사도 정신이었기 때문이다. 공화국의 법체계는 무용지물이었으며 세간에 알려지지도 않았으니, 로마법과 야만적인 법의 양쪽 지배하에서 살아온 이탈리아의 국민들은 자신들도 모르는 사이에 한 덩어리로 섞였으며, 그들에게는 희미한 전통만이, 다시 말해 유스티니아누스 법전의 불완전한 단편만이 보존돼 있을 뿐이었다. 로마 시민들은 자유를 되찾는 순간 집정관의 칭호와 직무도 되살리려 했을 것이다. 하지만 이탈리아의 소도시들에서까지 이 칭호를 아무 생각 없이 남발하면서 그 가치를 스스로 떨어뜨렸고, 결국 집정관이라는 말은 외국에 나가 있는 무역 대리인을 의미하는 남루한 지위로 격하되어 버렸다. 하지만 공론마저도 저지할 수 있는 무시무시한 힘의 대명사인 호민관의 권한은 정당한 민주 정체의 탄생을 야기하는 힘이 되었음에 틀림없다. 고대 로마의 귀족이 국가의 신민이었다면 근세의 귀족은 국가의 압제자였으니, 그리스도의 대리인까지도 모욕하는 평화와 질서의 적인 그들이 평민 출신의 무장하지 않은 관리의 존엄성을 오랫동안 존중해 줄 까닭이 없었다.

 로마에 새로운 기원을 열어 준 12세기의 혁명에서 우리는 이 도시의 정치적 독립을 실현 또는 확인해 준 중요한 사건들을 몇 가지 관찰할 수 있다. (1) 로마의 일곱 개 언덕 중 하나

카피톨리누스

인 카피톨리누스 언덕은 길이가 약 400야드, 폭이 약 200야드에 지나지 않았다. 백 개의 계단이 타르페이아 바위 정상까지 이어져 있었고, 대단히 가파른 오르막을 지나면 완만한 경사의 내리막이 이어졌으며 벼랑은 무너진 건축물들의 잔해로 메워져 있었다. 아주 초기 때부터 카피톨리누스 언덕은 평시에는 신전으로 전시에는 요새로 이용되었으며, 도시가 함락된 후에도 이 언덕은 승리한 갈리아군의 포위 공격을 견뎌 냈으나 비텔리우스와 베스파시아누스의 내전 당시에는 이 제국의 성역도 공격을 받아 불에 타 버렸다. 유피테르와 그 일족의 신들을 모시는 신전은 흔적도 없이 사라지고 그 자리에는 수도원과 가옥 들이 들어섰으며, 단단한 성벽과 길게 늘어서 있던 주랑들은 시간의 흐름과 더불어 부식되거나 무너져 내렸다. 카피톨리누스 언덕의 아름다움까지는 아니더라도 그 견고함을 복구하려 했던 것이, 자신들의 무력과 지혜의 거주지를 강화하고자 했던 것이 바로 로마 시민들이 자유 의지에서 행한 첫 번째 행동이었으니, 아무리 냉혹한 로마 사람일지라도 이 언덕을 오를 때마다 조상들에 대한 회상으로 마음이 끓어올랐을 것임에 틀림없다. (2) 제정 초기의 황제들은 금화와 은화 주조의 배타적인 권리를 보유하고 있었으나, 청동이나 구리로 만든 소액 주화에 대한 권리는 원로원에 양도하고 있었다.[18] 아첨하는 분위기 속에 황제의 문장(紋章)이나 일화가 더 많은 곳에 새겨 넣어졌는데, 이로 인해 군주는 자신의 미덕을 칭송하는 등의 일에는 신경을 쓸 필요가 전혀 없었다. 디오클레티아누스 이후의 황제들은 원로원의 아부가 성에 차지 않았던 듯 황실 직속의 관리들을 로마는 물론이고 각 속주에 파견하여 주조 사업을 독단적으로 관장하였으며, 이탈리아를 정복했던 고트족의 왕

동전

[18] 그러나 황제와 원로원이 금은화와 이보다 가치가 낮은 주화에 대한 주조권을 나누어 가지고 있었다는 것은 확실한 사실이라기보다는 연구자들이 내놓은 가능성 높은 의견으로 받아들여야 할 것이다.

들이나 그리스, 프랑스, 독일의 왕조들도 오랫동안 계속해서 이 특권을 계승하였다. 800년 동안 권리를 포기했던 로마 원로원은 이 영예롭고 이익도 많은 특권을 도로 가져와야 한다고 주장했으나, 파스칼리스 2세부터 알프스 너머에 새로운 교황청이 마련되는 시기까지 교황들은 이 권리를 이미 암묵적으로 승인한 상태였다. 12세기와 13세기의 공화국들의 주화 몇 가지는 현재 수집가들의 진열장에 전시되어 있는데, 이 중 한 금화의 앞면에는 왼손에 책을 들고 있는 그리스도의 모습과 함께 '로마 원로원과 민중의 서언(誓言): 로마는 세계의 수도'라는 글이 새겨져 있다. 뒷면에는 모자와 긴 겉옷 차림에 한 손에는 가문의 문장과 무기가 새겨진 방패를 들고서 무릎 꿇고 앉아 있는 원로원 의원에게 성 베드로가 깃발을 수여하는 장면이 묘사되어 있다. (3) 제국의 쇠락과 함께 로마의 수도 장관도 한낱 지방 장관의 지위로 격하되기는 했으나 민사 및 형사 사건의 최종 심리에 대한 사법권을 행사하였으며, 오토의 후계자들로부터 받은 칼집 없는 검은 그가 수도의 책임자의 지위에 있음을 나타내는 표시이자 직무 수행의 상징이었다. 이 존엄한 지위는 로마의 귀족 가문 출신만이 맡을 수 있었는데 민중이 장관을 선출하면 교황이 이를 승인해 주었으나 삼중의 충성 서약으로 인해 수도 장관은 서로 상반되고 충돌하는 임무를 수행해야 하는 당혹스러운 상황에 처하는 경우도 많았을 것이다. 독립적인 로마 시민들은 자신들을 위해 3분의 1밖에 봉사하지 못하는 수도 장관을 해임하고 대신에 자신들을 위해 일해 줄 고관을 직접 뽑았다. 하지만 샤를마뉴 대제조차도 존중했을 정도로 이 직위는 일반 시민이나 백성들에게는 너무나도 높은 자리였기 때문에, 첫 번째 항거의 열기가 식자 로마 시민

로마의 수도 장관

1198~1216년

들은 아무 거리낌 없이 수도 장관을 부활하는 데 동의하였다. 이런 사건이 일어나고 50년이 흐른 후 역대 교황 중 야심이 가장 큰, 아니면 적어도 가장 행운아였던 이노켄티우스 3세는 이런 외부 세력의 지배로부터 자신과 로마 시민들을 해방시켰다. 교황은 장관에게 검 대신 깃발을 수여하면서 독일 황제에 대한 충성 맹세와 봉사의 의무를 면제시켜 주었다. 교황이 현직 추기경이나 추기경 후보에 오른 성직자를 장관의 자리에 직접 임명해서 로마의 민정을 다스리게 하였으나, 새로운 장관의 사법권은 좁은 범위로 제한되었으며 평화로운 시기 동안의 권리와 업무 집행 권한은 원로원과 민중에게서 나오는 것이었다. (4) 원로원이 부활한 후 이 차

원로원의 구성

출당한 의원들(이런 표현을 사용해도 될지 모르지만.)은 사법권과 행정권을 부여받기는 했으나, 그들 중 당면 사안을 넘어 먼 미래까지 내다보는 안목을 갖춘 사람은 거의 없었다. 그도 그럴 것이 당시는 폭동과 소요가 가장 빈번하게 발생하던 시기였기 때문이었다. 권세가 한창 절정에 달할 때에는 쉰여섯 명의 의원이 원로원을 구성했고, 그중에서 가장 지위가 높은 사람은 고문이라는 칭호로 불렸다. 그들은 아마도 매년 민중들에 의해 지명된 것으로 보이며, 각 지역 또는 교구당 열 명으로 구성된 선거인단이 행한 예비 선거는 자유롭고 영구적인 국가 제도의 기반을 닦아 주었다고 말할 수 있다. 폭풍우가 몰아칠 때마다 꺾이기보다는 휘어지는 쪽을 선택했던 교황들은 협정에 따라 원로원의 설립과 특권을 승인해 주었으나, 한편으로는 시간이 흐를수록 평화와 종교에 대한 자신들의 지배권이 되살아나기를 바라고 있었다. 로마 시민들도 가끔씩은 공사 양쪽의 이해관계를 따지면서 자

신들의 권리 주장을 잠시나마 뒤로 미루고, 교회와 공화국의 합법적 수장인 성 베드로의 후계자와 콘스탄티누스 대제의 후계자에 대한 충성 맹세를 갱신하곤 하였다.

무법천지의 도시에서 공적인 심의 기구의 결성이 좌절되고 그 활기마저 사라지자, 로마 시민들은 보다 강력하고 단순한 행정 방식을 택했다. 그들은 원로원의 직함과 권한을 한 사람이나 두 사람의 행정관에게 몰아주었는데, 그들의 임기가 6개월에서 길어 봤자 1년에 불과했다는 점으로 볼 때 막강한 권한 위임의 위험성을 짧은 임기로 상쇄하는 셈이었다. 하지만 이렇게 짧은 기간 중에도 원로원 의원들의 탐욕과 야심은 하늘을 찌를 정도였다. 그들은 정의보다는 가족과 파벌의 이익을 우선시했으며, 자기들 편의 허물은 눈감아 주고 적대자들만을 처벌했기 때문에 그들의 지지자들의 순종만 받아 낼 수 있었다. 자신들의 주교인 교황의 목자적인 관심으로도 더 이상은 치유가 불가능한 무정부 상태를 보면서 자신들에게는 자치 능력이 없다는 사실을 깨달은 로마 시민들은 내부에서는 그런 축복된 소양을 가진 인물을 찾을 희망이 없다는 판단하에 외부로 눈을 돌렸다. 같은 시기 그리고 같은 이유에서 이탈리아의 공화국들 대부분도 겉으로는 이상해 보일지 몰라도 자신들의 상황에 가장 들어맞으며 가장 유익한 결과를 낳아 줄 수 있는 방책을 마련하기 위해 애쓰고 있었다. 그들은 외부의 우호적인 도시에서 고귀한 가문 출신에 고결한 인품을 가진 공정한 행정관을, 그리고 대내외적으로 훌륭한 평판을 얻고 있는 군인 겸 정치가를 물색해서 그에게 평시와 전시를 불문하고 한동안 최고 행정권을 맡기기로 결정하였던 것이다. 서약과 서명을 통해 통치할 사람과 통치받을 사람 사이에 계약이 성립되었으며, 또

원로원 의원의 직무

한 임기와 보수, 그리고 서로 지켜야 할 의무 등에 대해서도 주의 깊고 엄밀한 조항이 마련되었다. 그들은 자신들의 합법적인 지도자에게 순종을 맹세하였으며, 지도자는 이방인으로서의 공평무사함과 애국자의 열의를 합치겠노라고 선서하였다. 그가 직접 선택한 4~6명의 기사와 로마법학자들이 군무와 사법을 담당하는 보좌관의 역할을 맡았다. 그는 자신의 비용으로 합당한 선에서 시종이나 말 등을 보유하였으며, 그의 판단에 악영향을 끼칠 소지가 있는 처자식과 형제 등은 고국에 남기로 하였다. 직무를 수행하는 동안 이 외부 영입 행정관은 토지를 구입하거나 동맹 체결은 물론이고 심지어는 일반 시민의 집에 초대받아 방문하는 것도 금지되었다. 또한 그의 시정에 반대하여 생긴 불만 사항을 깨끗이 처리하기 전까지는 그 자리를 명예롭게 물러날 수도 없었다.

1252~1258년, 브란칼레오네

13세기 중엽 무렵 로마 시민들은 브란칼레오네라는 원로원 의원을 볼로냐에서 초빙하였는데, 영국의 한 사가 덕분에 우리는 기억 속에서 지워졌던 이 인물의 명성과 공적을 되살려 낼 수 있게 되었다. 자신의 평판에 대한 염려 때문인지 아니면 공직 수행의 어려움을 분명하게 예견했기 때문인지 모르지만 그가 이 명예로운 직분에 선택된 것을 거절하였음에도, 로마 시민들은 법률을 수정해 가면서까지 그의 임기를 3년으로 연장하였다. 죄인이나 무법자 들로부터는 잔인하다는 비난을 받고 성직자들로부터는 편파적이라고 지탄받았지만, 평화와 질서를 바라는 사람들은 이를 회복시킨 강직하고 올곧은 행정관을 칭송해 마지않았다. 이 원로원 의원의 정의 앞에서는 아무리 강력한 힘을 가진 범죄자라도 만용을 부리지 못했으며 아무리 빠른 자라도 몸을 피하지 못했다. 그는 아니발디 가의 두 귀족에게는 교수형의 판결을 내렸으며, 로마와 그 인근에 위치해 도적질과 폭력의 소굴로 자리 잡은 140개의 탑을 가차 없이 파괴하였다. 로마의 주교, 즉 교황에게는 일개 주교로서 자신의 교구 안에만 머물라고 강요하였으며, 브란칼레오네의 군기는 전장에서도 효과적으로 공포심을 불러일으킬 수 있었다. 하지만 사람들은 자신들이 누리는 귀중한 행복에 감사하기는커녕 배은망덕한 행위로 그의 봉사에 보답하였다. 그로 인해 안위가 위험해진 공공의 도적들에게 선동당한 로마 시민들은 자신들의 은인을 억지로 퇴위시킨 후 감옥에 투옥하였다. 볼로냐가 그의 안전을 위해 미리 볼모를 확보해 두지 않았더라면 목숨마저 위태로웠을 것이다. 로마로 떠나기 전에 신중한 성격의 브란칼레오네는 로마의 최고 귀족들 서른 명을 볼모로 요구했던 것이다. 목숨이 위험하다는 소식과 그의 아내의 간절한 부탁에 따라 볼모에 대한 경비는 더욱 삼엄하게 바뀌었으나, 볼로냐는 명예로운 대의를 위해 교황의 성무 정지라는 우레를 참아 내야 했다. 이런 고매한 저항에 로마 시민들은 현재와 과거를 되새김질해 볼 시간이 생겼고, 감옥에서 나온 브란칼레오네는 뉘우치는 시민들의 환호성 속에서 호위를 받으며 카피톨리누스 언덕으로 올라갔다. 남은 임기 동안 그는 안정적이고 별 탈 없이 로마를 다스릴 수 있었고, 그의 죽음과 함께 질시하는 소리가 사라지자마자 그의 머리는 귀중한 꽃병에 고이 담겨 높이 솟은 대리석 원주의 꼭대기에 안치되었다.

이탈리아의 무기력한 이성과 미덕은 더욱 효과적인 선택이 필요함을 드러냈다. 한 개인을 선택해 그에게 임의적이고 불안정한 복종을 바치는 방안 대신에 로마 시민들은 자신들을 내우외환으로부터 보호해 줄 수 있는 독립적인 힘을 소유한 군

1265~1278년,
앙주의 샤를

주를 선출하기로 결정하였다. 앙주와 프로방스의 백작이며 당시 가장 야심이 크고 호전적인 성격의 군주인 샤를은 교황으로부터는 나폴리 왕국을 그리고 로마 시민들로부터는 원로원 의원의 직분을 동시에 받아들였다. 나폴리로 가는 길에 로마를 통과하게 된 샤를은 시민들의 충성 맹세를 받은 후에 라테라노 궁전에 묵었고, 이 짧은 방문을 통해 가혹한 전제 군주로서의 인상을 조금이나마 완화시킬 수 있었다. 하지만 로마 시민들이 샤를에게만 한결같은 충성을 바칠 리가 없었다. 그들은 샤를의 맞수이며 불운한 콘라딘이 로마를 통과할 때에도 똑같은 박수갈채로서 맞아 주었던 것이다. 또한 카피톨리누스를 지배하는 이 강력한 보복자에 대한 교황들의 공포심과 질투심도 한층 높아지고 있었다. 샤를의 종신 임기는 3년마다 연임 여부를 결정하는 것으로 바뀌었으며, 적대감을 불태우던 니콜라스 3세는 이 시칠리아의 왕에게 로마에 대한 통치권을 포기하라고 요구했다. 항구적 법률로서 발표한 교서에서 이 거만한 교황은 콘스탄티누스 대제의 기진(寄進)의 진실과 타당성 그리고 유효성은 교회의 독립을 위해서만이 아니라 도시의 평화를 위해서도 반드시 필요한 것이라면서, 원로원 의원은 1년에 한 번씩 뽑는 것이 마땅하며 황제나 국왕, 군주를 비롯해 기타 저명하고 높은 지위에 있는 사람들은 그 대상 자격이 되지 않는다고 못 박고 있다.[19] 마르티누스 4세가 자신의 이익을 위해 로마 시민들의 투표를 겸손하게 요청하면서 이 금지 조항은 철회되었다. 로마 시민들이 입회한 자리에서 그들로부터 권한을 위임받은 두 선거인이 교황으로서가 아니라 마르티누스 4세라는 존귀하고 신의를 지킬 줄 아는 개인에게 원로원 의원이라는 직위와 공화국의 최고 행정권을[20] 수여해 주면서, 이 직위는 평

[19] 니콜라스 3세는 콘스탄티누스의 기진장에서 자신의 현세적 지배권의 근거를 찾고 있으며, 큰 반향을 불러일으킨 그의 교서는 지금까지 남아 있다. 그리고 보니파키우스 8세에 의해 교령집 제6권에 삽입됨으로써 이 교령은 가톨릭에서 혹은 최소한 로마 가톨릭에서만큼은 신성하고 항구적인 법률로 받아들여지고 있음이 분명하다.

[20] 내가 이 로마법에 대한 해석을 내릴 수 있었던 것은 전적으로 플뢰리 덕분인데, 그는 라이날두스의 교회 연대기에서 그 내용을 차용하였다.

1281년, 마르티누스 4세 교황

생 동안 유지될 것이며 그가 직접 또는 그의 대리인이 그 직분을 수행해 주도록 요청하였다. 약 50년이 흐른 후 바바리아의 루드비히 황제가 같은 직위를 부여받았다. 이 두 군주는 수도를 통치하는 지방관의 직분을 받아들임으로써 로마의 자유를 승인해 준 셈이었다.

1328년, 바바리아의 루드비히 황제

브레스키아의 아르놀드가 교회에 대한 민중의 반항심에 불을 지폈던 처음의 반란 시기에 로마 시민들은 제국을 위해 자신들의 힘과 봉사를 바치겠노라고 말하는 등 교묘한 술책으로 황제의 환심을 살 수 있었다. 그들이 콘라드 3세와 프리드리히 1세에게 보낸 사절단은 아첨과 자부심, 전통과 무지로 점철된 그들의 역사를 그대로 드러내는 인사로 구성돼 있었다. 그들은 콘라드 3세에게는 그의 침묵과 무관심에 대해 불평한 후 알프스를 넘어 로마로 와서 황제의 관을 받아 달라고 말했다.

황제들에 대한 로마의 구애

1144년, 콘라드 3세

폐하께 간청하나니, 저희 폐하의 자식들과 가신들의 겸허한 소원을 무시하지 말아 주시기를, 그리고 원로원을 폐하에게 대적하는 곳으로 비방하고 불화의 씨를 뿌리기를 일삼으며 파괴의 수확을 거둘 날을 기다리고 있는 우리의 공통된 적의 중상모략에는 귀를 기울이지 말아 주시기를 청원하나이다. 교황과 '시칠리아의 왕'은 '우리'의 자유와 '폐하'의 즉위를 저지하고자 불경스러운 연합을 결정하였습니다. 우리의 열의와 용기에 신의 축복이 더해 지금까지는 그들의 시도를 봉쇄할 수 있었습니다. 저희는 강력한 분파의, 그중에서도 특히 우월한 프란지파니 가의 가옥과 탑들을 기습하여 점령한 후 일부에는 군대를 주둔시켰고 일부는 완전히 파괴하였습니다. 그들이 무너뜨렸던 밀비우스 다리도 폐하의 안전한 통행을 위해 완전히 복구하여 강화해 놓았으니 폐하의 군대는 성 안젤로 성으로부터 아무 방해도 받지 않고 안전하게 도시에 입성할 수 있을 것입니다. 지금까지 저희들이 한 모든 것과 앞으로의 모든 계획은 폐하의 명성과 영예를 드높이기 위해서, 폐하께서 신속하게 로마에 모습을 나타내시어 성직자들에게 강점당한 권리를 되찾으시고 황제의 존엄성을 되살리시어, 선대 황제들보다 더한 영광을 누리시게 되기를 원하는 충성스러운 바람에서 비롯된 것입니다. 세계의 수도인 로마에 폐하의 거처를 정하시어 이탈리아와 튜턴 왕국을 법으로 다스리심으로써, 원로원과 신민들의 활력에 힘입어 지상의 지배권을 손에 넣으셨던 저 콘스탄티누스와 유스티니아누스 대제의 선례를 따르게 되기를 바라마지 않사옵니다.

그러나 성지에만 눈을 고정하고 있던 프랑코니아 사람 콘라드 3세는 그들의 거창하고 믿을 수 없는 소원에는 관심을 기울이지 않았고, 조만간 로마를 방문하겠다는 약속을 지키지 못한 채 성지에서 돌아온 지 얼마 되지 않아 세상을 떠났다.

1155년,
프리드리히 1세

콘라드 3세와 달리 조카이자 후계자인 프리드리히는 제위에 오르겠다는 야심이 컸는데, 사실 오토의 후계자들 중에서 그에게 맞먹을 정도로 이탈리아 왕국에 대한 절대적인 권력을 획득한 사람은 아무도 없었다. 그는 수트리 군영에서 종교계 수장들과 세속의 군주들에게 둘러싸인 가운데 로마 사절단의 알현을 받았다. 사절단은 이번에도 자유분방하고 화려한 웅변을 펼쳤다.

모든 도시의 여왕인 로마에 폐하의 귀를 기울여 주옵소서. 성직자들의 굴레를 벗어던지고 적법한 황제를 맞이하기만을 오매불망 기다리고 있는 로마에 평화롭고 우호적인 마음으로 납셔 주시기를 간청하나이다. 폐하의 상서로운 권세 아래에서 그 옛적 영광의 시대가 되살아나게 해 주옵소서. 이 영원의 도시에 폐하의 대권을 행사해 주시고 폐하의 통치 아래 오만무도한 세상이 무릎 꿇게 해 주시옵소서. 그 옛날 원로원의 지혜와 전사들의 용기와 규율에 힘입어 로마는 알프스 너머 동서 세계로 그리고 대양의 섬들에까지 승리의 맹위를 떨쳤음을 폐하는 익히 알고 계실 것입니다. 군주가 존재하지 않는 동안 저희의 죄로 인해 원로원이 마련한 훌륭한 제도는 망각 속으로 사라져 버렸으며, 지혜가 없어지면서 군사력도 마찬가지로 쇠약해지고 말았습니다. 저희는 원로원과 군사 제도를 부활시켰으니, 원로원의 간언과 군대의 무력은 전적으로 폐하와 제국의 위업을 달성하는 데 바쳐질 것입니다. 폐하께서는 '저는 손님으로 찾아온 당신을 시민으로 받아들일 것입니다. 알프스 저편에서 오신 이방인이시여, 저는 당신을 제 군주로 선택했나니, 제 자신은 물론 제가 가진 모든 것을 당신께 바칩니다.'라고 말하는 로마 귀부인의 말이 들리지 않으십니까? 폐하의 첫 번째이자 가장 신성한 의무는 공화국을 위해 피를 흘릴 것임을, 그리고 도시의 법률과 역대 황제들이 마련한 규범을 평화롭고 정의롭게 준수할 것임을 서약하고 서명하는 것입니다. 그리고 폐하의 권능을 카피톨리누스 언덕에서 선언해 줄 충직한 원로원 의원들에게 5000파운드의 은을 그 보답으로 제공하는 것입니다. 부디 아우구스투스의 이름뿐 아니라 그 역할도 맡아 주시기를 간청하는 바입니다.

화려하기 그지없는 라틴어 수사(修辭)는 아직도 끝나지 않았으나 그 허식적인 말에 짜증이 난 프리드리히는 사절단의 연설을 자르며 제왕이자 정복자의 오만한 어조로 이렇게 말했다.

분명 고대 로마인들의 강건함과 지혜는 널리 알려져 있으나 그대들의 발언에는 그런 지혜가 스며들어 있지 않는 것 같소이다. 또한 짐이 바라는 것은 그대들의 행동거지에서 그 강건함을 보는 일이오. 이 세상에 존재하는 모든 것과 마찬가지로 로마 역시 시간의 흐름과 운명의 부침을 경험했소이다. 로마의 가장 고귀한 가문들은 이미 동방으로, 콘스탄티누스의 왕도로 옮겨 갔으며, 그나마 남아 있던 힘과 자유도 비잔티움인들과 프랑크인들에 의해 이미 한참 전에 고갈되었소. 그대들은 고대 로마의 영광을, 원로원의 중후함과 상무 정신과 군영의 규율과 군대의 용맹함을 보게 되기를 원하는 거요? 그렇다면 독일 공화국에서 그러한 것들을 찾을 수 있을 것이오. 독일 공화국은 무방비의 외톨이 제국이 아니오. 로마 제국을 빛내 주던 훈장과 미덕 역시 알프스 너머 보다 자격이 있는 사람들에게로 옮겨 갔으니, 도시를 방어하기 위해 그들을 활용할 수는 있을 것이나 그 대신에 그들은 그대들의 복종을 요구할 것이오. 그대들은 마치 짐이나 내 선임자들이 로마에 초대받아 간 것처럼 말하고 있으나 말을 잘못 선택했소. 그들은 초대를 받은 것이 아니라 간청에 못 이겼던 것이었소. 지금 우리 국토에 고이 잠들어 있는 샤를마뉴와 오토 대제는 외세와 국내의 압제자들로부터 도시를 구원해 주었으니, 그분들의 지배권은 그대들을 구원해 준 것에 대한 대가였을 뿐이오. 그대들의 조상은 그런 통치를 받으며 살다 죽었으니 상속과 소유의 권리에 따라 짐은 응당 내 권리를 주장하는 바요. 또한 누가 감히 짐에게서 그대들에 대한 권리를 빼앗아 갈 수 있겠소? 프랑크족과21 게르만족의 기량이 시간이 흐르면서 약해졌을 것 같소이까? 짐이 정복당한 일이 있었소? 짐이 포로로 잡힌 일이 있었소? 강력한 무적 군대의 깃발이 내 주위를 호위하지 않은 적이 있었소? 그대들은 주인에게 조건을 들이밀면서 선서를 요구하고 있구려. 그 조건이 합당한 것이라면 선서 따위는 불필요할 터이고, 부당하다면 그것은 범죄나 다름없소이다. 짐의 공명정대함에 의심의 여지가 있소이까? 짐의 공명정대함은 가장 비천한 백성들에게까지 이르고 있소이다. 카피톨리누스를 방어하는 동안 짐의 검이 뽑히는 일이 없을 것 같소? 바로 그 검으로 북방의 덴마크 왕국이 신성 로마 제국에 다시 편입되었소. 그대들은 내가 자비를 베풀 수준과 대상까지도 일일이 지정하고 있으나, 내 자비는 대단히 풍부하고 오직 자발적으로만 흘러나올 뿐이오. 인내하는 공로에 대해서는 모든 것을 주겠으나, 무례한 집요함에는 아무것도 주지 않겠소.22

하지만 황제도 원로원도 지배와 자유에 대한 이런 고상한 요구를 오랫동안 주장할 수는 없었다. 로마 시민을 의심한 프리드리히는 교황과 결탁하여 바티칸으로 행진을 계속했으나, 카피톨리누스에서 출격을 감행하면서 그의 대관식은 치러지지 못했다. 독일군은 압도적인 숫자와 용맹함으로 전투에서는 우세한 고지를 점령했을지 몰라도 프리드리히는 자신이 지배자임을 자처하는 도시 앞에서 안전한 군영을 세울 수가 없었다. 그로부터 약 12년이 흐른 후 그는 성 베드로 좌에 대립 교황을 앉히기 위해 로마를 포위 공격하면서 피사의 갤리선 열두 척을 테베레 강으로 끌어들였다. 하지만 원로원과 로마 시민들은 협상 기술과 전염병 발발 덕분에 목숨을 구할 수 있었고, 이후

21 프리징겐의 오토는 독일의 궁정과 식 습관에 대한 언어를 확실히 이해하는 사람이었다. 그는 지배 민족으로서의 12세기 프랑크족에 대해 말하고 있다. 하지만 여기에 튜턴족이라는 별칭을 덧붙이는 것도 잊지 않는다.

22 나는 문체에 얽매이지 않고 원본 기록을 번역했지만 정확성은 잃지 않았다고 자신한다.

23 이탈리아에서 황제의 군대와 권위의 쇠락에 대해서는 무라토리의 연대기에 객관적으로 기록돼 있으며, 독자들은 그의 설명을 슈미트의 『독일인의 역사』와 비교해 보면서 읽는 것도 좋을 것이다. 슈미트로서는 동포들에 대한 자긍심을 느끼는 것이 당연한 일이었다.

프리드리히나 그의 후계자들은 다시는 로마 공격을 되풀이하지 않았다. 가뜩이나 힘든 통치에 교황이나 십자군, 롬바르디아나 독일의 독립 등이 위협을 가하는 판국이었던 것이다. 결국 신성 로마 제국의 황제들은 로마에 동맹을 요청했고 심지어 프리드리히 2세는 카피톨리누스에서 밀라노의 대군기를 바치기까지 했다. 슈바벤 왕조가 몰락한 이후 그들은 알프스 너머로 추방되었으며, 그들의 마지막 대관식은 튜턴인 황제들의 무력함과 빈곤함을 그대로 드러내었다.23

인근 도시들에 대한 로마인들의 전쟁

제국의 영토가 유프라테스 강에서 대서양, 아틀라스 산맥에서 그람피아 구릉지대에 달했던 하드리아누스 황제가 다스리던 시절, 공상을 좋아하는 한 역사가는 옛 전쟁에 대한 묘사로 로마인들의 귀를 즐겁게 해 주곤 하였다. 그는 이렇게 말한다.

한때는 지금 우리의 여름 휴양지인 티부르와 프라이네스테가 카피톨리누스의 적대적인 맹세의 대상이었던 시절, 우리가 아리키아 숲의 그림자를 두려워하던 시절, 사비니인이나 라틴인 들의 이름 없는 부락을 점령했을 뿐임에도 아무 부끄러움 없이 승리에 도취할 수 있었던 시절, 심지어는 코리올라누스마저도 개선장군에 걸맞은 칭호를 받을 수 있었던 그런 시절이 있었다.

과거와 현재를 비교하면서 이 역사가와 같은 시대의 사람들의 자만심은 하늘을 찌를 정도로 높았다. 하지만 그들에게 미래를 예견하는 힘이 있었다면, 즉 1000년 후에는 로마 제국이 그 위세를 다 잃고 초기 시절과 다름없는 수준으로 전락할 것이며,

한때 별장과 정원으로 장식돼 있던 바로 그 땅에서 똑같은 전쟁이 되풀이 될 것임을 예측했더라면 그 오만한 자존심이 한풀 수그러들었을지도 모른다. 테베레 강 양쪽 근방의 영토는 항상 성 베드로의 세습 재산이라고 주장되었으며 때로는 점거되기도 하였다. 그러나 귀족들은 무법적인 독립을 주장했고 다른 도시들도 수도의 반란과 불화를 그대로 흉내 내었다. 12세기와 13세기에 로마 시민들은 교회와 원로원의 불손한 봉신들을 진압하거나 파멸시키기 위해 항상 진땀을 흘려야 했는데, 때로는 교황의 설득에 그들의 완고하고 이기적인 야심이 완화되는 경우도 있기는 했지만 이보다는 교황이 자신의 정신적인 무기를 휘두르면서 그들의 집착을 부추기는 경우가 더 많았다. 그들의 전쟁은 쟁기질을 멈추고 소집되어 온 초기 집정관들이나 독재관들의 전쟁이었다. 무장을 하고 카피톨리누스 언덕 아래에 모인 그들은 성문에서 출격하여 인근 마을의 수확물들을 닥치는 대로 약탈하거나 불사르면서 무질서한 전투를 치르고는 15~20일이 지나고 나면 원정을 끝내고 집으로 돌아왔다. 그들의 포위 공격은 단조롭고 서투르기 그지없었고, 전리품을 챙길 때에는 한층 더 비열한 질투심과 복수심에 사로잡혔으며, 적군의 용맹함을 인정해 주는 것이 아니라 불운한 그들을 짓밟기 일쑤였다. 포로들은 속옷 바람으로 밧줄에 목이 묶인 채 사면을 간청해야 했으며, 적의 도시는 요새는 물론이고 심지어는 일반 건물들까지도 다 파괴되어서 그곳의 주민들은 인근 마을로 뿔뿔이 흩어져 버렸다. 이런 식으로 주교추기경의 거처가 있던 포르토, 오스티아, 알바눔, 투스쿨룸, 프라이네스테, 티부르는 로마인들의 맹렬한 공격에 차례로 전복되었다. 이 중에서도 테베레 강의 중요한 두 요지였던 포르토와 오스티아는 여전히 사람이 살지 않는 황폐한 땅으로 남아 있다. 늪지이며 사

24 여기서는 내 일반적인 방법에서 벗어나 무라토리의 연대기에 적힌 날짜에 따라서만 글을 인용하고 있는데, 이는 그가 투스쿨룸 전투를 언급한 동시대 작가 아홉 명에 대해 균형을 유지하는 데 신중을 기하고 있음을 감안해서이다.

람이 살기에 적당치 않은 강둑에는 물소 떼가 들끓고 있으며, 강은 항해나 교역과 같은 본래의 목적을 전혀 수행하지 못하고 있다. 그러나 언덕은 가을의 열기를 피할 수 있는 그늘진 휴식처를 제공해 주면서 다시금 평화의 축복에 미소 짓게 되었고, 프라스카티는 폐허가 된 투스쿨룸 근처에서 일어났으며, 티부르도 도시의 명예를 되찾았고, 이들보다는 초라했던 알바노와 팔레스타인과 같은 도시도 로마 추기경과 군주들의 별장으로 아름답게 변모했다. 파괴적인 원정에서 로마인들의 야심은 자주 인근 도시들과 그 도시들의 연합군에 의해 저지되거나 격퇴당했다. 처음 티부르를 포위 공격 할 때에는 군영지에서 쫓겨 났으며, 투스쿨룸 전투와24 비테르보 전투는 상대적으로 볼 때 저 유명한 트라시메네나 칸나이의 전투와도 비교할 수 있다. 처음 작은 전쟁에서는 프리드리히가 투스쿨룸 구원을 위해 급파한 독일 기병대 1000명이 로마군 3만을 무찔렀다고 알려져 있으나, 사망자 수를 3000으로 그리고 포로 수를 2000으로 계산하는 것이 보다 신빙성 있고 정확해 보인다. 이로부터 68년이 지난 후 로마인들은 전 병력을 동원하여 교황령인 비테르보로 진격하였다. 비테르보의 깃발에 성 베드로의 열쇠와 튜턴의 독수리가 함께 그려지는 보기 드문 연합이 결성되었으며, 교황 쪽 원군의 지휘관은 툴루즈 백작과 윈체스터 주교가 맡았다. 로마군이 크게 패해 거의 전멸한 것은 맞지만, 이 잉글랜드인 주교는 자기 휘하의 병력이 10만이고 이번 전투에서 아군의 사상자 수가 3만에 달한다고 부풀려 말하면서 순례자로서의 허영심을 유감없이 발휘하였다. 만약 원로원의 정략과 군단의 규율이 되살아났더라면 이탈리아의 분열 상태는 제2차 정

1167년, 투스쿨룸 전투

1234년, 비테르보 전투

복 사업을 위한 가장 좋은 기회가 되었을지도 모르는 일이었다. 하지만 부활한 로마의 무력은 인근 공화국들의 평균 수준보다 월등히 뛰어나지는 못했으며 기술은 오히려 그들보다도 한참 뒤처진 편이었다. 그들의 호전적인 정신도 별로 오래 지속되지 못했는데, 몇 번의 불규칙한 출격을 감행한 후 그들은 시민의 냉담함, 군대 규율의 이완, 외국인 용병에 대한 무분별하고 지나친 의존으로 인해 그 호전성도 수그러들고 말았다.

야심은 그리스도의 포도밭에서 다른 초목보다 더 빨리 자라나는 잡초이다. 초기 그리스도교 군주들의 지배를 받을 때

교황들의 선출

에도 성 베드로 좌는 민중의 선출이나 매수, 폭력 등으로 다툼의 대상이었고 로마의 지성소(至聖所)는 피로 얼룩졌으며, 3세기부터 12세기에 이르기까지 교회는 빈번한 교회 분열이라는 악습으로 사분오열되었다. 최종적인 결정을 속계의 수장이 내리던 시기에는 이런 분열도 일시적이며 지역적인 차원에 불과했다. 황제의 공정함이나 호의에 따라 교황의 당락 여부가 결정되었으며, 패배한 쪽이 승리한 쪽을 오랫동안 방해하지는 못하였다. 하지만 황제가 대권을 박탈당하고 그리스도의 대리인은 지상의 재판 결과에 복종할 필요가 없다는 원칙이 확정된 후, 교황의 자리가 빌 때마다 그리스도교 세계 전체가 논란과 전쟁에 휩싸였다. 추기경과 이들보다 직위가 낮은 성직자들, 귀족과 평민 모두는 애매모호하고 논쟁적인 주장을 일삼았고, 더 이상 주인도 없고 섬겨야 할 윗사람도 없는 도시의 혼란으로 인해 선택의 자유는 없어져 버렸다. 교황이 죽으면 대립하는 두 파벌이 서로 다른 교회에서 따로따로 선거를 진행하였다. 투표자의 숫자와 비중, 시간적인 우선성, 후보의 출중함 측면에서 서로 호각을 이루면서 가장 존경받는 성직자들도 둘

로 갈라졌으며, 영적인 옥좌 앞에 꿇어 엎드리기 위해 멀리서 찾아오는 군주들은 누가 진짜 교황이고 누가 가짜인지를 구분할 수가 없었다. 황제가 직접 정치적인 이유에서 자신에게 적대적인 교황에 대립하는 교황을 추천하는 식으로 교회 분열을 부추기는 경우도 많았다. 교황 자리를 두고 경쟁하는 두 사람 모두 반대편이 아무 양심의 가책도 없이 던지는 모욕을 그대로 다 받아야 했으며, 탐욕이나 야심에 따라 이리저리 선동당하는 지지자들의 지원을 얻기 위해 그들을 돈으로 매수하기까지 하였다. 평화롭고 항구적인 계승 제도를 확정한 사람은 알렉산데르 3세로,[25] 그는 결국 성직자와 민중으로 구성된 혼란스러운 투표 제도를 폐지하고 추기경 회의에만 선거권을 부여한다는 결정을 내렸다.[26] 주교, 사제, 부제의 세 품계는 이 중요한 특권을 기준으로 볼 때에는 같은 위계로 여겨졌으며, 로마 교구의 성직자는 위계질서에서 첫 번째 자리를 차지하였다. 로마 교구의 성직자는 그리스도교 여러 나라들에서 무작위로 선출되었으며, 그들은 칭호나 직무에 상관없이 가장 부유한 성직록을, 즉 가장 중요한 주교구를 보유할 수 있었다. 가톨릭 교회의 원로원 의원 격인 교황의 보좌 주교와 사절은 순교나 존귀함을 상징하는 자주색 법의를 걸쳤다. 그들은 오만한 태도로 왕들과 동등한 자격이 있음을 주장하였고, 레오 10세의 치세 때까지 그 수가 스물 내지 스물다섯 명 선으로 제한되면서 그들의 위엄성은 더욱 높아졌다. 이런 현명한 규제에 따라 모든 의심과 추문이 없어지면서 분열의 뿌리도 효과적으로 사라졌고, 이후 600년 동안 이 신성한 회의체의 결속에 분열을 불러일으켰던 이중의 교황 선출 사건은 단 한 번밖에 발생하지 않았다. 하지만 교황이 선출되려면 표의 3분의 2 이상의 동의를

[25] 알렉산데르 3세 본인도 교황 선출 경쟁에서 거의 패배할 뻔했다. 사실 공적이 의심스러운 이노켄티우스는 성 베르나르가 가늠해 준 재능이나 학식 측면에서 알렉산데르보다 약간 더 우세할 뿐이었다.

[26] 로마 추기경의 기원이나 직함, 중요성, 의복, 서열 등에 대해서는 토마생(Thomassin)의 책에 매우 훌륭하게 설명돼 있는데, 현재 그들의 보라색 법의는 그 색이 훨씬 연해져 있는 편이다. 이 신성한 집단의 구성원은 정확히 일흔두 명까지 늘어났는데, 이는 신의 대리인 휘하에 있는 그리스도의 사도를 나타낸다.

1179년, 알렉산데르 3세에 의해 확립된 추기경들의 권리

얻어 내야 했기 때문에 추기경들의 개인적인 이해관계나 감정 싸움으로 지연되는 일이 많았고, 이렇게 추기경들이 자신들의 독립적인 지배 체제를 연장하는 동안 그리스도교 세계는 수장 없는 상태를 유지해야 했다. 심지어 그레고리우스 10세가 선출되기 전까지는 3년 동안 교황 자리가 비어 있기도 했다.

1274년, 그레고리우스 10세의 콘클라베 제도

그는 앞으로 또 이런 사태가 재발하는 것을 막기로 결심했고, 결국 약간의 반대를 물리친 끝에 그의 교서는 교회법에서도 특별한 지위를 차지하게 되었다. 그 교서의 내용은 이러하다. 사망한 교황의 장례식과 외국에 주재하는 추기경들의 도착을 위하여 9일 동안을 기다린다. 그리고 교황이 죽은 후 10일째가 되는 날이면 추기경들은 각기 한 사람의 하인만을 거느리고 아무 벽이나 커튼도 없는 확 트인 넓은 방, 즉 '콘클라베(conclave)'에 갇힌다. 생필품을 공급받을 수 있도록 작은 창 하나가 나 있을 뿐이며 출입문은 안팎으로 단단히 잠겨 있다. 도시의 행정관들의 보호 아래 추기경들은 외부와 일체 아무런 접촉도 할 수가 없다. 3일 내에 교황이 선출되지 않으면 화려했던 식탁은 저녁을 포함한 두 끼의 식사 때는 음식 한 가지만으로 줄어든다. 8일이 지나도 교황이 선출되지 않으면 추기경들은 아주 적은 양의 빵과 물, 포도주만을 공급받을 수 있다. 교황 자리가 비어 있는 동안에 추기경들은 재정 문제에 관여할 수 없으며 지극히 드문 비상사태가 발생하지 않는 한 교회 행정에도 일체 개입할 수 없다. 선거인단 사이의 모든 개인적인 합의나 약속은 공식적으로 무효이며, 그들의 진실성은 가톨릭교도의 엄숙한 선서와 기도에 의해 보장받는다. 지나치게 까다롭거나 엄격한 조항 몇 가지는 점차 완화되었지만, 감금의 원칙만은 여전히 그대로 지켜지고 있다. 하지만 추기경들은 여전히 건강이나

27 재능이 뛰어난 레츠 추기경은 자신이 참관자이자 선출관으로 참가했던 1665년의 콘클라베 장면을 그릴 수 있는 권리를 보유하고 있었다. 그러나 당황스럽기 짝이 없지만 나는 익명의 이탈리아인의 지식과 권위에 찬사를 보내지 않을 수 없는데, 그의 역사서(『로마 교황청의 콘클라베』)는 알렉산데르 7세 시절부터의 콘클라베에 대한 역사를 다루고 있기 때문이다. 뜻하지는 않았겠지만 그의 책은 야심에 대한 해독제는 아닐지라도 일종의 교훈을 전해주고 있다. 우리는 음모의 미궁에서 빠져나와 성공적인 후보에 대한 동경(憧憬)을 만나게 되나 다음 페이지를 열자마자 그의 장례식 이야기가 나온다.

28 빌라니가 이 법률을 소개하고 있는데, 그의 기록은 신중한 무라토리보다도 법률에 대한 혐오감을 훨씬 줄이면서 설명하고 있다. 보다 어두운 시대에 정통한 사람이라면 필경 미신에 대한 의식이(즉 몰상식을 의미한다.) 변덕스러우며 일관되지 않다는 것을 잘 알아챘을 것이 분명하다.

자유와 같은 개인적인 이유에서 해방의 순간을 한시라도 빨리 앞당기고 싶어하며, 비밀 투표의 개선은 온정과 정중함이라는 비단 베일로 콘클라베의 치열함을27 포장해 왔다. 콘클라베 제도가 확립되면서 로마 시민들은 자신들의 군주이자 주교를 뽑는 선거에서 배제당했지만, 무절제하고 위태한 자유의 열기에 휩싸인 그들은 대단히 귀중한 권리를 잃는 것을 아무렇지도 않게 여기는 듯했다. 바바리아 출신의 루드비히 황제는 오토 대제의 선례를 되살려 냈다.

1328년

그는 로마 행정관들과 얼마간 협상을 벌인 후 성 베드로 교회 앞 광장에 로마 시민들을 불러 모았다. 그 자리에서 아비뇽의 교황 요하네스 22세의 퇴출이 결정되고, 로마 시민들의 동의와 갈채 속에 다음 교황의 선출이 승인되었다. 로마 시민들의 자유 투표 결과 교황은 1년에 3개월 이상 로마를 비우거나 이틀 이상 떨어진 곳으로 여행을 가도 안 되며, 교황이 시민들의 귀국 요구를 세 번 이상 무시할 경우 이 공공의 종복은 지위를 강등당하거나 퇴위당한다는 새로운 법률이 마련되었다.28 하지만 루드비히 황제는 자신의 허약함과 시대의 편견을 잊고 있었다. 독일군의 세력이 미치지 않는 곳에서 그의 허황된 망상은 거절당했고, 로마 시민들은 자신들의 수완을 스스로 경멸하게 되었으며, 대립 교황은 적법한 교회 수장의 자비를 애원하는 신세가 되었다. 그리고 이처럼 때를 잘못 선택한 공격 때문에 추기경들의 배타적 권리는 더욱 확고하게 강화되었다.

로마에 부재중인 교황들

교황 선출이 항상 바티칸 안에서만 이루어졌다면 원로원과 민중의 권리가 아무 제재도 받지 않고 침해당하는 일은 없었을 것이다. 하지만 평상시에 이 도시와 주교 관구에서 머무는 것을 신성한 계율로 생각하지 않았던 그레고리우스 7세와 그 후계자들이 로마를 비운 동안 로마 시민들은 교황을 잊었고 교황도 그들을 잊었다. 교황의 입장에서는 자신의 교구를 보살피는 것보다 전 세계의 교회를 다스리는 것이 훨씬 중요한 일이었으며, 게다가 걸핏하면 자신의 권위에 대적하고 심지어는 신변에 위협까지 가하는 그런 도시에서 머물기를 좋아하는 교황은 아무도 없었다. 교황들은 황제들의 박해와 이탈리아의 전란을 피해 알프스를 넘어 프랑스의 따뜻한 품으로 피신하였으며, 로마에 소요가 발생했을 때에는 신중하게 몸을 피해 아나니, 페루지아, 비테르보나 다른 인근 도시 등 보다 평온한 곳에서 여생을 보내기도 하였다. 폭도들은 이 양치기의 부재에 화가 나거나 또는 궁박한 상태에 이르면, 성 베드로는 자신의 의자를 외딴 마을이 아니라 세계의 수도에 마련해 두었음을 상기하라고 강력하게 경고하고 감히 교황에게 은신처를 제공한 곳과 그곳 사람들을 파멸시키기 위해 로마인들이 무장 진격할 것이라는 무시무시한 위협을 가하면서 교황의 신속한 귀환을 촉구하였다. 피신했던 교황은 겁을 먹고 그들의 소환 명령에 따랐다. 교황이 돌아올 때는 거액의 부채도 함께 따라왔는데, 교황은 자신이 몸을 피해 있는 동안 발생했던 숙박비나 생필품 구입비, 궁정에서 일하는 시종이나 외국인 들에 대한 각종 경비 등을 로마 시민들에게 부담해 달라고 요구하였다. 짧은 평화기가 사라지면, 다시 말해 교황의 권위가 존경받는 시기가 지나고 나면 새로운 소요 사태가 발생해 교황이 몸을 피하고 그 다음에는 원로원의 거만한 또는 정중한 소환 명령에 따라 로마로 돌아오는 일이 되풀이되었다. 가끔씩 있는 교황의 피난 기간 동안 바티칸의 망명자와 도망자 들이 수도와 아주 멀리 떨어진 곳까지 피난한 일은 거의 없었으나, 14세기 초 무렵 교

²⁹ 이탈리아와 프랑스 교회의 일반적인 사가들의 글 외에도 우리는 학식 높은 투아누스가 쓴 귀중한 글을 볼 수 있다.

1294~1303년, 보니파키우스 8세

황의 거처가 테베레 강변에서 론 강변으로 영원히 옮겨질 뻔한 사건이 있었는데 보니파키우스 8세와 프랑스 왕 사이에 벌어진 격렬한 싸움이 그 원인이었다고 할 수 있다.²⁹ 교황의 파문과 성무 금지라는 정신적 무기는 세 계급의 단결과 갈리아 교회의 특권으로 물리칠 수 있었으나, 교황은 공정(公正) 왕 필립이 대담하게 이용하는 세속적인 무기에는 맞서 싸울 준비가 채 안 된 상태였다. 교황이 위험을 전혀 감지하지 못하고 아나니에 머무는 동안, 프랑스의 대신인 노가레와 로마의 귀족으로 교황에 적대적인 콜론나가 은밀히 모집한 300명의 기병대가 교황의 거처를 습격했던 것이다. 추기경들은 도망쳤고 아나니의 주민들은 교황에 대한 충성심과 감사의 마음을 잊어버렸다. 하지만 불굴의 용기를 가진 보니파키우스는 홀로 옥좌에 앉아서 순교를 기다리는 늙은 신부처럼 갈리아 사람의 검을 기다렸다. 외국의 적대자였던 노가레는 군주의 명을 수행하는 데 만족했으나, 국내의 적인 콜론나는 욕설과 구타로 교황을 모욕하였고, 3일간 교황의 신병을 억류하면서 그의 완강한 태도에 분노하고 온갖 고초를 가하며 목숨을 위협하였다. 그들이 지지부진하게 구는 사이 용기를 끌어모은 교회의 지지자들은 신성 모독적인 폭력으로부터 교황을 구출해 주었다. 하지만 오만한 영혼에 치명상을 입은 보니파키우스는 분노와 복수심에 몸부림치다 끝내 로마에서 사망하였다. 그는 탐욕과 오만이라는 뚜렷한 악덕으로 세간에 안 좋게 기억되고 있으며, 또한 순교자의 용기를 가지지 못했다는 이유로 세상은 이 종교계의 수장을 성자의 반열에도 올려 주지 않았다. 당시의 연대기는 "이 도량이 큰 죄인은 여우처럼 세상에 등장해 사자처럼 군림하다가 개처럼 죽었다."는 말로 그를 평하고 있다. 그의 뒤를 이어 교황이 된 이는 온화한 성품으로 유명한 베네딕투스 11세였다. 하지만 그마저도 공정 왕 필립이 보낸 불손한 사절을 파문에 처했고, 아나니 시와 주민들에게는 엄청난 저주를 퍼부었다. 미신을 믿는 사람들의 눈에는 그 저주의 결과가 아직도 눈에 보인다고 한다.[30]

베네딕투스가 죽고 나자 프랑스 측 파벌이 기지를 발휘해 지지부진하고 변함없이 미적거리는 콘클라베에 못을 박았다.

1309년, 아비뇽으로 옮겨 간 교황청

그들은 40일의 기간 안에 교황을 선출하되 세 후보 추기경 중 한 명의 후보를 반대 진영에서도 추천해 달라는 그럴싸한 제안을 했고 모두가 여기에 합의했다. 그 결과 자신의 왕과 조국의 맹렬한 적인 보르도의 대주교가 맨 처음으로 거명되었지만 그는 야심가로 소문이 난 사람이었다. 그의 판단력은 행운의 부름에, 그리고 급사를 보내 교황의 선출권이 자신의 수중에 있음을 알린 후원자의 명령에 그대로 복종하였다. 개인적인 면담을 통해 여러 조건들이 조정된 후, 대단히 빠르고 은밀하게 교황 선출 작업이 진행된 결과 콘클라베는 만장일치로 클레멘스 5세를 다음 교황으로 선출하기로 결정하였다.[31] 하지만 양쪽 추기경 모두 새로 뽑힌 교황을 모시고 알프스를 넘으라는 프랑스 왕의 소환 명령에 대경실색하였다. 알프스를 넘는 순간 로마로 돌아올 희망이 없다는 것을 잘 알기 때문이었다. 그럼에도 교황은 자신이 했던 약속과 애착심에서 프랑스에 새로운 교황청을 마련하는 쪽으로 마음이 기울었다. 그리하여 궁정 사람들을 이끌고 푸아투와 가스코뉴를 거치면서 지나는 모든 도시와 수도원에서 자신의 경비로 돈을 펑펑 써댄 후 교황은 마침내 아비뇽에서 여장을 풀었다.[32] 이후 아비뇽은 로마 교황의 거처이자 그리스도교 세계의 수도로서 70년이 넘는 세

[30] 라바(Labat)는 아나니가 여전히 이런 저주에 시달리고 있으며, 교황의 충실한 종인 자연이 해마다 이곳의 옥수수밭이나 포도밭, 올리브 나무에 저주를 퍼붓고 있다고 주장한다. 나로서는 그의 주장이 농담인지 진담인지 알 수 가 없다.

[31] 보니파키우스 8세의 유폐와 클레멘스 5세의 선출에 대해서는 빌라니의 연대기를 참조하기 바란다. 다른 일화와 마찬가지로 클레멘스 5세의 선출 경위 역시 다소 어렵게 적혀 있어 이해하기가 힘든 편이다.

[32] 아비뇽에 기거한 여덟 명의 교황인 클레멘스 5세, 요하네스 22세, 베네딕투스 12세, 클레멘스 6세, 이노켄티우스 6세, 우르바누스 5세, 그레고리우스 11세, 클레멘스 7세의 삶에 대해서는 발루즈의 책을 참조하기 바란다. 그는 정성껏 수많은 주석을 달았으며 제2권에서는 법률과 문서를 따로 다루고 있다. 진정한 열정을 가진 편집자이자 애국자로서 그는 동포 교황들의 인품을 정당화하거나 변명해 주고 있다.

33 이탈리아의 사가들은 아비뇽 유수를 성서에 나온 바빌론 유수와 비교하고 있다. 무라토리의 판별력보다는 페트라르카의 격정에 더 어울릴 법한 이 비유를 발루즈는 자신의 책 서문에서 심각하게 부인하고 있다. 사드(Abbé de Sade)는 페트라르카에 대한 애정과 고국에 대한 애정 사이에서 방향을 잃었다. 하지만 그는 아비뇽의 지역적 불편함은 이제 대부분 사라져 버렸으며, 로마 교황청과 함께 이탈리아의 이방인들에 의해 유입되었던 악덕 대부분도 이제는 거의 제거되었다고 조심스럽게 항변한다.

34 클레멘스 5세는 즉시 10명을 추기경으로 올려 주었는데 이 중 9명은 프랑스인이고 1명은 영국인이었다. 1331년에 클레멘스 5세는 프랑스 왕이 천거한 두 후보를 거절하였다.

월 동안33 번영을 누리게 되었다. 땅과 바다, 그리고 론 강을 통해 아비뇽은 사방으로 열려 있었으며, 프랑스 남부 지역은 이탈리아에 비해 전혀 손색이 없는 곳이었다. 교황과 추기경의 거처를 마련하기 위해 새로운 궁전들이 신속하게 지어졌으며, 곧이어 교회의 재보로 사들인 온갖 화려한 장식품들이 속속 들어왔다. 그들은 이미 아비뇽을 둘러싸고 있는 인구가 많고 비옥한 토지인 베내생 백작령을 소유한 상태였으며, 나중에는 초대 나폴리의 여왕이자 프로방스의 백작 부인으로 힘든 처지에 놓여 있던 잔느로부터 8만 플로린이라는 헐값에 아비뇽의 지배권을 인수하였다. 교황은 프랑스 국왕의 비호 아래 그리고 유순한 신민들에게 둘러싸여서 이제까지 누리지 못했던 영예롭고 한적한 생활을 향유할 수 있었지만, 교황의 피난으로 고립과 빈궁함에 시달리게 된 이탈리아는 성 베드로의 후계자를 바티칸에서 몰아낸 자신들의 무절제한 자유를 새삼 후회하게 되었을 것이다. 하지만 때늦게 후회한들 아무 소용도 없었다. 콘클라베의 나이 든 일원들이 하나둘 사망하면서 로마와 이탈리아를 증오하는 프랑스인 추기경들이34 이 신성한 집단에 속속들이 들어앉았고, 그 결과 그 추기경들의 나라와 가장 굳건한 유대감을 지닌 민족적이며 심지어는 지방색까지 완연한 교황이 계속해서 옥좌에 오르게 되었다.

1300년, 성년(聖年)제

산업의 발전으로 이탈리아에는 여러 공화국들이 탄생해서 부를 쌓아 나갔다. 이 자유로운 시대를 맞아 이탈리아의 인구가 크게 늘고 농업과 제조업, 상업이 번창하였으며, 숙련공의 작업은 점차 우아하고 창의적인 예술로 세련되게 거듭나기 시작했다. 하지만 로마의 처지는 별로 유리하지 못했으며 그 토지도 비옥하지 못한 편이었다. 로마의 주민들은 게으름으로 타락하고 그 교만함은 하늘을 찌를 정도였으며, 그들은 자신들의 공납이 교회와 제국의 수도를 영원히 번성하게 할 것이라는 헛된 망상에 빠져 있었다. 순례자들이 사도의 신전에 참배하기 위해 오는 것도 이런 선입견을 조장하는 데 어느 정도는 일조한 탓에, 성년(聖年)[35]을 정한다는 교황의 마지막 유지는 성직자가 아니라 로마 신민들을 돕기 위한 처사였다. 팔레스타인을 잃은 후 과거 십자군에게 베풀어 주던 전대사(全大赦)라는 은전을 베풀 대상이 없어졌고, 그 결과 교회는 8년이 넘도록 이 가장 귀중한 보물을 유통시키지 못하고 있었다. 새로운 통로를 마련한 사람은 야심과 사리사욕 등의 인간의 부도덕을 조절할 줄 아는 보니파키우스 8세로, 학식이 높던 그는 세기의 마지막 해마다 로마에서 축전이 벌어졌음을 상기하고 이를 되살리기로 결정하였다. 신도들의 신앙심을 조심스럽게 알아볼 목적으로 적절한 시기를 틈타 축전에 대한 설교를 행한 뒤 그 소식을 교묘하게 여기저기 전하는 한편 나이 많은 증인들까지 만들어 냈다. 1300년 1월 1일, 성 베드로 교회는 이 신성한 때에 관례적으로 행해지는 전대사를 받고 싶어하는 신도들로 빈틈없이 들어찼다. 그들을 유심히 관찰하며 신앙적인 성급함을 조장해 온 교황은 이윽고 그들의 요구가 정당함을 옛 증언으로 확인하게 되었다고 말하면서, 올해 내내 그리고 이후로는 연초에 성 베드로 교회와 성 바울 교회를 경건한 마음으로 참배하는 모든 가톨릭교도들에게 완전한 사면을 내려 줄 것이라고 선언하였다. 이 반가운 소식은 그리스도교 세계 전체로 퍼져 나갔다. 처음에는 가장 가까이에 있는 이탈리아 인근 지역을 시작으로 나중에는 헝가리나 영국처럼 멀리 떨어진 곳에서까지 사면을 원하는 순례자들로 인해 로마로 들어오는 모든 길목이 북새통을 이루었다. 그들은 아무리 여비가 많이 들고 힘들지라도 군

[35] 우리의 처음 설명은 카이에탄 추기경의 기록에서 차용했다. 나로서는 보니파키우스 8세의 이 조카가 열간이였는지 아니면 무뢰한이었는지 가늠하기가 힘들다. 그의 숙부는 조카보다는 훨씬 현명한 인물이었다.

역의 위험성에서 벗어날 수 있는 이 순례 길의 기회를 결코 놓치지 않았다. 신분, 성별, 나이, 병환처럼 사람을 구분하는 모든 조건들이 이 공통의 여정에서는 아무 문제도 되지 못했으며, 교회와 거리에서는 많은 사람들이 열광적인 신앙심에 짓밟혀 압사하기도 하였다. 이런 순례자들의 수는 쉽게 계산할 수도 정확히 측정할 수도 없었다. 이런 일이 전염성이 강하다는 것을 충분히 알고 있는 한 영리한 성직자가 그 수를 부풀려서 보고하기는 했지만, 의식에 직접 참가했던 한 현명한 사가는 로마에 모인 이방인의 수가 결코 20만을 넘지 않았다고 확언하는 반면 또 다른 목격자는 그해에 로마에 모인 사람들을 모두 합하면 200만은 족히 될 것이라고 주장하였다. 개개인이 바치는 소소한 헌금은 교황청의 재보를 산처럼 쌓아 올렸는데, 실제로 두 명의 성직자가 성 바울 제단에 바쳐지는 금은보화 더미를 미처 세어 볼 겨를도 없이 밤낮으로 긁어모으기 바빴다고 전해진다. 때마침 풍년이 들고 평화로운 시기였다. 마초가 부족하고 숙박업소들이 요금을 올리긴 했지만, 보니파키우스의 정책과 이해타산적인 로마 시민들의 환대로 말미암아 참배자들은 빵과 포도주, 고기와 생선을 충분히 제공받을 수 있었다. 상공업이 발달하지 않은 도시에서는 일순간에 모은 부는 쏜살같이 사라지는 법이다. 하지만 탐욕과 선망에 물들어 있던 다음 세대는 클레멘스 6세에게 앞으로 한참 남은 100년 기념 축전을 앞당기라고 재촉하였다. 이 인자한 교황은 그들의 소원을 들어주기로 하였으니, 이는 교황을 잃은 로마 시민들에게 조금이나마 위로를 베풀어 줄 요량으로 모세의 희년(禧年)을 기념한다는 명분으로 축전을 앞당기는 것을 정당화하였다.[36] 그의 부름에 사람들은 순순히 순종하였고 축전에 모인 순례자의

1350년, 두 번째 성년제

[36] 모세 율법에 따른 안식년과 희년, 모든 의무와 노역의 일시 정지, 채무 및 종속 상태에서의 정기적인 해방은 참신한 생각처럼 여겨질 수도 있다. 하지만 불경스러운 공화국에서는 실행이 불가능한 방안들이었으며, 나는 유대인들이 이 파멸적인 축전을 주장했음을 알게 되어 기쁘기 그지없다.

수나 열망, 그리고 헌납은 처음의 축전에 비해 결코 뒤지지 않았다. 그러나 이번에는 전쟁과 전염병, 기아라는 삼중의 고난이 닥쳤으며, 이탈리아의 성채에서는 많은 유부녀와 처녀들이 능욕을 당했고, 교황이 있든 말든 더 이상 절제심을 발휘하지 않게 된 야만스러운 로마 시민들에 의해 수많은 이방인들이 약탈당하거나 살해되었다. 기념 축전 행사의 간격을 50년, 33년, 25년 단위로 계속해서 줄여 나간 것은 교황들의 조바심에서 그 이유를 찾을 수 있는데, 여기서 33년이라는 숫자는 그리스도의 수명에 해당하는 숫자였다. 면죄부의 남발, 프로테스탄트의 봉기, 그리고 미신의 감퇴는 희년의 가치를 상당 부분 떨어뜨렸으나, 열아홉 번째이자 마지막 축전이 열린 해 역시 로마 시민들에게는 많은 기쁨과 이익을 가져다준 해였음이 분명하였다. 때문에 철학자의 비웃음도 성직자들의 승리와 로마 시민들의 행복을 방해하지는 못할 것이다.

11세기 초에 이탈리아는 봉건적 전제 제도의 지배를 받고 있었는데 이는 통치자에게나 신민들에게나 모두 억압적인 것이었다. 그럼에도 인간 본성에 대한 권리를 옹호하는 이탈리아의 수많은 공화국들은 곧이어 자신들의 자유 의식과 지배권을 도시에서 인근 지역으로 확대시켜 나갔다. 귀족들의 검은 부러졌고 그들의 노예는 해방되었으며 성채가 무너져 내리면서 귀족들은 사교와 복종의 습관을 익히게 되었다. 그들의 야망은 자치체 안에서의 영예로 한정되었으며, 가장 거만한 귀족주의가 만연한 베네치아와 제노바의 귀족들조차도 법에 복종하였다.[37] 하지만 무력하고 무질서하기 짝이 없는 로마의 시정은 성 안팎을 가리지 않고 통치자의 권위를 비웃는 반항적인 자식들을 감싸 안는 일마저도 제대로 할 수가 없었다. 이제 문제는

로마의 귀족들

[37] 무라토리는 피렌체, 파두아, 제노바 등에 대한 연대기, 프리징겐의 오토의 증거, 에스테 후작의 복종 등을 그 근거로 설명한다.

국가 통치에 대한 귀족과 평민 사이의 내분 차원을 넘어서고 있었는데, 귀족들은 자주권을 위해 무장의 권리를 주장하면서 외부의 포위 공격을 대비하기 위해 저택과 성채의 방비를 강화하고 가신이나 봉신의 수를 늘려 개인적인 싸움을 계속해 나갔다. 출신으로 보나 기질로 보나 그들은 이탈리아의 이방인이었다.[38] 그중 순수한 로마인이 있었다면(혹여 이런 순수 혈통이 태어났을 수도 있기는 하지만.) 그는 로마 시민이라는 호칭을 경멸하면서 스스로를 로마의 군주라고 자칭하는 이 오만무도한 이방인들의 존재를 인정하지 않았을 것이다.[39] 어두운 혁명이 연달아 발생한 후 족보의 기록들이 모두 사라지면서 성씨의 구분도 없어졌으며 온갖 경로를 통해 여러 민족의 피가 뒤섞였다. 고트인과 롬바르드인, 그리스인과 프랑크인, 게르만인과 노르만인 들은 왕에게서 하사받거나 또는 무용에 대한 포상으로 이미 가장 아름다운 영토를 보유하고 있는 참이었다. 이런 선례는 이미 당연한 것으로 여길 수도 있겠으나, 한 히브리인이 원로원 의원과 집정관의 지위에까지 오른 것은 이들의 비참하고 오랜 유랑 생활을 생각할 때 전혀 뜻밖의 사건이 아닐 수 없었다. 레오 9세 시절 부유하고 학식이 높은 유대인 한 명이 그리스도교로 개종한 뒤, 세례식에서 자신의 대부가 되어 준 교황의 이름을 물려받는 영광을 누릴 수 있었다. 이 유대인 레오의 아들 피에트로는 그레고리우스 7세의 대의를 위해 자신의 열정과 용기를 십분 발휘하였고, 그 보답으로 교황은 이 충성스러운 지지자에게 당시 크레센티우스의 탑이라고 불렸으며 오늘날은 성 안젤로의 성으로 불리는 하드리아누스 황제의 영묘를 관리하는 임무를 맡겼다. 아버지 레오와 아들인 피에트로 모두 많은 자식을 두었으며, 고리대금업으로 쌓은 막대한

유대인 레오 가(家)

[38] 일찍이 824년에 로타르 1세 황제는 각 개인이 어떤 자연법의 지배를 받는지 알아내고자 한다면 로마인들에게 직접 물어보는 것이 합당한 방법임을 알게 되었다.

[39] 페트라르카는 로마의 압제자인 이 이방인들에게 14세기 낡은 공화국 체제의 책임을 물으며 비난하고 있다. 연설문 내지 서한 형태의 그의 글은 과감한 진실과 불합리한 규칙이 가득하며 원칙은 물론이고 심지어는 편견까지도 거리낌 없이 적용하고 있다.

부를 이용해 로마의 가장 고귀한 가문들에도 도움을 주었다. 여러 비중 있는 가문과 혈연관계를 착실히 넓힌 덕분에 이 개종자의 손자는 성 베드로 좌에 오르는 영광까지 누릴 수 있었다. 아나클레투스 교황은 대다수 성직자와 신민 들의 지지 속에 여러 해 동안 바티칸에 군림할 수 있었는데, 그에게 대립 교황이라는 낙인이 찍히게 된 것은 순전히 성 베르나르의 웅변이 성공을 거두고 이노켄티우스 2세가 최종 승리를 거두었기 때문이었다. 아나클레투스 교황이 싸움에서 패해 죽은 후 레오의 후손들도 역사 속으로 사라져 갔으며, 오늘날의 귀족들 중에서 유대인의 혈통을 이어받은 사람이 있다 해도 이를 자랑스럽게 말할 사람은 아무도 없을 것이다. 이런저런 시기에 혈통이 끊긴 로마의 가문들이나 또는 오늘날까지도 여러 방면에서 번영을 누리고 있는 가문들이 어디인지를 하나하나 열거할 생각은 전혀 없다. 오랫동안 집정관을 배출해 온 프란지파니 가는 기근이 들었을 때 빵을 배급해 주는 법률 제정으로 그 이름을 후세에까지 남기고 있는데, 이런 관대한 조치는 동맹인 코르시 가의 성채들과 연결해서 도시의 널찍한 부분에 세력권을 형성했던 행위보다야 훨씬 영예로운 것으로 기억되고 있다. 아마도 사비니족 혈통으로 여겨지는 사벨리 가는 과거의 위엄을 그대로 유지해 오고 있으며, 지금은 없어진 카피주치 가의 성씨는 초대 원로원 의원의 주화에 새겨져 있다. 콘티 가는 영지 없이 시냐 백작이라는 영예만을 유지하고 있으며, 아니발디 가는 혹여 카르타고의 영웅 한니발의 자손임을 내세우지 않는다면 이는 대단히 무지하든가 겸손하든가 둘 중 하나임에 틀림없을 것이다.

하지만 도시의 유력 가문과 군주 들 중에서도 서로 으르렁거렸던 콜론나와 우르시니라는 두 가문에 대해서는 자세히 언

[40] 콜론나 가 사람들이 세상에 그들 찬란한 가문의 역사를 온전하게 보여 주지 않았다는 것이 애석할 따름이다. 때문에 나는 무라토리의 설명에 전적으로 의존한다.

[41] 이 가문은 여전히 로마 인근의 평야에 광대한 토지를 보유하고 있다. 하지만 이 중 원래의 세습 영지인 콜론나는 로스피글리오시 가에 양도하였다.

[42] 로마의 승리와 마르코 안토니오 콜론나(Marco Antonio Colonna)가 받은 열렬한 환영에 주목할 필요가 있다. 그는 레판토 해전에서 교황의 갤리선을 지휘하며 승리를 이끌었다.

급하고자 하는데, 그들 가문에 대한 이야기는 근세 로마에 대한 연대기에서 절대 빠져서는 안 될 부분을 차지하고 있기 때문이다. (1) 콜론나라는[40] 이름과 이 가문의 문장(紋章)은 여러 불분명한 어원적 탐색의 대상이 되었으며, 웅변가나 골동품 애호가들 역시 트라야누스 황제를 기념하여 세워진 기둥, 헤라클레스의 원주, 그리스도가 채찍질당하는 모습을 새긴 기둥, 사막에서 이스라엘 사람들을 이끌었다는 빛나는 기둥까지도 예로 들면서 콜론나 가의 이름과 문장을 설명하고 있다. 이 가문이 1104년에 역사적으로 처음 등장했다는 것은 가문의 힘과 유서 깊음을 증언해 주는 동시에 그 이름의 의미도 간단히 설명해 준다. 카바이에서의 무력 행위를 기화로 콜론나 가는 파스칼리스 2세의 무력 대응을 도발하였지만 그럼에도 로마 인근의 평야에 세습 영지인 자가롤라와 콜론나를 합법적으로 보유하고 있었다. 이 중 콜론나의 거리는 별장이나 신전의 유물인 높다란 기둥으로 장식되어 있었다.[41] 또한 그들은 인근 도시인 투스쿨룸의 절반도 보유하고 있었는데, 이는 그들이 10세기에 로마 가톨릭 교회의 참주였던 투스쿨룸 백작의 혈통도 이어받았음을 강력히 암시하는 것이었다. 콜론나 가 사람들이나 다른 사람들 모두 가문의 시초가 멀리 떨어져 있는 라인 강변에서 비롯되었다고 주장하였는데, 사실 독일의 황제들도 실제 혈연이 있는지 여부에 상관없이 700년에 걸친 대변혁기 동안 때로는 무훈으로 그리고 언제나 행운이 따르면서 훌륭한 이름을 빛낸 귀족 가문과 연관이 있다는 것을 전혀 부끄러워하지 않았다.[42] 13세기 말 무렵, 이 가문의 가장 강력한 분가는 한 명의 백부와 조카인 여섯 형제로 구성돼 있었는데 그들은 무공에서든 교회에서 차지하는 영예에서든 모두 명망이 대단히 높은 사람들이었다. 그중에서도 로마의 원로원 의원에 선출된 피에트로는 개선 마차를 타고 카피톨리누스에 입성할 때 카이사르라고 불리며 시민들로부터 과장된 환영 인사를 받았고, 지오반니와 스테파노는 교황 니콜라스 4세로부터 각기 안코나의 후작과 로마냐의 백작의 작위를 얻었다. 콜론나 가를 대단히 친애하는 후원자였던 니콜라스 4세는 심지어 텅 빈 기둥에 감금되어 있는 것과 같은 풍자적 초상화로 묘사되기도 하였다. 니콜라스 4세가 죽은 후 콜론나 가의 거만한 행동은 인류 역사상 가장 무자비한 인물의 분노를 샀다. 백부와 그의 조카인 두 추기경이 나란히 보니파키우스 8세의 교황 선출을 반대한 탓에 콜론나 가는 한동안 이 교황의 현세적, 정신적 무기에 시달림을 받아야 했다.[43] 교황은 자신의 개인적인 적에 대해 십자군을 선포한 후 그들의 영지를 몰수하였고, 테베레 강 양쪽에 있던 가문의 성채는 성 베드로의 군대와 적대적인 귀족 가문의 군대로부터 포위 공격을 당했다. 콜론나 가의 주요 거점인 팔레스트리나, 즉 프라이네스테가 파괴된 후 영원한 황폐를 상징하는 쟁기 날이 이 땅을 표시하게 되었다. 추방당하고 법의 보호까지 받지 못하게 된 여섯 형제는 변장을 하고 신변의 위협을 받으며 유럽 여기저기를 방랑하였지만 구원과 복수의 희망만은 결코 버리지 않았다. 이 두 가지 희망을 품고 유랑하는 동안 프랑스 궁정이 그들의 가장 확실한 은신처가 되어 주었고, 그들은 공정 왕 필립의 야심을 부추기고 교묘히 조종하였다. 그들이 포로가 된 압제자(보니파키우스 8세)의 불운과 용기를 조금이라도 존중했다면 나도 그들의 넓은 아량을 칭찬하지 않을 수 없었을 것이다. 로마 시민들은 교황이 제정한 법령을 모두 폐지한 후 콜론나 가의 명예와 과거의 재산을 모두 복구시켜주었다. 이 가문이 잃었던 재산을 기준으로, 다시 말해 그

[43] 페트라르카가 콜론나 가와 가깝게 지낸 덕분에 사드 신부는 14세기 이 가문의 상태, 보니파키우스 8세의 박해, 스테파노와 그의 아들들의 인품, 우르시니 가와의 싸움 등을 자세히 설명할 수 있었다. 그의 글은 때로는 빌라니가 전해 주는 풍문과도 같은 이야기나 오늘날의 부지런하지 못한 사가들의 착오를 바로잡아 준다. 내가 알기로 스테파노가 이끌던 분가는 현재 멸문한 상태이다.

들이 죽은 교황의 지지자와 후계자에게 금화 10만 플로린에 해당하는 보상액을 요구한 것에서 콜론나 가문의 부가 얼마나 되었는지를 어림짐작이나마 할 수 있다. 보니파키우스의 신중한 후계자들은 콜론나 가에 행해졌던 모든 종교적 비난과 자격 박탈을 철회하였고,[44] 결국 잠깐 동안의 폭풍우는 이 가문의 위세를 더욱 굳건히 다져 주는 역할을 한 셈이었다. 보니파키우스를 포로로 잡는 과정에서 그리고 한참 후에 치러진 바바리아 출신 루드비히 황제의 대관식에서 스키아라 콜론나의 대담무쌍함은 그 진가를 발휘했고, 황제는 감사의 표시로 이 가문의 문장에 있는 원기둥으로 왕관을 감싸는 영예를 선사해 주었다. 하지만 이 가문에서 제일가는 명예와 공적을 달성한 사람은 바로 연로 스테파노로, 페트라르카가 당대는 물론이고 고대 로마에 견주어도 전혀 손색이 없는 훌륭한 영웅으로 칭송해 주었다. 박해와 추방은 평시이건 전시이건 그의 능력을 모든 사람들에게 보여 주는 계기가 되었고, 고난에 처해 있을 때에도 그는 동정이 아니라 경외의 대상이었으며 목숨이 위험한 처지에서도 자신의 이름과 조국을 주저 없이 밝혔다. "그대의 요새는 어디에 있는가?"라는 질문을 받자 스테파노는 가슴에 손을 얹고서 대답하였다. "바로 이 곳이외다." 그는 가문의 번영을 되살려 낸 후에도 변함없는 인품을 유지하였으며, 노쇠하여 죽을 때까지 로마 공화국과 아비뇽 교황청에서는 스테파노 콜론나의 조상과 평판 그리고 자손들의 위엄을 계속해서 드높여 주었다. (2) 우르시니 가는 스폴레토 지방에서 옮겨 왔는데, 12세기에 그들은 오늘날 가문의 시조라고만 알려져 있을 뿐인 우르수스라는 저명한 인물의 자손들로 불리었다. 하지만 얼마 가지 않아 많은 수의 인척과 용맹함, 성채의 견고함, 원로원과

[44] 알렉산데르 3세는 과거에 황제 프리드리히 1세의 편을 든 콜론나 가에 교회의 성직록을 일체 보유할 수 없다는 선언을 내린 바 있었는데, 정기적으로 행해지는 파문의 얼룩을 없애 준 사람은 식스투스 5세였다. 때로는 반역이나 신성 모독, 추방이 오래된 귀족 가문의 최고의 타이틀이 되기도 한다.

우르시니 가

콘클라베의 일원이라는 명예, 가문 출신 켈레스티누스 3세와 니콜라스 3세라는 두 교황의 선출 등으로 로마의 귀족 가문들 중에서도 으뜸가는 명문 세가로서 이름을 날리게 되었다. 그들이 쌓은 막대한 부는 족벌 정치의 소산이라는 비난을 들어도 할 말이 없을 것인데, 켈레스티누스 3세는 성 베드로의 영지를 우르시니 가를 위해 관대하게 양도해 주었으며, 니콜라스 3세도 가문을 위해 여러 군주들과의 동맹을 추진하고 롬바르디아와 투스카니에 신왕국을 세워 가문 사람들을 로마의 종신직 원로원 의원으로 만들어 주기도 했기 때문이었다. 콜론나 가문이 번창하게 되는 과정에서 보였던 모든 것들이 우르시니 가문의 영광을 빛내는 과정에서도 그대로 답습된 셈이었는데, 대등한 힘을 가진 두 가문의 대대로 이어진 불화는 250년 이상의 세월 동안 이 교권 국가의 분열을 조장하였다. 상대 가문의 우위

대대로 이어진 콜론나 가와 우르시니 가의 불화

와 권력에 대한 질시가 그들 분쟁의 진정한 원인이었으나, 그럴듯한 명분을 내세우기 위해 콜론나 가는 기벨린파와 제국의 지지자임을 표방한 반면에 우르시니 가는 겔프파임을 내세우며 교회의 대의를 옹호했다는 점이 달랐다. 두 가문은 각각 자신들의 깃발에 독수리와 열쇠를 그려 넣었고, 이 싸움의 발단과 본질은 이미 잊혀진 지 오래였음에도 불구하고 맹렬한 싸움을 지속하였다. 교황이 아비뇽으로 옮겨 간 후에도 두 가문은 텅 빈 공화국에서 무력 다툼을 계속하였고, 두 가문이 매년 각기 한 명씩 원로원 의원을 선출한다는 자기 파멸적인 타협을 맺으면서 이 백해무익한 불화는 영원히 굳어지게 되었다. 그들의 사사로운 싸움으로 인해 도시와 마을 들은 황폐해졌고 어느 한쪽이 승리할 때마다 힘의 균형추도 이에 맞춰 요동쳤다. 그러나 우르시니 가의 유명한 전사가 연소 스테파노 콜론나에게

습격당해 죽기 전까지 두 가문은 본격적으로 서로에게 검을 들이대지는 않았다.[45] 스테파노 콜론나의 승리의 영광은 휴전 협정 위반이라는 비난을 받으며 퇴색되었고, 우르시니 측은 이번 패배에 대한 복수를 위해 콜론나 가의 무고한 소년 하나와 종자 둘을 교회 문 앞에서 암살하였다. 하지만 승리한 콜론나는 1년에 한 번씩 선출되는 동료와 함께 5년 임기의 로마 원로원 의원에 뽑히는 영광을 누렸다. 그리고 시인 페트라르카는 자기가 존경하는 영웅의 아들인 이 고귀한 젊은이가 로마와 이탈리아에 옛 영광을 되찾아 줄 것이며, 그의 정의가 대리석 기둥의 영원한 초석을 무너뜨리려는 이리 떼와 사자들, 뱀과 곰의 무리를 모조리 잡아 없앨 것이라는 바람과 희망, 예언을 퍼뜨렸다.

[45] 페트라르카는 콜론나 가의 입장에서 이 승리를 축하하고 있으나, 동시대의 두 사람, 즉 피렌체인인 빌라니와 로마인인 모날데치는 그들의 싸움에 별로 호의적인 입장을 보이지 않는다.

70

THE DECLINE AND FALL
OF THE ROMAN EMPIRE

페트라르카의 인품과 대관식 · 호민관 리엔치에 의한 로마의 자유와 통치 체제의 부활 · 리엔치의 미덕과 악덕, 축출과 죽음 · 교황의 아비뇽에서 로마로의 귀환 · 서방 교회의 대분열 · 라틴 교회의 재통합 · 로마의 자유를 위한 마지막 투쟁 · 로마법 · 교황령 국가의 최종 수립

오늘날의 눈으로 볼 때 페트라르카는 라우라와의 사랑을 노래한 이탈리아의 시인이다. 이탈리아인들은 조화를 이루는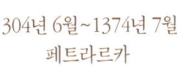

1304년 6월~1374년 7월, 페트라르카

그의 투스카니식 운율에 박수갈채를 보내고 그를 서정시의 아버지로 숭앙하면서, 사랑의 감정에 흠뻑 취하거나 또는 그 감정을 아는 체할 때면 으레 페트라르카의 이름과 시를 들먹거리곤 한다. 개인적인 취향이 무엇이든 간에 이방인의 가볍고 피상적인 지식은 학식 높은 민족의 식견에 겸허히 묵종해야 한다. 하지만 나로서는 이탈리아인들이 이 지루하고 획일적인 소네트와 비가(悲歌)를 그들 나라의 위대한 서사시 작가들이 쓴 숭고한 작품에, 이를테면 단테의 독창적인 호방함에, 타소의 정형미에, 비할 데 없이 훌륭한 아리오스토의 끝없는 변화무쌍함에 비교하는 그런 실수는 저지르지 않기를 희망하고 염원하는 바이다. 연인으로서의 페트라르카가 지닌 장점에 대해서는 나는 아직 논할 자격이 없으며, 또한 알려지지 않은 부분이 너

[1] 『페트라르카의 삶의 기억』은 풍성하고 독창적이고 많은 재미가 있으며, 페트라르카와 동시대 상황에 대한 정확한 연구와 애정이 돋보인다. 하지만 시대 전체의 역사를 설명하면서 이 영웅은 자주 무시당했으며 저자 역시 애정이 곧잘 식어 버리곤 한다. 1권 서문에서 저자는 같은 주제를 다루었던 이탈리아의 전기 작가들 스무 명을 한 명씩 비중 있게 설명하고 있다.

² 15세기에는 은유적 표현이 만연한 편이었지만, 라우라나 종교, 미덕 또는 동정녀 마리아에 대한 현명한 주석가들의 이해 여부는 서로 달랐다.

³ 우리 영국 여행객들에게 대단히 익숙한 장소인 보클뤼즈에 대한 묘사는 페트라르카의 글과 그의 전기 작가의 지엽적 지식을 토대로 한 것이다. 실제로 이 장소는 은둔자의 침거 장소였으며, 근대의 사람들이 라우라와 행복한 연인이 동굴 속에서 지냈다고 생각한다면 이는 큰 실수이다.

⁴ 1307년경에 태어난 라우라(Laure de Noves)는 1325년 1월에 아비뇽의 훌륭한 시민인 사드(Hugues de Sade)와 결혼하였다. 사드는 그녀에 대한 사랑 때문에 질투심에 사로잡히지는 않았는데, 그녀가 죽은 후 7개월도 지나지 않아 둘째 아내를 맞이한 점으로도 이를 알 수 있다. 라우라는 페트라르카가 그녀를 만나 사랑에 빠지고 정확히 21년이 지난 후인 1348년 4월 6일에 죽었다.

⁵ 잔글자로 빽빽이 인쇄된 1250페이지에 달하는 페트라르카의 책이 16세기에 바젤에서 출간되었지만 정확한 연도와 날짜는 기록돼 있지 않다. 사드 수도원장은 페트라르카의 라틴어 작품을 재출간해야 한다고 주장했지만, 그랬을지라도 출판업자가 이익을 보았거나 대중이

무 많아서 실재 인물인지 의심이 드는 님프에 대한 그의 형이상학적인 열정에 대해서도 별다른 흥미를 느끼지 못한다.² 그리고 자기의 젊은 연인이 한숨을 쉬며 보클뤼즈의³ 샘터에서 노래를 부르고 있는 동안 자녀를 열한 명이나 생산하며 다산을 자랑한⁴ 귀부인에 대한 열정에 대해서도 별달리 큰 흥미를 느끼지 않는다. 그러나 페트라르카를 비롯해 보다 근엄했던 동시대 사람들의 눈으로 볼 때 그의 사랑은 죄였으며, 그의 이탈리아어 시구는 경박한 오락거리에 불과했다. 그는 철학이나 시, 웅변술에 대한 라틴어 작품을 펴낸 이후에야 본격적인 명성을 쌓아 올리게 되었고, 아비뇽에서 시작된 명성이 곧바로 프랑스와 이탈리아로 퍼져 나가면서 모든 도시에서 그의 벗과 제자들을 증가시켰다. 지금은 그의 저작들⁵ 대다수가 방치되어 길고긴 잠에 빠져 있을지라도 우리는 아우구스투스 시대의 정신과 학문을 교훈적이며 모범적으로 부활시켜 준 이 인물의 노고에 감사의 박수갈채를 보내야 한다. 아주 젊은 시절부터 페트라르카는 시인의 왕관을 쓰기를 열망하였다. 세 개 학부의 우등생에게 영예를 주는 아카데미아는 일찍이 시학(詩學)이 우수한 자에게 왕이 인정하는 석사나 박사 학위를 주는 제도를 마련해 놓고 있었고, 오늘날 영국 궁정이 계관 시인이라는 칭호를 단순한 허영이 아니라 일종의 관행으로서 계속 수여해 주고 있기는 하지만⁶ 사실 이 칭호를 처음 창안한 이는 바로 독일의 황제였다. 고대의 시 경연 대회에서도 승자에게 상을 주었다는 이야기나 베르길리우스와 호라티우스가 카피톨리누스 신전에서 월계관을 썼다는 이야기는 이 라틴 시인의 경쟁심에 불을 붙였다.⁷ 게다가 'laurel'(월계관)⁸의 발음이 사랑하는 연인의 이름(라우라(Laura))과 비슷하다는 것도 그의 마음을 잡아끌었다. 두 가지 목표 모두 얻기가 어렵다는 점은 그 가치를

더욱 높았고, 덕망과 분별력이 높은 라우라는 손에 넣을 수 없었더라도[9] 시의 요정을 손에 넣은 것은 페트라르카로서는 마땅히 자랑할 만한 일이었다. 페트라르카는 자신의 허영심을 섬세하게 포장하는 일 따위는 하지 못했는데, 이는 그가 자신의 '노고'에 따른 성공을 자화자찬했다는 것에서도 알 수 있다. 그의 이름이 널리 알려져 있었고 친구들도 적극 도와주었기 때문에 공공연하거나 은밀한 질시와 편견 등은 현명하고 신중하게 공적을 세움으로써 극복할 수 있었다. 36세가 되었을 때 그는 일생 동안 원하던 목표물을 수령해 달라는 간청을 받게 되었다. 보클뤼즈에서 고독한 나날을 보내던 중에 같은 날, 로마의 원로원과 파리의 대학으로부터 정중한 초청장을 받게 된 것이다. 학문으로 이름이 높은 신학교든 무지몽매한 무법천지의 도시이든, 양쪽 모두 불멸의 상징적인 화관을 수여할 자격이 없었다. 이것은 일반 대중과 후세인들이 자발적인 찬사를 보내며 천재에게 씌워 주는 것이 마땅하기 때문이었다. 하지만 이 후보는 그런 골치 아픈 생각 따위는 날려 버렸다. 그리고 자기만족 속에서 어느 쪽을 택해야 할지 잠시 고민하다가 그는 세계의 수도의 부름에 화답하기로 결정하였다.

페트라르카의 대관식[10]은 그의 친구이자 후원자인 공화국 최고 행정관의 집전 하에 카피톨리누스에서 거행되었다. 진홍색 옷을 입은 귀족 청년 열두 명이 정렬해 서 있었고, 가장 명망이 높은 가문의 대표 여섯 명이 초록색 옷을 입고 화관을 쓰고서 행렬을 수행하였다. 원로원 의원이며 콜론나 가의 일족인 안귈라라 백작이 군후와 귀족들 자리 가운데 놓인 가장 상석에 좌정하자, 의전관의 호명에 따라 페트라르카가 자리에서 일어섰다. 베르길리우스의 글에 대해 강

1341년 4월, 로마에서 열린 페트라르카의 시적인 대관식

게 즐거움을 주었을지는 심히 의심스럽다.

[6] 아우구스투스에서 루이에 이르기까지 시신(詩神)은 거짓되거나 타락한 사람들인 경우가 대부분이었다. 하지만 어떤 시대나 궁정을 막론하고 녹봉을 받는 시인을 두는 제도를 마련할 수 있을 것인지에는 상당히 의문이 든다. 이 시인은 어떤 왕의 치세에나 모든 행사에서 1년에 두 번씩은 찬미의 내용을 담은 시를 제공해야 하며, 어쩌면 예배당이나 군주 앞에서 그 시를 노래했을 수도 있다. 내가 이렇게 과감히 말할 수 있는 이유는 군주가 최고의 미덕을 갖추고 시인이 최고의 재능을 갖춘 시기야말로 이 우스꽝스러운 관행을 없앨 최적기이기 때문이다.

[7] 도미티아누스 황제의 명에 따라 서기 86년에 카피톨리누스의 경기들(5년제, 음악 경연, 기마 경연, 체조 경기)가 개최되었으며, 4세기까지도 이 경기는 폐지되지 않았다. 가장 우수한 재능을 뽐낸 사람에게 영관(榮冠)을 주는 것이라면 스타티우스를 배제한 것이 카피톨리누스의 명예에 아무 누가 되지 않았을지도 모른다. 하지만 도미티아누스 이전에 살았던 라틴 시인들은 여론에 따라서만 영관을 수여받았다.

[8] 페트라르카와 로마 원로원 의원들은 월계관을 카피톨리누스가 아니라 델피에서 수여했던 것임을

알지 못했다. 카피톨리누스의 승자들은 참나무 잎사귀로 만든 화관을 수여받았다.

9 라우라의 손자로서 경건했던 사드 수도원장은 세속의 조롱과 비난에 맞서서 그녀의 티 하나 없는 정조를 입증하고자 노력했지만 성공을 거두지는 못했다.

10 페트라르카의 대관식은 사드 수도원장의 글과 모날데치가 쓴 로마 일지에 전 과정이 정확히 기술되어 있다. 모날데치의 신뢰할 만한 글에는 델베네의 최근의 우화가 전혀 들어 있지 않다.

연을 하고 로마의 번영을 기원하는 서약을 세 번 반복한 후 페트라르카는 왕좌 앞에 꿇어 앉았다. 이 원로원 의원은 그에게 월계관을 씌워 주면서 "이것은 공적에 대한 보상이도다."라는 월계관보다 더욱 귀중한 선언을 해 주었다. 사람들이 환호했다. "카피톨리누스 만세, 위대한 시인 만세!" 로마를 찬양하는 소네트는 재능과 감사의 발로로 받아들여졌고, 행렬 전체가 바티칸을 참배하고 난 후에 이단적인 종교에서 기원한 화관은 성 베드로 성당 앞에 전시되었다. 페트라르카에게 수여된 학위 증서에 기록되었다시피, 1300년이라는 시간을 뛰어넘어 계관 시인이라는 칭호와 특권이 카피톨리누스에서 부활했다. 그리고 이제 페트라르카는 월계수나 담쟁이덩굴로 만든 화관 중 하나를 쓰고 시인 복장을 하고서 그 어떤 장소에서든 모든 문학적 주제에 대한 강연이나 토론, 해석, 창작을 하는 종신 특권을 갖게 되었다. 원로원과 로마의 일반 대중이 이러한 권위를 부여하는 것을 승인해 주었으니, 로마 시민 자격을 주는 것은 그가 로마에 보여 준 애정에 대한 보답이라 할 수 있었다. 로마가 그에게 부여한 영예는 그의 공로에 대한 정당한 평가였다. 키케로와 리비우스 시대의 사회상에 정통했던 페트라르카는 고대 애국자들의 사고방식을 빠짐없이 익히고 있었으며, 그의 강렬한 상상력은 모든 생각을 감정으로 그리고 모든 감정을 열정으로 불타오르게 만들었다. 로마의 일곱 언덕과 웅장한 폐허는 페트라르카의 생생한 감흥을 더욱 확실하게 다져 주었으니, 그는 자신에게 월계관을 씌워 주고 자식으로 받아들여 준 자유로운 정신을 가진 로마를 사랑하였다. 로마의 빈궁함과 타락은 이 감사해 마지않는 아들의 비분강개와 동정심을 더욱 부추겼다. 그는 동포 시민들의 잘못은 못 본 체하고 편파적인 애정을 담아 지난 세대의 영웅과 귀부인 들을 찬미했으며, 과거에 대한 추억과 미래에 대한 희망에서 현재의 비참함은 기꺼운 마음으로 잊어버리려 했다. 로마가 여전히 세계의 적법한 여왕임에는 분명했으나, 교황과 황제는 론 강과 도나우 강 근처로 불명예스럽게 후퇴함으로써 자신들의 거점을 저버린 지 오래였다. 그러나 로마가 자신의 미덕을 되살릴 수만 있다면 공화국은 다시금 자유와 지배권을 주장할 수 있을지도 모르는 일이었다. 열정과 웅변에 도취한 상황에서도[11] 페트라르카와 이탈리아, 유럽은 한 차례 혁명이 일어나 그의 가장 웅대한 상상이 잠깐이나마 실현되었다는 사실에 깜짝 놀라지 않을 수 없었다. 호민관 리엔치의 등장과 몰락에 대해서는 앞으로 천천히 설명할 것이다.[12] 페트라르카라는 흥미로운 주제에 대해서는 현존하는 자료가 많은데, 이 애국 시인에 대한 언급은[13] 피렌체의 역사가나 로마 사가의 풍부하지만 단조로운 서술에 가끔씩 생기를 불어넣어 준다.

수도의 한 귀퉁이, 직공이나 유대인 들만이 거주하는 곳에서 행해진 여관 주인과 세탁부의 결혼은 장차 로마를 해방시킬 구원자의 탄생을 예고하였다. 니콜라스 리엔치 가브리니(Nicholas Rienzi Gabrini)는 부모로부터 고귀한 신분이나 재산은 하나도 물려받지 못했으나, 그들이 고생하면서 마련해 준 인문 교양이라는 선물은 훗날 그가 영광스러운 삶과 갑작스러운 최후를 맞이하는 원인이 되었다. 역사와 웅변술, 키케로, 세네카, 리비우스, 카이사르, 발레리우스 막시무스의 저작을 공부하면서 이 평민 출신의 젊은이는 동년배나 동시대 사람들보다 한 차원 높은 소양을 갖추게 되었다. 그는 지칠 줄 모르는 끈기를 발휘해 고대의 작품과 대리석 비문을 탐독하였고 자신의 지식을 일상 언어로 사람들에게 설명해 주기를 좋아하였다. 그

리엔치의 출생, 성격, 애국적인 계획

[11] 로마에 대한 페트라르카의 열정을 보여 주는 증거를 찾고자 한다면, 독자 여러분은 페트라르카의 글이나 프랑스 전기 작가의 글을 펼쳐 볼 것을 권하는 바이다. 후자의 글은 이 시인의 첫 번째 로마 방문을 소상히 설명하였다.

[12] 여기에 대해서는 예수회 수사인 세르소의 유작으로 1748년 파리에서 출간된 책에서 자세히 다루고 있다. 리에주의 수사이며 역사가인 호크세미우스의 책에서도 몇몇 사실에 대한 자료를 얻을 수 있었다.

[13] 보다 자유롭게 14세기 역사를 설명하고 있는 사드 수도원장이 적절한 주제로서 페트라르카가 마음 깊이 응원하고 있던 혁명을 다룬 것은 당연한 일일지도 모른다. 그는 아마도 페트라르카의 글에 담긴 사상이나 사실을 단 하나도 무시하지 못했을 것이다.

리고 가끔은 이렇게 외치고 싶은 충동을 느끼기도 하였다.

이러한 로마인들은 지금 어디에 있단 말인가? 그들의 미덕과 정의와 힘은 어디에 있는가? 어찌하여 나는 그 행복한 시대에 태어나지 못했단 말인가?

공화국이 아비뇽 교황청에 세 계층의 대표로 구성된 사절단을 파견했을 때, 뛰어난 정신과 웅변술로 무장한 리엔치도 열세 명의 평민 사절 중 하나로 뽑혔다. 이 웅변가는 교황 클레멘스 6세 앞에서 열변을 토하는 영예를 누리고 자신과 비슷한 생각을 가진 페트라르카와 대화를 나누는 만족스러운 경험을 했으나, 야심 있는 희망은 그 후 불명예와 빈궁함으로 식어 버렸고 결국 이 애국자는 옷 한 벌과 자선 시설의 자비에 기대는 신세로 전락하고 말았다. 재능을 인정받아서든 아니면 운명이 미소를 지어 준 덕분이든 리엔치는 교황의 공증인에 임명됨으로써 이런 비참한 생활에서 벗어날 수 있었다. 이 자리에 앉음으로써 그는 매일 금화 5플로린의 급료를 받고 전보다 폭넓고 영예로운 교류를 가지게 된 것은 물론이고, 말과 행동 모두에서 공화국의 악덕과 자신의 진실성을 대비할 수 있는 권리까지도 얻게 되었다. 리엔치의 웅변은 설득력이 있고 고무적이었으며, 대중에게는 언제나 질투와 비난의 경향이 있다. 사실 그는 형제를 죽인 암살자들이 무죄 방면된 것에 대단히 분노해 있는 참이었고, 당시 공화국의 참상은 더 이상의 변명이나 과장이 불가능할 정도로 극에 달해 있었다. 시민 사회가 법적으로 보장받았던 평화와 정의의 축복은 이미 로마에서 사라진 지 오래였다. 이 조심성 많은 시민들도 일신상이나 금전상의 손해 정도는 감내할 수 있었을지 모르지만 아내나 딸 들이 받은 불명예에 대해서는 참을 수 없을 정도로 분노하고 있었다.14 또한 그들 모두 거만한 귀족이나 부정부패한 위정자들의 횡포에 너나없이 짓눌린 상태였으며, 사자들을 카피톨리누스의 개나 뱀의 무리와 구분 지어 주는 유일한 것이라고는 무력과 법의 오남용뿐이었다. 리엔치는 길거리에서건 교회에서건 형태만 조금씩 바꿔 가며 이런 비유적인 상징을 사용하여 당시의 상황을 여러 번 반복해서 묘사하였다. 구경꾼들이 호기심과 놀라움으로 그를 뚫어지게 응시하면, 이 대담한 웅변가는 기다렸다는 듯 그 비유의 의미를 풀이해 준 후 여기에 풍자를 덧붙여 사람들의 열정에 불을 붙인 후 위안과 구원이라는 먼 미래의 희망을 알려 주었다. 로마의 특권, 즉 군후들과 여러 속주에 대한 영원한 지배권이야말로 공석에서든 사석에서든 그의 연설의 가장 중요한 주제였으며, 예속을 나타내는 기념물은 이제 그의 손에서 자유에 대한 정당한 자격이자 동기가 되었다. 베스파시아누스 황제에게 가장 큰 특권을 부여해 준 원로원의 포고문을 새겨 넣은 동판은 여전히 성 요하네스 라테라노 성당 성가대석에 붙어 있었다. 이러한 정치적 강연에는 수많은 귀족과 평민이 초대받았으며, 심지어는 그들을 전부 수용할 수 있는 별도의 건물까지 세워졌다. 화려하고 신비스러운 옷차림을 하고서 강단에 오른 교황의 공증인은 번역과 해설을 곁들이며 동판에 새겨진 내용을 설명해 준 다음 모든 법적 권위의 원천이 되는 원로원과 일반 대중들이 지난날 누렸던 영광에 대해 열변을 토했다. 게으르고 무지한 귀족들은 그의 강연의 진지함을 간파하지 못한 채, 그저 가끔씩 이 평민 개혁가를 따끔한 말로 꾸짖거나 구타하는 것이 고작이었다. 그러나 그는 콜론나 가의 저택에서 자신의 위협과 예언으로 회중을 즐겁게 해 주는 기회를 곧잘 얻을 수 있었는데, 이 현대판 브루투스는 바보의 가면을

14 페트라르카는 로마인들의 경계심을 아비뇽 남자들의 안이한 성정에 비교한다.

쓰고 익살꾼 흉내를 내면서 자신의 정체를 숨겼다. 귀족들은 그를 조롱하는 재미에 빠져 알아채지 못했지만, 그가 즐겨 쓰는 '행복한 상태'로의 복귀라는 표현에 대해 많은 사람들은 그것이 바람직하고 실현 가능한 꿈이며 어쩌면 가까운 시일 안에 성사될 수 있는 일일지도 모른다고 생각하게 되었다. 결국 모두가 그의 강연에 박수갈채를 보냈고, 심지어는 이 미래의 구원자를 돕겠다며 용기를 내는 사람들도 생겨났다.

1347년 5월, 로마의 통치권을 차지한 리엔치

로마 시민 백 명이 아벤티누스 언덕에서 한밤에 집회를 가질 것이라는 내용의 예고장이 성 게오르기우스 성당 문에 붙었는데, 정확히 말해 소환문에 가까운 이 예고장은 리엔치의 진짜 의도가 무엇인지를 처음으로 대중에게 드러내고 있었다. 회중에게 비밀 엄수와 협조를 선서하게 한 후에 리엔치는 자신의 공모자들에게 계획의 의미와 실행 가능성을 역설하였다. 그는 한데 뭉치지도 못하고 유능한 인재도 없는 귀족들은 그들이 가공해 낸 힘으로 인해 두려움의 대상이 되었을 뿐, 실제로 모든 힘과 권리는 민중에 손에 있고 로마 교황의 재보는 마땅히 신민의 빈곤함을 덜어 주는 데 사용되어야 하며, 교황도 통치권과 자유에 대해서는 공공의 적이 아닌 자신들의 승리를 인정해 줄 것이라고 선동하였다. 자신의 첫 번째 선언을 옹호해 줄 충실한 일단의 세력을 확보하자, 그는 다음 날 저녁에 나팔을 불며 로마 시를 돌아다니면서 '행복한 상태'를 되살리기 위해 로마 시민 모두가 성 안젤로 성당 앞에 비무장으로 모이자고 외쳐댔다. 밤새 성령의 30미사 축전의 준비를 마친 후 아침이 되자 리엔치는 모자는 쓰지 않고 온몸에 갑옷을 두른 차림으로 공모자들 백 명의 호위를 받으면서 성 안젤로 성당으로부터 행진을 시작했다. 교황의 대리인인 오르비에토 주교는 그에게 설득당해 이 희한한 예식에서 일익을 담당하기로 약속하면서 그의 오른쪽에서 같이 행진해 주었고, 높이 휘날리는 세 개의 커다란 깃발은 그들의 의도가 무엇인지를 상징해 주고 있었다. 자유를 상징하는 첫 번째 기에는 한 손에는 종려나뭇잎을 들고 다른 손에는 구(球)를 들고서 두 마리 사자 위에 앉아 있는 로마 여신의 모습이 그려져 있었고, 정의를 나타내는 두 번째 기에는 검을 뽑아 든 성 바울의 모습이, 세 번째 기에는 화합과 평화라는 두 개의 열쇠를 들고 있는 성 베드로의 모습이 그려져 있었다. 몰려든 군중이 영문도 모른 채 희망에 부풀어서 박수갈채를 보내 주자 리엔치는 한껏 의기양양해졌고, 행렬은 카피톨리누스 언덕으로 천천히 전진하였다. 애써 억눌러 왔던 비밀스러운 감정으로 인해 그는 개선식과도 같은 행진의 원래 목적을 잊어버릴 정도였다. 리엔치는 아무런 제지도 받지 않고 자신만만한 모습으로 공화국의 성채에 오른 다음 발코니에서 시민들에게 열변을 토했고, 그의 행동과 원칙에 대해 그들은 대단히 열렬하게 찬성의 뜻을 보여 주었다. 귀족들은 무기나 지혜를 끌어모으는 것도 잊은 채 이 기묘한 혁명을 말도 못하고 경악하며 바라볼 뿐이었다. 이날을 결전일로 잡은 것은 가장 강력한 귀족인 스테파노 콜론나가 출타한 틈을 노렸기 때문이었다. 소문을 듣자마자 로마의 저택으로 돌아온 콜론나는 이번 민중의 봉기를 경멸해 마지않으면서 리엔치가 보낸 사자에게 기회가 오면 그 미치광이를 카피톨리누스 신전의 창에서 내던질 것이라고 선언하였다. 얼마 후 카피톨리누스의 종탑에 있는 큰 종이 울렸고, 상황이 다급하게 돌아가고 위기가 고조되자 콜론나는 서둘러서 교외의 성 라우렌티우스 마을로 도망쳐 잠시 휴식을 취한 후 계속 발걸음을 재촉해 팔레스트리나에 있는 자신의 성으로 피신했다. 그러고는 강력한 불길로 번진 불꽃을 초기에 밟아 끄지 못한 자신의 경솔함을 한탄하였다. 카피톨리누스를 장악한 리엔치는 모든 귀족들에게 영지로 조용히 철수하라고 단호하면서도 일방적인 명령을 내렸다. 귀족들은 따를 수밖에 없었고 그들이 떠나자 자유롭고 순종적인 로마 시민들은 평정심을 회복하였다.

<small>호민관 칭호와 직무</small>

그러나 이런 자발적인 복종은 최초의 열의가 활활 타오르는 동안 같이 증발되기 마련이므로, 리엔치는 자신의 정권 강탈을 정규적인 형식과 합법적인 칭호로 합리화시킬 필요가 있다고 생각했다. 그가 마음먹기만 한다면 로마 시민들은 자신들의 애정과 권위를 내보이려는 마음에 기꺼이 그에게 원로원 의원이나 집정관, 또는 왕이나 황제 같은 칭호를 부여해 주었겠지만, 그는 호민관이라는 오래되고 수수한 직함을 받아들이는 쪽을 택하였다. 이 신성한 직분의 가장 중요한 책임은 시민들을 보호해 주는 것이었으나, 고대의 호민관은 공화국의 사법권과 입법권에 있어서는 아무 권한도 휘두르지 못했다는 사실을 시민들은 알지 못했다. 호민관이 된 리엔치는 로마 시민들의

<small>'행복한 상태'에 대한 법</small>

동의를 얻어서 '행복한 상태(good estate)'를 복구하고 유지하는 데 가장 필요한 법규들을 제정하였다. 어떤 민사 재판도 15일을 넘겨서는 안 된다는 최초의 법규에 그는 정직한 자와 무경험자를 보호하기 위한 법안을 보충해 넣었다. 빈번한 위증이 위험 수위에 달했기 때문에 위증죄를 저지른 사람에게는 위증이 끼친 악영향과 똑같은 수준의 형벌을 가한다는 법규를 제정한 것은 이치에 맞으며, 당시에 만연한 무질서로 보건대 이 입법자가 살인죄는 사형으로 처벌하고 상해죄는 그와 똑같은 수준의 처벌을 내린다는 법을 제정한 것도 당연한 일이라고 볼

수 있었다. 하지만 법을 제대로 집행하기 위해서는 귀족들의 횡포를 먼저 근절하는 것이 급선무였다. 최고 행정관을 제외한 어느 누구도 성문이나 다리, 탑에 대한 소유권이나 관리권을 가지지 못하며, 어떤 경우를 막론하고 로마 영내의 시가지나 성으로는 사병을 들여올 수 없고 무기를 소지할 수 없으며, 로마 시내이든 교외이든 방비 강화를 목적으로 저택을 요새화해서는 안 되며, 귀족들은 도로의 안전과 자유로운 물자 수송을 책임져야 하고, 범인을 숨겨 준 자는 은화 1000마르크의 벌금형에 처한다는 법규가 공식적으로 제정되었다. 하지만 시민의 힘이라는 검을 통해 오만무도한 귀족들을 제압하지 못한다면 이런 법규들은 아무 효력도 없는 무용지물에 불과할 것이 뻔했다. 카피톨리누스의 종을 급작스럽게 울려댐으로써 리엔치의 깃발 아래 2만이 넘는 의용군을 불러 모을 수 있었던 것은 사실이지만, 호민관과 새로 제정된 법규를 지지하기 위해서는 보다 질서 정연하고 영속적인 힘이 필요했다. 해안의 각 항구마다 교역 확보를 위해 선박한 척씩을 정박시켰고, 13개 구역에서 기병 360명과 보병 1300명을 징집해 상비군을 편성하고 이들에게는 의복과 급료를 지불하였다. 나라를 위해 싸우다 목숨을 잃은 병사의 유족들에게는 백 플로린의 위로금을 지급한 것에서 공공의 복지 정신을 엿볼 수 있다. 공화국의 방위를 유지하고 곡물 창고를 확보하고 과부와 고아와 가난한 수도원을 구제해 주기 위해 리엔치는 신성 모독죄도 두려워하지 않고 교황청에 들어오는 수입을 유용하였다. 주거세, 소금세, 관세라는 3대 세수 분야에서 각기 연간 10만 플로린의 수입이 있었는데, 4~5개월 동안 리엔치의 합리적인 운용으로 소금세의 총액이 세 배 정도 불어난 것을 보면 그간의 세수 남용이 얼마나 심각했는지를 알 수 있다. 공화국의 군대와 재정을 정비하고 난 후 호민관은 영지에 은둔하고 있는 귀족들에게 카피톨리누스에 출두해서 새로운 통치에 대한 충성 및 '행복한 상태'에 대한 제 법규에 복종의 맹세를 하라고 명령하였다. 신변의 안전에 대한 두려움과 명령 불복종에 따를 처벌을 염려한 군후와 귀족들은 간소하고 평화로운 시민의 옷차림을 하고서 로마 시내에 있는 각자의 저택으로 돌아갔다. 콜론나 가와 우르시니 가, 사벨리 가와 프란지파니 가가 한데 모여서 자신들이 비천한 어릿광대라며 그토록 비웃어 왔던 평민 출신 호민관 앞에서 충성 맹세를 해야 했으니, 감추려 애써도 감춰지지 않는 분노는 오히려 그들의 수치심을 더욱 증폭시켰다. 성직자와 귀족, 법관과 공증인, 상인과 직공 등 여러 계층의 사람들이 신분에 상관없이 연달아 똑같은 충성 맹세를 했으며, 아래 계층으로 내려갈수록 더욱더 진심과 열의를 바쳐서 맹세를 하였다. 그들은 공화국과 교회와 함께 생사를 같이하겠노라고 맹세했는데, 두 당국의 이해관계는 교황의 대리인인 오르비에토 주교를 명목상의 호민관직에 임명함으로써 교묘하게 통합할 수 있었다. 리엔치는 반항적인 귀족들로부터 성 베드로의 옥좌와 재산을 구해 낸 것을 자랑으로 여겼고, 귀족의 몰락을 기뻐한 클레멘스 6세도 충실한 신하가 바치는 신앙 고백을 믿어 주면서 그의 공적을 찬양하고 호민관이라는 직책을 승인해 주었다. 순수한 신앙에 대한 강렬한 외경심이 호민관의 연설과 더불어 정신에도 영감을 주었다고 말할 수 있을 것이다. 그는 자신이 성령으로부터 초자연적인 소명을 위임받았다고 주장하면서, 매년 치러야 하는 신앙 고백과 성체 배령의 의무를 소홀히 하는 자에게는 무거운 벌금을 물리는 한편 충성스러운 신민들의 현세적인 행복과 정신적인 행복을 엄격히 지켜 주고자 노력하였다.

 오래 지속되지는 못했지만 호민관 리엔치가 행한 급작스러운 로마의 개혁처럼 단 한 사람의 활력과 영향이 그토록 큰 힘을 발휘한 적은 아마도 없었을 것이다. 강도 소굴과도 같던 곳이 규율을 갖춘 군영이나 수도원과 같은 곳으로 바뀌었으며, 인내하며 듣고 잘못된 점은 곧바로 시정하며 처벌에는 가차 없는 리엔치의 법정은 가난한 사람이나 이방인에게도 언제나 열려 있었으므로 고귀한 신분도 위엄도 그리고 교회의 면책 특권도 범인이나 공범자를 보호해 줄 수 없었다. 리엔치는 개인적인 성역으로 여겨져 오면서 그 어떤 사법관도 감히 들어갈 엄두를 내지 못했던 특권층의 대저택을 무너뜨리고 이 저택들의 방벽에 사용된 목재와 철재를 뜯어내 카피톨리누스의 방비를 보강하는 데 사용했다. 존경받는 콜론나 가의 수장은 자신의 대저택에서 범인을 은닉시켜 주려 했다가 탄로가 나면서 이중의 치욕을 당하는 처지에 놓였다. 또한 카프라니카 근처에서 기름 단지를 싣고 있던 노새 한 마리가 도난당하는 사건이 발생하자, 우르시니 가의 가장은 피해 보상은 물론이고 자신이 지키는 도로의 안전을 태만히 한 죄로 400플로린의 벌금까지 물어야 했다. 귀족들의 토지와 저택은 물론이고 신변의 안전도 더 이상은 신성불가침이 아니었는데, 우연히든 아니면 의도적이든 이 적대적인 두 가문의 수장에게는 똑같이 공평하고 엄격한 법 집행이 이루어졌다. 로마의 원로원 의원인 콜론나(Peter Agapet Colonna)가 상해죄와 채무로 인해 길거리에서 체포당하는가 하면, 수많은 폭행과 약탈을 자행했던 우르시니(Martin Ursini)가 과거 테베레 강 하구에서 난파선을 대상으로 약탈 행위를 한 죄로 처형을 당하는 등,[15] 때늦은 법 집행을 통해 정의가 실현되었다. 우르시니라는 이름이나 숙부 둘이 진홍색 법의를 걸친 추기경이라는 점, 최근에 결혼을 했으며 중병을 앓고

로마 공화국의 자유와 번영

[15] 이 난파선에 대한 설명에서 당시의 교역과 항해의 제반 상황을 조금이나마 알 수 있다. (1) 이 배는 나폴리에서 건조되었으며 화물을 싣고 마르세유와 아비뇽으로 갈 예정이었다. (2) 선원들은 나폴리와 오에나리아 섬 출신으로 이들은 시칠리아나 제노바 출신들보다는 기술이 떨어지는 편이었다. (3) 마르세유에서 출발한 배는 해안을 따라 항해하다가 폭풍우를 피하기 위해 테베레 강 입구에 머무를 생각이었다. 하지만 물살에 떠밀려서 불행히도 여울목까지 가게 되면서 배는 좌초했고 선원들은 탈출했다. (4) 약탈당한 화물은 프로방스가 교황청에 바치는 세금을 비롯해서 후추와 계피, 프랑스산 옷감 등이었는데, 금액으로는 2만 플로린에 해당했다. 상당한 금액인 셈이었다.

있다는 사실에도 강직한 호민관은 전혀 아랑곳하지 않고 그를 자신의 희생양으로 삼았다. 관리들에 의해 대저택의 신혼 침상에서 끌려 나온 우르시니는 짧지만 충분한 재판을 받은 후 카피톨리누스의 종소리를 듣고 모여든 사람들 앞에서 상의가 벗겨지고 두 손이 뒤로 묶인 채 무릎 꿇은 자세로 사형을 언도받았다. 짧은 신앙 고백을 한 다음에 우르시니는 교수대로 끌려 갔다. 이런 본보기를 보면서 스스로의 죄를 잘 아는 사람들은 처벌을 면할 가망이 없다고 생각하게 되었고, 사악하거나 부도덕하거나 게으른 자들이 도망을 간 덕분에 얼마 안 가 로마 시와 그 인근 지역이 정화될 수 있었다. (한 사가의 말을 빌리면) 이 시기에 숲에는 더 이상 도적 떼가 들끓지 않게 되었고, 소들은 쟁기질을 시작했으며, 순례자들이 성지를 방문했고, 도로와 여관 들은 여행객들로 붐볐으며, 장사가 잘되고 풍요로워지면서 서로에 대한 신뢰가 싹텄고, 도로 한가운데에서 금화가 든 지갑을 꺼내도 강탈당할 염려가 별로 없었다고 한다. 목숨과 재산에 대한 안전이 확보되자마자 열심히 일한 자가 보상을 얻는 광경이 자연스럽게 부활하였다. 로마는 다시 한 번 그리스도교 세계의 수도로 존재할 수 있었으며, 호민관의 명성과 성공에 대한 이야기는 그의 훌륭한 통치가 만들어 낸 축복을 향유할 수 있었던 이방인들에 의해 각국으로 퍼져 나갔다.

이탈리아 등지에서 존경받는 호민관

조국을 구원하고 나자 리엔치는 장대하면서도 공상적인 기미가 다분한 한 가지 생각을 하게 되었는데, 바로 이탈리아를 거대한 공화국 연합에로 통합하여 로마를 그 연합체의 태곳적부터 내려온 합법적인 맹주로 삼고 자유 도시와 군주 들을 그 구성원과 동지로 만들겠다는 것이었다. 훌륭한 연설 솜씨만큼이나 뛰어난 문장력을 구사하는 리엔치는 믿을 만하고 발이 빠른 전령을 시켜서 여러 통의 서한을 이탈리아 곳곳에 전달하였다. 흰 지팡이를 든 전령들은 도보로 숲과 산을 넘었다. 그들은 가장 적대적인 나라에서조차도 정식 사절처럼 신성한 안전을 보장받았으며, 아부인지 아니면 진실인지 모르지만 자신들이 가는 길목마다 군중들이 무릎 꿇고 앉아서 이번 임무의 성공을 하늘에 기원하는 기도를 올려 주었다고 보고했다. 열정이 이성에 귀를 기울였다면, 공공의 안녕을 위해 개인의 이익을 접었다면, 최고 재판관과 이탈리아 공화국 연합은 국내의 분란을 종식시킨 후에 북방의 야만족을 알프스에서 봉쇄할 수 있었을지도 모른다. 하지만 절호의 기회는 이미 지나가 버렸다. 베네치아와 피렌체, 시에나, 페루지아를 비롯해 수많은 약소 도시들이 '행복한 상태'의 통치에 자신들의 목숨과 재산을 내준다 할지라도, 롬바르디아와 투스카니의 압제자들은 자유 정체의 틀을 마련한 이 평민 출신 호민관을 경멸하거나 심지어는 증오하고 있었다. 하지만 호민관은 이들 도시뿐 아니라 이탈리아 각지에서 우호와 존경이 담긴 답장을 받았다. 얼마 지나지 않아 각지에서 보낸 사절들이 도착하였고, 연회에서든 아니면 일로 만날 때든 이 비천한 출신의 공증인은 격의 없으면서도 위엄 있는 통치권자의 모습을 동시에 보여 주었다.16 그의 통치 기간 동안 가장 유명했던 사건은 나폴리의 왕녀 잔느가 남편인 자신의 동생을 배신하고 교살했다는 헝가리 왕의 제소였다. 장엄한 로마 법정에서 잔느의 죄를 가리기 위한 재판이 진행되었다. 하지만 호민관은 쌍방의 변론을 들은 후 이 중요하고 까다로운 사건의 판결을 연기하였고, 유무죄의 결정을 내린 것은 결국 헝가리 왕의 검이었다. 아비뇽을 위시한 알프스 너머의 지역에서 로마의 개혁은 호기심과 경이와 찬탄의 대상이었다. 페트라르카는 리엔치의 개인적인 친구이자 드러나

16 결국 올리버 크롬웰이 격의 없는 모습으로 하원에 들어오는 것을 기억해 낸 이는 그의 오랜 지인으로, 그는 종신 호국경(護國卿)의 편안하면서도 위엄 있는 모습에 놀랐다. 공훈과 권력에 대한 의식은 때로 일상적인 행동을 고귀한 품행으로 끌어올려 주기도 한다.

페트라르카의 찬사를 받은 호민관

지 않는 조언자였을 것으로 짐작된다. 그의 작품들은 가장 열렬한 애국심과 기쁨을 표현하고 있으며, 교황에 대한 존경심이나 콜론나 가에 대한 감사의 마음은 로마 시민으로서의 더 숭고한 의무와 부딪치자 완전히 사라져 버렸다. 카피톨리누스의 계관 시인은 로마의 법을 옹호하고 영웅을 찬양하면서, 공화국의 위대함이 영원히 지속되고 더욱 높아지기를 바란다는 드높은 희망과 함께 약간의 염려와 충고도 같이 전하고 있다.

호민관의 악덕과 어리석은 행위들

페트라르카가 이런 예언적 환상에 빠져 있는 동안 로마의 영웅은 명성과 권력의 정점에서 급속도로 추락하고 있었다. 혜성의 부상을 경이롭게 응시하고 있던 민중은 그것이 불규칙한 궤도를 그리고 있으며 명암을 번갈아 보이고 있음을 알아채기 시작했다. 신중한 사리 분별보다는 웅변술이 뛰어나고 의연함보다는 모험심이 돋보이는 리엔치는 그에 걸맞은 냉철하고 위엄 있는 이성은 갖추지 못한 인물이었다. 그는 희망과 공포의 대상을 열 배는 늘렸으며, 원래부터 신중하게 행동하며 권좌에 오른 것은 아니었지만 그 후에도 권력 강화를 위한 신중함은 전혀 발휘되지 않았다. 찬란한 번영을 구가하게 되자 그의 미덕은 그것과 성격이 아주 인접한 악덕에 무분별하게 오염되었으니, 정의는 잔인함으로, 관대함은 낭비로, 순수한 명예욕은 과시적인 허영심으로 변질되었다. 민중에게 강력한 힘을 발휘하고 신성한 존재로 여겨졌던 고대의 호민관들은 일반 평민들과 별로 다르지 않은 생활 방식이나 의복, 외양을 하고 다녔으며, 걸어서 도시를 돌아다닐 때에도 수행원은 한 명만 거느렸다는 사실을 리엔치는 유념했어야 했다. 그라쿠스 형제가 자신들의 후계자에게 붙은 '엄격하고 자비로운 니콜라스, 로마의 구원자, 이탈리아의 방어자, 인류와 자유와 평화와 정의의 벗, 존귀한 호민관'과17 같은 거창한 직함과 칭호를 들었다면 눈살을 찌푸리거나 조소를 머금었을 것이다. 그의 연극적인 행렬이 혁명의 기초 작업이 되어 주기는 했지만, 그는 군중의 이해를 구하는 것이 아니라 그들의 눈에 호소해야 한다는 정치적 격언을 너무 무분별하고 오만하게 남용하였다. 태생적으로 준수한 외모는 무절제한 생활로 뚱뚱하고 일그러진 모습으로 바뀌었으며, 잘 웃던 성격은 근엄하게 무게만 잡는 전형적인 위정자의 성격으로 변하였다. 그는 적어도 공식 석상에서는 안에 모피를 두르고 금으로 자수를 놓은 화려한 색상의 우단이나 공단으로 만든 예복을 입었다. 그가 들고 다니는 정의의 홀(笏)은 반들반들하게 윤을 낸 강철로 만든 것으로, 위에는 황금으로 만든 구와 십자가가 장식돼 있고 내부에는 성스러운 십자가 조각이 들어 있었다. 민정 업무나 종교적인 일을 보기 위해 시내로 나설 때면 그는 왕권의 상징인 백마를 탔다. 태양 주위로 별들이 둥그렇게 배열되어 있고 올리브 가지와 비둘기가 그려진 공화국의 거대한 기가 그의 머리 위로 펄럭였으며, 금화와 은화의 소나기가 사람들에게 뿌려졌다. 미늘창을 든 쉰 명의 근위병들이 그의 신변을 경호했고, 순은으로 만든 북과 나팔을 든 기병대가 앞장서 가면서 그의 행차를 알렸다.

기사도의 명예를 추구한 것은 그의 비천한 태생을 그대로 드러내는 동시에 호민관 직분의 권위마저도 퇴색시키는 결과를 낳았다. 기사 신분임을 자처한 그 순간부터 호민관은 자신이 새로 받아들인 귀족 계급과 자신이 버리고 나온 평민들 모두의 경멸을 받는 처지로 전락해 버렸다. 그나마 남아 있던 재보와 사치품, 예술품은 이날의 장엄한 행사에 모두 탕진되었

1347년 8월, 호민관의 기사도 과시

17 리엔치가 택한 야만적이면서도 강제적인 '이탈리아의 열심자(Zelator Italiœ)'라는 칭호에 대한 마땅한 영어 표현을 찾아낼 수 없었다.

다. 리엔치는 카피톨리누스로부터 라테라노 궁전까지 행진을 했고 지루함을 덜기 위해 곳곳에 화려한 장식과 여흥거리가 배치되었다. 성직자, 시민, 군인으로 이뤄진 대열이 각자의 기를 들고서 행렬에 참여했으며, 로마의 귀부인들은 호민관의 아내를 수행하였다. 이탈리아 각지에서 온 사절단은 큰 소리로 화려한 행사를 칭찬하면서도 내심으로는 경멸을 보내고 있었을 것이다. 행렬은 저녁 무렵이 되어서야 콘스탄티누스 교회와 궁전에 도착했고, 리엔치는 수많은 군중들에게 감사의 말을 전하면서 다음 날 열릴 축제에 참석해 달라는 말로 그들을 해산시켰다. 그는 식전 행사로서 존경받는 기사로부터 성령의 기사단 훈장을 받은 다음 목욕재계로 몸을 깨끗이 하였다. 이때 리엔치는 교황 실베스테르가 콘스탄티누스 대제의 나병을 치료할 때 사용했다고 전해지는(우스꽝스러운 전설이지만) 반암(斑岩) 물병을 사용하는 신성 모독적인 행위를 함으로써 생애 최대의 비난과 추문을 자초하였다.18 또한 호민관은 세례당의 신성한 경내에 대기하면서 휴식을 취하는 무례도 범했다. 예배 시간이 되어 예배당으로 돌아온 군중 앞에 리엔치는 진홍색 예복에 검을 차고 황금빛 박차로 장식을 한 위풍당당한 모습으로 등장했다. 그러나 이 성스러운 의식은 그의 경박하고 오만한 태도 때문에 곧바로 중단되고 말았다. 그가 옥좌에서 몸을 일으켜 군중에게로 다가가면서 크게 외친 것이다.

우리의 법정에 클레멘스 교황을 소환하여 교황 교구에 머무르라고 명령하는 바이며, 신성한 추기경 회의도 소환하는 바이다.19 또한 황제를 사칭하는 보헤미아의 카를과 바바리아의 루드비히도 소환하고 독일의 모든 선거후들도 함께 소환하는 바이니, 오랫동안 제국의 적법한 후계자인 로마 민중의 양도 불

18 파벌에 상관없이 모든 사람이 콘스탄티누스 대제의 나병과 목욕에 대한 이야기를 믿고 있었으며, 리엔치는 이교도가 아니라 독실한 그리스도교도가 이 꽃병을 사용하는 경우에는 신성 모독이 아니라고 아비뇽 교황청에 주장하면서 자신의 행위를 정당화하였다. 하지만 파민장은 이 신성 모독죄를 정확히 명기하고 있다.

19 클레멘스 6세에 대한 소환 명령은 권위 있는 로마 사가의 글과 바티칸의 한 문서에 기록되어 있으며, 페트라르카의 전기 작가는 이 소환 명령의 무게보다는 품위에 더 비중을 두고 논한다. 아비뇽 교황청은 이 난처한 명령에 동요하지 않기로 결정했을 수도 있다.

가능한 권리를 그들이 무슨 근거로 찬탈한 것인지 그 해명을 요구한다.20

그는 난생 처음 차 본 칼을 뽑아 세계의 세 개 부분에 대고 세 번 휘두른 다음에 "이것 역시 나의 것이도다!"라는 터무니없는 선언을 세 번이나 반복해서 외쳤다. 교황의 대리인인 오르비에토 주교는 리엔치의 어리석은 행동을 제지하고자 했지만, 그의 나약한 항의는 군악대의 연주 소리에 묻혀 들리지도 않았다. 집회에서 빠져나가는 대신에 그는 지금까지 최고 성직자만이 사용할 수 있었던 식탁에서 호민관과 함께 만찬을 나누는 것에 동의하였다. 황제들이 베풀었음직한 성대한 연회가 열렸다. 라테라노 궁전의 여러 홀과 회랑 및 안뜰에 남녀노소 각계각층의 사람들을 위한 식탁이 무수하게 펼쳐졌다. 놋쇠로 만들어진 콘스탄티누스 대제의 말 동상의 콧구멍에서는 포도주가 끊임없이 흘러나왔다. 물이 부족한 것을 제외하면 아무도 만찬에 대해 불평을 늘어놓지 않았으며, 군중의 경박한 행동은 규율과 공포감의 조성으로 제지할 수 있었다. 다음 날 리엔치의 대관식이 거행되었다.21 로마의 가장 저명한 성직자들이 여러 종류의 나뭇잎과 금속으로 만든 일곱 개의 왕관을 그의 머리에 차례차례 씌워 주었는데, 이는 성령의 일곱 가지 선물을 의미하는 것이었다. 그럼에도 그는 여전히 고대 호민관들의 모범을 이어받겠다고 공언하고 있었다. 이 특별한 볼거리는 민중에 대한 기만 내지는 아부의 성격이 짙었는데, 민중의 허영심을 그들 지도자의 허영심이 대리 만족시켜 주는 역할을 하고 있는 셈이었다. 하지만 얼마 안 가 리엔치가 사생활에서도 엄격한 검약이나 절제를 보이지 않자, 귀족들의 화려함을 경외의 눈으

대관식의 허식

20 두 대립 황제에 대한 소환 명령은 자유와 어리석음의 기념비로서 호크세미우스의 연대기에서 여전히 찾아볼 수 있다.

21 로마의 사가가 일곱 개 왕관을 사용한 대관식의 의미를 간과했다는 것에 주목할 필요가 있다. 이것의 의미는 내부의 증거나 호크세미우스의 증언, 심지어는 리엔치의 말에서도 충분히 설명이 가능하다.

로 바라보던 평민들은 자신들과 같은 출신 지도자의 화려한 생활에는 화를 냈다. 그의 아내와 아들과 숙부(이름과 직업 모두 이발사(barber)였다.)는 품행은 천박하면서도 낭비벽은 왕족에 버금가는 대비되는 행동을 보였다. 리엔치는 제왕으로서의 위엄은 갖추지 못한 채 군소 왕의 악덕에만 물들어 버린 것이다.

<small>로마 귀족들의 두려움과 증오</small>

소박한 시민 한 명은 동정 어린 마음으로, 아니 어쩌면 만족하다는 심정으로 로마 귀족들의 굴욕을 다음과 같이 묘사하고 있다.

모자도 쓰지 않고 두 손은 가슴에 가지런히 모으고 눈은 아래를 향하고서 그들은 호민관 앞에 서 있었다. 그들은 두려움에 떨고 있었다. 세상에, 그들이 그토록 벌벌 떠는 모습이라니!

리엔치라는 멍에가 정의의 굴레이자 그들 국가의 굴레로 작용하는 동안, 그들의 양심은 그를 존경해야 한다고 강요하면서도 그들의 자긍심과 이해관계는 그를 증오하도록 부추겼다. 그의 터무니없는 행동이 얼마 안 가 멸시를 받게 되자 귀족들의 증오심이 더욱 커지면서 더 이상 일반 대중의 깊은 신뢰를 받지 못하는 이 권력자를 전복시키고 싶다는 희망을 품기 시작했다. 오랜 숙적이던 콜론나 가와 우르시니 가는 둘 다 치욕스러운 상황에 놓이자 잠시나마 대립 상태를 유보하고 서로 손을 잡고서 자신들의 소망과 계획을 실현시키기로 하였다. 그러나 때마침 체포된 한 암살범이 고문을 못 이기고 귀족들의 사주를 받았다고 자백하였다. 리엔치는 압제자로서의 운명을 걷기 시작한 그 순간부터 그에 걸맞은 의심과 격률을 받아들였다. 같은 날 몇 가지 구실을 대며 리엔치는 자신의 주요 적대자들 여럿을 카피톨리누스로 초대하였는데, 이 중에는 우르시니 가의 사람이 다섯 명, 콜론나 가의 사람도 세 명이 포함되어 있었다. 하지만 그들은 자신들이 회의나 연회에 초대받은 것이 아니라 압제 내지 재판의 검 아래 죄수의 처지가 되어 버렸음을 알게 되었고, 자신이 유죄라고 생각하든 무죄라고 생각하든 다가올 위험을 두려워하는 것은 모두가 똑같았다. 큰 종이 울리는 소리에 사람들이 모여들었다. 호민관 암살을 기도한 죄목으로 귀족들이 법정에 소환되었다. 사람들은 최고위 귀족들의 불행에 동정심을 표하기는 했겠지만 그들을 절박한 운명에서 구해 내기 위해 손을 들거나 목소리를 높이는 사람은 아무도 없었다. 귀족들은 절망감에 사로잡혀 오히려 눈에 띌 정도로 대담하게 굴었다. 각자가 독방에서 잠 못 이루는 고통스러운 밤을 보낸 후에, 존경할 만한 영웅인 스테파노 콜론나는 감옥 문을 세게 두드리면서 이런 치욕스러운 굴종 상태에서 벗어날 수 있도록 이 자리에서 자신을 죽여 달라고 몇 번이나 간수에게 요구하였다. 아침이 되어 고해 신부가 도착하고 종이 울리면서 그들은 자신들에게 어떤 선고가 내려질 것인지를 알아차렸다. 카피톨리누스 신전의 넓은 홀은 유혈극을 준비하기 위해 붉은색과 흰색의 휘장이 드리워져 있었고, 호민관은 음울하고 엄숙한 표정을 하고 있었다. 사형 집행인이 칼을 빼어 들었고 귀족들이 유언을 남기고 있을 때 나팔 소리가 울려 퍼졌다. 사실 이 결정적인 순간, 리엔치도 죄수들만큼이나 불안과 근심에 시달리고 있던 것은 마찬가지였다. 그는 처형당할 사람들의 높은 명망이나 살아남은 친족들, 대중의 변덕, 세상의 비난 등을 두려워하고 있었다. 때문에 자신이 경솔한 마음에 치명적인 위해를 가하기는 했지만 그들을 용서해 준다면 그들도 자신을 용서해 줄

22 콜론나 가에 대한 처우를 정당화하면서 리엔치가 쓴 처음의 편지는 무뢰한과 미치광이가 혼합된 모습을 독창적인 색채로 보여 주고 있다.

것이라는 헛된 생각을 하고 말았다. 그는 그리스도교도이자 탄원자의 입장에서 한껏 정성 들인 연설을 했다. 그는 겸허한 종복의 입장에서 자신의 주인인 민중에게 이 신분 높은 죄인들을 용서해 달라고 청하면서, 자신의 신앙과 권위를 걸고서 이 죄인들을 회개시키고 앞으로 국가에 이바지하게 할 것이라고 맹세하였다. 호민관이 말하였다. "로마 시민들의 자비로 목숨을 구한다면 '행복한 상태'의 정권을 지지한다는 데 그대들의 목숨과 재산을 걸겠다고 약속할 수 있겠는가?" 예상하지 못한 온정에 놀란 귀족들은 머리를 조아렸다. 그들은 입으로는 충성 맹세를 반복하면서도 마음속으로는 보다 굳건하게 복수를 다짐했을 것이다. 성직자 한 명이 민중의 이름으로 그들의 방면을 선언해 주었고, 귀족들은 호민관과 함께 성체 배령을 행한 후에 연회에 참석하기 위해 행렬을 따라 움직였다. 그들은 정신적, 현세적인 화해를 의미하는 의식을 치른 후, 사령관이나 집정관, 총독 등의 새로운 명예직을 하사받고서 안전하게 각자의 집으로 돌아갔다.22

리엔치에 대항해
무장한 로마 귀족들

그들은 목숨을 구했다는 해방감보다는 위험에 대한 기억으로 몇 주 동안 몸을 사리고 있다가, 우르시니 가의 가장 강력한 인물이 콜론나 가의 사람과 함께 로마를 탈출한 후 마리노에서 반역의 깃발을 올렸다. 성의 방비가 즉시 강화되었으며 가신들이 주군의 휘하로 몰려들었고, 무법자 무리도 호민관에 대항하기 위해 무장을 하였다. 마리노에서 로마에 이르는 지역의 소 떼와 양 떼, 농작물과 포도밭이 약탈당하거나 파괴되었다. 민중들은 호민관의 통치가 재앙의 무서움을 잊어버리도록 가르친 주범이라며 리엔치를 책망하였다. 군영에 서 있는 리엔치의 모습은 연단에 서 있을 때만큼 당당해 보이지 않았다. 게다가 그는 반란에 동참한 귀족들이 병력을 보강하고 성의 방비를 강화하고 있다는 사실도 무시하였다. 리비우스의 책을 읽었지만 그는 사령관이 갖춰야 할 병법적인 능력이나 용맹함을 자기 것으로 흡수하지는 못한 것 같았다. 결국 2만 명에 이르는 로마군은 아무런 영예도 성과도 얻지 못하고 마리노 공격에서 돌아왔다. 그는 분을 달래기 위해 머리를 조아리고 있는 적의 그림을 그리거나 우르시니 가의 개 두 마리를 물에 빠뜨려 죽인 것이 고작이었다.(적어도 개가 아니라 곰이어야 했다.) 리엔치의 군사적 무능함을 확신한 적들은 본격적인 작전에 들어갔다. 비밀 지지자들의 도움을 받은 반란 귀족들은 보병 4000명과 기병 1600명을 동원해 기습 공격으로 로마 시내로의 입성을 감행하였다. 로마는 적의 공격을 대비하고 있었다. 밤새도록 경종이 울렸으며, 어떤 성문은 철통 수비를 하는가 하면 어떤 성문은 과감하게 열어 두기도 하였다. 반란군은 조금 망설인 끝에 퇴각을 결정하였다. 하지만 그중 두 개 부대는 이미 성벽을 넘은 참이었기 때문에 후방에 있던 귀족들은 무혈입성의 가능성이 보이자 무모한 용기를 발휘하였다. 소규모 전투에서는 승리했지만 성에 들어온 부대는 몰려든 로마 민중들에게 패배하여 무자비하게 학살당했다. 페트라르카로부터 숭고한 기상을 지녔으며 이탈리아 부흥의 주역이라는 칭송을 들었던 연소 스테파노 콜론나는 그 자리에서 죽었고,

11월, 콜론나의 패배와 죽음

이에 앞서거니 뒤서거니 해서 용감한 청년인 아들 지오반니, 동생 피에트로, 적출의 조카, 콜론나의 피를 받은 두 명의 사생아도 전사하고 말았다. 일곱 개 성령의 관에서도 드러났듯 리엔치가 표방한 7이라는 숫자는 가문의 희망과 재산을 모두 잃고 홀로 살아남아 슬픔에 잠긴 콜론나 가 수장의 비통한 죽음을 통해 완성되었

다. 호민관은 성 마르티누스와 교황 보니파키우스의 환영과 예언을 로마군의 사기 진작에 이용하였다.[23] 그는 적어도 추격전에서는 영웅의 기상을 보여 주기는 했지만 내전에서의 승리를 혐오했던 고대 로마인들의 격률을 잊는 우를 범했다. 이 승리자는 카피톨리누스로 올라가서 자신의 왕관과 왕홀을 제단에 바친 후 교황이나 황제도 결코 하지 못했던 한쪽 귀를 잘라 내는 공을 세웠다면서 약간의 진실이 담긴 자기 자랑을 늘어놓았다.[24] 비열하고 무자비한 보복감에 사로잡힌 리엔치는 명예로운 장례를 치러 주는 것도 거부하면서 콜론나 일가 사람들의 시체를 가장 사악한 범죄자들의 시체와 같이 효시하려 했지만, 가문 출신의 성처녀들이 몰래 매장해 주었다.[25] 사람들은 그들의 죽음을 애도하면서 자신들의 처사를 후회했고, 권세가 출신의 희생자들이 패배해 죽은 장소에 와서 체통 없이 기뻐하는 리엔치를 혐오해 마지않았다. 그는 바로 이 격전지에서 자신의 아들에게 기사 작위를 내려 주었다. 호위 기병대원들이 아들의 어깨를 검으로 가볍게 친 다음에 아직도 귀족들의 피로 더럽혀져 있는 물웅덩이에서 우스꽝스럽고 비인간적인 목욕재계를 하는 것으로 이 의식은 끝을 맺었다.

1347년 12월, 호민관 리엔치의 몰락과 도망

남은 콜론나 가 사람들은 리엔치가 이번 승전으로부터 추방당할 때까지 불과 한 달밖에 걸리지 않았다는 정황 때문에 목숨을 구할 수 있었다. 승리에 자만한 리엔치는 군사적 무용에 대한 명성은 전혀 얻지도 못한 채 그나마 남아 있던 시민으로서의 덕망마저 모두 잃어버렸다. 로마 내에 자발적이고 강력한 반대파가 생겨났다. 호민관이 공의회에서[26] 새로운 세금 부과 및 페루지아 통치에 대한 단속 조치를 제안하자 서른아홉 명이 여기에 반대표를 던졌다. 반대 세력은 자신들에 대한 배

---

[23] 위의 주에서 언급한 편지에서 리엔치는 호민관에 오른 것은 성 마르티누스, 보니파키우스 8세, 콜론나 가의 적대자, 자기 자신, 당대의 영광인 로마 민중의 덕이라고 말하고 있다. 계속되는 소규모 전투, 로마인들의 도망, 리엔치의 비겁함은 익명의 시민의 글에 간결하면서도 상세하게 묘사되어 있다.

[24] 콜론나 가는 대가 끊겼으나 분가의 형태로 유지되었으며, 나는 분가에 대해서는 정확한 지식을 얻지 못했다.

[25] 수녀가 되기로 결정한 가문의 딸들을 위해 콜론나 가 출신의 추기경들은 성 실베스테르 수녀원을 세운 다음 재정을 지원하고 보호해 주었다. 1318년에 수녀원에 의탁한 가문의 딸들은 총 열두 명이었다. 다른 딸들은 사촌 친족과의 결혼을 허락받았다. 로마의 귀족 가문이 수가 적고 혼인 관계로 밀접하게 이어져 있었기 때문에 이런 식의 친족 결혼은 정당화되었다.

[26] 이 공의회와 반대 의견에 대해서는 당대 작가인 폴리스토레의 책에 모호하게 언급되어 있다. 그의 책에는 처음 보는 낯선 사실들도 몇 가지 기록되어 있다.

신이나 부패 등의 비난을 정면으로 반박하면서, 아직도 민중의 지지를 받고 있다고 자신한다면 자신들을 강제 추방해서 이를 증명해 보이라고 요구했지만 사실 가장 존경받는 시민들은 이미 그를 버린 지 오래였다. 교황과 추기경 회의는 애초부터 리엔치의 그럴듯한 공언에 현혹되지 않았으며, 당연히 그의 오만무도한 처신에 화를 내고 있었다. 추기경 한 명이 교황의 사절로 이탈리아에 급파되었다. 몇 번의 협상과 두 번의 개인 면담이 아무 성과 없이 끝나자 추기경은 호민관을 면직시키고 반란죄, 신성 모독죄, 이단죄를 물어 파문에 처한다는 교서를 발표했다.27 살아남은 로마의 귀족들은 이제야 충성심에 몸을 낮추었고, 자신들의 이익과 복수를 위해 교회의 입장과 뜻을 같이 했다. 하지만 콜론나 가의 운명을 생생히 기억하고 있었으므로 귀족들은 혁명의 위험과 영광을 한 개인적인 모험가에게 전적으로 위탁하였다. 나폴리 공국의 미노르비노 백작28 지오반니 페피노는 자신이 저지른 범죄와 부유하다는 이유로 종신형을 선고받고 복역 중이었는데, 그의 방면을 탄원함으로써 페트라르카는 간접적으로 친구의 몰락에 일조한 셈이 되었다. 150명의 병사를 이끌고 로마로 들어온 미노르비노 백작은 콜론나 가의 저택에 진지를 구축했다. 그는 과거에는 불가능해 보였던 일이 이번에는 쉽사리 실현될 수 있다는 점을 알아차렸다. 카피톨리누스의 거대한 종이 계속해서 경종을 울려댔지만, 민중은 익숙해진 종소리에 모여들기는커녕 침묵하면서 아무 행동도 취하지 않은 것이다. 무기력에 사로잡힌 리엔치는 한숨을 쉬고 눈물을 흘리며 민중의 배은망덕을 통탄하면서 통치권과 궁전을 포기하였다.

페피노 백작은 검도 뽑지 않고서 귀족 정치와 교회를 부활시켰다. 세 명의 원로원 의원이 선출되었는데, 최고 의원을 맡

27 세로소는 라이날두스의 『교회 연대기』에 실린 클레멘스 6세의 리엔치에 대한 파면 교서를 번역했다. 세로소는 바티칸 문서 보관소에서 이 글들을 찾아냈다.

28 빌라니는 미노르비노 백작의 출생과 인품, 죽음을 설명하고 있다. 간교한 공증인이었던 그의 조부는 노케라의 사라센인들의 약탈품으로 부를 쌓고 귀족 지위에까지 올랐다.

> 1347~1354년,
> 로마의 혁명들

게 된 교황의 대리인은 두 적대 가문인 콜론나와 우르시니 가에서 한 명씩 두 명의 동료 의원을 받아들였다. 호민관이 공포한 법률은 모두 폐지되었고 그의 신병은 면책 특권의 보호를 받을 수 없게 되었다. 하지만 그의 이름은 아직도 공포의 대상이었기 때문에 귀족들은 3일이나 망설인 다음에야 로마 시내에 모습을 나타냈다. 리엔치는 한 달 넘게 성 안젤로 성에 머물면서 로마 시민들의 애정과 용기를 되살리고자 노력하였지만 아무 소용도 없다는 것을 깨닫자 평화롭게 물러났다. 자유와 제국에 대한 환상은 사라졌다. 자신들을 보듬어 줄 평온과 질서가 확립되지 못한 탓에 로마 민중의 타락한 정신은 예속 상태를 묵묵히 참아 내려 하지 않았다. 또한 새로운 원로원 의원들이 교황청으로부터 권위를 인정받았다는 사실에, 그리고 네 명의 추기경이 공화국 개혁을 추진하기 위한 독재권을 위임받았다는 사실에 주목하는 사람은 거의 없었다. 로마는 귀족들이 서로를 혐오하면서 유혈 싸움을 벌이고 민중들을 멸시하는 아수라장으로 다시금 돌아가고 말았다. 시내와 외곽 곳곳에서 전투를 위한 요새가 세워지고 파괴되기를 반복하였다. 피렌체의 한 역사가의 표현을 빌리면, 순한 양 떼인 평화로운 시민들이 탐욕스러운 늑대들의 먹이가 되고 말았다. 하지만 그들의 오만과 탐욕에 로마 시민들의 인내심이 바닥날 무렵 성모 마리아 신자회가 공화국의 수호와 복수를 자처하고 나섰다. 카피톨리누스의 종이 다시 울려 퍼졌고, 무장한 귀족들은 비무장의 군중들을 보면서 두려움에 벌벌 떨었다. 콜론나 가 출신의 의원은 저택의 창문을 넘어 도망쳤고, 우르시니 가의 의원은 제단 밑에서 돌에 맞아 죽었다. 위험이 많이 따르는 직책인 호민관 직분은 평민 출신의 체로니와 바론첼리가 연이어 맡았다.

온화한 성격의 체로니는 당시의 정황을 처리하기에는 역부족이었다. 그는 미약한 노력만을 하다가 훌륭한 평판과 많은 재산을 가지고서 안락한 시골 생활로 은퇴했다. 웅변술이나 창의성은 부족하나 결단력은 타의 추종을 불허하는 바론첼리는 애국자의 언어를 이용하면서 동시에 압제자의 길을 걸었다. 그의 의심을 받는다는 것은 사형 선고를 의미했으니, 그의 죽음이야말로 자신의 잔악한 행동에 대한 대가인 셈이었다. 나라가 불운한 상태에 빠지자 로마 시민들은 리엔치의 결점을 잊고서 '행복한 상태'에 누린 평화와 번영을 그리워하며 한숨을 내쉬었다.[29]

29) 리엔치가 물러난 후부터 귀환할 때까지 로마의 불운한 사태에 대해서는 빌라니와 포르티피오차가 설명하고 있다. 처음의 호민관을 모방하는 데 그쳤던 나중의 두 인물들에 대해서는 간단히만 설명하고 지나쳤다.

리엔치의 모험

7년 동안의 도피 생활 끝에 처음의 해방자가 조국으로 다시 돌아왔다. 수도사 내지 순례자로 변장하고 성 안젤로 성을 빠져나간 리엔치는 나폴리에서는 헝가리 왕의 우정에 호소하였고 대담한 모험가들의 야심을 부추겼으며, 로마에서는 성년(聖年)을 맞으러 온 순례자들과 어울렸으며, 아펜니노 산악 지대에서는 은둔자들 무리에 뒤섞여 자신의 모습을 숨기는 등 이탈리아와 독일과 보헤미아의 여러 도시를 전전하며 다녔다. 모습은 눈에 띄지 않았지만 그의 이름은 여전히 두려움의 대상이었기 때문에, 아비뇽 궁정은 불안해 하며 그의 개인적인 장점을 헤아리고 심지어는 과장하기까지 하였다. 카를 4세가 이방인을 만나 주었는데, 그 이방인은 공화국의 호민관이었다고 솔직히 털어놓으면서 애국심과 예언자의 선견지명, 압제자의 몰락, 성령의 왕국 등에 대한 웅변으로 그 자리에 모인 사절단과 제후들을 놀라게 하였다. 과거의 희망이 무엇이었든 리엔치는 자신이 현재 포로 신세임을 잘 알고 있었다. 그럼에도 그는 자립심과 위엄을 유지하면서 불가항력적인 교황의 소환장에 자

[30] 거의 선망에 가까운 페트라르카의 놀라움이 그 증거로, 이 놀랄 만한 사실이 전부 진실은 아닐지라도 적어도 페트라르카 자신만큼은 진실했다. 사드 수도원장은 페트라르카에 대한 책 제13권의 여섯 번째 서한에서 이것을 인용한다.

발적으로 복종하였다. 친구의 탐탁지 못한 행동을 보며 가라앉았던 페트라르카의 열정은 그가 겪은 온갖 고초를 알고 모습을 직접 보면서 다시 불타올랐고, 로마의 구원자가 황제의 손에 의해 교황에게 넘겨지는 것을 대담하게 비난하였다. 리엔치는

1351년.
아비뇽의 죄수

엄중한 감시를 받으며 프라하에서 아비뇽으로 천천히 호송되었다. 그는 범죄자 처우를 받으며 아비뇽 시로 들어왔고, 감옥에서는 발에 쇠사슬이 채워졌으며, 네 명의 추기경이 그의 이단죄와 반란죄 여부를 심리하도록 지명되었다. 하지만 그의 죄목에 대한 재판과 판결에는 몇 가지 논쟁의 여지가 있었으므로 어쩌면 베일 속에 감춰 두는 편이 더 나았을지도 모른다. 현세에서의 교황의 최고 권위, 교황의 로마 거주 의무, 로마 성직자 및 민중의 종교적, 시민적 특권 등에 대한 문제가 불거져 나올 소지가 컸기 때문이었다. 당시의 교황은 클레멘스(Clement, 자비)라는 이름에 잘 어울리는 인물이었다. 교황은 죄인의 기묘한 인생 부침과 도량이 큰 정신에 동정심과 존경심을 동시에 느꼈는데, 페트라르카는 교황이 이 영웅이 지닌 시인으로서의 평판과 신성한 인격을 존경했다고 여긴다.[30] 리엔치는 엄격하지 않은 구금형을 선고받았다. 독서도 가능했기에 그는 리비우스와 성서를 부단히 연구하면서 그 속에서 자신이 겪은 불운의 원인을 찾고 위안을 구하였다.

1354년.
로마의 원로원 의원 리엔치

다음 교황인 이노켄티우스 6세가 리엔치의 석방 및 복위를 명함으로써 새로운 가능성이 열리게 되었다. 아비뇽 궁정이 이 유능한 반정부야말로 무정부 상태인 수도를 진정시키고 개혁을 꾀할 수 있는 유일한 인물이라고 확신하였기 때문이다. 엄숙한 충성 맹세를 한 후에 로마의 호민관은 원로원 의원이라는

직함을 달고서 이탈리아로 파견되었다. 하지만 호민관이었던 바론첼리가 죽으면서 그를 파견한 의미가 없어지자, 교황의 사절이자 노련한 정치인인 알베르노즈 추기경은 리엔치로부터 아무런 원조 없이 이 위험천만한 임무를 수행해 내겠다는 약속을 받아 냈다. 리엔치는 자신이 바랐던 그대로의 융숭한 환영을 받았다. 로마 입성 첫날에는 공식 축제가 열렸고, 그의 웅변과 권위는 '행복한 상태'의 법규를 되살려 냈다. 하지만 잠깐 비추었던 햇빛은 그 자신과 민중의 악덕으로 인해 금세 가려지고 말았다. 카피톨리누스에서 지내면서 리엔치는 아비뇽의 감금 생활을 종종 그리워했던 것 같은데, 결국 두 번째로 집권하고 4개월이 지났을 무렵 로마 귀족들이 선동해서 일어난 폭동으로 살해당하고 말았다. 독일인이나 보헤미아인 들과 어울리면서 그는 무절제와 잔인함의 습성에 물들고 말았으며, 역경은 이성과 미덕을 강화해 주기는커녕 열정마저도 차갑게 식혀 버렸다. 성공의 토대가 되어 준 젊은 날의 희망과 힘찬 확신은 사라지고 이제 불신과 절망이라는 차가운 무능이 그 자리를 대신해 버렸다. 지난날의 호민관은 로마 시민의 진심 어리고 자발적인 선택을 등에 업고 절대 권력을 휘두를 수 있었지만 지금의 원로원 의원은 외국의 궁정이 파견한 비굴한 사절에 불과했으므로, 민중으로부터는 의심을 받고 군주로부터는 버림을 받는 신세가 되고 말았다. 알베르노즈 추기경은 마치 리엔치의 파멸을 바라기라도 하는 듯 일체의 인력이나 자금 제공을 완강하게 거부하였다. 이 충성스러운 신민은 전처럼 교황청의 수입을 마음대로 주무를 수 있는 권한이 없었고, 그가 과세에 대한 안을 내놓자마자 민중은 즉시 폭동과 소요의 기미를 보였다. 그의 사법 운용조차도 범죄나 다름없는, 비난받아 마땅한 이기적인 잔악성에 물들고 말았다. 로마에서 가장 덕망

31 빌라니와 포르티피오차의 책에서 세로소는 몬트레알(Montreal)의 삶과 죽음을, 도둑으로 살고 영웅으로 죽은 의적에 대한 내용을 찾아 발췌하였다. 자유로운 무리를 이끌며 처음에는 이탈리아를 황폐화시켰지만, 훗날 많은 재산과 권세를 누렸다.

높은 시민이 그의 질투심에 희생되고 말았으며, 과거 자신에게 재정적인 원조를 제공해 주었던 의적을 처벌할 때에도[31] 이 위정자는 채무자로서의 은의를 완전히 잊었거나 아니면 전부 다 기억하고 있었음에 분명했다. 내란으로 그의 재정과 시민의 인내심이 바닥났고 콜론나 가는 팔레스트리나에 거점을 두고 그를 칠 기회만 노리고 있었다. 얼마 안 가서는 용병대 역시 무지와 두려움 때문에 부하들의 공적을 시샘하는 데만 여념이 없는 수장을 경멸하기에 이르렀다. 리엔치는 살아서도 그랬지만 죽으면서도 영웅과 겁쟁이가 기묘하게 뒤섞인 모습을 연출했다. 성난 군중이 카피톨리누스를 에워싸고 문무 관리들이 하나같이 비겁하게 그를 버리고 떠나 버리자, 이 대담무쌍한 원로원 의원은 자유의 깃발을 흔들면서 발코니에 모습을 드러냈다. 그는 로마 시민들의 열정에 호소하는 웅변을 하면서 자신과 공화국은 똑같은 대의 아래 생과 사를 함께할 운명이라며 설득하려 했지만 쉴 새 없이 쏟아지는 저주와 돌멩이에 연설은 중단되었다. 화살 한 대에 손이 관통당하자 리엔치는 비통한 절망감에 빠져서 눈물을 흘리며 방으로 돌아온 후 감옥이나 다름없는 방의 창문 앞에서 시트 한 장만을 뒤집어쓴 채 엎드려 있었다. 도움의 손길도 희망도 없는 상태에서 그는 저녁까지 포위돼 있었다. 카피톨리누스 신전의 문이 도끼와 불길에 떨어져 나가자, 원로원 의원은 평민 복장으로 도망치려 했지만 발각당해서 궁전의 연단으로 끌려갔다. 이곳이야말로 그에 대한 판결과 처형이 행해지는 죽음의 장소였다. 그는 반라의 차림에 거의 넋이 나간 채 꼬박 한 시간 동안이나 군중 한가운데서 아무 말도 못하고 꼼짝없이 서 있어야 했다. 그러자 군중의 분노가 잠잠해지면서 호기심과 경이로움으로 바뀌었다. 사람들은 마지막 남은 외경심과 동정심에서 그에게 자비를 베풀어야 할지 말아야 할지를 고민했고, 대담한 암살자가 그의 가슴에 단도를 찌르지만 않았다면 어쩌면 이 두 감정이 승리를 거두었을지도 모른다. 리엔치가 첫 공격에 맥없이 쓰러지자 무력했던 복수심이 살아난 적대자들이 그에게 무수한 상처를 입혀서 죽였고, 이 원로원 의원의 시체는 개와 유대인에게 마지막에는 화염 속에 아무렇게나 버려졌다. 후세 사람들은 이 놀랄 만한 인물의 덕목과 결점을 적절히 비교하고 평가하겠지만, 오랫동안 무정부 상태와 예속 상태에 놓인 로마에서 리엔치의 이름은 조국의 해방자로서 그리고 로마의 마지막 애국자로서 자주 언급되고 칭송되어 왔다.32

1354년 9월, 리엔치의 죽음

페트라르카의 가장 고귀한 첫 번째 소망은 자유로운 공화국이 복구되는 것이었지만, 친구인 평민 출신 영웅의 도피 생활과 죽음을 본 후에는 호민관에서 로마의 왕에게로 눈을 돌렸다. 카피톨리누스가 아직 리엔치의 피로 얼룩져 있을 때 카를 4세가 이탈리아와 신성 로마 황제 자리를 차지하기 위해 알프스를 넘었다. 밀라노를 통과하는 중에 계관 시인의 방문을 받은 카를 4세는 아우구스투스의 메달을 바치는 계관 시인의 아첨에 보답이라도 하듯 미소도 띠지 않은 채 로마 제국의 창건자를 모방하겠노라고 약속해 주었다. 그가 고대 영웅들의 이름이나 격언을 잘못 사용하는 것을 보면서 페트라르카는 희망과 실망감을 동시에 느꼈지만 그렇다고 시대와 인물됨의 차이를, 제국 초기의 황제들과 보헤미아 군주 사이에 놓인 어마어마한 간극을 간과한 것은 아니었다. 보헤미아의 군주란 성직자들의 호의에 따라서 독일 귀족 계급의 명목상의 우두머리로 선출된 자에 불과함을 페트라르카는 잘 알고 있었다.

1355년 1~5월, 카를 4세 황제에 대한 페트라르카의 신랄한 비판

32 리엔치의 도피 생활과 두 번째 통치와 죽음에 대해서는 그의 아군도 적도 아닌 듯 보이는 한 익명의 로마인이 자세히 설명하고 있다. 호민관을 경애한 페트라르카는 오히려 이 원로원 의원의 죽음에는 냉담하게 굴었다.

로마의 영광과 속주를 되찾는 대신에 카를 4세는 대관식을 치르고 바로 그날에 수도를 떠나겠다고 교황과 밀약을 맺었고, 그의 수치스러운 퇴장에 애국 시인인 페트라르카는 맹비난을 퍼부었다.[33]

33 페트라르카의 희망과 실망은 그 자신의 글로 프랑스 전기 작가의 책에 경쾌하게 묘사되어 있다. 그러나 겉으로 드러내지는 못했지만 카를 4세가 자누비에게 대관식을 행해 준 것은 깊은 상처가 되었다.

아비뇽의 교황들에게 로마로 돌아올 것을 요청하는 페트라르카

자유와 제국에 대한 꿈이 사라지자 페트라르카는 세 번째의 보다 겸허한 소망을 꿈꾸었다. 그것은 양치기와 양 떼를 화해시킨다는, 다시 말해 로마의 주교를 옛날부터 이어져 온 그의 고유한 교구로 되돌아오게 한다는 바람이었다. 젊은이에 못지않은 열정과 노인으로서의 권위를 함께 발휘하며 페트라르카는 다섯 명의 교황들에게 계속해서 로마로 돌아오라고 권고했고, 열정적인 감흥과 자유로운 언어는 항상 그의 훌륭한 연설에 영감을 제공해 주었다. 이 피렌체 시민의 아들은 자신이 공부한 곳보다는 자신의 조국을 변함없이 더 사랑하였다. 그의 눈으로 볼 때 이탈리아는 세계의 여왕이자 정원이었다. 사분오열되어 있긴 하지만 이탈리아는 예술과 학문에서, 부와 예절 면에서 의심의 여지없이 프랑스보다 훨씬 훌륭한 나라였다. 하지만 그러한 차이는 그가 알프스 너머의 나라들을 무턱대고 야만족이라고 부르는 것을 정당화할 정도로 큰 차이는 아니었다. 신비주의적 바빌론이나 악덕과 부패의 소굴인 아비뇽은 그의 증오와 경멸의 대상이기는 했지만, 그는 아비뇽의 추악한 악덕이 그 땅에서 자생한 것이 아니며 교황청의 권력과 사치가 존재하는 곳이면 장소를 불문하고 생겨나는 것임을 잊고 있었다. 그는 성 베드로의 후계자가 세계의 모든 교회를 대표하는 주교임을 인정한다. 하지만 이 사도의 영원한 옥좌가 애초에 자리 잡은 곳은 론 강변이 아니라 테베레 강변이었다. 그리스도교 세계의 모든 도시가 교구 주교의 축복을 받았지만

그 세계의 수도만은 버림받아 황폐해져 있었다. 성좌(聖座)가 아비뇽으로 옮겨 간 이후 신성한 라테라노 궁과 바티칸 궁, 그곳의 제단과 성인 들은 방치되어 궁핍과 쇠약에 시달리고 있었다. 늙고 병약해진 채 흐느껴 우는 부인의 가련한 초상화를 본 남편이 방랑 생활을 끝내고 집으로 돌아오기라도 할 듯, 로마는 슬픔에 잠긴 노부인의 모습으로 곧잘 묘사되고는 하였다. 그러나 일곱 개 언덕 위에 낀 구름은 적법한 수장이 복귀해야 비로소 걷힐 수 있는 것이었으니, 결연한 마음으로 이 관대한 결심을 하는 교황에게는 영원한 명성, 로마의 번영, 그리고 이탈리아의 평화가 그 보상으로 돌아갈 것이 분명했다. 페트라르카가 로마로의 귀환을 권한 다섯 명의 교황 중에서 처음 세 명인 요하네스 22세, 베네딕투스 12세, 클레멘스 6세는 이 대담한 웅변가의 끈질긴 권유를 귀찮아 하거나 한낱 재미로 받아들였지만, 우르바누스의 시도 덕분에 마침내 그레고리우스 11세에 이르러서는 기념비적인 변화가 이루어지게 되었다. 하지만 계획을 실행에 옮기려 하자 심각한, 거의 이겨 내기가 불가능한 장애에 부딪혔다. 현자라는 별칭에 어울리는 지혜를 가진 프랑스 국왕이 지역적인 의존 관계를 고려하여 교황청을 풀어 주기를 꺼려했던 것이다. 대다수의 추기경들 역시 프랑스 왕의 신하들이었으며 아비뇽의 언어와 풍속과 풍토에, 자신들의 화려한 저택에, 무엇보다도 부르고뉴 포도주에 대한 애착이 강한 사람들이었다. 그들의 눈에 비친 이탈리아는 외국 내지 적국에 불과했기 때문에, 그들은 마치 사라센 땅으로 팔려 가거나 추방당해 가기라도 하는 듯 마지못한 마음으로 마르세유 항에서 배에 올랐다. 우르바누스 5세는 바티칸에서 3년 동안 안전하고 영예롭게 지낼 수 있었는데, 2000명의 기병대가 그의 신성

1367년 10월~1370년 4월, 우르바누스 5세의 복귀

한 옥체를 호위해 주었으며 키프로스의 왕, 나폴리의 여왕, 그리고 동서의 두 황제가 성 베드로 좌에 앉아 있는 자신들의 공동의 아버지에게 경건하게 예를 갖추었다. 그러나 페트라르카와 이탈리아인들의 기쁨은 얼마 안 가 슬픔과 분노로 바뀌어 버렸다. 공적인 이유 혹은 사적인 이유에서, 다시 말해 교황 자신의 조바심 내지는 추기경들의 간청으로 인해 우르바누스 5세는 프랑스로 돌아갔고 다가올 교황 선출에서 로마 시민들의 포악한 애국심은 아무 힘도 발휘할 수 없게 되었다. 다만 하늘의 천사들은 로마 시민들의 편을 들어주었다. 성녀이자 순례자인 스웨덴의 브리기타는 교황이 아비뇽으로 돌아간 것을 비난하면서 우르바누스 5세의 죽음을 예언하였고, 그리스도의 배우자이자 피렌체의 대사인 시에나의 성녀 카테리나는 그레고리우스 11세의 로마 귀환에 대해 격려를 보냈다. 개인적 맹신의 위대한 대가들인 교황들도 이 신비한 성녀들의 말은 귀 기울여 들었던 것으로 보인다. 게다가 현세의 정치 논리 역시 얼마간은 이런 하늘의 훈계를 지지해 주고 있었다. 아비뇽에 있던 교황들은 적대적인 폭력에 자주 노출되곤 했는데, 가령 3만 명의 도적 떼를 이끄는 한 영웅은 그리스도의 대리인과 추기경 회의로부터 죄를 용서받기 위한 속죄금과 사면을 강제로 얻어 내기도 하였다. 사람은 살려 주되 교회는 약탈한다는 이 프랑스 전사들의 좌우명이야말로 가장 위험하기 짝이 없는 새로운 이단인 셈이었다.[34] 아비뇽에서 쫓겨나 있는 동안 교황은 로마로 돌아오라는 권유를 끊질기게 받았다. 로마의 원로원과 민중은 교황을 자신들의 적법한 수장으로 인정하면서 최소한 테베레 강까지의 지역에 위치한 성문과 다리와 요새 들의 열쇠를 그의 발치에 바쳤다.[35] 하지만 이런 충성스러운 봉

---

[34] 약탈이 목적인 이 원정에 대해서는 프루아사르(Froissard)의 책과 게스랭(Du Guesclin)의 삶을 다룬 책에 설명되어 있다. 1361년에도 비슷한 약탈자들이 아비뇽 교황청을 약탈한 후 알프스를 넘어 도주한 사건이 있었다.

[35] 라이날두스의 연대기를 통해 플뢰리(Fleury)는 그레고리우스 11세와 로마 민중 사이에 최초의 조약이 1376년 12월 21일에 체결되었을 것이라고 추측한다.

1377년 1월, 그레고리우스 11세의 최종 복귀

납을 하면서 로마 시민들은 앞으로 더 이상은 교황 부재라는 추문과 재앙을 겪을 생각이 없으며, 혹시라도 교황이 뜻을 굽히지 않을 때에는 원래 가지고 있던 교황 선출권을 되살려서 행사할 것이라고 선언하였다. 몬테카시노 수도원장은 성직자와 민중 들로부터 삼중관을[36] 받을 생각이 있느냐는 질문을 받았고, 이에 대해 이 위엄 있는 성직자는 이렇게 답하였다. "나는 로마의 시민이오. 그리고 조국의 목소리야말로 내 첫 번째 법이외다."[37]

만일 미신으로 불의의 죽음을 풀이할 수 있다면, 그리고 사건의 결과를 가지고 충고의 가치를 판단할 수 있다면, 지금 제시하는 상당히 노골적인 근거와 이유에 하늘은 눈살을 찌푸렸을지도 모른다. 바티칸으로 돌아온 그레고리우스 11세는 채 14개월도 넘기지 못하고 세상을 떠났고, 그가 죽은 후 40년 동안이나 라틴 교회를 교란시켰던 대분열이 발생했다. 당시 추기경 회의의 구성원은 22명이었는데, 아비뇽에 남아 있는 6명을 제외하면 프랑스 출신 11명, 스페인 출신 1명, 이탈리아 출신 4명으로 이루어진 추기경 회의가 통상적인 절차를 밟은 후 콘클라베에 들어갔다. 굳이 추기경들 중에서만 교황을 선출할 필요는 없었으므로 그들은 열성과 높은 학식으로 평판이 자자한 바리의 대주교를 만장일치로 선출했고 그 결과 우르바누스 6세가 성 베드로좌에 오르게 되었다. 추기경 회의의 서한은 자신들이 전례대로 성령의 가호를 받으며 자유의사로 규칙을 지키면서 우르바누스 6세를 선출하였음을 확인해 주었다. 관례적인 절차에 따라서 우르바누스 6세에게 숭배의 의식이 행해지고 법의가 입혀졌으며 교황관이 씌워졌다. 로마와 아비뇽 모

1378년 3월, 그레고리우스 11세의 죽음

4월, 우르바누스 6세의 선출

[36] 교황의 주교관 위에 쓰는 첫째 관은 통치권을 의미하며 이는 콘스탄티누스 대제나 클로비스의 선물이었다. 둘째 관은 보니파키우스 8세가 추가한 것으로 이는 영적인 왕국은 물론이고 현세의 왕국을 상징한다. 교회의 세 계급을 의미하는 셋째 관은 요하네스 22세 혹은 베네딕투스 12세에 의해 도입되었다.

[37] 아비뇽에서 로마로의 교황들의 귀환과 로마 민중의 환영에 대해서는 발뤼즈의 책과 무라토리의 책에서 우르바누스 5세와 그레고리우스 11세의 일생 부분에 설명되어 있다. 교회의 분열을 논함에 있어서는 한쪽으로 치우친 면이 있긴 해도 모든 상황을 엄밀히 조사하였으며, 카스틸리아가 순종하게 된 계기가 무엇인지에 대해서는 큰 의문을 갖고 보다 특별한 조사를 하였다. 발뤼즈 역시 여기에 자주 큰 의문을 품으면서 할리의 도서관에 있는 문서들을 뒤적인 것으로 보인다.

두에서 그의 현세적 권위에 복종하였으며 라틴 세계 전역이 그의 종교적인 최고권을 인정해 주었다. 추기경들은 몇 주 동안은 애정과 충심을 담아 새로운 주인을 정성껏 보필해 주었지만, 이것도 뜨거운 여름의 열기가 그들에게 수도에서 빠져나갈 그럴듯한 핑계거리를 제공해 주기 전까지 뿐이었다. 안전한 아나니와 푼디에 집결하자마자 그들은 가면을 벗어던지고는 새 주인의 거짓과 위선을 지탄하면서 반그리스도적인 로마의 배교자를 파문하고, 제네바의 로베르, 즉 클레멘스 7세를 새로운 교황으로 선출한 다음 그가 그리스도의 진정하고 정당한 대리인이라고 만방에 선포하였다. 그들은 앞서의 교황 선출은 로마 시민들의 협박과 죽음에 대한 두려움을 못 이겨 억지로 비합법적으로 한 것이므로 무효라고 선언했는데, 개연성이 상당히 높은 강력한 증거가 이들의 불만을 정당화해 주고 있었다. 추기경 회의의 3분의 2를 넘는 열두 명이 프랑스 출신으로 그들의 의견이 교황 선출을 좌우한다고 해도 과언이 아니었다. 때문에 지방색에 근거한 그들의 시기심은 차치하더라도, 그들이 자신들을 조국으로 돌려보내 줄 것으로 전혀 믿어지지 않는 외국인 후보자를 위하여 자기들의 권리와 이해관계를 희생시킬 것이라고는 생각되지 않는다. 다양한 그리고 가끔은 서로 모순되는 이야기들을 살펴보면 민중 폭력의 그림자가 진하게 또 어떤 경우에는 희미하게 드리워져 있다. 하지만 특권 의식에 사로잡힌 로마 시민들이 교황이 또 다시 떠날지도 모른다는 위기감에 분노하면서 방종한 소요를 일으킨 것은 사실이었다. 콘클라베는 자신들을 둘러싼 무장 병사들과 분노의 고함을 질러대는 3만 명이나 되는 반도들에 겁을 먹었다. 카피톨리누스와 성 베드로 성당의 종들이 계속해서 경종을 울렸고, 시민들

9월, 클레멘스 7세의 선출

은 입을 모아 "죽음이냐, 이탈리아인 교황이냐!"고 외쳐댔다. 각 지구의 수장들인 배너렛 기사, 즉 부하를 거느리고 출전할 수 있는 기사 열두 명도 겉으로는 자비로운 충고를 한다면서 똑같은 협박을 가했다. 완강한 추기경들을 화형에 처하기 위한 모종의 준비까지 하고 있었으니, 혹시 그들이 알프스 너머의 신민을 교황으로 선출했다면 결코 살아서 바티칸을 빠져나가지는 못할 것이 분명했다. 똑같은 압박감으로 인해 로마와 세계의 눈을 속일 필요성이 커졌으며, 우르바누스의 거만하고 잔혹한 성정도 위기감을 증폭시키는 데 한몫을 했다. 추기경들은 머지않아 이 폭군이 방에 갇혀 고문을 당하는 여섯 명의 추기경들의 신음 소리가 들리는 가운데에도 태연하게 정원을 거닐면서 기도서를 암송할 수 있는 인물임을 알게 되었다. 교황은 불굴의 열의를 담아 추기경들의 사치와 악덕을 소리 높여 질타하는 한편, 그들을 로마 교구에서의 직무와 직위에 묶어 두려고 하였다. 그가 새로운 인사 단행을 뒤로 미루는 치명적인 실수만 저지르지 않았다면 프랑스 출신 추기경들은 추기경 회의에서 무기력한 소수파로 전락하게 되는 사태를 면하지 못했을지도 모른다. 이런 이유들과 알프스를 다시 넘어가고 싶다는 희망이 합쳐져 그들은 교회의 단결과 평화를 파괴하는 경솔한 행동을 저질렀고, 그들이 교황을 이중 선출한 행위의 시시비비를 가리기 위해 가톨릭 교회는 여전히 논쟁을 벌이고 있다.38 이해득실보다는 민족적인 허영심이 프랑스 궁정 및 그 나라 출신 성직자의 결정을 좌우한 셈이었다.39 사보이, 시칠리아, 키프로스, 아라곤, 카스틸리아, 나바르, 스코틀랜드와 같은 나라들도 추기경들의 본보기와 권위에 영향을 받아서 클레멘스 7세에게 복종하였고, 그가 죽은 후에는 베네딕투스 13세에게 복종하였다. 로마를 비롯해 이탈리아의 주요 공국들, 독일, 포르투

38 교황의 이름 뒤에 붙이는 숫자는 클레멘스 7세와 베네딕투스 8세에 관한 의문점을 해결해 준다고 볼 수 있는데, 이탈리아인들은 두 교황 모두에게 대립 교황이라는 오명을 씌운 반면에 프랑스 사람들은 권위와 이성을 통해 의심과 묵인의 근거를 호소하는 것에 만족하고 있다. 양쪽 모두 성자와 환영과 기적이 심심찮게 나타났다는 점에 주목할 수도 있고, 주목할 필요가 전혀 없을 수도 있다.

39 발뤼즈는 프랑스 왕인 샤를 5세가 우르바누스의 주장을 듣지 않은 데에는 그럴 만한 순수하고 경건한 동기가 있었다는 것을 입증하고자 많은 노력을 기울인다. 하지만 우르바누스의 추종자들 역시 클레멘스 쪽의 이유를 듣지 않은 것은 마찬가지 아니었던가?

[40] 에드워드 3세의 이름으로 보내진 서한 또는 포고문은 영국이 클레멘스에게 맹렬한 적대감을 지니고 있음을 드러낸다. 그들은 적대감을 말로만이 아니라 행동으로 옮겼는데, 노위치의 주교는 6만 명의 광신도 무리를 이끌고 바다를 건너기까지 하였다.

갈, 영국,[40] 저지대 왕국들, 그리고 북방의 왕국들은 먼저 선출된 우르바누스 6세를, 그리고 그의 자리를 계승한 보니파키우스 9세, 이노켄티우스 7세, 그레고리우스 12세를 지지하였다.

1378~1418년, 서방의 교회 대분열

테베레 강변에서 론 강변에 걸쳐 두 대립 교황이 펜과 검으로 서로 대적하였다. 민정과 종교를 막론하고 사회 질서가 교란되었으며, 이 사태를 처음 야기한 장본인이라는 비난을 받아도 할 말이 없는 로마 시민들도 이 불행한 사태를 고스란히 나눠 가져야 했다. 그들은 교권의 제왕 자리로 복귀하고 그리스도교 국가들의 봉납과 헌금으로 빈곤에서 벗어난다는 헛된 희망에 우쭐해 하고 있었다. 그러나 프랑스와 스페인의 이탈로 돈줄이 되는 신앙심의 흐름이 다른 곳으로 넘어가 버렸으며, 두 번의 성년(聖年)을 10년 간격으로 단축해도 막대한 손실을 메우기에는 역부족이었다. 교회 대분열이라는 골치 아픈 문제, 외국의 군대, 그리고 민중의 봉기 등으로 인해 우르바누스 6세와 그의 뒤를 이은 세 명의 후계자들이 반 강제로 바티칸을 비우는 사태가 자주 벌어졌다. 콜론나 가와 우르시니 가는 여전히 치명적인 사투를 벌이고 있었고, 로마의 배너렛 기사들은 공화국의 특권을 주장하며 이를 남용하였으며, 병사를 징집해 온 그리스도의 대리인들은 교수대와 검과 단검으로 반도들을 처단하였다. 심지어 평화로운 회담 중에 시민 대표 열한 명이 기습 공격으로 살해당한 후 시신이 거리에 아무렇게나 버려진 일도 있었다. 노르만인 로베르의 이탈리아 침공 이후 로마인들은 내부 다툼을 벌이더라도 위험하기 짝이 없는 이방인의 개입은 철저히 배제해 왔다. 하지만 교회 대분열의 무질서 속에서 이웃의 야심가인 나폴리의 라디슬라우스 왕이 교황과 민중을

로마의 참화

번갈아 편들기도 하고 배신하기도 하면서 개입해 왔다. 교황은 라디슬라우스를 교회군 사령관으로 선포해 주었고, 민중은 자신들의 위정자 지명을 그에게 일임하였다. 땅과 바다 모두에서 로마를 포위한 라디슬라우스는 야만적인 정복자로서 세 번이나 성 안으로 진입해서 제단을 모독하고 처녀들을 겁탈하고 상인들을 약탈했는데, 그러면서도 성 베드로 성당으로 가서는 기도를 올린 후 성 안젤로 성에 수비대를 주둔시켰다. 그의 군대가 한때 패배하기도 했지만, 3일 동안 추격이 지연된 틈을 타 도망친 덕분에 라디슬라우스는 목숨과 왕위를 보전할 수 있었다. 하지만 그 다음에는 라디슬라우스가 승리를 거두었고, 이 야심만만한 정복자가 그의 칭호를 거머쥐거나 적어도 그에 버금가는 권력을 손에 넣는 사태에서 수도와 교황청 모두가 벗어날 수 있었던 것은 순전히 그가 때 이른 죽음을 맞이한 덕분이었다.[41]

나는 교회 대분열의 역사를 자세히 설명하지는 않았다. 하지만 이 책 마지막 세 장의 서술 대상인 로마는 교권의 수장

1392~1407년, 평화와 화합을 위한 협상

자리를 두고 벌어진 분쟁과 깊은 관련이 있다. 그리스도교 세계의 평화와 통합을 위한 첫 번째 회의는 파리의 대학에서, 다시 말해 적어도 갈리아 교회에서만큼은 가장 완벽한 신학의 대가들로 칭송받고 있던 소르본 대학의 교수진에서 시작되었다.[42] 그들은 이런 논쟁의 계기나 각 주장의 장단점에 대해 서로의 심기를 건드릴만한 질문은 현명하게도 고의로 무시하고서, 로마와 아비뇽의 교황이 동시에 자리에서 물러나고 두 반대파 추기경들이 모두 동참해서 적법한 절차에 따라 교황 선출에 임해야 한다는 치유책을 제안하였다. 또한 그들은 혹시라도 어느 한쪽이 공공의 이익이 아니라 자신들의 이익을 우선시할

[41] 잔노네는 라디슬라우스가 타르퀴니우스의 추방 이후 세상에서 사라진 로마의 왕(Rex Romœ)이라는 칭호를 스스로에게 붙였다고 추정한다. 하지만 좀 더 자세히 조사하면 라마의 왕(Rex Rama)임을 알 수 있는데, 라마는 헝가리 왕국에 병합된 잘 알려지지 않은 왕국이었다.

[42] 대분열을 해결하기 위해 프랑스가 선봉적으로 취한 결단적인 움직임에 대해서는 뒤피(Peter du Puis)가 별도의 역사 책에서 설명하고 있다. 그는 믿을 만한 기록에서 자료를 뽑아낸 후 친구인 투아누스가 마지막이자 최고의 편집 능력을 발휘한 일곱 번째 책에 그 내용을 집어넣었다.

경우에는 제 민족 전체가 새로 선출된 교황에 대한 복종을 '철회'해야[43] 한다고 주장하였다. 교황의 궐위 때마다 추기경 회의는 성급한 선택의 해악을 비난했지만, 콘클라베의 정략이나 거기에 속한 추기경들의 야심은 이성이나 간청의 소리에는 전혀 귀를 기울이지 않았다. 어떤 약속을 했건 간에 추기경들의 선서로는 교황을 구속할 수 없었다. 15년에 걸친 이 대학의 화해 노력은 두 교황의 술책, 각 지지자들의 양심의 가책 내지는 열의, 광기에 사로잡힌 샤를 6세를 자기 마음대로 다루었던 프랑스 파벌들의 부침 등으로 인해 아무 결실도 맺지 못했다. 마침내 단호한 결의를 맺은 그들은 알렉산드리아의 명목상의 총대주교, 대주교 2명, 주교 5명, 수도원장 5명, 기사 3명, 박사 20명으로 구성된 장중한 사절단을 아비뇽과 로마의 교황청으로 파견하였다. 사절단은 스스로를 베네딕투스 13세라 칭하는 루나와 자신을 그레고리우스 12세라고 칭하는 코라리오의 퇴위를 요구하였다. 고대부터 이어져 온 로마의 명예를 존중하고 자신들의 임무를 성공시키기 위해 사절단은 로마 고관들과의 회담을 요청하였다. 로마의 고관들은 그리스도교 세계 최고의 왕은 교황청을 바티칸으로부터 이전시킬 생각 따위는 전혀 하지 않고 있으며 바티칸이야말로 성 베드로의 후계자가 머물러야 할 참되고 올바른 자리라는 확언을 함으로써 사절단을 안심시켰다. 로마의 한 웅변가가 원로원과 민중의 이름을 걸고 앞으로 나서서 교회 통합을 위해 서로 협력하자며, 오랜 분열로 인해 많은 정신적, 현세적 재앙이 생겨났다고 한탄한 후 나폴리 왕의 무력에 맞서기 위해 프랑스의 비호를 요청하였다. 베네딕투스와 그레고리우스 교황 모두 교훈적이면서도 기만적인 답변을 보내왔는데, 두 대립 교황은 퇴위 요구를 거절할 때에는 아무래도 똑같은 생각을 품고 있었던 것 같다. 두 사람 모

---

[43] 단호한 신학자인 게르송(John Gerson)이 이러한 조치에 관한 가장 훌륭한 저서를 남겼다. 파리의 대학과 프랑스 가톨릭 교회는 종종 그의 충고에 힘입어 행동을 취했고, 그의 신학 작품에서 그 사례를 많이 찾아볼 수 있다. 클라크(Le Clerc)는 그의 책에서 유용한 부분만을 따로 추려서 정리해 두었다. 게르송은 피사와 콘스탄츠 공의회에서 중요한 역할을 수행했다.

두 예비 회견이 필요하다는 점에는 동의하면서도, 회견 일자나 장소, 방식에 대해서는 상대방이 결코 수용할 수 없는 조건을 내걸었다. 그레고리우스의 측근은 이렇게 말하고 있다.

> 한쪽이 전진하면 다른 쪽은 후퇴한다. 한쪽이 육지를 두려워하는 짐승이라면, 다른 쪽은 바다를 겁내는 동물과도 같다. 생명과 권세가 남아 있는 짧은 기간 동안에도 이 두 노쇠한 사제들은 그리스도교 세계의 평화와 구원을 계속 위협할 것이다.44

44 이탈리아 고전 학문을 부흥시킨 사람 중 하나인 아레티누스는 여러 해 동안 로마 교황청의 서기관으로 일했으며 마지막에는 피렌체 공화국의 명예 장관이 되었다.

두 대립 교황의 완고함과 기만성에 마침내 그리스도교 세계가 분노하였다. 두 교황을 지지했던 추기경들이 그들을 버리고 상대편 추기경들을 동료로서 포용하였고, 수많은 성직자들과 사절들도 이들의 반란을 지지하였다. 피사 공의회는 불편부당의 입장을 취해 로마와 아비뇽의 교황을 모두 파면시켰고, 콘클라베는 만장일치로 알렉산데르 5세를 새 교황에 선출했으며 그가 죽은 후에는 마찬가지 방식으로 인류 역사상 최악의 난봉꾼으로 불리는 요하네스 23세를 선출하였다. 하지만 프랑스인들과 이탈리아인들의 성급한 행동은 교회 분열을 종식시키기는커녕 성 베드로 좌의 주인임을 칭하는 제3의 인물을 낳고 말았다. 공의회와 콘클라베를 둘러싸고 새로운 갑론을박이 무수히 펼쳐졌다. 독일, 헝가리, 나폴리의 왕은 그레고리우스 12세를 지지하였고, 강대국인 스페인의 신앙심과 애국심은 동포인 베네딕투스 13세를 교황으로 인정하였다. 피사 공의회의 경솔한 처리 방식은 콘스탄츠 공의회에서 시정되었고 지기스

1409년, 피사 공의회

1414~1418년, 콘스탄츠 공의회

문트 황제가 가톨릭 교회의 옹호자이자 비호자로서 확실한 역할을 수행하였다. 콘스탄츠 공의회는 참석한 시민이나 성직자들의 숫자로 보나 지위로 보나 유럽 의회를 구성해도 될 정도였다. 세 교황 중 첫 번째 희생자는 요하네스 23세였다. 도망쳤던 그는 붙잡혀서 죄수로 호송되었다. 이 그리스도의 대리인은 가장 수치스러운 죄목은 면했지만 대신 해적 행위, 살인, 강간, 남색, 근친상간의 죄목으로 기소되었다. 자신의 죄를 단죄하는 문서에 서명한 후 그는 알프스 너머 자유 도시에 신병을 의탁했던 무분별한 행동을 감옥에서 보상하였다. 좁은 리미니 지역으로만 지배권이 한정되어 있던 그레고리우스 12세는 요하네스 23세보다는 명예롭게 교황 자리에서 내려온 편이었다. 그의 사절이 회의를 소집했고, 그 자리에서 그레고리우스 12세는 적법한 교황이라는 칭호와 권위를 포기한다고 선언했다. 가장 완강한 베네딕투스 13세와 그 지지자들을 물리치기 위해 황제가 직접 콘스탄츠에서 페르피냥으로 향하는 길에 올랐다. 카스틸리아, 아라곤, 나바르, 스코틀랜드의 왕들도 각자 동등하고 영예로운 협정을 얻어 냈다. 공의회는 스페인의 협조를 얻어서 베네딕투스 13세를 퇴위시킬 수 있었지만, 아무 위해도 가할 수 없는 처지에 놓였음에도 이 노인은 고독한 성에 홀로 남아서 자신을 저버린 반역자 왕국들을 매일 두 번씩 파문하는 식의 쓸데없는 행동만을 되풀이하였다. 이렇게 분열의 잔재를 없앤 후에 콘스탄츠 공의회는 로마의 통치권자와 교회의 수장을 뽑기 위한 절차를 천천히 조심스럽게 밟기 시작했다. 이 역사적인 순간에 23명으로 구성되어 있던 추기경 회의는 그리스도교 세계의 열강인 이탈리아, 독일, 프랑스, 스페인, 영국[45]에서 각기 6명씩 총 30명의 대표단을 차출함으로써 그 규모를 증강하였다. 외국인들이 개입했을지라도 그들이 이탈리아와 로

[45] 나는 영국의 사절들이 프랑스 사절들에 맞서서 열렬히 주장했던 이 위대한 국가적 사건을 짚고 넘어갈 필요를 느낀다. 프랑스는 그리스도교 세계의 투표권은 기본적으로 위대한 국가인 이탈리아, 독일, 프랑스, 스페인의 넷으로 나눠져 있으며, 이 각각의 열강들의 표에 약소국들(영국, 덴마크, 포르투갈 등)의 표가 포함되어 있다고 주장했다. 영국의 사절들은 자신들이 대표하는 브리튼 열도는 다섯 번째의 동등한 투표권을 가진 나라로 간주되어야 한다고 주장하고, 우화까지 들어 가면서 자국의 품위를 높이고자 했다. 그들의 주장은 이렇다. 잉글랜드, 스코틀랜드, 웨일스, 아일랜드의 네 왕국. 오크니까지 해서 브리튼 열도에는 총 8명의 왕이 존재하며, 언어는 영어, 웨일스어, 콘월어, 스코틀랜드어, 아일랜드어의 5개 언어로 구분된다. 가장 큰 섬은 남북으로 800마일이나 뻗어 있고 도보로는 40일이 걸린다. 잉글랜드에만도 32개의 주와 5만 2000개의 지역 교구 교회가 있으며, 그 밖에도 많은 대학, 수도원, 자선 시설이 있다. 영국은 성 아리마대 요셉의 포교 활동, 콘스탄티누스의 탄신일, 두 수석 대주교의 교황 대리인으로서의 권한을 축하하는 제전을 치르고 있으며, 글랜빌이 그리스도교 왕국으로는 (1) 로마, (2) 콘스탄티노플, (3) 과거에 영국 군주에게로 이전된 아일랜드, (4) 스페인의 네 왕

마에 관대한 편애를 보여 준 덕분에 큰 문제는 발생하지 않았다. 개인적인 능력도 뛰어나고 선대로부터 많은 재산을 물려받은 오토 콜론나가 콘클라베에 추천되었다. 로마는 기뻐하고 순종하며 자신의 가장 고귀한 아들을 받아들였고, 이로써 이 교권 국가는 그의 강력한 가문의 보호를 받을 수 있게 되었다. 마르티누스 5세의 등극은 바티칸 교황 시대로의 복귀와 확립을 위한 새 시대의 문을 열어 주었다.46

마르티누스 5세의 선출

국왕의 특권이었음에도 과거 거의 300년 동안 원로원이 행사해 왔던 화폐 주조의 권리가 마르티누스 5세에 의해 처음으로 재개되었고,47 그를 시작으로 이후 교황청에서 발행하는 메달에는 교황의 초상과 서명이 새겨지게 되었다. 그의 뒤를 이어 에우게니우스 4세와 니콜라스 5세가 교황에 올랐는데, 에우게니우스 4세는 로마 시민들의 봉기로 추방당한 마지막 교황이었고,48 니콜라스 5세는 동로마 황제의 방문에 골치를 썩은 마지막 교황이었다.49 (1) 에우게니우스와 바젤 성직자들과의 대립, 그리고 새로운 세금에 대한 부담감과 걱정으로 분노하고 대담해진 로마 시민들은 도시의 세속적 통치권을 빼앗기로 마음먹었다. 그들은 무장봉기하여 일곱 명의 공화국 총독과 한 명의 카피톨리누스 성주를 뽑은 후, 교황의 조카를 투옥하고 교황의 궁전을 포위하였다. 에우게니우스 4세가 수도사로 변장하고 테베레 강을 통해 도망치려 하자 군중들은 그가 탄 배에 화살 세례를 퍼부었다. 하지만 그는 여전히 성 안젤로 성에 충실한 수비대와 포병대를 보유해 놓은 상태였다. 그들의 화포가 도시를 향해 우레와 같은 공격을 퍼부어댔고, 잘 겨냥

1417년, 마르티누스 5세
1431년, 에우게니우스 4세
1447년, 니콜라스 5세

1434년 5~10월,
로마 시민들의 최후 반란

국만을 인정한다고 선언한 것을 잊지 말아야 한다. 이미 공의회에는 많은 영국인들이 포함되어 있었지만 헨리 5세의 승리는 그들의 주장에 더욱 힘을 실어 주었다.

46 연달아 열린 피사, 콘스탄츠, 바젤 공의회에 대해서는 프로테스탄트 목사이며 프랑스에서 몸을 피해 베를린으로 간 랑팡(M. Lenfant)이 어느 정도 용납할 만한 근면함과 솔직함, 우아함을 발휘해 기술한 바 있다. 이 책은 4절판에 총 여섯 권으로 구성되어 있는데, 바젤 편이 가장 조악하고 콘스탄츠 편이 가장 훌륭하다.

47 『마르티누스 5세와 그의 후계자들의 메달의 역사』는 프랑스의 물리네(Moulinet) 수도사와 이탈리아의 보나니 수도사에 의해 저술되었다. 하지만 내가 알기로는 이 연작의 첫 부분은 보다 최근의 동전을 참조한 것이라고 한다.

48 『에우게니우스 4세의 일생』과 페트로니, 인페수라의 책은 로마인들이 에우게니우스 4세를 몰아내기 위해 일으킨 폭동을 가장 최초로 훌륭하게 설명해 주고 있다. 당시 그 장면을 생생하게 지켜본 페트로니는 사제의 압제와 민중의 압제를 똑같이 두려워하는 한 시민의 입장에서 정황을 피력하고 있다.

49 랑팡은 실비우스의 글을 토대로 프리드리히 3세의 대관식을 설명하고 있

다. 실비우스는 그 화려한 행사의 참관인이자 관계자였다.

된 포 한 발이 명중해서 다리의 방책을 무너뜨리자 이 한 발에 공화국의 영웅들은 뿔뿔이 흩어졌다. 하지만 5개월이나 계속된 싸움으로 반란군의 인내심은 바닥이 났다. 게다가 황제파 귀족들의 폭정이 도를 더하자 현명한 애국자들은 자신들의 행동을 후회하고 교회의 지배를 그리워하면서 만장일치로 결론을 내렸다. 성 베드로의 군대가 다시 카피톨리누스를 점령했고 위정자들은 집으로 돌아갔으며 죄가 가장 큰 반역자는 처형당하거나 추방당했다. 2000명의 보병과 4000명의 기병을 이끌고 온 교황의 사절은 도시의 아버지로서 정중한 환대를 받았다. 교황은 유순해진 민중의 영접을 받았지만, 한편으로는 환호성과 박수갈채를 받으며 개선 행진을 하는 중에도 민중의 충성과 자신의 안위를 확보하기 위해서라도 지체 없이 과중한 세제를 폐지해야 함을 깨닫게 되었다. (2) 니콜라스 5세의 평화로운 치세에 로마는 복구되고 단장되고 교화되었다. 이런 훌륭한 일을 하는 와중에도 교황은 인품으로 보나 권세로 보나 염려할

1452년 3월, 프리드리히 3세의 최후의 대관식

것이 전혀 없었음에도 오스트리아의 프리드리히 3세의 접근에 경각심을 곤추세웠다. 군대를 수도로 집결시키고 선서와 조약 등으로 최고의 안전장치를 마련한 후에야 니콜라스 5세는 웃는 낯으로 이 교회의 충실한 옹호자인 봉신을 맞이할 수 있었다. 시대가 무기력하고 오스트리아인 역시 심약하기 짝이 없었기에 그의 성대한 대관식은 질서 정연하게 거행되었다. 하지만 이런 거창한 영예는 독립 국가에게는 대단히 치욕스러운 것이었으므로, 이후 그의 후계자들은 바티칸으로의 고생스러운 여정을 마다하고 신성 로마 황제의 칭호를 독일 선거후들의 선택에 맡겼다.

한 시민이 자부심과 기쁜 마음으로 기록한 내용에 따르면,

이 로마의 왕은 자신을 맞이하기 위해 성문에 나와 있는 추기경과 성직자 들에게 가볍게 목례를 하고 지나친 후 로마 원로원 의원의 복장을 알아보았는데, 이 마지막 작별 인사에서 제국의 대표와 공화국의 대표는 우정 어린 포옹을 나누었다고 한다. 로마의 법률에 따라 로마의 최고 위정자는 법학 박사이자 수도에서 40마일 이상 떨어진 곳에 기거하는 외국인이어야 했으며, 로마 시 주민 중에 3촌 이내의 혈족이나 인척이 없어야 했다. 선임은 해마다 행해졌고, 퇴임하는 의원에 대해서는 엄격한 감사가 행해졌으며, 퇴임하고 최소 2년이 지난 후에야 같은 직책에 임명될 수 있었다. 그는 3000플로린이라는 넉넉한 금액을 보수 및 경비로 지급받았으며 그의 공식 참석은 공화국의 위엄을 대표했다. 공식 복장은 금색으로 무늬가 돋아나게 짠 천이나 진홍색 벨벳으로 만들어졌으며 여름에는 보다 가벼운 소재의 비단으로 만들어졌다. 손에는 상아로 만든 홀을 들고 다녔으며, 미리 나팔을 불어 그의 등장을 알렸다. 진중한 걸음을 떼는 그의 앞에는 4명의 수행원 내지는 시종 들이 이 도시를 상징하는 금색 띠나 장식 리본이 감긴 빨간 막대를 들고서 길을 안내하였다. 그는 카피톨리누스 신전에서 법률을 준수하고 강자를 통제하고 빈자를 보호하며 자신의 권한 내에서 정의와 자비를 실천할 것이라는 내용의 권리 및 의무 선서를 행했다. 2명의 보좌관과 1명의 형사 재판관으로 구성된 3명의 이방인들이 그의 실질적인 직무 수행을 보좌해 주었다. 강도, 강간, 살인 등 빈번한 재판에 대해서는 법률적인 준거가 마련되어 있었지만, 로마의 법은 개인적인 싸움이나 상호 협력 방위를 위한 무장 제휴에 대해서는 취약했고 이를 묵인하는 편이었다. 원로원 의원의 권한은 사법 분야에 한정되어 있었고, 카

로마의 법령과 민정

피톨리누스 신전과 재정 관리, 도시 및 관할 영역의 통치는 1년에 4번씩 교체되는 3명의 관리관들에게 일임하였다. 13개 지역의 의용군은 '카포리오니(caporioni)'라고 불리는 지역별 수장의 군기 아래로 규합되었으며, 수장들 중 가장 높은 사람은 '프리오르(prior)'라는 칭호로 부름으로써 그 위엄을 존중하였다. 로마의 입법부는 비밀협의회와 평민협의회로 구성되어 있었다. 비밀협의회의 구성원은 현직 통치권자 및 바로 앞서의 선임자들, 재정 담당 관리들과 법무 담당 관리들, 그리고 각기 13명, 26명, 40명씩의 세 등급으로 나누어진 고문관들이었다. 비밀협의회의 구성원은 다 합해서 120명 정도였다. 평민협의회에서는 모든 남자 시민들이 투표권을 가졌으며, 어떤 외국인도 로마 시민의 칭호와 자격을 강탈하거나 사용할 수 없다는 법적 조치는 이들이 지닌 특권의 가치를 더욱 높여 주었다. 민주 정치에 대한 혼란을 방지하기 위해 미리 현명하고 세심한 예방 조치를 마련하였다. 어느 누구도 공개적인 연단이나 재판석상을 제외하고는 연설을 할 수 없었다. 무질서한 박수갈채는 엄금되었고, 다수의 생각은 비밀 투표로 결정되었으며, 투표 결과는 로마 원로원과 민중의 존엄한 이름으로 포고되었다. 이런 통치 방식이 언제부터 엄밀하고 일관되게 시행되었는지는 쉽게 알아낼 수가 없는데, 이는 질서의 확립과 더불어 조금씩 자유가 쇠퇴한 사정 때문이다. 하지만 1580년에 이르러 고대의 법규들이 하나로 모아져 세 권의 책에 체계적으로 정리되고 교황 그레고리우스 13세의 승인하에 현실에 맞게 수정되었다.[50] 이 민사, 형사 법전이 오늘날의 로마법이며, 일반 대중들로 구성된 회의체들은 폐지되었지만 세 명의 관리관과 한 명의 외국인 원로원 의원은 여전히 카피톨리누스에 거주하고 있다. 교황들은 과거 황제들의 정책을 이어받았고, 이 로마의 주교는 공

[50] 고대의 쓸모없고 불필요한 법규들이 총 다섯 권의 책에 무질서하게 뒤섞여 있었기 때문에, 법률가인 파에투스가 현대판 트리보니아누스 역할을 맡도록 임명되었다. 하지만 나는 자유와 야만이 부조리하게 혼합된 고대의 법령이 그립다.

화국의 형태를 유지하는 척하면서 정신적, 현세적 군주로서의 절대 권력을 휘둘렀다.

시대 상황이 맞아떨어져야 특출한 인물이 두각을 나타낼 수 있다는 것은 자명한 진리이니, 크롬웰이나 레츠 같은 천재도 지금 세상에 태어났다면 이름 없이 사라졌을 것이다. 리엔치의 정치적 열정은 그를 권좌에 올려 주었으나 다음 세기에는 이와 똑같은 열정이 그의 모방자들을 교수대로 이끌었다. 스테파노 포르카로는 고귀한 가문 출신에 평판도 나무랄 데가 없었고, 훌륭한 언변으로 중무장하고 높은 학식과 깨인 정신을 소유한 인물이었다. 그는 사사로운 야심을 뛰어넘어 조국을 해방시키고 자신의 이름을 역사에 길이 남기겠다는 열망을 품었다. 성직자들의 지배는 자유로운 영혼에게는 가장 참기 힘든 굴욕인데다, 전설인지 날조인지 모를 콘스탄티누스 대제의 기진(寄進)에 대해 최근에 알게 된 지식은 그로 하여금 한 치의 망설임도 품지 않게 만들었다. 이제 페트라르카의 글은 이탈리아인들에게 일종의 신탁처럼 작용하고 있었고, 로마의 애국자와 영웅을 묘사한 그의 송시를 자주 읊조리면서 포르카로는 그 예언자적 음유 시인의 모습에 자신을 대입하고는 하였다. 그가 일반 대중의 감정을 처음 시험해 본 것은 에우게니우스 4세의 장례식에서였는데, 그는 훌륭한 연설을 통해 로마 시민들에게 자유를 위해 무기를 들고 일어설 것을 호소하였다. 로마인들이 반색을 표하며 귀 기울여 그의 연설을 듣고 있는데 교회와 국가의 입장을 옹호하는 한 진중한 대변자가 연설을 중단시키고 반박하는 답변을 제시하였다. 여러 법규에 비추어 볼 때 이 선동적인 웅변가는 반역죄가 분명하였지만, 새 교황은 이 애국자를 동정하는 동시에 존중하면서 자신의 벗으로 만들고자 명예

1453년 1월,
포르카로의 음모

로운 직분을 제공하는 자비심을 발휘하였다. 뜻을 굽힐 줄 모르는 이 로마인은 평판과 열의가 한층 커진 상태에서 아나니에서 로마로 돌아왔다. 나보나 광장에서 경기가 펼쳐지는 도중에 몇몇 소년들과 직공들 사이에 사소한 말다툼이 벌어졌고, 그는 이 기회를 놓치지 않고 민중 전체의 봉기를 일으키고자 했다. 하지만 자비로운 니콜라스 5세는 여전히 포르카로의 목숨을 빼앗을 의사가 없었다. 반역자는 유혹의 무대를 떠나 볼로냐로 추방되었지만, 넉넉한 생활비를 약속받았을 뿐 아니라 매일 볼로냐의 총독 앞에 출두해야 한다는 가벼운 의무 사항만을 부과받았다. 그러나 포르카로는 젊은 브루투스로부터 압제자에게는 어떤 신의나 감사도 바칠 필요가 없다고 배운 인물이었기 때문에 추방 생활 중에도 자신에게 내려진 독단적인 선고를 크게 비난하면서 당파를 만들고 조금씩 음모를 꾸며 나갔다. 대담한 청년인 그의 조카가 자원자들을 규합했고, 정해진 날 저녁에 공화국의 동지들을 위해 그의 집에서 연회가 열렸다. 볼로냐에서 도망쳐 온 그들의 우두머리가 자주색과 금색으로 된 겉옷을 입고 모습을 드러냈다. 그의 목소리, 용모, 동작, 이 모든 것이 영광스러운 대의명분에 자신의 목숨을 바칠 각오가 되어 있음을 보여 주었다. 그는 정성 들인 연설에서 이번 거사의 동기와 의의, 로마의 명예와 자유, 교계 압제자들의 나태함과 오만함, 동포 시민들의 적극적인 또는 소극적인 동조, 무장 투쟁과 폭력으로 오랫동안 단련된 300명의 병사들과 400명의 망명자들이 대기 중이라는 사실, 검을 뽑아 들고 복수할 권리, 그리고 승리에 대한 은전으로 거액의 보상금이 따를 것임을 피력하였다. 다음 공현(公現) 축일에 성 베드로 성당의 문이나 제단에서 교황과 추기경들을 체포해서 쇠사슬에 묶어 성 안젤로 성벽까지 끌고 간 후 즉시 처형할 것이라는 위협으로 항복을 받아낸 다음, 주인 없는 카피톨리누스로 올라가 종을 울리고 민중이 모인 자리에서 고대 로마 공화국의 부활을 선언한다는 계획을 설명하면서, 별로 어려운 일은 아닐 것이라고 말하였다. 하지만 그가 섣부른 승리의 기쁨에 취해 있는 동안 이미 배신이 진행되고 있었다. 중무장한 경비병을 대동한 원로원 의원이 저택을 에워쌌다. 포르카로의 조카가 군중 틈에서 탈출로를 마련해 주었지만 불운한 스테파노는 벽장 속에서 끌려 나왔고, 그는 계획을 옮기기 불과 세 시간 전에 적들에게 발각되었음을 개탄하였다. 이런 명백한 반역죄가 여러 번 반복되자 니콜라스의 자비심도 침묵을 지켰다. 포르카로와 아홉 명의 공범자들은 성사(聖事)도 하지 못한 채 교수형에 처해졌다. 교황청의 불안과 독설 속에서 로마 시민들은 조국을 위해 목숨을 바친 순교자들을 측은히 여기고 거의 찬미하기까지 하였다. 그러나 그것은 무언의 찬미였으며, 그들의 동정심은 아무 도움도 되지 않았고 그들의 자유는 영원히 소멸되었다. 이후로 로마 시민들이 교황 자리가 비었을 때나 빵이 부족할 때 들고 일어난 적이 있기는 하지만 이런 우발적인 봉기는 가장 비굴한 예속 상태에서 찾아볼 수 있는 그런 것이었다.

 그러나 단결을 통해서만 확립될 수 있는 일반 대중들의 자유는 사라졌지만, 불화를 통해 조성된 귀족들의 자립정신은 살아남을 수 있었다. 로마 귀족들은 강탈과 억압의 특권을 오래도록 유지했고, 그들의 저택은 요새이자 성역이었으며, 귀족들의 보호 덕에 법의 처벌을 받지 않은 도적과 범법자 들은 칼과 단도로 그들의 호의에 보답해 주었다. 교황이나 그들의 조카들은 사리사욕으로 인해 가문끼리의 다툼에도 가끔씩 말려들었다. 식스투스 4세 시절 로마는 대립 가문들이 벌이는 공방

로마 귀족들의 최후의 소요

51 식스투스 4세의 불공평한 치세로 더욱 가열된 로마의 무질서는 이를 목격한 인페수라와 익명의 시민이 남긴 일지에 자세히 기록되어 있다.

52 식스투스 5세의 재정 상태를 기준으로 삼을 때 이 교회 국가의 수입은 250만 로마크라운까지 올라갔다. 정규군 제도가 확립되어 있었기 때문에 클레멘스 8세는 한 달 만에 기병 3000과 보병 2만을 보내 페라라 공국을 침공할 수 있었다. 그때 이후 교황군은 다행히 쇠약해졌지만 세수는 조금씩 늘어났음에 틀림없다.

전으로 대단히 혼란스러운 상태였다. 콜론나 가 출신의 교황청 서기장은 저택이 전소된 후에 고문을 당하고 참수형에 처해졌으며, 같이 붙잡힌 사벨리 가의 한 친구는 승리자인 우르시니 가를 찬미하는 것을 거절했다는 죄목으로 그 자리에서 살해되었다.51 하지만 교황들은 더 이상 바티칸 안에서 두려움에 벌벌 떨고만 있는 존재가 아니었다. 교황에게는 신도들의 복종을 요구하기로 마음먹으면 이를 명할 수 있는 힘이 있었으며, 이런 국부적인 무질서를 목격한 외국인들은 이 교회 국가의 관대한 세제와 현명한 통치에 찬탄을 보냈다.

1500년 등, 로마에 대한 절대적인 지배권을 획득한 교황들

바티칸의 정신적인 우레는 여론의 힘에 좌우된다. 여론 대신에 이성이나 광기가 들어서는 순간 바티칸의 목소리는 메아리가 되어 공중에 헛되이 울려 퍼질 뿐이고, 이 무력한 성직자는 귀족이나 평민 반도 들의 잔인한 폭력에 고스란히 노출된다. 그러나 교황이 아비뇽에서 돌아온 후에는 성 바울의 검이 성 베드로의 열쇠를 단단히 지켜 주고 있었다. 난공불락의 성채가 로마를 지휘해 주었으며, 대포는 민중의 소요에 맞서기 위한 강력한 무기가 되어 주었다. 교황의 깃발 아래 보병과 기병으로 이루어진 정규군이 편성되었으며, 풍부한 세수는 전쟁 물자를 제공해 주었다. 교황은 자신의 세력 범위가 미치는 한도 내에서는, 적대적인 이웃 국가와 충성스러운 국가 출신의 병사들로 이루어진 혼성 부대를 반란 도시에 파견할 수 있었다.52 페라라 공국과 우르비노 공국이 합쳐진 이후 이 교회 국가의 세력은 지중해에서 아드리아 해로, 나폴리 국경에서 포 강변으로 확대되었으며, 16세기 초 무렵에는 이 광대하고 비옥한 영토의 대부분의 지역들이 로마 교회의 합법적인 권리와 현세적 통치권을 인정하게 되었다. 교황의 권리는 교회에 대한

헌신이 믿을 수 없을 정도로 진실했던 암흑기 때부터 시작되었다고 말할 수 있지만, 그 이후로 교회의 권력이 최종 정착되기까지 걸었던 길을 다 살펴보려면 이탈리아는 물론이고 심지어는 유럽에서 벌어졌던 일련의 사건들까지도 되짚어 보아야 할 것이다. 알렉산데르 6세의 범죄, 율리우스 2세의 군사 작전, 레오 10세의 관대한 정책은 시대의 가장 고귀한 역사가들의 붓으로 여러 번 장식되었던 주제이다.53 정복의 첫 시기부터 샤를 8세의 원정에 이르는 시기까지는 교황들이 군사력이 비등하거나 떨어지는 인접한 제후들이나 국가들과의 싸움에서 어느 정도 우위를 점했을 수도 있다. 하지만 프랑스, 독일, 스페인의 군주가 이탈리아 정복을 위해 서로 경쟁적으로 대규모 군대를 편성한 순간 교황들은 힘의 부족을 술책으로 메웠으며, 여러 전쟁을 치르고 복잡한 조약을 맺으면서도 이들 야만족을 알프스 너머로 쫓아낸다는 열망과 영원한 희망을 속으로 감추고 드러내지 않았다. 바티칸의 미묘한 균형책은 신성 로마 제국 카를 5세의 군기 아래 연합한 북방과 서방의 군대에 의해 자주 깨지고는 하였다. 클레멘스 7세의 무력하고 일관되지 않은 정책은 정복자에게 신변과 영토를 고스란히 노출시키는 결과를 낳았고, 로마는 고트족과 반달족보다 더 흉포하고 탐욕스러운 무법의 군대에 7개월이나 유린당했다. 가혹한 교훈을 겪은 후에야 교황들은 거의 달성할 뻔한 그들의 야심을 줄이고서, 공동의 아버지 역할로 되돌아가 공격적이고 적대적인 모든 행동을 삼갔다. 그리스도의 대리인과 투르크의 술탄이 나폴리 왕국에 맞서서 동시에 무장 태세를 갖췄던 경우를 제외하면, 교황이 싸움에 말려든 적은 이후 한 번도 없었다.54 마침내 프랑스군과 독일군이 전장에서 철수했고, 스페인이 밀라노, 나폴리, 시칠리아, 사르디니아, 투스카니 연안을 확실하게 점

53 두 사람을 특별히 언급한다면 귀치아르디니와 마키아벨리를 들 수 있다. 이 주제는 귀치아르디니의 통사, 마키아벨리의 『피렌체의 역사』나 『군주론』, 그 밖의 정치학 강연 등의 소재가 되었다. 두 사람의 훌륭한 계승자인 파올로와 다빌라는 근대 언어로 서술한 최초의 사가였으며, 오늘날 스코틀랜드가 이탈리아와 전리품을 놓고 다툼을 벌이기 전까지는 최초의 사가로서 존경을 받았다.

54 카라파 출신의 교황 바오로 4세의 야심과 나약한 적개심은 투아누스와 잔노네의 책에서 찾아볼 수 있다. 가톨릭 광신자인 필립 2세와 알바의 공작은 로마의 군주와 그리스도의 대리인을 분리시키려는 대담한 시도를 했지만, 교황이라는 신성한 직분은 승리를 신성시해 주듯이 패배를 막는 품위 있는 수단이 되어 주기도 하였다.

령했다. 이제 스페인은 자신들의 이익을 위해 이탈리아의 평화와 의존 상태를 유지하고자 노력했고, 16세기 중반부터 18세기 초까지는 거의 아무 분란도 없이 이 상태가 계속되었다. 바티칸은 가톨릭계 왕(스페인 국왕)의 종교 정책에 좌우되고 보호를 받았으며, 어떤 분쟁에서건 국왕의 편견과 이해관계는 민중에 맞서서 교황을 지원해 준 셈이 되었다. 자유의 벗이건 법의 적대자이건 간에 상관없이 주변 국가들이 제공해 주었던 격려와 원조와 피난처는 사라지고 교황은 절대 군주가 친 철의 고리에 둘러싸이게 되었다. 복종과 교육이라는 오랜 습성에 로마 귀족과 시민 들의 거친 정신은 수그러들었다. 귀족들은 조상들의 무장 투쟁과 파벌 싸움을 잊고 자신도 모르는 사이에 사치와 지배의 종복이 되어 버렸다. 영지에서 나온 산물을 소작인과 추종자 무리를 유지하는 데 사용하는 대신 쾌락을 더하기 위한 개인 경비로 사용하면서 영주의 권력은 점차 감소하였다.[55] 콜론나 가와 우르시니 가는 앞다투어 저택과 예배당을 화려하게 꾸미는 데 여념이 없었고, 교황을 배출하면서 갑작스러운 부를 거머쥐게 된 가문들만이 그들의 고색창연한 웅장함에 필적할 수 있을 정도였다. 자유와 불화에 대한 목소리는 더 이상 로마에서 들리지 않았고, 물보라 치는 격류가 아니라 잔잔하고 고요한 호수 면이 나태와 예속에 빠진 당시의 시대상을 반영하였다.

[55] 생활 방식과 지출 비용의 점진적인 변화는 아담 스미스가 감탄스러울 정도로 자세히 적어 놓고 있다. 그는 가장 비천하고 이기적인 원인에서 가장 훌륭한 결과가 나왔음을 지나칠 정도로 엄밀하게 입증하고 있다.

[56] 흄은 민정과 교회의 권력이 한 사람에게 통합된다면 그에게 군주의 칭호를 부여하든 고위 성직자의 칭호를 부여하든 그것은 별로 중요하지 않은데, 이는 어차피 현세적 성격이 언제나 더 강하게 나타날 것이 분명하기 때문이라고 결론짓는다. 너무 성급한 결론이다.

교회 국가

그리스도교도나 철학자,[56] 애국자 할 것 없이 성직자가 지배하는 현세의 왕국에 모두 분노를 느낄 것이다. 또한 로마라는 지역적인 위엄, 호민관과 집정관에 대한 기억으로 인해 굴욕감은 더욱 커지고 수치심은 더욱 늘어날지도 모른다. 교회 국가의 장단점을 침착하게 평가해 본다면, 현 상태가 소수 집단의 횡포나 젊은이들의 격정, 사치품에 드는 경비, 전쟁의 참화 등이 없는 온화하고 숭고하며 평온한 체제라는 생각이 들 수도 있다. 하지만 여러 단점들은 이런 장점들을 훨씬 압도한다. 수장 선출이 7년에 한 번 정도로 빈번하게 치러지는데다 그나마도 동포 출신은 거의 없고, 생명과 능력이 쇠하는 시기이며 짧은 재위 기간 동안 뜻한 바를 다 이룰 희망도 없고 이를 물려받을 자식도 없는 60대의 정치 초년병의 지배를 받아야 하는 것이다. 교황에 오르는 사람은 교회나 심지어는 수도원 출신으로 이성과 인간애, 자유에 가장 반하는 교육과 생활 방식이 몸에 배어 있기 마련이다. 비굴한 신앙의 굴레에 갇혀 그는 부조리일지라도 믿어야 하고, 경멸해 마땅한 것을 존경해야 하며, 합리적 존재로서 존중해야 마땅한 모든 것을 경멸하라는 가르침을 받았다. 그는 실수를 범죄로 처벌해야 하며, 고행과 독신 생활을 가장 으뜸의 덕목으로 여기고, 로마의 영웅이나 아테네의 현자들보다는 달력에 적힌 성자들을 더 우선시하는, 쟁기나 베틀보다는 기도서나 십자가상을 더 유익한 도구로 여기는 가르침을 받은 사람이었다. 교황 사절의 직분을 수행하거나 추기경 업무를 보면서 세상사를 어느 정도는 습득했겠지만, 어릴 때부터 몸에 밴 습성이 정신과 행동 방식에 고스란히 영향을 끼칠 것이 분명했다. 학습과 경험을 통해 자신의 신앙 고백에 모호한 부분이 있음을 의심할 수도 있지만, 이 성직에 몸담은 기술자는 자신이 되풀이해서 가르친 맹신에 일부라도 중독돼 있을 것이 분명하다. 식스투스 5세의 천재성은[57] 음울한 프란체스코회 수도원에서 빛을 발하기 시작했다. 5년의 치세 동안 그는 무법자와 도적 무리를 소탕하고 로마의 불경스러운 성역을 폐지했으며, 육해군을 편성하고 고대의 기념비들

1585~1590년, 식스투스 5세

[57] 이탈리아인 방랑자 레티는 방대하면서도 재미있는 『식스투스 5세의 전기』를 남겼지만, 이 책을 완전히 신뢰하기는 힘들다. 하지만 스폰다누스와 무라토리의 연대기를 비롯해 위대한 투아누스의 역사서는 식스투스 5세의 인품 및 중요한 사실들을 전해 준다.

을 복원해서 그 훌륭함을 서로 겨루게 했으며, 예산을 대폭 늘리고 경비를 많이 지출했음에도 불구하고 성 안젤로 성당에 500만 크라운의 재산을 남겨 주기까지 하였다. 하지만 그의 활약은 정복의 야망에 자극받은 것이었고, 정의는 잔혹성으로 훼손되었다. 그가 죽은 후 또다시 낭비가 심해지면서 국고는 텅 비어 버렸고, 그는 후대에 서른다섯 가지의 새로운 세금과 관직 매매 행위만을 남긴 셈이 되었다. 결국 은혜를 모르는, 혹은 상처 입은 민중은 그의 동상을 부숴 버렸다. 식스투스 5세의 야성적이고 독창적인 성격은 역대 교황들 중에서 유독 특이한 편에 속한다. 따라서 교황들의 현세적 통치가 낳은 결과와 교훈을 종합해 보기를 원한다면 이 교회 국가의 예술과 철학, 농업과 교역, 부와 인구를 실증적이고 비교적인 관점에서 고찰해야 할 것이다. 나로 말하자면 세상의 모든 사람들과 우호적으로 작별하기를 원하는 바이므로, 이 마지막 순간에 로마의 교황과 성직자들의 심기를 건드리고 싶은 마음은 추호도 없다.

71

THE DECLINE AND FALL
OF THE ROMAN EMPIRE

15세기 로마의 폐허를 조망하며 · 쇠락과 파괴의 네 가지 원인 · 원형경기장의 예 · 로마인들의 무지와 미개 · 도시의 쇄신 · 맺는 말

교황 에우게니우스 4세의 재위 말년, 두 보좌관이던 박식한 포기우스와[1] 그의 친구 한 명이 카피톨리누스 언덕에 올랐다. 그들은 기둥과 신전의 폐허 가운데에 몸을 눕힌 다음, 그 전망 좋은 자리에서 언덕 아래 다양한 모습으로 황폐해진 풍경을 내려다보았다. 그들 눈에 보이는 이곳의 광경은 운명의 변화무쌍함이 인간에게든 인간이 만들어 낸 가장 자랑스러운 결과물에든 마찬가지로 적용되며, 제국과 도시 들을 공동의 무덤에 파묻어 버린다는 이치를 가르쳐 주고 있었다. 두 사람은 로마의 몰락이 과거의 위용에 비례해 더욱 장엄하고 비극적인 것이 되었다는 데 동의했다.

에반드로스가 트로이의 손님(아이네이아스)을 대접했던 그 먼 옛적 로마의 원시적인 상태를 상상하며 베르길리우스는 시를 읊었다. 그때만 해도 이 타르페이아 바위는 황폐하고 덤불

1430년, 카피톨리누스 언덕의 포기우스

[1] 포기우스의 나이와 인품, 저작에 대해서는 앞서 이미 언급했으며, 운명의 변화무쌍함에 관한 이 우아하고 도덕적인 강론이 행해진 날짜도 특별히 밝혀 두었다.

투성이의 외진 곳이었지만, 이 시인의 시대에는 신전의 황금 지붕이 이곳을 장식하고 있었다. 하지만 신전은 무너져 내렸고 황금은 약탈당했다. 운명의 수레바퀴가 한 바퀴 회전을 다 끝 내면서 신성한 땅은 다시 한 번 가시덤불과 검은딸기 덤불로 뒤덮여 버렸다. 우리가 앉아 있는 카피톨리누스 언덕은 과거에는 로마 제국의 수도이자 지상 최후의 성채이자 왕들의 공포심의 대상이었으며, 수많은 개선 행진의 발자국이 새겨졌으며, 온갖 나라에서 획득한 전리품과 공물 들로 부를 누렸도다. 온 세상에 위용을 뽐내던 곳이 이렇게 쇠락하다니! 이렇게 변하다니! 이토록 파괴되었다니! 개선 행진을 했던 길은 포도 덩굴이 뒤덮어 버렸고 원로원 의원들의 의자는 오물에 훼손되었다. 팔라티누스 언덕으로 눈을 돌려 형태가 사라진 거대한 잔해들 사이에서 대리석으로 지었던 극장, 오벨리스크들, 거대한 조각상들, 네로가 머무른 궁전의 주랑들을 찾아보라. 도시의 다른 언덕들을 돌아보려 해도 폐허와 텅 빈 정원들만이 빈 공간을 가로지르고 있을 뿐이다. 로마의 민중이 법을 제정하고 위정자를 선출하기 위해 모였던 대광장은 지금은 채소밭으로 둘러싸여서 돼지 떼와 소 떼가 들락날락할 때만 문이 열릴 뿐이다. 길이 길이 보존하기 위해 세웠던 공공건물이나 개인의 건축물 들은 벌거숭이로 파괴되어 마치 거인의 절단된 사지처럼 볼품없이 쓰러져 있을 뿐이다. 시간과 운명의 풍상을 이겨 낸 거대한 유적들 틈바구니에서 이 폐허가 더욱 두드러지게 보이는구나.

유적들에 대한 포기우스의 묘사 전설적인 미신을 담은 기념비에서 고전적인 미신에 대한 기념비에로 처음으로 눈을 돌렸던 사람들 중의 한 명인 포기우스는 이런 유적들을 상세히 묘사해 두었다. (1) 그는 공화

정 시대에 세워진 케스티우스의 다리, 아치, 무덤, 피라미드를 발견한 것 외에도, 카피톨리누스의 소금 관리청의 2열로 된 둥근 천장에서 카툴루스의 이름과 관대함이 새겨져 있는 글을 발견하였다. (2) 형태가 완전히 보존된 판테온 신전에서 베스파시아누스가 내란과 유대인 폭동을 진압하고 난 후에 세운 세 개의 아치와 대리석 기둥만 남아 있는 평화의 신전에 이르기까지, 훼손 정도는 조금씩 차이가 나지만 총 열한 개의 신전을 발견하였다. (3) 포기우스가 경솔하게 설명한 일곱 개의 욕장 중에서 각 부분의 용도와 위치를 정확하게 파악할 수 있을 만큼 온전히 보존되어 있는 것은 하나도 없었다. 하지만 디오클레티아누스와 카라칼라가 세운 욕장은 그 건설자들의 칭호를 여전히 보존하고서 호기심 많은 구경꾼들의 탄성을 자아내고 있다. 구경꾼들은 건축에 들어간 비용과 인력을 건물의 용도와 중요성에 비교해 보면서 그것들의 견고함과 방대한 규모에, 다양한 대리석의 종류에, 기둥의 크기와 수에 놀람을 금치 못한다. 콘스탄티누스, 알렉산데르, 도미티아누스, 티투스의 욕장이 있던 자리는 언제 찾을 수 있을지 아직은 모른다. (4) 티투스, 세베루스, 콘스탄티누스의 개선문은 형태와 비문이 모두 완전한 형태로 남아 있으며, 당시 플라미니아 가도에 있던 두 개의 개선문은 파우스티나와 갈리에누스의 비루한 기념물로 돌려지고 있다. (5) 콜로세움에 감탄한 포기우스는 벽돌로 지은 작은 원형경기장은 발견하지 못했는데, 아마도 이 경기장은 근위병 막사로 사용되었을 가능성이 짙다. 마르켈루스와 폼페이우스의 극장이 있던 자리에는 공공건물과 일반 건물이 무수히 들어차 있었으며, 아고날리스와 막시무스의 대경기장은 위치와 형태 외에는 거의 아무것도 알 수가 없다. (6) 트라야누스와 안토니우스의 원주들은 여전히 그 자리에 서 있지만, 이집트의 오벨리스크는 파괴되거나 땅에 묻혀 버렸다. 예술성이 높은 신들이나 영웅들의 조각상은 다 없어지고 황동 기마상 하나와 대리석상 다섯 개만이 남았는데, 이 중에서 가장 유명한 작품은 피디아스의 마상(馬像)과 프락시텔레스의 마상이었다. (7) 아우구스투스와 하드리아누스의 영묘(靈廟)는 완전히 없어지지는 않았다. 하지만 아우구스투스의 묘는 둔덕 형태로만 남아 있을 뿐이고, 하드리아누스의 무덤은 성 안젤로 성으로 바뀌어 근대 요새의 이름과 모습을 띠게 되었다. 이 외에도 몇 개의 이름 없는 기둥들을 더 꼽을 수 있지만, 이것들이 로마에 남은 고대 유적의 전부였다. 어쩌면 379개의 망루와 13곳의 성문이 여러 방향으로 나 있는 둘레 10마일의 성벽 안에서, 보다 근래에 지어진 건축물의 흔적이 발견될 수도 있을 것이다.

로마의 점진적인 쇠퇴

이 우울한 광경은 서로마 제국이 멸망하고 더 나아가 고트족이 이탈리아를 침공했던 시기에서 900년이 지난 후의 모습을 묘사한 것이다. 제국이 없어지고 예술과 부(富)도 테베레 강변을 떠나 버린 후 궁핍과 무질서가 오랫동안 이어진 탓에 도시 재건이나 단장은 꿈도 꿀 수가 없었다. 더구나 인간의 건조물이란 진전이 없으면 그만큼 퇴화하기 마련이어서 뒤이어 오는 시대는 고대 유물들의 황폐화를 더욱 부추겼을 것이 분명하다. 각 시대별 쇠락의 속도를 측정하거나 각 건축물의 상태를 확인한다는 것은 끝없는 노력만 필요할 뿐 별 도움도 안 되는 일이다. 그렇기 때문에 나는 두 가지의 고찰을 통해 개략적인 원인과 결과를 짤막하게 탐구하는 수준에서만 만족하고자 한다. (1) 포기우스가 유창한 언변으로 비탄함을 토로하기 200년 전에, 한 익명의 작가가 로마를 묘사하는 글을 썼다. 그가 무지의 소산에서 동일한 대상을 낯설고 가공적인 이름으로 반복 설명하는 실수를 저지른 것은 사실이나, 이 야만족 출신 지지(地誌)학자에게도 눈과 귀는 있었다. 그는 남아 있는 유적을 직접 관찰하고 구전으로 전해 오는 이야기를 귀담아들은 후 7개의 극장과 11개의 욕장, 12개의 아치, 18개의 궁전을 소상하게 묘사하고 있다. 이들 대다수는 포기우스가 태어나기 전에 이미 사라져 버린 것들이었다. 고대의 훌륭한 기념비들 대부분이 오랫동안 존속하기는 했지만,² 파괴의 힘이 13세기와 14세기에 걸쳐 한층 격렬하게 맹위를 떨친 것이 분명하다. (2) 똑같은 고찰을 지난 3세기의 기간에도 적용해야 하며, 허사로 끝날지라도 우리는 페트라르카와 16세기의 유물 연구자들이 찬사를 바쳤던 세베루스의 셉티조니움에 대한 탐사를 게을리하지 말아야 한다. 로마의 건축물들 중 아직까지 온전하게 보존된 것들은 전체적으로 견고하고 각 부분이 조화를 이루고 있기 때문에 처음 몇 번의 둔중하고 갑작스러운 타격은 견뎌 낼 수 있었다. 하지만 붕괴 직전인 아치와 기둥 들의 파편은 아주 가벼운 충격에도 순식간에 무너져 내릴 것이다.

2 마비용(Père Mabillon)은 9세기의 익명의 순례자가 쓴 글을 출간하였다. 이 순례자는 로마의 교회와 성지를 도는 순례 여행을 하면서 여러 건축물들을 직접 눈으로 보고 만져 볼 수 있었다. 이 중에는 13세기 전에 사라진 주랑 현관들도 포함되었다.

끊임없는 조사 연구를 통해 나는 로마가 폐허로 변해 가는 데 1000년 이상 내내 작용해 온 네 가지 주요 원인을 찾아낼 수 있었다. 1) 시간과 자연에 의한 훼손, 2) 야만족과 그리스도교도들의 적대적 침략, 3) 건물 자재들의 도용과 남용, 4) 로마 내부의 분쟁.

황폐화의 네 가지 원인

1) 인간의 기술은 자신의 짧은 생존 기간보다 훨씬 오래 지속될 수 있는 기념비를 만들어 낼 수는 있지만, 인간과 마찬가지로 이런 기념비들도 취약하며 언젠가는 사라질 수도 있다. 그렇기 때문에 시간이라는 끝없는 연대기에서는 인간의 삶이

1. 자연에 의한 훼손

³ 피라미드의 건축 시기는 너무 오래되어서 알 수가 없는데, 마시먼 경이 고대 이집트 왕조들의 시기를 대략적으로 측정한 바에 따르면 피라미드의 건축 시기를 기원전 2000년 전 쯤으로 생각할 수 있다.

⁴ 비뇰(M. des Vignoles)은 로마 대화재가 서기 64년 7월 19일에 발생했으며, 이어서 같은 해 11월 15일부터 그리스도교도들에 대한 박해가 시작되었다고 추정한다.

나 인간의 노고 모두 덧없는 순간의 것으로 치부해야 마땅할 것이다. 단순하고 견고한 건축물이 얼마나 오래갈 것인지 명료하게 선을 긋는 것은 쉬운 일이 아니다. 피라미드는³ 고대의 경이로서 고대인들의 호기심을 끌었고, 수많은 세대가 추풍낙엽처럼 그 무덤으로 떨어져 들어갔다. 파라오와 프톨레마이오스 왕조가 무너지고, 로마의 황제들과 칼리프들이 몰락한 후에도, 피라미드는 굳건히 서서 나일 강의 범람에도 흔들리지 않았다. 세세하고 다양한 부분으로 이루어진 복잡한 형상은 더 쉽게 상하고 퇴락하기 마련이며, 시간의 조용한 흐름은 때로 폭풍우와 지진, 화재와 홍수로 그 파괴의 속도를 가속화시킨다. 대기와 대지는 지금까지 의심의 여지없이 몇 번이나 뒤흔들렸을 터이고, 우뚝 솟은 로마의 망루들은 그 기반부터 흔들거렸다. 그러나 로마의 일곱 개 언덕이 지구에서 가장 움푹 파인 곳에 있다고는 보이지 않으며, 안티오크나 리스본, 리마의 기후처럼 여러 세대에 걸친 노력을 한순간에 먼지로 만들어 버리는 그런 자연의 이변은 로마에서는 한 번도 발생하지 않았다. 불은 생사를 좌우하는 가장 강력한 힘이지만, 인간의 노력 또는 태만은 불의 급격한 피해를 발생시키거나 확대시킬 수도 있으며, 로마 연대기의 모든 시기에 걸쳐 비슷한 재난이 반복되고 있다. 네로 치세의 죄악 내지는 불운이라고 말할 수 있는 역사적인 대화재는 불길의 강약에는 차이가 있을지라도 꼬박 6일 내지 9일 동안 지속되었다.⁴ 꾸불꾸불한 거리에 다닥다닥 붙어 있던 수많은 건물들은 불길이 계속 타오르게 하는 연료 역할을 했고, 마침내 불이 꺼졌을 때 온전하게 남아 있는 곳은 14개 지구 중에서 단 4곳에 불과했으며 3개 지구는 전소

폭풍우와 지진

화재

되었고 7개 지구는 연기에 그을리고 뼈대만 남은 건물들로 보기 흉하게 변해 버렸다. 제국이 전성기를 맞이하면서 수도는 잿더미에서 다시 아름다운 모습으로 일어섰으나, 노인들의 추억은 그리스의 예술품들, 전승 기념품들, 초기 시대의 기념비나 전설적이 기념비 들이 다시는 회복할 수 없이 사라진 것을 애통해 했다. 궁핍하고 무질서한 시대에는 모든 상처가 치명적이고 모든 붕괴가 회복 불가능한 것이었으며, 통치자가 관심을 쏟든 개인이 사리를 위해 움직이든 피해를 원상 복구시킬 수는 없었다. 하지만 쇠락하는 도시보다는 번영하는 도시에서 일어난 화재의 피해가 훨씬 더 크다고 말할 수 있는 데에는 두 가지 이유가 있다. (1) 벽돌, 목재, 금속 등 불붙기 쉬운 재료들이 먼저 녹거나 불에 타 버리지만, 장식이 모두 사라진 벌거숭이 벽이나 육중한 아치 들에는 큰 피해를 입히지 못할 것이다. (2) 악의에 찬 불길이 커다란 화염으로 가장 쉽게 번질 수 있는 곳은 다름 아닌 하층민이나 평민의 거주 지역이다. 화마가 그들의 거주 지역을 집어삼키고 나면 불길을 견뎌 내거나 피할 수 있었던 커다란 건축물은 마치 뿔뿔이 흩어진 섬들처럼 안전하지만 고독한 모습으로 남게 된다. 로마는 홍수가 발생할 위험이 높은 곳이다. 테베레 강을 포함해서 아펜니노 산맥의 양쪽을 끼고 흘러 내려오는 모든 강은 길이가 짧고 강줄기도 구불구불하다. 따라서 여름의 열기에는 수위가 낮아지고, 봄이나 겨울에는 내린 비나 녹은 눈으로 인해 수위가 올라가 물살이 거세진다. 평상시의 강바닥이 많은 물을 수용하기에 부적절한 시기에 밀물로 인해 바닷물이 강으로 역류하면, 강의 수위가 강둑보다 높아져 물이 범람하고 결국 인근의 도시나 평야를 가리지 않고 물바다가 되어 버린다. 1차 포에니 전쟁의 승리

홍수

후에 쏟아진 유례없는 폭우로 테베레 강이 불어났는데, 이때 과거 그 어느 때보다도 큰 홍수가 발생했고 이로 인해 로마의 일곱 개 언덕 아래에 있는 모든 건물들이 파괴되었다. 지형이 다양한 탓에 피해의 모습은 저마다 달랐지만 그 정도는 똑같았는데, 어떤 건물은 갑작스러운 물살에 휩쓸려 갔고 어떤 건물은 오랫동안 이어진 범람에 침수되어 기반부터 무너져 버렸다. 아우구스투스 황제 시절에도 똑같이 대홍수가 발생했고, 날뛰는 강물은 강변에 위치한 궁전과 신전을 모두 무너뜨렸다. 아우구스투스가 무너진 건물들의 파편들로 뒤덮인 강바닥을 정비하기 위해 많은 노력을 쏟은 후, 그의 후계자들도 같은 위험에 대비해 계획을 세우며 경계를 게을리하지 않았다. 테베레 강의 본류와 지류 몇 개를 새로운 수로로 유도하려는 계획은 오랫동안 미신과 지역의 이해관계에 따른 저항에 부딪혔고,[5] 수로 정비 사업은 시간만 오래 끌고 불완전하게 이행되면서 들인 노력과 비용만큼의 효과를 뽑아내지 못했다. 하천을 복종시키는 것이야말로 인간이 자연의 변덕에 맞서 일궈 낸 가장 숭고하고도 중요한 성과라고 말할 수 있다.[6] 하지만 확고하고 적극적인 통치가 행해지는 시기에도 테베레 강이 이만한 파괴 행위를 가한다면, 서로마 제국이 멸망하고 난 뒤에는 누가 수도의 피해를 막을 수 있으며 누가 그 피해를 확인할 수 있었겠는가? 결국 자연 스스로가 그 치유책을 만들어 주었다. 일곱 개 언덕에서 흘러 내려온 쓰레기와 토사의 퇴적물이 로마 평원의 높이를 옛날의 지표면보다 약 14~15피트 정도 높여 주었고, 그 결과 오늘날에 와서는 로마도 강물의 공격에 좀처럼 노출되지 않게 되었다.[7]

2) 나라를 불문하고 모든 역사가들은 로마의 위대한 건축물들의 파괴를 고트족과 그리스도교도들의 탓으로 돌리면서도,

[5] 타키투스의 글에 따르면 이탈리아의 여러 도시들이 이 조치에 반대해 원로원에 탄원서를 제출했다고 하는데, 우리는 이성의 발전에 박수갈채를 보내야 할지도 모른다. 물론 지역적 이해관계를 고려해야 하는 것은 맞지만, 영국의 하원이라면 "자연은 강에게 적절한 물살을 지정해 주었다."는 미신 섞인 탄원서의 주장을 일언지하에 거절할 것이다.

[6] 달변가이자 철학적 색채가 농후한 뷔퐁(Buffon)의 『자연의 시대』를 참조하기 바란다. 그는 남아메리카 가이아나의 생경하면서도 원시적인 땅의 모습을 묘사하고 있다. 이곳의 강은 인간사에 구애받지 않고 스스로의 흐름에 몸을 맡기고 있었다고 그는 적었다.

[7] 하지만 근세에 들어서 테베레 강이 도시에 피해를 입히기도 했다. 무라토리의 연대기에는 1530년, 1557년, 1598년에 역사에 기록될 만한 파괴적인 범람이 발생했다고 기록되어 있다.

그들의 적대 행위가 어느 정도 수준이었는지 그리고 자신들의 적의를 만족시키기 위해 어느 정도의 수단과 시간을 동원했는지에 대해서는 무시한다. 이 책의 앞부분에서 나는 야만족의 승리와 종교의 승리를 자세히 기술했지만, 고대 로마의 유적과 관련된 실제의 또는 가공의 전개 상황을 몇 마디 말로 정리할 수 있을 것이다. 우리의 상상은 고트족이 오딘의 패주에 보복하기 위해[8] 스칸디나비아에서 출격하여 압제자를 응징한 다음에 고전 문예의 기록을 불태워 없애 버린 후, 무너져 버린 투스카니 양식 및 코린트 양식의 건축물 잔해들 위에 그들의 민족성을 드러내는 건물을 짓기를 원했다는 식의 달콤한 로맨스를 만들어 내거나 차용하고자 한다. 하지만 진실대로 말하면, 북방의 정복자들은 이런 종류의 파괴와 복수의 고상한 생각을 품을 만큼 충분히 야만스럽지도 않았으며 충분히 세련되지도 못했다. 스키타이와 독일의 양치기들이 제국의 군대에서 교육을 받으며 그곳의 규율을 체득하고 로마인들의 약점을 노려 공략한 것은 사실이다. 하지만 그들은 라틴어를 능숙하게 사용하면서 로마의 이름과 칭호를 존경해야 한다고 배운 사람들이었다. 또한 필적할 능력은 없을지라도 보다 찬란했던 시기의 예술품과 문헌 들을 파괴하기보다는 찬양하는 마음이 더 컸다. 저항할 힘이 없던 부유한 수도를 잠시나마 점령했을 때에도 알라리크와 가이세리크의 병사들이 승전의 열정에 고무되어 분별없는 탐욕과 잔학함을 휘두르긴 했지만, 그들이 찾는 것은 몸에 지니고 다닐 수 있는 귀중품이었다. 게다가 그들이 집정관과 황제 들이 남긴 기념비들을 철저히 파괴하는 무익한 행동에서 기쁨이나 자부심을 느꼈을 리도 없었다. 고트족은 6일 만에 로마에서 철수했고 반달족은 15일 만에 떠났으니, 병사들은

2. 야만족과 그리스도교도들의 적대적인 공격

[8] 이 기회를 빌려서, 지난 12년의 시간 동안 내가 오딘이 아조프에서 스웨덴으로 도망갔다는 사실을 잊었거나 아니면 부인하고 있었음을, 솔직히 말해 진지하게 믿고 있지 않았음을 밝히는 바이다. 고트족이 게르만족인 것은 분명하지만, 독일 고대사에서는 카이사르와 타키투스가 어둠의 인물이거나 우화적 인물임에는 의심의 여지가 없다.

그 짧은 시간을 귀중하게 이용해야 했다. 비록 파괴보다는 건설이 훨씬 어려운 일이지만 그들의 성급한 파괴 행위가 견고한 고대의 건축물들에 끼친 영향은 미미했을 것이다. 알라리크와 가이세리크 모두 도시의 건축물들을 보존하려는 시늉이라도 했고, 이 건축물들이 테오도리크의 상서로운 통치하에서 그 위용과 아름다움을 보전할 수 있었으며, 잠시 분노에 휩싸였던 토틸라도 스스로의 뜻과 친구와 적 들의 조언에 따라서 적개심을 풀었다는 사실을 기억해야 할 것이다. 따라서 아무 죄도 없는 이 야만족들이 아니라 로마의 가톨릭교도들에게로 비난의 대상을 옮겨 놓아도 좋을 것이다. 그들의 눈에는 악마의 조각상이나 제단, 신전 들은 모두 증오의 대상이었고, 도시를 완전히 장악하면서 선조들의 우상 숭배 흔적을 없애기 위해 열과 성을 다 바쳤을지도 모른다. 동방에서의 신전 파괴는 그들에게 행동의 모범이 되었고 우리에게는 신앙의 논쟁거리가 되어 주었으니, 유물 파괴의 죄과 또는 공적의 일부를 당연히 로마의 개종자들에게도 돌릴 수 있을 것이다. 하지만 그들의 혐오는 이교적 미신과 관련된 건축물에만 한정되어 있었고, 사회 전반의 업무나 오락을 위해 마련된 공공건물들은 아무 손상이나 비방도 입지 않고 무사히 보존되었다. 종교의 변화를 완성시킨 것은 민중의 소요가 아니라 황제와 원로원, 그리고 시간의 포고였다. 그리스도교의 위계 조직 속에서도 로마의 주교들은 일반적으로 가장 신중하고 광기도 가장 약한 사람들이었다. 또한 그들이 장엄한 건축물인 판테온을 보존하거나 전용한 갸륵한 행위에 대해 어떠한 적극적인 비난도 가할 수 없을 것이다.

3. 자원의 도용과 남용

3) 인간의 욕구나 쾌락을 충족시키기 위해 만들어진 물건은 실질과 형태로, 다시 말해 재료와 가공 상태가 복합적으로

작용해서 가치가 결정된다. 물건의 가치는 그것을 획득하고 사용하는 사람의 수와 시장의 규모에 따라, 그리고 물품의 특성이나 지리적 상황, 그 당시의 세계정세에 따라 먼 지역까지 수송하기가 쉬운지 어려운지에 따라 달라진다. 로마를 정복한 야만족들은 수 세대에 걸친 노고의 결과물과 재보를 순식간에 강탈했지만, 그들은 즉시 사용할 수 있는 사치품을 제외하고는 고트족의 마차로든 반달족의 선단으로든 수도 밖으로 가져나갈 수 없는 모든 것에 대해서는 아무 욕심도 없이 바라보기만 했을 것이 분명하다.[9] 그들이 제일 먼저 욕심낸 대상은 금과 은이었는데, 어떤 나라에서나 이 둘은 아주 적은 양이라도 인간의 노동력과 소유물에 대해 가장 광범위한 지배력을 휘두를 수 있기 때문이다. 금은으로 된 꽃병이나 조각상이 일부 야만족 우두머리들의 허영심을 부추겼을지도 모르지만, 대부분은 그 소재인 금은에만 집착한 편이었기 때문에 녹아내린 주물은 즉시 분리되어 제국의 주화로 만들어졌을 가능성이 크다. 덜 적극적이거나 운이 덜한 자들은 놋쇠나 납, 철, 구리 등 비금속을 약탈하는 데 그쳤고, 고트족과 반달족의 약탈을 피할 수 있었던 것들은 비잔티움의 압제자들에게 약탈을 당했다. 콘스탄스(콘스탄티누스 대제의 아들) 황제는 탐욕적인 침략 당시 판테온 신전의 청동 기와를 떼어 가기도 했다. 로마의 건축물들은 방대하고 다양한 광맥으로 여겨졌다. 처음의 자재 강탈을 위한 노고가 완수된 다음에 이 금속들은 정련되고 주조되었으며, 대리석은 잘려서 연마되었다. 국내외 사람들의 약탈 행위가 질리도록 행해진 것으로도 모자라, 도시의 유물들은 구매자만 나타나면 언제든지 팔려 나갔다. 고대의 기념비적 건축물들은 값비싼 장식품들을 다 잃고 헐벗은 채로 남겨졌지만, 이익이 인건비나 운송비를 앞지를 가능성이 조금이라도 보이면 로

[9] 바카와 여러 로마인들은 고트족이 로마에 보물을 묻었으며 '아들들과 손자들에게'라는 비밀 표시를 남겼다고 믿고 있다. 자신의 주장을 증명하기 위해 바카는 자신이 사는 시대에만도 알프스 너머의 순례자들, 즉 고트족 정복자들의 후예들이 이런 장소를 방문해 샅샅이 뒤진 일도 있었다며 몇 가지 사례를 들어 말하고 있다.

마인들은 언제든 자신들의 손으로 아치와 성벽을 깨부술 준비가 돼 있었다. 샤를마뉴가 혹시라도 이탈리아에 서로마 제국의 수도를 정했다면, 그는 로마 황제들의 유산을 파괴하는 것이 아니라 복구하는 데 더 많은 열정을 바쳤을지도 모른다. 하지만 이 프랑스인 군주의 정책은 독일의 산림 지대에만 한정돼 있었고 파괴 행위만이 그의 취향을 만족시킬 수 있었으므로, 엑스라샤펠의 새 궁전은 라벤나와 로마에서 뜯어낸 대리석으로 장식되었다. 샤를마뉴가 죽고 500년이 흐른 후, 역사상 현명하고 개방적인 군주였던 시칠리아의 로베르는 테베레 강과 해로를 이용하여 보다 쉽게 같은 자재들을 운반할 수 있었다. 페트라르카는 과거 세계의 수도였던 곳이 자신의 창자를 뜯어내 게으른 나폴리 사람들을 사치스럽게 꾸며 주었다는 것에 비분강개의 한숨을 내쉰다. 그러나 암흑기에 이르러서는 이런 약탈이나 구매도 매우 드문 일이 되었는데, 이제 침략도 당하지 않고 부러움의 대상도 아니게 된 로마인들이 남아 있는 고대의 구조물들이 그 형태로나 상태로나 도시 전체와 주민들에게 완전히 무용지물이라는 결론을 내리지 않았다면, 이런 건축물들을 공적, 사적인 용도 모두에 사용했을지도 모르는 일이었다. 성벽은 여전히 예전의 경계를 이루고 있지만 도시는 일곱 개 언덕에서 마르스 광장까지 확대되었고, 시대의 풍상도 꿋꿋이 이겨 낸 가장 고귀한 건축물들 중 일부는 사람들이 사는 장소에서 멀리 떨어진 사막에 남겨졌다. 원로원 의원의 저택들은 빈곤해진 후손들의 생활 방식이나 부에 더 이상은 맞지 않았다. 욕장과[10] 주랑 현관은 사용되지 않은 지 오래였고, 서기 6세기에 들어서는 극장이나 원형극장, 원형경기장의 공연이나 경기도 중단되었으며, 일부 신전은 널리 퍼진 종교의 예배를 집전하는 곳으로 변했다. 하지만 그리스도교 교회들은 신

[10] 하지만 샤를마뉴는 백명의 궁정 신하들과 함께 엑스라샤펠 궁전에서 목욕을 하고 헤엄을 쳤다. 무라토리는 서기 814년쯤 이탈리아의 스폴레토에 지어진 욕장에 대해 설명해 놓았다.

성한 십자가 형상을 선호했으며, 유행 또는 이성에 따라서 고유의 형태로 수도원의 방들과 집무실을 배치하였다. 그리스도교계가 세상을 지배하면서 종교적인 건물들의 수는 무수히 늘어나서, 로마에만도 남자들을 위한 수도원이 40개, 수녀원 20개, 참사회원과 성직자들을 위한 회당과 학원이 60개가 생겨났는데, 이는 10세기의 인구 감소를 해결해 주기는커녕 오히려 악화시키는 결과를 가져왔다. 그러나 고대 건축물의 용도와 아름다움을 알아보지 못하는 사람들은 그 형태는 무시하면서도 거기에 들어간 풍부한 자재들만큼은 온갖 필요와 미신에 따라 다른 곳에 전용하였다. 파로스와 누미디아산의 값비싼 대리석으로 만들어진 이오니아양식과 코린트 양식의 아름다운 기둥들은 심지어 수도원이나 마구간의 주춧돌로 사용되는 처지로 전락해 버렸다. 투르크인들이 그리스와 아시아의 여러 도시들에서 끊임없이 자행한 파괴 행위는 우울한 모범이 되었을 것이지만, 로마 건축물들의 점진적인 파괴 과정에서도 셉티조니움의 석재를 영광스러운 성 베드로 성당을 짓는 데 사용한 식스투스 5세만은 면죄부를 받을 수 있을지도 모른다. 아무리 난도질을 당하고 신성 모독을 당했을지라도 파편 한 조각과 폐허의 한 장소도 기쁨과 회한의 대상이 될 수는 있겠지만, 대리석 건물의 대부분은 그것이 있던 장소와 형태는 물론이고 그 실체마저도 다 빼앗겨서 시멘트용 석회를 만들기 위해 태워졌다. 포기우스가 로마에 온 이후로 콘코르디아 신전을 비롯해 수도의 수많은 건축물들이 그의 눈앞에서 사라져 갔고, 당대의 경구는 이런 관행이 지속된다면 고대의 기념비적 건축물들이 결국에는 하나도 남김 없이 없어질 것이라며 당연하면서도 경건한 우려를 표하고 있다. 로마인들의 수가 적다는 것만이 그들의 요구와 파괴 행위를 억제하는 유일한 수단이었다. 페트라르

11 로마나 이탈리아의 다른 자유 도시들에 세워진 망루와 관련한 모든 사실들은 무라토리가 각고의 노력으로 편찬해 낸 흥미진진한 책에서 찾아볼 수 있을 것이다.

카는 상상으로 강력한 민중의 존재를 만들어 냈을지도 모르고, 나 역시도 14세기에 로마 주민들의 수가 불과 3만 3000명 수준으로 줄었다고는 믿기 힘들다. 하지만 그때부터 레오 10세의 치세 때까지 그들의 수가 8만 5000으로 불어났다면, 이런 인구 증가는 이 고대의 도시에 치명적인 피해를 입혔을 것이다.

4. 로마인들의 내부 불화

4) 이제 마지막으로 로마인 자신들의 내부 항쟁이 가장 강력하고 치명적인 파괴의 원인이 되었음을 설명할 차례이다. 비잔티움이나 프랑스인 황제들이 지배하던 시절에도 우발적인 소요가 빈번히 일어나 도시의 평화를 방해하였다. 하지만 개개인들이 무법적인 싸움을 벌이면서 부재하는 군주의 위엄도, 그리스도의 대리인의 존재도 전혀 무시하고 태연히 법전과 복음서의 법규를 위반하게 된 것은 프랑스인 황제의 권위가 떨어진 10세기 초반부터였다고 생각할 수 있다. 500년간의 암흑기 동안 로마에서는 귀족과 민중 사이에, 교황파와 황제파 사이에, 콜론나 가와 우르시니 가 사이에 유혈 싸움이 끊이지를 않았다. 역사의 지식 면에서 많은 부분이 누락되어 있으며 주목할 가치가 없는 사실도 많지만, 나는 앞의 두 장에서 국가적 무질서의 원인과 결과를 개략적으로 설명했다. 검으로 모든 싸움의 귀추가 결정되고 무능한 법에 목숨과 재산을 맡길 수도 없는 시기였으므로, 유력한 시민들은 자신이 두려워하거나 증오하는 국내의 적대자에 맞서서 안전을 지키고 싸우기 위해 무장을 하였다. 베네치아를 제외하고 이탈리아의 자유 공화국들 어디에서나 똑같은 수준의 위험과 음모가 난무했기 때문에, 귀족들은 급습에 대비하기 위해 법을 무시하면서까지 저택의 방비를 보강하고 튼튼한 망루를11 세웠다. 어느 도시에나 이런 호전적인 건물들이 수없이 세워져 있었다. 300개의 망루가 있으며,

법규로 망루의 높이를 80피트로 제한하고 있는 루카의 예는 적절한 수준에서 더 부유하고 인구도 많은 국가들에도 적용되었을 것이다. 원로원 의원인 브란칼레오네가 평화와 정의를 확립하기 위해 마련한 첫 번째 대책은 (앞에서도 보았듯이) 로마에 있는 140개의 망루를 없애 버린 일이었다. 하지만 무질서와 혼란이 막바지에 달했던 마르티누스 5세의 치세 말기에도 로마의 13개 내지 14개의 지구에는 각기 44개씩의 망루가 여전히 세워져 있었다. 해악을 끼치는 이런 용도를 위해 가장 쉽게 이용할 수 있는 것은 고대의 유적이었다. 신전과 아치는 벽돌이나 석재로 만들어진 새로운 구조물의 넓고 단단한 기반이 되어 주었는데, 율리우스 카이사르, 티투스, 두 안토니누스의 개선 기념비들 위에 세워진 근대의 망루들이 그 예라 할 수 있다. 극장이나 원형경기장, 영묘는 조금만 손질해도 튼튼하고 넓은 성채로 변신하였다. 하드리아누스의 능묘가 성 안젤로 성으로 이름과 형태가 모두 바뀌었고, 세베루스의 셉티조니움은 국왕군에 대항하는 거점이 되었으며, 메텔루스 가의 분묘는 성의 외곽 아래로 묻혀 버렸고, 폼페이우스와 마르켈루스의 극장들은 사벨리 가와 우르시니 가가 점거하게 되었다는 사실은 굳이 재차 언급할 필요가 없다. 그리고 이런 거친 성채들은 조금씩 부드러움을 더해 가면서 화려하고 우아한 이탈리아의 궁전으로 변모하게 되었다. 교회들조차 무기와 보루로 둘러싸이게 되었고 성 베드로 성당 지붕의 화포들은 그리스도교 세계의 수치였다. 방비를 강화하는 것은 공격 대상이 된다는 말이고, 공격당하는 것은 파괴될 위험에 처하기 마련이다. 로마 시민들은 교황에게서 성 안젤로 성을 빼앗을 수만 있다면 예속을 뜻하는 그 기념물을 없앨 것이라고 결심한 적도 있었다. 방어용의 모든 건물은 포위 공격을 당했고, 모든 포위 공격마다 파괴 기술과 무기가 아낌없이 사용되었다. 니콜라스 4세가 죽은 후 통치자도 원로원도 없게 된 로마는 그대로 방치되어 6개월 동안이나 격렬한 내전에 휩싸였다. 당시의 추기경이자 시인인 어떤 이는 말한다. "저택들은 거대한 돌의 무게와 속도에 으스러졌고,12 성벽은 파성추의 공격으로 구멍이 숭숭 뚫렸으며, 망루는 불과 연기에 휩싸였고, 공격자들은 강탈과 복수심에 더욱 날뛰었다." 법률의 횡포가 파괴 행위를 완성시켜 준 셈이 되었고, 이탈리아의 파벌들이 너나없이 적대자에 대한 맹목적이고 무분별한 보복 행위를 일삼는 통에 공격을 받은 저택과 성채는 흔적도 없이 파괴되고 말았다.13 외국의 공격을 받은 일수와 내란이 벌어진 기간을 비교해 보면 후자가 훨씬 더 많은 피해를 입혔다는 결론이 나온다. 페트라르카의 증언 역시 우리의 결론을 뒷받침해 준다. 이 계관 시인은 다음과 같이 말한다.

> 로마의 폐허를 보고 그 태곳적 웅대함을 상상해 보시오! 시간의 풍상도, 야만족도 이 엄청난 파괴 행위의 공적을 자랑할 수 없소. 로마의 시민들이, 로마의 가장 빛나는 아들들이 그 파괴 행위를 저질렀으니, 그대의 선조들은(페트라르카는 안니발디 가의 한 귀족에게 이 편지를 쓰고 있다.) 포에니 전쟁의 영웅이 검으로도 해내지 못했던 일을 파성추로 완수했소이다.

로마가 황폐화된 원인으로서 마지막에 설명한 두 가지는 서로의 영향력을 배가시키는 역할을 했는데, 가옥과 탑 들이 내란으로 무너지면 고대의 건축물에서 새로운 자재를 계속 공급받아야 하기 때문이었다.

그 거대한 크기로 인해, 또는 네로의 거대한 조각상으로 인해 콜로세움이라는14 별칭으로 불리는 티투스의 원형경기장에

---

12 무라토리는 투석기로 쏘는 돌의 무게가 200~300파운드에 달하는 것은 드문 일이 아님을 밝힌다.

13 비스콘티 가의 법률은 이 공공연하고 악랄한 행위를 금지하면서, 추방당한 시민의 가옥은 공동의 노력으로 안전하게 보존되어야 한다고 엄격하게 명한다.

14 마페이 후작의 『베로나 풍경』의 4부는 명실공히 원형경기장들을, 특히 로마와 베로나에 있는 원형경기장의 규모와 목조 회랑 등을 자세히 다루고 있다. 그 방대한 규모에서 그는 콜로세움(Colosseum, Coliseum)이라는 이름의 유래를 더듬고 있는데, 이는 카푸아의 원형경기장은 거대한 조각상이 없음에도 똑같은 이름이 붙여졌고 네로의 거상은 콜로세움 내부가 아니라 그의 궁전 뜰에 세워져 있었기 때문이다.

위의 개괄적인 고찰을 적용해 볼 수 있을 것이다. 시간과 자연에만 맡겨 왔다면 이 건축물은 아마도 영구히 존속했을지도 모른다. 수용 규모와 좌석 수를 계산해 본 학자들은 제일 상부의 돌계단 위로 나무로 된 관람석이 여러 층 증설돼 있는 것으로 보아 화재로 소실되었다가 복구되는 과정을 여러 번 반복했던 것으로 믿고 있다. 값나가거나 운반이 간편하거나 신성 모독적인 성격의 신상과 영웅의 조각상 들, 놋쇠로 주조되었거나 금은으로 도금한 값비싼 장식물들이 야만족과 그리스도교도의 정복과 광기, 탐욕의 첫 번째 제물이 되었다. 콜로세움의 거대한 석재들에는 많은 구멍이 뚫려 있는 것을 볼 수 있는데, 이런 파괴 행위가 일어난 가장 그럴듯한 이유를 두 가지 정도로 추측해 볼 수 있다. 첫째, 놋쇠나 철로 된 단단한 고리가 콜로세움의 석재들을 연결하고 있었으며 탐욕의 눈이 이런 비금속의 가치를 못 보고 지나쳤을 리가 없었다.[15] 고대의 문헌이 콜로세움의 장인(匠人)들을 언급하는 것에서도 알 수 있듯이 원형경기장의 사용하지 않는 빈 공간은 시장으로 바뀌었고, 상점이나 친막의 버팀목을 세울 때 구멍을 이용하면서 구멍의 크기는 더욱 커져만 갔다. 아무런 장식도 없이 벌거벗은 채로도 위엄을 잃지 않은 플라비우스 원형경기장에 북방의 순례자들은 외경과 찬탄의 눈길을 보냈고, 고상한 속담을 말하듯이 그들이 내뱉은 투박한 열정은 8세기의 베다의 저술에 기록되어 있다. "콜로세움이 서 있는 한 로마도 서 있을 것이다. 콜로세움이 무너지는 날 로마도 무너질 것이며, 로마가 무너지는 날 세계도 멸망할 것이다."[16] 근대적인 전쟁 체계에서는 세 곳의 언덕에서 내려다보이는 곳이 요새로는 적합하지 않을 수도 있지만, 성벽과 아치는 적의 공격을 견딜 수 있을 만큼 튼튼했기 때문

티투스의 원형경기장 또는 콜로세움

[15] 학식이 높은 수아레즈 주교는 이 구멍들이 생기게 된 7~8개 정도의 원인을 추정하여 이에 대한 별도의 글을 썼다. 그의 글은 샐린저의 『로마의 보고(寶庫)』에 다시 등장했다. 몽포콩(Montfaucon)은 야만족의 강탈이 구멍들이 생긴 유일한 진짜 원인이라고 단언한다.

[16] 이 말은 베다가 죽은 서기 735년 이전에 로마를 방문한 앵글로색슨 순례자들이 전한 것이 틀림없다. 나는 우리의 존경스러운 수도사가 바다를 건넌 일은 없었을 것이라고 생각한다.

에 수많은 수비대가 콜로세움을 거점으로 삼았을 것이다. 두 파벌이 싸울 경우 한 파벌이 바티칸과 카피톨리누스를 점거하면 상대방은 라테라노와 콜로세움을 점거하는 식이었다.

<small>로마의 경기들</small>

로마에서 고대의 경기들이 폐지된 것에 대해 어느 정도는 이해를 해야 할 필요가 있다. 테스타케아 언덕과 아고날리스 광장의[17] 사육제 경기는 도시의 법규와[18] 풍습을 지키며 개최되었다. 원로원 의원이 위엄 있게 주관하면서 승패를 판정하고 금반지, 천이나 비단으로 만든 예복 등의 상품을 나눠 주었다. 유대인에게서 거둔 세금으로 경기의 경비를 충당했으며,[19] 로마의 청년들 72명이 참가하는 마상 토너먼트 경기는 달리기나 경마 또는 전차 경주에 기품을 더해 주었다. 1332년에는 무어인과 스페인 사람들의 방식을 본 딴 소

<small>1332년 9월, 콜로세움에서 열린 소 골리기 경기</small>

골리기 경기가 콜로세움에서 성대하게 열렸으며, 당시의 기록에 그 광경이 생생하게 묘사되어 있다. 간편한 긴 의자가 다시 설치되었으며, 멀리 리미니와 라벤나에도 행사가 열림을 알리면서 귀족들로 하여금 이 위험천만한 경기에서 기량과 용기를 시험해 보라고 초청하였다. 로마의 귀부인들은 세 개 집단으로 나뉘었으며 행사 당일인 9월 3일에는 주홍색 천을 두른 세 군데의 발코니에 좌석을 마련해 두었다. 순수 혈통에 여전히 예스러운 용모와 인품을 지닌, 테베레 강 너머에서 온 귀부인들은 아름다운 로베레의 안내를 받았다. 수도의 나머지 사람들은 여느 때처럼 콜론나파와 우르시니파로 갈라져 있었고, 두 파벌 모두 자기 일파 여성들의 인원수와 미모를 자랑스럽게 여겼다. 여기저기에서 사벨라 우르시니의 아름다움을 칭찬하는 소리가 들려오자 콜론나 가는 자기 가문의 가장 젊은 미인이 네로 탑의 정원에

---

[17] 아고날리스 광장의 구조물은 파괴되었지만 그 형태와 이름은 여전히 남아 있으며, 내부의 공간은 달리기 경주를 해도 될 만큼 상당히 널찍하다. 하지만 깨진 그릇더미만 이상하게 쌓여 있는 테스타케아 언덕은 하층민들이 기분 전환 삼아 살아 있는 돼지들을 실은 수레를 언덕 꼭대기에서 아래로 굴려 보내는 연례행사를 치르는 데나 적합한 것으로 보인다.

[18] 로마의 법규에 대해서는 앞에서 언급한 바 있다. 나고나와 테스타케아 언덕의 경주 역시 페테르 안토니우스의 일지 중 1404~1417년 부분 편에 적혀 있다.

[19] 이런 경비를 대기 위해 로마의 유대인들은 매년 1130플로린을 내야 했다. 여기서 30은 유다가 자신의 주인을 배신하고 그리스도를 은자 30닢에 팔았던 것을 상징했다. 그리스도교 청년들만이 아니라 유대인 청년들도 달리기 시합을 했다.

서 발목을 삐는 바람에 참석하지 못한 것을 아쉬워했다. 나이가 지긋하고 존경받는 시민이 제비뽑기로 출전 선수들의 순번을 정해 주었고, 선수들은 창 한 자루만 들고서 사나운 황소와 대결하기 위해 경기장으로 걸어 내려갔다. 군중 틈에 섞인 우리의 연대기 작가는 가장 돋보이는 선수 스무 명의 이름과 리본, 격문을 선별해서 기록하고 있다. 말라테스타, 폴렌타, 델라 발레, 카파렐로, 사벨리, 카포치오, 콘티, 안니발디, 알티에리, 코르시 등 그가 적은 이름 중에는 로마는 물론 교황령 내에서 가장 저명한 가문의 전사들 여럿이 포함되어 있었다. 그들의 리본은 자신들의 기호와 입장에 어울리게 만들어진 것이었고, 격문은 희망 또는 절망을 표현하면서 동시에 정중함과 상무 정신도 드러내고 있었다. "나는 독신이다. 호라티우스 가의 젊은이처럼."은 한 용감한 이방인의 자신감을, "내 삶에는 위안이 없도다."는 서글픈 홀아비의 심정을, "나는 잿더미 속에서도 불타오른다."는 사려 깊은 연인을 나타내는 말이다. "나는 루크레티아라고도 불리는 라비니아를 숭앙한다."는 근대적인 열정을 모호하게 선언한 것이고, "내 신앙은 더없이 순수하다."는 흰색 제복의 격문이며, "나보다 힘센 자가 누구인가?"는 사자 가죽의 힘을, "피 웅덩이에 빠져 죽는 것보다 더 즐거운 일이 있겠는가!"는 흉포한 용맹에 대한 소망을 드러낸다. 우르시니 가는 자부심 내지는 신중함을 기해 경기 출전을 삼간 반면에, 이들과 오랜 적대 관계의 콜론나 가는 세 명의 선수를 내보냈다. "비록 슬프지만 나는 강하다." "나는 위대하므로 강하다." "내가 쓰러지면 그대도 같이 쓰러지리니." 등 그들은 하나같이 콜론나 가의 숭고한 위대함을 의미하는 문장을 내걸었다. 동시대의 작가의 설명에 따르면, 이러한 격문들은 다른 가문들이 바티칸 궁전의 신하가 되다 할지라도 자기들만은 카피톨리누스의 신전을 지지한다는 것을 은연중에 나타내고 있었다. 원형경기장에서 열린 경기는 피가 튀는 위험한 장면을 보여 주었다. 모든 전사가 차례로 성난 황소와 맞서 싸웠으나 이날의 진정한 승자는 네발 달린 짐승들이었다. 경기장에 마지막까지 남은 사람은 11명에 불과했고, 9명은 부상을 입었으며 18명은 목숨을 잃었기 때문이다. 가장 고귀한 가문 출신의 몇몇 사람들은 애도를 표했을지 모르지만, 성 라테라노 성당과 성 마리아 마죠레 성당에서 거행된 화려한 장례식은 로마의 민중들에게는 또 한 번의 휴일이 되어 주었다. 로마의 젊은이들이 이런 경기에서 피를 흘리며 죽어야 한다는 것은 말도 안 되는 일임에는 분명하지만, 우리는 그들의 무분별함을 비난하면서도 그 용맹함에 대해서는 칭찬을 보내지 않을 수 없다. 아름다운 여인들이 앉은 발코니 아래에서 자신들의 용맹함을 드러내며 기꺼이 생명의 위험을 감수한 이 귀족 출신 자원자들은 강제로 살육의 장소로 끌려 나가는 수천의 포로들이나 범죄자들보다는 동정심을 더 많이 불러일으키는 것이 사실이다.

콜로세움의 손상

원형경기장을 이런 식으로 사용한 것은 아주 드문 일로, 이는 단 한 번의 축제였을지도 모르는 일이지만, 이곳의 자재에 대한 수요는 매일 같이 발생했고, 시민들은 아무 제약이나 죄책감 없이 그런 수요를 충족시킬 수 있었다. 14세기에 맺어진 추악한 우호 조약은 두 파벌에게 콜로세움의 석재를 공동으로 자유롭게 사용할 수 있는 특권을 허락해 주었고, 포기우스는 이런 석재의 대부분이 어리석은 로마 시민들에 의해 불에 태워져 석회로 변했다고 한탄한다. 이런 만행을 저지하고, 한편으로는 넓은 안쪽 후미진 곳에서 야간 범죄가 발생하는 것을 예방할 목적으로 에우게니우스 4세는 콜로세움 주위에 벽을 둘러쌌다. 그리고 인근 수도원의 수도사들에게 그곳의 땅과 건축물을 하사하는 특허장을 내려 주었고, 이 특허장의 효력은 오랫동안 지속되었다.[20] 그가 죽은 후 벽은 민중의 소요로 무너졌는데, 그들이 선조들의 가장 귀중한 기념비적 건축물을 존중하는 마음이 있었다면 이 건물이 사유물로 전락해서는 안 된다는 결론을 내렸을지도 모르는 일이다. 건물 내부는 손상이 심했지만, 심미와 학문의 시대로 일컬어지는 16세기 중반까지도 둘레가 1612피트에 이르는 외벽은 여전히 완벽한 형태를 유지하고서, 높이가 108피트에 이르는 80개의 아치가 서 있는 3층 구조 그대로 보존되어 있었다. 콜로세움을 현재의 폐허로 만든 주범은 파울루스 3세의 조카들로, 어떤 여행객이든 파르네제 가의 대저택을 보면서 이 벼락출세한 군주들의 신성 모독 행위와 사치스러운 생활에 저주를 퍼부을 것이다. 바르베리니 가도 마찬가지 비난을 받아 마땅하다. 교황들은 이런 손상이 반복되는 것을 우려했고, 결국 역대 교황 중 가장 고매한 정신의 소유자인 베네딕투스 14세가 박해 속에서 죽어 간 수많은 그리스도교 순교자들의 피로 물든 이 장소를 신성한 곳으로 정하면서 비로소 콜로세움은 종교의 보호를 받을 수 있게 되었다.

콜로세움의 신성화

흩어진 파편들조차도 가장 훌륭한 웅변을 능가하는 의미를 담고 있는 이 기념비적 건축물들을 처음으로 직접 보는 기쁨을 누리는 순간에도 페트라르카는 로마인들의 무기력한 냉담함에 크게 놀랐다. 친구인 리엔치와 콜론나 가의 사람 하나를 제외하면, 수도의 귀족이나 토박이들보다 론 강변의 이방인들이 이 고대의 유물에 더 정통하다는 사실을 알게 되자 페트

로마인들의 무지와 야만성

[20] 올리베탕 수도원의 수도사들을 말한다. 몽포콩은 바카의 회고록에서 이 사실을 확인한다. 훗날에 가서도 그들은 여전히 이 특허장을 되살려 내서 권리를 유지할 수 있기를 바랐다.

라르카는 우쭐한 마음이 들기는커녕 초라해짐을 느꼈다. 로마인들이 얼마나 무지하고 심지가 굳지 못한 사람들이었는지는 13세기 초 무렵에 작성된 오래된 도시 안내서에서도 적나라하게 드러난다. 이름과 장소가 잘못 적힌 것이 무수히 많다는 사실은 접어 두고라도 카피놀리누스의 전승(傳承)마저도 잘못 이야기하고 있는 것을 보면 경멸과 분노의 헛웃음이 나올 정도이다. 익명의 한 작가는 이렇게 말한다.

> 카피톨리누스라는 이름에는 세상의 우두머리라는 뜻이 담겨 있으며, 과거 집정관과 원로원은 도시와 세상을 통치하기 위해 이곳에 머물렀다. 튼튼하고 높은 성벽은 유리와 금으로 덮여 있으며, 지붕의 기와는 가장 호화롭고 기묘한 조각으로 장식되어 있었다. 언덕 아래에 있는 궁전은 대부분이 금으로 지어지고 값비싼 보석으로 장식되어 있는데, 그 궁전의 가치만도 세계 전체의 부의 3분의 1에 달할 것으로 생각된다. 모든 속주를 나타내는 조각상들이 질서 정연하게 놓여 있다. 각각의 조각상마다 목에 작은 종이 달려 있으며 거기에는 상당히 큰 마법이 걸려 있어서, 혹시라도 속주가 로마에 대항해 반란을 일으키면 그 조각상이 하늘을 향해 몸을 틀면서 종이 울린다. 카피톨리누스 신전의 예언자가 이러한 이상 징후를 보고하면 원로원은 위험이 당면했음을 알고 미리 경계 태세를 갖출 수 있었다.

별로 중요하지는 않지만 로마인들의 우매함을 보여 주는 두 번째 예로 벌거벗은 두 젊은이가 두 마리 말을 끌고 있는 대리석상을 예로 들 수 있을 것이다. 이 두 대리석상은 콘스탄티누스 욕장에서 퀴리날리스 언덕으로 옮겨 온 것들이었다. 아무 근거도 없이 피디아스와 프락시텔레스의 이름을 갖다 붙인 것은 용서할 수 있다고 해도, 이 그리스 조각가들을 페리클레스 시대에서 400년이나 뒤인 티베리우스 시대로 옮긴 것에는 변명의 여지가 있을 수 없다. 또한 두 벌거숭이 젊은이를 철학자 또는 마법사로 바꾸고서는 그들의 나체상이 진리나 지식을 상징하며, 그들이 황제로 하여금 그의 가장 비밀스러운 속마음을 드러내게 했으며, 이에 대해 어떤 금전적인 보상도 거부한 채 자신들의 명예를 영원히 기려 줄 이 기념비만 남겨 달라고 간청했다고[21] 풀이해서도 안 되는 일이었다. 이렇듯 로마인들은 마법의 힘에 몰두했을 뿐 예술의 아름다움에는 무감각했기 때문에 포기우스가 직접 볼 수 있었던 조각상은 채 다섯 개도 되지 못했다. 우연이든 고의로든 폐허 밑에 묻힌 다수의 조각상들은 다행히도 보다 안전하고 계몽된 시대에 세상의 빛을 다시 볼 수 있었다.[22] 오늘날 바티칸 궁전을 장식하고 있는 나일 조각상은 미네르바 신전 내지 수도원 근처의 포도밭에서 땅을 파고 있던 인부들이 발견한 것이었다. 하지만 사람들이 호기심에서 조각상을 보고자 몰려오는 것에 짜증이 난 포도밭의 주인은 돈벌이도 되지 않는 대리석상을 원래 있던 자리에 묻어 버렸다. 길이 10피트의 폼페이우스상은 발견되자마자 소송이 벌어졌는데, 그것이 있던 자리가 두 땅의 경계를 이루는 담벼락 아래였기 때문이었다. 공정하게 판결한다면서 판사는 인접한 두 땅 주인들의 요구를 만족시켜 주기 위해 조각상의 머리와 몸체를 분리하라는 판결을 내렸다. 로마의 영웅을 야만스러운 동포들의 손에서 구해 내기 위해 한 추기경이 중재를 하고 교황이 관대하게 원조하지 않았다면, 그 판결문은 그대로 집행되었을 것이 틀림없다.

하지만 야만의 구름은 서서히 가셨고, 마르티누스 5세와 그

[21] 만약 이 조각상이 알렉산드로스 대왕을 나타내는 것이라면 피디아스나 프락시텔레스의 작품으로 볼 수 없다는 몽포콩의 주장은 당연한 것이다. 두 조각가는 그 정복자보다 이전 시대의 사람들이었기 때문이다.

[22] 맘스베리의 윌리엄은 투르누스에게 살해당한 에반드로스의 아들 팔라스를 발견하게 된(1046년) 불가사의한 경위를 설명한다. 그의 무덤에는 빛이 끊이지를 않았으며, 라틴어 비문이 새겨져 있고, 온전한 형태로 남은 이 젊은 거인의 시신은 가슴에 큰 상처가 나 있었다고 그는 말한다. 만약 이 설명에 약간이라도 신빙성이 있다면 우리는 야만의 시대에 세상에 노출된 조각상과 시신 모두에 동정을 금할 수 없을 것이다.

23 1709년에 로마의 주민 수는(8000~1만 명 정도의 유대인은 제외) 13만 8568명이었다. 1740년에는 14만 6080명으로 늘어났고, 1765년에는 유대인을 빼면 16만 1899명이었다. 나는 그 이후로 로마의 인구가 계속 늘었는지는 알지 못한다.

1420년 등, 로마 시의 복구와 장식

후계자들의 평온한 권위에 교권 국가의 질서는 물론이고 도시의 광채도 회복되었다. 15세기 이후 로마의 개선은 자유와 근면에 따른 자연 발생적인 결과물은 아니었다. 인접 지역의 노동력과 인구야말로 대도시가 되기 위한 가장 첫 번째이자 중요한 요소라고 말할 수 있는데, 이런 지역에서 생활용품과 제조품 및 외국과의 교역을 위한 물자를 공급받아야 하기 때문이다. 하지만 로마 평원의 대부분은 황량한 황무지로 전락해 버렸으며, 귀족이나 성직자 들의 비대한 영지는 게으르고 빈궁하고 무기력한 봉신들이 경작하고 있었으며, 얼마 안 되는 수확물마저도 이윤을 독점하기 위해 창고에 쌓아 두거나 외국으로 팔아 버렸다. 대도시로의 성장을 위한 두 번째 요소이자 보다 인위적인 요소는 군주의 거주, 궁정의 사치, 그리고 이에 예속된 속주들의 공납이다. 그러나 속주들과 이들이 바치는 조공은 제국의 몰락과 함께 사라진 지 오래였다. 페루의 은과 브라질의 금 약간이 바티칸으로 흘러 들어오기는 했지만 추기경들의 수입, 관리들의 급여, 순례자와 예속평민의 헌금, 얼마 안 되는 교회세라는 빈궁하고 불안정한 재원만이 궁정과 도시의 게으름을 유지해 주는 전부였다. 로마의 인구는 유럽의 주요 수도들에 훨씬 못 미치는 17만 정도에 불과하며,[23] 성벽 내의 넓은 지역에서 가장 큰 부분을 차지하는 일곱 개 언덕은 포도밭과 폐허로 뒤덮여 있다. 오늘날 로마의 아름다움과 광휘는 통치자들의 낭비와 미신의 영향력 덕분이라고 말해도 좋을 것이다. 어느 교황의 치세에든 거의 예외 없이 새로운 가문이 급속히 대두되었는데, 이들은 자녀가 없는 교황 덕분에 교회와 국가의 재정으로 부를 축적하였다. 이 운 좋은 자손들의 저택은 우아함과 굴종을 동시에 보여 주는 가장 값비싼 기념비였다.

건축, 회화, 조각 등 완벽한 예술품들은 그들의 저택에서 희롱당했으며, 그들의 회랑과 정원은 멋이나 허영심에서 수집한 고대의 귀중한 작품들로 장식되어 있었다. 교회 수입의 경우 가톨릭 예배를 화려하게 치르려는 교황들에 의해 이보다는 품위 있게 사용된 편이지만 제단이나 예배당, 교회와 같은 종교적인 건립을 일일이 열거할 필요는 없을 것이다. 이는 이 자잘한 별들은 바티칸 궁전이라는 태양 앞에서는, 다시 말해 종교 목적으로 전용된 건축물 중 가장 빛나는 성 베드로 성당의 돔 앞에서는 그 빛이 바래기 때문이다. 율리우스 2세, 레오 10세, 식스투스 5세의 명성은 브라만테와 폰타나, 라파엘과 미켈란젤로의 뛰어난 공적과 연관이 있으니, 그들은 궁전과 신전을 복원하는 데 지원을 아끼지 않은 것과 마찬가지로 고대 유물을 복원하고 모방하는 데에도 열정을 쏟아부었다. 쓰러진 오벨리스크를 땅에서 일으켜 가장 눈에 띄는 장소에 세웠고, 고대의 황제와 집정관 들이 건설한 열한 개의 수로 중 세 개가 복원되면서 이 인공 수로는 고대와 근세의 아치들의 길고 긴 줄을 지나 대리석으로 만든 물받이에 신선하고 맑은 물을 쏟아붓고 있다. 황급히 성 베드로 성당의 계단을 오르는 구경꾼도 계속해서 높은 물줄기를 뿜어내는 두 개의 분수 사이에 우뚝 솟아 있는 이집트 화강암으로 만든 높이 120피트의 기둥을 보고 잠시 발길을 멈추게 된다. 고고학자들과 다른 분야의 학자들의 끊임없는 연구 덕에 고대 로마의 지도와 안내서, 기념비 들이 해석되면서.[24] 영웅들의 발자취와 미신의 잔재가 아닌 제국의 유산을 경건한 마음으로 돌아보려는 새로운 순례자들이 한때 야만인이라 불렸던 저 먼 북방의 나라들에서 찾아들고 있다.

이들 순례자들과 이 책의 독자들은 인류 역사상 가장 웅대

[24] 몽포콩은 20일을 할애해 로마를 직접 관찰하고 있지만, 도시의 구석구석을 제대로 둘러보려면 몇 주 또는 몇 달을 잡았어야 옳았다. 이 박식한 베네딕트회 수도사는 고대 로마의 지지학자들의 글을 검토한다. 제일 처음에는 블론두스, 풀비우스, 마르티아누스의 글과 리고리우스만큼 노력을 기울이면서 학식도 그에 못지않았던 파우누스의 글을 검토하고, 나중에는 판비니우스와 보다 근래에 지어진 도나투스와 나르디니의 불완전한 책들도 살펴보았다. 하지만 몽포콩은 이 오래된 도시를 보다 완전하게 보여 주는 도면과 설명이 없는 것에 한숨을 내쉬면서 다음의 세 가지 방법에 따라 자신의 연구를 완수하려 했다. (1) 폐허 사이의 공간과 간격 측정, (2) 비문 및 이 비문이 발견된 장소 연구, (3) 로마의 특정 장소나 건축물의 이름이 나오는 중세의 모든 법령과 강령, 일지에 대한 조사. 이 고된 작업은 몽포콩이 바랐던 대로 군주의 지원이나 공적인 후원 없이는 안 되는 일이었다. 그러나 로마의 지도를 작성하기 위한 기초를 마련해 준 것은 놀리가 만든 훌륭한 근대적 도면이었다.(1748년)

끝맺음

하고 아마도 가장 장엄한 광경인 로마 제국의 쇠망사에 관심이 동할 것이다. 여러 원인과 이로 인해 빚어진 결과들은 인류의 연대기에서 가장 흥미진진한 많은 사건들을 보여 준다. 자유 공화국의 이름과 이미지를 오랫동안 유지한 초기 황제들의 교묘한 정책, 군사 전제 정치의 무질서, 그리스도교의 생성, 확립, 분파들, 콘스탄티노플 건설, 제국의 분열, 게르만과 스키타이 야만족들의 침략과 정착, 민법 제정, 마호메트의 인격과 종교, 교황의 세속 통치, 샤를마뉴에 의한 서로마 제국의 부활과 쇠락, 라틴인들의 동방으로의 십자군 원정, 사라센인과 투르크인의 정복, 비잔티움 제국의 멸망, 중세 시대 로마의 상태와 혁명들, 이 모든 것이 상관관계에 있다. 역사가의 입장으로서는 주제의 중요함과 다양함에 박수갈채를 보낼 수 있겠지만, 자신의 불완전함을 의식하면서도 자료 부족을 수없이 탓하곤 하였다. 거의 20년 동안 내 삶의 즐거움이자 활력이었던 이 작품을 집필할 생각을 처음 품은 것은 카피톨리누스 언덕의 폐허에 서 있을 때였다. 이제 나의 바람에는 많이 미흡할지라도, 마침내 이 글을 여러분의 호기심과 온정에 맡기고자 한다.

로잔,
1787년 6월 27일.

송은주 이화여대 영문학과를 졸업하고 동 대학원에서 박사학위를 받았다. 현재 전문번역가로 활동하고 있다. 옮긴 책으로 『미들섹스』, 『순수의 시대』, 『엄청나게 시끄럽고 믿을 수 없게 가까운』, 『모든 것이 밝혀졌다』, 『동물을 먹는다는 것에 대하여』, 『선셋 파크』, 『클라우드 아틀라스』, 『위키드』, 『집으로 가는 길』 등이 있다.

조성숙 덕성여대 회계학과를 졸업하고 현재 전문번역가로 활동하고 있다. 옮긴 책으로 『창조적 괴짜가 세상을 움직인다』, 『닥터 코페르니쿠스』, 『마음의 해부학』, 『돌연변이』, 『영혼의 해부』, 『사무라이 윌리엄』, 『까다로운 인간 다루기』, 『두뇌는 평등하다』 등이 있다.

김지현 숙명여대 영문학과를 졸업하고 동 교육대학원 영어교육과에서 석사 학위를 받았다. 현재 전문번역가로 활동하고 있다. 옮긴 책으로 『한계를 뛰어넘는 삶』, 『더치쉬츠의 회복』, 『포옹—마음을 열어 주는 힘, 어머니』, 『헌터 부인의 죽음』, 『구원의 사랑』, 『다시 찾아간 나니아』 등이 있다.

로마 제국 쇠망사 6

1판 1쇄 펴냄 2010년 3월 2일
1판 19쇄 펴냄 2025년 6월 17일

지은이 | 에드워드 기번
옮긴이 | 송은주, 조성숙, 김지현
발행인 | 박근섭, 박상준
펴낸곳 | (주)민음사

출판등록 1966. 5. 19.(제16-490호)
서울특별시 강남구 도산대로1길 62(신사동) 강남출판문화센터 5층 (우편번호 06027)
대표전화 02-515-2000, 팩시밀리 02-515-2007

www.minumsa.com

한국어 판 ⓒ (주)민음사, 2010. Printed in Seoul, Korea

ISBN 978-89-374-2636-0 04900
ISBN 978-89-374-2630-8 (세트)

* 잘못 만들어진 책은 구입처에서 교환해 드립니다.